LES

AUTEURS LATINS

EXPLIQUÉS D'APRÈS UNE MÉTHODE NOUVELLE

PAR DEUX TRADUCTIONS FRANÇAISES

Ce livre a été expliqué littéralement, annoté et revu pour la traduction française par M. de Parnajon, professeur au lycée Henri IV.

17199. — Imprimerie A. Lahure, rue de Fleurus, 9, à Paris

LES
AUTEURS LATINS

EXPLIQUÉS D'APRÈS UNE MÉTHODE NOUVELLE

PAR DEUX TRADUCTIONS FRANÇAISES

L'UNE LITTÉRALE ET JUXTALINÉAIRE PRÉSENTANT LE MOT A MOT FRANÇAIS
EN REGARD DES MOTS LATINS CORRESPONDANTS
L'AUTRE CORRECTE ET PRÉCÉDÉE DU TEXTE LATIN

avec des sommaires et des notes

PAR UNE SOCIÉTÉ DE PROFESSEURS

ET DE LATINISTES

QUINTE-CURCE
HISTOIRE D'ALEXANDRE LE GRAND
LIVRES III, IV, V ET VI

PARIS
LIBRAIRIE HACHETTE ET Cⁱᵉ
79, BOULEVARD SAINT-GERMAIN, 79
—
1889

AVIS

RELATIF A LA TRADUCTION JUXTALINÉAIRE

On a réuni par des traits les mots français qui traduisent un seul mot latin.

On a imprimé en *italique* les mots qu'il était nécessaire d'ajouter pour rendre intelligible la traduction littérale, et qui n'ont pas leur équivalent dans le latin.

Enfin, les mots placés entre parenthèses, dans le français, doivent être considérés comme une seconde explication, plus intelligible que la version littérale.

ARGUMENT ANALYTIQUE

DU TROISIÈME LIVRE

DE L'HISTOIRE D'ALEXANDRE LE GRAND.

I. Alexandre, après s'être rendu maître de Célènes, entre à Gordium, capitale de la Phrygie, y tranche le nœud gordien, et marche à la rencontre de Darius.

II. Darius passe son armée en revue. Franchise et supplice de l'Athénien Charidème.

III. Songe de Darius. Il marche sur l'Euphrate. Train magnifique des rois de Perse.

IV. Alexandre franchit sans obstacle les gorges de la Cilicie.

V. Alexandre se baigne imprudemment dans le Cydnus et tombe gravement malade.

VI. Alexandre est guéri par le médecin Philippe.

VII. Alexandre arrive à Issus. Le Perse Sisinès.

VIII. Darius entre en Cilicie. Les deux armées sont en présence.

IX. Ordre de bataille des deux armées.

X. Alexandre harangue ses troupes.

XI. Bataille d'Issus. Défaite des Perses.

XII. Alexandre au camp de Darius. Sa noble conduite à l'égard de la mère et de la femme de ce prince.

XIII. Le gouverneur de Damas livre à Parménion les trésors de Darius.

QUINTI CURTII

DE REBUS GESTIS

ALEXANDRI MAGNI

LIBER III.

I. Inter hæc [1] Alexander, ad conducendum ex Peloponneso militem Cleandro cum pecunia misso, Lyciæ Pamphyliæque [2] rebus compositis, ad urbem Celænas [3] exercitum admovit. Mediam illa tempestate [4] interfluebat Marsyas amnis, fabulosis Græcorum carminibus [5] inclytus. Fons ejus, ex summo montis cacumine excurrens, in subjectam petram magno strepitu aquarum cadit; inde diffusus, circumjectos rigat campos, liquidus et suas duntaxat undas trahens. Itaque color ejus, placido mari similis, locum poetarum mendacio

---

I. Pendant ces événements, Alexandre, après avoir envoyé Cléandre avec de l'argent pour lever des troupes dans le Péloponèse, et après avoir réglé les affaires de la Lycie et de la Pamphylie, fit approcher son armée des murs de Célènes. Le fleuve Marsyas, célèbre par les chants fabuleux des Grecs, traversait alors cette ville. Il prend sa source au sommet d'une montagne, d'où il tombe avec grand bruit sur un rocher; de là il se répand dans les campagnes voisines qu'il arrose toujours clair et sans recevoir d'ailleurs d'autres eaux : aussi sa couleur semblable à celle de la mer

QUINTE-CURCE.

HISTOIRE D'ALEXANDRE LE GRAND.

LIVRE III.

I. Inter hæc Alexander, Cleandro misso cum pecunia ad conducendum militem ex Peloponneso, rebus Lyciæ Pamphyliæque compositis, admovit exercitum ad urbem Celænas. Amnis Marsyas, [sis inclytus carminibus fabulo- Græcorum, interfluebat mediam illa tempestate. Fons ejus excurrens e cacumine summo montis, cadit magno strepitu aquarum in petram subjectam; inde diffusus, rigat campos circumjectos, liquidus et trahens duntaxat suas undas.

I. Pendant ces choses, Alexandre, Cléandre ayant été envoyé avec de l'argent pour louer un soldat (des soldats) du Péloponèse, les affaires de la Lycie et de la Pamphylie ayant été réglées, approcha l'armée vers la ville de Celènes. Le fleuve Marsyas, célèbre par les chants fabuleux des Grecs, traversait *elle* au-milieu à cette époque-là. La source de lui sortant du sommet suprême d'une montagne, tombe avec un grand fracas de *ses eaux* sur un rocher placé-au-dessous ; de-là s'étant répandu, il arrose les plaines placées-autour limpide et traînant seulement ses ondes.

fecit; quippe traditum est Nymphas, amore amnis retentas, in illa rupe considere. Ceterum, quandiu intra muros fluit, nomen suum retinet; quum extra munimenta se evolvit, majore vi ac mole agentem undas Lycum [1] appellant.

Alexander quidem urbem destitutam a suis intrat; arcem vero, in quam confugerant, oppugnare adortus, caduceatorem præmisit, qui denuntiaret, ni dederent, ipsos ultima esse passuros. Illi caduceatorem, in turrim et situ et opere multum editam perductum, quanta esset altitudo intueri jubent, ac nuntiare Alexandro non eadem ipsum et incolas æstimatione munimenta metiri; se scire inexpugnabiles esse; ad ultimum, pro fide morituros. Ceterum, ut circumsideri arcem et omnia sibi in dies arctiora viderunt esse, sexaginta

pendant le calme, a fourni matière aux fictions des poëtes; car la tradition rapporte que les Nymphes, retenues par leur amour pour le fleuve, faisaient leur résidence dans ce rocher. Au reste, tant qu'il coule dans l'enceinte des murs, il garde son nom ; mais hors des remparts, devenu plus impétueux et plus considérable, il reçoit le nom de Lycus.

Alexandre s'introduit dans la ville, que ses habitants avaient abandonnée; mais ayant résolu de forcer la citadelle, où ils s'étaient retirés, il envoie un héraut leur signifier que, s'ils ne se rendent pas, ils seront traités sans merci. Ceux-ci conduisent le héraut sur une tour fort élevée, tant par sa situation que par les travaux d'art, et lui en font remarquer la hauteur; puis ils le chargent de déclarer à Alexandre, qu'ils jugent autrement que lui de leurs fortifications ; qu'ils sont assurés de ne pouvoir être forcés, et qu'après tout, ils mourront plutôt que de manquer à leurs serments. Mais, quand ils virent que la citadelle était investie, et que de jour en jour ils étaient serrés plus étroitement, ils convinrent d'une trêve de soixante jours à condition de rendre la place, si dans cet inter-

Itaque color ejus,	En-conséquence la couleur de lui,
similis mari placido,	semblable à la mer paisible,
fecit locum	a fait (a donné) lieu
mendacio poetarum;	au mensonge des poëtes ;
quippe traditum est	car il a été rapporté
Nymphas,	les Nymphes,
retentas amore amnis,	retenues par l'amour du fleuve,
considere in illa rupe.	résider dans ce rocher.
Ceterum, quandiu fluit	Du-reste, tant-qu'il coule
intra muros,	en-dedans des murs,
retinet suum nomen;	il retient son nom ;
quum se evolvit	lorsqu'il se déroule
extra munimenta,	en-dehors des fortifications,
appellant Lycum	ils appellent (on appelle) Lycus
agentem undas	*lui* poussant *ses* eaux [*plus grande*.
vi majore ac mole.	avec une force plus grande et une masse
Alexander quidem	Alexandre à-la-vérité
intrat urbem	entre-dans la ville
destitutam a suis ;	abandonnée par les siens (ses habitants) ;
adortus vero	mais ayant entrepris
oppugnare arcem	d'attaquer la citadelle
in quam confugerant,	dans laquelle ils s'étaient réfugiés,
præmisit caduceatorem,	il envoya-auparavant un héraut,
qui denuntiaret,	qui déclarât,
ipsos passuros esse	eux-mêmes devoir souffrir
ultima,	les dernières choses,
ni dederent.	à-moins-qu'ils ne livrassent *la citadelle*.
Illi jubent caduceatorem	Eux ordonnent le héraut
perductum in turrim	conduit sur une tour
multum editam	fort élevée
et situ et opere	et par la position et par le travail
intueri	considérer
quanta altitudo esset,	combien-grande la hauteur était,
ac nuntiare Alexandro	et annoncer à Alexandre
ipsum ac incolas	lui-même et les habitants
non metiri munimenta	ne pas mesurer les fortifications
eadem æstimatione;	par la même appréciation ;
se scire	eux-mêmes savoir
esse inexpugnabiles ;	*eux* être inexpugnables ;
ad ultimum morituros	enfin *eux* devoir mourir
pro fide.	pour *leur* foi.
Ceterum, ut viderunt	Du-reste, dès-qu'ils virent
arcem circumsederi,	la citadelle être investie [eux-mêmes
et omnia esse arctiora sibi	et toutes choses être plus étroites, pour
in dies,	*de jours* en jours,
pacti inducias	ils convinrent d'une trêve
sexaginta dierum,	de soixante jours,

dierum inducias pacti, ut, nisi intra eos auxilium Darius ipsis misisset, dederent urbem; postquam nihil inde præsidii mittebatur, ad præstitutam diem permisere se regi.

Superveniunt deinde legati Atheniensium, petentes ut capti apud Granicum amnem² redderentur sibi. Ille non hos modo, sed etiam ceteros Græcos restitui suis jussurum respondit, finito Persico bello. Ceterum, Dario imminens, quem nondum Euphratem³ superasse cognoverat, undique omnes copias contrahit, totis viribus tanti belli discrimen aditurus. Phrygia erat, per quam ducebatur exercitus, pluribus vicis quam urbibus frequens. Tunc habebat quondam nobilem Midæ⁴ regiam; Gordium nomen est urbi, quam Sangarius amnis interfluit, pari intervallo Pontico et Cilicio mari ⁵ distantem. Inter hæc maria angustissimum Asiæ spatium esse comperimus, utroque in arctas fauces ⁶ compellente terram. Quæ, quia continenti adhæret, sed magna ex parte cingitur

valle Darius ne leur envoyait point de secours; n'en ayant reçu aucun, ils se remirent au jour marqué entre les mains du roi.

Bientôt après arrivent des ambassadeurs d'Athènes, pour le prier de leur rendre ceux de leurs concitoyens qui avaient été pris sur les bords du Granique. Il répondit qu'il ferait rendre et ceux-là et les autres Grecs à leurs villes, quand il aurait terminé la guerre contre les Perses. Au reste, ne songeant qu'à atteindre Darius qu'il savait n'avoir pas encore passé l'Euphrate, il assemble toutes ses troupes de toutes parts, résolu de livrer avec toutes ses forces une bataille qui mît fin à une guerre si terrible. La Phrygie, par où il conduisait son armée, avait plus de villages que de villes. On y remarquait alors le séjour anciennement fameux du roi Midas : c'est une ville nommée Gordium, traversée par la rivière de Sangarius, et à une distance égale du Pont Euxin et de la mer de Cilicie. Nous savons que c'est entre ces deux mers qu'est la partie la plus étroite de l'Asie, parce qu'en se rapprochant elles la réduisent à une simple langue de terre, qui tient, il est vrai, au continent, mais qui

ut dederent urbem,	à-condition-qu'ils livrassent la ville,
nisi Darius	à-moins-que Darius
misisset auxilium ipsis	n'eût envoyé du secours à eux-mêmes
intra eos;	en-dedans de ces jours;
postquam nihil præsidii	après que rien de secours (aucun secours)
mittebatur inde,	n'était envoyé de-là,
se permisere regi	ils se remirent au roi
ad diem præstitutam.	au jour marqué-d'avance.
Deinde legati Athenien-	Ensuite des députés des Athéniens
superveniunt, [sium	surviennent,
petentes ut capti	demandant que *ceux* pris
apud amnem Granicum	auprès du fleuve *du* Granique
redderentur sibi.	fussent rendus à eux-mêmes.
Ille respondit	Lui répondit
jussurum	*lui-même* devoir ordonner
non modo hos,	non-seulement ceux-ci,
sed etiam ceteros Græcos	mais encore tous-les-autres Grecs
restitui suis,	être rendus aux leurs,
bello Persico finito.	la guerre persique étant finie.
Ceterum,	Du-reste, [Darius,
imminens Dario,	se penchant-vers (ne songeant qu'à)
quem cognoverat	lequel il avait appris
nondum superasse	n'avoir pas-encore passé
Euphratem,	l'Euphrate,
contrahit undique	il rassemble de-tous-côtés
omnes copias,	toutes *ses* troupes,
aditurus viribus totis	devant affronter avec *ses* forces entières
discrimen tanti belli.	le moment-décisif d'une si-grande guerre.
Phrygia, per quam	La Phrygie, à travers laquelle
exercitus ducebatur,	l'armée était conduite,
erat frequens	était fréquentée par (peuplée de)
pluribus vicis quam urbibus.	plus de bourgs que de villes.
Habebat tunc	Elle avait (renfermait) alors
regiam nobilem quendam	la résidence-royale célèbre autrefois
Midæ;	de Midas;
Gordium est nomen urbi,	Gordium est nom à la ville,
quam amnis Sangarius	laquelle le fleuve Sangarius
interfluit,	traverse,
distantem intervallo pari	éloignée par une distance égale
mari Pontico et Cilicio.	de la mer pontique et de la cilicienne.
Comperimus spatium Asiæ	Nous avons appris l'étendue de l'Asie
esse angustissimum	être la plus étroite
inter hæc maria,	entre ces mers,
utroque compellente terram	l'une et l'autre *mer* resserrant la terre
in fauces arctas;	en des gorges étroites (un isthme étroit);
quæ,	laquelle *terre*,
quia adhæret continenti,	parce-qu'elle tient au continent,

fluctibus, speciem insulæ præbet; ac, nisi tenue discrimen objiceret, maria, quæ nunc dividit, committeret.

Alexander, urbe in suam ditionem redacta, Jovis templum intrat. Vehiculum quo Gordium, Midæ patrem, vectum esse constabat, adspexit, cultu haud sane vilioribus vulgatisque usu abhorrens. Notabile erat jugum adstrictum compluribus nodis in semet ipsos implicatis et celantibus nexus. Incolis deinde affirmantibus editam esse oraculo sortem, Asiæ potiturum qui inexplicabile vinculum solvisset, cupido incessit animo sortis ejus implendæ.

Circa regem erat et Phrygum turba et Macedonum : illa exspectatione suspensa, hæc sollicita ex temeraria regis fiducia. Quippe series vinculorum ita adstricta erat, ut unde nexus inciperet, quove se conderet, nec ratione nec visu percipi posset: solvere aggressus injecerat curam ne in omen verte-

presque toute environnée d'eau, a l'apparence d'une île; et sans le petit obstacle qu'elle oppose, les deux mers, aujourd'hui séparées, se réuniraient.

Alexandre, après avoir réduit cette ville sous son obéissance, entra dans le temple de Jupiter. Il y voit le chariot, que l'on savait avoir été celui de Gordius, père de Midas, et qui ne différait par aucun ornement des chariots les plus simples et les plus communs. Ce qu'il y avait de remarquable c'était le joug qui était attaché par plusieurs nœuds mêlés les uns dans les autres, et dont l'enlacement se dérobait aux yeux. Les habitants assuraient qu'un oracle avait promis l'empire de l'Asie à celui qui viendrait à bout de défaire ce lien inextricable; alors il prit envie à Alexandre de remplir cette prophétie.

Il y avait autour du roi un grand nombre de Phrygiens et de Macédoniens, les premiers tenus en suspens par l'attente, les derniers inquiets de l'audace présomptueuse du roi. En effet, les liens étaient si serrés, qu'on ne pouvait ni deviner, ni voir où commençaient ni où finissaient les nœuds : ce qui faisait craindre, quand il

sed cingitur fluctibus	mais *parceq*u'elle est entourée de flots
ex magna parte,	en grande partie,
præbet speciem insulæ;	présente l'apparence d'une île;
ac, nisi objiceret	et, si elle n'opposait
tenue discrimen,	une mince séparation,
committeret maria	elle réunirait les mers
quæ dividit nunc.	qu'elle sépare maintenant.
Alexander,	Alexandre,
urbe redacta	la ville ayant été réduite
in suam ditionem,	en sa domination,
intrat templum Jovis.	entre-dans le temple de Jupiter.
Adspexit vehiculum	Il aperçut le chariot
quo constabat	par lequel il était-constant
Gordium, patrem Midæ,	Gordius, père de Midas,
esse vectum,	avoir été porté,
haud abhorens sane cultu	ne différant pas certes par l'élégance
vilioribus	des *chariots* plus vils
vulgatisque usu.	et devenus-vulgaires par l'usage.
Jugum adstrictum	Le joug attaché
pluribus nodis	par plusieurs nœuds
implicatis in semet ipsos	entrelacés en eux-mêmes
et celantibus nexus	et cachant *leurs* enlacements
erat notabile.	était remarquable.
Deinde incolis affirmantibus	Ensuite les habitants affirmant
sortem	une prophétie
editam esse oraculo,	avoir été rendue par un oracle,
qui solvisset	*à savoir celui* qui aurait délié
vinculum inexplicabile	ce lien inextricable,
petiturum Asiæ,	devoir se rendre-maître de l'Asie,
cupido ejus sortis	le désir de cette prophétie
implendæ	devant être remplie
incessit animo.	entra-dans l'esprit *du roi*.
Et turba Phrygum	Et la troupe des Phrygiens
et Macedonum	et *celle* des Macédoniens
erat circa regem,	était autour du roi,
illa suspensa exspectatione,	celle-là suspendue par l'attente,
hæc sollicita	celle-ci inquiète
ex fiducia temeraria regis.	de la confiance téméraire du roi.
Quippe series vinculorum	Car l'enchaînement des liens
adstricta erat ita	était attaché de-telle-sorte
ut posset percipi	qu'il *ne* pouvait être perçu
nec ratione	ni par le calcul
nec visu,	ni par la vue,
unde nexus inciperet,	d'où le nœud commençait,
quove se conderet :	ou-bien où il se cachait :
aggressus solvere	ayant entrepris de délier
injecerat curam	il avait inspiré le souci

retur irritum inceptum. Ille, nequaquam diu luctatus cum latentibus nodis : « Nihil, inquit, interest quomodo solvantur; » gladioque ruptis omnibus loris, oraculi sortem vel elusit vel implevit.

Quum deinde Darium, ubicumque esset, occupare statuisset, ut a tergo tuta relinqueret, Amphoterum classi ad oram Hellesponti [1], copiis autem præfecit Hegelochum, Lesbum et Chium et Con [2] præsidiis hostium liberaturos. His talenta [3] ad belli usum quingenta attributa; ad Antipatrum [4] et eos qui Græcas urbes tuebantur, sexcenta missa; ex fœdere naves sociis imperatæ, quæ Hellesponto præsiderent; nondum enim Memnonem [5] vita excessisse cognoverat, in quem omnes intenderat curas, satis gnarus cuncta in expedito fore, si nihil ab eo moveretur. Jamque ad urbem Ancyram [6] ventum erat, ubi numero copiarum inito, Paphlagoniam intrat; huic

essaya de les défaire, que l'inutilité de sa tentative ne se tournât en mauvais présage. Mais lui, sans perdre le temps à chercher le secret de ces nœuds : « Peu importe, dit-il, de quelle manière on les défera; » et tranchant toutes les courroies avec l'épée, il éluda ou accomplit la prédiction de l'oracle.

Après cela, comme il était résolu à attaquer Darius en quelque endroit qu'il fût, voulant assurer ses derrières, il donna à Amphotère le commandement de la flotte qui était sur l'Hellespont, et à Hégéloque celui des troupes, avec ordre à tous deux de délivrer les îles de Lesbos, de Chio et de Cos des garnisons ennemies. Il leur assigna cinq cents talens pour les frais de cette expédition; il envoya six cents à Antipater et à ceux qui étaient chargés de la défense des villes grecques; il exigea des alliés, suivant leur traité, des vaisseaux pour croiser sur l'Hellespont; car il n'avait encore rien appris de la mort de Memnon, le seul qui lui causât de l'inquiétude, sachant très-bien que tout lui serait aisé si ce capitaine ne lui suscitait point d'obstacles. Déja on était arrivé à la ville d'Ancyre; là il fait la revue de ses troupes, puis entre dans la Paphlagonie; à celle-

ne inceptum irritum	que la tentative infructueuse
verteretur in omen,	ne fût tournée en présage.
Ille, luctatus	Lui, ayant lutté
nequaquam diu	nullement longtemps
cum nodis latentibus :	avec les nœuds cachés :
« Interest nihil, inquit,	« Il n'importe en rien, dit-il,
quomodo solvantur; »	comment ils sont (seront) déliés ; »
omnibusque loris	et toutes les courroies
ruptis gladio,	ayant été rompues par l'épée,
vel elusit vel implevit	ou il éluda ou il remplit
sortem oraculi.	la prophétie de l'oracle.
Deinde quum statuisset	Ensuite comme il avait résolu
occupare Darium	d'attaquer Darius
ubicumque esset,	partout-où il serait,
præfecit classi	il préposa à la flotte
ad oram Hellesponti	auprès de la côte de l'Hellespont
Amphoterum,	Amphotère,
copiis autem	et il préposa aux troupes [nemis
Hegelochum [tium	Hégélochus
liberaturos præsidiis hos-	eux devant délivrer des garnisons des en-
Lesbum et Chium et Con,	Lesbos et Chios et Cos,
ut relinqueret a tergo	pour qu'il laissât par derrière
tuta.	les choses sûres.
Quingenta talenta	Cinq-cents talents
attributa his	furent assignés à ceux-ci
ad usum belli;	pour l'usage de la guerre ;
sexcenta missa	six-cents furent envoyés
ad Antipatrum et eos	à Antipater et à ceux
qui tuebantur urbes Græcas;	qui gardaient les villes grecques ;
naves quæ præsiderent	des vaisseaux qui veillassent
Hellesponto	à l'Hellespont,
imperatæ sociis	furent commandés aux alliés
ex fœdere ;	d'après le traité ;
nondum enim cognoverat	en effet il n'avait pas-encore appris
Memnonem	Memnon
excessisse vita,	être sorti de la vie,
in quem intenderat	contre lequel Memnon il avait dirigé
omnes curas,	tous ses soins,
gnarus satis	sachant suffisamment
cuncta fore	toutes choses devoir être
in expedito	dans le dégagé (faciles),
si nihil moveretur ab eo.	si rien n'était remué par lui.
Jamque ventum erat	Et déjà on était arrivé
ad urbem Ancyram,	auprès de la ville d'Ancyre, [troupes
ubi numero copiarum	où le nombre (le dénombrement) des
inito,	ayant été entrepris,
intrat Paphlagoniam	il entre dans la Paphlagonie.

juncti erant Eneti[1], unde quidam Venetos trahere originem
credunt; omnisque hæc regio paruit regi; datisque obsidibus, tributum, quod ne Persis quidem tulissent, pendere ne
cogerentur impetraverunt. Calas huic regioni præpositus est;
ipse, assumptis qui ex Macedonia nuper advenerant, Cappadociam petiit.

II. At Darius, nuntiata Memnonis morte, haud secus quam
par erat motus, omissa omni alia spe, statuit ipse decernere;
quippe, quæ per duces suos acta erant, cuncta damnabat, ratus pluribus curam, omnibus abfuisse fortunam. Igitur, castris ad Babylonem[2] positis, quo majore animo capesserent
bellum, universas vires in conspectum dedit; et, circumdato
vallo quod decem millium armatorum multitudinem caperet, Xerxis exemplo[3] numerum copiarum iniit. Orto sole ad
noctem, agmina, sicut descripta erant, intravere vallum;
inde occupaverunt emissa Mesopotamiæ[4] campos, equitum
peditumque propemodum innumerabilis turba, majorem

ci confinaient les Hénètes, dont les Vénètes, suivant quelques-uns,
tirent leur origine. Tout ce pays se soumet au roi, et en donnant
des otages, il obtient de ne pas payer un tribut qu'il n'avait pas
même payé aux Perses. Alexandre en confie le gouvernement à
Calas, et lui-même avec les troupes nouvellement arrivées de Macédoine, se dirige vers la Cappadoce.

II. Cependant Darius, touché comme il devait l'être, en apprenant la mort de Memnon, ne fit plus fond que sur lui-même, et résolut de faire la guerre en personne; car il était mécontent de tout
ce qu'avaient fait ses généraux: il pensait que quelques-uns avaient
manqué d'activité et tous de bonheur. Il vient donc camper près
de Babylone, et, afin d'inspirer à ses troupes plus d'ardeur pour
cette guerre, il donne toutes ses forces en spectacle. Après avoir
retranché, à l'exemple de Xerxès, un espace capable de contenir dix
mille hommes, il fait le dénombrement de ses troupes. Depuis le
lever du soleil jusqu'à la nuit, elles entrèrent dans cette enceinte,
dans l'ordre qui leur avait été assigné; elles passèrent de là dans les
plaines de la Mésopotamie, et cette multitude presque innombrable

Eneti, unde quidam credunt	Les Hénètes, d'où quelques-uns croient
Venetos trahere originem,	les Vénètes tirer *leur* origine,
juncti erant huic;	étaient attenants à celle-ci;
omnisque hæc regio	et toute cette contrée
paruit regi;	obéit au roi;
obsidibusque datis	et des otages ayant été donnés,
impetraverunt ne cogerentur	ils obtinrent qu'ils ne fussent pas forcés
pendere tributum	de payer un tribut
quod ne tulissent quidem	qu'ils n'avaient pas même porté (payé)
Persis.	aux Perses.
Calas præpositus est	Calas fut préposé
huic regioni;	à cette contrée;
ipse petiit Cappadociam,	lui-même gagna la Cappadoce,
qui advenerant nuper	*ceux* qui étaient arrivés récemment
ex Macedonia,	de Macédoine,
assumptis.	ayant été pris-avec *lui*.

II. At Darius,	II. Mais Darius,
morte Memnonis nuntiata,	la mort de Memnon ayant été annoncée,
motus haud secus	ému non autrement
quam erat par,	qu'il était convenable,
statuit decernere ipse;	résolut de combattre lui-même;
quippe damnabat cuncta	car il condamnait toutes les choses
quæ acta erant	qui avaient été faites
per suos duces,	par-l'-intermédiaire de ses généraux,
ratus curam	persuadé le soin
abfuisse pluribus,	avoir manqué aux plus nombreux,
fortunam omnibus.	le bonheur à tous.
Igitur castris positis	Donc le camp ayant été placé
ad Babylonem,	auprès de Babylone, [prissent la guerre
quo capesserent bellum	afin-que-par-là ils (ses soldats) entre-
animo majore,	d'un courage plus grand,
dedit in conspectum	il donna en spectacle
vires universas;	*ses* forces entières;
et, exemplo Xerxis,	et, par (à) l'exemple de Xerxès,
vallo quod caperet	une palissade qui contînt
multitudinem	une multitude
decem millium armatorum	de dix mille *hommes* armés
circumdato,	étant élevée-autour,
iniit numerum copiarum.	il entreprit le dénombrement des troupes.
Sole orto	Le soleil étant levé [sade
agmina intravere vallum,	les bataillons entrèrent-dans la pali-
sicut descripta erant,	comme ils avaient été distribués,
ad noctem;	jusqu'à la nuit;
emissa inde occupaverunt	sortis de-là ils occupèrent
campos Mesopotamiæ,	les plaines de la Mésopotamie,
turba propemodum	*étant* une troupe presque

quam pro numero speciem gerens. Persarum [1] erant centum millia; in quibus eques triginta millia implebat. Medi [2] decem equitum, quinquaginta millia peditum habebant. Barcanorum [3] equitum duo millia fuere, armati bipennibus levibusque scutis cetræ [4] maxime speciem reddentibus; peditum decem millia pari armatu sequebantur. Armenii [5] quadraginta millia miserant peditum, additis septem millibus equitum. Hyrcani [6] egregii, ut inter illas gentes, sex millia expleverant, equis militatura. Derbices [7] quadraginta millia peditum armaverant; pluribus ære aut ferro præfixæ hastæ, quidam lignum igni duraverant; hos quoque duo millia equitum ex eadem gente comitata sunt. A Caspio mari octo millium pedester exercitus venerat; ducenti equites cum his erant. Ignobiles [8] aliæ gentes duo millia peditum, equitum dupli

de cavalerie et d'infanterie paraissait encore plus considérable qu'elle n'était en effet. Il y avait cent mille Perses, dont trente mille chevaux. Les Mèdes avaient dix mille cavaliers et cinquante mille hommes d'infanterie. Il y avait deux mille cavaliers Barcaniens armés de haches à deux tranchants et de boucliers légers très-approchants des boucliers espagnols; ils étaient suivis de dix mille fantassins armés de même. Les Arméniens avaient envoyé quarante mille hommes d'infanterie et sept mille de cavalerie. Les Hyrcaniens, d'une bravoure remarquable pour des Asiatiques, avaient fourni un corps complet de six mille cavaliers. Les Derbices avaient mis sur pied quarante mille fantassins; la plupart étaient armés de piques avec des pointes de fer, quelques-uns de bâtons durcis au feu; ils étaient aussi accompagnés de deux mille cavaliers de la même nation. Huit mille hommes d'infanterie et deux cents chevaux étaient venus des bords de la mer Caspienne. Deux mille fantassins et quatre mille cavaliers avaient été fournis par des peuplades obscures

HISTOIRE D'ALEXANDRE. LIVRE III.

innumerabilis	innombrable
equitum peditumque,	de cavaliers et de fantassins,
gerens speciem majorem	portant (offrant) un aspect plus grand
quam pro numero.	que eu-égard au nombre.
Centum millia Persarum	Cent milliers de Perses
erant;	étaient ;
in quibus eques	dans lesquels le cavalier (la cavalerie)
implebat triginta millia.	complétait trente milliers.
Medi habebant	Les Mèdes avaient
decem millia equitum,	dix milliers de cavaliers,
quinquaginta peditum.	cinquante mille de fantassins.
Duo millia	Deux milliers
equitum Barcanorum	de cavaliers barcaniens
fuere,	furent, [chants
armati bipennibus	étant armés de haches-à-deux-tran-
scutisque levibus,	et de boucliers légers
reddentibus maxime	reproduisant le plus (à-peu-près)
speciem cetræ ;	l'apparence d'un bouclier-de-cuir ;
decem millia peditum	dix milliers de fantassins
armatu pari	d'une armure pareille
sequebantur.	suivaient.
Armenii miserant	Les Arméniens avaient envoyé
quadraginta millia peditum,	quarante milliers de fantassins,
septem millibus equitum	sept milliers de cavaliers
additis.	ayant été ajoutés.
Hyrcani egregii	Les Hyrcaniens remarquables
ut inter illas gentes,	comme parmi (pour) ces nations,
expleverant sex millia	avaient complété six mille *hommes*
militatura equis.	devant combattre *sur* des chevaux
Derbices armaverant [tum ;	Les Derbices avaient armé
quadraginta millia pedi-	quarante milliers de fantassins ;
hastæ præfixæ	des lances garnies-au-bout
ære aut ferro	par l'airain ou le fer
pluribus ;	*étaient* au plus-grand-nombre ;
quidam duraverant lignum	certains avaient durci le bois
igni ;	par le feu ;
duo millia equitum quoque	deux milliers de cavaliers aussi
ex eadem gente	de la même nation
comitata sunt hos.	accompagnèrent ceux-ci.
Exercitus pedester	Une armée de-pied
octo millium	de huit mille *hommes*
venerat a mari Caspio ;	était venue de la mer Caspienne ;
ducenti equites	deux-cents cavaliers
erant cum his.	étaient avec ceux-ci.
Aliæ gentes ignobiles	D'autres nations inconnues
paraverant	avaient fourni
duo millia peditum,	deux milliers de fantassins,

cem paraverant numerum. His copiis triginta millia Græcorum mercede conducta, egregiæ juventutis, adjecta sunt; nam Bactrianos et Sogdianos¹ et Indos², ceterosque Rubri³ maris accolas, ignota etiam ipsi gentium nomina, festinatio prohibebat acciri.

Nec quidquam illi minus quam multitudo militum defuit. Cujus tum universæ adspectu admodum lætus, purpuratis solita vanitate spem ejus inflantibus, conversus ad Charidemum⁴ Atheniensem, belli peritum, et ob exsilium infestum Alexandro (quippe Athenis jubente eo fuerat expulsus), percontari cœpit satisne ei videretur instructus ad obterendum hostem. At ille, et suæ sortis et regiæ superbiæ oblitus⁵ : « Verum, inquit, et tu forsan audire nolis; et ego, nisi nunc dixero, alias nequidquam confitebor. Hic tanti apparatus exercitus, hæc tot gentium et totius Orientis excita sedibus suis moles, finitimis potest esse terribilis⁶ ; nitet purpura

On avait ajouté à ces troupes trente mille Grecs mercenaires, tous jeunes gens d'élite ; pour les Bactriens, les Sogdiens, les Indiens, et les autres peuples qui habitent les bords de la mer Erythrée, et dont les noms étaient inconnus à Darius même, il n'avait pas eu le temps de les appeler.

Effectivement, ce qui lui manquait le moins, c'était le nombre de soldats. Aussi, transporté de joie à la vue de cette multitude, et exalté par les vains propos que l'adulation suggérait à ses courtisans, il se tourna vers l'Athénien Charidème, homme expérimenté dans la guerre, et ennemi juré d'Alexandre, qui l'avait fait bannir d'Athènes, et lui demanda s'il lui paraissait assez fort pour écraser l'ennemi. Charidème, oubliant et sa condition et l'orgueil des rois, lui répondit : « Peut-être n'aimerez-vous pas à entendre la vérité ; et moi, si je ne la dis aujourd'hui, vainement la dirai-je dans un autre temps. Cette armée d'un si grand appareil, cet amas de tant de nations que vous avez tirées de tous les coins de l'Orient, peut être formidable aux peuples voisins; partout brillent la pourpre, l'or,

numerum duplicem equitam.	un nombre double de cavaliers.
Triginta millia Græcorum	Trente milliers de Grecs
conducta mercede,	loués par un salaire, [d'élite],
juventutis egregiæ,	d'une jeunesse remarquable (jeunes gens
adjecta sunt his copiis;	furent ajoutés à ces troupes ;
nam festinatio prohibebat	car la précipitation empêchait
Bactrianos et Sogdianos	Bactriens et Sogdiens
et Indos,	et Indiens,
ceterosque accolas	et tous-les-autres riverains
maris Rubri	de la mer Rouge (Erythrée)
acciri.	être appelés.
Nec quidquam	Ni quelque chose
defuit minus illi	ne manqua moins à lui (Darius)
quam multitudo militum.	que la multitude des soldats.
Adspectu cujus universæ	De l'aspect de laquelle entière
tum admodum lætus,	alors excessivement joyeux,
purpuratis	les vêtus-de-pourpre (les courtisans)
inflantibus spem ejus	enflant l'espoir de lui
vanitate solita,	par *leur* mensonge accoutumé,
conversus ad Charidemum	s'étant tourné vers Charidème
Atheniensem,	athénien,
peritum belli,	habile-dans la guerre,
et infestum Alexandro	et ennemi à Alexandre
ob exsilium	à cause de *son* exil
(quippe expulsus fuerat	(car il avait été chassé
Athenis	d'Athènes,
eo jubente),	lui (Alexandre) ordonnant),
cœpit percontari	il commença à *l*'interroger
videreturne ei	s'il paraissait à lui
satis instructus	assez pourvu de *forces*
ad obterendum hostem.	pour écraser l'ennemi.
At ille oblitus	Mais lui ayant oublié
et suæ sortis	et sa condition
et superbiæ regiæ :	et l'orgueil royal :
« Et tu, inquit, forsan	« Et toi, dit-il, peut-être [vérité];
nolis audire verum;	tu ne-voudrais-pas entendre le vrai (la
et ego,	et moi,
nisi dixero nunc,	si je ne *l*'aurai dit maintenant,
confitebor nequidquam	je *le* déclarerai inutilement
alias.	une-autre-fois.
Hic exercitus	Cette armée
tanti apparatus,	d'un si-grand appareil,
hæc moles tot gentium	cette masse de tant de nations
et Orientis totius	et de l'Orient tout-entier
excita suis sedibus	appelée de ses demeures
potest esse terribilis	peut être formidable
finitimis;	aux *peuples* voisins;

auroque, fulget armis et opulentia, quantam qui oculis non subjecere, animis concipere non possunt. Sed Macedonum acies, torva sane et inculta, clypeis hastisque immobiles cuneos et conferta robora virorum tegit. Ipsi phalangem[11] vocant peditum stabile agmen : vir viro, armis arma consertaa sunt ; ad nutum monentis intenti, sequi signa, ordines servvare didicere. Quod imperatur, omnes exaudiunt : obsistere, circumire, discurrere in cornu, mutare pugnam, non duces magis quam milites callent. Et, ne auri argentique studio teneri putes, adhuc illa disciplina paupertate magistraa stetit : fatigatis humus cubile est; cibus quem occupant satiatt; tempora somni arctiora quam noctis sunt. Jam Thessali equites et Acarnanes Ætolique, invicta bello manus, fundis,, credo, et hastis igne duratis repellentur[2]. Pari robore opus est : in

l'éclat des armes, une opulence qu'on ne saurait imaginer si on ne l'avait vue. Mais l'armée des Macédoniens, avec son asppect farouche et sa tenue grossière, couvre de boucliers et de picques des bataillons inébranlables et une masse compacte d'hommes rrobustes. Eux-mêmes donnent le nom de phalange à un corps d'imfanterie qui combat de pied ferme : hommes, armes, tout se tient ; attentifs à un signe de tête de leur chef, ils ont appris à suivre leeurs enseignes, à garder leurs rangs. Tous entendent le commandlement : faire face à l'ennemi, l'envelopper, se porter sur les ailes;, changer de front, capitaines et soldats le savent tous égalemennt. Et ne croyez pas que l'amour de l'or et de l'argent les fasse agiir ; c'est aux leçons de la pauvreté qu'ils doivent jusqu'à ce jour le mmaintien de cette discipline : fatigués, la terre leur sert de lit; la première nourriture venue leur suffit; leur sommeil ne dure jamais ttoute la nuit. Puis la cavalerie invincible des Thessaliens, des Acarmaniens, des Étoliens, la repoussera-t-on avec des frondes et des bâtons durcis au feu? C'est avec des forces pareilles aux leurs qu'il faut les com-

nitet purpura auroque,	elle reluit de pourpre et d'or,
fulget armis et opulentia,	elle brille par les armes et l'opulence,
quantam	*opulence si-grande* qu'-aussi-grande
qui non subjecere oculis	ceux qui ne *l*'ont point eue-sous les yeux
non possunt	ne peuvent
concipere animis.	concevoir par *leurs* esprits. [niens,
Sed acies Macedonum,	Mais la ligne-de-bataille des Macédo-
torva sane et inculta,	farouche assurément et inculte,
tegit clypeis hastisque	couvre de boucliers et de lances
cuneos immobiles	des coins inébranlables
et robora conferta	et des forces compactes
virorum.	d'hommes.
Ipsi vocant phalangem	Eux-mêmes appellent phalange
agmen peditum	un corps de fantassins
stabile;	qui-se-tient-ferme :
vir viro,	l'homme *est lié* à l'homme,
arma conserta sunt armis;	les armes *sont liées* aux armes;
intenti ad nutum	attentifs à un signe-de-tête
monentis,	de celui-qui-avertit (commande),
didicere sequi signa,	ils ont appris à suivre les enseignes,
servare ordines.	à garder les rangs.
Omnes exaudiunt	Tous entendent
quod imperatur;	ce qui est commandé ;
duces non callent magis	les chefs ne savent pas plus
quam milites	que les soldats
obsistere, circumire,	faire-face, faire des-conversions,
discurrere in cornu,	courir-de-différents-côtés vers l'aile,
mutare pugnam.	changer le combat (le front de bataille).
Et, ne putes	Et, afin-que tu ne penses pas
teneri studio	*eux* être tenus par le désir
auri argentique,	de l'or et de l'argent,
illa disciplina	cette discipline
stetit adhuc	a subsisté jusqu'-ici
paupertate magistra :	la pauvreté *étant* maîtresse :
humus est cubile	la terre est (sert de) lit
fatigatis;	à *eux* fatigués ;
cibus quem occupant	la nourriture qu'ils prennent-la-première
satiat;	les rassasie ;
tempora somni	les temps du sommeil
sunt arctiora	sont plus étroits (plus courts)
quam noctis.	que *ceux* de la nuit.
Jam equites Thessali	De-plus les cavaliers thessaliens
et Acarnanes Ætolique,	et les acarnaniens et les étoliens,
manus invicta bello,	troupe invincible par la guerre,
repellentur, credo,	seront repoussés, je crois,
fundis	par des frondes
et hastis duratis igne.	et par les lances durcies par le feu.

illa terra quæ hos genuit, auxilia quærenda sunt; argentum istud atque aurum ad conducendum militem mitte. » Erat Dario mite ac tractabile ingenium, nisi etiam naturam plerumque fortuna corrumperet. Itaque, veritatis impatiens, hospitem ac supplicem, tunc maxime utilia suadentem, abstrahi jussit ad capitale supplicium. Ille, ne tum quidem libertatis oblitus : « Habeo, inquit, paratum mortis meæ ultorem; expetet pœnas mei consilii spreti is ipse contra quem tibi suasi. Tu quidem, licentia regni tam subito mutatus, documentum eris posteris, homines, quum se permiserve fortunæ, etiam naturam dediscere. » Hæc vociferantem, (quibus erat imperatum, jugulant. Sera deinde pœnitentia subiit regem, ac, vera dixisse confessus, eum sepeliri jussit.

III. Thymodes erat, Mentoris[1] filius, impiger juvenis; cui præceptum est a rege ut omnes peregrinos milites, in

battre : c'est dans leur pays qu'il faut chercher des secours; envoyez-y cet or et cet argent pour y enrôler des soldats. » Darius était d'un caractère doux et traitable ; mais la nature même est souvent pervertie par la fortune. Ne pouvant donc souffrir la vérité, il fit conduire au supplice un homme, son hôte et son suppliant, au moment même où il lui donnait d'utiles conseils. Celui-ci conservant même encore toute sa franchise : « J'ai, dit-il, un vengeur de ma mort tout prêt ; vous serez puni d'avoir méprisé mon conseil par celui même contre qui je vous l'ai donné. Et vous, que la toute-puissance royale a changé si subitement, vous montrerez par votre exemple à la postérité que quand une fois les hommes se laissent aller au gré de la fortune, ils oublient même leur nature. » Tandis qu'il parlait ainsi à haute voix, ceux qui en avaient reçu l'ordre, l'égorgent. Le roi se repentit dans la suite, lorsqu'il n'était plus temps ; et ayant reconnu la vérité de ses avis, il le fit ensevelir.

III. Thymodès, fils de Mentor, était un jeune homme actif; le roi lui ordonna de prendre des mains de Pharnabaze tous les soldats

Opus est robore pari :	Il est besoin d'une force pareille :
auxilia sunt quærenda	des secours sont devant être cherchés
in illa terra	dans cette terre
quæ genuit hos ;	qui a engendré ceux-ci ;
mitte istud argentum	envoie cet argent
atque aurum	et *cet* or
ad conducendum militem. »	pour louer un soldat (des soldats). »
Ingenium mite ac tractabile	Un caractère doux et traitable
erat Dario,	était à Darius,
nisi fortuna	si la fortune ne
corrumperet plerumque	corrompait la-plupart-du-temps
etiam naturam.	même la nature.
Itaque, impatiens veritatis,	En conséquence, impatient de la vérité,
jussit hospitem et supplicem	il ordonna *son* hôte et *son* suppliant
suadentem tunc maxime	conseillant alors le plus (précisément)
utilia,	des choses utiles,
abstrahi	être entraîné
ad supplicium capitale.	vers le supplice capital.
Ille, oblitus ne quidem tum	Lui, n'ayant oublié pas même alors
libertatis :	*sa* franchise :
« Habeo, inquit,	« J'ai, dit-il,
ultorem meæ mortis	un vengeur de ma mort
paratum ;	tout-prêt ;
is ipse	celui-là même
contra quem suasi tibi	contre lequel j'ai conseillé toi
expetet pœnas	réclamera des châtiments
mei consilii spreti.	de (pour) mon conseil méprisé.
Tu quidem,	Toi certes,
mutatus tam subito	changé si subitement
licentia regni,	par la licence de la royauté, [dants,
eris documentum posteris,	tu seras un enseignement aux descen-
homines dediscere	les hommes désapprendre
etiam naturam, [næ. »	même *leur* nature,
quum se permisere fortu-	lorsqu'ils se sont livrés à la fortune. »
Quibus erat imperatum,	*Ceux* auxquels *cela* avait été commandé,
jugulant	égorgent
vociferantem ea	*lui* criant ces choses.
Deinde pœnitentia sera	Ensuite un repentir tardif
subiit regem,	s'empara du roi,
ac confessus	et ayant avoué
dixisse vera,	*lui* avoir dit des choses vraies,
jussit cum sepeliri.	il ordonna lui être enseveli.
III. Thymodes erat,	III. Thymodès était (existait),
filius Mentoris,	fils de Mentor,
juvenis impiger ;	jeune-homme actif ;
cui præceptum est a rege	auquel il fut ordonné par le roi

quibus plurimum habebat spei, a Pharnabazo acciperet, opera eorum usurus in bello ; ipsi Pharnabazo tradit iimperium quod ante Memnoni dederat. Anxium de instamtibus curis agitabant etiam per somnum species imminentium rerum, sive illas ægritudo, sive divinatio animi præsagientis arcessit. Castra Alexandri magno ignis fulgore colluccere ei visa sunt; et paulo post Alexander adduci ad ipsum in eo vestis habitu ¹ quo ipse fuisset; equo deinde per Babylonem vectus, subito cum ipso equo oculis esse subductus. Ad hæc vates varia interpretatione curam distrinxerant. Alii lætum id regi somnium esse dicebant, quod castra hostium arsissent, quod Alexandrum, deposita regia veste, in Persiico et vulgari habitu perductum ad se vidisset. Quidam contra augurabantur: quippe illustria Macedonum castra visa fulgorem Alexandro portendere; quem vero regnum Asiæ occu-

étrangers, sur qui il fondait presque tout son espoir, et de les employer dans cette guerre; quant à Pharnabaze, il eut le commandement qui auparavant avait été donné à Memnon. Inquiet du présent, Darius était encore tourmenté pendant son sommeil par les images des événements prochains, soit que ses songes fussent l'effet des peines de son esprit, soit qu'ils vinssent de quelque pressentiment de son malheur. Il lui sembla qu'il voyait le camp d'Alexandre tout éclatant de feu; que bientôt après on lui amenait son ennemi dans l'habillement qu'il portait lui-même lorsqu'il avait été salué roi; et qu'après s'être promené à cheval dans Babylone, Alexandre et son cheval avaient disparu tout à coup. En outre, les interprétations différentes des devins multipliaient ses inquiétudes. Les uns disaient qu'il était de bon augure pour le roi, d'avoir vu le camp ennemi tout en feu, et Alexandre, dépouillé de ses habits royaux, amené devant lui sous le vêtement d'un simple Perse. Quelques autres tiraient de là un augure tout contraire : selon eux, la lueur dont il avait vu briller le camp des Macédoniens présageait l'éclat des succès d'A-

ut acciperet a Pharnabazo	qu'il reçût de Pharnabaze
omnes milites peregrinos,	tous les soldats étrangers
in quibus habebat	dans lesquels il avait
plurimum spei,	le plus d'espérance,
usurus opera eorum	devant se servir de l'activité d'eux
in bello;	dans la guerre;
tradit Pharnabazo ipsi	il livre à Pharnabaze lui-même
imperium	le commandement
quod dederat ante Memnoni.	qu'il avait donné avant à Memnon.
Species rerum imminentium	Les images des choses imminentes
agitabant etiam	agitaient encore
per somnum	pendant *son* sommeil
anxium	*lui* inquiet
de curis instantibus,	touchant les soucis pressants,
sive ægritudo,	soit-que le chagrin,
sive divinatio	soit que le pressentiment
animi præsagientis	d'un esprit qui-présage
arcessit illas.	appelle celles-ci.
Castra Alexandri	Le camp d'Alexandre
visa sunt ei collucere	parut à lui briller-tout-entier
magno fulgore ignis;	d'un grand éclat de feu;
et paulo post	et un peu après [même
Alexander adduci ad ipsum	Alexandre *parut* être amené vers lui-
in eodem habitu vestis,	dans le même extérieur de costume,
quo ipse fuisset;	*dans* lequel lui-même avait été;
deinde vectus equo	puis porté *sur* un cheval
per Babylonem	à-travers Babylone,
subductus esse	avoir été soustrait
subito oculis	tout-à-coup aux regards
cum equo ipso.	avec le cheval lui-même.
Ad hæc vates	Outre ces choses les devins [souci
distrinxerant curam	avaient porté-sur-plusieurs points *son*
interpretatione varia.	par une interprétation différente.
Alii dicebant id somnium	Les uns disaient ce songe
esse lætum regi,	être heureux au (pour le) roi,
quod castra hostium	parce-que le camp des ennemis
arsissent,	avait brûlé,
quod vidisset Alexandrum,	parce-qu'il avait vu Alexandre,
veste regia deposita,	l'habit royal étant déposé
perductum ad se	amené vers lui-même
in habitu Persico	dans un extérieur perse
et vulgari.	et vulgaire.
Quidam augurabantur	Quelques-uns auguraient
contra:	dans-un-sens-contraire:
quippe castra Macedonum	car le camp des Macédoniens
visa illustria	ayant été vu éclairé
portendere fulgorem	présager de l'éclat

paturum, esse haud ambiguæ rei, quoniam in eodem habitu
Darius fuisset quum appellatus est rex. Vetera quoque omina,
ut fit, sollicitudo revocaverat : Darium enim, in principio imperii, vaginam acinacis [1] Persicam jussisse mutari in eam
formam qua Græci uterentur, protinusque Chaldæos [2] inter-
pretatos imperium Persarum ad eos transiturum quorum
arma esset imitatus. Ceterum ipse et vatum responso quod
edebatur in vulgus, et specie quæ per somnum oblata erat
admodum lætus, castra ad Euphratem moveri jubet.

Patrio more Persarum traditum est orto sole demum procedere, die jam illustri. Signum e tabernaculo regis buccina
dabatur; super tabernaculum, unde ab omnibus conspici
posset, imago Solis crystallo inclusa fulgebat. Ordo autem
agminis erat talis. Ignis, quem ipsi sacrum et æternum vo-

lexandre; d'ailleurs il n'était pas douteux que celui-ci se rendrait
maître de l'empire de l'Asie, puisqu'il avait paru habillé comme
l'était Darius quand il fut salué roi. L'inquiétude, ainsi qu'il est
d'ordinaire, avait encore réveillé le souvenir d'anciens présages;
on se rappelait que Darius, au commencement de son règne, avait
changé le fourreau du cimeterre persan, pour adopter le fourreau
grec; et qu'aussitôt les Chaldéens en avaient conclu que l'empire
des Perses passerait à ceux dont il avait imité les armes. Du reste le
roi, également satisfait et de l'interprétation des devins que l'on
répandait dans le public et de la vision qu'il avait eue en songe, fit
marcher vers l'Euphrate.

C'était un usage traditionnel chez les Perses, de ne se mettre en
marche qu'après le lever du soleil, quand le jour était déjà grand. La
trompette donnait le signal de la tente du roi; au haut de cette
tente, afin qu'elle fût visible à tous les yeux, brillait l'image du
Soleil, enchâssée dans du cristal. Or voici quel était l'ordre de la
marche. Le feu qu'ils appelaient éternel et sacré, était porté en tête

Alexandro ;	à Alexandre ;
quem vero occupaturum	lequel certes devoir occuper
regnum Asiæ,	le royaume d'Asie,
esse rei haud ambiguæ,	être d'une chose non douteuse,
quoniam Darius fuisset	puisque Darius avait été
in eodem habitu	dans le même extérieur,
quum appellatus est rex.	lorsqu'il fut proclamé roi.
Sollicitudo	L'inquiétude
revocaverat quoque,	avait rappelé aussi,
ut fit,	comme *cela* arrive,
omina vetera ;	des présages anciens ;
Darium enim,	Darius en-effet,
in principio imperii,	dans le commencement de *son* règne,
jussisse vaginam Persicam	avoir ordonné le fourreau persique
acinacis	du cimeterre
mutari in eam formam	être changé en cette forme
qua Græci uterentur;	dont les Grecs se servaient,
Chaldæosque	et les Chaldéens
interpretatos protinus	avoir interprété aussitôt
imperium Persarum	l'empire des Perses
transiturum ad eos	devoir passer à ceux
quorum imitatus esset arma.	dont il avait imité les armes.
Ceterum ipse	Du-reste lui-même
admodum lætus	excessivement joyeux
et responso vatum	et de la réponse des devins
quod edebatur in vulgus,	qui était répandue dans la foule,
et specie quæ oblata erat	et de l'image qui s'était offerte
per somnum,	pendant *son* sommeil,
jubet castra moveri	ordonne le camp être transporté
ad Euphratem.	auprès de l'Euphrate.
Traditum est	Il a été transmis
more patrio Persarum	par la coutume nationale des Perses.
procedere	de s'avancer
demum sole orto,	seulement le soleil étant levé,
die jam illustri.	le jour *étant* déjà clair.
Signum dabatur buccina	Le signal était donné par la trompette
e tabernaculo regis;	de la tente du roi ;
imago solis	l'image du soleil
inclusa crystallo	enfermée dans du cristal
fulgebat super tabernaculum	brillait sur la tente,
unde posset conspici	d'où elle pût être aperçue
ab omnibus.	par tous.
Ordo autem agminis	Or l'ordre de l'armée-en-marche
erat talis.	était tel.
Ignis, quem ipsi vocabant	Le feu, qu'eux-mêmes appelaient
sacrum et æternum,	sacré et éternel,
præferebatur	était porté-en-avant

cabant, argenteis altaribus præferebatur. Magi [1] proximi patrium carmen canebant. Magos trecenti et sexaginta quinque juvenes sequebantur, puniceis amiculis velati, diebus totius anni pares numero ; quippe Persis quoque in totidem dies descriptus est annus. Currum deinde Jovi sacratum albentes vehebant equi. Hos eximiæ magnitudinis equus, quem Solis appellabant, sequebatur ; aureæ virgæ et albæ vestes regentes equos adornabant. Haud procul erant vehicula decem, multo auro argentoque cælata. Sequebatur hæc equitatus duodecim gentium, variis armis et moribus [2]. Proximi ibant quos Persæ Immortales vocant, ad decem millia. Cultus opulentiæ barbaræ non alios magis honestabat : illi aureos torques, illi vestem auro distinctam habebant, manicatasque tunicas [3], gemmis etiam adornatas. Exiguo intervallo quos cognatos regis [4] appellant, decem et quinque millia hominum. Hæc vero turba, muliebriter pro-

de l'armée sur des autels d'argent. Des mages étaient derrière, chantant des hymnes nationaux. Ils étaient suivis par trois cent soixante-cinq jeunes gens, revêtus de manteaux de pourpre, égaux en nombre à celui des jours de l'année ; car les Perses divisent comme nous l'année en trois cent soixante-cinq jours. Un char consacré à Jupiter venait ensuite, tiré par des chevaux blancs ; puis un coursier d'une grandeur extraordinaire, qu'ils appelaient le cheval du Soleil ; des houssines d'or et des habits blancs étaient la parure de ceux qui conduisaient les chevaux. Non loin de là roulaient dix chariots richement incrustés d'or et d'argent. Après cela marchait un corps de cavalerie composé de douze nations, d'armes et de mœurs différentes. Il était suivi de ceux que les Perses appellent Immortels, au nombre de dix mille ; pour le luxe de la parure, ceux-ci ne le cédaient à aucun des autres barbares ; ils portaient des colliers d'or, des robes brochées d'or, et des tuniques à longues manches, ornées même de pierreries. A peu de distance paraissaient, au nombre de quinze mille, ceux qu'on nomme les cousins du roi, troupe dont la parure approchait

altaribus argenteis.	sur des autels d'-argent.
Magi proximi	Des mages venant-immédiatement-après
canebant carmen patrium.	chantaient un chant national.
Trecenti et sexaginta quinque juvenes	Trois-cent et soixante cinq jeunes-gens
velati amiculis puniceis,	voilés (vêtus) de manteaux de-pourpre,
pares numero	égaux en nombre
diebus anni totius,	aux jours de l'année tout-entière,
sequebantur magos;	suivaient les mages;
quippe annus descriptus est	car l'année a été distribuée
quoque Persis	aussi aux (pour les) Perses
in totidem dies.	en autant de jours.
Deinde equi albentes	Ensuite des chevaux blancs
vehebant currum	traînaient un char
sacratum Jovi.	consacré à Jupiter.
Equus magnitudinis eximiæ,	Un cheval d'une grandeur remarquable,
quem appellabant Solis,	qu'ils appelaient *le cheval* du Soleil,
sequebatur hos.	suivait ceux-ci.
Virgæ aureæ	Des baguettes d'-or
et vestes albæ	et des vêtements blancs
adornabant regentes equos.	ornaient *ceux* conduisant les chevaux.
Decem vehicula	Dix chars
cælata auro multo	ciselés en un or abondant
argentoque	et un argent *abondant*
erant haud procul.	étaient non loin.
Equitatus duodecim gentium	La cavalerie de douze nations
armis et moribus variis	d'armes et de mœurs différentes
sequebatur.	suivait.
Quos Persæ	*Ceux* que les Perses
vocant Immortales,	appellent les Immortels,
ad decem millia,	jusqu'à (au nombre de) dix mille,
ibant proximi.	venaient les plus proches.
Cultus opulentiæ barbaræ	Une parure d'une opulence barbare
non honestabat alios magis;	ne décorait pas d'autres davantage;
illi habebant	eux avaient
torques aureos,	des colliers d'-or,
illi vestem	eux *avaient* une robe
distinctam auro,	nuancée (brodée) d'or,
tunicasque manicatas,	et des tuniques à-manches,
adornatas etiam gemmis.	ornées aussi de pierres-précieuses.
Quos appellant	*Ceux* qu'ils appellent
cognatos regis,	cousins du roi,
decem et quinque	dix et cinq
millia hominum,	milliers d'hommes,
exiguo intervallo.	*venaient* à une petite distance.
Hæc vero turba	Or cette troupe

pemodum culta, luxu magis quam decoris armis conspicua erat. Doryphori[1] vocabantur proximum his agmen, soliti vestem excipere regalem; hi currum regis anteibant, quo ipse eminens vehebatur. Utrumque currus latus deorum simulacra ex auro argentoque expressa decorabant; distinguebant internitentes gemmæ jugum; ex quo eminebant duo aurea simulacra cubitalia, quorum alterum Nini, alterum Beli[2] gerebat effigiem. Inter hæc auream aquilam, pinnas extendenti similem, sacraverant.

Cultus regis inter omnia luxuria notabatur: purpureæ tunicæ medium album intextum erat[3]; pallam auro distinctam aurei accipitres, velut rostris inter se concurrerent, adornabant; et, zona aurea muliebriter cinctus, acinacem suspenderat cui ex gemma erat vagina. Cidarim[4] Persæ regium capitis vocabant insigne; hoc cærulea fascia, albo distincta,

de celle des femmes, et plus remarquable par le luxe des habits que par l'éclat des armes. Ils étaient suivis immédiatement par ceux qu'on appelait Doryphores, chargés de porter les vêtements du roi ; ils précédaient le char sur lequel le roi était élevé. Les deux côtés de ce char étaient ornés de statues des dieux en or et en argent ; des pierreries qui brillaient par divers points de leur surface éclataient sur le joug, d'où s'élevaient deux statues d'or hautes d'une coudée, l'une représentant Ninus, et l'autre Bélus ; au milieu était un emblème sacré, c'était un aigle d'or aux ailes éployées.

La parure du roi surpassait tout le reste en magnificence ; sa tunique de pourpre était rayée de blanc; son manteau, broché d'or, était enrichi d'éperviers d'or qui semblaient s'attaquer à coups de becs; il portait, à la manière des femmes, une ceinture d'or, d'où pendait son cimeterre dans un fourreau en pierres précieuses. Les Perses appelaient cidaris, le diadème royal qui était entouré d'une bandelette bleue mêlée de blanc. Le char était suivi de dix

propemodum culta	presque parée
muliebriter,	à-la-manière-des-femmes,
erat conspicua	était remarquable
magis luxu	plus par le luxe *des habits*
quam decoris armis.	que par de belles armes.
Agmen proximum his,	La troupe la plus proche (à) de ceux-ci,
vocabantur Doryphori,	étaient appelés (était appelée) Dory-
soliti excipere	accoutumés à recevoir [phores,
vestem regalem;	le vêtement royal;
hi anteibant	ceux-ci marchaient-devant
currum regis	le char du roi,
quo ipse eminens	par lequel lui-même étant élevé
vehebatur.	était porté.
Simulacra deorum	Des statues des dieux
expressa ex auro argentoque	tirées (faites) d'or et d'argent
decorabant	décoraient
utrumque latus currus;	l'un-et-l'autre côté du char ;
gemmæ internitentes	des pierres-précieuses brillant-par-dif-
distinguebant jugum;	nuançaient le joug ; [férents-points
ex quo eminebant	duquel s'élevaient
duo simulacra aurea	deux statues d'-or
cubitalia,	d'une-coudée,
quorum alterum	dont l'une
gerebat effigiem Nini,	portait (présentait) l'image de Ninus,
alterum Beli.	l'autre *celle* de Bélus.
Sacraverant inter hæc	Ils avaient consacré entre celles-ci
aquilam auream,	un aigle d'-or
similem extendenti pennas.	semblable à *un aigle* étendant ses ailes.
Cultus regis	La parure du roi
notabatur inter omnia	était remarquée entre toutes choses
magnificentia;	par *sa* magnificence;
medium album	un milieu blanc
intextum erat	avait été tissé-dans
tunicæ purpureæ;	une tunique de-pourpre;
accipitres aurei,	des éperviers d'-or,
velut concurrerent inter se	comme s'ils s'entre-choquaient entre eux
rostris,	par *leurs* becs,
adornabant pallam	ornaient *son* manteau
distinctam auro;	nuancé (brodé) d'or ;
et cinctus muliebriter	et ceint à-la-manière-des-femmes
zona aurea,	d'une ceinture d'-or,
suspenderat acinacem,	il avait suspendu un cimeterre
cui vagina erat	auquel un fourreau était
ex gemma.	*fait* de pierre-précieuse.
Persæ vocabant cidarim	Les Perses appelaient cidaris
insigne regium capitis;	l'ornement royal de la tête;
fascia cærulea,	une bandelette bleue

circumibat. Currum decem millia hastatorum sequebantur; hastas argento exornatas, spicula auro præfixa gestabant. Dextra lævaque regem ducenti ferme nobilissimi propinquorum comitabantur. Horum agmen claudebatur triginta millibus peditum, quos equi regis quadringenti sequebantur. Intervallo deinde unius stadii[1] matrem Darii Sysigambim currus vehebat, et in alio erat conjux[2]; turba feminarum reginas comitantium equis vectabatur. Quindecim inde, quas armamaxas appellant, sequebantur. In his erant liberi regis[3], et qui educabant eos, spadonumque grex, haud sane illis gentibus vilis. Tum regiæ pellices trecentæ sexaginta vehebantur, et ipsæ regali cultu ornatuque. Post quas pecuniam regis sexcenti muli et trecenti cameli vehebant, præsidio sagittariorum prosequente. Propinquorum amicorumque conjuges huic agmini proximæ, lixarumque et calonum

mille piquiers; leurs piques étaient enrichies d'argent, et garnies de pointes d'or. A droite et à gauche, le roi était accompagné par environ deux cents de ses parents les plus distingués. Cette escorte était terminée par trente mille hommes de pied, qui étaient suivis par les chevaux du roi au nombre de quatre cents. A la distance d'un stade venait ensuite, sur un char, Sysigambis, mère de Darius, et sur un autre, son épouse; les femmes attachées aux reines étaient à cheval. Elles étaient suivies de quinze litières, que les Perses appellent armamaxes, où étaient les enfants du roi avec leurs gouverneurs, et une troupe d'eunuques, espèce d'hommes que ces peuples sont loin de mépriser. Puis sur des chars les concubines du roi, au nombre de trois cent soixante, vêtues aussi et parées comme des reines; derrière elles, le trésor du roi était porté par six cents mulets et trois cents chameaux, sous une escorte d'archers. Sur leurs pas venaient les femmes des parents et des ministres du roi, et des troupes de vivandiers et de goujats, tous montés sur des voitures. La marche

distincta albo,	nuancée de blanc
circumibat hoc.	entourait celui-ci.
Decem millia hastatorum	Dix milliers de piquiers
sequebantur currum;	suivaient le char;
gestabant hastas	ils portaient des piques
exornatas argento,	ornées d'argent,
spicula præfixa auro.	des pointes garnies-au-bout d'or.
Ducenti ferme	Deux-cents presque (environ)
nobilissimi propinquorum	les plus nobles de ses proches
comitabantur regem	accompagnaient le roi
dextra lævaque.	à droite et à gauche.
Agmen horum claudebatur	La marche de ceux-ci était fermée
triginta millibus equitum,	par trente milliers de fantassins,
quos quadringenti	que quatre-cents
equi regis sequebantur.	chevaux du roi suivaient.
Deinde intervallo	Puis à la distance
unius stadii	d'un stade
currus vehebat Sysigambim	un char portait Sysigambis,
matrem Darii,	mère de Darius,
et conjux erat in alio;	et son épouse était sur un autre char;
turba feminarum	la troupe des femmes
comitantium reginas	accompagnant les reines
vectabatur equis.	était portée par des chevaux.
Inde quindecim,	Puis quinze *chariots*,
quas appellant armamaxas,	qu'ils appellent armamaxes,
sequebantur.	suivaient.
Liberi regis	Les enfants du roi,
et qui educabant eos,	et ceux qui élevaient eux,
grexque spadonum	et le troupeau des eunuques
haud sane vilis	non assurément vil (nullement méprisé)
illis gentibus,	à (aux yeux de) ces nations,
erant in his.	étaient dans ceux-ci.
Tum trecentæ sexaginta	En-outre trois-cent soixante
pellices regiæ	concubines royales
vectabantur,	étaient portées,
et ipsæ cultu regali	elles-mêmes aussi d'une parure royale
ornatuque.	et d'un ornement *royal*.
Post quas sexcenti muli	Après lesquelles six-cents mulets
et trecenti cameli	et trois-cents chameaux
vehebant pecuniam regis,	portaient l'argent du roi,
præsidio sagittariorum	une garde d'archers
prosequente.	escortant.
Conjuges propinquorum	Les épouses des proches
amicorumque	et des amis *du roi*
proximæ huic agmini,	les plus-proches à (de) cette troupe,
gregesque	et des troupeaux
lixarum et calonum	de vivandiers et de goujats

greges vehebantur. Ultimi erant, cum suis quisque ducibus qui cogerent agmen, leviter armati. Contra, si quis aciem Macedonum intueretur, dispar facies erat, equis virisque non auro, non discolori veste, sed ferro atque ære fulgentibus: agmen et stare paratum et sequi, nec turba, nec sarcinis prægrave; intentum ad ducis non signum modo, sed etiam nutum; et castris locus, et exercitui commeatus suppetebant. Ergo Alexandro in acie miles non defuit; Darius, tantæ multitudinis rex, loci in quo pugnavit angustiis redactus est ad paucitatem quam in hoste contempserat.

IV. Interea Alexander, Abistamene Cappadociæ præposito, Ciliciam [1] petens cum omnibus copiis, regionem quæ castra Cyri appellatur pervenerat: stativa ibi habuerat Cyrus, quum adversus Crœsum [2] in Lydiam [3] duceret. Aberat ea regio quinquaginta stadia ab aditu quo Ciliciam intramus: Pylas [4]

était fermée par des compagnies armées à la légère, ayant chacune leurs chefs, pour empêcher qu'on ne s'écartât. Si au contraire on jetait les yeux sur l'armée des Macédoniens, c'était un spectacle bien différent; les chevaux et les hommes y brillaient, non par l'or ou par les diverses couleurs des habillements, mais par l'éclat du fer et de l'airain : c'était un corps également prêt à faire halte et à marcher, que ne surchargeaient ni la foule ni les bagages; attentif, non-seulement au signal, mais au moindre clin d'œil du général; qui avait toujours assez de place pour camper, assez de vivres pour subsister. Aussi Alexandre dans l'action ne manqua point de soldats, tandis que Darius, à la tête d'une multitude innombrable, ayant à combattre dans un lieu trop resserré, fut réduit au petit nombre qu'il avait méprisé dans l'ennemi.

IV. Cependant Alexandre, après avoir pourvu Abistamène du gouvernement de la Cappadoce, avait marché avec toutes ses troupes vers la Cilicie, et était arrivé à l'endroit qu'on appelle le camp de Cyrus; ce prince y avait effectivement campé, lorsqu'il menait son armée en Lydie contre Crésus. Cet endroit était à cinquante stades de l'entrée de la Cilicie; ce sont des gorges très-resserrées que les habitants

vehebantur.	étaient portés.
Armati leviter,	Des *hommes* armés à-la-légère,
quisque cum suis ducibus,	chacun avec leurs chefs,
erant ultimi,	étaient les derniers
qui cogerent agmen.	qui fermassent (pour fermer) la marche.
Contra,	Au-contraire,
si quis intueretur	si quelqu'un considérait
aciem Macedonum,	l'armée des Macédoniens,
facies erat dispar,	l'aspect était différent,
equis virisque	les chevaux et les hommes
non fulgentibus auro,	ne brillant pas par l'or,
non veste discolori,	non par un vêtement de-diverses-couleurs,
sed ferro atque ære :	mais par le fer et l'airain :
agmen paratum	troupe prête
et stare et sequi,	et à rester-en-place et à suivre,
prægrave nec turba	surchargée ni par la foule
nec sarcinis;	ni par les bagages ;
intentum non modo	attentive non-seulement
ad signum,	à un signal,
sed etiam ad nutum ducis;	mais encore à un-signe-de-tête du chef ;
et locus castris	et le lieu *suffisait* au camp,
et commeatus suppetebant	et les approvisionnements suffisaient
exercitui.	à l'armée.
Ergo miles non defuit	Donc le soldat ne manqua pas
Alexandro in acie ;	à Alexandre dans la bataille ;
Darius,	Darius,
rex tantæ multitudinis,	roi d'une si-grande multitude,
redactus est angustiis loci	fut réduit par l'étroitesse du lieu
in quo pugnavit	dans lequel il combattit
ad paucitatem	au petit-nombre
quam contempserat in hoste.	qu'il avait méprisé dans l'ennemi.
IV. Interea Alexander,	IV. Cependant Alexandre,
Abistamene præposito	Abistamène ayant été préposé
Cappadociæ,	à la Cappadoce,
petens Ciliciam	gagnant la Cilicie
cum omnibus copiis,	avec toutes *ses* troupes,
pervenerat regionem	était parvenu à la contrée
quæ appellatur castra Cyri :	qui est appelée camp de Cyrus :
Cyrus habuerat ibi	Cyrus avait eu là
stativa,	un camp-de-séjour,
quum duceret in Lydiam	lorsqu'il conduisait *ses troupes* en Lydie
adversus Crœsum.	contre Crésus.
Ea regio aberat	Cette contrée était-éloignée
quinquaginta stadia	de cinquante stades
ab aditu	de l'accès
quo intramus Ciliciam :	par lequel nous entrons-en Cilicie :

incolæ dicunt arctissimas fauces, munimenta quæ manu ponimus naturali situ imitante. Igitur Arsanes, qui Ciliciæ præerat, reputans quid initio belli Memnon suasisset, quondam salubre consilium sero exsequi statuit: igni ferroque Ciliciam vastat, ut hosti solitudinem faciat; quidquid usui esse potest corrumpit, sterile ac nudum solum quod tueri nequibat, relicturus. Sed longe utilius fuit angustias aditus qui Ciliciam aperit valido occupare præsidio, jugumque opportune itineri imminens obtinere, unde inultus subeuntem aut prohibere aut opprimere hostem potuisset. Nunc, paucis qui callibus præsiderent relictis, retro ipse concessit, populator terræ quam a populationibus vindicare debuerat. Ergo, qui relicti erant, proditos se rati, ne conspectum quidem hostis sustinere voluerunt, quum vel pauciores locum obtinere potuissent. Namque perpetuo jugo montis asperi ac prærupti Cilicia includitur [1]; quod, quum a mari surgat,

nomment Pyles, et qui ressemblent, par leur assiette naturelle, à des fortifications faites de main d'homme. Alors Arsanès, qui commandait en Cilicie, se rappelant l'avis qu'avait donné Memnon au commencement de la guerre, résolut, mais trop tard, de suivre un conseil qui eût été salutaire dans le temps : il ravage la Cilicie par le fer et par le feu pour faire un désert devant l'ennemi ; il gâte tout ce qui peut être de quelque usage, afin de laisser nu et stérile un pays qu'il ne pouvait défendre. Mais il aurait été bien plus utile d'occuper par un fort détachement le défilé qui ouvre l'entrée de la Cilicie, et de se saisir des hauteurs qui commandent justement le chemin, et d'où il aurait pu impunément ou arrêter l'ennemi au passage ou l'écraser. Dans la conjoncture présente, après avoir laissé un petit nombre de soldats pour garder les sentiers, il se retira ravageant lui-même une terre qu'il aurait dû garantir des ravages. Ceux qu'il avait laissés, concluant de là qu'ils étaient trahis, ne voulurent pas soutenir seulement la vue de l'ennemi, quoiqu'ils eussent pu conserver ce poste, même étant moins nombreux. En effet la Cilicie est enfermée par une chaîne non interrompue de montagnes rudes et escarpées, laquelle s'élevant de la mer, se recourbe et forme une sorte de crois-

incolæ dicunt Pylas	les habitants appellent Pyles (portes)
fauces arctissimas,	ces gorges très-étroites,
situ naturali	l'assiette naturelle
imitante munimenta	imitant les fortifications
quæ ponimus manu.	que nous posons par la main
Igitur Arsanes,	Donc Arsanès,
qui præerat Ciliciæ,	qui commandait à la Cilicie,
reputans quid Memnon	songeant quelle chose Memnon [guerre,
suasisset initio belli,	avait conseillée au commencement de la
statuit sero exsequi	résolut tard de suivre
consilium quondam salubre:	un conseil jadis salutaire:
vastat Ciliciam	il dévaste la Cilicie
igni ferroque,	par le feu et le fer,
ut faciat hosti	pour qu'il fasse à l'ennemi
solitudinem;	un désert;
corrumpit quidquid potest	il gâte tout-ce-qui peut
esse usui,	être à usage,
relicturus sterile ac nudum	devant laisser stérile et nu
solum quod nequibat tueri.	un sol qu'il ne pouvait défendre.
Sed fuit	Mais il fut (il eût été)
longe utilius	de-loin (beaucoup) plus utile
occupare præsidio valido	d'occuper par un corps-de-troupes fort
angustias aditus	les défilés de l'accès
qui aperit Ciliciam,	qui ouvre la Cilicie,
obtinereque jugum	et de tenir la chaîne
imminens opportune itineri,	dominant à-propos le chemin,
unde potuisset	d'-où il aurait pu
aut prohibere aut opprimere	ou repousser ou accabler
inultus	impuni (sans-danger)
hostem subeuntem.	l'ennemi s'approchant.
Nunc, paucis relictis	Maintenant, peu ayant été laissés
qui præsiderent callibus,	qui veillassent aux sentiers,
ipse concessit retro,	lui-même se retira en-arrière
populator terræ	dévastateur de la terre
quam debuerat	qu'il avait dû (aurait dû)
vindicare a populationibus.	préserver des dévastations.
Ergo, qui relicti erant,	Donc, ceux qui avaient été laissés
rati se proditos,	persuadés eux-mêmes *être* trahis,
voluerunt ne quidem	ne voulurent pas même
sustinere conspectum hostis,	soutenir la présence de l'ennemi,
quum vel pauciores	quoique même moins-nombreux
potuissent obtinere locum.	ils eussent pu garder le lieu.
Namque Cilicia includitur	Car la Cilicie est enfermée
jugo perpetuo	par une chaîne continue
montis asperi ac prærupti,	d'une montagne rude et escarpée;
quod, quum surgat	laquelle *chaîne* quoiqu'elle se lève
a mari,	de la mer,

veluti sinu quodam flexuque curvatum, rursus altero cornu in diversum littus excurrit. Per hoc dorsum, qua maxime introrsum mari cedit, asperi tres aditus et perangusti sunt: quorum uno Cilicia intranda est, campestris eadem, qua vergit ad mare, planitiem ejus crebris distinguentibus rivis.

Pyramus [1] et Cydnus [2], inclyti amnes, fluunt : Cydnus non spatio aquarum, sed liquore memorabilis; quippe, leni tractu e fontibus labens, puro solo excipitur, nec torrentes incurrunt, qui placide manantis alveum turbent. Itaque incorruptus idemque frigidissimus, quippe multa riparum amœnitate inumbratus, ubique fontibus suis similis in mare evadit. Multa in ea regione monumenta, vulgata carminibus, vetustas exederat. Monstrabantur urbium sedes Lyrnessi et Thebes [3]; Typhonis quoque specus [4] et Corycium [5] nemus, ubi crocum gignitur; ceteraque, in quibus nihil præter fa-

---

sant, et revient aboutir par son autre extrémité en un autre point du rivage. Au milieu de cette chaîne, à l'endroit où elle s'éloigne de la mer pour s'enfoncer le plus dans l'intérieur des terres, il y a trois cols difficiles et fort étroits, par l'un desquels il faut nécessairement passer pour entrer dans la Cilicie. Cette province, du côté de la mer, est une plaine unie entrecoupée de nombreux ruisseaux.

Deux fleuves célèbres y ont leur cours, le Pyrame et le Cydnus : celui-ci moins remarquable par l'étendue de son canal que par la limpidité de ses eaux; car sortant paisiblement de sa source, il roule sur un lit de sable, et ne reçoit aucun torrent qui puisse troubler la tranquillité de son cours, de sorte qu'il arrive à la mer sans mélange, conservant partout sa fraîcheur, à cause de la grande quantité d'arbres qui ombragent ses rives, et aussi clair qu'à sa source. Le temps avait détruit dans ce pays beaucoup de monuments célébrés par les poëtes. On y montrait l'emplacement des villes de Lyrnesse et de Thèbe, la caverne de Typhon, la forêt du Corycus, où croît le safran, et mille autres choses dont il ne restait plus rien que la renommée. Alexandre entra par les

HISTOIRE D'ALEXANDRE. LIVRE III. 37

curvatum veluti	recourbée comme [courbe,
quodam sinu flexuque,	par une certaine sinuosité et une *certaine*
excurrit rursus	court de-nouveau
altero cornu	par l'autre corne (extrémité) [férent.
in littus diversum.	vers un rivage (un point du rivage) dif-
Per hoc dorsum,	A-travers ce dos (cette chaîne),
qua cedit mari	à-l'endroit-où elle s'éloigne de la mer
maxime introrsum,	le plus dans-l'intérieur,
tres aditus sunt	trois accès existent
asperi et perangusti ;	rudes et fort-étroits ;
quorum uno	par l'un desquels [Cilicie),
Cilicia est intranda,	la Cilicie est à-entrer (il faut entrer en
eadem campestris,	la même en-plaine,
qua vergit ad mare,	à-l'-endroit où elle tourne vers la mer,
rivis crebris distinguentibus	des ruisseaux nombreux entrecoupant
planitiem ejus.	la surface-plane d'elle.
Pyramus et Cydnus,	Le Pyrame et le Cydnus,
amnes inclyti,	fleuves célèbres,
fluunt :	y coulent :
Cydnus memorabilis	le Cydnus mémorable
non spatio aquarum,	non par l'étendue de *ses* eaux
sed liquore ;	mais par *leur* limpidité ;
quippe labens e fontibus	car coulant des sources
tractu leni,	par un cours doux,
excipitur solo puro,	il est reçu par un sol pur,
nec torrentes incurrunt	ni des torrents ne se précipitent-dedans
qui turbent	qui troublent (puissent troubler)
alveum manantis placide.	le lit de *lui* coulant paisiblement.
Itaque evadit in mare	En-conséquence il arrive à la mer
incorruptus,	non-mélangé,
idemque frigidissimus,	et le même très-froid,
quippe inumbratus	en-tant-qu'ombragé
multa amœnitate riparum,	par un abondant agrément de *ses* rives,
similis ubique	semblable partout
suis fontibus.	à ses sources.
Vetustas exederat	L'ancienneté (le temps) avait rongé
in ea regione	dans cette contrée
multa monumenta	beaucoup de monuments
vulgata carminibus.	divulgués (célébrés) par les chants.
Sedes urbium	Les emplacements des villes
Lyrnessi et Thebes	de Lyrnesse et de Thèbe
monstrabantur;	étaient montrés ;
specus quoque Typhonis	la caverne aussi de Typhon
et nemus Corycium	et le bois du-Corycus,
ubi crocum gignitur,	où le safran est produit (croît),
ceteraque	et toutes-les-autres choses *sont montrées*,
in quibus nihil duraverat	dans lesquelles rien n'avait duré

mam duraverat. Alexander fauces jugi, quæ Pylæ appellantur, intravit. Contemplatus locorum situs, non alias magis dicitur admiratus esse felicitatem suam; obrui potuisse vel saxis confitebatur, si fuissent qui in subeuntes propellerent. Iter vix quaternos capiebat armatos ; dorsum montis imminebat viæ, non angustæ modo, sed plerumque præruptæ, crebris oberrantibus rivis qui ex radicibus montium manant. Thracas tamen leviter armatos præcedere jusserat scrutarique calles, ne occultus hostis in subeuntes erumperet. Sagittariorum quoque manus occupaverat jugum ; intentos arcus habebant, moniti non iter ipsos inire, sed prælium. Hoc modo agmen pervenit ad urbem Tarson[1], cui tum maxime Persæ subjiciebant ignem, ne opulentum oppidum hostis invaderet. At ille, Parmenione ad inhibendum incendium cum expedita manu præmisso, postquam barbaros adventu

gorges qu'on nomme Pyles. Après qu'il eut considéré la situation des lieux, il parut, dit-on, plus étonné que jamais de son bonheur ; il avoua qu'il aurait pu être écrasé sous les pierres seules, s'il y avait eu des hommes pour les pousser sur ceux qui approchaient. Le chemin pouvait à peine recevoir de front quatre hommes armés : le sommet de la montagne dominait le passage, qui était, non-seulement étroit, mais encore rompu en plusieurs endroits par une infinité de ruisseaux qui s'y répandent de tous côtés en sortant du pied des montagnes. Cependant il avait fait avancer des Thraces armés à la légère, pour fouiller les sentiers, de peur que l'ennemi caché ne fondît sur ceux qui approcheraient. Une troupe d'archers s'étaient aussi postés sur le sommet, l'arc bandé, et bien avertis qu'il s'agissait pour eux, non de marcher, mais de combattre. De cette manière l'armée parvint jusqu'à la ville de Tarse, au moment même où les Perses y mettaient le feu, pour la ruiner avant que l'ennemi ne s'en emparât. Mais le roi détacha en avant Parménion avec un corps de troupes légères, pour arrêter l'incendie, et lorsqu'il

præter famam.	excepté la renommée.
Alexander intravit	Alexandre entra-dans
fauces jugi	les gorges de la chaîne
quæ appellantur Pylæ.	qui sont appelées Pyles.
Contemplatus situs locorum	Ayant contemplé les assiettes des lieux,
dicitur admiratus esse	il est dit avoir admiré
non alias magis	non une-autre-fois davantage
suam felicitatem ;	son bonheur ;
confitebatur potuisse obrui	il avouait *lui-même* avoir pu être écrasé
vel saxis,	même par les pierres,
si qui fuissent	si quelques-uns avaient été
qui propellerent	qui *les* poussassent
in subeuntes.	sur *eux* approchant.
Iter capiebat vix	Le chemin contenait à-peine
armatos quaternos ;	des *hommes* armés quatre-par-quatre ;
dorsum montis	le dos de la montagne
imminebat viæ,	dominait la route,
non modo angustæ,	non-seulement étroite,
sed plerumque præruptæ,	mais la plupart-du-temps rompue,
crebris rivis,	de nombreux ruisseaux,
qui manant	qui coulent
ex radicibus montium,	des racines (pieds) des montagnes,
oberrantibus.	errant-çà-et-là.
Jusserat tamen Thracas	Il avait ordonné cependant les Thraces
armatos leviter	armés légèrement
præcedere,	marcher-devant,
scrutarique calles,	et fouiller les sentiers,
ne hostis occultus	de-peur-que l'ennemi caché
erumperet in subeuntes.	ne se jetât sur *ceux* approchant.
Manus sagittariorum quoque	Une troupe d'archers aussi
occupaverat jugum ;	avait occupé le sommet ;
habebant arcus intentos,	ils avaient leurs arcs tendus,
moniti ipsos	avertis eux-mêmes
non inire iter,	ne pas aller-à une marche,
sed prælium.	mais au combat.
Agmen pervenit hoc modo	L'armée parvint de cette manière
ad urbem Tarson,	à la ville *de* Tarse,
cui Persæ	à laquelle les Perses
subjiciebant ignem	mettaient-dessous le feu
tum maxime,	alors le plus (précisément),
ne hostis invaderet	pour-que l'ennemi n'envahît pas
oppidum opulentum.	une place-forte riche.
At ille,	Mais lui,
Parmenione præmisso	Parménion ayant été envoyé-devant
cum manu expedita	avec une troupe dégagée (légère)
ad inhibendum incendium,	pour arrêter l'incendie,
postquam cognovit barbaros	après qu'il eut connu les barbares

suorum fugatos esse cognovit, urbem a se conservatam intrat.

V. Mediam Cydnus amnis, de quo paulo ante dictum est, interfluit [1]. Et tunc æstas erat, cujus calor non aliam magis quam Ciliciæ oram vapore solis accendit; et diei fervidissimum tempus cœperat. Pulvere ac sudore simul perfusum regem invitavit liquor fluminis ut calidum adhuc corpus ablueret. Itaque, veste deposita in conspectu agminis, decorum quoque futurum ratus si ostendisset suis levi ac parabili cultu corporis se esse contentum, descendit in flumen. Vixque ingressi subito horrore artus rigere cœperunt; pallor deinde suffusus est, et totum propemodum corpus vitalis calor reliquit [2]. Exspiranti similem ministri manu excipiunt, nec satis compotem mentis in tabernaculum deferunt. Ingens sollicitudo et pæne jam luctus in castris erat. Flentes querebantur, « in tanto impetu cursuque rerum, omnis ætatis ac memoriæ clarissimum regem, non in acie saltem, non ab

sut que les barbares à l'arrivée des siens avaient pris la fuite, il entra dans la place qu'il venait de sauver.

V. Le fleuve Cydnus, dont on vient de parler, la traverse par le milieu. C'était l'été, dont la chaleur, grâce à l'ardeur du soleil, ne se fait sentir nulle part plus vivement qu'en Cilicie; d'ailleurs on était au plus chaud du jour. Le roi, couvert de poussière et de sueur, fut tenté, par la limpidité du fleuve, de s'y baigner encore tout échauffé. Il se déshabille donc à la vue de son armée, jugeant que ce serait aussi une belle chose de montrer à ses troupes qu'il se contentait pour son corps de ce qu'il y avait de plus simple et de moins recherché, et descend dans le fleuve. A peine y est-il entré, qu'un froid subit lui roidit tous les membres; bientôt la pâleur se répand sur son visage, et presque toute la chaleur naturelle l'abandonne. Ses gens le prennent à demi mort dans leurs bras, et l'emportent dans sa tente sans connaissance. Une vive inquiétude, et, pour ainsi dire, le deuil était déjà par tout le camp. Tous, fondant en larmes, se plaignaient que « le roi le plus illustre qui eût existé dans tous les

fugatos suo adventu,	*avoir été* mis-en-fuite par son arrivée,
intrat urbem	il entre-dans la ville
conservatam a se.	sauvée par lui-même.

V. Amnis Cydnus	V. Le fleuve *du* Cydnus,
de quo dictum est	duquel il a été parlé
paulo ante,	un peu auparavant,
interfluit mediam.	traverse *elle* au-milieu.
Et tunc æstas erat,	Et alors l'été était,
cujus calor	dont la chaleur
non accendit aliam oram	n'embrase pas une autre région
vapore solis	par l'émanation du soleil
magis quam Ciliciæ;	plus que *celle* de la Cilicie; [brûlant
et tempus diei fervidissimum	et le temps (moment) du jour le plus
cœperat.	commençait.
Liquor fluminis invitavit	La limpidité du fleuve invita
regem perfusum simul	le roi trempé à-la-fois
pulvere ac sudore	de poussière et de sueur,
ut ablueret corpus	qu'il *y* lavât *son* corps
adhuc calidum.	encore chaud. [bas
Itaque, veste deposita	En-conséquence, *son* vêtement étant mis-
in conspectu agminis,	en présence de l'armée,
ratus futurum	persuadé *cela* devoir être
decorum quoque	honorable aussi
si ostendisset suis	s'il avait montré aux siens
se esse contentum	lui-même être content
cultu corporis	d'un soin du corps
levi ac parabili,	léger et facile-à-se-procurer,
descendit in flumen.	il descendit dans le fleuve.
Artusque ingressi vix	Et les membres *de lui* entré à-peine
cœperunt rigere	commencèrent à se roidir
horrore subito;	par un frisson soudain;
deinde pallor suffusus est,	puis la pâleur se répandit-dessous,
et calor vitalis	et la chaleur vitale
reliquit corpus	abandonna *son* corps
propemodum totum.	presque tout-entier.
Ministri excipiunt manu	*Ses* serviteurs reçoivent *dans* leur main
similem exspiranti,	*lui* semblable à un *homme* expirant,
deferuntque	et *le* portent
in tabernaculum	dans la (sa) tente
non satis compotem	*lui* non suffisamment maître
mentis.	de *son* esprit (de sa connaissance).
Ingens sollicitudo,	Une immense inquiétude,
et jam pæne luctus	et déjà presque le deuil
erat in castris.	était dans le camp.
Querebantur flentes,	Ils se plaignaient *en* pleurant,
« regem clarissimum	« le roi le plus illustre

hoste dejectum, sed abluentem aqua corpus, ereptum esse et exstinctum. Instare Darium, victorem antequam vidisset hostem; sibi easdem terras, quas victoria peragrassent, repetendas; omnia aut ipsos aut hostes populatos; per vastas solitudines, etiamsi nemo insequi velit, euntes fame atque inopia debellari posse. Quem signum daturum fugientibus? quem ausurum Alexandro succedere? Jam, ut ad Hellespontum fuga penetrarent, classem, qua transeant, quem præparaturum? » Rursus in ipsum regem misericordia versa, illum florem juventæ, illam vim animi, eumdem regem et commilitonem divelli a se et abrumpi, immemores sui querebantur.

Inter hæc liberius meare spiritus cœperat; allevabat rex oculos, et, paulatim redeunte animo, circumstantes amicos

siècles, leur fût enlevé dans le cours de succès si rapides, et qu'il pérît, non pas même dans une bataille ni sous les coups de l'ennemi, mais en se baignant. Ils ajoutaient que Darius était proche, victorieux avant d'avoir vu l'ennemi ; qu'il leur faudrait repasser par les pays qu'ils avaient parcourus en vainqueurs ; qu'eux-mêmes ou les ennemis y avaient tout dévasté; qu'ayant à traverser de vastes déserts, quand même personne ne voudrait les poursuivre, la famine et la disette pouvaient les anéantir. D'ailleurs qui les conduirait dans leur fuite? qui oserait succéder à Alexandre? quand, enfin, ils parviendraient dans leur retraite jusqu'à l'Hellespont, qui leur ferait préparer une flotte pour passer ? » Puis revenant encore à des sentiments de compassion pour le prince, ils se plaignaient, sans retour sur eux-mêmes, que dans cette fleur de jeunesse, dans cette vigueur de courage, celui qui était en même temps leur roi et leur compagnon d'armes leur fût enlevé et arraché pour jamais.

Cependant il commençait à respirer plus librement; il entr'ouvrait les yeux, et se ranimant peu à peu, il avait reconnu ses amis qui

omnis ætatis	de toute époque
ac memoriæ	et de *toute* mémoire
dejectum esse	avoir été abattu
in tanto impetu	dans une si-grande rapidité
cursuque rerum,	et un *si grand* cours de choses (de succès),
non saltem in acie,	non pas du-moins en bataille-rangée,
non ab hoste,	non par l'ennemi,
sed ereptum esse	mais avoir été enlevé
et exstinctum	et éteint
abluentem corpus aqua.	en lavant son corps *dans* l'eau.
Darium instare,	Darius être-proche,
victorem	vainqueur
antequam vidisset hostem ;	avant qu'il eût vu l'ennemi ;
easdem terras	les mêmes terres
quas peragrassent victoria	qu'ils avaient parcourues par la victoire
repetendas sibi;	être à-regagner à eux-mêmes ;
aut ipsos aut hostes	ou eux-mêmes ou les ennemis
populatos omnia ;	*avoir* ravagé toutes choses ;
euntes per vastas solitudines	allant à travers de vastes solitudes
posse debellari	pouvoir être vaincus
fame et inopia,	par la faim et la disette,
etiamsi nemo	même-si personne
velit insequi.	ne veut *les* poursuivre.
Quem daturum	Qui devoir donner
signum fugientibus ?	le signal à *eux* fuyant ?
quem ausurum	qui devoir oser
succedere Alexandro ?	succéder à Alexandre ?
Jam, ut penetrarent fuga	En-outre, quand ils pénétreraient par la fuite
ad Hellespontum,	jusqu'à l'Hellespont,
quem præparaturum classem	qui devoir préparer une flotte (ser) ? »
qua transeant ? »	par laquelle ils passent (puissent passer) ? »
Misericordia versa rursus	La compassion s'étant tournée de-nouveau
in regem ipsum,	sur le roi lui-même,
immemores sui,	ne se-souvenant-pas d'eux-mêmes,
querebantur	ils se plaignaient
illum florem juventæ,	cette fleur de jeunesse,
illam vim animi,	cette force de cœur (de courage),
cumdem regem	le même *étant leur* roi
et commilitonem	et *leur* compagnon-d'-armes
divelli et abrumpi a se.	être détaché et arraché d'eux-mêmes.
Inter hæc	Pendant ces choses
spiritus cœperat	la respiration commençait
meare liberius ;	à circuler plus librement ;
rex allevabat oculos,	le roi soulevait les yeux (les paupières);
et, animo	et l'esprit (la connaissance)
redeunte paulatim,	revenant peu-à-peu,
agnoverat amicos	il avait reconnu *ses* amis

agnoverat; laxataque vis morbi ad hoc solum videbatur, quia magnitudinem mali sentiebat. Animi autem ægritudo corpus urgebat ; quippe Darium quinto die in Ciliciam fore nuntiabatur. Vinctum ergo se tradi, et tantam victoriam eripi sibi e manibus, obscuraque et ignobili morte in tabernaculo suo exstingui se querebatur. Admissisque amicis pariter et medicis : « In quo me, inquit, articulo rerum mearum fortuna deprehenderit, cernitis. Strepitum hostilium armorum exaudire mihi videor, et qui ultro intuli bellum, jam provocor. Darius ergo, quum tam superbas litteras [1] scriberet, fortunam meam in consilio habuit ; sed nequidquam, si mihi arbitrio meo curari licet. Lenta remedia et segnes medicos non exspectant tempora mea ; vel mori strenue quam tarde convalescere mihi melius est. Proinde, si quid opis, si quid artis in medicis est, sciant me non tam mortis quam

l'environnaient ; mais la violence de la maladie ne semblait s'être relâchée qu'en ce qu'il sentait la grandeur de son mal. L'inquiétude aggravait encore l'état de sa santé, car on annonçait que dans cinq jours Darius serait en Cilicie. Il se plaignait donc d'être livré à l'ennemi pieds et poings liés, de se voir arracher des mains une victoire si belle, et de terminer ses jours par une mort obscure et sans gloire. Ayant fait entrer ensemble ses amis et ses médecins: « Vous voyez, leur dit-il, dans quelles conjonctures la fortune me surprend. Il me semble entendre le cliquetis des armes ennemies ; et moi qui ai apporté la guerre ici de mon propre mouvement, c'est moi qu'on attaque aujourd'hui. Sans doute que Darius, lorsqu'il écrivait des lettres si insolentes, était d'intelligence avec ma fortune; mais cela même lui sera inutile, s'il m'est permis de me traiter à ma guise. L'état de mes affaires ne comporte ni la lenteur des remèdes, ni la circonspection traînante des médecins; mieux vaut même une mort prompte qu'une guérison tardive. Si les médecins peuvent donc me donner quelque secours, s'ils ont quelque ressource dans

circumstantes;	se-tenant-autour *de lui;*
visque morbi	et la violence de la maladie
videbatur laxata	paraissait relâchée
ad hoc solum,	jusqu'à cela seulement,
quia sentiebat	parce-qu'il sentait
magnitudinem mali.	la grandeur du mal.
Ægritudo autem animi	Or, la peine de l'esprit
urgebat corpus;	pressait (pesait sur) *son* corps;
quippe nuntiabatur	car il était annoncé [Cilicie
Darium fore in Ciliciam	Darius devoir être (devoir arriver) en
quinto die.	le cinquième jour.
Ergo querebatur	Donc il se plaignait
se tradi vinctum,	lui-même être livré enchaîné,
et tantam victoriam	et une si-grande victoire
eripi sibi e manibus,	être arrachée à lui-même des mains,
seque exstingui	et lui-même être éteint
in suo tabernaculo	dans sa tente
morte obscura et ignobili.	par une mort obscure et sans-gloire.
Amicisque et medicis	Ses amis et (ses) médecins
admissis pariter :	ayant été admis également:
« Cernitis, inquit,	Vous voyez, dit-il,
in quo articulo	dans quel point
mearum rerum	de mes affaires
fortuna deprehenderit me.	la fortune a surpris moi.
Videor mihi	Je parais à moi
exaudire strepitum	entendre le cliquetis
armorum hostilium,	des armes ennemies,
et provocor jam	et je suis provoqué maintenant
qui intuli bellum	moi qui ai apporté la guerre
ultro.	de-mon-propre-mouvement.
Ergo Darius,	Donc Darius,
quum scriberet	lorsqu'il écrivait
litteras tam superbas,	des lettres si superbes,
habuit in consilio	a eu en conseil (a consulté)
meam fortunam;	ma fortune;
sed nequidquam,	mais inutilement,
si licet mihi	s'il est permis à moi
curari meo arbitrio.	d'être traité par (à) ma guise.
Mea tempora	Mes circonstances (les circonstances où
non exspectant	n'attendent pas [je me trouve)
remedia lenta	des remèdes lents
et medicos segnes;	et des médecins non-actifs;
vel mori strenue	même mourir promptement
est melius mihi	est meilleur à moi
quam convalescere tarde.	que guérir lentement.
Proinde, si quid opis,	Donc, si quelque chose de ressource,
si quid artis	si quleque chose de moyen

belli remedium quærere. » Ingentem omnibus incusserat curam tam præceps temeritas ejus. Ergo pro se quisque precari cœpere, ne festinatione periculum augeret, sed esset in potestate medentium; inexperta remedia haud injuria ipsis esse suspecta, quum ad perniciem ejus etiam a latere ipsius pecunia sollicitaret hostis (quippe Darius mille talenta interfectori Alexandri daturum se pronuntiari jusserat). Itaque ne ausurum quidem quemquam arbitrabantur experiri remedium quod propter novitatem posset esse suspectum.

VI. Erat inter nobiles medicos e Macedonia regem secutus Philippus, natione Acarnan, fidus admodum regi : puero comes et custos salutis datus, non ut regem modo, sed etiam ut alumnum, eximia caritate diligebat. Is non præceps se, sed strenuum remedium afferre, tantamque vim morbi potione

leur art, qu'ils sachent que je cherche moins un remède contre la mort que la possibilité de repousser l'ennemi. » Un empressement si peu réfléchi inspirait une vive inquiétude à tout le monde. Chacun le pria donc avec instance de ne pas augmenter par trop de précipitation le péril où il était, mais de s'abandonner aux médecins; on lui représentait que ce n'était pas sans raison qu'on se défiait de remèdes nouveaux, puisque, pour le perdre, l'ennemi tentait à prix d'argent jusqu'à la fidélité de ses domestiques (Darius en effet avait fait proclamer qu'il donnerait mille talents à celui qui tuerait Alexandre). Aussi pensait-on que personne ne serait assez hardi pour hasarder un remède qui par sa nouveauté vût donner le moindre soupçon.

VI. Parmi les médecins célèbres, il y en avait un qui était venu de Macédoine avec le roi; c'était Philippe, Acarnanien de naissance, très-dévoué au prince : attaché à sa personne dès son enfance pour l'accompagner et pour veiller sur sa santé, il l'aimait avec une tendresse peu commune, non-seulement comme son roi, mais encore comme son nourrisson. Il promit un remède, non pas hasardé, mais énergique, et répondit d'enlever avec une potion toute la violence

est in medicis,	est dans les médecins,
sciant me quærere	qu'ils sachent moi chercher [mort
non tam remedium mortis	non-pas tant un remède de (contre) la
quam belli. »	que de (contre) la guerre. »
Temeritas ejus	La témérité de lui
tam præceps	si précipitée
incusserat omnibus	avait inspiré à tous
ingentem curam.	un souci immense.
Ergo cœpere precari	Donc ils commencèrent le prier
quisque pro se	chacun selon lui-même
ne augeret periculum	qu'il n'augmentât pas le danger
festinatione,	par la précipitation,
sed esset in potestate	mais qu'il fût (se remît) au pouvoir
medentium;	des guérissant (des médecins);
remedia inexperta	les remèdes non-essayés
esse suspecta ipsis	être suspects à eux-mêmes
haud injuria,	non à-tort,
quum hostis	puisque l'ennemi
sollicitaret pecunia	sollicitait par de l'argent
ad perniciem ejus	à la perte de lui (d'Alexandre)
etiam a latere ejus	même *ceux* du côté de lui
(quippe Darius	(car Darius
jusserat pronuntiari	avait ordonné être déclaré
se daturum mille talenta	lui-même devoir donner mille talents
interfectori Alexandri).	au meurtrier d'Alexandre).
Itaque arbitrabantur	En-conséquence ils pensaient
ne quidem quemquam	pas même qui-que-ce-soit
ausurum experiri remedium	devoir oser essayer un remède
quod posset esse suspectum	qui pût être suspect
propter novitatem.	à-cause-de *sa* nouveauté.
VI. Erat inter	VI. Il était (il y avait) parmi
medicos nobiles	les médecins célèbres
Philippus, secutus regem	Philippe, ayant suivi le roi
e Macedonia,	de la Macédoine,
Acarnan natione,	Acarnanien de nation,
admodum fidus regi :	excessivement fidèle (dévoué) au roi :
datus puero	donné *à Alexandre* enfant
comes et custos salutis	*comme* compagnon et gardien de *sa* vie
diligebat caritate eximia	il *le* chérissait avec une tendresse remar-
non modo ut regem,	non-seulement comme *son* roi, [quable
sed etiam ut alumnum.	mais encore comme son nourrisson.
Is promisit	Celui-ci promit
se afferre remedium	lui-même apporter un remède
non præceps sed strenuum,	non précipité (hasardé) mais actif,
levaturumque esse	et *lui-même* devoir soulager
tantam vim morbi	une si-grande violence de maladie

medicata levaturum esse promisit. Nulli promissum ejus placebat, præter ipsum cujus periculo pollicebatur; omnia quippe facilius quam moram perpeti poterat : arma et acies in oculis erant, et victoriam in eo positam esse arbitrabatur, si tantum ante signa stare potuisset; id ipsum, quod post diem tertium medicamentum sumpturus esset (ita enim medicus prædixerat), ægre ferens. Inter hæc a Parmenione, fidissimo purpuratorum, litteras accipit, quibus ei denuntiabat ne salutem suam Philippo committeret ; mille talentis a Dario et spe nuptiarum sororis ejus esse corruptum. Ingentem animo sollicitudinem litteræ incusserant ; et, quidquid in utramque partem aut metus aut spes subjecerat, secreta æstimatione pensabat. « Bibere perseverem, ut, si venenum datum fuerit, ne immerito quidem quidquid acciderit evenisse videatur ? Damnem medici fidem ? In tabernaculo ergo me opprimi pa-

du mal. Cette promesse ne plut à personne qu'à celui qui devait en courir les risques ; c'est que tout lui paraissait plus supportable que les inconvénients du retard : il ne voyait qu'armes et batailles, et il se croyait assuré de la victoire, s'il pouvait seulement se montrer à la tête de ses troupes ; il supportait même avec impatience le délai de trois jours, que le médecin avait fixé pour lui administrer ce remède. Dans ces circonstances il reçoit de Parménion, celui des grands de sa cour qui lui était le plus dévoué, une lettre par laquelle il l'avertissait de ne point confier sa vie à Philippe, parce que Darius l'avait gagné par l'offre de mille talents, et la promesse de la main de sa sœur. Cette lettre le jeta dans une grande perplexité ; et il pesait en lui-même les raisons contraires que lui suggérait la crainte ou l'espérance. « Persisterai-je à prendre cette médecine, pour donner lieu de dire, si elle est empoisonnée, que j'ai mérité ce qui m'arrive ? Me défierai-je de la fidélité de mon médecin ? Je me laisserai donc accabler dans ma

potione medicata.	par un breuvage médicamenté.
Promissum ejus	La promesse de lui
placebat nulli	ne plaisait à aucun
præter ipsum	excepté à celui-là-même
periculo cujus pollicebatur;	par le (au) péril duquel il promettait;
quippe poterat	car il pouvait
perpeti omnia	souffrir toutes choses
facilius quam moram;	plus facilement que le retard;
arma et acies	les armes et la ligne-de-bataille
erant in oculis,	étaient dans (devant) ses yeux,
et arbitrabatur victoriam	et il pensait la victoire
esse positam in eo,	être placée dans cela,
si potuisset tantum	s'il avait pu seulement
stare ante signa;	se tenir devant les enseignes;
ferens ægre id ipsum	supportant avec-peine cela même
quod esset suscepturus	qu'il était devant prendre
medicamentum	le médicament
post tertium diem	après le troisième jour
(Philippus enim	(Philippe en-effet
prædixerat ita).	avait fixé-d'-avance ainsi).
Inter hæc	Pendant ces choses
accipit a Parmenione	il reçoit de Parménion [courtisans)
fidissimo purpuratorum	le plus fidèle des vêtus-de-pourpre (des
litteras quibus	une lettre par laquelle
denuntiabat ei	il déclarait à lui
ne committeret Philippo	qu'il ne confiât pas à Philippe
suam salutem;	son salut (sa vie);
corruptum esse a Dario	Philippe avoir été corrompu par Darius
mille talentis	par mille talents
et spe nuptiarum	et par l'espoir des noces (du mariage)
sororis ejus.	de la sœur de lui (Darius).
Litteræ incusserant animo	La lettre avait jeté dans l'esprit du roi
ingentem sollicitudinem,	un immense souci;
et pensabat	et il pesait
æstimatione secreta	par une appréciation secrète
quidquid aut metus aut spes	tout-ce-que ou la crainte ou l'espérance
subjecerat	lui avait suggéré
in utramque partem.	en l'une-et-l'autre part.
« Perseverem bibere,	« Persisterai-je à boire,
ut, si venenum	pour-que, si du poison
datum fuerit,	m'aura été donné,
quidquid acciderit,	quoi-que-ce-soit-qui sera arrivé,
videatur evenisse	cela paraisse être arrivé
ne quidem immerito?	pas même à-tort?
Damnem fidem medici?	Condamnerai-je la fidélité du médecin?
Ergo patiar me	Donc je souffrirai moi
opprimi in tabernaculo?	être accablé dans ma tente?

tiar? At satius est alieno me mori scelere quam metu meo. » Diu animo in diversa versato, nulli quid scriptum esset enuntiat, epistolamque, sigillo annuli sui impressam, pulvino cui incumbebat subjecit.

Inter has cogitationes biduo assumpto, illuxit a medico destinatus dies ; et ille cum poculo, in quo medicamentum diluerat, intravit. Quo viso, Alexander, levato corpore in cubitum, epistolam a Parmenione missam sinistra manu tenens, accipit poculum et haurit interritus; tum epistolam Philippum legere jubet, nec a vultu legentis movit oculos, ratus aliquas conscientiæ notas in ipso ore posse deprehendere. Ille, epistola perlecta, plus indignationis quam pavoris ostendit ; projectisque amiculo et litteris ante lectum : « Rex, inquit, semper quidem spiritus meus ex te pependit ; sed nunc vere, arbitror, sacro et venerabili ore trahitur. Crimen parricidii, quod mihi objectum est, tua salus diluet : servatus a me, vitam mihi dederis. Oro quæsoque, omisso

tente? Mais non ; il vaut mieux que je périsse par le crime d'un autre que par ma propre timidité. » Après avoir longtemps flotté entre des résolutions contraires, il prend le parti de ne communiquer à personne ce qu'on lui avait écrit, il appose à la lettre le sceau de son anneau, et la met sous son oreiller.

Deux jours s'étaient passés dans ces inquiétudes, lorsque arrive le jour fixé par le médecin ; celui-ci, entre avec la coupe où il avait préparé le breuvage. A sa vue, Alexandre se soulève sur le coude, prend de la main gauche la lettre de Parménion, reçoit la coupe de l'autre, et boit avec intrépidité; il fait lire ensuite la lettre à Philippe, et pendant qu'il lit, le roi ne détourne pas les yeux de son visage, espérant pouvoir découvrir sur ses traits quelques indices de ce qui se passerait dans son âme. Celui-ci, après avoir lu la lettre d'un bout à l'autre, montra plus d'indignation que de crainte, et jetant devant le lit son manteau et la lettre : « Roi, dit-il, ma vie a toujours dépendu de vous ; mais c'est véritablement aujourd'hui que je crois respirer par votre bouche sacrée et vénérable. L'accusation de parricide portée contre moi sera effacée par votre guérison : sauvé par

HISTOIRE D'ALEXANDRE. LIVRE III.

At est satius	Mais il est préférable
me mori scelere alieno	moi mourir par le crime d'-autrui
quam meo metu. »	que par ma crainte. »
Animo versato diu	Son esprit ayant été tourné longtemps
in diversa,	en choses contraires,
enuntiat nulli	il ne fait-connaître à aucun
quid scriptum esset,	quelle chose avait été écrite,
subjecitque pulvino	et il mit-sous l'oreiller
cui incumbebat,	sur lequel il était couché,
epistolam impressam sigillo	la lettre marquée du sceau
sui annuli.	de son anneau. [employé
Biduo assumpto	Un espace-de-deux-jours ayant été
inter has cogitationes,	parmi ces reflexions,
dies destinatus a medico	le jour fixé par le médecin
illuxit;	brilla;
et ille intravit	et lui entra
cum poculo in quo	avec la coupe dans laquelle
diluerat medicamentum.	il avait délayé la médecine.
Quo viso, Alexander,	Lequel ayant été vu, Alexandre
corpore levato in cubitum,	son corps ayant été soulevé sur le coude,
tenens manu sinistra	tenant de la main gauche
epistolam missam	la lettre envoyée
a Parmenione,	par Parménion,
accipit poculum	reçoit la coupe
et haurit interritus;	et la vide non-effrayé;
tum jubet Philippum	alors il ordonne Philippe
legere epistolam,	lire la lettre,
nec movit oculos	et il ne remua (détourna) pas les yeux
a vultu legentis,	du visage de lui lisant,
ratus posse deprehendere	persuadé lui-même pouvoir saisir
in ore ipso	sur le visage même
aliquas notas conscientiæ.	quelques indices de sa conscience.
Ille, epistola perlecta,	Lui, la lettre ayant été lue-jus-qu'-au
ostendit plus indignationis	montra plus d'indignation [bout,
quam pavoris,	que de peur,
amiculoque et litteris	et son manteau et la lettre
projectis ante lectum:	étant jetée devant le lit:
« Rex, inquit,	« Roi, dit-il,
meus spiritus quidem	mon soufle (ma vie) à-la-vérité
pependit semper ex te;	a dépendu toujours de toi;
sed nunc vere, arbitror,	mais maintenant véritablement, je pense,
trahitur ore	il est aspiré par ta bouche
sacro et venerabili.	sacrée et vénérable.
Tua salus diluet	Ton salut lavera (effacera)
crimen parricidii	l'accusation de parricide
quod objectum est mihi:	qui a été opposée à moi:
servatus a me	sauvé par moi

metu, patere medicamentum concipi venis; laxa paulisper animum, quem intempestiva sollicitudine amici, sane fideles, sed moleste seduti, turbant. » Non securum modo hæc vox, sed etiam lætum regem ac plenum bonæ spei fecit. Itaque : « Si dii, inquit, Philippe, tibi permisissent, quo maxime modo animum velles experiri meum, alio profecto voluisses; sed certiore quam expertus es, ne optasses quidem. Hac epistola accepta, tamen quod dilueras bibi; et nunc crede me non minus pro tua fide quam pro mea salute esse sollicitum. » Hæc elocutus, dextram Philippo offert.

Ceterum tanta vis medicaminis fuit ut quæ secuta sunt criminationem Parmenionis adjuverint. Interclusus spiritus arcte meabat; nec Philippus quidquam inexpertum omisit: ille fomenta corpori admovit; ille torpentem nunc cibi nunc vini odore excitavit. Atque, ut primum mentis compotem

moi vous me donnerez la vie. Je vous le demande avec instance : bannissez toute crainte, et laissez le remède s'insinuer dans vos veines; reposez pour quelque temps votre esprit, que troublent par une inquiétude déplacée des amis, zélés sans doute, mais importuns à force d'empressement. » Ces mots, non-seulement rassurèrent le roi, mais lui inspirèrent encore de la gaieté et de la confiance. Il lui dit donc : « Si les dieux, Philippe, t'avaient permis d'éprouver à ton gré mes dispositions à ton égard, tu aurais certainement choisi un autre moyen, mais tu n'en aurais pas même souhaité un plus sûr. Après avoir reçu cette lettre, je n'ai pas laissé de boire la potion que tu m'avais préparée; et maintenant je suis persuadé que tu ne désires pas moins la justification de ta fidélité que ma guérison. » Ayant ainsi parlé, il lui présente la main.

Au reste, la médecine agit avec tant de force, que les suites donnèrent du poids à l'accusation de Parménion. La respiration suspendue était à peine sensible. Philippe de son côté essaya de tous les moyens : il lui appliqua des topiques; il le ranima par l'odeur

dederis vitam mihi.	tu auras donné la vie à moi.
Oro quæsoque,	Je prie et je demande,
metu omisso,	la crainte étant omise (bannie),
patere medicamentum	souffre la médecine
concipi venis;	être absorbé par *tes* veines;
laxa paulisper animum,	détends pour-quelque-temps *ton* esprit,
quem amici,	que des amis,
fideles sane,	fidèles assurément,
sed seduli moleste,	mais zélés d'une-manière-fâcheuse
turbant sollicitudine	troublent par une inquiétude
intempestiva. »	intempestive. »
Hæc vox fecit regem	Cette parole fit (rendit) le roi
non modo securum,	non-seulement tranquille,
sed etiam lætum	mais encore joyeux
et plenum bonæ spei.	et plein d'un bon espoir.
Itaque :	En-conséquence :
« Si dii, inquit, Philippe,	« Si les dieux, dit-il, Philippe,
permisissent tibi	eussent permis à toi *de choisir*
quo modo velles maxime	de quelle manière tu voudrais le plus
experiri meum animum,	éprouver mon âme (mes sentiments *pour toi*,
voluisses profecto	tu aurais voulu certainement
alio;	*l'éprouver* par une autre *manière*;
sed ne optasses quidem	mais tu n'aurais pas même souhaité
certiore	*l'éprouver* par une plus sûre
quam expertus es.	que *celle par laquelle* tu l'as éprouvée
Hac epistola accepta,	Cette lettre ayant été reçue,
bibi tamen	j'ai bu cependant
quod dilueras;	ce que tu avais délayé (préparé) ;
et nunc crede me non esse	et maintenant crois moi n'être pas
minus sollicitum	moins inquiet
pro tua fide	pour ta fidélité
quam pro mea salute. »	que pour mon salut (ma vie). »
Elocutus hæc	Ayant dit ces choses
offert dextram Philippo.	il offre la *main* droite à Philippe.
Ceterum vis medicaminis	Du-reste la force de la médecine
fuit tanta	fut si-grande
ut quæ secuta sunt	que les choses qui suivirent
adjuverint criminationem	aidèrent l'accusation
Parmenionis.	de Parménion.
Spiritus interclusus	La respiration arrêtée
meabat arcte;	circulait étroitement (avec peine);
nec Philippus omisit	ni Philippe n'omit
quidquam inexpertum :	quelque chose non-essayé :
ille admovit corpori	il appliqua au corps *du roi*
fomenta;	des remèdes-propres-à-réchauffer ;
ille excitavit	il ranima
nunc odore cibi	tantôt par l'odeur de la nourriture

esse sensit, modo matris sororumque, modo tantæ victoriæ appropinquantis admonere non destitit. Ut vero medicamentum se diffudit in venas, et sensim toto corpore salubritas percipi potuit, primo animus vigorem suum, deinde corpus quoque exspectatione maturius recuperavit; quippe post tertium diem quam in hoc statu fuerat, in conspectum militum venit. Nec avidius ipsum regem quam Philippum intuebatur exercitus; pro se quisque, dextram ejus amplexi, grates habebant, velut præsenti deo. Namque haud facile dictu est, præter ingenitam illi genti erga reges suos venerationem, quantum hujus utique regis vel admirationi dediti fuerint, vel caritate flagraverint. Jam primum nihil sine divina ope aggredi videbatur; nam, quum præsto esset ubique fortuna, temeritas in gloriam cesserat. Ætas quoque, vix tantis matura rebus, sed abunde sufficiens, omnia ejus opera honestabat.

des aliments ou du vin; et dès qu'il s'aperçut que la connaissance lui était revenue, il ne cessa de l'entretenir, tantôt de sa mère et de ses sœurs, tantôt de la grande victoire qui l'attendait. Mais quand le remède se fut répandu dans les veines, et que les heureux effets s'en firent sentir par tout le corps, l'esprit d'abord reprit sa vigueur, et le corps ensuite recouvra ses forces bien plus promptement qu'on ne l'avait espéré; car trois jours après cette crise, Alexandre se montra à ses soldats. Les regards de l'armée ne se tournèrent pas sur le roi lui-même avec plus d'empressement que sur Philippe; chacun voulait lui prendre la main, et lui rendre des actions de grâces comme à un dieu tutélaire; car outre la vénération que ce peuple a naturellement pour ses rois, on ne saurait dire à quel point ils étaient pénétrés, soit d'admiration, soit d'amour pour Alexandre en particulier. Premièrement il leur semblait ne rien entreprendre sans l'assistance divine parce que la fortune lui étant partout favorable, sa témérité avait toujours tourné à sa gloire. Son âge aussi, à peine mûr pour de si grandes entreprises, et venant toutefois aisément à bout de les exécuter, rehaussait l'éclat de toutes ses actions.

HISTOIRE D'ALEXANDRE. LIVRE III.

nunc vini	tantôt par celle du vin
torpentem.	le roi engourdi.
Atque ut primum sensit	Et dès-que d'-abord il s'aperçut
esse compotem mentis,	lui être maître de son esprit (de sa connaissance)
non destitit admonere	il ne cessa de l'avertir
modo matris sororumque,	tantôt de sa mère et de ses sœurs,
modo victoriæ tantæ	tantôt de la victoire si-grande
appropinquantis.	qui-approchait.
Ut vero medicamentum	Mais dès-que la médecine
se diffudit in venas,	se fut répandue dans les veines,
salubritasque potuit	et que l'effet-salutaire put
percipi toto corpore,	être perçu (ressenti) par tout le corps,
primo animus	d'abord l'esprit
recuperavit suum vigorem,	recouvra sa vigueur,
deinde corpus	puis le corps
maturius quoque	plustôt même
exspectatione;	que l'attente (qu'on ne s'y attendait);
quippe post tertium diem	car après le troisième jour
quam fuerat in hoc statu,	qu'il avait été dans cet état,
venit in conspectum militum	il vint en la présence des soldats.
Nec exercitus intuebatur	Ni l'armée ne regardait
regem ipsum	le roi lui-même
avidius quam Philippum.	plus avidement qu'elle ne regardait Philippe.
Amplexi dextram ejus,	Ayant embrassé la main droite de lui,
quisque pro se	chacun selon lui-même
habebant grates,	ils lui rendaient des actions-de-grâce,
velut deo præsenti.	comme à un dieu présent (secourable)
Namque haud est facile	Car il n'est pas facile
dictu,	à être dit (à dire),
præter venerationem	outre la vénération
ingeneratam illi genti	innée-dans cette nation
erga suos reges,	envers ses rois,
quantum vel dediti fuerint	combien ou ils furent adonnés
admirationi,	à l'admiration,
vel flagraverint caritate	ou ils brûlèrent de la tendresse
hujus regis utique.	de (pour) ce roi surtout.
Jam primum videbatur	Et d'abord il paraissait
aggredi nihil	n'entreprendre rien
sine ope divina;	sans l'assistance divine;
nam quum fortuna	car comme la fortune
esset ubique præsto,	était partout sous-la-main,
temeritas cesserat	sa témérité s'était tournée
in gloriam.	en gloire.
Ætas quoque,	Son âge aussi,
vix matura rebus tantis,	à-peine mûr pour des choses si-grandes,
sed sufficiens abunde,	mais y suffisant abondamment,
honestabat	embellissait

Et quæ leviora haberi solent, plerumque in re militari gratiora vulgo sunt : exercitatio corporis inter ipsos, cultus habitusque paulum a privato abhorrens, militaris vigor : quibus ille vel ingenii dotibus, vel animi artibus, ut pariter carus ac venerandus esset, effecerat.

VII. At Darius, nuntio de adversa valetudine accepto, celeritate, quantam capere tam grave agmen poterat, ad Euphratem contendit ; junctoque eo pontibus, quinque tamen diebus trajecit exercitum, Ciliciam occupare festinans. Jamque Alexander, viribus corporis receptis, ad urbem Solos [1] pervenerat ; cujus potitus, ducentis talentis nomine mulctæ [2] exactis, arci præsidium militum imposuit. Vota deinde pro salute suscepta per ludum atque otium reddens, ostendit quanta fiducia barbaros sperneret : Æsculapio et Minervæ

D'ailleurs il y a des choses qui paraissent avoir peu d'importance et qui font souvent sur le commun des soldats une impression agréable : ainsi ils lui savaient gré de prendre part à leurs exercices corporels, de se distinguer peu des particuliers par son vêtement et par son extérieur, de supporter avec vigueur toutes les fatigues de la guerre : dons naturels ou talents acquis, qui l'avaient rendu également cher et respectable.

VII. Cependant Darius, instruit de la maladie d'Alexandre, s'avança vers l'Euphrate avec toute la diligence que pouvait permettre une armée si embarrassante ; et après avoir jeté plusieurs ponts sur ce fleuve, il lui fallut encore cinq jours pour faire passer son armée, quoiqu'il eût hâte de gagner le premier la Cilicie. Déjà Alexandre, entièrement rétabli, était arrivé à la ville de Soles ; il s'en rend maître, en exige deux cents talents à titre de contribution de guerre, et met garnison dans la citadelle. Puis acquittant, au milieu des divertissements et dans la tranquillité de l'inaction, les vœux qui avaient été faits pour sa santé, il montra sa sécurité et son mépris pour les barbares ; il célébra des jeux en l'honneur d'Esculape et de Minerve. Tandis

HISTOIRE D'ALEXANDRE. LIVRE III. 57

omnia opera ejus.	tous les ouvrages de lui.
Et quæ solent	Et les choses qui ont-coutume
haberi leviora,	d'être regardées-comme plus légères,
sunt plerumque	sont la plupart-du-temps
in re militari	dans la chose militaire
gratiora vulgo :	plus agréables à la foule :
exercitatio corporis	l'exercice du corps
inter ipsos,	au-milieu d'eux-mêmes,
cultus habitusque	une mise et un extérieur
paulum abhorrens	peu éloigné
a privato,	de *l'extérieur* d'un-particulier,
vigor militaris :	la vigueur militaire :
quibus vel dotibus ingenii	par lesquels ou dons du caractère
vel artibus animi	ou talents de l'esprit
ille effecerat	lui avait fait-en-sorte
ut esset pariter	qu'il fût pareillement
carus ac venerandus.	cher et respectable.
VII. At Darius,	VII. Mais Darius,
nuntio accepto	la nouvelle ayant été reçue
de valetudine adversa,	touchant la santé mauvaise *d'Alexandre*,
contendit ad Euphratem	se dirigea vers l'Euphrate
celeritate	avec une rapidité *aussi-grande*
quantam agmen tam grave	qu'-aussi-grande une armée si pesante
poterat capere,	pouvait *le* comporter, [par des ponts,
eoque juncto pontibus,	et celui-ci (l'Euphrate) ayant été uni
trajecit exercitum	il fit-passer *son* armée
quinque diebus tamen,	en cinq jours cependant,
festinans	se pressant
occupare Ciliciam.	d'occuper-le-premier la Cilicie.
Jamque Alexander,	Et déjà Alexandre,
viribus corporis receptis,	les forces du corps étant recouvrées,
pervenerat ad urbem Solos ;	était parvenu à la ville *de* Soles ;
cujus potitus,	de laquelle s'étant emparé,
ducentis talentis exactis	deux-cents talents ayant été perçus
nomine mulctæ,	à titre d'amende,
imposuit arci	il mit-dans la citadelle
præsidium militum.	une garde de soldats.
Deinde reddens	Puis rendant (s'acquittant)
per ludum et otium	par jeu et *par* loisir
vota suscepta	des vœux entrepris (faits)
pro salute,	pour *son* salut (sa guérison),
ostendit quanta fiducia	il montra avec quelle-grande confiance
sperneret barbaros :	il méprisait les barbares :
celebravit ludos	il célébra des jeux
Æsculapio et Minervæ.	à Esculape et à Minerve.
Nuntius lætus	Une nouvelle joyeuse (heureuse)

ludos celebravit. Spectanti nuntius lætus affertur ex Halicarnasso, Persas acie a suis esse superatos ; Myndios quoque, et Caunios[1], et pleraque tractus ejus suæ facta ditionis. Igitur, edito spectaculo ludicro, castrisque motis, et Pyramo amne ponte juncto, ad urbem Mallon[2] pervenit ; inde alteris castris[3] ad oppidum Castabalum[4]. Ibi Parmenio regi occurrit, quem præmiserat ad explorandum iter saltus per quem ad urbem Isson[5] nomine penetrandum erat. Atque ille, angustiis ejus occupatis, et præsidio modico relicto, Isson quoque, desertam a barbaris, ceperat. Inde progressus, deturbatis qui interiora montium obsidebant, præsidiis cuncta firmavit; occupatoque itinere, sicut paulo ante dictum est, idem et auctor et nuntius venit.

Isson inde rex copias admovit; ubi consilio habito, utrumne ultra progrediendum foret, an ibi opperiendi essent milites novi quos ex Macedonia adventare constabat, Parmenio non alium locum prœlio aptiorem esse censebat ; quippe illic

qu'il assistait à ces spectacles, on lui apporta d'Halicarnasse l'heureuse nouvelle que les Perses avaient été vaincus par les siens en bataille rangée, et que les Myndiens, les Cauniens, avec la plus grande partie de cette contrée, étaient réduits sous son obéissance. En conséquence, lorsque les jeux furent terminés, il leva le camp, jeta un pont sur le fleuve Pyrame, et arriva à la ville de Malle ; en une seconde journée, il se porta à Castabale. Là le roi rencontra Parménion, qu'il avait envoyé en avant reconnaître la route du défilé par lequel il fallait passer pour arriver à la ville nommée Issus. Cet officier s'était saisi des gorges, y avait laissé une garde médiocre, puis s'était emparé d'Issus, que les barbares avaient abandonné. De là, poussant plus avant, il avait chassé ceux qui occupaient l'intérieur des montagnes, et avait mis partout des postes ; ainsi, s'étant rendu maître du passage, comme nous l'avons dit plus haut, il vint annoncer lui-même le succès de son opération.

Le roi fit ensuite marcher ses troupes vers Issus. Là on délibéra pour savoir si l'on devait passer plus loin, ou attendre en ce lieu les recrues que l'on savait devoir bientôt arriver de Macédoine. Parménion fut d'avis qu'on ne pouvait trouver un champ de bataille plus

affertur ex Halicarnasso	est apportée d'Halicarnasse
spectanti,	à lui regardant *les jeux*,
Persas superatos esse	à savoir les Perses avoir été surpassés
a suis in acie;	par les siens dans une bataille;
Myndios quoque et Caunios	les Myndiens aussi et les Cauniens
et pleraque ejus tractus	et la plupart *des parties* de cette etendue
facta suæ ditionis.	*être* devenues de sa domination.
Igitur, spectaculo ludicro	Donc, le spectacle de-jeux
edito,	ayant été produit (donné),
castrisque motis,	et le camp ayant été remué (levé),
et amne Pyramo	et le fleuve *de* Pyrame
juncto ponte,	ayant été uni par un pont,
pervenit ad urbem Mallon;	il parvint à la ville *de* Malle;
inde alteris castris	de-là au second camp (à la seconde étape)
ad oppidum Castabalum.	à la ville *de* Castabale.
Ibi Parmenio	Là Parménion
quem præmiserat	qu'il avait envoyé-devant
ad explorandum iter saltus	pour reconnaître la route du défilé
per quem erat penetrandum	par lequel il était à-pénétrer
ad urbem Isson nomine,	à la ville *d*'Issus par le nom,
occurrit regi.	se présenta au roi.
Atque ille,	Et lui, [occupés,
angustiis ejus occupatis,	les passages-étroits de lui (du défilé) étant
et præsidio modico relicto,	et une garnison médiocre ayant été lais-
ceperat quoque Isson,	avait pris aussi Issus, [sée,
desertam a barbaris.	abandonné par les barbares.
Progressus inde,	S'étant avancé de-là,
qui obsidebant	*ceux* qui occupaient
interiora montium	les *parties* intérieures des montagnes
deturbatis,	ayant été chassés,
firmavit cuncta præsidiis,	il fortifia toutes choses par des gardes,
itinereque occupato,	et le chemin ayant été occupé,
sicut dictum est paulo ante,	comme il a été dit un peu auparavant,
venit idem	il arriva le même (à la fois)
et auctor et nuntius.	et auteur et messager.
Inde rex	De-là le roi
admovit Isson copias;	approcha-vers Issus ses troupes;
ubi consilio habito	où un conseil ayant été tenu
utrumne foret	*pour savoir si* il était
progrediendum ultra,	à-avancer au-delà,
an milites novi	ou si les soldats nouveaux
quos constabat	lesquels il était-constant
adventare ex Macedonia,	arriver-à-grands-pas de la Macédoine,
essent opperiendi ibi,	étaient devant être attendus là,
Parmenio censebat	Parménion était-d'-avis
non alium locum	non un autre lieu
esse aptiorem prœlio;	être plus propre au combat;

utriusque regis copias numero futuras pares, quum angustiæ multitudinem non caperent. Planitiem ipsis camposque esse vitandos, ubi circumiri, ubi ancipiti acie opprimi possent. Timere ne, non virtute hostium, sed lassitudine sua vincerentur. Persas recentes subinde successuros, si laxius stare potuissent. Facile ratio tam salubris consilii accepta est; itaque inter angustias saltus hostem opperiri statuit.

Erat in exercitu regis Sisines Perses, quondam a prætore Ægypti missus ad Philippum; donisque et omni honore cultus, exsilium patria sede mutaverat; secutus deinde in Asiam Alexandrum, inter fideles socios habebatur. Huic epistolam Cretensis miles, obsignatam annulo, cujus signum haud sane notum erat, tradidit. Nabarzanes, prætor Darii, miserat eam; hortabaturque Sisinem ut dignum aliquid nobilitate ac moribus suis ederet; magno id ei apud regem honori fore.

avantageux ; ses raisons étaient que les forces des deux rois y seraient égales, l'espace étant trop étroit pour contenir une grande multitude ; que les Macédoniens devaient éviter la plaine et les campagnes ouvertes, où ils pouvaient être enveloppés et être pris en tête et en queue; pour lui, il craignait qu'ils ne fussent vaincus, non par la valeur des ennemis, mais par leur propre lassitude. Car les Perses feraient sans cesse avancer des troupes fraîches, s'ils avaient la facilité de s'étendre. On goûta aisément un plan si sage; le roi résolut donc d'attendre l'ennemi dans les gorges du défilé.

Il y avait dans l'armée macédonienne un Perse nommé Sisinès, que le gouverneur d'Égypte avait autrefois envoyé à Philippe ; comblé de biens et d'honneurs par ce prince, il avait préféré une terre étrangère à sa patrie; puis ayant suivi Alexandre en Asie, il était considéré comme un de ses fidèles compagnons. Un soldat de Crète lui remit une lettre scellée d'un cachet qu'il ne connaissait pas du tout. Elle venait de Nabarzane, lieutenant de Darius. Nabarzane exhortait Sisinès à faire quelque chose qui fût digne de sa naissance et de son caractère: ce qui le mettrait en grand honneur

HISTOIRE D'ALEXANDRE. LIVRE III.

quippe copias	car les troupes
utriusque regis	de l'un-et-l'-autre roi
futuras pares numero illic,	devoir être égales en nombre là,
quum angustiæ	attendu-que les lieux-étroits
non caperent multitudinem.	ne contenaient pas la multitude.
Planitiem camposque	Une surface-unie et des plaines
ubi possent circumr	où ils pourraient être enveloppés,
ubi opprimi	où *ils pourraient* être accablés
acie ancipiti,	par une ligne-de-bataille double,
esse vitandos ipsis.	être à-éviter à eux. [vaincus
Timere ne vincerentur	*Lui-même* craindre qu'ils ne fussent
non virtute hostium,	non par le courage des ennemis,
sed sua lassitudine.	mais par leur *propre* lassitude.
Persas recentes	Des Perses frais [coup,
successuros subinde,	devoir avancer (se succéder) coup-sur-
si potuissent	s'ils avaient pu
stare laxius.	se tenir plus au-large.
Ratio consilii tam salubris	La raison d'un conseil si salutaire
accepta est facile ;	fut reçue facilement ;
itaque statuit	en-conséquence il (Alexandre) résolut
opperiri hostem	d'attendre l'ennemi
inter angustias saltus.	au milieu des passages-étroits du défilé.
Erat in exercitu regis	Il était (il y avait) dans l'armée du roi
Perses Sisines,	le Perse Sisinès
missus quondam	envoyé jadis
ad Philippum	vers Philippe
a prætore Ægypti ;	par le gouverneur d'Égypte ;
cultusque donis	et cultivé (honoré) par des dons
et omni honore,	et par tout honneur,
mutaverat exsilium	il avait échangé *pour* l'exil
sede patria ;	la demeure de-sa-patrie ;
deinde secutus	puis ayant suivi
Alexandrum in Asiam,	Alexandre en Asie,
habebatur inter	il était regardé parmi
socios fideles.	*ses* compagnons fidèles.
Miles Cretensis	Un soldat crétois
tradidit huic epistolam	remit à celui-ci une lettre
obsignatam annulo,	scellée avec un anneau,
cujus signum	dont le signe (le cachet)
erat haud sane notum.	lui était non assurément connu.
Nabarzanes, prætor Darii,	Nabarzane, général de Darius,
miserat eam,	avait envoyé elle,
hortabaturque Sisinem	et il exhortait Sisinès
ut ederet aliquid	qu'il produisît (fît) quelque chose
dignum nobilitate	digne de *sa* noblesse
ac suis moribus ;	et de ses mœurs (de son caractère) ;
id fore ei	cela devoir être à lui

Has litteras Sisines, utpote innoxius, ad Alexandrum sæpe deferre tentavit; sed, quum tot curis apparatuque belli regem videret urgeri, aptius subinde tempus exspectans, suspicionem initi scelesti consilii præbuit. Namque epistola, priusquam ei redderetur, in manus Alexandri pervenerat, lectamque eam, ignoti annuli sigillo impresso, Sisini dari jusserat, ad æstimandam fidem barbari. Qui, quia per complures dies non adierat regem, scelesto consilio eam visus est suppressisse; et in agmine a Cretensibus, haud dubie jussu regis, occisus est.

VIII. Jam Græci milites, quos Thymodes a Pharnabazo acceperat, præcipua spes et propemodum unica, ad Darium pervenerant. Hi magnopere suadebant ut retro abiret, spatiososque Mesopotamiæ campos repeteret. Si id consilium damnaret, at ille divideret saltem copias innumerabiles, neu sub unum fortunæ ictum totas vires regni cadere pateretur.

auprès du roi. Sisinès, dans la sécurité de l'innocence, tenta plusieurs fois de porter cette lettre à Alexandre; mais comme il le voyait accablé de tant de soins et occupé des préparatifs de la guerre, à force d'attendre de jour en jour une occasion plus favorable, il fit naître le soupçon qu'il avait quelque projet criminel. Car avant que la lettre lui fût remise, elle était parvenue entre les mains d'Alexandre; le roi l'avait lue, y avait apposé un cachet inconnu, et l'avait fait remettre à Sisinès, pour éprouver la fidélité de cet étranger. Mais celui-ci ayant été plusieurs jours sans voir le roi, parut l'avoir passée sous silence à mauvaise intention; et il fut tué dans la marche par les Crétois, sans doute d'après l'ordre du roi.

VIII. Déjà les soldats grecs que Thymodès avait reçus des mains de Pharnabaze, avaient joint Darius, dont ils étaient la principale et presque l'unique espérance. Ils lui conseillaient fortement de retourner sur ses pas, et de regagner les vastes campagnes de la Mésopotamie; et s'il désapprouvait ce parti, de partager au moins ses troupes innombrables, et de ne pas exposer toutes les forces de son royaume à être abattues par un seul revers de fortune. Ce con-

HISTOIRE D'ALEXANDRE. LIVRE III.

magno honori apud regem.	à grand honneur auprès du roi.
Sisines, utpote innoxius,	Sisinès, en-tant-qu'innocent,
tentavit sæpe	essaya souvent
deferre has litteras	de porter cette lettre
ad Alexandrum ;	à Alexandre ;
sed, quum videret regem	mais, comme il voyait le roi
urgeri tot curis	être pressé par tant de soins
apparatuque belli,	et par l'apprêt de la guerre,
exspectans subinde	attendant successivement
tempus aptius,	un temps plus propre,
præbuit suspicionem	il fournit (fit naître) le soupçon
consilii scelesti initi.	d'un projet criminel formé.
Namque epistola,	Car la lettre,
priusquam redderetur ei,	avant qu'elle fût remise à lui,
pervenerat	était parvenue
in manus Alexandri,	dans les mains d'Alexandre, [lue
jusseratque eam lectam,	et celui-ci avait ordonné elle ayant été
sigillo annuli ignoti	le sceau d'un anneau inconnu
impresso,	ayant été marqué-dessus,
dari Sisini,	être donnée à Sisinès,
ad fidem barbari	pour la fidélité du barbare
æstimandam.	devant être appréciée.
Qui quia	Lequel parce-que
non adierat regem	il n'était pas allé-vers le roi
per complures dies,	pendant plusieurs jours,
visus est suppressisse eam	parut avoir supprimé (caché) elle
consilio scelesto,	par un dessein criminel,
et occisus est in agmine	et il fut tué dans la marche
a Cretensibus,	par les Crétois, [douteuse.
jussu regis haud dubie.	par l'ordre du roi non d'-une manière-
VIII. Jam milites Græci,	VIII. Déjà les soldats grecs,
quos Thymodes	que Thymodès
acceperat a Pharnabazo,	avait reçus de Pharnabaze,
spes præcipua	espoir principal
et propemodum unica,	et presque unique du roi,
pervenerant ad Darium.	étaient parvenus auprès de Darius.
Hi suadebant magnopere	Ceux-ci conseillaient grandement
ut abiret retro,	qu'il s'en allât en-arrière,
repeteretque	et qu'il regagnât
campos spatiosos	les plaines spacieuses
Mesopotamiæ.	de la Mésopotamie.
Si damnaret id consilium,	S'il condamnait ce conseil,
at ille divideret saltem	mais que lui divisât au-moins
copias innumerabiles,	ses troupes innombrables,
neu pateretur	et-ne souffrît pas [tomber
vires totas regni cadere	les forces tout-entières du royaume

Minus hoc regi quam purpuratis ejus displicebat : ancipitem fidem et mercede venalem proditionem imminere; et dividi non ob aliud copias velle quam ut ipsi, in diversa digressi, si quid commissum esset, traderent Alexandro. Nihil tutius esse quam circumdatos eos exercitu toto obrui telis, documentum non inultæ perfidiæ futuros. At Darius, ut erat sanctus et mitis, se vero tantum facinus negat esse facturum, ut suam secutos fidem, suos milites jubeat trucidari. Quem deinde amplius nationum exterarum salutem suam crediturum sibi, si tot millium sanguine imbuisset manus? Neminem stolidum consilium capite luere debere; defuturos enim qui suaderent, si suasisse periculum esset. Denique ipsos quotidie ad se vocari in consilium, variasque sententias dicere; nec tamen melioris fidei haberi qui prudentius suaserint. Itaque Græcis nuntiari jubet : « Ipsum quidem benevolen-

seil déplaisait moins au roi qu'à ses courtisans. C'était, selon eux, la preuve d'une fidélité équivoque et prête à se vendre; les Grecs ne voulaient qu'il divisât ses troupes, qu'afin de pouvoir, quand ils seraient séparés des autres, livrer à Alexandre ce qui aurait été confié à leur garde. Le plus sûr était donc de les investir avec toute l'armée, et de les accabler de traits, pour montrer à la postérité que la perfidie ne demeure point sans vengeance. Mais Darius, qui était naturellement loyal et doux, déclara que pour lui il ne commettrait jamais le crime horrible de faire massacrer des hommes qui l'avaient suivi sur sa parole et qui étaient ses soldats. Et quels étrangers se fieraient désormais à lui, s'il trempait ses mains dans le sang de tant de malheureux ? D'ailleurs nul ne devait payer de sa tête un conseil peu sage, parce qu'il ne se trouverait plus personne pour donner un avis, si l'on était en péril pour l'avoir donné. Enfin ses courtisans eux-mêmes étaient tous les jours appelés au conseil; ils y opinaient différemment; cependant s'avisait-on de regarder comme plus fidèles ceux qui avaient ouvert des avis plus sensés ? Il fait donc dire aux Grecs, qu' « il les remercie de leur affection ; mais que, s'il retournait

sub unum ictum fortunæ.	sous un seul coup de la fortune.
Hoc displicebat minus regi	Cela déplaisait moins au roi [de lui] :
quam purpuratis ejus :	qu'aux vêtus-de-pourpre (aux courtisans
fidem	ils disaient la fidélité des Grecs
ancipitem,	être douteuse,
proditionemque	et une trahison
venalem mercede	qui-s'achète-par un salaire
imminere;	être-imminente ;
et velle copias dividi	et eux vouloir les troupes être divisées
non ob aliud	non à-cause-d'autre chose
quam ut ipsi,	que afin-qu'eux-mêmes,
digressi in diversa,	s'étant écartés dans des endroits séparés,
traderent Alexandro,	remissent à Alexandre,
si quid commissum esset.	si quelque chose avait été confié à eux.
Nihil esse tutius	Rien n'être plus sûr
quam eos circumdatos	que eux ayant été entourés
exercitu toto	de l'armée entière
obrui telis,	être accablés de traits,
futuros documentum	devant être un exemple
perfidiæ non inultæ.	de la perfidie non impunie.
At Darius,	Mais Darius,
ut erat sanctus et mitis,	comme il était loyal et doux,
negat se vero	nie lui-même assurément
facturum facinus tantum	devoir faire un crime si-grand
ut jubeat	qu'il ordonne
secutos suam fidem,	des hommes ayant suivi sa parole,
suos milites,	des hommes ses soldats,
trucidari. [terarum	être égorgés.
Quem deinde nationum ex-	Qui ensuite de nations étrangères
crediturum amplius	devoir confier davantage (encore)
suam salutem sibi,	son salut à lui-même,
si imbuisset manus	s'il avait imprégné ses mains
sanguine tot militum ?	du sang de tant de ses soldats ?
Neminem debere	Personne ne devoir
luere capite	expier (payer) de sa tête
consilium stolidum;	un conseil insensé ;
defuturos enim	des hommes devoir manquer en-effet
qui suaderent,	qui conseillassent (pour conseiller),
si esset periculum suasisse.	si c'était un danger d'avoir conseillé.
Denique ipsos	Enfin eux-mêmes [même
vocari quotidie ad se	être appelés chaque-jour auprès de lui
in consilium,	en conseil,
dicereque sententias varias;	et dire des avis divers ;
nec tamen	ni cependant
qui suaserint prudentius	ceux qui ont conseillé plus prudemment
haberi fidei melioris	être réputés d'une fidélité meilleure.
Itaque jubet	En-conséquence il ordonne

tiæ illorum gratias agere; ceterum, si retro ire pergat, haud dubie regnum hostibus traditurum ; fama bella stare, et eum qui recedat fugere credi. Trahendi vero belli vix ullam esse rationem; tantæ enim multitudini, utique quum jam hiems instaret, in regione vasta et invicem a suis atque hoste vexata, non suffectura alimenta. Ne dividi quidem copias posse servato more majorum, qui universas vires semper discrimini bellorum obtulerint. Et hercule terribilem antea regem, et absentia sua ad vanam fiduciam elatum, posteaquam adventare se senserit, cautum pro temerario factum, delituisse inter angustias saltus, ritu ignobilium ferarum quæ, strepitu prætereuntium audito, silvarum latebris se occulerent. Jam etiam valetudinis simulatione frustrari suos milites. Sed non amplius ipsum esse passurum detrectare certamen; in illo specu, in quem pavidi recessissent, oppres-

sur ses pas, ce serait sans contredit livrer son royaume aux ennemis; que la réputation fait tout à la guerre, et que celui qui recule est censé fuir. D'autre part il n'y avait guère moyen de tirer la guerre en longueur, parce qu'une si grande armée, surtout aux approches de l'hiver, ne trouverait pas à subsister dans un pays dévasté, ravagé tour à tour par ses habitants et par l'ennemi. Il n'était pas non plus possible de diviser ses troupes, sans déroger à la coutume des ancêtres, qui avaient toujours engagé toutes leurs forces ensemble dans les actions décisives. D'ailleurs ce roi de Macédoine, si terrible d'abord, et que son absence avait rempli d'une vaine et orgueilleuse confiance, substituant dès les premiers bruits de son approche la prudence à la témérité, s'était renfermé dans les gorges des montagnes à la manière des vils animaux, qui, au moindre bruit des passants, se cachent dans le plus épais des bois. Actuellement même, sous prétexte de maladie, il trompait ses soldats; mais il ne lui permettrait plus de refuser le combat;

nuntiari Græcis: [tias]	être annoncé aux Grecs :
« Ipsum quidem agere gra-	« Lui-même à-la-vérité rendre grâces
benevolentiæ illorum;	à la bienveillance d'eux;
ceterum, si pergat	du-reste, s'il entreprend
ire retro,	d'aller en-arrière, [teusa,
traditurum haud dubie	devoir livrer non d'une-manière-dou-
regnum hostibus;	le royaume aux ennemis ; [renommée ;
bella stare fama ;	les guerres se tenir par (dépendre de) la
et eum qui recedat	et celui qui recule,
credi fugere.	être cru fuir.
Vix vero ullam rationem esse	A-peine de-plus aucun moyen être
belli trahendi ;	de la guerre devant-être traînée ;
alimenta enim	les aliments en-effet
non suffectura	ne devoir pas suffire
multitudini tantæ,	à une multitude si-grande,
utique quum jam	surtout lorsque déjà
hiems instaret,	l'hiver approchait,
in regione vasta,	dans une contrée dévastée,
et vexata invicem	et maltraitée tour-à-tour
a suis atque hoste.	par les siens et par l'ennemi.
Ne quidem copias posse	Pas même les troupes pouvoir
dividi	être divisées
more majorum servato,	la coutume des ancêtres étant conservée,
qui obtulerint semper	eux qui ont offert toujours
vires universas	leurs forces toutes-ensemble
discrimini bellorum.	au moment-décisif des guerres.
Et hercule regem	Et par-Hercule ce roi
terribilem antea, [ciam	terrible auparavant,
et elatum ad vanam fidu-	et élevé jusqu'à une vaine confiance
sua absentia,	par son absence,
factum cautum	devenu prudent
pro temerario,	au-lieu-de téméraire,
posteaquam senserit	après qu'il s'est aperçu
se adventare,	lui-même arriver-à-grands-pas,
delituisse inter	s'être caché parmi
angustias saltus	les passages-étroits d'un défilé,
ritu ferarum ignobilium,	à-la-manière des bêtes non-nobles
quæ, strepitu prætereuntium	qui, le bruit des passants
audito, [varum.	ayant été entendu,
se occulerent latebris sil-	se cachaient dans les retraites des forêts;
Jam etiam	Maintenant même
frustrari suos milites	tromper ses soldats
simulatione valetudinis ;	par la feinte d'une maladie ;
sed ipsum	mais lui-même (Darius)
non passurum esse amplius	ne pas devoir souffrir davantage
detrectare certamen ;	Alexandre refuser le combat ;
oppressurum esse	devoir écraser

surum esse cunctantes. » Hæc magnificentius jactata quam verius.

Ceterum, pecunia omni rebusque pretiosissimis Damascum Syriæ [1] cum modico præsidio militum missis, reliquas copias in Ciliciam duxit, insequentibus more patrio agmen conjuge et matre. Virgines quoque cum parvo filio comitabantur patrem. Forte eadem nocte et Alexander ad fauces quibus Syria aditur, et Darius ad eum locum quem Amanicas Pylas [2] vocant, pervenit. Nec dubitavere Persæ quin, Isso relicta quam ceperant, Macedones fugerent. Nam etiam saucii quidam et invalidi, qui agmen non poterant persequi, excepti erant. Quos omnes, instinctu purpuratorum barbara feritate sævientium, præcisis adustisque [3] manibus circumduci, ut copias suas noscerent, satisque omnibus spectatis, nuntiare quæ vidissent regi suo jussit. Motis ergo castris, superat Pinarum [4] amnem, in tergis, ut credebat, fugientium hæsurus.

et il allait, malgré leurs efforts pour l'éluder, écraser les Macédoniens jusque dans le repaire où la frayeur les avait conduits. » Il y avait dans ces propos plus d'emphase que de justesse.

Puis, après avoir envoyé à Damas, ville de Syrie, sous une légère escorte, tout son trésor et ses effets les plus précieux, il conduisit le reste de ses troupes en Cilicie; son épouse et sa mère, selon la coutume des Perses, suivaient l'armée. Les filles même du roi et son fils, tout jeune encore, accompagnaient leur père. Le hasard fit que la même nuit Alexandre arriva aux gorges par où l'on entre en Syrie, et Darius, à cet endroit qu'on appelle les Pyles de l'Amanus. Les Perses voyant que les Macédoniens avaient abandonné la ville dont ils s'étaient emparés, ne doutèrent point qu'ils n'eussent pris la fuite; d'autant qu'ils avaient fait prisonniers quelques soldats blessés et faibles, qui n'avaient pu suivre l'armée. Darius, à l'instigation de ses courtisans, dont la rigueur allait jusqu'à la férocité la plus barbare, fit couper et brûler les mains à ces malheureux, et commanda qu'on les promenât partout, afin de leur faire connaître ses forces, et quand ils auraient tout examiné à loisir, qu'ils allassent rendre compte à leur roi de ce qu'ils auraient vu. Il décampe donc, passe la rivière de Pinare, croyant n'avoir plus qu'à

in illo specu	dans cette caverne [blants,
in quem recessissent pavidi,	dans laquelle ils s'étaient retirés trem-
cunctantes. »	eux temporisant. »
Hæc jactata	Ces choses *furent* proférées [ment.
magnificentius quam verius.	plus magnifiquement que plus juste-
Ceterum, omni pecunia	Du reste, tout l'argent
rebusque pretiosissimis	et *les* choses les plus précieuses,
missis Damascum Syriæ	ayant été envoyés à Damas de Syrie
cum præsidio modico	avec une garde faible
militum,	de soldats,
duxit copias reliquas	il conduisit les troupes restantes
in Ciliciam,	en Cilicie,
conjuge et matre	sa femme et *sa* mère
insequentibus agmen	suivant l'armée
more patrio.	par (selon) la coutume nationale.
Virgines quoque	Les jeunes-filles aussi
cum filio parvo	avec *son* fils petit
comitabantur patrem.	accompagnaient *leur* père.
Forte eadem nocte	Par-hasard *dans* la même nuit
et Alexander pervenit	et Alexandre parvint
ad fauces quibus	aux gorges par lesquelles
aditur ad Ciliciam,	il est entré (on entre) en Cilicie,
et Darius ad eum locum	et Darius *parvint* à ce lieu
quem vocant	qu'ils appellent (qu'on appelle)
Pylas Amanicas.	Pyles de-l'-Amanus.
Nec Persæ dubitavere	Ni les Perses ne doutèrent
quin Macedones fugerent,	que les Macédoniens ne fuissent,
Isso quam ceperant	Issus qu'ils avaient pris
relicta.	ayant été abandonné.
Nam etiam	Car même [faibles,
quidam saucii et invalidi,	quelques-uns blessés et *quelques-uns*
qui non poterant	qui ne pouvaient
persequi agmen,	suivre-jusqu'-au-bout l'armée,
excepti erant.	avaient été recueillis (pris).
Quos omnes jussit,	Lesquels tous *Darius* ordonna
instinctu purpuratorum	par l'instigation des vêtus-de pourpre
sævientium feritate barbara,	sévissant avec une férocité barbare,
manibus præcisis	*leurs* mains ayant été coupées
adustisque,	et ayant été brûlées,
circumduci,	être menés-tout-autour,
ut noscerent suas copias,	afin qu'ils connussent ses troupes,
omnibusque spectatis satis,	et toutes choses ayant été regardées suf-
nuntiare regi	eux annoncer à *leur* roi [fisamment,
quæ vidissent.	les choses qu'ils auraient vues.
Ergo castris motis,	Donc le camp étant remué (levé)
superat amnem Pinarum,	il passe la rivière *de* Pinare,
hæsurus in tergis	devant s'attacher aux dos

At illi quorum amputaverat manus ad castra Macedonum penetrant, Darium, quanto maximo cursu posset, sequi nuntiantes. Vix fides habebatur. Itaque speculatores, in maritimas regiones præmissos, explorare jubet ipsene adesset, an præfectorum aliquis speciem præbuisset universi venientis exercitus. Sed, quum speculatores reverterentur, procul ingens multitudo conspecta est; ignes deinde totis campis collucere cœperunt, omniaque velut continenti incendio ardere visa, quum incondita multitudo, maxime propter jumenta, laxius tenderet. Itaque eo ipso loco metari suos castra jusserat, lætus, quod omni expetiverat voto, in illis potissimum angustiis decernendum fore.

Ceterum, ut solet fieri quum ultimi discriminis tempus adventat, in sollicitudinem versa fiducia est. Illam ipsam fortunam, qua adspirante res tam prospere gesserat, verebatur, nec injuria, ex his quæ tribuisset sibi, quamque muta-

suivre des fuyards. Cependant ceux à qui il avait fait couper les mains arrivent au camp des Macédoniens, et annoncent que Darius les suit le plus promptement qu'il peut. Cela paraît incroyable. Alexandre envoie en avant vers les côtes des éclaireurs chargés de reconnaître si Darius venait en personne, ou si un corps, aux ordres de quelqu'un de ses lieutenants, n'avait pas fait croire à l'approche de l'armée entière. Mais comme les éclaireurs revenaient, on découvrit au loin une multitude prodigieuse d'hommes ; puis des feux brillèrent dans toute la plaine ; un incendie général parut tout embraser ; car cette multitude confuse couvrait de ses tentes une vaste étendue, principalement à cause des bêtes de somme. Aussi Alexandre établit-il son camp dans le lieu même où il était, heureux d'avoir, selon ses vœux les plus ardents, à combattre précisément dans ces défilés.

Au reste, comme c'est l'ordinaire à la veille d'une action décisive, sa confiance se changea en inquiétude. Cette même fortune, à la faveur de laquelle il devait tant de succès, il la redoutait et non

fugientium, ut credebat.	des fuyant, comme il croyait.
At illi	Mais ceux
quorum amputaverat manus	dont il avait coupé les mains
penetrant ad castra	pénètrent au camp
Macedonum,	des Macédoniens,
nuntiantes Darium	annonçant Darius
sequi cursu	suivre par une course *aussi grande*
quanto posset maximo.	qu'il pouvait la plus grande.
Vix fides habebatur.	À-peine foi était eue (ajoutée).
Itaque jubet	En-conséquence il (Alexandre) ordonne
speculatores præmissos	des éclaireurs envoyés-devant
in regiones maritimas	dans les régions maritimes
explorare	reconnaître
ipsene adesset,	si lui-même (Darius) était-présent,
an aliquis præfectorum	ou-si quelqu'un de *ses* généraux
præbuisset speciem	avait présenté l'apparence
exercitus universi	de l'armée tout-entière
venientis.	venant.
Sed, quum speculatores	Mais, lorsque les éclaireurs
reverterentur,	revenaient,
multitudo ingens	une multitude immense
conspecta est procul.	fut aperçue au-loin.
Deinde ignes cœperunt	Ensuite des feux commencèrent
collucere campis totis,	à briller *par* les plaines tout-entières,
omniaque visa ardere	et toutes choses parurent brûler
velut incendio continenti,	comme par un incendie continu,
quum multitudo incondita	attendu-que *cette* multitude confuse
tenderet laxius,	dressait-ses-tentes plus au-large,
maxime propter jumenta.	surtout à-cause des bêtes-de-somme.
Itaque jusserat	En-conséquence il avait ordonné
metari castra	de mesurer le camp (de camper)
eo loco ipso,	*dans* ce lieu même,
lætus decernendum fore	joyeux devoir être à-combattre
potissimum	de-préférence
in illis angustiis,	dans ces défilés-là,
quod expetiverat	ce qu'il avait désiré
omni voto.	par tout vœu. [river
Ceterum, ut solet fieri	Du-reste, comme il a-coutume d'ar-
quum tempus	lorsque le temps
discriminis ultimi	de la crise dernière
adventat,	arrive-à-grands-pas,
fiducia versa est	*sa* confiance fut tournée
in sollicitudinem.	en inquiétude.
Verebatur	Il craignait
illam fortunam ipsam,	cette fortune même,
qua adspirante	laquelle *le* secondant
gesserat res	il avait accompli les choses

bilis esset, reputabat; unam superesse noctem, quæ tanti discriminis moraretur eventum. Rursus occurrebant majora periculis præmia, et, sicut dubium esset an vinceret, ita illud utique certum esse, honeste et cum magna laude moriturum. Itaque corpora milites curare¹ jussit, ac deinde tertia vigilia² instructos et armatos esse. Ipse in jugum editi montis ascendit, multisque collucentibus facibus, patrio more sacrificium diis præsidibus loci fecit. Jamque tertium, sicut præceptum erat, signum tuba miles acceperat, itineri simul paratus et prœlio; strenueque jussi procedere, oriente luce pervenerunt ad angustias quas occupare decreverant. Darium triginta inde stadia abesse præmissi indicabant. Tunc consistere agmen jubet, armisque ipse sumptis aciem ordinat.

Dario adventum hostium pavidi agrestes nuntiaverunt, vix

sans raison, à cause de ses bienfaits mêmes, en pensant à son inconstance; il songeait qu'il n'était plus séparé que par une nuit d'un événement si décisif. D'un autre côté, il se rappelait que la récompense était plus grande que le péril; et que, si la victoire était douteuse, il était du moins assuré d'une mort honorable et glorieuse. Il ordonne donc aux soldats de prendre soin de leurs corps, et d'être prêts et sous les armes à la troisième veille de la nuit. Quant à lui, il se porte au sommet d'une haute montagne, où, à la lumière d'un grand nombre de flambeaux, il sacrifie, selon l'usage de son pays, aux divinités protectrices du lieu. Déjà le soldat avait entendu pour la troisième fois, ainsi que cela avait été réglé, le signal de la trompette, également prêt à marcher et à combattre; on commande aux troupes de doubler le pas, et à la pointe du jour elles arrivent aux gorges dont on avait projeté de se saisir. Les coureurs rapportaient que Darius n'était plus éloigné que de trente stades. Sur cela, le roi fait faire halte, et prenant lui-même ses armes, il range son armée en bataille.

Darius apprit par des paysans effrayés l'arrivée de l'ennemi; il-

tam prospere,	si heureusement,
nec injuria,	ni *il craignait* à-tort, [à lui-même,
ex his quæ tribuisset sibi,	d'après ces choses qu'elle avait accordées
reputabatque	et il songeait
quam esset mutabilis ;	combien elle était changeante ;
unam noctem superesse	une seule nuit rester
quæ moraretur eventum	qui retardait l'issue
discriminis tanti.	d'une crise si-grande. [esprit
Rursus occurrebant	D'un-autre-côté il se présentait à *son*
præmia majora	les récompenses *être* plus grandes
periculis,	que les périls,
et, sicut esset dubium	et, de même-qu'il était douteux
an vinceret,	s'il vaincrait,
ita illud esse	ainsi cela être
certum utique,	certain en-tout-cas, [rablement
moriturum honeste	*lui* devoir mourir (qu'il mourrait) hono-
et cum magna laude.	et avec une grande louange.
Itaque jussit	En-conséquence il ordonna
milites curare corpora,	les soldats soigner *leurs* corps,
ac deinde esse	et ensuite être
instructos et armatos	pourvus (prêts) et armés
tertia vigilia.	à la troisième veille.
Ipse ascendit	Lui-même il monta
in jugum montis editi,	sur le sommet d'une montagne élevée,
multisque facibus	et beaucoup de flambeaux
collucentibus,	brillant-ensemble,
fecit more patrio	il fit par (selon) la coutume nationale
sacrificium diis	un sacrifice aux dieux
præsidibus loci.	protecteurs du lieu.
Jamque miles acceperat,	Et déjà le soldat avait reçu,
sicut præceptum erat,	comme *cela* avait été ordonné,
tertium signum tuba,	le troisième signal par la trompette,
paratus simul	prêt à-la-fois
itineri et prœlio,	à la marche et au combat, [promptement
jussique procedere strenue	et ayant-reçu-l'-ordre de s'avancer
pervenerunt luce oriente	ils parvinrent le jour se levant
ad angustias	aux défilés
quas decreverant occupare.	qu'ils avaient résolu d'occuper.
Præmissi indicabant	Les *hommes* envoyés-devant annonçaient
Darium abesse	Darius être-éloigné
triginta stadia inde.	*de* trente stades de-là.
Tunc jubet	Alors il ordonne
agmen consistere,	l'armée s'arrêter,
ipseque armis sumptis	et lui-même *ses* armes ayant été prises
ordinat aciem.	range la ligne-de-bataille.
Agrestes pavidi	Des paysans effrayés
nuntiaverunt	annoncèrent

credenti occurrere etiam quos ut fugientes sequebatur. Ergo non mediocris omnium animos formido incesserat; quippe itineri quam prœlio aptiores erant, raptimque arma capiebant. Sed ipsa festinatio discurrentium suosque ad arma vocantium majorem metum incussit. Alii in jugum montium evaserant, ut hostium agmen inde prospicerent; equos plerique frenabant. Discors exercitus, nec ad unum intentus imperium, vario tumultu cuncta turbaverat. Darius initio montis jugum cum parte copiarum occupare statuit, et a fronte et a tergo circumiturus hostem; a mari quoque, quo dextrum ejus cornu tegebatur, alios objecturus, ut undique urgeret. Præter hæc, viginti millia præmissa cum sagittariorum manu Pinarum amnem, qui duo agmina interfluebat, transire et objicere sese Macedonum copiis jusserat; si id præstare non possent, retrocedere in montes, et occulte circumire ultimos hostium. Ceterum, destinata salubriter omni

avait peine à croire que des gens qu'il poursuivait comme fuyards vinssent à sa rencontre. Cette nouvelle jeta une grande épouvante dans tous les cœurs; car les Perses étaient plus disposés à marcher qu'à combattre. Ils s'armaient avec précipitation; mais leur empressement même à courir de tous côtés et à crier aux armes, augmentait encore la frayeur. Les uns avaient gagné le haut de la montagne, pour considérer de là les troupes ennemies; la plupart bridaient leurs chevaux. L'armée, composée d'éléments divers, et obéissant à plusieurs chefs, n'offrait partout que trouble et confusion. Darius, au commencement, résolut d'occuper le sommet de la montagne avec une partie de ses troupes, pour envelopper l'ennemi par devant et par derrière, et de lui en opposer d'autres du côté de la mer, qui couvrait son aile droite, pour le harceler de toutes parts. En outre, il avait envoyé en avant vingt mille hommes et une troupe d'archers, avec ordre de passer la rivière de Pinare qui séparait les deux armées, et de se présenter aux troupes macédoniennes; ou, s'ils ne pouvaient exécuter ce mouvement, de se retirer sur les montagnes, et d'envelopper secrètement l'arrière-garde des ennemis. Mais ces sages dispositions furent déjouées par la fortune plus puissante que tous les calculs; car la crainte empêchait

adventum hostium	l'arrivée des ennemis
Dario credenti vix	à Darius croyant à-peine
quos sequebatur ut fugientes	ceux qu'il poursuivait comme fuyant
occurrere etiam.	venir-à-sa-rencontre même.
Ergo formido non mediocris	Donc une épouvante non médiocre
incesserat animos;	était entrée-dans les esprits;
quippe erant aptiores	car ils étaient plus disposés
itineri quam proelio,	à la marche qu'au combat,
capiebantque arma raptim.	et ils prenaient les armes à-la-hâte.
Sed festinatio ipsa	Mais l'empressement même
discurrentium	d'eux courant-çà-et-là
vocantiumque suos ad arma	et appelant les leurs aux armes
incussit metum majorem.	jeta une crainte plus grande.
Alii evaserant	Les uns étaient parvenus
in jugum montis,	sur le sommet de la montagne,
ut prospicerent inde	afin qu'ils regardassent-en-avant de là
multitudinem hostium;	la multitude des ennemis:
plerique frenabant equos.	la plupart bridaient leurs chevaux.
Exercitus discors,	L'armée discordante (composée d'élé-
nec intentus	ni attentive [ments divers),
ad imperium unius,	au commandement d'un seul,
turbaverat cuncta	avait troublé toutes choses
tumultu vario.	par un tumulte varié.
Darius initio statuit	Darius au commencement résolut
occupare jugum montis	d'occuper le sommet de la montagne
cum parte copiarum,	avec une partie des troupes,
circumiturus hostem	devant envelopper l'ennemi
et a fronte et a tergo;	et de front et de dos;
objecturus alios	devant lui opposer d'autres soldats
a mari quoque,	du-côté-de la mer aussi, [nemi)
quo cornu dextrum ejus	par laquelle l'aile droite de lui (de l'en-
tegebatur,	était couverte;
ut urgeret undique.	pour qu'il le pressât de-tous-côtés.
Præter hæc,	Outre ces choses,
jusserat viginti millia	il avait ordonné vingt mille hommes
præmissa	envoyés-devant
cum manu sagittariorum	avec une troupe d'archers
transire amnem Pinarum,	passer la rivière de Pinare,
qui interfluebat duo agmi-	qui coulait-entre les deux armées,
et sese objicere [na,	et se présenter
copiis Macedonum;	aux troupes des Macédoniens;
si non possent præstare id,	s'ils ne pouvaient exécuter cela,
retrocedere in montes,	reculer dans les montagnes,
et circumire occulte	et entourer secrètement [mis.
ultimos hostium.	les derniers (l'arrière-garde) des enne-
Ceterum fortuna	Du-reste la fortune
potentior omni ratione	plus puissante que tout calcul

ratione potentior fortuna discussit : quippe alii præ metu imperium exsequi non audebant; alii frustra exsequebantur, quia, ubi partes labant, summa turbatur.

IX. Acies autem hoc modo stetit. Nabarzanes equitatu dextrum cornu tuebatur, additis funditorum sagittariorumque viginti fere millibus. In eodem Thymodes erat, Græcis peditibus, mercede conductis, triginta millibus præpositus. Hoc erat haud dubium robur exercitus, par Macedonicæ phalangi acies. In lævo cornu Aristomedes Thessalus viginti millia barbarorum peditum habebat. In subsidiis pugnacissimas locaverat gentes. Ipsum regem, in eodem cornu dimicaturum, tria millia delectorum equitum, assueta corporis custodia, et, pedestris acies, quadraginta millia sequebantur. Hyrcani deinde Medique equites his proximi; ceterarum gentium ultra eos dextra lævaque dispositi. Hoc agmen, sicut dictum est instructum, sex millia jaculatorum funditorumque

les uns d'exécuter ce qu'on leur commandait, et les autres l'exécutaient en vain; car quand les parties chancellent, tout l'édifice est ébranlé.

IX. Or voici la disposition de l'armée. Nabarzane commandait l'aile droite avec sa cavalerie, et en outre, environ vingt mille frondeurs et archers : du même côté était Thymodès à la tête des fantassins grecs mercenaires, au nombre de trente mille. C'était véritablement la force de l'armée; c'était un corps capable de tenir tête à la phalange macédonienne. A l'aile gauche, le Thessalien Aristomède avait un corps d'infanterie de vingt mille barbares, et il avait mis dans la réserve les nations les plus belliqueuses. Le roi lui-même, qui devait combattre à la même aile, était à la tête de trois mille cavaliers d'élite, ses gardes du corps ordinaires, et de quarante mille hommes de pied. Ils avaient derrière eux la cavalerie des Hyrcaniens et des Mèdes, puis celle des autres peuples, rangée à droite et à gauche. A la tête de cette armée, disposée comme on vient de dire, marchaient six mille hommes, gens de trait et frondeurs. Tout ce qui était accessible dans ces gorges avait été

discussit	dissipa (déjoua)
destinata salubriter :	ces choses arrêtées salutairement :
quippe alii	car les uns
non audebant præ metu	n'osaient pas à-cause-de la crainte
exsequi imperium ;	exécuter l'ordre;
alii exsequebantur frustra,	les autres l'exécutaient inutilement,
quia summa turbatur,	parce que l'ensemble est troublé,
ubi partes labant.	dès-que les parties chancellent.
IX. Acies autem	IX. Or la ligne-de-bataille
stetit hoc modo.	se tint de cette manière.
Nabarzanes tuebatur	Nabarzane gardait
cornu dextrum equitatu,	l'aile droite par la cavalerie,
fere viginti millibus [que	presque (environ) vingt mille
funditorum sagittariorum—	de frondeurs et d'archers
additis.	ayant été ajoutés.
Thymodes erat in eodem,	Thymodès était dans la même aile,
præpositus peditibus Græcis	préposé aux fantassins grecs,
triginta millibus,	étant trente mille,
conductis mercede.	loués pour un salaire.
Hoc erat robur	Cela était la force
haud dubium exercitus,	non douteuse de l'armée,
acies par	troupe égale
phalangi Macedonum.	à la phalange des Macédoniens.
Thessalus Aristomedes	Le Thessalien Aristomède
habebat in cornu lævo	avait à l'aile gauche
viginti millia barbarorum.	vingt mille de barbares.
Locaverat in subsidiis	Il avait placé dans les réserves
gentes pugnacissimas.	les nations les plus belliqueuses.
Tria millia,	Trois mille
equitum delectorum,	de cavaliers choisis,
custodia corporis assueta,	garde du corps accoutumée,
et quadraginta millia,	et quarante mille hommes,
acies pedestris,	troupe de-fantassins,
sequebantur regem ipsum,	suivaient le roi lui-même,
dimicaturum	qui-devait-combattre
in eodem cornu.	dans la même aile.
Deinde equites	Ensuite les cavaliers
Hyrcani Medique	hyrcaniens et mèdes
proximi his ;	étaient les plus proches à (de) ceux-ci ;
ceterarum gentium	et ceux de toutes-les-autres nations
ultra eos	étaient au delà d'eux
dispositi dextra lævaque.	disposés à droite et à gauche.
Sex millia	Six mille
jaculatorum funditorumque	de gens-de-trait et de frondeurs
antecedebant hoc agmen,	précédaient cette armée,
instructum sicut dictum est.	disposée comme il a été dit.

antecedebant. Quidquid in illis angustiis adiri poterat, impleverant copiæ, cornuaque hinc a jugo, illinc a mari stabant; uxorem matremque regis et alium feminarum gregem in medium agmen acceperant.

Alexander phalangem, qua nihil apud Macedonas validius erat, in fronte constituit. Dextrum cornu Nicanor, Parmenionis filius, tuebatur; huic proximi stabant Cœnos, et Perdiccas, et Meleager, et Ptolemæus, et Amyntas, sui quisque agminis duces. In lævo, quod ad mare pertinebat, Craterus et Parmenio erant; sed Craterus Parmenioni parere jussus. Equites ab utroque cornu locati; dextrum Macedones, Thessalis adjunctis, lævum Peloponnenses tuebantur. Ante hanc aciem posuerat funditorum manum, sagittariis admixtis. Thraces quoque et Cretenses ante agmen ibant, et ipsi leviter armati. At iis, qui præmissi a Dario jugum montis insederant, Agrianos[1] opposuit, ex Græcia nuper advectos. Parmenioni autem præceperat ut, quantum posset, agmen ad

rempli de troupes; et les deux ailes s'appuyaient, l'une au sommet de la montagne, l'autre à la mer; on avait placé au milieu de l'armée l'épouse et la mère du roi, avec le reste des femmes.

Alexandre mit au front de la bataille sa phalange, qui était le corps le plus vigoureux des troupes macédoniennes. L'aile droite était commandée par Nicanor, fils de Parménion, et il avait près de lui Cénus, Perdiccas, Méléagre, Ptolémée et Amyntas, chacun à la tête d'un corps particulier. A l'aile gauche, qui s'étendait jusqu'à la mer, étaient Cratère et Parménion, mais le premier soumis aux ordres du dernier. La cavalerie fut jetée sur les deux ailes: celle des Macédoniens, avec les Thessaliens, couvrait l'aile droite; celle du Péloponèse, l'aile gauche. Devant cette ligne il avait mis un gros de frondeurs entremêlés d'archers; les Thraces et les Crétois, armés aussi à la légère, marchaient également devant. Quant à ceux que Darius avait envoyés en avant, et qui s'étaient postés sur le haut de la montagne, il leur opposa les Agriens, récemment arrivés de la Grèce. Il avait enjoint à Parménion d'étendre son aile vers

Copiæ impleverant	Les troupes avaient rempli
quidquid poterat adiri	tout-ce-qui pouvait être abordé
in illis augustiis,	dans ces défilés,
cornuaque stabant	et les ailes se tenaient (s'appuyaient)
hinc a jugo,	d'-ici du-côté du sommet,
illinc a mari;	de-là du-côté-de la mer;
acceperant	ils avaient reçu (on avait reçu)
in medium agmen	au milieu de l'armée
uxorem matremque regis	l'épouse et la mère du roi
et alium gregem feminarum.	et l'autre troupeau des femmes.
Alexander	Alexandre
constituit in fronte	plaça sur le front
phalangem, qua	la phalange *en comparaison* de laquelle
nihil erat validius	rien n'était plus fort
apud Macedonas.	chez les Macédoniens.
Nicanor, filius Parmenionis,	Nicanor, fils de Parménion,
tuebatur cornu dextrum;	gardait l'aile droite;
Cœnos et Perdiccas,	Cénus et Perdiccas,
et Meleager, et Ptolemæus,	et Méléagre, et Ptolémée,
et Amyntas,	et Amyntas,
duces quisque sui agminis,	chefs chacun de sa troupe, [ici
stabant proximi huic.	se tenaient les plus proches (à) de celui-
Craterus et Parmenio	Cratère et Parménion
erant in lævo,	étaient dans l'*aile* gauche
quod pertinebat ad mare;	qui aboutissait à la mer;
sed Craterus jussus	mais Cratère ayant-reçu-ordre
parere Parmenioni.	d'obéir à Parménion.
Equites locati	les cavaliers *furent* placés
ab utroque cornu;	du-côté de l'une-et-l'autre aile;
Macedones,	Les *cavaliers* macédoniens,
Thessalis adjunctis,	les Thessaliens ayant été joints,
tuebantur dextrum,	gardaient la droite,
Peloponnenses lævum.	les *cavaliers* peloponésiens la gauche.
Posuerat ante hoc agmen	Il avait placé devant cette armée
manum funditorum,	une troupe de frondeurs,
sagittariis admixtis.	des archers ayant été-entremêlés.
Thraces quoque et Cretenses	Des Thraces aussi et des Crétois
ibant ante agmen,	allaient devant l'armée,
et ipsi armati leviter.	et eux-mêmes armés légèrement.
At opposuit Agrianos	Mais il opposa les Agriens
advectos nuper ex Græcia	arrivés récemment de Grèce
iis qui	à ceux qui [tagne.
præmissi a Dario	envoyés-devant par Darius
insederant jugum montis.	s'étaient postés-sur le sommet de la mon-
Præceperat autem	Or il avait recommandé
Parmenioni	à Parménion
ut extenderet,	qu'il étendît,

mare extenderet, quo longius abesset montibus quos occupaverant barbari. At illi, neque obstare venientibus, nec circumire prætergressos ausi, funditorum maxime adspectu profugerant territi; eaque res tutum Alexandro agminis latus, quod ne superne incesseretur timuerat, præstitit. Triginta et duo armatorum ordines ibant; neque enim latius extendi aciem patiebantur angustiæ. Paulatim deinde se laxare sinus montium, et majus spatium aperire cœperant, ita ut non pedes solum pluribus ordine incedere [1], sed etiam a lateribus circumfundi posset equitatus.

X. Jam in conspectu, sed extra teli jactum, utraque acies erat, quum priores Persæ inconditum et trucem sustulere clamorem. Redditur et a Macedonibus, major exercitus nu-

la mer autant qu'il pourrait, afin de s'éloigner de plus en plus des montagnes dont s'étaient saisis les barbares. Mais ceux-ci n'osèrent s'opposer à la marche de l'ennemi, ni le prendre en queue; épouvantés surtout à la vue des frondeurs, ils avaient pris la fuite; ce qui assura le flanc des Macédoniens, pour lequel Alexandre redoutait une attaque d'en haut. On avançait sur trente-deux hommes de front, les gorges ne permettant pas à l'armée de se développer davantage; puis le col de la montagne s'élargissant et donnant plus d'espace, il fut possible, non-seulement de faire marcher l'infanterie sur un plus grand front, mais de jeter même de la cavalerie sur les côtés.

X. Déjà les deux armées étaient en présence, mais non à la portée du trait. Les Perses jetèrent les premiers un cri confus et terrible; aussitôt les Macédoniens y répondent par un cri plus fort que leur nombre ne l'eût fait supposer, grâce à l'écho des montagnes et des vastes forêts qui les couvraient; car les bois et les rochers voi

quantum posset,	autant-qu'il pourrait,
agmen ad mare,	sa troupe vers la mer,
quo abesset longius	afin-que-par-là il fût-distant de plus [loin
montibus	des montagnes
quos barbari occupaverant.	que les barbares avaient occupées.
At illi ausi	Mais ceux-là ayant osé
neque obstare venientibus,	ni s'opposer aux Macédoniens venant,
neque circumire	ni envelopper
prætergressos,	eux étant passés,
profugerant	s'étaient enfuis
territi maxime	effrayés surtout
adspectu funditorum;	par l'aspect des frondeurs ;
eaque res	et cette chose
præstitit tutum Alexandro	rendit sûr à (pour) Alexandre
latus agminis	le flanc de son armée
quod timuerat	lequel il avait craint
ne incesseretur superne.	qu'il ne fût attaqué d'en-haut.
Triginta et duo	Trente et deux
ordines armatorum ibant;	lignes d'hommes armés allaient ;
neque enim angustiæ	ni en-effet les défilés
patiebantur aciem	ne souffraient la ligne-de-bataille
extendi latius.	être étendue plus largement.
Deinde sinus montium	Ensuite les replis des montagnes
cœperant paulatim	commençaient peu-à-peu
se laxare,	à s'élargir,
et aperire spatium majus,	et à découvrir un espace plus grand,
ita ut	de-telle-sorte que
non solum pedes	non-seulement le fantassin pouvait
incedere pluribus ordine,	s'avancer par plus d'hommes en ligne,
sed etiam equitatus	mais que même la cavalerie
posset circumfundi	pouvait être répandue-autour
a lateribus.	du-côté-des (sur les) flancs.
X. Jam utraque acies	X. Déjà l'une-et-l'autre armée
erat in conspectu,	était (étaient) en présence,
sed extra jactum teli,	mais hors du jet (de la portée) du trait,
quum Persæ priores	lorsque les Perses les premiers
sustulere clamorem	élevèrent (poussèrent) un cri
inconditum et trucem.	confus et farouche.
Major numero	Un cri plus grand que le nombre (que ne
exercitus,	de l'armée, [le comportait le nombre]
sed repercussus	mais répercuté
jugis montium	par les sommets des montagnes
vastisque saltibus	et par les vastes forêts
redditur et	est renvoyé aussi
a Macedonibus;	par les Macédoniens ;
quippe nemora circumjecta	car les bois placés-autour

mero, sed jugis montium vastisque saltibus repercussus;
quippe semper circumjecta nemora petræque, quantamcumque accepere vocem, multiplicato sono referunt. Alexander
ante prima signa ibat, identidem manu suos inhibens, ne
suspensi, acrius ob nimiam festinationem concitato spiritu,
capesserent prœlium. Quumque agmini obequitaret, varia
oratione, ut cujusque animis aptum erat, milites alloquebatur. Macedones, tot bellorum in Europa victores, ad subigendam Asiam atque ultima Orientis non ipsius magis
quam suo ductu profecti, inveteratæ virtutis admonebantur.
« Illos terrarum orbis liberatores, emensosque olim Herculis
et Liberi patris [1] terminos, non Persis modo, sed etiam omnibus gentibus imposituros jugum; Macedonum Bactra [2] et
Indos fore. Minima esse quæ nunc intuerentur, sed omnia
victoria parari. Non in præruptis petris Illyriorum [3] et Thra-

sins ne manquent jamais de répéter en le multipliant tout son qui s'y
fait entendre. Alexandre marchait devant sa première ligne, retenant de temps en temps de la main ses soldats, de peur qu'ils ne se
missent hors d'haleine par trop de précipitation, et n'arrivassent essouflés à l'ennemi; puis passant à cheval le long des rangs, il adressait
aux soldats différents discours appropriés aux dispositions de chacun.
Il faisait souvenir de leur ancienne valeur les Macédoniens qui, vainqueurs en Europe dans tant de guerres, étaient partis autant de leur
propre mouvement que par son ordre pour subjuguer l'Asie et l'extrémité de l'Orient. « Quand ils auraient parcouru un jour toutes les contrées soumises par Hercule et Bacchus, ils donneraient la loi, nonseulement aux Perses, mais encore à toutes les nations : la Bactriane
et l'Inde leur appartiendraient ; ils n'avaient encore sous les yeux que
bien peu de chose, mais la victoire donnait tout; leurs travaux ne se
termineraient pas sans fruit dans les rochers escarpés de l'Illyrie et
dans les montagnes de la Thrace ; les dépouilles de tout l'Orient

petræque	et les rochers *placés autour*
referunt semper	répètent toujours
sono multiplicato	le son ayant été multiplié
quantamcumque vocem	quelque-grande voix que
accepere.	ils aient reçue.
Alexander ibat	Alexandre allait
ante prima signa,	devant les premières enseignes,
inhibens identidem	retenant de temps-en-temps
suos manu,	les siens de la main,
ne, spiritu	de-peur-que, la respiration
concitato acrius	n'ayant été excitée plus vivement
ob festinationem nimiam,	à cause-de-la précipitation trop-grande,
capesserent prœlium	ils n'engageassent le combat [flés).
suspensi.	Ayant-la-respiration-suspendue(essouf-
Quumque obequitaret	Et comme il passait-à-cheval-devant
agmini,	l'armée,
alloquebatur milites	il haranguait *les soldats*,
oratione varia,	par un discours varié,
ut erat aptum	selon-que *cela* était approprié
animis cujusque.	aux esprits (dispositions) de chacun.
Macedones,	Les Macédoniens,
victores in Europa	vainqueurs en Europe
tot gentium,	de tant de nations,
profecti ad Asiam	partis pour l'Asie
subjgendam	devant être soumise [*soumises*
atque ultima Orientis	et les extrémités de l'Orient *devant être*
non magis ductu ipsius	non plus par le commandement de lui-
quam suo,	que par le leur, [même
admonebantur	étaient avertis
virtutis inveteratæ.	de *leur* courage invétéré
« Illos liberatores	« Eux libérateurs
orbis terrarum,	du globe des terres,
emensosque olim	et ayant parcouru un-jour
terminos Herculis	les limites d'Hercule
et Liberi patris,	et de Bacchus père (dieu),
imposituros jugum	devoir imposer le joug
non modo Persis,	non-seulement aux Perses,
sed etiam omnibus gentibus;	mais encore à toutes les nations ;
Bactra et Indos	Bactre et les Indiens [Macédoniens.
fore Macedonum.	devoir être des (devoir appartenir aux)
Quæ intuerentur nunc,	Les choses qu'ils regardaient maintenant,
esse minima :	être très-petites : [victoire ;
sed omnia parari victoria ;	mais toutes choses être acquises par la
non laborem sterilem fore	non une fatigue stérile devoir être
in petris præruptis	sur les pierres escarpées
Illyriorum	des Illyriens
et saxis Thraciæ :	et les rochers de la Thrace ;

ciæ[1] saxis sterilem laborem fore ; spolia totius Orientis offerri ; vix gladio futurum opus ; totam aciem, suo pavore fluctuantem, umbonibus posse propelli. » Victor ad hæc Atheniensium[2] Philippus pater invocabatur, domitæque nuper Bœotiæ[3] et urbis in ea nobilissimæ ad solum dirutæ species repræsentabatur animis. Jam Granicum amnem, jam tot urbes aut expugnatas aut in fidem acceptas, omniaque, quæ post tergum erant, strata et pedibus ipsorum subjecta memorabat. Quum adierat Græcos, admonebat, « ab iis gentibus illata Græciæ bella, Darii prius, deinde Xerxis[4] insolentia, aquam ipsam terramque postulantium[5], ut neque fontium haustum nec solitos cibos relinquerent. Dein deûm templa ruinis et ignibus esse deleta, urbes eorum expugnatas, fœdera humani divinique juris violata referebat. » Illyrios vero et Thracas, rapto vivere assuetos, « aciem hostium auro purpuraque fulgentem intueri jubebat, prædam non arma

s'offraient à eux ; à peine auraient-ils besoin de l'épée ; le choc seul des boucliers suffirait pour chasser toute cette multitude, déjà chancelante par sa propre frayeur. » Là-dessus il rappelait Philippe son père, vainqueur des Athéniens, et remettait sous leurs yeux l'image de la Béotie récemment domptée, et de la plus florissante de ses villes détruite jusqu'aux fondements ; il leur parlait tantôt de la journée du Granique, tantôt d'une infinité de villes prises par force ou contraintes de se rendre, et de tout ce qu'ils avaient abattu et foulé aux pieds derrière eux. Quand il venait aux Grecs, il leur représentait « que ces peuples avaient porté la guerre dans la Grèce ; une première fois sous la conduite de Darius, ensuite sous les ordres de Xerxès, qui avaient insolemment osé leur demander l'eau et la terre, ne leur laissant ni la liberté de boire à leurs fontaines, ni leur nourriture accoutumée ; puis il leur remettait en mémoire les temples des dieux abattus ou réduits en cendres, leurs villes forcées, tous les droits divins et humains foulés aux pieds. Quant aux Illyriens et aux Thraces, peuples accoutumés à vivre de rapine, il les invitait à jeter les yeux sur l'armée des ennemis éclatante d'or et de pourpre,

spolia Orientis totius offerri ;	les dépouilles de l'Orient tout-entier leur être offertes ;
vix opus futurum gladio ;	à-peine besoin devoir être de l'épée ;
aciem totam, fluctuantem suo pavore,	cette armée tout-entière, chancelante par sa peur,
posse propelli umbonibus. »	pouvoir être poussée-devant-soi par les bosses-des-boucliers. »
Ad hæc pater Philippus victor Atheniensium invocabatur,	Outre ces choses son père Philippe vainqueur des Athéniens était invoqué,
speciesque Bœotiæ domitæ nuper	et l'image de la Béotie domptée récemment
et urbis nobilissimæ in ea dirutæ ad solum repræsentabatur animis.	et de la ville la plus illustre dans elle détruite jusqu'au *niveau du* sol était rendue-présente à *leurs* esprits.
Jam memorabat amnem Granicum,	De-plus il rappelait le fleuve *du* Granique,
jam tot urbes aut expugnatas aut acceptas in fidem,	de-plus tant de villes ou prises-d'-assaut ou reçues en foi (à composition),
omniaque quæ erant post tergum strata et subjecta pedibus ipsorum.	et toutes les choses qui étaient derrière *leur* dos renversées et placées-dessous les pieds d'eux-mêmes
Quum adierat Græcos, admonebat,	Lorsqu'il était allé-vers les Grecs, il *les* faisait-souvenir, [Grèce
« bella illata Græciæ ab iis gentibus,	« des guerres avoir été portées-dans la par ces nations,
prius insolentia Darii, deinde Xerxis,	d'-abord par l'insolence de Darius, puis *par celle* de Xerxès,
postulantium aquam ipsam terramque,	demandant l'eau elle-même et la terre,
ut relinquerent neque haustum fontium neque cibos solitos.	de-telle-sorte qu'ils laissaient ni la faculté-de-puiser aux sources ni les aliments accoutumés.
Dein templa deûm deleta esse ruinis et ignibus,	Puis les temples des dieux avoir été détruits par des renversements et des feux,
urbes eorum expugnatas, fœdera juris humani divinique violata. »	les villes d'eux *avoir été* prises-d'assaut; les pactes du droit humain et divin *avoir été* violés. »
Jubebat vero Illyrios et Thracas, assuetos vivere rapto,	Il invitait d'un-autre-côté les Illyriens et les Thraces, accoutumés à vivre de rapine,
« intueri aciem hostium fulgentem auro purpuraque	« à regarder l'armée des ennemis brillante d'or et de pourpre,

gestantem. Irent, et imbellibus feminis aurum viri eriperent; aspera montium suorum juga, nudosque colles et perpetuo rigentes gelu, ditibus Persarum campis agrisque mutarent. »

XI. Jam ad teli jactum pervenerant, quum Persarum equites ferociter in lævum cornu hostium invecti sunt; quippe Darius equestri prœlio decernere optabat, phalangem Macedonici exercitus robur esse conjectans. Jamque etiam dextrum Alexandri cornu circumibatur. Quod ubi Macedo [1] conspexit, duabus alis equitum ad jugum montis jussis subsistere, ceteros in medium belli discrimen strenue transfert. Subductis deinde ex acie Thessalis equitibus, præfectum eorum occulte circumire tergum suorum jubet, Parmenionique conjungi, et, quod is imperasset, impigre exsequi. Jamque ipsi, in medium Persarum undique circumfusi, egregie se tuebantur; sed, conserti et quasi cohærentes, tela vibrare non poterant; simul erant emissa, in eosdem concurrentia

et portant une proie plutôt que des armes; ils n'avaient qu'à marcher, et eux qui étaient des hommes enlèveraient aisément cet or à de lâches efféminés, puis ils changeraient leurs montagnes arides et couvertes de glaces éternelles contre les plaines et les riches campagnes des Perses. »

XI. On était déjà à la portée du trait, lorsque la cavalerie perse chargea avec fureur l'aile gauche des ennemis; car c'était principalement avec la cavalerie que Darius désirait combattre, jugeant bien que la phalange était la plus grande force de l'armée macédonienne. L'ennemi commençait déjà à tourner aussi l'aile droite d'Alexandre. Mais ce prince, à la vue de ces mouvements, laisse seulement deux escadrons de cavalerie au pied de la montagne, et porte promptement le reste au milieu de la mêlée. Il détache ensuite du corps de l'armée la cavalerie thessalienne, ordonne à celui qui la commande de passer secrètement par derrière ses bataillons, d'aller joindre Parménion, et d'exécuter ponctuellement ses ordres. Pendant ce temps les Macédoniens, répandus de tous côtés parmi les Perses qui les enveloppaient, se défendaient bravement; mais ils étaient si mêlés et si serrés, qu'ils ne pouvaient lancer leurs javelots:

gestantem prædam,	portant une proie,
non arma.	non des armes.
Irent,	Qu'ils allassent,
et viri eriperent aurum	et que hommes ils arrachassent l'or
feminis imbellibus;	à des femmes non-propres-à-la-guerre;
mutarent juga aspera	qu'ils changeassent les sommets rudes
suorum montium,	de leurs montagnes,
collesque nudos	et *leurs* collines nues
rigentesque gelu perpetuo	et roidies par une glace éternelle
campis agrisque ditibus	contre les plaines et les champs riches
Persarum. »	des Perses. »

XI. Jam pervenerant
ad jactum teli,
quum equites Persarum
invecti sunt ferociter
in cornu lævum hostium ;
quippe Darius optabat
decernere proelio equestri,
conjectans phalangem
esse robur
exercitus Macedonici.
Jamque etiam
cornu dextrum Alexandri
circumibatur.
Quod ubi Macedo conspexit,
duabus alis equitum
jussis subsistere
ad jugum montis,
transfert strenue ceteros
in medium discrimen belli.
Deinde equitibus Thessalis
subductis ex acie,
jubet præfectum eorum
circumire occulte
tergum suorum,
conjungique Parmenioni,
et exsequi impigre,
quod is imperasset.
Jamque ipsi,
circumfusi undique
in medium Persarum,
se tuebantur egregie ;
sed conserti
et quasi cohærentes
non poterant vibrare tela ;
simul erant emissa,

XI. Déjà ils étaient parvenus
au jet (à la portée) du trait,
lorsque les cavaliers des Perses
se jetèrent impétueusement
sur l'aile gauche des ennemis ;
car Darius désirait
combattre par un combat équestre,
conjecturant la phalange
être la force
de l'armée macédonique.
Et déjà-même
l'aile droite d'Alexandre
était tournée. [aperçut,
Laquelle chose dès-que le Macédonien
deux escadrons de cavaliers
ayant-reçu-ordre de s'arrêter
auprès-du-sommet-de-la-montagne,
il transporte promptement les autres
au milieu du point-décisif de la guerre.
Puis les cavaliers thessaliens
ayant été retirés de la ligne-de-bataille,
il ordonne le commandant d'eux
tourner secrètement
le dos des siens, [nion,
et être joint (de se joindre) à Parmé-
et exécuter avec diligence,
ce que celui-ci aurait commandé.
Et déjà eux-mêmes (les Macédoniens),
répandus de-toute-part
dans le milieu des Perses, [quable;
se défendaient d'une manière-remar-
mais réunis (mêlés)
et comme adhérents-*les-uns-aux-autres*
ils ne pouvaient darder *leurs* traits ;
dès-que *ceux-ci* étaient lancés,

implicabantur, levique et vano ictu pauca in hostem, plura in humum innoxia cadebant. Ergo, cominus pugnam coacti conserere, gladios impigre stringunt. Tum vero multum sanguinis fusum est; duæ quippe acies ita cohærebant ut armis arma pulsarent, mucrones in ora dirigerent. Non timido, non ignavo cessare tum licuit : collato pede, quasi singuli inter se dimicarent, in eodem vestigio stabant, donec vincendo locum sibi facerent; tum demum ergo promovebant gradum, quum hostem prostraverant. At illos novus excipiebat adversarius fatigatos; nec vulnerati, ut alias solent, acie poterant excedere, quum hostis instaret a fronte, et a tergo sui urgerent.

Alexander non ducis magis quam militis munera exsequebatur, optimum decus cæso rege [1] expetens; quippe Darius curru sublimis eminebat, et suis ad se tuendum, et hostibus ad incessendum, ingens incitamentum. Ergo frater ejus Oxa-

---

dès que les traits étaient partis, ils s'embarrassaient avec ceux qui étaient dirigés contre les mêmes hommes; très-peu atteignaient l'ennemi et ne l'atteignaient que légèrement et à faux ; la plupart tombaient à terre et sans effet. Forcés donc de combattre de près, ils se hâtent de mettre l'épée à la main. C'est alors qu'il fut répandu beaucoup de sang : car les deux armées étaient si serrées, que les armes se touchaient, et qu'on pointait au visage. Il n'y eut alors homme si timide ni si lâche qui pût rester inactif. Pied contre pied, comme en un combat singulier, ils tenaient ferme au même lieu, jusqu'à ce qu'ils se fissent place par la victoire; ce n'était donc qu'après avoir terrassé un ennemi, qu'ils avançaient d'un pas. Mais déjà épuisés de fatigue, ils rencontraient un nouvel adversaire ; et les blessés ne pouvaient se tirer de la mêlée, comme c'est l'ordinaire en d'autres occasions, parce que l'ennemi les pressait par devant, et que leurs camarades les poussaient par derrière.

Alexandre remplissait également les fonctions de général et de soldat, aspirant surtout à l'honneur de tuer Darius de sa main; car ce roi, élevé sur un char, était un spectacle bien propre à

concurrentia in eosdem	se réunissant contre les mêmes [saient,
implicabantur,	ils étaient embarrassés (ils s'embarras-
paucaque cadebant in hostem	et peu tombaient sur l'ennemi
ictu levi et vano,	par un coup léger et vain,
plura cadebant in humum,	plus tombaient à terre
innoxia.	inoffensifs.
Ergo coacti	Donc ayant été forcés
conserere pugnam cominus,	de lier (d'engager) le combat de-près,
stringunt impigre gladios.	ils tirent avec-diligence *leurs* épées.
Jam vero	Mais alors
multum sanguinis fusum est;	beaucoup de sang fut répandu ;
quippe duæ acies	car les deux lignes-de-bataille
cohærebant ita	se-tenaient de-telle-sorte,
ut pulsarent arma armis	qu'elles choquaient les armes par les
et dirigerent mucrones	et dirigeaient les pointes [armes,
in ora.	contre les visages.
Tum licuit	Alors il fut permis
non ignavo, non timido	non au lâche, non au timide [pied),
cessare :	de rester-inactif :
pede collato,	le pied étant rapproché (pied contre
quasi dimicarent singuli	comme-s'ils combattaient un-à-un
inter se,	entre eux,
stabant in eodem vestigio,	ils se tenaient dans la même empreinte
donec facerent sibi	jusqu'à ce qu'ils fissent à eux-mêmes
locum vincendo ;	une place en vainquant ;
tum demum ergo	alors seulement donc
promovebant gradum,	ils avançaient le pas,
quum prostraverant hostem.	lorsqu'ils avaient terrassé l'ennemi.
At adversarius novus	Mais un adversaire nouveau
excipiebat illos fatigatos ;	recevait eux fatigués ;
nec vulnerati	ni étant blessés [de-bataille,
poterant excedere acie,	ils ne pouvaient se retirer de la-ligne-
ut solent alias,	comme ils ont-coutume en-d'autres oc-
quum hostis	attendu-que l'ennemi [casions
instaret a fronte,	pressait de front,
et sui urgerent	et que les leurs poussaient
a tergo.	du-côté-du dos (par derrière).
Alexander	Alexandre
exsequebatur munera	accomplissait les fonctions
non magis ducis	non plus d'un général
quam militis,	que d'un soldat,
expetens decus opimum	recherchant un honneur magnifique
rege cæso ;	le roi (Darius) ayant été tué ;
quippe Darius eminebat	car Darius dépassait *les autres*
sublimis curru,	élevé *sur un* char,
ingens incitamentum	grand encouragement
et suis ad defendendum se,	et aux siens pour défendre lui-même,

thres, quum Alexandrum instare ei cerneret, equites quibus præerat ante ipsum currum regis objecit; armis et robore corporis multum super ceteros eminens, animo vero et pietate in paucissimis, illo utique prœlio, clarus, alios improvide instantes prostravit, alios in fugam avertit. At Macedones, ut circa regem erant, mutua adhortatione firmati, cum ipso in equitum agmen irrumpunt. Tum vero similis ruinæ strages' erat. Circa currum Darii jacebant nobilissimi duces, ante oculos regis egregia morte defuncti, omnes in ora proni, sicut dimicantes procubuerant, adverso corpore vulneribus acceptis. Inter hos Atizyes, et Rheomithres, et Sabaces prætor Ægypti, magnorum exercituum præfecti, noscitabantur; circa eos cumulata erat peditum equitumque obscurior turba. Macedonum quoque non quidem multi, sed promptissimi ta-

encourager, et les siens à le défendre, et ses ennemis à l'attaquer. Oxatbrès, son frère, le voyant donc pressé par Alexandre, se jeta devant le char même du roi avec les cavaliers qu'il commandait; ce prince, remarquable entre tous les combattants par ses armes et par sa vigueur, mais donnant, particulièrement en cette occasion, des preuves rares de courage et d'affection, renversa, ou mit en fuite ceux qui eurent l'imprudence de l'attaquer. De leur côté les Macédoniens qui environnaient leur roi, s'encouragent par des exhortations mutuelles, et fondent avec lui sur cet escadron. En un moment le carnage devint effroyable. Autour du char de Darius étaient renversés les chefs les plus distingués, morts glorieusement, sous les yeux de leur roi, tous la face contre terre comme ils étaient tombés en combattant, et n'ayant de blessures que par devant. On reconnaissait parmi eux, Atizyès, Rhéomithrès, Sabacès, gouverneur d'Égypte, qui commandaient de grandes armées ; autour d'eux était entassée une foule de gens de pied et de cheval moins considérables. Du côté des Macédoniens il y eut aussi des morts, peu nombreux à la vérité,

HISTOIRE D'ALEXANDRE. LIVRE III.

et hostibus ad incessendum.	et aux ennemis pour *l'*attaquer.
Ergo frater ejus Oxathres,	Donc le frère de lui Oxathrès,
quum cerneret Alexandrum	comme il voyait Alexandre
instare ei,	presser lui (Darius),
objecit equites	opposa les cavaliers
quibus præerat,	auxquels il commandait
ante currum ipsum regis;	devant le char même du roi;
eminens multum	s'élevant beaucoup
super ceteros	au-dessus-de-tous-les-autres
armis et robore corporis,	par les armes et la vigueur du corps,
clarus vero	mais distingué
animo et pietate	par le courage et le dévouement
in paucissimis,	dans (entre) très-peu,
utique illo prœlio,	surtout *dans* ce combat,
prostravit alios	il renversa les uns
instantes improvide,	pressant inconsidérément,
vertit alios in fugam.	il tourna (mit) les autres en fuite.
At Macedones,	Mais les Macédoniens
ut erant circa regem,	comme ils étaient autour-du roi,
firmati adhortatione mutua,	affermis par une exhortation mutuelle,
irrumpunt cum ipso	se jettent avec lui-même
in agmen equitum.	sur *cette* troupe de cavaliers.
Tum vero strages	Mais alors le renversement (le carnage)
erat similis ruinæ.	était semblable à une destruction.
Duces nobilissimi jacebant	Les chefs les plus distingués gisaient
circa currum Darii,	autour du char de Darius,
defuncti morte egregia	s'étant acquittés d'une mort remar- [quable
ante oculos regis,	devant les yeux du roi,
omnes proni in ora,	tous-tombés-en-avant-sur les visages,
sicut procubuerant	comme ils étaient tombés
dimicantes,	en combattant,
vulneribus acceptis	les blessures ayant été reçues
corpore adverso.	par le corps tourné-en-face.
Atizyes et Rheomitres	Atizyès et Rhéomitrès,
et Sabaces, prætor Ægypti,	et Sabacès gouverneur d'Égypte,
præfecti	commandants
magnorum exercituum,	de grandes armées,
noscitabantur inter eos;	étaient reconnus parmi eux;
turba obscurior	une foule plus obscure
peditum equitumque	de fantassins et de cavaliers
cumulata erat circa hos.	avait été amoncelée autour d'eux.
Non quidem multi	Non à-la-vérité beaucoup
Macedonum,	des Macédoniens,
sed tamen promptissimi	mais cependant les plus déterminés
cæsi sunt quoque;	furent tués aussi;
inter quos	parmi lesquels
femur dextrum Alexandri	la cuisse droite d'Alexandre

men cæsi sunt; inter quos Alexandri dextrum femur leviter mucrone perstrictum est.

Jamque qui Darium vehebant equi, confossi hastis et dolore efferati, jugum quatere et regem curru excutere cœperant, quum ille, veritus ne vivus veniret in hostium potestatem, desilit, et in equum, qui ad hoc sequebatur, imponitur, insignibus quoque imperii, ne fugam proderent, indecore abjectis. Tum vero ceteri dissipantur metu, et, qua cuique patebat ad fugam via, erumpunt, arma jacientes quæ paulo ante ad tutelam corporum sumpserant : adeo pavor etiam auxilia formidat! Instabat fugientibus eques a Parmenione missus, et forte in id cornu omnes fuga abstulerat. At in dextro, Persæ Thessalos equites vehementer urgebant. Jamque una ala ipso impetu proculcata erat, quum Thessali, strenue circumactis equis dilapsi, rursus in prœlium redeunt, sparsosque et incompositos victoriæ fiducia barbaros ingenti cæde prosternunt. Equi pariter equitesque Persarum,

mais c'étaient les plus résolus; parmi eux Alexandre eut la cuisse droite légèrement effleurée d'un coup d'épée.

Cependant les chevaux qui traînaient Darius, percés de coups de piques et effarouchés par la douleur, commençaient à secouer le joug et allaient renverser le roi de dessus son char, lorsque craignant de tomber vif entre les mains de ses ennemis, il saute à bas et monte un cheval qui le suivait pour cette fin ; il jette même honteusement les marques de sa dignité, de peur qu'elles ne le trahissent dans sa fuite. Ce fut alors que l'épouvante dispersa le reste de son armée ; chacun s'échappait comme il pouvait, jetant les armes qu'ils avaient prises naguère pour leur défense : tant la frayeur nous fait redouter même ce qui peut nous sauver ! Les fuyards étaient serrés de près par la cavalerie que Parménion avait détachée à leur poursuite, et le hasard de la fuite les avait tous entraînés vers cette aile. Mais à l'aile droite, les Perses pressaient vivement la cavalerie thessalienne, dont un escadron avait été écrasé dès le premier choc, lorsque les Thessaliens, après s'être échappés en tournant promptement bride, reviennent à la charge, et trouvant les barbares épars et en désordre dans la confiance de la victoire, ils en font un grand carnage. Les chevaux et les cavaliers perses alourdis par leurs armures com-

perstrictum est leviter mucrone.	fut effleurée légèrement par une pointe.
Jamque equi qui vehebant Darium, confossi hastis et efferati dolore, cœperant quatere jugum et excutere curru regem, quum ille, veritus ne veniret vivus in potestatem hostium, desilit, et imponitur in equum qui sequebatur ad hoc, insignibus quoque imperii abjectis indecore, ne proderent fugam.	Et déjà les chevaux qui traînaient Darius, percés de piques et effarouchés par la douleur, commençaient à secouer le joug et à faire-tomber du char le roi, lorsque lui, ayant craint qu'il ne vînt vivant au pouvoir des ennemis, saute-à-bas, et il est placé sur un cheval qui suivait pour cela, les ornements aussi du commandement ayant été jetés honteusement, de-peur qu'ils ne trahissent *sa* fuite.
Tum vero ceteri dissipantur metu, et erumpunt qua via patebat cuique ad fugam, jacientes arma, quæ sumpserant paulo ante ad tutelam corporum : adeo pavor formidat etiam auxilia !	Mais alors les autres sont dispersés par la peur, et ils s'élancent par-où la route était-ouverte à chacun pour la fuite, jetant les armes qu'ils avaient prises un peu auparavant pour la défense de *leurs* corps : tellement la peur de-salut redoute même les secours (les moyens-
Eques missus a Parmenione instabat fugientibus, et forte fuga abstulerat omnes in id cornu.	Le cavalier envoyé (la cavalerie envoyée) par Parménion pressait *eux* fuyant, et par hasard la fuite *les* avait emportés tous dans cette aile.
At in dextro, Persæ urgebant vehementer equites Thessalos.	Mais dans (à) l'*aile* droite, les Perses pressaient vivement les cavaliers thessaliens.
Jamque una ala proculcata erat impetu ipso, quum Thessali dilapsi equis circumactis strenue, redeunt rursus in prœlium, prosternuntque ingenti cæde barbaros sparsos et incompositos fiducia victoriæ.	Et déjà un escadron *thessalien* avait été écrasé par le choc même, lorsque les Thessaliens s'étant éloignés les chevaux ayant été tournés prompte- reviennent de-nouveau au combat, [ment et renversent avec un immense carnage les barbares épars et en-désordre par la confiance de la victoire.
Equi pariter equitesque Persarum graves serie laminarum,	Les chevaux également et les cavaliers des Perses pesants par un entrelacement de lames,

serie laminarum [1] graves, agmen, quod celeritate maxime constat, ægre moliebantur; quippe in circumagendis equis suis Thessali multos occupaverant. Hac tam prospera pugna nuntiata, Alexander, non ante ausus persequi barbaros, utrinque jam victor, instare fugientibus cœpit. Haud amplius regem quam mille equites sequebantur, quum ingens multitudo hostium caderet; sed quis aut in victoria aut in fuga copias numerat? Agebantur ergo a tam paucis, pecorum modo, et idem metus, qui cogebat fugere, fugientes morabatur.

At Græci qui in Darii partibus steterant, Amynta duce (prætor hic Alexandri fuit, nunc transfuga), abrupti a ceteris, haud sane fugientibus similes evaserant. Barbari longe diversam fugam intenderunt : alii qua rectum iter in Persidem[2] ducebat; quidam circuitu rupes saltusque montium occultos petivere; pauci castra Darii. Sed jam illa quoque hostis victor intraverat, omni quidem opulentia ditia. Ingens

posées de lames en métal, avaient peine à se former en corps, manœuvre qui demande surtout de la célérité; aussi les Thessaliens en avaient surpris un grand nombre en faisant tourner leurs chevaux. A la nouvelle de l'heureux succès de ce combat, Alexandre, qui jusque-là n'avait pas osé poursuivre les barbares, se voyant enfin victorieux des deux côtés, se mit aussitôt à leurs trousses. Il n'avait pas plus de mille chevaux à sa suite, quoiqu'il taillât en pièce une multitude prodigieuse d'ennemis : mais qui s'avise, dans la victoire, ou dans la fuite de compter les hommes? Cette poignée de soldats chassait donc les fuyards comme un troupeau de bêtes, et la terreur qui faisait fuir les vaincus retardait elle-même leur fuite.

Quant aux Grecs qui avaient servi Darius sous la conduite d'Amyntas, autrefois lieutenant d'Alexandre et alors du parti contraire, ils s'étaient détachés des autres, et avaient fait une retraite qui n'avait point l'air d'une fuite. Les barbares dirigèrent la leur par des routes bien différentes : les uns suivirent le chemin qui menait droit en Perse, d'autres par des détours gagnèrent les rochers et les bois des montagnes; fort peu retournèrent au camp de Darius. Mais l'ennemi vainqueur y était déjà entré, et l'avait trouvé rempli de toutes

moliebantur ægre agmen,	mouvait avec-peine leur troupe,
quod constat maxime	ce qui consiste surtout
celeritate.	dans la célérité. [vaux]
Quippe Thessali	Car les Thessaliens (tournant leurs che-
in suis equis circumagendis	dans leurs chevaux étant tournés (en
occupaverant multos.	en avaient surpris beaucoup.
Hac pugna tam prospera	Ce combat si heureux
nuntiata,	ayant été annoncé,
Alexander non ausus ante	Alexandre, n'ayant pas osé auparavant
persequi barbaros,	poursuivre les barbares,
jam victor utrinque,	déjà vainqueur des-deux-côtés,
cœpit instare fugientibus.	commença à presser ceux fuyant.
Haud amplius quam	Non plus que
mille equites	mille cavaliers
sequebantur regem,	suivaient le roi,
quum multitudo ingens	quoiqu'une multitude considérable
hostium	d'ennemis
caderet;	tombât sous leurs coups ;
sed quis in victoria	mais qui dans la victoire
aut in fuga	ou dans la fuite
numerat copias?	compte les troupes ?
Ergo agebantur	Donc ils étaient poussés
a tam paucis	par des hommes si peu-nombreux,
modo pecorum,	à la manière des troupeaux,
et idem metus,	et la même crainte,
qui cogebat fugere,	qui les forçait à fuir,
morabatur fugientes.	retardait eux fuyant.
At Græci qui steterant	Mais les Grecs qui s'étaient tenus
in partibus Darii,	dans les partis (le parti) de Darius,
Amynta duce	Amyntas étant chef
(hic fuit prætor Alexandri,	(celui-ci avait été général d'Alexandre,
nunc transfuga),	maintenant transfuge),
abrupti a ceteris,	détachés de tous-les-autres,
evaserant	s'étaient retirés
haud sane similes	non assurément semblables
fugientibus.	à des hommes fuyant.
Barbari intenderunt fugam	Les barbares dirigèrent une fuite
longe diversam :	de-loin (fort) divisée
alii qua iter rectum	les uns par-où un chemin droit
ducebat in Persidem ;	conduisait en Perse ;
quidam petivere circuitu	certains gagnèrent par un détour
rupes saltusque occultos	les rochers et les bois cachés
montium ;	des montagnes ;
pauci castra Darii.	peu le camp de Darius.
Sed jam hostis victor	Mais déjà l'ennemi victorieux
intraverat quoque illa	était entré aussi dans ce camp
ditia quidem	riche certes

auri argentique pondus, non belli sed luxuriæ apparatum, diripuerant milites; quumque plus raperent, passim strata erant itinera vilioribus sarcinis, quas, in comparatione meliorum, avaritia contempserat. Jamque ad feminas perventum erat, quibus, quo cariora ornamenta sunt, violentius detrahebantur; ne corporibus quidem vis ac libido parcebat. Omnia planctu tumultuque, prout cuique fortuna erat, repleverant; nec ulla facies mali deerat, quum per omnes ordines ætatesque victoris crudelitas ac licentia vagaretur. Tunc vero impotentis fortunæ species conspici potuit, quum ii, qui tum Dario tabernaculum exornaverant omni luxu et opulentia instructum, eadem illa Alexandro, quasi veteri domino, reservabant; namque id solum intactum omiserant milites, ita tradito more ut victorem victi regis tabernaculo exciperent.

Sed omnium oculos animosque in semet averterant captivæ mater conjuxque Darii: illa non majestate solum, sed etiam

sortes de richesses. Une quantité énorme d'or et d'argent destinée, non aux besoins de la guerre, mais au faste du luxe, avait été la proie des soldats : comme ils prenaient plus qu'ils ne pouvaient porter, les chemins étaient couverts d'effets moins précieux qu'ils avaient dédaignés dans leur cupidité pour d'autres qu'ils jugeaient meilleurs. On était déjà arrivé au quartier des femmes, à qui on arrachait leurs bijoux avec d'autant plus de violence qu'elles y sont plus attachées; leurs personnes mêmes ne furent respectées ni par la force ni par la passion. Tout était rempli de gémissements et de confusion, selon la différence des situations où chacun se trouvait; et il n'y manqua aucune sorte d'horreur : toutes les conditions et tous les âges furent en butte à la cruauté et à la licence du vainqueur. C'est alors qu'on put voir le spectacle des jeux cruels de la fortune; les mêmes officiers qui venaient de préparer pour Darius la tente la plus magnifique et la plus riche, réservaient dans ce moment tous ces apprêts pour Alexandre, comme s'il en eût été l'ancien maître. C'était la seule chose à quoi les soldats n'eussent point touché; car il était de tradition que le vainqueur fût reçu dans la tente du roi vaincu.

Mais tous les yeux et tous les esprits se tournaient vers la mère et

omni opulentia.	par toute opulence.
Milites diripuerant	Les soldats avaient pillé
pondus ingens	un poids énorme
auri argentique,	d'or et d'argent,
apparatum non belli	appareil non de guerre
sed luxuriæ ;	mais de luxe ;
quumque raperent plus,	et comme ils saisissaient plus (trop),
itinera strata erant	les chemins étaient jonchés çà-et-là
sarcinis vilioribus	d'effets plus vils
quas avaritia contempserat	que l'avidité avait méprisés
in comparatione meliorum.	en comparaison de meilleurs.
Jamque perventum erat	Et déjà on était arrivé
ad feminas,	aux femmes,
quibus ornamenta	auxquelles les ornements
detrahebantur violentius	étaient arrachés plus violemment
quo sunt cariora.	par-cela qu'ils *leur* sont plus chers.
Vis ac libido	La violence et la passion
parcebat ne quidem	n'épargnait pas même
corporibus.	les corps.
Repleverant omnia	Ils avaient rempli toutes choses
planctu tumultuque,	du bruit-de-coups-sur-la-poitrine et de
prout fortuna	selon-que la fortune [tumulte,
erat cuique ;	était à chacun ;
nec ulla facies mali deerat,	ni aucune face de mal ne manquait,
quum crudelitas	attendu-que la cruauté
ac licentia victoris	et la licence du vainqueur
vagarentur	se répandaient
per omnes ordines	à travers toutes les conditions
ætatesque.	et *tous* les âges.
Tunc vero	Or alors [pas
species fortunæ impotentis	l'aspect de la fortune ne-se-possédant-
potuit conspici,	put être aperçu,
quum ii qui	lorsque ceux qui
exornaverant tum Dario	avaient préparé alors à (pour) Darius
tabernaculum instructum	une tente pourvue
omni luxu et opulentia,	de tout luxe et de *toute* opulence,
reservabant illa eadem	réservaient ces mêmes choses
Alexandro,	à Alexandre,
quasi veteri domino ;	comme à *leur* ancien maître ;
namque milites omiserant	car les soldats avaient laissé
id solum intactum,	celle-là seule intacte,
more tradito ita	la coutume ayant été transmise ainsi
ut exciperent victorem	qu'ils reçussent le vainqueur
tabernaculo regis victi.	dans la tente du roi vaincu.
Sed mater conjuxque Da-	Mais la mère et l'épouse de Darius
captivæ	*étant* captives
averterant in semet	avaient détourné sur elles-mêmes

ætate venerabilis, hæc formæ pulchritudine, nec illa quiidem sorte corrupta. Acceperat in sinum filium nondum sexxtum ætatis annum egressum, in spem tantæ fortunæ, quamtam paulo ante pater ejus amiserat, genitum. At in gremio anus aviæ jacebant adultæ virgines duæ, non suo tantum, sed etiam illius mærore confectæ. Ingens circa eam nobiilium feminarum turba constiterat, laceratis crinibus abscissaque veste, pristini decoris immemores, reginas dominasque, weris quondam, tunc alienis nominibus, invocantes. Illæ, suæ calamitatis oblitæ, utro cornu Darius stetisset, quæ fortuna discriminis fuisset, requirebant; negabant se captas, sii viveret rex. Sed illum, equos subinde mutantem, longius fuga abstulerat. In acie autem cæsa sunt Persarum peditum centum millia, decem vero millia interfecta equitum [1]. At ex parte Alexandri quatuor et quingenti saucii fuere, triginta

l'épouse de Darius, qui étaient prisonnières : l'une respectable, non-seulement par la majesté de son rang, mais encore par son âge; l'autre par sa beauté, que le malheur même n'avait point altérée. Elle tenait entre ses bras son fils, âgé de six ans à peine, et appelé par sa naissance à hériter un jour de cette grande fortune que son père venait de perdre. Sur le sein de la vieille reine étaient penchées deux jeunes filles en âge d'être mariées, moins accablées du poids de leur douleur que de celle de leur aïeule. Elle était environnée d'un grand nombre de femmes de qualité, qui s'étant arraché les cheveux, ayant déchiré leurs vêtements, sans se souvenir de leur ancienne dignité, donnaient à ces princesses les noms de reines et de maîtresses, titres qui auparavant leur convenaient, mais qui ne leur appartenaient plus. Oubliant leur propre malheur, les princesses demandaient à quelle aile avait combattu Darius, quelle avait été l'issue de la bataille, et disaient qu'elles n'étaient point captives, si le roi vivait. Mais ce prince, changeant fréquemment de chevaux, avait déjà fui bien loin. Il périt dans cette bataille, du côté des Perses, cent mille hommes de pied et dix mille hommes de cavalerie ; et du côté d'Alexandre, outre cinq cent quatre

oculos animosque omnium ;	les yeux et les esprits de tous ;
illa venerabilis	celle-là respectable
non solum majestate	non-seulement par la majesté
sed etiam ætate,	mais encore par l'âge,
hæc pulchritudine formæ,	celle-ci par la beauté de la forme,
nec illa corrupta quidem	cette *beauté* n'ayant pas même été altérée
sorte.	par le sort (le malheur).
Acceperat in sinum	Elle avait reçu dans *son* sein,
filium nondum egressum	*son* fils n'ayant pas-encore dépassé
sextum annum ætatis,	la sixième année de *son* âge,
genitum in spem	engendré pour l'espoir
fortunæ tantæ	d'une fortune aussi-grande
quantam pater ejus	qu'-aussi-grande le père de lui
amiserat paulo ante.	avait perdue un peu auparavant.
At duæ virgines adultæ	Mais deux jeunes-filles adultes
jacebant in gremio	étaient couchées dans le giron
anus aviæ,	de la vieille aïeule,
confectæ non tantum	accablées non-seulement,
suo mœrore.	par leur chagrin [aïeule).
sed etiam illius.	mais encore *par celui* d'elle (de leur
Turba ingens	Une troupe considérable
feminarum nobilissimarum	de femmes très-nobles
constiterat circa eam,	s'était placée (se tenait) autour d'elle,
crinibus laceratis,	les cheveux arrachés,
vesteque abscissa,	et le vêtement déchiré,
immemores	ne-se-souvenant-pas
pristini decoris,	de *leur* précédent éclat,
invocantes	invoquant *elles*
reginas dominasque,	reines et maîtresses,
nominibus veris quondam,	par des noms vrais autrefois, [plus).
sed tunc alienis.	mais alors étrangers (ne leur appartenant
Illæ, oblitæ suæ calamitatis,	Celles-là, oubliant leur malheur,
requirebant utro cornu	s'informaient *dans* laquelle aile
Darius stetisset,	Darius s'était tenu,
quæ fuisset	quelle avait été
fortuna discriminis ;	la fortune de l'action-décisive ;
negabant se captas,	elles niaient elles-mêmes être prises,
si rex viveret.	si le roi vivait.
Sed fuga	Mais la fuite
abstulerat longius illum	avait emporté plus loin lui [temps.
mutantem equos subinde.	changeant de chevaux de-temps-en-
Centum autem millia	Or cent mille
peditum Persarum	des fantassins Perses
cæsa sunt in acie,	furent abattus (tués) dans la bataille,
decem vero millia equitum	et dix mille des cavaliers
interfecta.	*furent* tués.
At ex parte Alexandri	Mais du côté d'Alexandre,

omnino et duo ex peditibus desiderati sunt, equitum centum quinquaginta interfecti : tantulo impendio ingens victoria stetit.

XII. Rex, diu Darium persequendo fatigatus, posteaquam et nox appetebat, et eum assequendi spes non erat, in castra paulo ante a suis capta pervenit. Invitari deinde amicos quibus maxime assueverat jussit; quippe summa duntaxat cutis in femore perstricta non prohibebat interesse convivio ; quum repente e proximo tabernaculo lugubris clamor, barbaro ululatu planctuque permixtus, epulantes conterruit. Cohors quoque quæ excubabat ad tabernaculum regis, verita ne majoris motus principium esset, armare se cœperat. Causa pavoris subiti fuit quod mater uxorque Darii, cum captivis mulieribus nobilibus, regem, quem interfectum esse crede-

blessés, il n'y eut de morts que trente-deux fantassins en tout et cent cinquante cavaliers : tant cette grande victoire lui coûta peu !

XII. Le roi, fatigué d'avoir longtemps poursuivi Darius, et perdant par l'approche de la nuit, l'espérance de l'atteindre, revint au camp, dont les siens venaient de se rendre maîtres. Il fit ensuite inviter ses favoris les plus familiers, parce que n'ayant eu que la peau de la cuisse effleurée, une blessure si légère ne l'empêchait pas de prendre part au festin ; mais tout à coup un cri lugubre sorti d'une tente voisine, et mêlé de lamentations et de hurlements, tels qu'en poussent les barbares, effraya tous les convives. La troupe même qui était de garde devant la tente du roi, craignant que ce ne fût le commencement d'un mouvement plus considérable, avait déjà pris les armes. Ce qui causait cette alarme subite, c'est que la mère et l'épouse de Darius ainsi que les autres prisonnières de qualité, croyant que ce prince avait été tué, le pleuraient avec de grands cris et de grands gémissements. En effet, un des eunuques prisonniers, qui se

quingenti et quatuor saucii fuerunt,	cinq-cents et quatre blessés furent,
triginta et duo omnino ex peditibus desiderati sunt,	trente et deux en-tout d'entre les fantassins furent regrettés (périrent),
centum quinquaginta equitum interfecti ;	cent cinquante des cavaliers furent tués ;
victoria tanta stetit impendio tantulo.	une victoire si-grande se tint par (coûta) une dépense si-petite.
XII. Rex fatigatus persequendo diu Darium,	XII. Le roi fatigué en poursuivant longtemps Darius,
posteaquam et nox appetebat,	après-que et la nuit approchait,
et spes assequendi eum non erat,	et que l'espérance d'atteindre lui n'était pas,
pervenit in castra capta paulo ante a suis.	arriva dans le camp pris un peu auparavant par les siens.
Deinde jussit amicos quibus assueverat maxime invitari ;	Ensuite il ordonna les amis auxquels il était habitué le plus être invités ;
quippe cutis duntaxat summa perstricta in femore non prohibebat interesse convivio ;	car la peau seulement à-la-surface effleurée dans (à) la cuisse ne l'empêchait pas d'assister au festin ;
quum repente e tabernaculo proximo clamor lugubris permistus ululatu barbaro planctuque conterruit epulantes.	lorsque tout-à-coup de la tente la plus proche un cri lugubre mêlé d'un hurlement barbare et du bruit-de-coups-sur-la-poitrine épouvanta ceux faisant-bonne-chère.
Cohors quoque quæ excubabat ad tabernaculum regis, cœperat se armare, verita ne esset principium motus majoris.	La cohorte aussi qui était-de-garde auprès-de la tente du roi, commençait à s'armer, ayant craint que ce ne fût le commencement d'un mouvement plus grand.
Causa pavoris subiti fuit quod mater uxorque Darii cum mulieribus nobilibus captivis deflebant ingenti gemitu ejulatuque regem quem credebant	La cause de cette alarme subite fut parce-que la mère et l'épouse de Darius avec les femmes nobles captives pleuraient avec grand gémissement et grande lamentation le roi qu'elles croyaient

bant, ingenti gemitu ejulatuque deflebant. Unus namque e captivis spadonibus, qui forte ante ipsarum tabernaculum steterat, amiculum quod Darius, sicut paulo ante dictum est, ne cultu proderetur, abjecerat, in manibus ejus qui repertum ferebat agnovit; ratusque interfecto detractum esse, falsum nuntium mortis ejus attulerat. Hoc mulierum errore comperto, Alexander fortunæ Darii et pietati earum illacrimasse fertur. Ac primo Mithrenem, qui Sardes[1] tradiderat, peritum Persicæ linguæ, ire ad consolandas eas jusserat; veritus deinde ne proditor captivarum iram doloremque gravaret, Leonnatum ex purpuratis suis misit, jussum indicare falso lamentari eas vivum. Ille cum paucis armigeris in tabernaculum in quo captivæ erant pervenit, missumque a rege se nuntiari jubet. At ii qui in vestibulo erant, ut armatos conspexere, rati actum esse de dominis, in tabernaculum currunt, vociferantes adesse supremam horam, missosque

tait par hasard arrêté devant leur tente, reconnut entre les mains de celui qui l'avait trouvé, le manteau royal que Darius, comme on l'a dit plus haut, avait jeté pour n'être point découvert; et s'imaginant qu'on ne le lui avait enlevé qu'après l'avoir tué, il avait apporté la fausse nouvelle de sa mort. On dit qu'Alexandre instruit de la méprise de ces femmes, fut touché jusqu'aux larmes, du sort de Darius, et du tendre attachement des princesses. Son premier mouvement avait été d'envoyer, pour les consoler, Mithrène qui lui avait livré Sardes, et qui entendait la langue perse; mais craignant ensuite que la vue d'un traître n'augmentât l'indignation et la douleur des prisonnières, il leur envoya Léonnat, l'un de ses courtisans, avec ordre de leur apprendre qu'elles pleuraient mal à propos Darius et que ce prince vivait encore. Léonnat arrive avec quelques gardes à la tente des prisonnières, et leur fait dire qu'il vient de la part du roi. Mais ceux qui étaient à l'entrée s'imaginent, à la vue de ces hommes en armes, que c'en est fait de leurs maîtresses, et se précipitent dans la tente en criant qu'elles sont à leur dernière heure, et

interfectum esse,	avoir été tué.
Namque unus	Car un
e spadonibus captivis,	des eunuques prisonniers,
qui steterat forte	qui s'était tenu par-hasard
ante tabernaculum ipsarum,	devant la tente d'elles-mêmes,
agnovit amiculum	reconnut le manteau
quod Darius abjecerat,	que Darius avait jeté,
sicut dictum est paulo ante,	comme il a été dit un peu auparavant,
ne proderetur cultu,	de-peur-qu'il ne fût trahi par la parure,
in manibus ejus	dans les mains de celui
qui ferebat repertum ;	qui portait *le manteau* trouvé ;
ratusque detractum esse	et persuadé *lui* avoir été enlevé
interfecto,	au *roi* tué,
attulerat nuntium falsum	il avait apporté la nouvelle fausse
mortis ejus.	de la mort de lui.
Hoc errore mulierum	Cette erreur des femmes
comperto,	ayant été connue,
Alexander fertur	Alexandre est rapporté
illacrimasse fortunæ Darii	avoir pleuré-sur la fortune de Darius
et pietati earum.	et le pieux-attachement d'elles.
Ac primo jusserat	Et d'abord il avait ordonné
Mithrenem,	Mithrène,
qui tradiderat Sardes,	qui avait livré Sardes,
peritum linguæ Persicæ,	habile dans la langue perse,
ire ad eas consolandas ;	aller vers elles devant être consolées ;
deinde veritus	ensuite ayant craint
ne proditor	qu'un traître (la vue d'un traître)
gravaret iram	n'aggravât la colère
doloremque captivarum,	et la douleur des captives,
misit Leonnatum	il envoya Léonnat
e suis purpuratis,	*un* de ses vêtus-de-pourpre (courtisans),
jussum indicare	ayant-reçu l'ordre de faire-connaître
eas lamentari	elles pleurer
falso vivum.	à-tort un vivant.
Ille pervenit	Celui-là parvint
cum armigeris paucis	avec des gardes peu-nombreux
in tabernaculum	dans la tente
in quo erant captivæ,	dans laquelle étaient les captives,
jubetque nuntiari	et il ordonne être annoncé
se missum a rege.	lui-même avoir été envoyé par le roi.
At ii qui erant in vestibulo,	Mais ceux qui étaient dans le vestibule,
ut conspexere armatos,	dès qu'ils aperçurent des hommes armés,
rati actum esse	persuadés *en* être fait
de dominis,	de *leurs* maîtresses,
currunt in tabernaculum,	courent dans la tente
vociferantes	criant-à-haute-voix
horam supremam adesse,	*leur* heure dernière être arrivée,

qui occiderent captas. Itaque, ut quæ nec prohibere possent nec admittere auderent, nullo responso dato, tacitæ opperiebantur victoris arbitrium. Leonnatus, exspectato diu qui se intromitteret, posteaquam nemo procedere audebat, relictis in vestibulo satellitibus, intrat in tabernaculum. Ea ipsa res turbaverat feminas, quod irrupisse non admissus videbatur. Itaque mater et conjux, provolutæ ad pedes, orare cœperunt ut, priusquam interficerentur, Darii corpus ipsis patrio more sepelire [1] permitteret; functas supremo in regem officio, se impigre morituras. Leonnatus ait vivere Darium, et ipsas non incolumes modo, sed etiam apparatu pristinæ fortunæ reginas fore. Tum mater Darii allevari se passa est.

Alexander, postera die, cum cura sepultis militibus quorum corpora invenerat, Persarum quoque nobilissimis eumdem honorem haberi jubet, matrique Darii permittit, quos vellet, patrio more sepeliret. Illa paucos, arcta propinqui-

qu'on a envoyé des gens pour tuer les prisonnières. Celles-ci ne pouvant donc les repousser, et n'osant les faire entrer, ne donnaient point de réponse, et attendaient en silence le bon plaisir du vainqueur. Léonnat attendit longtemps quelqu'un qui l'introduisît; mais comme personne n'osait se présenter, il laissa les gardes dans le vestibule et entra dans la tente. Cela même acheva de troubler ces femmes, parce qu'il paraissait avoir forcé l'entrée sans être introduit. Les deux reines se jettent donc à ses pieds, et commencent par le prier de leur permettre, avant qu'on les fît mourir, d'ensevelir le corps de Darius à la manière de leur pays, ajoutant qu'après avoir rendu ce dernier devoir au roi, elles mourraient sans regret. Léonnat leur répondit que Darius vivait, et que pour elles, non-seulement elles n'avaient rien à craindre, mais qu'elles seraient traitées en reines avec tout l'éclat de leur première fortune. Alors la mère de Darius souffrit qu'il la relevât.

Le lendemain Alexandre après avoir fait soigneusement donner la sépulture aux soldats dont on avait retrouvé les corps, rendit le même honneur aux plus distingués des Perses, et permit à la mère de Darius d'ensevelir à la manière de son pays ceux qu'elle voudrait.

missosque	et des *hommes* être envoyés
qui occiderent captas.	qui tuassent *elles* prises.
Itaque, ut quæ	En-conséquence, comme *des femmes* qui
nec possent prohibere,	ni-ne pouvaient repousser
nec auderent admittere,	ni-n'osaient faire-entrer,
nullo responso dato,	aucune réponse n'ayant été donnée,
opperiebantur tacitæ	elles attendaient silencieuses
arbitrium victoris.	la décision du vainqueur.
Leonnatus,	Léonnat,
exspectato diu	*quelqu'un* ayant été attendu longtemps
qui intromitteret se,	qui introduisît lui-même,
posteaquam nemo	après-que personne
audebat procedere,	n'osait s'avancer,
satellitibus relictis	les satellites ayant été laissés
in vestibulo,	dans le vestibule,
intrat in tabernaculum.	entre dans la tente.
Ea res ipsa	Cette chose elle-même
turbaverat feminas,	avait troublé les femmes, [tion
quod videbatur irrupisse	parce-qu'il paraissait avoir fait-irrup-
non admissus.	n'ayant pas été admis. [*Darius*
Itaque mater et conjux	En-conséquence la mère et l'épouse *de*
provolutæ ad pedes,	s'étant prosternées à *ses* pieds,
cœperunt orare,	commencèrent à *le* prier,
ut permitteret ipsis,	qu'il permît à elles-mêmes,
priusquam interficerentur,	avant qu'elles fussent tuées,
sepelire corpus Darii	d'ensevelir le corps de Darius
more patrio;	par (selon) la coutume nationale;
functas in regem	s'étant acquittées envers le roi
supremo officio,	du dernier devoir; [seusement.
se morituras impigre.	elles-mêmes devoir mourir non-pares-
Leonnatus ait	Léonnat dit
Darium vivere,	Darius vivre,
et ipsas fore	et elles-mêmes devoir être
non modo incolumes,	non-seulement sauves
sed etiam reginas	mais même reines [tune.
apparatu pristinæ fortunæ.	*avec* l'appareil de leur précédente for-
Tum mater Darii	Alors la mère de Darius
passa est se allevari.	souffrit elle-même être relevée.
Alexander, die postera,	Alexandre, le jour d'-après,
militibus quorum	les soldats desquels
invenerat corpora	il avait trouvé les corps
sepultis cum cura,	ayant été ensevelis avec soin,
jussit eumdem honorem	ordonna le même honneur
haberi quoque	être eu (être rendu) aussi
nobilissimis Persarum,	aux plus nobles des Perses,
permisitque matri Darii	et il permit à la mère de Darius [nale
sepeliret more patrio	qu'elle ensevelît selon la coutume natio-

tate conjunctos, pro habitu præsentis fortunæ humari jussit, apparatum funerum, quo Persæ suprema officia celebrarent, invidiosum fore existimans, quum victores haud pretiose cremarentur. Jamque, justis defunctorum corporibus solutis, præmittit ad captivas qui nuntiarent ipsum venire, inhibitaque comitantium turba, tabernaculum cum Hephæstione intrat. Is longe omnium amicorum carissimus erat regi, cum ipso pariter educatus, secretorum omnium arbiter; libertatis quoque in admonendo eo non alius jus habebat: quod tamen ita usurpabat ut magis a rege permissum quam vindicatum ab eo videretur. Et, sicut ætate par erat regi, ita corporis habitu præstabat. Ergo reginæ, illum regem esse ratæ, suo more[1] veneratæ sunt. Inde ex spadonibus captivis quis Alexander esset monstrantibus, Sisygambis advoluta est

Cette princesse ne fit donner la sépulture qu'à un petit nombre de ses plus proches, et avec la simplicité qu'exigeait leur fortune actuelle; elle jugeait que la pompe avec laquelle les Perses célébraient leurs cérémonies funèbres serait vue de mauvais œil, alors qu'on brûlait sans grande dépense les corps des vainqueurs. Après que ces derniers devoirs eurent été rendus aux morts, Alexandre envoie prévenir les captives de sa visite; et laissant à la porte la suite qui l'accompagnait, il entre dans leur tente avec Héphestion. C'était le principal favori du roi, avec qui il avait été élevé, et son confident : personne aussi n'avait comme lui la liberté de donner des avis au roi : mais il en usait de façon, qu'il paraissait plutôt obéir à la volonté du prince, que s'arroger ce privilége. Ils étaient de même âge, mais Héphestion avait meilleure mine : si bien que les reines le prenant pour le roi, se prosternèrent devant lui selon la coutume de leur nation. Mais quelques-uns des eunuques prisonniers, leur ayant ensuite montré Alexandre, Sisygambis se jeta à ses pieds, et s'excusa de sa

HISTOIRE D'ALEXANDRE. LIVRE III. 107

quos vellet.	ceux qu'elle voudrait.
Illa jussit paucos	Celle-ci ordonna de peu-nombreux
conjunctos	unis *à elle*
propinquitate arcta	par une parenté étroite
humari pro habitu	être inhumés suivant l'état
fortunæ præsentis,	de la fortune présente,
existimans	pensant
apparatum funerum	l'appareil des funérailles
quo Persæ celebrarent	*avec* lequel les Perses célébraient
suprema officia,	les derniers devoirs,
fore invidiosum,	devoir être odieux, [brûlés
quum victores cremarentur	attendu-que les vainqueurs étaient
haud pretiose.	non d'une-manière-précieuse.
Jamque justis solutis	Et déjà les choses justes ayant été payées
corporibus defunctorum,	aux corps des morts,
præmittit ad captivas	il envoie-devant vers les captives
qui nuntiarent	des *gens* qui annonçassent
ipsum venire,	lui-même venir,
turbaque comitantium	et la foule de ceux-qui-accompagnaient
inhibita,	ayant été arrêtée,
intrat tabernaculum	il entre-dans la tente
cum Hephæstione.	avec Héphestion.
Is erat	Celui-ci était [roi
longe carissimus regi	de-loin (de beaucoup) le plus cher au
omnium amicorum,	de tous les amis,
educatus pariter	ayant été élevé pareillement
cum ipso,	avec lui-même;
arbiter omnium arcanorum;	témoin (confident) de tous les secrets ;
non alius habebat quoque	non un (aucun) autre n'avait aussi
jus libertatis	le droit de liberté
in eo admonendo,	dans lui devant-être-averti,
quod tamen	lequel *droit* cependant
usurpabat ita	il pratiquait de-telle-sorte
ut videretur	que *ce droit* paraissait
magis permissum a rege	plutôt accordé par le roi
quam vindicatum ab eo.	que revendiqué par lui.
Et sicut erat	Et de-même qu'il était
par regi ætate,	égal au roi par l'âge,
ita præstabat	ainsi il l'emportait
habitu corporis.	par l'extérieur du corps.
Ergo reginæ,	Donc les reines,
ratæ illum esse regem,	ayant cru lui être le roi,
veneratæ sunt suo more.	*le* vénérèrent par (selon) leur coutume.
Inde	De-là (puis)
ex spadonibus captivis	*quelques-uns* des eunuques prisonniers
monstrantibus	*leur* montrant
quis esset Alexander,	quel était Alexandre,

pedibus ejus, ignorationem nunquam antea visi regis excusans. Quam manu allevans rex : « Non errasti, inquit, mater; nam et hic Alexander est. »

Equidem, si hac continentia animi ad ultimum vitæ perseverare potuisset, feliciorem fuisse crederem quam visus est esse, quum Liberi patris imitaretur triumphum [1], ab Hellesponto usque ad Oceanum omnes gentes victoria emensus. Vicisset profecto superbiam atque iram, mala invicta; abstinuisset inter epulas [2] cædibus amicorum, egregiosque bello viros, et tot gentium secum domitores, indicta causa [3] veritus esset occidere. Sed nondum fortuna se animo ejus superfuderat; itaque orientem eam moderate et prudenter tulit; ad ultimum magnitudinem ejus non cepit. Tum quidem ita se gessit ut omnes ante eum reges et continentia et clementia vincerentur. Virgines enim regias excellentis formæ

méprise sur ce qu'elle ne l'avait jamais vu. Alors le roi lui tendant la main pour la relever : « Non, ma mère, lui dit-il, vous ne vous êtes point trompée; car celui-ci est aussi Alexandre. »

Certainement, s'il avait pu conserver cet empire sur soi-même jusqu'à la fin de sa vie, je l'estimerais bien plus heureux qu'il ne parut l'être lorsqu'il triompha comme Bacchus, après avoir parcouru en vainqueur toutes les nations depuis l'Hellespont jusqu'à l'Océan. Il aurait dompté l'orgueil et la colère, défauts dont il ne put triompher; il n'aurait eu garde d'égorger ses amis au milieu des festins, et il aurait eu horreur de faire mourir, sans les entendre, ces grands capitaines, instruments de toutes ses conquêtes. Mais alors la fortune n'avait point encore enivré son âme; et c'est pour cela qu'il en supporta les premières faveurs avec modération et avec sagesse; à la fin il ne put en contenir la grandeur. Il faut avouer que dans cette occasion il se comporta de manière à surpasser, et par son empire sur soi-même, et par sa clémence, tous les rois qui l'avaient précédé. Il eut en effet pour les jeunes princesses qui étaient d'une grande beauté, autant de respect que si elles eus-

HISTOIRE D'ALEXANDRE. LIVRE III. 109

Sisygambis advoluta est	Sisygambis se jeta
pedibus regis,	aux pieds du roi, [roi
excusans ignorationem regis	donnant-pour-excuse son ignorance du
nunquam visi antea.	jamais vu auparavant.
Quam rex allevans manu :	Laquelle le roi relevant de la main :
« Mater, inquit,	« Mère, dit-il,
non errasti ;	tu ne t'es pas trompée ;
nam et hic est Alexander. »	car aussi celui-ci est Alexandre. »
Equidem, si potuisset	Certes, s'il avait pu
perseverare ad ultimum vitæ	persévérer jusqu'à la fin de sa vie
hac continentia animi,	dans cette retenue d'esprit,
crederem fuisse feliciorem	je croirais lui avoir été plus heureux
quam visus est esse,	qu'il parut être,
quum emensus victoria	lorsque ayant parcouru par la victoire
omnes gentes	toutes les nations
ab Hellesponto	depuis l'Hellespont
usque ad Oceanum,	jusqu'à l'Océan,
imitaretur triumphum	il imitait le triomphe
Liberi patris.	de Bacchus père (dieu).
Vicisset profecto	Il aurait vaincu certainement
superbiam atque iram,	l'orgueil et la colère,
mala invicta ;	maux non-vaincus par lui ;
abstinuisset	il se serait abstenu
cædibus amicorum	des meurtres de ses amis
inter epulas,	au-milieu des festins,
veritusque esset occidere	et il aurait craint de tuer
causa indicta	la cause n'ayant-pas-été-plaidée
viros egregios bello,	des hommes remarquables dans la guerre,
et domitores secum	et dompteurs avec lui-même
tot gentium.	de tant de nations.
Sed fortuna	Mais la fortune [sus de
nondum se superfuderat	ne s'était pas-encore répandue-au-des-
animo ejus ;	l'esprit de lui ;
itaque tulit	en-conséquence il supporta
moderate et prudenter	modérément et prudemment
eam orientem ;	elle se levant :
ad ultimum non cepit	à la fin il ne contint pas
magnitudinem ejus.	la grandeur d'elle.
Tum quidem	Alors certes
se gessit ita	il se comporta de-telle-sorte
ut omnes reges ante eum	que tous les rois avant lui
vincerentur	étaient vaincus
et continentia et clementia.	et en retenue et en clémence.
Habuit enim	Il eut (il traita) en-effet
virgines regias	les jeunes-filles royales
formæ excellentis	d'une beauté distinguée,
tam sancte quam si	aussi chastement que si

tam sancte habuit quam si eodem quo ipse parente genitæ forent; conjugem ejusdem, quam nulla ætatis suæ pulchritudine corporis vicit, adeo ipse non violavit, ut summam adhibuerit curam ne quis captivo corpori illuderet. Omnem cultum reddi feminis jussit; nec quidquam ex pristinæ fortunæ magnificentia captivis, præter fiduciam, defuit. Itaque Sisygambis : « Rex, inquit, mereris ut ea precemur tibi quæ Dario nostro quondam precatæ sumus; et, ut video, dignus es, qui tantum regem non felicitate solum, sed etiam æquitate superaveris. Tu quidem matrem me et reginam vocas ; sed ego me tuam famulam esse confiteor ; et præteritæ fortunæ fastigium capio, et præsentis jugum pati possum. Tua interest, quantum in nos licuerit, si id potius clementia quam sævitia vis esse testatum. » Rex bonum animum habere eas jussit. Darii deinde filium collo suo admovit ; atque nihil ille conspectu tunc primum a se visi conterritus, cervicem ejus

sent été ses propres sœurs ; et loin d'attenter à l'honneur de la femme de Darius, qui était la plus belle personne de son temps, il eut un soin extrême d'empêcher que personne n'abusât de sa captivité pour l'outrager. Il fit rendre aux femmes leurs bijoux ; et dans leur captivité il ne leur manqua rien de la splendeur de leur premier état que la confiance. C'est pourquoi Sisygambis lui dit : « Vous méritez, ô roi, que nous fassions pour vous les mêmes vœux que nous avons faits autrefois pour notre cher Darius ; et je vois que vous en êtes digne vous qui surpassez un si grand roi, non-seulement en bonheur, mais même en vertu. Vous me traitez, il est vrai, de mère et de reine ; mais moi, je confesse que je suis votre servante. Sans être au-dessous de ma grandeur passée, je peux supporter le joug de ma fortune présente. C'est à vous de voir si vous voulez prouver par la clémence plutôt que par la cruauté jusqu'où va votre pouvoir sur nous. » Le roi les exhorta à avoir bon courage ; puis il prit dans ses bras le fils de Darius. Cet enfant, sans être étonné à la vue d'Alexan-

genitæ forent	elles avaient été engendrées
eodem parente quo ipse;	du même père que lui-même;
adeo non ipse violavit	tellement non lui-même viola
conjugem ejusdem	l'épouse du même (de Darius)
quam nulla suæ ætatis	laquelle aucune *femme* de son âge (temps)
vicit pulchritudine corporis.	*ne* vainquit en beauté de corps,
ut adhibuerit	qu'il employa
curam summam	un soin suprême
ne quis illuderet	de-peur-que quelqu'un ne se jouât
corpori captivo.	de *son* corps captif.
Jussit omnem cultum	Il ordonna toute *leur* parure
reddi feminis;	être rendue aux femmes;
nec quidquam	ni quelque chose
ex magnificentia	de la magnificence
pristinæ fortunæ	de *leur* précédente fortune
defuit captivis,	ne manqua à *elles* captives,
præter fiduciam.	excepté la confiance.
Itaque Sysigambis:	En-conséquence Sisygambis:
« Rex, inquit, mereris	« Roi, dit-elle, tu mérites
ut precemur tibi	que nous priions pour toi
quæ precatæ sumus	les choses que nous avons priées
quondam	autrefois
nostro Dario,	pour notre Darius,
et, ut video, es dignus,	et, comme je vois, tu *en* es digne,
qui superaveris	vu-que tu as surpassé
tantum regem	un si-grand roi
non solum felicitate,	non-seulement en bonheur
sed etiam æquitate.	mais même en équité.
Tu quidem vocas me	Toi à-la-vérité tu appelles moi
matrem et reginam;	mère et reine;
sed ego confiteor	mais moi j'avoue
me esse tuam famulam;	moi être ta servante;
et capio fastigium	et je comporte le faîte
pristinæ fortunæ,	de *ma* précédente fortune.
et possum pati	et je puis supporter
jugum præsentis.	le joug de la présente.
Interest tua,	Il importe à toi,
si vis id,	si tu veux cela, [contre nous
quantum licuerit in nos,	à *savoir* combien il a été permis à *toi*
testatum esse potius	avoir été attesté plutôt
clementia quam sævitia. »	par la clémence que par la cruauté. »
Rex jussit eas	Le roi ordonna elles
habere bonum animum.	avoir bon courage.
Deinde admovit suo collo	Puis il approcha à (de) son cou
filium Darii;	le fils de Darius;
atque ille	et celui-là
conterritus nihil conspectu	effrayé en rien par l'aspect

manibus amplectitur. Motus ergo rex constantia pueri, Hephæstionem intuens : « Quam vellem, inquit, Darius aliquid ex hac indole hausisset ! » Tum, tabernaculo egressus, tribus aris[1] in ripa Pinari amnis Jovi atque Herculi Minervæque sacratis, Syriam petit, Damascum, ubi regis gaza erat, Parmenione præmisso.

XIII. Atque is, quum præcessisse Darii satrapam comperisset, veritus ne paucitas suorum sperneretur, arcessere majorem manum statuit. Sed forte in exploratores ab eo præmissos incidit natione Mardus[2], qui, ad Parmenionem perductus, litteras ad Alexandrum a præfecto Damasci missas tradit ei ; nec dubitare eum quin omnem regiam supellectilem cum pecunia traderet, adjecit. Parmenio, asservari eo jusso, litteras aperit ; in queis erat scriptum ut mature Alexander aliquem ex ducibus suis mitteret cum manu exi-

dre qu'il voyait pour la première fois, l'embrasse des deux mains. Alors le roi, touché de son assurance : « Plût au ciel, dit-il à Héphestion en le regardant, que Darius eût quelque chose de ce caractère ! » Là-dessus il sortit de la tente. Après avoir consacré, sur les bords du Pinare, trois autels, à Jupiter, à Hercule et à Minerve il se dirige vers la Syrie ; il avait envoyé devant Parménion à Damas, où était le trésor du roi de Perse.

XIII. Parménion ayant eu avis qu'un satrape de Darius l'avait devancé, résolut de faire venir du renfort, dans la crainte que l'ennemi ne dédaignât le peu de monde qui l'accompagnait. Mais le hasard fit tomber entre les mains des coureurs qu'il avait envoyés en avant, un soldat marde ; celui-ci amené à Parménion, lui remet une letre adressée à Alexandre par le gouverneur de Damas ; et il ajoute que cet officier n'hésiterait pas à livrer tout le mobilier et tout l'argent du roi. Parménion ordonne de garder cet homme, et ouvre la lettre, qui invitait Alexandre à dépêcher un de ses généraux avec

visi a se	d'*Alexandre* vu par lui
tunc primum,	alors pour-la-première-fois,
implectitur manibus	entoure de *ses* mains
cervicem ejus.	le cou de lui.
Ergo rex motus	Donc le roi ému
constantia pueri,	de l'assurance de l'enfant,
intuens Parmenionem :	regardant Parménion :
« Quam vellem, inquit,	« Combien je voudrais, dit-il,
Darius hausisset aliquid	que Darius eût puisé quelque chose
ex hac indole ! »	de ce caractère ! »
Tum egressus tabernaculo,	Alors étant sorti de la tente,
tribus aris sacratis	trois autels ayant été consacrés
in ripa amnis Pinari	sur les bords de la rivière *de* Pinare
Jovi atque Herculi	à Jupiter et à Hercule
Minervæque,	et à Minerve.
petit Syriam,	il gagne la Syrie,
Parmenione præmisso	Parménion ayant été envoyé-devant
Damascum,	à Damas
ubi gaza regis erat.	où le trésor du roi était.
XIII. Atque is,	XIII. Et lui (Parménion),
quum comperisset	lorsqu'il eut appris
satrapam Darii præcessisse,	un satrape de Darius avoir précédé,
veritus ne [tur,	ayant craint que
paucitas suorum spernere-	le petit-nombre des siens ne fût méprisé,
statuit arcessere	résolut de faire-venir
manum majorem.	une troupe plus grande.
Sed forte	Mais par-hasard
Mardus natione	un Marde de nation
incidit in exploratores	tomba sur (rencontra) les éclaireurs
præmissos ab eo,	envoyés-devant par lui,
qui perductus	lequel *Marde* ayant été amené
ad Parmenionem	auprès de Parménion,
tradit litteras	remet une lettre
missas ad Alexandrum	envoyée à Alexandre
a præfecto Damasci ;	par le commandant de Damas ;
et adjecit eum	et il ajouta lui (le commandant)
non dubitare quin traderet	ne pas hésiter qu'il ne livrât (à livrer)
omnem supellectilem	tout le mobilier
regiam	royal
cum pecunia.	avec l'argent.
Eo jusso asservari,	Celui-là ayant été ordonné d'être gardé,
Parmenio aperit litteras ;	Parménion ouvre la lettre ;
in queis scriptum erat	dans laquelle il avait été écrit
ut Alexander	qu'Alexandre
mitteret mature	envoyât promptement
aliquem ex suis ducibus	quelqu'un de ses généraux

gua. Itaque, re cognita, Mardum datis comitibus ad proditorem remittit. Ille, e manibus custodientium elapsus, Damascum ante lucem intrat. Turbaverat ea res Parmenionis animum, insidias timentis, et ignotum iter sine duce non audebat ingredi. Felicitati tamen regis sui confisus, agrestes, qui duces itineris essent, excipi jussit; quibus celeriter repertis, quarto die ad urbem pervenit, jam metuente præfecto ne sibi fides habita non esset. Igitur, quasi parum munimentis oppidi fidens, ante solis ortum pecuniam regiam (gazam Persæ vocant) cum pretiosissimis rerum efferri jubet, fugam simulans, revera ut prædam hosti offerret.

Multa millia virorum feminarumque excedentem oppido sequebantur, omnibus miserabilis turba, præter eum cujus fidei commissa fuerat; quippe, quo major proditoris merces foret, objicere hosti parabat gratiorem omni pecunia præ-

---

quelques soldats. Instruit ainsi du projet, il renvoie au traître le Marde bien accompagné; mais celui-ci s'échappe des mains de ses gardes, et entre à Damas avant le jour. Cela inquiéta Parménion, qui craignit que ce ne fût un piége; d'ailleurs il n'osait s'engager sans guide dans une route inconnue. Plein de confiance toutefois dans la bonne fortune de son maître, il ordonne de prendre des paysans pour servir de guides; on en eut bientôt trouvé, et le quatrième jour on arriva à la ville, dans le temps que le gouverneur craignait déjà qu'on n'eût point ajouté foi à ses promesses. Celui-ci affectant alors de se défier des fortifications de la place, fait sortir avant le lever du soleil l'argent du roi, que les Perses appellent gaza, avec les effets les plus précieux : il feignait de fuir, mais en réalité il voulait offrir cette proie à l'ennemi.

Il était suivi, quand il sortit de la ville, de plusieurs milliers d'hommes et de femmes, troupe bien faite pour exciter la compassion de tout le monde, excepté de celui à la foi duquel on les avait confiés. Car, afin d'obtenir une plus grande récompense de sa perfi-

HISTOIRE D'ALEXANDRE. LIVRE III. 115

cum exigua manu.	avec une petite troupe.
Itaque, re cognita,	En-conséquence, la chose ayant été [connue,
remittit ad proditorem	il renvoie au traître
Mardum	le Marde
comitibus datis.	des compagnons *lui* ayant été donnés.
Ille elapsus	Lui s'étant échappé
e manibus custodientium,	des mains de ceux-qui-*le*-gardaient,
intrat Damascum	entre à Damas
ante lucem.	avant le jour.
Ea res turbaverat	Cette chose avait troublé
animum Parmenionis	l'esprit de Parménion
timentis insidias,	craignant des embûches,
et non audebat	et il n'osait pas
ingredi sine duce	entrer sans guide
iter ignotum.	*dans* un chemin inconnu.
Confisus tamen	S'étant fié cependant
felicitati sui regis,	au bonheur de son roi,
jussit agrestes excipi,	il ordonna des paysans être recueillis,
qui essent duces itineris;	qui fussent guides du chemin ;
quibus repertis celeriter,	lesquels ayant été trouvés rapidement,
pervenit ad urbem	il parvint à la ville
quarto die,	le quatrième jour,
præfecto metuente jam	le commandant craignant déjà
ne fides	que confiance
non habita esset sibi.	n'eût pas été eue à lui-même.
Igitur, quasi fidens parum	Donc, comme se fiant peu
munimentis oppidi,	aux fortifications de la place,
jubet pecuniam regiam	il ordonne l'argent royal
(Persæ vocant gazam)	(les Perses l'appellent gaza) [soleil
efferri ante ortum solis	être porté-dehors avant le lever du
cum pretiosissimis rerum,	avec les plus précieuses des choses,
simulans fugam,	feignant la fuite,
ut offerret revera	pour-qu'il offrît en-réalité
prædam hosti.	une proie à l'ennemi.
Multa millia	Beaucoup de milliers
virorum feminarumque	d'hommes et de femmes
sequebantur	suivaient
excedentem oppido,	*lui* sortant de la place,
turba miserabilis omnibus	troupe pitoyable à (pour) tons
præter eum	excepté à celui
cujus fidei commissa fuerat;	à la foi duquel elle avait été confiée ;
quippe quo	car afin-que-par-cela
merces proditoris	la récompense du traître
foret major,	fût plus grande,
parabat objicere hosti	il se préparait à présenter à l'ennemi
prædam gratiorem	une proie plus agréable
omni pecunia,	que tout argent,

dam, nobiles viros, prætorum Darii conjuges liberosque, præter hos urbium Græcarum legatos, quos Darius, velut in arce tutissima, in proditoris reliquerat manibus. Gangabas Persæ vocant humeris onera portantes ; hi, quum frigus tolerare non possent (quippe et procella subito nivem effuderat, et humus rigebat gelu tum adstricta), vestes quas cum pecunia portabant, auro et purpura insignes, induunt, nullo prohibere auso, quum fortuna regis etiam humillimis in ipsum licentiam faceret. Præbuere ergo Parmenioni non spernendi agminis speciem ; qui, intentiore cura suos quasi ad justum prœlium paucis adhortatus, equis calcaria subdere jubet, et acri impetu in hostem invehi. At illi qui sub oneribus erant, omissis per metum, capessunt fugam ; armati, qui eos prosequebantur, eodem metu arma jactare ac nota diverticula petere cœperunt. Præfectus, quasi et ipse conterritus, simu-

die, il se préparait à présenter à l'ennemi un butin plus précieux que tout l'or du monde : c'étaient des hommes de qualité, les femmes et les enfants des généraux de Darius, et en outre les députés des villes grecques que Darius avait laissés entre les mains de ce traître, comme dans la forteresse la plus sûre. Les Perses donnent le nom de gangabes aux porte-faix ; or ceux-ci ne pouvant plus endurer le froid, parce qu'un vent violent avait fait tomber tout à coup une grande quantité de neige, et que la terre était durcie par la gelée, se revêtirent des robes tissues d'or et de pourpre qu'ils portaient avec l'argent du roi, sans que personne osât s'y opposer : tant il est vrai que la mauvaise fortune du prince inspirait aux hommes même les plus abjects l'audace de se permettre tout contre lui ! Ils présentèrent donc aux yeux de Parménion l'aspect d'une troupe qui n'était point à mépriser ; de sorte que, se mettant soigneusement sur ses gardes, il encourage en peu de mots ses gens comme pour une action sérieuse, et leur ordonne de piquer des deux et de fondre sur l'ennemi. Mais ceux qui portaient ces fardeaux les jettent d'épouvante et prennent la fuite ; les soldats qui les escortaient, également effrayés abandonnent leurs armes et gagnent les sentiers détournés qu'ils connaissaient. Le gouverneur, comme s'il partageait lui-même la terreur commune, rendit l'effroi général par sa dissimulation. Alors

viros nobiles,	des hommes nobles,
conjuges liberosque	les femmes et les enfants
prætorum Darii;	des généraux de Darius ;
præter hos	outre ceux-ci
legatos urbium Græcarum	les députés des villes grecques,
quos Darius reliquerat	lesquels Darius avait laissés
in manibus proditoris	dans les mains du traître
velut in arce tutissima.	comme dans la citadelle la plus sûre.
Persæ vocant gangabas	Les Perses appellent gangabes [épaules;
portantes onera humeris ;	ceux-qui-portent les fardeaux sur *leurs*
hi, quum non possent	ceux-ci, comme ils ne pouvaient
tolerare frigus	supporter le froid
(quippe et procella	(car et un orage
effuderat subito nivem,	avait répandu tout-à-coup de la neige,
et humus rigebat	et la terre était-durcie
adstricta tum gelu),	alors resserrée par la gelée),
induunt vestes	revêtent des habits
insignes auro et purpura,	remarquables par l'or et la pourpre,
quas portabant	lesquels *habits* ils portaient
cum pecunia,	avec l'argent, [pêcher,
nullo auso prohibere,	aucun (personne) n'ayant osé *les en* em-
quum fortuna regis	attendu-que la fortune du roi [même
faceret licentiam in ipsum	faisait (donnait) de la licence contre lui-
etiam humillimis.	même aux plus bas.
Præbuere ergo speciem	Ils présentèrent donc l'aspect
agminis non spernendi	d'une troupe non méprisable
Parmenioni;	à Parménion;
qui, cura intentiore	lequel, *avec* un soin plus attentif
adhortatus suos paucis	ayant exhorté les siens en peu de *mots*
quasi ad prœlium justum,	comme pour un combat régulier,
jubet	ordonne [rons,
subdere equis calcaria,	de placer-dessous les chevaux les épe-
et invehi in hostem	et de se porter contre l'ennemi
impetu acri.	par un élan vif.
At illi qui erant	Mais ceux qui étaient
sub oneribus,	sous les fardeaux,
omissis per metum,	*les fardeaux* ayant été laissés par crainte,
capessunt fugam ;	prennent la fuite;
armati,	les *hommes* armés
qui prosequebantur eos,	qui escortaient eux,
cœperunt eodem metu	commencèrent par la même crainte
jactare arma,	à jeter *leurs* armes, [nus *a'eux*.
ac petere diverticula nota.	et à gagner des sentiers-détournés con-
Præfectus,	Le commandant,
quasi et ipse conterritus,	comme aussi lui-même étant épouvanté,
imulans compleverat	en simulant *la crainte* avait rempli
cuncta pavore.	toutes choses de peur.

lans cuncta pavore compleverat. Jacebant totis campis opes regiæ : illa pecunia stipendio ingenti militum præparata; ille cultus tot nobilium virorum, tot illustrium feminarum; aurea vasa; aurei freni ; tabernacula regali magnificentia ornata; vehicula quoque a suis destituta, ingentis opulentiæ plena : facies etiam prædantibus tristis, si qua res avaritiam moraretur. Quippe tot annorum incredibili et fidem excedente fortuna cumulata, tunc alia stirpibus lacerata, alia in cœnum demersa eruebantur; non sufficiebant prædantium manus prædæ.

Jamque etiam ad eos qui primi fugerant ventum erat : feminæ pleræque parvos trahentes liberos ibant; inter quas tres fuere virgines, Ochi, qui ante Darium regnaverat¹, filiæ, olim quidem ex fastigio paterno rerum mutatione detractæ, sed tum sortem earum crudelius aggravante fortuna. In eodem grege uxor quoque ejusdem Ochi fuit, Oxathrisque (frater hic erat Darii) filia, et conjux Artabazi, principis pur-

on vit éparses dans toute la plaine les richesses du roi : l'argent destiné au payement prodigieux des troupes ; les parures de tant de grands, de tant de femmes de qualité ; des vases d'or, des freins du même métal, des tentes d'une magnificence royale ; enfin des chariots pleins des plus riches effets, et abandonnés de leurs conducteurs : spectacle propre à contrister ceux même qui pillaient, si quelque chose pouvait suspendre la cupidité. Car de toutes ces précieuses dépouilles, accumulées pendant tant d'années d'une prospérité incroyable et qui passe l'imagination, les unes étaient arrachées toutes déchirées d'entre les ronces, les autres étaient retirées de la fange où elles étaient enfoncées ; il n'y avait pas assez de mains pour une proie si abondante.

On était déjà parvenu jusqu'à ceux qui avaient pris la fuite les premiers : c'étaient pour la plupart des femmes qui traînaient par la main leurs enfants en bas âge; et parmi elles étaient trois jeunes princesses, filles d'Ochus, prédécesseur de Darius, déjà déchues par l'instabilité des choses humaines, du faîte de la grandeur paternelle, mais bien plus cruellement traitées alors par la fortune. Dans cette troupe était aussi l'épouse du même Ochus; la fille d'Oxathrès, frère de Darius ; la femme d'Artabaze, qui était le premier

Opes regiæ jacebant	Les richesses royales gisaient
campis totis;	par les plaines tout-entières :
illa pecunia præparata	cet argent préparé
stipendio ingenti militum;	pour la solde énorme des soldats ;
ille cultus	cette parure
tot virorum nobilium,	de tant d'hommes nobles,
tot feminarum illustrium;	de tant de femmes illustres ;
vasa aurea,	des vases d'-or,
freni aurei,	des freins d'-or,
tabernacula ornata	des tentes ornées
magnificentia regali;	avec une magnificence royale ;
vehicula quoque	des chariots aussi
destituta a suis,	abandonnés par les leurs,
plena opulentiæ ingentis :	pleins d'une opulence immense :
facies tristis	spectacle triste
etiam prædantibus,	même pour-ceux-qui-pillaient,
si qua res	si quelque chose
moraretur avaritiam.	arrêtait la cupidité.
Quippe cumulata	Car ces choses accumulées
fortuna tot annorum,	par la fortune de tant d'années,
incredibili	*fortune* incroyable
et excedente fidem,	et dépassant la foi,
eruebantur tunc,	étaient arrachées alors,
alia lacerata stirpibus,	les unes déchirées par les souches,
alia demersa in cœnum ;	les autres plongées dans la fange ;
manus prædantium	les mains de-ceux-qui-pillaient
non sufficiebant prædæ.	ne suffisaient pas au butin.
Jamque etiam	Et déjà même
ventum erat ad eos	on était arrivé à ceux
qui fugerant primi :	qui avaient fui les premiers :
pleræque feminæ ibant	la plupart des femmes allaient
trahentes pueros parvos ;	traînant leurs enfants petits ;
inter quas fuere	parmi lesquelles femmes furent
tres virgines,	trois jeunes-filles,
filiæ Ochi,	filles d'Ochus,
qui regnaverat ante Darium,	qui avait régné avant Darius,
detractæ quidem olim	arrachées à-la-vérité autrefois
mutatione rerum	par le changement des choses
ex fastigio paterno,	du faîte paternel,
sed fortuna	mais la fortune
aggravante tum crudelius	aggravant alors plus cruellement
sortem earum.	le sort d'elles.
Uxor quoque ejusdem Ochi	L'épouse aussi du même Ochus
fuit in eodem grege,	fut dans la même troupe,
filiaque Oxathris	et la fille d'Oxathrès
(hic erat frater Darii),	(celui-ci était frère de Darius),
et conjux Artabazi,	et l'épouse d'Artabaze,

puratorum, et filius, cui Ilioneo fuit nomen. Pharnabazi quoque, cui summum imperium maritimæ oræ rex dederat, uxor cum filio excepta est; Mentoris filiæ tres; ac nobilissimi ducis Memnonis conjux et filius; vixque ulla domus purpurati fuit tantæ cladis expers. Lacedæmonii quoque et Athenienses[1], societatis fide violata, Persas secuti : Aristogiton, Dropides et Iphicrates, inter Athenienses genere famaque longe clarissimi; Lacedæmonii, Pausippus et Onomastorides, cum Monimo et Callicratide, ii quoque domi nobiles. Summa pecuniæ signatæ[2] fuit talentorum duo millia et sexcenta; facti argenti pondus[3] quingenta æquabat; præterea triginta millia hominum cum septem millibus jumentorum, dorso onera portantium capta sunt. Ceterum dii tantæ fortunæ proditorem, ultores sceleris, debita pœna persecuti sunt; namque unus e consciis ejus, credo, regis vicem etiam

des seigneurs de la cour; et son fils, nommé Ilionée. On y prit aussi la femme et le fils de Pharnabaze, à qui le roi avait donné le commandement de toutes les côtes; trois filles de Mentor, avec l'épouse et le fils de l'illustre capitaine Memnon. A peine enfin y eut-il une maison de marque qui n'eût part à cette affreuse calamité. Il s'y trouva même des Lacédémoniens et des Athéniens, qui, au mépris des traités faits avec Alexandre, avaient suivi le parti des Perses : d'Athènes, il y avait Aristogiton, Dropidès, et Iphicrate, personnages très-distingués entre leurs compatriotes, par leur naissance et par leur réputation; de Lacédémone, Pausippe, Onomastoride, Monime, et Callicratidès, également distingués chez eux. Le total de l'argent monnayé montait à deux mille soixante talents; et l'argent ouvré, à cinq cents. On prit en outre trente mille personnes, et sept mille bêtes de somme qui portaient des bagages. Au reste, les dieux ne tardèrent pas à faire subir au dépositaire infidèle de cette immense fortune la juste punition de son crime; car un de ses complices, ayant sans doute quelque respect pour le roi dans son malheur même,

principis purpuratorum,	le premier des vêtus-de-pourpre (des
et filius,	et *son* fils, [courtisans,
cui Ilioneo fuit nomen.	auquel Ilionée fut nom.
Uxor quoque Pharnabazi,	L'épouse aussi de Pharnabaze,
cui rex dederat	auquel le roi avait donné
imperium summum	le commandement suprême
oræ maritimæ	de la région maritime,
excepta est cum filio ;	fut recueillie avec *son* fils ;
tres filiæ Mentoris ;	trois filles de Mentor ;
ac conjux et filius [nis ;	et l'épouse et le fils
nobilissimi ducis Memno-	du très-célèbre général Memnon ;
vixque ulla domus	et à-peine aucune maison
purpuratorum	de vêtus-de-pourpre (de courtisans)
fuit expers	fut exempte
tantæ cladis.	d'un si-grand désastre.
Lacedæmonii quoque	Les Lacédémoniens aussi
et Athenienses	et les Athéniens
secuti Persas,	qui-avaient-suivi les Perses,
fide societatis violata :	la foi de l'alliance ayant été violée
Aristogiton,	Aristogiton,
Dropides et Iphicrates,	Dropidès et Iphicrate,
longe clarissimi	de-loin (de beaucoup) les plus illustres
genere famaque	par la naissance et la renommée
inter Athenienses ;	parmi les Athéniens ;
Lacedæmonii	les Lacédémoniens
Pausippus et Onomastorides	Pausippe et Onomastoride
cum Monimo et Callicratide,	avec Monime et Callicratide,
ii quoque nobiles domi.	eux aussi distingués chez-eux.
Summa pecuniæ signatæ	Le total de l'argent monnayé
fuit duo millia et sexcenta	fut deux mille et six-cents
talentorum ;	de talents ;
pondus argenti facti	le poids de l'argent travaillé
æquabat quingenta ;	égalait cinq cents *talents* ;
præterea triginta millia	en-outre trente mille
hominum	d'hommes
capta sunt	furent pris
cum septem millibus	avec sept mille
jumentorum septem	de bêtes-de-somme
portantium onera dorso.	portant des fardeaux sur le dos.
Ceterum dii,	Du-reste les dieux,
ultores sceleris,	vengeurs du crime,
persecuti sunt pœna debita	poursuivirent de la peine due
proditorem	le traître de (celui qui avait livré)
fortunæ tantæ	une fortune si-grande ;
namque unus	car un
e consciis ejus,	des complices de lui,
reveritus, credo,	ayant respecté, je crois,

in illa sorte reveritus, interfecti proditoris caput ad Darium tulit, opportunum solatium prodito; quippe et ultus inimicum erat, et nondum in omnium animis memoriam majestatis suæ exolevisse cernebat.

tua le perfide, et porta sa tête à Darius : consolation bien faite pour plaire à un prince trahi; puisqu'il était vengé d'un ennemi, et qu'il voyait par là que le souvenir de ce qui était dû à la majesté du souverain n'était pas encore effacé de tous les cœurs.

vicem regis	la destinée du roi
etiam in illa sorte,	même dans ce sort (ce malheur),
tulit ad Darium	porta à Darius
caput proditoris interfecti,	la tête du traître tué,
solatium opportunum	consolation opportune
prodito;	au (pour le) trahi;
quippe et ultus erat	car et il était vengé
inimicum,	d'un ennemi,
et cernebat memoriam	et il voyait le souvenir
suæ majestatis	de sa majesté
nondum exolevisse	n'être point-encore effacé
in animis omnium.	dans les esprits de tous.

NOTES
DU TROISIÈME LIVRE DE L'HISTOIRE D'ALEXANDRE.

Page 2 : 1. *Inter hæc.* Les deux premiers livres de l'histoire de Quinte-Curce ne nous sont pas parvenus; ils devaient contenir la naissance et l'éducation d'Alexandre, son avénement au trône, ses victoires sur les Illyriens et les Thébains, son passage en Asie, l'heureux début de sa campagne sur les bords du Granique, et la résistance habile et énergique que lui opposa le Rhodien Memnon, le meilleur capitaine de Darius. C'est à ces deux derniers faits que Quinte-Curce fait allusion au début du troisième livre.

— 2. *Lyciæ Pamphyliæque.* La Lycie et la Pamphylie, provinces du sud de l'Asie Mineure.

— 3. *Celænas.* Voici ce que Xénophon dans le chapitre deuxième du premier livre de l'Anabase nous apprend de cette même ville : Ἐξελαύνει.... εἰς Κελαινάς, τῆς Φρυγίας πόλιν οἰκουμένην, μεγάλην καὶ εὐδαίμονα. Ἐνταῦθα Κύρῳ βασίλεια ἦν καὶ παράδεισος μέγας, ἀγρίων θηρίων πλήρης, ἃ ἐκεῖνος ἐθήρευεν ἀπὸ ἵππου, ὁπότε γυμνάσαι βούλοιτο ἑαυτόν τε καὶ τοὺς ἵππους. Διὰ μέσου δὲ τοῦ παραδείσου ῥεῖ ὁ Μαίανδρος ποταμός· αἱ δὲ πηγαὶ αὐτοῦ εἰσιν ἐκ τῶν βασιλείων· ῥεῖ δὲ καὶ διὰ τῆς Κελαινῶν πόλεως. Ἔστι δὲ καὶ μεγάλου Βασιλέως βασίλεια ἐν Κελαιναῖς, ἐρυμνὰ ἐπὶ ταῖς πηγαῖς τοῦ Μαρσύου ποταμοῦ ὑπὸ τῇ ἀκροπόλει· ῥεῖ δὲ καὶ οὗτος διὰ τῆς πόλεως καὶ ἐμβάλλει εἰς τὸν Μαίανδρον· τοῦ δὲ Μαρσύου τὸ εὖρός ἐστιν εἴκοσι καὶ πέντε ποδῶν. « Il (Cyrus le jeune) arrive à Célènes, ville de Phrygie, grande et riche. Cyrus y avait un palais, et un grand parc, rempli de bêtes sauvages qu'il chassait à cheval, quand il voulait s'exercer lui et ses chevaux. Au travers du parc coule le Méandre, dont les sources se trouvent dans le palais même : il coule ensuite à travers la ville de Célènes. Il existe encore à Célènes un autre palais fortifié du grand roi, aux sources mêmes du Marsyas, sous la citadelle : le Marsyas traverse ainsi la ville et se jette dans le Méandre; sa largeur est de vingt-cinq pieds. » (Traduction de Talbot.)

— 4. *Illa tempestate.* Plus tard en effet Antiochus Soter ayant fondé la ville d'Apamée au confluent du Marsyas et du Méandre, l'ancienne Célènes fut abandonnée par les habitants pour la ville nouvelle.

— 5. *Fabulosis Græcorum carminibus.* Ici encore Xénophon complète Quinte-Curce. Ἐνταῦθα λέγεται Ἀπόλλων ἐκδεῖραι Μαρσύαν, νικήσας ἐρίζοντά οἱ περὶ σοφίας καὶ τὸ δέρμα κρεμάσαι ἐν τῷ ἄντρῳ ὅθεν αἱ πηγαί· διὰ δὲ τοῦτο ὁ ποταμὸς καλεῖται Μαρσύας. Anabase livre Ier, chap. II. « C'est là, dit-on, qu'Apollon, vainqueur de Marsyas qui était entré en concurrence de talent avec lui, l'écorcha vif, et suspendit sa peau dans l'antre d'où sortent les sources. Voilà pourquoi le fleuve s'appelle Marsyas. »

Page 4 : 1. *Lycum*. Le Lycus (de λύκος loup) : nom donné à plusieurs rivières de l'Asie, sans doute à cause de la rapidité de leur cours.

Page 6 : 1. *Darius*. Darius III, Codoman, dernier roi de Perse, qui régna de 336 à 330 avant Jésus-Christ.

— 2. *Granicum amnem*. Le Granique, rivière de l'Asie Mineure dans la Phrygie hellespontique et qui tombait dans la Propontide. C'était là qu'Alexandre avait vaincu pour la première fois les Perses, l'an 334 avant Jésus-Christ, et il avait trouvé dans leurs rangs des mercenaires Grecs.

— 3. *Euphratem*. L'Euphrate, aujourd'hui le *Frat* des Turcs. Ce fleuve, qui naît dans les montagnes de l'Arménie méridionale, se réunit au Tigre à Corna, prend alors le nom de *Chat-el-Arab* et va se jeter dans le golfe Persique.

— 4. *Midæ*. Le nom du roi Midas appartient à la mythologie plus qu'à l'histoire. Le pouvoir fatal que lui accorda Bacchus de changer en or tout ce qu'il toucherait, et les oreilles d'âne que lui donna Apollon auquel il avait préféré Pan, l'ont rendu également célèbre.

— 5. *Pontico et Cilicio mari*. Le Pont-Euxin et la mer de Cilicie. Tite Live décrit à peu près de même la position de Gordium, Livre XXXVIII, 18 : *Tria maria pari ferme distantia intervallo habet, Hellespontum, ad Sinopen, et alterius oræ littora quæ Cilices maritimi incolunt.* « Elle est presque à une distance égale de trois mers, de l'Hellespont, de celle sur laquelle est située Sinope (le Pont-Euxin) et de la côte maritime de la Cilicie (de la mer de Cilicie). »

— 6. *Arctas fauces*. Ce détail et ceux qui suivent sont inexacts. Cette partie est en effet la plus étroite de l'Asie, mais elle ne forme pas un isthme.

Page 10 : 1. *Hellespontum*. L'Hellespont, ou mer d'Hellé, aujourd'hui *Canal des Dardanelles*, détroit qui fait communiquer la mer Égée, aujourd'hui l'*Archipel*, avec la Propontide, aujourd'hui *Mer de Marmora*.

— 2. *Lesbum, Chium et Con*. Lesbos, Chios et Cos, îles de la mer Égée, situées près des côtes de l'Asie Mineure.

Page 10 : 3. *Talenta*. Le talent, poids d'or ou d'argent, valait environ 5500 fr. de notre monnaie

— 4. *Antipatrum*. Antipater, lieutenant d'Alexandre, chargé du gouvernement de la Macédoine, pendant l'expédition du roi en Asie.

— 5. *Memnonem*. Memnon le Rhodien, gendre de Darius, « le seul général, dit Bossuet, que la Perse pût opposer aux Grecs, » venait de mourir au siége de Mitylène.

— 6. *Ancyram*. Ancyre, aujourd'hui *Angora*, ville de la Galatie dans l'Asie Mineure. On voit encore dans cette ville les ruines d'un temple d'Auguste où se lit gravé sur six colonnes le testament de ce prince.

Page 12 : 1. *Eneti*. Ce seraient donc les Hénètes peuple, de la Paphlagonie, qui ayant envoyé une colonie dans l'Italie septentrionale, auraient donné leur nom à la Vénétie.

— 2. *Babylonem*. Babylone, capitale de l'Assyrie sur l'Euphrate, une des villes les plus célèbres de l'Asie.

— 3. *Xerxis exemplo*. Xerxès régna en Perse de 485 à 472 avant Jésus-Christ, et fut l'auteur de la seconde guerre médique. C'était dans la plaine de Dorisque en Thrace, qu'après avoir traversé l'Hellespont, il avait fait le dénombrement de ses troupes, en les rangeant successivement dans une enceinte qui pouvait contenir dix mille hommes à la fois. Du reste, comme nous le verrons dans ce chapitre même, à propos de la mort de Charidème, ce n'est pas le seul trait de ressemblance que l'on puisse signaler entre la conduite de Xerxès et celle de Darius.

— 4. *Mesopotamiæ*. La Mésopotamie, province de la haute Asie, devait son nom ($\mu\acute{\epsilon}\sigma o\varsigma\ \pi o\tau\alpha\mu\acute{o}\varsigma$) aux deux fleuves, l'Euphrate et le Tigre, entre lesquels elle était située.

Page 14 : 1. *Persarum*. Les Perses ; il s'agit ici des habitants de la Perse proprement dite, ou Perside, berceau de la nation Persane.

— 2. *Medi*. Les Mèdes, habitants de la Médie située au nord de la Perse ou Perside.

— 3. *Barcanorum*. Les Barcaniens, peuple de la Parthie.

— 4. *Cetræ*. C'était un petit bouclier de cuir dont se servaient les Africains et les Espagnols et qui se rapprochait beaucoup du *pelte* des Grecs. Aussi les Romains appellent *cetrati* les soldats que les Grecs désignent sous le nom de $\pi\epsilon\lambda\tau\alpha\sigma\tau\alpha\acute{\iota}$.

— 5. *Armenii*. Les Arméniens, habitants de l'Arménie située au nord de la Mésopotamie et de l'Assyrie.

— 6. *Hyrcani*. Les Hyrcaniens, peuple qui habitait les bords de la mer Caspienne.

Page 14 : 7. *Derbices*. Ce peuple, à peu près inconnu, habitait sur les confins de l'Hyrcanie et de la Margiane.

Page 16 : 1. *Bactrianos et Sogdianos*. Peuples de la Bactriane et de la Sogdiane, au nord-ouest de l'Inde.

— 2. *Indos*. Les Indiens, peuple des deux vastes péninsules qui terminent l'Asie méridionale.

— 3. *Rubri maris*. Il ne s'agit pas ici du golfe Arabique, mais de la mer Érythrée ou golfe Persique.

— 4. *Charidemus*. Lors de la révolte d'Athènes, Alexandre s'était contenté de faire exiler Charidème, le meilleur des généraux athéniens.

— 5. *Suæ sortis oblitus*. Ce fait est-il bien authentique ? Quinte-Curce n'est-il pas ici plus rhéteur qu'historien ? ne cherche-t-il pas un pendant à l'histoire de Démarate et de Xerxès ? Voyez Sénèque *de Beneficiis*, livre VI, chap. XXXI. Les ressemblances sont nombreuses et frappantes.

— 6. *Finitimis potest esse terribilis*. Rapprochez de cette partie du discours de Charidème le passage de l'histoire universelle de Bossuet (troisième partie, chap. X) qui commence par ces mots : « Cependant avec ce grand appareil, les Perses étonnaient les peuples.... »

Page 18 : 1. *Phalangem*. La phalange macédonienne était un corps de seize mille fantassins pesamment armés ; elle se divisait en dix cohortes de cent hommes de front sur seize de profondeur ; elle fut réputée invincible jusqu'au jour où elle se trouva en face de la légion romaine. (Voyez Bossuet, troisième partie de l'histoire universelle, chap. VI.)

Page 20 : 1. *Mentoris*. Mentor était frère de Memnon le Rhodien.

Page 22 : 1. *Habitu*. Le costume de courrier ou plutôt de surintendant des portes, charge que Darius remplissait lorsqu'il fut mis sur le trône par l'eunuque Bagoas.

Page 24 : 1. *Vaginam acinacis*. Quinte-Curce aurait dû dire plutôt que Darius avait changé non pas le fourreau du cimeterre, mais la forme du cimeterre lui-même. Diodore de Sicile qui parle aussi (livre LXIII, chap. LXIII) de ce changement opéré dans l'armement des Perses, le place après la bataille d'Issus, lorsque les barbares eurent éprouvé la supériorité des armes grecques. L'épée des Grecs était droite et beaucoup plus longue que le cimeterre qui était recourbé.

— 2. *Chaldæos*. Les Chaldéens, peuple d'Assyrie, s'étaient adonnés dès la plus haute antiquité à l'astronomie et à la science de la divination. Dans la suite même leur nom fut synonyme de devin ou d'astrologue.

Page 26 : 1. *Magi.* Les Mages étaient les adorateurs et les prêtres du feu.

— 2. *Equitatus duodecim.... moribus.* Par *gentium* entendez les douze tribus perses dont parle Xénophon au premier livre de la Cyropédie : Δώδεκα γὰρ καὶ Περσῶν φυλαὶ διῄρηνται, « les Perses sont divisés en douze tribus, » et par *moribus* leur manière de combattre.

— 3. *Manicatas tunicas.* Tuniques à longues manches. C'était un signe de mollesse.

— 4. *Cognatos regis.* Les cousins du roi. Titre purement honorifique.

Page 28 : 1. *Doryphori.* Les doryphores (δορυφόροι), gardes du corps.

— 2. *Nini et Beli.* Ninus et Bélus fondateurs du royaume d'Assyrie. Bélus, le plus ancien des deux, avait été divinisé.

— 3. *Tunicæ.... intextum erat.* Cette tunique de pourpre rayée de blanc s'appelait en grec σάραπις ou μεσόλευκος.

— 4. *Cidarim.* Nom persan. C'est la tiare droite, ὀρθὴ τιάρα, que les rois seuls avaient droit de porter.

Page 30 : 1. *Stadii.* Le stade, mesure de distance valant environ 185 mètres.

— 2. *Conjux.* La femme de Darius se nommait Statira.

— 3. *Liberi regis.* Darius avait deux filles, Basine ou Statira et Drypetis, et un fils, Ochus, âgé de six ans.

Page 32 : 1. *Ciliciam.* La Cilicie, province au sud-est de l'Asie mineure.

— 2. *Cyrus.* Suivant Arrien, ce serait Cyrus le jeune qui aurait campé en cet endroit, opinion qui paraît plus probable, si on se reporte à l'itinéraire suivi par ce prince.

— 3. *Lydiam.* La Lydie, province à l'ouest de l'Asie Mineure, avait été un puissant empire avant d'être conquise par les Perses. Crésus en fut le dernier roi.

— 4. *Pylas.* Pyles, (πύλαι) ou portes. Les Grecs donnaient ce nom à un grand nombre de passages étroits et difficiles ; ainsi les Thermopyles. Voici ce que Xénophon dans le deuxième chapitre du premier livre de l'Anabase dit de l'entrée de la Cilicie : Ἐντεῦθεν ἐπειρῶντο εἰσβάλλειν εἰς τὴν Κιλικίαν· ἡ δὲ εἰσβολὴ ἦν ὁδὸς ἁμαξιτός, ὀρθία ἰσχυρῶς καὶ ἀμήχανος εἰσελθεῖν στρατεύματι, εἴ τις ἐκώλυεν. « On essaye ensuite de pénétrer en Cilicie. Le chemin qui y conduit, quoique accessible aux charrois, est roide et impraticable à une armée qui trouve la moindre résistance. » (Traduction de Talbot.)

Page 34 : 1. *Perpetuo jugo.... includitur.* Ὄρος δ'αὐτὸ περιέχει χυρὸν καὶ ὑψηλὸν πάντῃ ἐκ θαλάττης εἰς θάλατταν. « Elle (la plaine de la Cilicie) est fortifiée par une ceinture de montagnes élevées qui s'étendent de la mer à la mer. » Xénophon, Anabase, livre IV, chap. ıx. (Traduction de Talbot.)

Page 36 : 1. *Pyramus.* Le Pyrame, rivière de Cilicie, aujourd'hui le *Geihoun*.

— 2. *Cydnus.* Le Cydnus, aujourd'hui le *Sélef*, fleuve qui prend sa source dans le Taurus, et se jette dans la mer Méditerranée après un cours de 15 ou 20 lieues.

— 3. *Lyrnessi et Thebes.* Lyrnesse et Thèbe (Thèbe hypoplacienne), villes de Mysie détruites par Achille pendant le siège de Troie et dont les habitants s'étaient réfugiés non pas en Cilicie, mais en Pamphylie, où ils avaient fondé des villes qu'ils appelèrent aussi Thèbe et Lyrnesse.

— 4. *Typhonis... specus.* Caverne pestilentielle, où, suivant certaines traditions, avait été enseveli le géant Typhon foudroyé par Jupiter.

— 5. *Corycium nemus.* Le bois du Corycus que Strabon appelle ἄντρον Κωρύκιον. C'était un lieu profondément enfoncé entouré de montagnes et de bois.

Page 38 : 1. *Opulentum oppidum.* Ἤλασεν.... εἰς Τάρσους τῆς Κιλικίας πόλιν μεγάλην καὶ εὐδαίμονα. « Il (Cyrus) arrive à Tarse ville de Cilicie grande et peuplée. » Xénophon, *Anabase*, livre I, chap. ıı. (Traduction de Talbot.)

Page 40 : 1. *Mediam... interfluit.* Διὰ μέσης δὲ τῆς πόλεως ῥεῖ ποταμὸς Κύδνος ὄνομα, εὖρος δύο πλέθρων. « Au travers de la ville coule un fleuve nommé Cydnus, large de deux plèthres. » Xénophon, *Anabase*, livre I, chap. ıı. (Traduction de Talbot.)

— 2. *Vixque ingressi.... reliquit.* L'empereur d'Allemagne, Frédéric Barberousse, au commencement de la troisième croisade s'étant aussi baigné dans les eaux glaciales du Cydnus ou *Sélef*, fut moins heureux qu'Alexandre; son imprudence lui coûta la vie.

Page 44 : 1. *Superbas litteras.* Sans doute la lettre que Darius avait écrite à ses satrapes, et dans laquelle il parlait de châtier par le fouet le fils de Philippe, ce jeune insensé qui osait porter les armes contre lui.

Page 56 : 1. *Solon.* Soles, colonie athénienne en Cilicie, où l'on parlait un mauvais patois grec; de là les mots σολοικίζειν, σολοικισμός, *solœcismus*, solécisme.

— 2. *Mulctæ.* Arrien (livre II, chap. v) nous apprend pourquoi Alexandre frappa cette ville d'une contribution de guerre: Ὅτι πρὸς τοὺς Πέρσας μᾶλλόν τι τὸν νοῦν εἶχον; « parce qu'ils étaient trop bien disposés pour les Perses. »

Page 58 : 1. *Halicarnassi.... Myndios.... Caunios.* Halicarnasse, Mynde, Caunie, villes de la Cilicie.

Page 58 : 2. *Mallon.* Mallus, ou Malle, ville de Cilicie.

— 3. *Alteris castris.* En marche, les légions romaines ne passaient jamais la nuit sans s'établir dans un camp aussi solidement que si elles devaient y séjourner. De là vient qu'elles comptaient les jours de marche par les camps. C'est donc une expression toute romaine que Quinte-Curce applique ici aux Grecs.

— 4. *Castabalum.* Castabalus ou Castabale, ville de Cilicie.

— 5. *Isson.* Issus, ville de Cilicie, devenue célèbre par la victoire qu'Alexandre y remporta sur Darius, 333 ans avant Jésus-Christ.

Page 68 : 1. *Damascum Syriæ.* Damas, capitale de la Syrie.

— 2. *Fauces quibus aditur.... Amanicas Pylas.* Il y a deux défilés qui séparent la Cilicie de la Syrie ; l'un, appelé Portes ou Pyles de Cilicie (*Portæ Ciliciæ*), est celui par lequel était arrivé Alexandre qui cherchait Darius ; l'autre, appelé portes Amaniques ou défilé de l'Amanus, plus éloigné de la mer, fut franchi par Darius.

— 3. *Adustis.* Darius fit brûler les poignets de ces malheureux, pour qu'ils ne périssent pas par l'hémorragie, et que leur état affreux jetât l'épouvante dans l'armée d'Alexandre.

— 4. *Pinarum.* Le Pinare, fleuve de la Cilicie, se jette dans le golfe d'Issus.

Page 72 : 1. *Corpora curare.* Prendre soin de leurs corps ; expression consacrée qui signifie prendre de la nourriture et du repos.

— 2. *Tertia vigilia.* Les Romains divisaient la nuit en quatre veilles de trois heures chacune : la première veille de six heures du soir à neuf heures, la seconde de neuf heures à minuit, la troisième de minuit à trois heures du matin, et la quatrième de trois heures à six heures du matin. Suivant Arrien (livre II, chap. VIII) Alexandre se serait mis en marche le soir, se serait emparé des défilés vers le milieu de la nuit, et aurait ensuite laissé l'armée se reposer jusqu'au point du jour.

Page 78 : 1. *Agrianos.* Les Agriens, peuplade belliqueuse du nord de la Macédoine.

Page 80 : 1. *Pluribus ordine incedere.* Les Macédoniens furent forcés par le défaut d'espace de marcher d'abord sur trente hommes de profondeur, mais à mesure que le col de la montagne s'élargissait, ils purent se former sur seize rangs, et même sur huit, présentant ainsi un front plus étendu. (Voir Polybe, XII, IX.)

Page 82 : 1. *Patris.* Titre de respect accordé souvent aux dieux et aux héros. Ainsi dans Virgile, *pater Æneas.*

— 2. *Bactra.* Bactre, capitale de la Bactriane, province située au nord-ouest de l'Inde.

Page 82 : 3. *Illyriorum*. Les Illyriens, habitants de l'Illyrie province de la Grèce septentrionale, sur la mer Adriatique.

Page 84 : 1. *Thraciæ*. La Thrace, province de l'Europe, à l'est de la Macédoine.

— 2. *Victor ad hæc Atheniensium*. La victoire que Philippe avait remportée à Chéronée sur les Athéniens, 447 avant Jésus-Christ.

— 3. *Domitæ nuper Bœotiæ*. Avant de partir pour l'Asie, Alexandre avait pris Thèbes, qui s'était soulevée contre lui, et avait ruiné cette ville de fond en comble, n'épargnant que la maison du poëte Pindare.

— 4. *Darii.... Xerxis*. Il s'agit ici de Darius, fils d'Hystaspe, et de son fils Xerxès qui régna après lui.

— 5. *Aquam... postulantium*. Formule consacrée chez les Perses pour sommer un peuple de se soumettre.

Page 86 : 1. *Macedo*. Le Macédonien, pour le roi de Macédoine. Cette façon de parler est fréquente chez les Romains et chez les Grecs.

Page 88 : 1. *Opimum.... rege*. C'est une expression toute romaine que Quinte-Curce applique ici à Alexandre. Chez les Romains, on appelait dépouilles opimes les dépouilles qu'un roi ou un chef d'armée remportait après avoir tué le roi ou le chef de l'armée ennemie.

Page 90 : 1. *Ruinæ.... strages*. Strages indique l'action de renverser, *ruinæ* signifie l'écroulement d'un édifice entier, la chute d'une masse.

Page 94 : 1. *Seriæ laminarum*. Ces cavaliers, assez semblables à nos gendarmes du moyen âge, étaient appelés par les Grecs κατάφρακτοι. Plus loin (livre IV, chap. IX) Quinte-Curce donne une description plus complète de leur armure : *Equitibus equisque tegumenta erant ex ferreis laminis serie inter se connexis*. « Les cavaliers et les chevaux étaient couverts de lames de fer se tenant les unes aux autres. »

— 2. *Persidem*. La Perse proprement dite ou Perside, province de l'Asie centrale, berceau de la monarchie Persane.

Page 98 : 1. *In acie.... equitum*. Quelle confiance peut-on accorder à de pareils chiffres? Était-il possible que les Macédoniens, qui n'étaient guère plus de trente-cinq mille, tuassent dans un seul combat, en un seul jour, cent dix mille hommes?

Page 102 : 1. *Sardes*. Sardes, capitale de la Lydie, était restée une des villes les plus florissantes de l'Asie, même après la destruction de l'empire de Crésus.

Page 104 : 1. *Patrio more sepelire*. Les Perses ne brûlaient pas les morts comme les Grecs; il les enterraient après les avoir enduits de cire : « *Persæ cera circumlitos condiunt, ut quam maxime permaneant diuturna corpora.* » Cicéron, *Tusculanes*, livre I, chap. XLV.

NOTES DU TROISIÈME LIVRE.

Page 106 : 1. *Suo more.* Les Orientaux se prosternaient devant leurs rois. C'est ainsi qu'Alexandre voulut être honoré à la fin de son règne.

Page 108 : 1. *Liberi.... triumphum.* Alexandre, au retour de l'Inde imita le triomphe de Bacchus, en traversant la Carmanie. *Æmulatus Patris Liberi non gloriam solum quam ex illis gentibus deportaverat, sed etiam famam, sive ille triumphus fuit ab eo primum institutus, sive bacchantium lusus statuit imitari.* « Alexandre non content d'avoir égalé la gloire de Bacchus en soumettant les mêmes nations, résolut encore d'imiter l'éclat de son cortége, soit que ce fût un triomphe inventé par lui le premier, soit que ce fût un jeu de ceux qui célébraient les Bacchanales. » Quinte-Curce, livre IX, chap. x.

— 2. *Inter epulas.* Allusion au meurtre de Clitus.

— 3. *Indicta causa.* Allusion au meurtre de Parménion qui, malgré les éclatants services qu'il avait rendus à Alexandre, fut mis à mort sur de vagues soupçons.

Page 112 : 1. *Tribus aris.* Cicéron, qui fut proconsul de Cilicie, parle de ces autels : « *Castra in radicibus Amani habuimus juxta aras Alexandri;* » et Pline dans le chapitre xxviii du livre V de son histoire naturelle, fait mention en outre d'une ville d'Alexandrie, bâtie par Alexandre, en souvenir de sa victoire.

— 2. *Mardus.* Les Mardes, peuple de la Médie, au sud de la mer Caspienne.

Page 118 : 1. *Ochi.... regnaverat.* Ochus ou Artaxerce III, roi de Perse, avait régné de 362 à 338 avant Jésus-Christ. Il fut empoisonné par l'eunuque Bagoas. Arsacès, le plus jeune de ses fils, lui succéda. Bagoas le fit également périr 336, et éleva sur le trône Darius Codoman.

Page 120 : 1. *Lacedæmonii.... Athenienses.* C'étaient les députés d'Athènes et de Sparte qui, au mépris de l'alliance conclue avec Alexandre, entretenaient toujours des relations avec le grand roi.

— 2. *Pecuniæ signatæ.... facti argenti.* L'argent monnayé et l'argenterie. Isidore dit dans son livre sur les Origines : *Tria sunt genera argenti et auri et æris, signatum quod in nummis est, factum quod in vasis et signis; infectum quod in massis est.* « Il y a trois espèces d'argent, d'or, et de cuivre : celui qui est marqué, tel qu'il est dans la monnaie; celui qui est travaillé, tel qu'il est dans la vaisselle et les statues; celui qui est brut, tel qu'il est dans les lingots. »

— 3. *Pondus.* Le talent, comme poids, valait environ vingt-six kilogrammes.

ARGUMENT ANALYTIQUE

DU QUATRIÈME LIVRE

DE L'HISTOIRE D'ALEXANDRE LE GRAND.

I. Fuite de Darius vers l'Euphrate. Lettre de Darius et réponse d'Alexandre. Alexandre entre en Phénicie et place Abdolonyme sur le trône de Sidon. Tentative d'Amyntas sur l'Égypte. Les hostilités éclatent en Grèce entre Agis et Antipater.

II. Les Tyriens refusent de recevoir Alexandre dans leurs murs. Alexandre met le siége devant Tyr.

III. Suite du siége de Tyr.

IV. Prise et destruction de Tyr. Cruauté d'Alexandre envers les vaincus.

V. Nouvelle lettre de Darius. Il demande la paix. Refus d'Alexandre. Conquêtes des Macédoniens dans l'Asie Mineure et dans la mer Egée.

VI. Darius se dispose à prendre les armes. Alexandre assiége Gaza. Il est blessé deux fois. Prise de la ville. Supplice de Bétis.

VII. Alexandre soumet l'Égypte. Il va visiter le temple de Jupiter Hammon. Réponse de l'oracle.

VIII. Fondation d'Alexandrie. Mort d'Hector fils de Parménion. Alexandre se dirige vers l'Euphrate.

IX. Darius arrive à Arbèles en Assyrie. Alexandre franchit l'Euphrate et le Tigre.

X. Une éclipse de lune jette l'effroi parmi les Macédoniens. Les devins les rassurent. Mort de la femme de Darius. L'eunuque Tyriotès en porte la nouvelle à ce prince.

XI. Darius demande la paix encore une fois. Nouveau refus d'Alexandre.

XII. Les Perses se préparent à la bataille. Terreur panique des Macédoniens. Ils se rassurent et sont impatients de combattre.

XIII. Conseil tenu par Alexandre. Ordre de bataille des Macédoniens.

XIV. Alexandre et Darius haranguent leurs troupes.

XV. Bataille d'Arbèles. Succès d'Alexandre à l'aile droite. Fuite de Darius.

XVI. Position critique de Parménion à l'aile gauche. Victoire complète et définitive des Macédoniens.

QUINTI CURTII
DE REBUS GESTIS
ALEXANDRI MAGNI
LIBER IV.

I. Darius[1], tanti modo exercitus rex, qui, triumphantis magis quam dimicantis more, curru sublimis inierat prœlium, per loca quæ prope immensis agminibus compleverat, jam inania et ingenti solitudine vasta, fugiebat. Pauci regem sequebantur; nam nec eodem omnes fugam intenderant, et, deficientibus equis, cursum eorum, quos rex subinde mutabat, æquare non poterant. Unchas[2] deinde pervenit, ubi exceperе eum Græcorum quatuor millia, cum quibus ad Euphratem[3] contendit, id demum credens fore ipsius, quod

I. Darius, roi naguère d'une si grande armée, qui était allé à l'ennemi élevé sur un char, plutôt en triomphateur qu'en combattant, fuyait par les plaines couvertes tout à l'heure de ses bataillons presque innombrables, et maintenant désertes et changées en une vaste solitude. La suite de ce roi était peu nombreuse; car tous n'avaient pas pris la même route pour fuir; et faute de chevaux, il n'était pas possible d'aller aussi vite que le prince qui relayait souvent. Il arrive enfin à Onches, où il est reçu par quatre mille Grecs; et avec eux il se dirige vers l'Euphrate, convaincu qu'il ne lui resterait que

QUINTE-CURCE
HISTOIRE
D'ALEXANDRE LE GRAND
LIVRE IV.

I. Darius, rex modo
exercitus tanti,
qui inierat prœlium
sublimis curru,
magis more triumphantis,
quam dimicantis,
fugiebat per loca
quæ compleverat agminibus
prope immensis,
jam inania
et vasta ingenti solitudine.
Pauci sequebantur regem;
nam nec omnes
intenderant fugam eodem;
et, equis deficientibus,
non poterant
æquare cursum eorum
quos rex mutabat
subinde.
Deinde pervenit Unchas,
ubi quatuor millia
Græcorum
excepere eum,
cum quibus
contendit ad Euphratem
credens id demum

I. Darius, roi naguère
d'une armée si-grande,
qui était allé au combat
élevé sur un char,
plus à la manière d'un triomphant
que d'un combattant,
fuyait à travers les lieux
qu'il avait remplis de bataillons
presque innombrables,
lieux étant alors vides
et déserts par une grande solitude.
Peu suivaient le roi;
car ni tous   [lien;
n'avaient dirigé *leur* fuite vers-le-même-
et, les chevaux manquant,
ils (les Perses) ne pouvaient
égaler la course de ceux (des chevaux)
que le roi changeait
de-temps-en-temps.
Ensuite il parvint à Onches,
où quatre milliers
de Grecs
reçurent lui,
avec lesquels *Grecs*
il se-dirigea vers l'Euphrate,
croyant cela seulement

celeritate præcipere potuisset. At Alexander Parmenionem, per quem apud Damascum¹ recepta erat præda, jussum eam ipsam et captivos diligenti asservare custodia, Syriæ, quam Cœlen vocant², præfecit. Novum imperium Syri, nondum belli cladibus satis domiti, adspernabantur; sed, celeriter subacti, obedienter imperata fecerunt. Aradus quoque insula³ deditur regi. Maritimam tum oram, et pleraque longius etiam a mari recedentia, rex ejus insulæ, Strato, possidebat; quo in fidem accepto, castra movit ad urbem Marathon⁴. Ibi illi litteræ a Dario redduntur; quibus, ut superbe scriptis, vehementer offensus est. Præcipue eum movit quod Darius sibi regis titulum, nec eumdem Alexandri nomini adscripserat. Postulabat autem magis quam petebat ut, « accepta pecunia quantamcumque tota Macedonia caperet, matrem sibi ac conjugem liberosque restitueret; de re-

ce dont dont il pourrait s'emparer le premier par sa diligence. Cependant Alexandre chargea Parménion, qui avait fait le butin près de Damas, de le garder soigneusement ainsi que les prisonniers, et il lui donne le gouvernement de la Syrie, qu'on appelle Célésyrie. Les Syriens, que les malheurs de la guerre n'avaient pas encore complétement abattus, repoussaient cette nouvelle domination ; mais, bientôt soumis, ils obéirent à Alexandre. L'île d'Arade se rend aussi. Straton, qui en était roi, était encore maître des côtes, et même de la plupart des places éloignées de la mer. Alexandre reçut ses serments, et alla camper près de la ville de Marathe. Ce fut là qu'on lui remit, de la part de Darius, une lettre, dont le ton hautain le choqua extrêmement. Il fut piqué surtout que Darius prît le titre de roi, sans le joindre pareillement au nom d'Alexandre. Au reste, il exigeait de lui plutôt qu'il ne lui demandait, qu'il lui rendît sa mère, sa femme et ses en-

quod potuisset	qu'il aurait pu
præripere celeritate,	prendre-le-premier par *sa* célérité,
fore ipsius.	devoir être de lui-même (devoir lui rester).
At Alexander	Mais Alexandre
præfecit Syriæ	préposa à la Syrie
quam vocant cœlen,	qu'ils appellent creuse,
Parmenionem per quem	Parménion par-le-moyen duquel
præda recepta erat	le butin avait été recueilli
apud Damascum,	auprès de Damas,
jussum	*Parménion* ayant reçu-ordre
asservare custodia diligenti	de garder par une surveillance exacte
eam ipsam et captivos.	ce *butin* même et les prisonniers.
Syri, nondum satis domiti	Les Syriens, pas-encore assez domptés
cladibus belli,	par les malheurs de la guerre,
adspernabantur	repoussaient
imperium novum;	la domination nouvelle;
sed, subacti celeriter,	mais, ayant été soumis promptement,
fecerunt obedienter	ils firent avec-obéissance
imperata.	les choses commandées.
Insula Aradus quoque	L'île d'Arade aussi
deditur regi.	est livrée au roi.
Strato, rex ejus insulæ,	Straton, roi de cette île,
possidebat tum	possédait de-plus
oram maritimam	la côte maritime
et pleraque	et la plupart des choses
recedentia etiam longius	étant-reculées même plus loin
a mari;	de la mer;
quo accepto in fidem,	lequel ayant été reçu en foi,
movit castra	il transporta *son* camp
ad urbem Marathon.	vers la ville de Marathe.
Ibi litteræ redduntur	Là une lettre est remise
illi a Dario;	à lui de-la-part de Darius;
quibus offensus est vehementer,	par laquelle il fut offensé violemment,
ut scriptis superbe.	comme étant écrite insolemment.
Præcipue movit eum	*Cela* principalement émut lui,
quod Darius	*à savoir* que Darius
adscripserat sibi	avait-en-écrivant-ajouté à lui-même
titulum regis,	le titre de roi,
nec eumdem	ni *n'avait en-écrivant-ajouté* le même
nomini Alexandri.	au nom d'Alexandre.
Postulabat autem	Or il exigeait
magis quam petebat	plus qu'il ne demandait
ut, « pecunia accepta,	que, « de l'argent ayant été reçu,
quantamcumque Macedonia	quelque-considérable-que la Macédoine
caperet,	*en* contînt,
restitueret sibi	il rendît à lui-même
matrem ac conjugem	*sa* mère et *sa* femme

gno, æquo, si vellet, Marte contenderet. Si saniora consilia tandem pati potuisset, contentus patrio, cederet alieni imperii finibus; socius amicusque esset : in ea se fidem et dare paratum et accipere. »

Contra Alexander in hunc maxime modum rescripsit : « Rex Alexander Dario. Ille, cujus nomen sumpsisti[1], Darius[2], Græcos qui oram Hellesponti[3] tenent coloniasque Græcorum Ionias omni clade vastavit; cum magno deinde exercitu mare trajecit, illato Macedoniæ et Græciæ bello. Rursus rex Xerxes, gentis ejusdem[4], ad oppugnandos nos cum immanium barbarorum copiis venit; qui, navali prœlio[5] victus, Mardonium[6] tamen reliquit in Græcia, ut absens quoque popularetur urbes, agros ureret. Philippum vero, parentem meum, quis ignorat ab iis interfectum esse quos ingentis pecuniæ spe sollicitaverant vestri[7]? Impia enim

fants pour autant d'argent que pouvait en contenir toute la Macédoine; quant à l'empire, ils en décideraient, s'il jugeait à propos, à armes égales; mais s'il pouvait enfin entendre à un avis plus sage, il se contenterait du royaume de ses ancêtres, se retirerait des terres d'un empire qui ne lui appartenait pas, et deviendrait son allié et son ami : à ces conditions il était prêt à lui engager sa foi et à recevoir la sienne.

De son côté, Alexandre répondit à peu près en ces termes : « Le Roi Alexandre à Darius. Ce Darius, dont tu as pris le nom, fit autrefois tous les maux possibles aux Grecs qui habitent la côte de l'Hellespont, et aux colonies ioniennes des Grecs ; puis il passa la mer avec une grande armée, portant la guerre en Macédoine et en Grèce. Plus tard Xerxès, de la même famille, vint avec une multitude effroyable de barbares pour nous attaquer ; et, vaincu dans une bataille navale, il laissa pourtant Mardonius dans la Grèce, afin de pouvoir, même étant loin de nous, saccager nos villes, incendier nos campagnes. Et Philippe, mon père, qui ne sait qu'il a été assassiné par des hommes que vos émissaires avaient séduits par l'appât d'une somme considérable ? Car vous faites des guerres impies ; et, tout en ayant les armes à la main, vous mettez à prix

liberosque ;	et ses enfants ;
contenderet de regno,	qu'il disputât touchant le royaume,
si vellet,	s'il le voulait,
Marte æquo;	Mars *étant* égal (à armes égales);
si potuisset tandem	s'il avait pu enfin
pati consilia saniora,	souffrir des conseils plus sensés,
contentus patrio,	content de *l'empire* paternel,
cederet finibus	qu'il se-retirât des frontières
imperii alieni ;	de l'empire d'-autrui ;
esset socius et amicus :	qu'il fût *son* allié et *son* ami :
se paratum	lui-même *être* prêt
et dare et accipere fidem	et à donner et à recevoir la foi
in ea. »	pour ces choses. »
Alexander contra	Alexandre de-son-côté
rescripsit	répondit-par-écrit
in hunc modum maxime :	de cette manière le plus (à peu près) :
« Rex Alexander Dario.	« Le roi Alexandre à Darius.
Ille Darius,	Ce Darius,
cujus sumpsisti nomen,	dont tu as pris le nom,
vastavit omni clade	désola par tout malheur
Græcos qui tenent	les Grecs qui occupent
oram Hellesponti	la côte de l'Hellespont,
coloniasque Ionias	et les colonies ioniennes
Græcorum ;	des Grecs ;
deinde trajecit mare	ensuite il traversa la mer
cum magno exercitu,	avec une grande armée,
bello illato	la guerre ayant été portée-dans
Macedoniæ et Græciæ.	la Macédoine et la Grèce.
Rursus Xerxes,	Une-autre-fois Xerxès,
ejusdem gentis,	de la même famille,
venit cum copiis	vint avec des troupes
barbarorum immanium	de barbares effroyables
ad nos oppugnandos;	pour nous devant être attaqués;
qui, victus	lequel, ayant été vaincu
prœlio navali,	dans un combat naval,
reliquit tamen Mardonium	laissa cependant Mardonius
in Græcia,	en Grèce,
ut quoque absens	afin que même absent
popularetur urbes,	il dépeuplât les villes,
ureret agros.	brûlât les campagnes.
Quis vero ignorat Item,	De-plus qui ignore,
Philippum, meum paren-	Philippe, mon père,
interfectum esse ab iis	avoir été tué par ceux
quos vestri sollicitaverant	que les vôtres avaient sollicités
spe pecuniæ ingentis ?	par l'espoir d'un argent considérable ?
Suscipitis enim	Vous entreprenez en-effet
bella impia,	des guerres impies,

bella suscipitis, et, quum habeatis arma, licitamini hostium capita : sicut tu proxime talentis[1] mille, tanti exercitus rex, percussorem in me emere voluisti. Repello igitur bellum, non infero ; et, Diis quoque pro meliore stantibus causa, magnam partem Asiæ in ditionem redegi meam ; te ipsum acie vici. Quem etsi nihil a me impetrare oportebat, utpote qui ne belli quidem in me jura servaveris, tamen, si veneris supplex, et matrem et conjugem et liberos sine pretio recepturum te esse promitto. Et vincere et consulere victis scio. Quod si te nobis committere times, dabimus fidem impune venturum. De cetero, quum mihi scribes, memento non solum regi te, sed etiam tuo scribere. » Ad hanc perferendam Thersippus missus. Ipse in Phœnicen[2] deinde descendit, et oppidum Byblon traditum recepit.

Inde ad Sidona ventum est, urbem vetustate famaque conditorum inclytam. Regnabat in ea Strato, Darii opibus adju-

les têtes de vos ennemis. C'est ainsi que toi-même dernièrement, toi qui commandais à une si grande armée, tu as voulu acheter mille talents un assassin pour m'ôter la vie. Je me défends donc, je n'attaque pas ; et c'est par la protection des dieux, qui favorisent la bonne cause, que j'ai réduit une grande partie de l'Asie sous mon obéissance, et que je t'ai vaincu toi-même en bataille rangée. Quoique tu ne dusses rien attendre de moi, toi qui as violé à mon égard les droits de la guerre, si cependant tu viens en suppliant, je te promets de te rendre sans rançon et ta mère et ta femme, et tes enfants. Je sais également vaincre et traiter humainement les vaincus. Que si tu crains de te mettre entre mes mains, je te donnerai assurance que tu pourras venir en toute sûreté. Du reste, quand tu m'écriras, souviens-toi que tu écris, non-seulement à un roi, mais à ton roi. » Thersippe fut chargé de porter cette lettre. Alexandre passa ensuite dans la Phénicie, et reçut la soumission de la ville de Byblos.

De là on arriva à Sidon, ville remarquable par son ancienneté et par la renommée de ses fondateurs. Straton y régnait, soutenu par

et, quum habeatis arma,	et, quoique vous ayez des armes,
licitamini	vous mettez-à-prix
capita hostium :	les têtes des ennemis :
sicut tu,	ainsi-que toi,
rex exercitus tanti,	roi d'une armée si-grande,
voluisti proxime	tu as voulu dernièrement
emere in me percussorem	acheter contre moi un assassin
mille talentis.	mille talents.
Repello igitur bellum,	Je repousse donc la guerre,
non infero ;	je ne la porte pas ;
et Diis quoque stantibus	et les Dieux aussi se-tenant
pro causa meliore,	pour la cause meilleure,
redegi in meam ditionem	j'ai réduit en mon pouvoir
magnam partem Asiæ ;	une grande partie de l'Asie ;
vici te ipsum acie.	j'ai vaincu toi-même en bataille-rangée.
Quem etsi oportebat	Toi que bien-qu'il fallût
impetrare nihil a me,	n'obtenir rien de moi,
utpote qui	en-tant-que toi
ne servaveris quidem in me	tu n'as pas même observé envers moi
jura belli,	les droits de la guerre, [suppliant,
tamen si veneris supplex,	cependant si tu seras venu (tu viens)
promitto te recepturum esse	je promets toi devoir recouvrer
sine pretio	sans rançon
et matrem et conjugem	et ta mère et ton épouse
et liberos.	et tes enfants.
Scio et vincere.	Je sais et vaincre
et consulere victis.	et pourvoir aux (ménager les) vaincus.
Quod si times	Que si tu crains
committere te nobis,	de confier toi à nous,
dabimus fidem	nous donnerons notre foi
venturum impune.	toi devoir venir impunément.
De cetero,	Touchant le reste,
quum scribes mihi,	lorsque tu écriras à moi,
memento te scribere	souviens-toi toi écrire
non solum regi,	non-seulement à un roi,
sed etiam tuo. »	mais encore au tien. »
Thersippus missus	Thersippe fut envoyé
ad hanc perferendam.	pour cette lettre devant être portée.
Ipse descendit deinde	Lui-même descendit ensuite
in Phœnicen,	en Phénicie,
et recepit oppidum Byblon	et reçut la ville-forte de Byblos
traditum.	qui lui fut livrée.
Inde ventum est ad Sidona,	De-là on arriva à Sidon,
urbem inclytam vetustate	ville illustre par son ancienneté
famaque conditorum.	et la renommée de ses fondateurs.
Strato regnabat in ea,	Straton régnait dans elle, [Darius,
adjutus opibus Darii ;	aidé par les ressources (la puissance) de

tus ; sed, quia deditionem magis popularium quam sua sponte fecerat, regno visus indignus, Hephæstionique permissum ut, quem eo fastigio dignissimum arbitraretur, constitueret regem. Erant Hephæstioni hospites, clari inter suos juvenes, qui, facta ipsis potestate regnandi, negaverunt quemquam patrio more in id fastigium recipi, nisi regia stirpe ortum. Admiratus Hephæstio magnitudinem animi spernentis quod alii per ignes ferrumque peterent : « Vos quidem macti virtute, inquit, estote, qui primi intellexistis quanto majus esset regnum fastidire quam accipere. Ceterum date aliquem regiæ stirpis, qui meminerit a vobis acceptum habere se regnum. » At illi, quum multos imminere tantæ spei cernerent, singulis amicos Alexandri ob nimiam regni cupiditatem adulantibus, statuunt neminem esse potiorem quam Abdolonymum quemdam, longa quidem cognatione stirpi regiæ annexum, sed ob inopiam suburbanum

la puissance de Darius : comme il s'était soumis, plutôt par la volonté des citoyens que par la sienne, il fut jugé indigne du trône, et Héphestion fut chargé de mettre à sa place celui d'entre les Sidoniens qu'il croirait le plus digne de ce rang suprême. Héphestion avait pour hôtes des jeunes gens distingués parmi leurs compatriotes ; il leur offrit le sceptre ; ceux-ci répondirent que d'après les usages du pays, personne ne pouvait être élevé à la puissance souveraine, sans être du sang royal. Héphestion admira cette grandeur d'âme qui leur faisait dédaigner ce que les autres poursuivent à travers le fer et la flamme. « Persévérez, leur dit-il, dans ces nobles sentiments, vous qui les premiers avez senti combien il est plus grand de refuser le trône que de l'accepter. Au surplus présentez quelqu'un de la famille royale, qui se souvienne quand il sera roi, que c'est à vous qu'il en a l'obligation. » Eux, voyant un grand nombre de prétendants, qui par l'envie excessive qu'ils avaient de régner, faisaient servilement la cour à chacun des favoris d'Alexandre, déclarent que personne n'est plus digne de régner qu'un certain Abdolonyme, qui tenait, il est vrai, par une longue suite d'aïeux, à la maison royale, mais que la pauvreté forçait de cultiver pour un modique salaire un jardin près de la ville.

sed quia fecerat deditionem	mais parce qu'il avait fait soumission
magis sponte popularium	plutôt par la volonté des citoyens
quam sua,	que par la sienne,
visus indignus regno,	il parut indigne de la royauté,
permissumque Hephæstioni,	et *il fut* permis à Héphestion
ut constitueret regem	qu'il établît roi
quem arbitraretur	celui qu'il penserait
dignissimum eo fastigio.	le plus digne de cette élévation. [leurs
Juvenes clari inter suos	Des jeunes-gens distingués parmi les
erant hospites Hephæstioni;	étaient hôtes à Héphestion;
qui, potestate regnandi	lesquels, la faculté de régner
facta ipsis,	ayant été faite (donnée) à eux-mêmes,
negaverunt quemquam	nièrent qui-que-ce-soit
recipi more patrio	être admis par la coutume du-pays
in id fastigium,	à cette élévation,
nisi ortum stirpe regia.	sinon issu de la souche royale.
Hephæstio admiratus	Héphestion ayant admiré
magnitudinem animi	la grandeur d'une âme
spernentis	méprisant
quod alii peterent	ce que d'autres chercheraient
per ignes ferrumque :	à travers les feux et le fer :
« Vos quidem, inquit,	« Vous certes, dit-il,
estote macti virtute,	soyez agrandis par *votre* vertu,
qui primi intellexistis	*vous* qui les premiers avez compris
quanto esset majus	combien il était plus grand
fastidire regnum	*de* dédaigner la royauté
quam accipere.	que *de la* recevoir.
Ceterum date aliquem	Du-reste donnez (présentez) quelqu'un
stirpis regiæ,	de la souche royale,
qui meminerit	lequel se souvienne
se habere regnum	lui-même avoir (tenir) la royauté
acceptum a vobis. »	reçue de vous. »
At illi,	Mais eux,
quum cernerent multos,	comme ils voyaient beaucoup
imminere	se pencher-vers (convoiter)
spei tantæ,	une espérance si-grande,
singulis adulantibus	chacun-successivement flattant
amicos Alexandri	les amis d'Alexandre
ob cupiditatem nimiam	à cause du désir excessif
regni,	de la royauté,
statuunt neminem	décident personne
esse potiorem [mum,	être préférable
quam quemdam Abdolony-	qu'un certain Abdolonyme,
annexum stirpi regiæ	tenant à la souche royale
longa cognatione quidem,	par une longue parenté à-la-vérité,
sed colentem ob inopiam	mais cultivant à cause de son dénûment
hortum suburbanum	un jardin près-de-la-ville

hortum exigua colentem stipe. Causa ei paupertatis, sicut plerisque, probitas erat; intentusque operi diurno, strepitum armorum qui totam Asiam concusserat non exaudiebat.

Subito deinde, de quibus ante dictum est, cum regiæ vestis insignibus hortum intrant; quem forte, steriles herbas eligens, Abdolonymus repurgabat. Tunc rege eo salutato, alter ex his : « Habitus, inquit, hic, quem cernis in meis manibus, cum isto squalore permutandus tibi est. Ablue corpus, illuvie æternisque sordibus squalidum; cape regis animum, et in eam fortunam qua dignus es istam continentiam profer. Et, quum in regali solio residebis, vitæ necisque omnium civium dominus, cave obliviscaris hujus status in quo accipis regnum, imo hercule propter quem. » Somnio similis res Abdolonymo videbatur; interdum, satisne sani essent qui tam proterve sibi illuderent, percontabatur. Sed,

Sa pauvreté, comme celle de bien d'autres, venait de sa probité; et occupé de son travail journalier, il ne faisait aucune attention au bruit des armes qui avait ébranlé toute l'Asie.

Tout à coup les jeunes gens, dont on a parlé, entrent dans le jardin avec les ornements royaux, dans le temps qu'Abdolonyme était occupé à le nettoyer et à sarcler les mauvaises herbes. D'abord, ils le saluent du nom de roi, puis l'un d'eux prenant la parole : « Il faut que vous mettiez, lui dit-il, l'habit que vous voyez dans mes mains, au lieu de ces sales haillons. Nettoyez votre corps de la crasse et des ordures dont il est couvert depuis longtemps; prenez des sentiments de roi ; et portez votre modération accoutumée jusque sur le trône dont vous êtes digne. Lorsque vous y serez assis, souverain arbitre de la vie et de la mort de tous les citoyens, gardez-vous d'oublier l'état dans lequel ou plutôt à cause duquel vous recevez la couronne. » Il semblait à Abdolonyme que ce fût un songe, et de temps en temps il leur demandait s'ils étaient bien dans leur bon sens de se moquer de lui avec tant d'impudence. Mais lorsque mal-

stipe modica.	pour une pièce-de-monnaie modique.
Probitas erat	La probité était
causa paupertatis ei	cause de pauvreté à lui
sicut plerisque;	comme à la plupart;
intentusque operi diurno	et attentif au travail du-jour
non exaudiebat	il n'entendait pas
strepitum armorum	le bruit des armes
qui concusserat	qui avait ébranlé
Asiam totam.	l'Asie tout-entière.
Deinde, de quibus	Ensuite, *ceux* sur lesquels
dictum est ante,	il a été parlé auparavant,
intrant subito hortum	entrent tout-à-coup dans le jardin
cum insignibus	avec les ornements
vestis regiæ;	du vêtement royal;
quem forte Abdolonymus	lequel *jardin* par-hasard Abdolonyme
repurgabat,	nettoyait,
eligens herbas steriles.	choisissant les herbes stériles.
Tunc eo	Alors lui
salutato rege,	ayant été salué roi,
alter ex his :	l'un d'eux :
« Hic habitus, inquit,	« Cet habillement, dit-il,
quem cernis	que tu vois
in meis manibus,	dans mes mains, [toi
est permutandus tibi	est devant-être pris-en-échange à (par)
cum isto squalore.	avec (contre) cette saleté (ces haillons).
Ablue corpus	Lave *ton* corps
squalidum illuvie	sale de crasse
sordibusque æternis;	et d'ordures éternelles ;
cape animum regis,	prend l'esprit (les sentiments) d'un roi,
et profer	et porte
istam continentiam	cette modération
in eam fortunam	dans cette fortune
qua es dignus.	de laquelle tu es digne.
Et quum residebis	Et lorsque tu seras assis
in solio regali,	sur le siége royal,
dominus vitæ necisque	maître de la vie et de la mort
omnium civium,	de tous les citoyens,
cave obliviscaris	prends-garde que tu n'oublies
hujus status in quo	cet état dans lequel
accipis regnum,	tu reçois la royauté,
imo Hercule	bien plus par-Hercule
propter quem. »	à cause duquel *tu la reçois.* »
Res videbatur Abdolonymo	La chose paraissait à Abdolonyme
similis somnio.	semblable à un songe.
Interdum percontabatur	Parfois il *leur* demandait [leur bon sens],
essentne satis sani,	s'ils étaient suffisamment sensés (dans
qui illuderent sibi	*eux* qui se-jouaient de lui-même

iisdem comitantibus, in regiam pervenit. Fama, ut solcet, strenue tota urbe discurrit : aliorum studium, aliorum indignatio eminebat ; ditissimus quisque humilitatem inopiamque ejus apud amicos Alexandri criminabatur. Admitti eum rex protinus jussit, diuque contemplatus : « Corporis, inquiit habitus famæ generis non repugnat ; sed libet scire inopiam qua patientia tuleris. » Tum ille : « Utinam, inquit, eodem animo regnum pati possim ! Hæ manus suffecere desiderio meo ; nihil habenti nihil defuit. » Magnæ indolis specimen ex hoc sermone Abdolonymi cepit ; itaque non Stratonis modo regiam supellectilem attribui ei jussit, sed pleraque etiam ex Persica præda ; regionem quoque urbi appositam ditioni ejus adjecit.

gré ses hésitations, on l'eut nettoyé, qu'on eut jeté sur ses épaules une robe enrichie d'or et de pourpre, et qu'on l'eut persuadé à force de serments, voyant enfin qu'il était réellement roi, il se rendit au palais avec eux. Le bruit, comme c'est l'ordinaire, en courut bientôt par toute la ville : les uns témoignaient de la joie, les autres du mécontentement ; il n'y eut pas un citoyen riche qui ne lui fît un crime, auprès des favoris d'Alexandre, de la bassesse de son état et de sa pauvreté. Le roi le fit venir aussitôt, et après l'avoir longtemps considéré : « Ton air, lui dit-il, ne dément point ce qu'on dit de ta naissance ; mais je voudrais savoir avec quelle patience tu as supporté la misère ? » « Fassent les dieux, répondit-il, que je puisse porter le sceptre avec autant de courage ! Ces mains ont suffi à tous mes besoins ; tant que je n'ai rien eu, rien ne m'a manqué. » Ces paroles donnèrent au roi une grande idée de son caractère ; aussi le fit-il mettre en possession, non-seulement du mobilier royal de Straton,

tam proterve.	si effrontément.
Sed ut squalor	Mais lorsque la saleté
ablutus est cunctanti,	eut été lavée à *lui* hésitant,
et vestis distincta	et *qu'*une robe nuancée
auro pupuraque	d'or et de pourpre
injecta,	eut été jetée-sur *ses épaules*, [persuadé]
et fides facta	et *que* foi eut été faite (et qu'il eut été
a jurantibus,	par eux jurant,
jam rex serio,	alors roi sérieusement,
pervenit in regiam,	il parvint dans le palais,
iisdem comitantibus.	les mêmes *l'*accompagnant.
Fama, ut solet,	La renommée, comme c'est-ordinaire,
discurrit strenue	se répandit rapidement
urbe tota :	par la ville tout-entière :
studium aliorum,	la faveur des uns,
indignatio aliorum	l'indignation des autres
eminebat ;	s'élevait (éclatait);
quisque ditissimus	chaque *citoyen* très-riche
criminabatur	imputait-à-crime
apud amicos Alexandri	auprès des amis d'Alexandre
humilitatem	la bassesse
inopiamque ejus.	et la pauvreté de lui (d'Abdolonyme).
Rex jussit cum	Le roi ordonna lui
admitti protinus,	être admis aussitôt
contemplatusque diu :	et *l'*ayant contemplé longtemps :
« Habitus corporis, inquit,	« L'extérieur de *ton* corps, dit-il,
non repugnat	n'est pas en-désaccord-avec
famæ generis;	la réputation de *ton* origine ;
sed libet scire	mais il *me* plaît de savoir
qua patientia	avec quelle patience
tuleris inopiam. »	tu as supporté la pauvreté. »
Tum ille :	Alors lui :
« Utinam, inquit,	« Fasse-le-ciel-que, dit-il,
possim pati regnum	je puisse supporter la royauté
eodem animo !	avec le même cœur !
Hæ manus suffecere	Ces mains ont suffi
meo desiderio ;	à mon désir (mes besoins) ;
nihil defuit	rien n'a manqué
habenti nihil. »	à *moi* n'ayant rien. »
Cepit	Il (Alexandre) conçut
ex hoc sermone Abdolonymi	d'après ce discours d'Abdolonyme
specimen magnæ indolis;	l'idée d'un grand caractère ;
itaque jussit [jam	en-conséquence il ordonna
non modo supellectilem re-	non-seulement le mobilier royal
Stratonis	de Straton
attribui ei,	être assigné à lui,
sed etiam pleraque	mais encore la plupart des choses

ut cunctanti squalor ablutus est, et injecta vestis purpura auroque distincta, et fides a jurantibus facta, serio jam rex.

Interea Amyntas[1], quem ad Persas ab Alexandro transfugisse diximus, cum quatuor millibus Græcorum, ipsum ex acie persecutis, fuga Tripolin[2] pervenit; inde, in naves militibus impositis, Cyprum[3] transmisit; et, quum in illo statu rerum id quemque quod occupasset habiturum arbitraretur velut certo jure possessum, Ægyptum petere decrevit, utrique regi hostis, et semper ex ancipiti mutatione temporum pendens. Hortatusque milites ad spem tantæ rei, docet Sabacem, prætorem Ægypti, cecidisse in acie[4]; Persarum præsidium et sine duce esse et invalidum; Ægyptios, semper prætoribus eorum infestos, pro sociis ipsos, non pro hostibus æstimaturos. Omnia experiri necessitas cogebat; quippe, quum primas spes fortuna destituit, futura præsentibus videntur esse potiora. Igitur conclamant, duceret quo videretur. Atque ille, utendum animis, dum spe calerent, ratus,

mais encore de la plus grande partie du butin fait sur les Perses; il ajouta même à ses États la contrée voisine de la ville.

Cependant Amyntas, que nous avons dit avoir abandonné Alexandre pour les Perses, arriva, en fuyant, à Tripolis, accompagné de quatre mille Grecs, qui l'avaient constamment suivi depuis le champ de bataille. De là il embarqua ses gens et passa à Chypre; et, jugeant que dans l'état actuel des choses, tout appartiendrait au premier occupant, comme par droit de possession, il résolut d'aller en Égypte, également ennemi des deux rois, et se réglant toujours sur les variations incertaines des circonstances. Pour inspirer à ses soldats l'espoir d'une si belle conquête, il leur représente que Sabacès, gouverneur d'Égypte, a été tué dans la bataille; que la garnison des Perses est faible et sans chef; que les Égyptiens, toujours hostiles aux généraux perses, verront dans les Grecs, non des ennemis, mais des alliés. La nécessité les forçait de tout tenter; car lorsque la fortune a trahi nos premières espérances, l'avenir paraît préférable au présent. Ils s'écrient donc unanimement, qu'il les mène où il voudra. Aussitôt jugeant qu'il fallait profiter de leurs dispositions, pendant qu'ils étaient

e præda Persica;	du butin persique (fait-sur-les Perses);
adjecit quoque	il ajouta aussi
ditioni ejus	à la domination de lui
regionem appositam urbi.	la contrée placée-auprès-de la ville.
Interea Amyntas,	Cependant Amyntas,
quem diximus transfugisse	que nous avons dit avoir passé
ab Alexandro ad Persas,	d'Alexandre aux Perses,
pervenit fuga Tripolin,	parvint par la fuite à Tripolis,
cum quatuor millibus	avec quatre milliers
Græcorum	des Grecs
persecutis ipsum	ayant suivi-jusqu'au-bout lui-même
ex acie.	du champ-de-bataille.
Inde militibus	De-là, ses soldats
impositis in naves,	ayant été placés sur des navires,
transmisit in Cyprum;	il passa à Chypre;
et quum arbitraretur	et comme il pensait
quemque in illo statu rerum	chacun dans cet état de choses
habiturum id	devoir avoir (garder) cela
quod occupasset,	qu'il aurait occupé-le-premier,
velut possessum jure certo,	comme possédé par un droit certain,
decrevit petere Ægyptum,	il résolut de gagner l'Égypte,
hostis utrique regi,	ennemi à l'un-et-l'autre roi,
et pendens semper	et dépendant toujours
ex mutatione ancipiti	du changement incertain
temporum.	des circonstances.
Hortatusque milites	Et ayant exhorté ses soldats
ad spem rei tantæ,	à l'espoir d'une chose si-grande,
docet Sabacem,	il leur apprend Sabacès,
prætorem Ægypti,	gouverneur d'Égypte,
cecidisse in acie;	être tombé dans la bataille;
præsidium Persarum	la garnison des Perses
esse et sine duce	être et sans chef
et invalidum;	et faible;
Ægyptios semper infestos	les Égyptiens toujours hostiles
prætoribus eorum,	aux commandants d'eux (des Perses)
æstimaturos ipsos	devoir estimer eux-mêmes
pro sociis,	pour des alliés,
non pro hostibus.	non pour des ennemis.
Necessitas cogebat	La nécessité forçait
experiri omnia;	à essayer toutes choses;
quippe, quum fortuna	car, lorsque la fortune [pérances,
destituit primas spes,	a abandonné (a trahi) les premières es-
futura videntur esse	les choses futures paraissent être [sentes.
potiora præsentibus.	préférables que les (aux) choses pré-
Igitur conclamant	Donc ils crient-ensemble
duceret quo videretur.	qu'il conduisît, où il lui semblerait-bon
Atque ille ratus	Et lui ayant pensé

ad Pelusii ostium[1] penetrat, simulans a Dario se esse præmissum. Potitus ergo Pelusii, Memphim[2] copias promovit; ad cujus famam Ægyptii, vana gens et novandis quam gerendis aptior rebus, ex suis quisque vicis urbibusque ad hoc ipsum concurrunt, ad delenda præsidia Persarum; qui territi, tamen spem retinendi Ægyptum non amiserunt. Sed eos Amyntas prœlio superatos in urbem compellit, castrisque positis, victores ad populandos agros eduxit; ac, velut in medio positis omnibus hostium, cuncta agebantur. Itaque Mazaces, quanquam infelici prœlio suorum animos territos esse cognoverat, tamen, palantes et victoriæ fiducia incautos ostentans, perpulit ne dubitarent ex urbe erumpere, et res amissas recuperare. Id consilium non ratione prudentius quam eventu felicius fuit: ad unum omnes cum ipso duce

échauffés par l'espérance, il arrive à la bouche de Péluse; il feignait que Darius l'avait envoyé en avant. Il s'empare donc de cette ville, et mène ses troupes à Memphis; sur cette nouvelle, les Égyptiens, peuple léger et plus propre à donner dans les nouveautés qu'à suivre une entreprise, accourent en foule de leurs villes et de leurs bourgades pour massacrer les garnisons des Perses. Ceux-ci, malgré leurs alarmes, ne perdirent pas l'espérance de conserver l'Égypte. Mais Amyntas les défait dans un combat, et les chasse jusqu'à la ville; puis après avoir établi son camp, il en fait sortir ses soldats victorieux pour ravager les campagnes, et comme si tout ce qui appartenait à l'ennemi était à tout le monde, tout était mis au pillage. Aussi Mazacès, quelque effrayés qu'il vît ses gens du mauvais succès de leur combat, leur montra si bien le désordre des ennemis et l'imprudente sécurité où les avait jetés la confiance de la victoire, qu'il les détermina à faire une sortie et à reprendre ce qu'ils avaient perdu. L'événement fut aussi heureux que le projet était sage: les ennemis avec leur chef périrent tous jusqu'au dernier. C'est

utendum	être-à-se-servir (qu'il fallait se servir)
animis,	de *leurs* esprits (dispositions), [pérance,
dum calerent spe,	tandis qu'ils étaient échauffés par l'es-
penetrat	pénètre
ad ostium Pelusii,	à la bouche de Péluse, [devant
simulans se præmissum esse a Dario.	feignant lui-même avoir été envoyé par Darius.
Ergo potitus Pelusii,	Donc s'étant emparé de Péluse,
promovit copias Memphim;	il avança ses troupes vers Memphis;
ad famam cujus	au bruit duquel (de son arrivée)
Ægyptii, gens vana,	les Égyptiens, nation légère,
et aptior rebus novandis	et plus propre aux choses devant être changées
quam gerendis,	qu'*aux choses* devant être exécutées,
concurrunt quisque	accourent chacun
ex suis vicis urbibusque	de leurs bourgs et *de leurs* villes
ad hoc ipsum,	pour cela même,
ad præsidia Persarum delenda;	pour les garnisons des Perses devant être détruites;
qui territi,	lesquels *Perses* effrayés,
non amiserunt tamen	ne perdirent pas cependant
spem retinendi Ægyptum.	l'espoir de conserver l'Égypte.
Sed Amyntas	Mais Amyntas
compellit in urbem	pousse dans la ville
eos superatos prœlio;	eux vaincus dans un combat;
castrisque positis,	et *son* camp ayant été placé,
eduxit victores	il *en* fit-sortir les vainqueurs
ad agros populandos;	pour les champs devant être ravagés;
ac velut	et comme
omnibus hostium	toutes les choses des ennemis
positis in medio,	ayant été placées au milieu,
cuncta agebantur.	toutes choses étaient emportées (pillées).
Itaque Mazaces,	En-conséquence Mazacès,
quanquam cognoverat	quoiqu'il eût connu
animos suorum	les esprits des siens [heureux,
territos esse prœlio infelici,	avoir été effrayés par le combat mal-
tamen ostentans	cependant montrant
palantes	*les Grecs* errants [de la victoire,
et incautos fiducia victoriæ,	et non-sur-leurs-gardes par la confiance
perpulit	il *les* détermina
ne dubitarent	à ce qu'ils n'hésitassent pas
erumpere ex urbe	à sortir de la ville
et recuperare res amissas.	et à recouvrer les choses perdues.
Id consilium non fuit	Ce conseil ne fut pas
prudentius ratione	plus prudent par le calcul,
quam felicius eventu:	que plus heureux par l'événement:
omnes ad unum	tous jusqu'à un seul

occisi sunt. Has pœnas Amyntas utrique regi dedit, nihilo magis ei, ad quem transfugerat, fidus quam illi quem deseruerat.

Darii prætores, qui prœlio apud Isson superfuerant, cum omni manu quæ fugientes secuta erat, assumpta etiam Cappadocum et Paphlagonum juventute, Lydiam recuperare tentabant. Antigonus[1], prætor Alexandri, Lydiæ præerat; qui, quanquam plerosque militum ex præsidiis ad regem dimiserat, tamen, barbaris spretis, in aciem suos eduxit. Eadem illic quoque fortuna partium fuit; tribus prœliis alia atque alia regione commissis, Persæ funduntur. Eodem tempore classis Macedonum, ex Græcia accita, Aristomenem, qui ad Hellesponti oram recuperandam a Dario erat missus, captis ejus aut mersis navibus, superat. A Milesiis deinde Pharnabazus, præfectus Persicæ classis, pecunia exacta, et præsidio in urbem Chium[2] introducto, centum navibus Andrum et inde Syphnum[3] petiit; eas quoque insulas

---

ainsi que les deux rois furent vengés d'Amyntas, aussi peu fidèle à celui dans le parti duquel il avait passé qu'à celui qu'il avait abandonné.

Les satrapes de Darius qui étaient restés de la bataille d'Issus, après avoir rassemblé tout ce qui les avait suivis dans leur fuite, et enrôlé en outre la jeunesse de Cappadoce et de Paphlagonie, pensaient à reconquérir la Lydie. Antigone, lieutenant d'Alexandre, en était gouverneur. Quoiqu'il eût envoyé au roi la plus grande partie de ses forces tirées des garnisons, il ne laissa pas, par mépris pour les barbares, de faire sortir le reste pour livrer bataille. Là les deux partis eurent encore la même fortune; les Perses furent battus dans trois combats donnés en différents lieux. Dans le même temps, la flotte macédonienne, appelée de la Grèce, rencontra Aristomène, que Darius avait envoyé pour reprendre la côte de l'Hellespont, le défit, et prit ou coula à fond tous ses vaisseaux. D'un autre côté, Pharnabaze, amiral des Perses, après avoir exigé une contribution des Milésiens, et mis une garnison dans la ville de Chio, cingla avec cent voiles vers les îles d'Andros et de Syphnos : il y mit aussi des garnisons, et

occisi sunt cum duce ipso.	furent tués avec le chef lui-même.
Amyntas dedit	Amyntas donna (paya)
has pœnas utrique regi,	ces châtiments à l'un-et-à-l'-autre roi,
nihilo magis fidus	en rien plus fidèle
ei ad quem transfugerat,	à celui vers lequel il avait passé,
quam illi quem deseruerat.	qu'à celui qu'il avait abandonné.
Prætores Darii	Les généraux de Darius
qui superfuerant	qui avaient survécu
prœlio apud Issum,	au combat auprès d'Issus,
tentabant recuperare Ly-	tentaient de recouvrer la Lydie
cum omni manu	avec toute la troupe
quæ secuta erat fugientes,	qui avait suivi *eux* fuyant,
juventute Cappadocum	la jeunesse des Cappadociens
et Paphlagonum	et des Paphlagoniens
assumpta etiam.	ayant été prise aussi.
Antigonus,	Antigone,
prætor Alexandri,	général d'Alexandre,
præerat Lydiæ;	commandait à la Lydie;
qui, quanquam dimiserat	lequel, quoiqu'il eût envoyé
plerosque militum	la plupart de *ses* soldats,
ex præsidiis	des garnisons
ad regem,	vers le roi,
tamen barbaris spretis,	cependant les barbares ayant été mépri-sés,
eduxit suos	fit-sortir les siens
in aciem.	pour la bataille.
Fortuna partium	La fortune des *deux* partis
fuit eadem	fut la même
illic quoque;	là aussi;
tribus prœliis commissis	trois combats ayant été engagés
alia regione atque alia,	dans une région et dans une autre,
Persæ funduntur.	les Perses sont mis-en-déroute.
Eodem tempore	Dans le même temps
classis Macedonum,	la flotte des Macédoniens,
accita ex Græcia,	appelée de la Grèce,
superat Aristomenem,	surpasse (bat) Aristomène,
qui missus erat a Dario	qui avait été envoyé par Darius
ad oram Hellesponti	pour la côte de l'Hellespont
recuperandam,	devant être recouvrée,
navibus ejus	les navires de lui
captis aut mersis.	ayant été pris ou ayant été coulés.
Deinde Pharnabazus,	Ensuite Pharnabaze,
præfectus classis Persicæ,	commandant de la flotte persique,
pecunia exacta a Milesiis,	de l'argent ayant été tiré des Milésiens,
et præsidio introducto	et une garnison ayant été introduite
in urbem Chium	dans la ville *de* Chio,
petiit centum navibus	gagna avec cent vaisseaux
Andrum et inde Syphnum;	Andros et de-là Syphnos;

præsidiis occupat, pecunia mulctat. Magnitudo belli, quod ab opulentissimis Europæ Asiæque regibus in spem totius orbis occupandi gerebatur, Græciæ quoque et Cretæ arma commoverat. Agis, Lacedæmoniorum rex, octo millibus Græcorum, qui ex Cilicia profugi [1] domos repetierant, contractis, bellum Antipatro, Macedoniæ præfecto, moliebatur. Cretenses, has aut illas partes secuti, nunc Spartanorum, nunc Macedonum præsidiis occupabantur. Sed leviora inter illos fuere discrimina, unum certamen, ex quo cetera pendebant, intuente fortuna.

II. Jam tota Syria, jam Phœnice quoque, excepta Tyro [2], Macedonum erant; habebatque rex castra in continenti a quo urbem angustum fretum dirimit. Tyrus, et claritate et magnitudine ante omnes urbes Syriæ Phœnicesque memorabilis, facilius societatem Alexandri acceptura videbatur quam imperium. Coronam igitur auream legati donum afferebant,

les frappa d'une contribution. La grandeur de la lutte engagée, pour l'empire de l'univers, entre les deux plus puissants rois de l'Europe et de l'Asie, avait aussi fait prendre les armes dans la Grèce et en Crète. Agis, roi de Lacédémone, avait rassemblé huit mille des Grecs qui s'étaient retirés chez eux après la défaite de Cilicie, et commençait les hostilités contre Antipater, gouverneur de Macédoine. La Crète, tantôt d'un parti, tantôt de l'autre, était successivement occupée par des garnisons de Spartiates ou de Macédoniens. Mais l'importance de la lutte engagée entre ceux-ci était bien légère; la Fortune n'avait les yeux fixés que sur une querelle unique, d'où dépendaient toutes les autres.

II. Déjà toute la Syrie, déjà la Phénicie, à la réserve de Tyr, étaient au pouvoir des Macédoniens; et le roi était campé sur le continent, dont la ville n'est séparée que par un petit bras de mer. Tyr, la plus renommée et la plus grande de toutes les villes de la Syrie et de la Phénicie, paraissait plus disposée à accepter l'alliance d'Alexandre, qu'à se soumettre à son empire. En conséquence des députés lui apportaient une couronne d'or en présent; ils avaient aussi

occupat quoque eas insulas	il occupe aussi ces îles
præsidiis,	par des garnisons,
mulctat pecunia.	*les* punit par l'argent (d'une amende).
Magnitudo belli,	La grandeur de la guerre,
quod gerebatur	qui était faite
a regibus opulentissimis	par les rois les plus puissants
Europæ Asiæque	d'Europe et d'Asie
in spem orbis totius	pour l'espoir du globe tout-entier
occupandi,	devant être occupé,
commoverat quoque arma	avait aussi remué les armes
Græciæ et Cretæ.	de la Grèce et de Crète.
Agis, rex Lacedæmoniorum,	Agis, roi des Lacédémoniens,
octo millibus Græcorum,	huit milliers de Grecs,
qui, profugi ex Cilicia,	qui, fugitifs de la Cilicie,
repetierant domos,	avaient regagné *leurs* demeures,
contractis,	ayant été rassemblés,
moliebatur bellum	entreprenait la guerre
Antipatro,	contre Antipater,
præfecto Macedoniæ.	gouverneur de la Macédoine.
Cretenses, secuti	Les Crétois ayant suivi
has partes aut illas,	ce parti-ci ou celui-là
occupabantur præsidiis	étaient occupés par les garnisons
nunc Spartanorum,	tantôt des Spartiates,
nunc Macedonum.	tantôt des Macédoniens.
Sed discrimina fuere	Mais les crises-décisives furent
leviora inter illos,	plus légères entre eux,
fortuna intuente	la fortune considérant
unum certamen,	une seule lutte, [daient.
ex quo cetera pendebant.	de laquelle toutes-les-autres dépen-
II. Jam Syria tota,	II. Déjà la Syrie tout-entière,
jam Phœnice quoque,	déjà la Phénicie aussi,
Tyro excepta,	Tyr étant exceptée, [niens;
erant Macedonum;	étaient des (appartenaient aux) Macédo-
rexque habebat	et le roi avait
castra in continenti	*son* camp sur le continent
a quo fretum angustum	duquel un bras-de-mer étroit
dirimit urbem.	sépare la ville.
Tyrus, memorabilis	Tyr, mémorable
et claritate et magnitudine	et par l'illustration et la grandeur
ante omnes urbes	avant (plus que) toutes les villes
Syriæ Phœnicesque,	de Syrie et de Phénicie, [ment
videbatur acceptura facilius	paraissait devant accepter plus facile-
societatem quam imperium	l'alliance que la domination
Alexandri.	d'Alexandre.
Igitur legati	Donc des députés
afferebant donum	apportaient *comme* présent

commeatusque large et hospitaliter ex oppido advexerant. Ille dona ut ab amicis accipi jussit; benigneque legatos allocutus, Herculi, quem præcipue Tyrii colerent, sacrificare velle se dixit : « Macedonum reges credere ab illo Deo ipsos genus ducere[1]; se vero, ut id faceret, etiam oraculo monitum. » Legati respondent esse templum Herculis extra urbem, in ea sede quam Palætyron[2] ipsi vocent; ibi regem Deo sacrum rite facturum. Non tenuit iram Alexander, cujus alioquin potens non erat. Itaque : « Vos quidem, inquit, fiducia loci, quod insulam incolitis, pedestrem hunc exercitum spernitis; sed brevi ostendam in continenti vos esse. Proinde sciatis licet aut intraturum me urbem, aut oppugnaturum. » Cum hoc responso dimissos monere amici cœperunt ut regem quem Syria, quem Phœnice recepisset, ipsi quoque

amené avec un empressement hospitalier des vivres en abondance. Le roi ordonna qu'on reçût ces présents, comme offerts par des amis, et parlant aux députés avec bonté, il leur dit qu'il voulait faire un sacrifice à Hercule particulièrement honoré à Tyr; que les rois de Macédoine croyaient descendre de ce dieu, et qu'en outre un oracle le lui avait ordonné. Les députés lui répondirent qu'il y avait hors de la ville un temple d'Hercule, sur l'emplacement qu'ils appelaient eux-mêmes l'ancienne Tyr; et que le roi pourrait y sacrifier avec les cérémonies requises. Alexandre ne put retenir sa colère, dont d'ailleurs il n'était pas maître. « Je vois bien, leur dit-il, que confiants dans votre situation, parce que vous habitez une île, vous faites peu de cas de mon armée de terre; mais bientôt je vous ferai voir que vous êtes en terre ferme. Sachez donc, ou que j'entrerai dans votre ville, ou que je l'assiégerai. » Ils furent congédiés avec cette réponse, et les courtisans leur conseillèrent d'ouvrirent aussi leurs portes à un roi que la Syrie et la Phénicie avaient reçu.

coronam auream,	une couronne d'-or,
advexerantque ex oppido	et ils avaient amené de la place
commeatus	des vivres
large et hospitaliter.	abondamment et hospitalièrement.
Ille jussit dona	Lui ordonna les dons
accipi ut ab amicis ;	être reçus comme *venant* d'amis ;
allocutusque legatos	et ayant parlé aux députés
benigne,	avec-bonté,
dixit se velle	il dit lui-même vouloir
sacrificare Herculi,	sacrifier à Hercule,
quem Tyrii	que les Tyriens
colerent præcipue :	honoraient particulièrement :
« Reges Macedonum	« Les rois des Macédoniens
credere ducere genus	croire tirer *leur* origine
ab illo deo;	de ce dieu ;
se vero	lui-même de-plus
monitum etiam oraculo	*avoir été* averti aussi par un oracle
ut faceret id. »	qu'il fît cela. »
Legati respondent	Les députés répondent
templum Herculis	un temple d'Hercule
esse extra urbem	être hors-de la ville
in ea sede	dans cet emplacement
quam ipsi vocent	qu'eux-mêmes appellent
Palætyron;	Palætyr ;
regem facturum ibi	le roi devoir faire là
sacrum deo rite.	un sacrifice au dieu selon-les-rites.
Alexander non tenuit iram,	Alexandre ne contint pas *sa* colère,
cujus alioquin	de laquelle d'-ailleurs
non erat potens.	il n'était pas maître.
Itaque :	En-conséquence :
« Vos quidem, inquit,	«Vous certes, dit-il,
fiducia loci,	par la confiance du lieu,
quod incolitis insulam,	parce-que vous habitez une île,
spernitis hunc exercitum	vous méprisez cette armée
pedestrem ;	pédestre (de terre) ;
sed ostendam brevi	mais je montrerai bientôt
vos esse in continenti.	vous être sur le continent.
Proinde licet sciatis	Donc il est permis que vous sachiez
me aut intraturum urbem,	moi ou devoir entrer-dans la ville
aut oppugnaturum. »	ou devoir *l'*assiéger. »
Amici cœperunt	Les amis *du roi* commencèrent
monere dimissos	à avertir *eux* congédiés
cum hoc responso	avec cette réponse
ut ipsi quoque	que eux-mêmes aussi
paterentur regem	souffrissent un roi
quem Syria,	que la Syrie,
quem Phœnice recepisset,	que la Phénicie avait reçu,

urbem intrare paterentur. At illi, loco satis fisi, obsidionem ferre decreverunt.

Namque urbem a continenti quatuor stadiorum ¹ fretum dividit, Africo ² maxime objectum, crebros ex alto fluctus in littus evolvens ; nec accipiendo operi, quo Macedones continenti insulam jungere parabant, quidquam magis quam ille ventus obstabat. Quippe vix leni et tranquillo mari moles agi possunt ; Africus vero prima quæque congesta pulsu illisi maris subruit, nec ulla tam firma moles est quam non exedant undæ per nexus operum manantes, et, ubi acrior flatus exsistit, summi operis fastigio superfusæ. Præter hanc difficultatem haud minor alia erat : muros turresque urbis præaltum mare ambiebat ; non tormenta ³, nisi e navibus procul excussa, emitti, non scalæ mœnibus applicari poterant ; præceps in salum murus pedestre interceperat iter ;

Mais les Tyriens, pleins de confiance dans leur position, résolurent de soutenir le siége.

En effet, leur ville est séparée du continent par un détroit de quatre stades, exposé surtout à l'africus, et sujet à des tourmentes qui poussent les flots pressés de la haute mer contre le rivage. Rien n'était plus contraire que ce vent à la construction de l'ouvrage par lequel les Macédoniens voulaient joindre l'île à la terre ferme. Car à peine est-il possible de jeter des digues dans une mer calme et paisible ; or l'africus sape par le choc des vagues qui viennent s'y briser les premiers matériaux qu'on entasse, et il n'y a point de chaussée si forte, que les eaux ne minent en passant entre les jointures, et même en se répandant au-dessus du niveau de l'ouvrage, quand le vent est plus fort. A cette difficulté s'en joignait une autre non moins grande : une mer très-profonde baignait les murs et les tours de la ville : on ne pouvait lancer des projectiles que de loin, de dessus des navires; et il n'était pas possible de planter des échel-

HISTOIRE D'ALEXANDRE. LIVRE IV.

intrare urbem.	entrer-dans *leur* ville.
At illi,	Mais eux
fisi satis loco,	s'étant fiés suffisamment au lieu,
decreverunt	résolurent
ferre obsidionem.	de supporter un siége.
Namque fretum	Car un détroit
quatuor stadiorum,	de quatre stades
objectum maxime Africo,	exposé le plus (surtout) à l'africus,
evolvens fluctus crebros	roulant des flots pressés
ex alto in littus,	de la haute *mer* sur le rivage,
dividit urbem	sépare la ville
a continenti;	du continent;
nec quidquam	ni quelque chose
obstabat magis	ne s'opposait plus
quam ille ventus	que ce vent-là
operi accipiendo,	à l'ouvrage devant être reçu,
quo Macedones	par lequel *ouvrage* les Macédoniens
parabant jungere	se préparaient à joindre
insulam continenti.	l'île au continent.
Quippe moles	Car les masses (les digues)
possunt vix agi	peuvent à-peine être jetées
mari leni et tranquillo;	la mer *étant* douce et tranquille;
Africus vero subruit	or l'africus sape
pulsu maris illisi	par le choc de la mer brisée-contre
quæque prima congesta ;	toutes premières choses entassées;
nec ulla moles	ni aucune masse (digue)
est tam firma	n'est si solide
quam undæ	que les eaux [vaux,
manantes per nexus operum,	coulant à travers les jointures des tra-
et superfusæ fastigio	et répandues au-dessus du faîte
operis summi,	de l'ouvrage suprême,
ubi flatus acrior exstitit,	dès qu'un souffle plus vif s'est élevé,
non exedant.	ne rongent.
Præter hanc difficultatem	Outre cette difficulté
alia haud minor erat:	une autre non moindre était :
mare præaltum	une mer très-profonde
ambiebat muros turresque;	entourait les murs et les tours;
tormenta	les projectiles
non poterant emitti,	ne pouvaient être envoyés,
nisi excussa procul	si-ce-n'est lancés de-loin
e navibus,	des vaisseaux,
non scalæ	ni les échelles *ne pouvaient*
applicari mœnibus;	être appliquées aux remparts;
murus præceps in salum	le mur descendant-à pic-dans la mer
interceperat	avait intercepté
omne iter pedestre;	tout chemin de-pied;
nec rex habebat naves,	ni le roi n'avait des navires,

naves nec habebat rex, et, si admovisset, pendentes et instabiles missilibus arceri poterant. Inter quæ parva dictu res¹ Tyriorum fiduciam accendit. Carthaginiensium legati ad celebrandum anniversarium sacrum more patrio tunc venerant; quippe Carthaginem Tyrii condiderunt², semper parentum loco culti. Hortari ergo Pœni cœperunt ut obsidionem forti animo paterentur : brevi Carthagine auxilia ventura (namque ea tempestate magna ex parte Punicis classibus maria obsidebantur).

Igitur, bello decreto, per muros turresque tormenta disponunt; arma junioribus dividunt, opificesque, quorum copia urbs abundabat, in officinas distribuunt. Omnia belli apparatu strepunt; ferreæ quoque manus (harpagonas vocant), quas operibus hostium injicerent, corvique et alia tuendis urbibus excogitata præparabantur. Sed, quum fornacibus ferrum quod excudi oportebat impositum esset, admotisque follibus ignem flatu accenderent, sanguinis rivi sub ipsis flammis

les ; le mur descendant à pic dans la mer, n'avait rien laissé où l'on pût mettre le pied ; le roi d'ailleurs n'avait point de vaisseaux, et s'il en faisait approcher, toujours mal assurés et en mouvement, il était aisé de les écarter avec des traits. Au milieu de tout cela une circonstance peu importante mit le comble à la confiance des Tyriens. Des envoyés de Carthage étaient arrivés pour faire, selon la coutume de leurs pères, un sacrifice qu'ils renouvelaient tous les ans; car ce sont les Tyriens qui ont fondé Carthage, et cette ville les a toujours honorés comme ses pères. Les Carthaginois les exhortèrent donc à soutenir courageusement le siége, et leur promirent un prompt secours de leur part. Or dans ce temps-là les flottes carthaginoises couvraient presque toutes les mers.

La guerre donc une fois résolue, ils rangent les machines sur leurs murailles et sur leurs tours; ils distribuent des armes aux jeunes gens, et répartissent dans les ateliers les ouvriers qui étaient en grand nombre dans la ville. Tout retentit de préparatifs de guerre. On fabriquait aussi, pour les lancer sur les ouvrages des ennemis, des mains de fer qu'on appelle harpons, des crocs, et autres engins semblables, imaginés pour la défense des villes. Mais quand on eut mis

et si admovisset,	et s'il en avait fait-approcher,
pendentes et mutabiles,	suspendus et non-stables [tiles.
poterant arceri missilibus.	ils pouvaient être écartés par des projec-
Inter quæ	Parmi lesquelles choses
res parva dictu	une circonstance petite à être dite
accendit fiduciam Tyriorum.	enflamma la confiance des Tyriens.
Legati Carthaginensium	Des députés des Carthaginois
venerant tunc ad celebran-	étaient venus alors pour célébrer
sacrum anniversarium [dum	le sacrifice annuel
more patrio;	par (selon) la coutume de-leurs-pères,
quippe Tyrii	car les Tyriens
condiderunt Carthaginem,	ont fondé Carthage,
semper culti	toujours honorés
loco parentum.	à la place de (comme des) pères.
Pœni cœperunt ergo	Les Carthaginois commencèrent donc
hortari ut paterentur	à exhorter qu'ils souffrissent
obsidionem animo æquo;	le siège d'un esprit égal;
auxilia ventura brevi	des secours devoir venir bientôt
Carthagine;	de Carthage;
namque ea tempestate	car à cette époque là
maria obsidebantur	les mers étaient occupées
ex magna parte	en grande partie
classibus Punicis.	par les flottes carthaginoises.
Igitur, bello decreto,	Donc, la guerre ayant été résolue,
disponunt tormenta	ils disposent des machines
per muros turresque;	le-long des murs et des tours;
dividunt arma junioribus;	ils distribuent des armes aux plus jeunes;
distribuuntque in officinas	et répartissent dans les ateliers
opifices copia quorum	les artisans du nombre desquels
urbs abundabat.	la ville regorgeait.
Omnia strepunt	Toutes choses retentissent
apparatu belli.	d'apprêt (d'apprêts) de guerre.
Manus ferreæ quoque	Des mains de-fer aussi
(vocant harpagonas)	(ils les appellent harpons),
quas injicerent	qu'ils devaient-jeter-sur
operibus hostium,	les travaux des ennemis,
corvique et alia	des corbeaux (crocs) et d'autres choses
excogitata urbibus tuendis,	inventées pour les villes devant être dé-
præparabantur;	étaient préparés; [fendues,
sed, quum ferrum	mais, lorsque le fer
quod oportebat excudi,	lequel il fallait être forgé,
impositum esset fornacibus,	eut été placé-sur les fourneaux,
follibusque admotis	et que les soufflets ayant été approchés
accenderent ignem flatu,	ils allumaient (on allumait) le feu par
rivi sanguinis	des ruisseaux de sang [le souffle,
dicuntur exstitisse	sont dits être sortis
sub flammis ipsis;	sous les flammes elles-mêmes;

exstitisse dicuntur ; idque omen in Macedonum metum verterunt Tyrii. Apud Macedonas quoque, quum forte panem quidam militum frangerent, manantis sanguinis guttas notaverunt ; territoque rege, Aristander, peritissimus vatum, si extrinsecus cruor fluxisset, Macedonibus id triste futurum ait ; contra, quum ab interiore parte manaverit, urbi, quam obsidere destinassent, exitium portendere. Alexander, quum et classem procul haberet, et longam obsidionem magno sibi ad cetera impedimento videret fore, caduceatores, qui ad pacem eos compellerent, misit ; quos Tyrii, contra jus gentium occisos, præcipitaverunt in altum. Atque ille, suorum tam indigna nece commotus, urbem obsidere statuit. Sed ante jacienda moles erat, quæ urbem continenti committeret. Ingens ergo animos militum desperatio incessit, cernentium profundum mare, quod vix divina ope posset impleri : quæ saxa tam vasta, quas tam proceras arbores posse reperiri ?

sur les fourneaux le fer qu'il fallait forger, et qu'on eut approché les soufflets pour allumer le feu, on prétend que sous les flammes même on vit couler des ruisseaux de sang ; ce que les Tyriens regardèrent comme un présage redoutable pour les Macédoniens. De même du côté des Macédoniens, des soldats venant à rompre leur pain, on en vit sortir quelques gouttes de sang. Le roi en était effrayé ; Aristandre, le plus habile des devins, déclara que, si le sang fût venu du dehors sur ce pain, c'eût été un funeste présage pour les Macédoniens ; mais qu'au contraire, étant sorti de l'intérieur, il annonçait la ruine de la ville qu'on allait assiéger. Alexandre dont la flotte était loin, et qui voyait qu'un long siége serait un grand obstacle à ses autres projets, envoya des hérauts aux habitants, pour les engager à la paix ; les Tyriens les tuèrent, contre le droit des gens, et les précipitèrent dans la mer. Le roi, outré de l'indigne traitement fait à ses envoyés, résolut d'entreprendre le siége. Mais il fallait auparavant construire une digue, qui joignît la ville au continent. Aussi un affreux désespoir s'empara de tous les cœurs, à la vue d'une mer si profonde, que la puissance divine elle-même aurait pu à peine la combler. Où

HISTOIRE D'ALEXANDRE. LIVRE IV. 163

Tyriique verteruntid omen	et les Tyriens tournèrent ce présage
in metum Macedonum.	en crainte des (pour les) Macédoniens.
Apud Macedonas quoque,	Chez les Macédoniens aussi,
quum forte	comme par-hasard
quidam militum	certains d'entre les soldats
frangerent panem,	rompaient du pain,
notaverunt guttas	ils remarquèrent des gouttes
sanguinis manantis;	de sang coulant (sortant);
regeque territo,	et le roi ayant été effrayé,
Aristander,	Aristandre,
peritissimus vatum, ait,	le plus habile des devins, dit,
si cruor fluxisset	si le sang avait coulé
extrinsecus,	du-dehors, [sage)
id futurum triste	cela avoir dû être triste (de mauvais pré-
Macedonibus;	aux (pour les) Macédoniens;
contra, quum manaverit	au-contraire, attendu-qu'il a coulé
ab parte interiore,	de la partie intérieure,
portendere exitium urbi	cela présager la perte à la ville
quam destinassent obsidere.	qu'ils avaient projeté d'assiéger.
Alexander quum haberet	Alexandre comme il avait
et classem procul,	et sa flotte loin,
et videret	et qu'il voyait
longam obsidionem	un long siège
fore sibi	devoir être à lui-même
magno impedimento	à grand empêchement
ad cetera,	pour toutes-les-autres choses,
misit caduceatores	envoya des hérauts
qui compellerent eos	qui poussassent eux
ad pacem;	à la paix;
quos occisos	lesquels ayant été tués
contra jus gentium,	contre le droit des nations,
Tyrii præcipitaverunt	les Tyriens précipitèrent
in altum.	dans la mer profonde.
Atque ille commotus	Et lui tout-ému
nece suorum	de la mort des siens
tam indigna,	mort si indigne,
statuit obsidere urbem.	résolut d'assiéger la ville.
Sed ante moles,	Mais auparavant une masse (une digue),
quæ committeret	qui reliât
urbem continenti,	la ville au continent,
erat jacienda.	était devant être jetée.
Ergo ingens desperatio	Donc un immense désespoir
incessit animos militum	entra dans les esprits des soldats
cernentium mare profundum	voyant une mer profonde [blée)
quod posset vix impleri	qui pourrait à-peine être remplie (com-
ope divina :	par la puissance divine :
quæ saxa tam vasta,	quels rochers si énormes,

Exhauriendas esse regiones, ut illud spatium aggeraretur; et exæstuare semper fretum, quoque arctius volutetur inter insulam et continentem, hoc acrius furere. At ille, haudquaquam rudis tractandi militares animos, speciem sibi Herculis in somno oblatam esse¹ pronuntiat, dextram porrigentis: illo duce, illo aperiente, in urbem intrare se visum. Inter hæc, caduceatores interfectos, gentium jura violata referebat; unam esse urbem quæ cursum victoris morari ausa esset. Ducibus deinde negotium datur ut suos quisque castiget; satisque omnibus stimulatis, opus orsus est.

Magna vis saxorum ad manum erat, Tyro vetere præbente; materies ex Libano monte ratibus et turribus faciendis advehebatur. Jamque a fundo maris in altitudinem montis opus excreverat; nondum tamen aquæ fastigium æquabat, et, quo longius moles agebatur a littore, hoc magis quidquid ingerebatur præaltum absorbebat mare : quum

---

trouver pour cela d'assez grosses pierres, d'assez grands arbres? Il faudrait épuiser des provinces, pour construire une chaussée de cette étendue ; d'ailleurs ce bras de mer, toujours agité, était d'autant plus furieux, qu'il était plus resserré entre l'île et le continent. Mais Alexandre, qui n'ignorait pas l'art de manier l'esprit des soldats, leur déclare qu'Hercule lui a apparu en songe, lui tendant la main ; et qu'il lui a semblé que ce dieu le menait dans la ville, et lui en ouvrait les portes. Là-dessus il leur rappelle le massacre de ses hérauts, la violation du droit des gens, et leur représente que cette ville est la seule qui ait osé retarder le cours de ses victoires. Il charge ensuite les capitaines de ranimer chacun leurs soldats, et lorsque tous furent suffisamment remplis d'ardeur, il commença l'ouvrage.

On avait sous la main une grande quantité de pierres, que fournissait l'ancienne Tyr; et l'on amenait du mont Liban le bois nécessaire pour construire des radeaux et des tours. Déjà l'ouvrage s'élevait comme une montagne du fond de la mer, sans être pourtant encore à fleur d'eau; et plus la digue s'éloignait du rivage, plus la profondeur de la mer engloutissait les matériaux qu'on y jetait; alors les Tyriens, s'avançant sur de légères embar-

quas arbores tam proceras	quels arbres si élevés
posse reperiri?	pouvoir être trouvés?
Regiones esse exhauriendas	Des contrées devoir être épuisées
ut illud spatium	pour-que cet espace
aggeraretur;	fût construit-en-chaussée ;
et fretum	et le bras-de-mer
exæstuare semper,	bouillonner toujours,
furereque acrius hoc	et être furieux plus vivement par cela
quo volutetur arctius	qu'il est roulé plus à-l'-étroit
inter insulam et continen- [tem.	entre l'île et le continent.
At ille,	Mais lui,
haudquaquam rudis	nullement inexpérimenté [dats),
tractandi animos militares,	à manier les esprits militaires (des sol-
pronuntiat	déclare
speciem Herculis	l'image d'Hercule
porrigentis dextram	*lui* présentant la *main* droite
oblatam esse sibi	avoir été offerte à lui-même
in somno:	dans le sommeil:
se visum	lui-même *avoir paru à lui-même*
intrare in urbem,	entrer dans la ville,
illo duce,	celui-là *étant* guide,
illo aperiente.	celui-là ouvrant.
Inter hæc referebat	Parmi ces choses il rappelait
caduceatores interfectos,	les hérauts ayant été tués,
jura gentium violata ;	les droits des nations ayant été violés ;
unam urbem esse	une seule ville être
quæ ausa esset morari	qui avait osé retarder
cursum victorum.	la course des vainqueurs.
Deinde negotium	Ensuite affaire (charge)
datur ducibus,	est donnée aux chefs,
ut quisque	afin-que chacun
castiget suos ;	gourmande (ranime) les siens ;
omnibusque stimulatis satis,	et tous ayant été excités suffisamment,
orsus est opus.	il commença l'ouvrage.
Magna vis saxorum	Une grande abondance de pierres
erat ad manum,	était auprès-de (sous) la main,
vetere Tyro præbente;	l'ancienne Tyr les fournissant ;
materies advehebatur	du bois-de-construction était amené
e monte Libano	du mont Liban
ratibus et turribus	pour des radeaux et des tours
faciendis.	devant être faits.
Jamque opus excreverat	Et déjà l'ouvrage avait crû
a fundo maris	du fond de la mer
in altitudinem montis;	à la hauteur d'une montagne ;
tamen æquabat nondum	cependant il n'égalait pas-encore
fastigium aquæ,	le faîte (le niveau) de l'eau,
et mare præaltum	et la mer très-profonde

Tyrii, parvis navigiis admotis, per ludibrium exprobabant, illos, armis inclytos, dorso, sicut jumenta, onera gestare[1]; interrogabant etiam num major Neptuno esset Alexander. Hæc ipsa insectatio alacritatem militum accendit. Jamque paululum moles aquam eminebat, et simul aggeris latitudo crescebat, urbique admovebatur, quum Tyrii, magnitudine molis, cujus incrementum eos ante fefellerat, conspecta, levibus navigiis nondum commissum opus circumire cœperunt; missilibus eos quoque qui pro opere stabant incessere. Multis ergo impune vulneratis, quum et removere et appellere scaphas in expedito esset, ad curam semet ipsos tuendi ab opere converterant. Igitur rex munientibus coria velaque jussit obtendi, ut extra teli ictum essent; duasque turres ex capite molis erexit; e quibus in subeuntes scaphas tela ingeri

cations reprochaient par dérision à ces guerriers renommés par leurs faits d'armes, de porter des fardeaux sur leurs dos comme des bêtes de charge; ils leur demandaient aussi s'ils croyaient Alexandre plus grand que Neptune. Mais ces railleries mêmes ne firent qu'enflammer l'ardeur des soldats. Déjà l'ouvrage paraissait au-dessus de l'eau, et la digue s'élargissait et s'approchait de la ville, lorsque les Tyriens, frappés de la grandeur de l'ouvrage, dont ils n'avaient pas d'abord aperçu les progrès, se mirent à l'investir avec de légères embarcations avant que les liaisons en fussent consolidées, et à assaillir de traits ceux qui se tenaient devant l'ouvrage. Aussi beaucoup de travailleurs ayant été blessés impunément, parce que ces petites barques s'éloignaient et s'approchaient avec facilité, les Macédoniens quittèrent l'ouvrage pour songer à se défendre. Alors le roi fit tendre des peaux et des toiles au devant des travailleurs, pour les garantir des traits; et il fit élever à la tête de la digue deux tours,

absorbebat	absorbait
quidquid ingerebatur	tout-ce-qui était jeté-dedans
magis hoc	plus par cela (d'autant plus)
quo moles agebatur	que la masse (la digue) était jetée
longius a littore;	plus loin du rivage;
quum Tyrii,	tandis-que les Tyriens,
parvis navigiis admotis,	de petites embarcations étant approchées,
exprobrabant per ludibri-	reprochaient par moquerie,
illos, inclytos armis, [um,	eux célèbres par les armes,
gestare onera dorso	porter des fardeaux sur le dos
sicut jumenta;	comme des bêtes-de-somme;
interrogabant etiam	ils interrogeaient aussi
num Alexander	si Alexandre
esset major Neptuno.	était plus grand que Neptune.
Hæc insectatio ipsa	Cette poursuite (raillerie) elle-même
accendit alacritatem	enflamma l'ardeur
militum.	des soldats.
Jamque moles	Et déjà la masse (la digue)
eminebat paululum aquam,	dépassait un-peu l'eau, [chaussée
et simul latitudo aggeris	et en-même-temps la largeur de la
crescebat,	croissait,
admovebaturque urbi,	et était approchée à (de) la ville,
quum Tyrii,	lorsque les Tyriens,
magnitudine molis,	la grandeur de la masse (de la digue),
cujus incrementum	dont l'accroissement
fefellerat eos ante,	avait échappé à eux auparavant,
conspecta,	ayant été aperçue,
cœperunt circumire	commencèrent à entourer
levibus navigiis	de légères embarcations
opus nondum commissum;	l'ouvrage pas-encore joint *dans ses parties*;
incessere missilibus	à attaquer avec des traits
eos quoque qui stabant	ceux aussi qui se tenaient
pro opere.	devant l'ouvrage.
Multis ergo	Beaucoup donc
vulneratis impune,	ayant été blessés impunément,
quum esset in expedito	attendu-qu'il était en *chose* facile
et removere	et de ramener-en-arrière [barques,
et appellere scaphas,	et de pousser-vers (d'approcher) les
converterant ab opere	ils (les Macédoniens) s'étaient détournés
ad curam	vers le soin, [de l'ouvrage
semet tuendi ipsos.	de se défendre eux-mêmes.
Igitur rex jussit	Donc le roi ordonna
coria velaque	des peaux et des toiles
obtendi munientibus,	être tendus-devant *ceux* travaillant
ut essent	afin qu'ils fussent
extra ictum teli;	hors du coup (de l'atteinte) du trait;
erexitque ex capite molis,	et il éleva du-côté de la tête de la digue

possent. Contra Tyrii navigia procul a conspectu hostium littori appellunt, expositisque militibus, eos qui saxa gestabant obtruncant. In Libano quoque Arabum agrestes, incompositos Macedonas aggressi, triginta fere interficiunt, paucioribus captis.

III. Ea res Alexandrum dividere copias coegit; et, ne segniter assidere uni urbi videretur, operi Perdiccam Craterumque præfecit; ipse cum expedita manu Arabiam[1] petiit. Inter hæc Tyrii navem magnitudine eximia, saxis arenaque a puppi oneratam, ita ut multum prora emineret, bitumine ac sulfure illitam[2] remis concitaverunt; et, quum magnam vim venti vela quoque concepissent, celeriter ad molem successit. Tunc prora ejus accensa, remiges desilire in scaphas quæ ad hoc ipsum præparatæ sequebantur. Navis autem, igne concepto, latius fundere incendium cœpit; quod prius-

d'où l'on pût tirer sur les barques qui approcheraient. De leur côté, les Tyriens abordent loin de la vue des ennemis, débarquent des soldats et taillent en pièces ceux qui portaient les pierres. Sur le Liban, il y eut aussi des paysans Arabes, qui attaquèrent des Macédoniens en désordre, en tuèrent trente environ, et firent quelques prisonniers.

III. Ce contre-temps força Alexandre à partager ses troupes; et pour éviter le reproche de perdre son temps au siége d'une seule place, il remit la conduite de l'ouvrage à Perdiccas et à Cratère; lui-même avec un camp volant alla en personne vers l'Arabie. Cependant les Tyriens prennent un vaisseau d'une grandeur extraordinaire, le chargent à l'arrière de pierres et de sable, de manière à élever beaucoup l'avant, l'enduisent de bitume et de soufre, puis le mettent en mouvement à force de rames; les vents ayant enflé les voiles avec force, il joignit bientôt la digue. Alors les rameurs mirent le feu à la proue, et se jetèrent dans les chaloupes qui suivaient exprès pour cela. Le vaisseau embrasé commença à répandre au loin l'incendie; et avant qu'on pût y remédier, le feu gagna les tours et les autres ou-

duas turres	deux tours
e quibus tela	du-haut desquelles des traits
possent ingeri	pussent être jetés
in scaphas subeuntes.	sur les barques qui-approchaient.
Contra Tyrii	De-leur-côté les Tyriens
appellunt littori navigia	poussent au rivage des embarcations
procul a conspectu hostium ;	loin de la vue des ennemis ;
militibusque expositis,	et des soldats ayant été débarqués,
obtruncant eos	ils massacrent ceux
qui gestabant saxa.	qui portaient des pierres.
Agrestes Arabum	Des paysans d'*entre* les Arabes
aggressi in Libano quoque	ayant attaqué dans le Liban aussi
Macedonas incompositos,	des Macédoniens en-désordre,
interficiunt fere triginta,	*en* tuent presque trente,
paucioribus captis.	de moins-nombreux ayant été pris.
III. Ea res	III. Cette chose
coegit Alexandrum	força Alexandre
dividere copias ;	à (de) partager ses troupes ;
et, ne videretur	et pour-qu'il ne parût pas
assidere uni urbi	rester auprès d'une seule ville
segniter,	nonchalamment,
præfecit operi	il préposa à l'ouvrage
Perdiccam Craterumque ;	Perdiccas et Cratère ;
ipse cum manu expedita	lui-même avec une troupe sans-bagages
petiit Arabiam.	gagna l'Arabie.
Inter hæc Tyrii	Pendant ces choses les Tyriens
concitaverunt remis	poussèrent-violemment par des rames
navem magnitudine eximia,	un navire d'une grandeur remarquable,
oneratam a puppi	chargé du-côté-de (à) la poupe
saxis arenaque,	de pierres et de sable,
ita ut prora	de-manière que la proue
emineret multum,	s'élevât beaucoup,
illitam bitumine	enduit de bitume
ac sulfure ;	et de soufre ;
et quum vela	et comme les voiles
concepissent quoque	avaient reçu aussi
magnam vim venti,	une grande force de vent,
successit celeriter	il s'approcha rapidement
ad molem.	vers la masse (la digue).
Tunc prora ejus	Alors la proue de lui
accensa,	ayant été enflammée,
remiges desiliere	les rameurs sautèrent
in scaphas quæ sequebantur	dans des barques qui suivaient
præparatæ ad hoc ipsum.	préparées pour cela-même.
Navis autem,	Or le navire,
igne concepto,	le feu ayant été conçu (ayant pris feu),

quam posset occurri, turres et cetera opera in capite molis posita comprehendit. At qui desilierant in parva navigia, faces, et quidquid alendo igni aptum erat, in eadem opera ingerunt. Jamque non modo Macedonum turres, sed etiam summa tabulata conceperant ignem, quum ii, qui in turribus erant, partim haurirentur incendio, partim, armis omissis, in mare semet ipsi immitterent. At Tyrii, qui capere eos quam interficere mallent, natantium manus stipitibus saxisque lacerabant, donec debilitati impune navigiis excipi possent. Nec incendio solum opera consumpta; sed forte eodem die vehementior ventus motum ex profundo mare illisit in molem, crebrisque fluctibus compages operis verberatæ se laxavere, saxaque interluens unda medium opus rupit. Prorutis igitur lapidum cumulis quibus injecta terra

vrages placés en tête de la digue. De leur côté, les matelots qui s'étaient jetés dans les chaloupes, lançaient sur ces ouvrages des torches ardentes et tout ce qui pouvait alimenter l'incendie. Déjà même il avait atteint non-seulement les tours des Macédoniens, mais les échafaudages mêmes les plus élevés, et les soldats qui se trouvaient dans les tours étaient dévorés par les flammes, ou, jetant leurs armes, se précipitaient dans la mer. Du reste les Tyriens aimant mieux les faire prisonniers que de les tuer, leur mutilaient les mains avec des perches et des pierres tandis qu'ils nageaient, afin de les mettre hors de défense, et de les prendre sans risque dans les chaloupes. Le feu ne contribua pas seul à la ruine des ouvrages; il arriva malheureusement le même jour qu'une bourrasque, soulevant la mer dans ses profondeurs, la poussa violemment contre la digue; ce qui servait à lier les parties de l'ouvrage, à force d'être battu par les flots, se relacha, et l'eau, passant à travers les pierres, rompit la chaussée par le milieu. Ainsi ces monceaux de pierre qui soutenaient la terre une

cœpit fundere	commença à répandre
incendium latius ;	l'incendie plus au-large ;
quod, priusquam posset	lequel, avant qu'il pût
occurri,	être allé-au-devant,
comprehendit turres	saisit les tours
et cetera opera	et tous-les-autres ouvrages
posita in capite molis.	placés en tête de la digue.
At qui desilierant	Mais ceux qui avaient sauté
in parva navigia,	dans les petites embarcations,
ingerunt in eadem opera	jettent sur les mêmes ouvrages
faces,	des torches,
et quidquid erat aptum	et tout-ce qui était propre
igni alendo.	au feu devant être alimenté.
Jamque non modo	Et déjà non-seulement
turres Macedonum,	les tours des Macédoniens,
sed etiam tabulata summa	mais encore les planchers les-plus-élevés
conceperant ignem,	avaient conçu le feu (avaient pris feu),
quum ii	lorsque ceux
qui erant in turribus,	qui étaient dans les tours
haurirentur partim	étaient devorés en-partie
incendio,	par l'incendie,
partim, armis omissis,	en-partie, les armes étant laissées,
semet immitterent ipsi	se précipitaient eux-mêmes
in mare.	dans la mer.
At Tyrii,	Mais les Tyriens, [prendre eux
qui mallent capere eos	(qui attendu-qu'ils) aimaient-mieux
quam interficere,	que les tuer,
lacerabant	déchiraient
stipitibus saxisque	avec des souches et des pierres
manus natantium,	les mains d'eux nageant,
donec debilitati	jusqu'-à-ce-qu'affaiblis
possent excipi	ils pussent être reçus
impune naviglis.	sans-danger par les embarcations.
Nec opera consumpta	Ni les ouvrages ne *furent* consumés
solum incendio ;	seulement par l'incendie ;
sed forte	mais par-hasard
eodem die	le même jour
ventus vehementior	un vent plus violent
elisit in molem	brisa contre la masse (la digue)
mare motum	la mer remuée
ex profundo,	du fond ;
compagesque operis	et les jointures de l'ouvrage
verberatæ fluctibus crebris	battues par les flots pressés
se laxavere,	se relachèrent,
undaque interluens saxa	et l'eau coulant-entre les pierres
rupit opus medium.	rompit l'ouvrage au-milieu.
Igitur cumulis lapidum,	Donc les amas de pierres,

sustinebatur, præceps in profundum ruit; tantæque molis vix ulla vestigia invenit Arabia rediens Alexander.

Hic, quod in adversis rebus solet fieri, alius in alium culpam referebat, quum omnes verius de sævitia maris queri possent. Rex, novi operis molem orsus, in adversum ventum non latere, sed recta fronte direxit; ea cetera opera, velut sub ipsa latentia, tuebatur. Latitudinem quoque aggeri adjecit, ut turres in medio excitatæ procul teli jactu abessent. Totas autem arbores cum ingentibus ramis in altum jaciebant, deinde saxis onerabant; rursus cumulo eorum alias arbores injiciebant; tum humus aggerebatur; superque alia strue saxorum arborumque cumulata, velut quodam nexu continens opus junxerant. Nec Tyrii, quidquid ad impedien-

fois renversés, tout fut englouti dans la mer, et c'est à peine si Alexandre, à son retour d'Arabie, retrouva quelques vestiges d'une masse si énorme.

Alors, comme c'est l'ordinaire dans les conjonctures fâcheuses, les Macédoniens rejetaient la faute les uns sur les autres, tandis qu'il eût été plus juste de ne s'en prendre qu'à la fureur de la mer. Le roi fit commencer une digue de nouvelle construction, et lui donna une direction telle qu'elle se présentât au vent non de flanc, mais de front. Elle protégeait ainsi et couvrait en quelque sorte les autres travaux, il donna aussi plus de largeur à la chaussée, afin que les tours élevées au milieu fussent hors de la portée du trait. On jetait dans a mer des arbres tout entiers avec de grandes branches; on les chargeait ensuite de pierres; et sur ce double lit on recommençait à jeter d'autres arbres; puis on entassait de la terre par dessus; et après l'avoir recouverte d'une nouvelle couche d'arbres et de pierres, on était parvenu à faire une construction, pour ainsi dire, d'une seule pièce. Les Tyriens de leur côté mettaient activement en œuvre

quibus terra injecta sustinebatur,	par lesquels la terre jetée-dessus était soutenue,
prorutis,	ayant été renversés,
ruit præceps	il (l'ouvrage) s'écroula en-avant
in profundum ;	dans le fond de la mer;
Alexanderque	et Alexandre
rediens Arabia	revenant d'Arabie
invenit vix	trouva à-peine
ulla vestigia	aucuns vestiges
molis tantæ.	d'une masse (d'une digue) si-grande.
Hic, quod solet	Ici (alors), ce qui a-coutume
fieri in rebus adversis,	d'arriver dans les choses contraires,
alius referebat	l'un reportait
culpam in alium,	la faute sur l'autre,
quum omnes possent	quoique tous pussent
queri verius	se plaindre avec-plus-de-vérité
de sævitia maris.	de la fureur de la mer.
Rex orsus molem	Le roi ayant commencé une digue
operis novi,	d'un ouvrage nouveau,
direxit non latere,	la dirigea non de côté
sed recta fronte	mais de droit front
in ventum adversum ;	contre le vent soufflant-en-face ;
ea tuebatur	celle-ci protégeait
cetera opera,	tous-les-autres ouvrages,
velut latentia sub ipsa.	comme se cachant sous elle-même.
Adjecit quoque	Il ajouta aussi
latitudinem aggeri,	de la largeur à la chaussée,
ut turres	afin-que les tours
excitatæ in medio	élevées dans le milieu
abessent procul	fussent-distantes loin
jactu teli.	du jet (de la portée) du trait.
Jaciebant autem	Or ils jetaient
in altum	dans le fond (dans la mer)
arbores totas	des arbres tout-entiers
cum ramis ingentibus,	avec des branches énormes,
deinde onerabant saxis ;	ensuite ils les chargeaient de pierres ;
injiciebant rursus	ils jetaient de-nouveau
cumulo eorum	sur l'amas d'elles (des pierres)
alias arbores ;	d'autres arbres ;
tum humus aggerebatur ;	alors de la terre était amoncelée ;
aliaque strue	et un autre monceau
saxorum arborumque	de rochers et d'arbres
cumulata super,	étant entassé dessus,
junxerant	ils avaient joint
velut quodam nexu	comme par un certain enlacement
opus continens.	l'ouvrage se-tenant.
Nec Tyrii	Ni les Tyriens

dam molem excogitari poterat, segniter exsequebantur. Præcipuum auxilium erat, qui procul hostium conspectu subibant aquam, occultoque lapsu ad molem usque penetrabant, falcibus palmites arborum eminentium ad se trahentes ; quæ ubi secutæ erant, pleraque secum in profundum dabant; tum levatos onere stipites truncosque arborum haud ægre moliebantur ; deinde totum opus, quod stipitibus fuerat innixum, fundamento lapso, sequebatur. Ægro animi Alexandro, nec perseveraret, an abiret satis certo, classis Cypro advenit, eodemque tempore Cleander cum Græcis militibus in Asiam nuper advectis. Centum et nonaginta navigia in duo dividit cornua: lævum Pnytagoras, rex Cypriorum, cum Cratero tuebatur ; Alexandrum in dextro quinqueremis regia vehebat. Nec Tyrii, quanquam classem habebant, ausi navale inire

tout ce qu'on pouvait imaginer pour empêcher le travail de la digue. Leur principale ressource était dans les plongeurs, qui descendaient dans la mer loin de la vue des ennemis, arrivaient secrètement entre deux eaux jusqu'à la digue, et amenaient à eux avec des faux les branches des arbres qui faisaient saillie; dès qu'elles obéissaient, elles entraînaient avec elles dans la mer la plus grande partie des matériaux ; alors ils déplaçaient sans peine les souches et les troncs d'arbres une fois allégés, et le fondement venant à manquer, tout l'ouvrage qui portait sur ces pièces de bois était aussitôt renversé. Alexandre était fort tourmenté; il ne savait s'il devait persister ou se retirer, lorsqu'il lui vint de Chypre une flotte; en même temps il fut rejoint par Cléandre avec des troupes grecques récemment arrivées en Asie. Il divise en deux escadres sa flotte, composée de cent quatre-vingt-dix voiles : Pnytagoras, roi de Chypre, eut avec Cratère le commandement de l'aile gauche; Alexandre commandait la droite, monté sur la galère royale à cinq rangs de rames. Quoique les Tyriens eussent une flotte, ils n'osèrent engager un combat naval; ils se

exsequebantur segniter	n'exécutaient nonchalamment
quidquid poterat excogitari	tout-ce-qui pouvait être imaginé
ad molem impediendam.	pour la digue devant être empêchée.
Præcipuum auxilium	Le principal secours
erat	était
qui subibant aquam	ceux qui allaient-sous l'eau
penetrabantque	et pénétraient
lapsu occulto	par un glissement secret
usque ad molem,	jusqu'à la digue,
trahentes ad se	tirant à eux-mêmes
falcibus	par des faux
palmites arborum	les branches des arbres
eminentium ;	dépassant ;
quæ ubi secutæ erant,	lesquels (arbres) dès qu'ils avaient suivi,
dabant secum	donnaient (entraînaient) avec eux
pleraque in profundum ;	la plupart des choses au fond ; [mêmes
tum moliebantur	alors ils déplaçaient
haud ægre	non-avec-peine
stipites truncosque arborum	les souches et les troncs d'arbres
levatos onere ;	allégés du fardeau ;
deinde opus totum	ensuite l'ouvrage tout-entier
quod fuerat innixum	qui avait été-appuyé-sur
stipitibus,	les souches,
fundamento lapso,	le fondement ayant glissé,
sequebatur.	suivait.
Alexandro ægro animi,	Alexandre *étant* souffrant d'esprit,
nec satis certo	et n'*étant* pas suffisamment certain
perseveraret an abiret,	s'il persévérerait ou-s'il s'en irait,
classis advenit Cypro,	une flotte arriva de Chypre,
eodemque tempore	et dans le même temps
Cleander cum militibus	Cléandre *arriva* avec les soldats
advectis nuper	amenés récemment
in Asiam.	en Asie.
Dividit in duo cornua	Il divise en deux ailes
centum et nonaginta	cent et quatre-vingt-dix
navigia :	navires :
Pnytagoras, rex Cypriorum,	Pnytagoras, roi des Chypriens
tuebatur lævum	protégeait la gauche
cum Cratero ;	avec Cratère ;
in dextro	à la droite
quinqueremis regia	une galère-à-cinq-rangs-de-rames royale
vehebat Alexandrum.	portait Alexandre.
Nec Tyrii, [sem,	Ni les Tyriens,
quanquam habebant clas-	quoiqu'ils eussent une flotte,
ausi inire	n'osèrent engager
certamen navale,	une lutte navale ;
opposuerunt	ils opposèrent

certamen, tres omnino naves ante ipsa mœnia opposuerunt; quibus rex invectus, ipsas demersit.

Postera die, classe ad mœnia admota, undique tormentis et maxime arietum pulsu muros quatit; quos Tyrii raptim obstructis saxis refecerunt, interiorem quoque murum, ut, si prior fefellisset, illo se tuerentur, undique orsi. Sed undique vis mali urgebat : moles intra teli jactum erat ; classis mœnia circumibat ; terrestri simul navalique clade obruebantur. Quippe binas quadriremes Macedones inter se ita junxerant ut proræ cohærerent, puppes intervallo quantum capere poterant distarent; hoc puppium intervallum antennis asseribusque validis deligatis, superque eos pontibus stratis qui militem sustinerent, impleverant. Sic instructas quadriremes ad urbem agebant; inde missilia in propugnantes ingerebantur tuto, quia proris miles tegebatur. Media nox

contentèrent d'opposer en tout à l'ennemi trois navires, sous la protection de leurs murailles ; mais le roi les attaqua et les coula.

Le lendemain il fait approcher la flotte des murailles, qu'il bat de toutes parts avec les machines, et principalement à coups de béliers. Cependant les Tyriens se hâtaient de remplir les brèches avec des pierres ; ils commencèrent même de tous côtés un mur intérieur, qui leur servit de défense, si le premier venait à manquer. Mais ils étaient pressés de toutes parts : la digue était à la portée du trait, la flotte investissait la ville ; ils étaient attaqués tout à la fois par terre et par mer. Car les Macédoniens avaient attaché deux à deux des galères à quatre rangs, de manière que les proues se touchassent, et que les poupes fussent aussi éloignées que possible ; ils avaient rempli l'intervalle entre les poupes, d'antennes et de fortes pièces de bois liées ensemble, et de ponts jetés par-dessus pour porter des soldats. Ils poussaient vers la ville ces galères ainsi équipées ; et de là on tirait en sûreté contre les assiégés, parce que les proues couvraient les assié-

HISTOIRE D'ALEXANDRE. LIVRE IV.

ante mœnia ipsa	devant les remparts eux-mêmes
tres naves omnino;	trois navires en-tout;
quibus rex invectus	contre lesquels le roi ayant été porté
demersit ipsas.	*les* coula eux-mêmes.
Die postera,	Le jour d'-après, [remparts,
classe admota ad mœnia,	la flotte ayant été approchée vers les
quatit undique muros	il ébranle de-toutes-parts les murs
tormentis et maxime	par des machines et le plus (surtout)
pulsu arietum;	par le choc des béliers;
quos Tyrii	lesquels *murs* les Tyriens
refecerunt raptim	refirent à-la-hâte
saxis obstructis,	par des pierres élevées-devant,
orsi quoque undique	ayant commencé aussi de-toutes-parts
murum interiorem,	un mur intérieur,
ut se tuerentur illo,	afin qu'ils se défendissent par celui-là,
si prior fefellisset.	si le premier avait trompé (leur man-
Sed vis mali	Mais la force du mal [quait).
urgebat undique;	pressait de-toutes-parts;
moles erat	la digue était
intra jactum teli;	en-deçà du jet (de la portée) du trait;
classis circumibat mœnia;	la flotte entourait les murailles;
obruebantur clade	ils étaient accablés par un désastre
terrestri simul navalique.	terrestre à-la-fois et naval.
Quippe Macedones	Car les Macédoniens
junxerant inter se	avaient joint entre elles-mêmes
quadriremes binas,	des galères-à-quatre-rangs-de-rames
ita ut proræ	de-telle-sorte que les proues[deux-à-deux
cohærerent,	se-touchassent,
puppes distarent	*que* les poupes fussent éloignées
intervallo	par un intervalle *aussi grand* [ter;
quantum poterant capere;	qu'-aussi-grand elles pouvaient compor-
impleverant	ils avaient rempli
hoc intervallum puppium	cet intervalle des poupes
antennis	d'antennes
validisque asseribus	et de forts madriers
deligatis,	attachés,
pontibusque stratis	et de ponts étendus
super eos,	sur eux, [des soldats.
qui sustinerent militem.	qui soutinssent un soldat (pour porter
Agebant ad urbem	Ils poussaient vers la ville
quadriremes	*ces* galères-à-quatre-rangs-de-rames
sic instructas;	ainsi équipées;
inde missilia	de-là des projectiles
ingerebantur tuto	étaient jetés en-sûreté
in propugnantes,	contre ceux-qui défendaient(les assiégés),
quia miles	parce-que le soldat
tegebatur proris.	était couvert par les proues.

erat, quum classem, sicuti dictum est paratam, circumire muros jubet. Jamque naves urbi undique admovebantur, et Tyrii desperatione torpebant, quum subito spissæ nubes intendere se cœlo, et quidquid lucis internitebat offusa caligine exstinctum est. Tum inhorrescens mare paulatim levari, deinde, acriori vento concitatum, fluctus ciere, et inter se navigia collidere. Jamque scindi cœperant vincula quibus connexæ quadriremes erant, ruere tabulata, et cum ingenti fragore in profundum secum milites trahere. Neque enim conserta navigia ulla ope in turbido regi poterant : miles ministeria nautarum, remex militis officia turbabat, et, quod in hujusmodi casu accidit, periti ignaris parebant ; quippe gubernatores, alias imperare soliti, tum metu mortis jussa exsequebantur. Tandem remis pertinacius everberatum mare

geants. Il était minuit, lorsque le roi ordonna à sa flotte ainsi disposée d'investir les murs. Déjà les vaisseaux approchaient de toutes parts de la place, et les Tyriens étaient plongés dans le désespoir. Tout à coup le ciel se couvre de nuages épais, et le peu qui restait encore de clarté s'éteint dans une profonde obscurité. La mer bouillonne et s'enfle peu à peu ; puis les vents devenus plus forts, soulèvent les vagues, et choquent les vaisseaux les uns contre les autres. Les câbles qui tenaient attachées les galères à quatre rangs se rompent, les ponts croulent, et avec un fracas épouvantable, entraînent les soldats dans les flots. Car dans une mer agitée il n'était pas possible de gouverner des vaisseaux ainsi réunis : le soldat gênait les manœuvres des matelots, le matelot les mouvements du soldat ; et, comme il arrive en pareil cas, les habiles obéissaient aux ignorants ; les pilotes, accoutumés en d'autres temps à commander, exécutaient alors par la crainte de la mort tout ce qu'on leur ordonnait. Enfin la mer céda

HISTOIRE D'ALEXANDRE. LIVRE IV. 179

Nox erat media,	La nuit était dans-son-milieu,
quum jubet classem	lorsqu'il ordonne la flotte
paratam, sicuti dictum est,	préparée, comme il a été dit,
circumire muros.	entourer les murs.
Jamque naves	Et déjà les navires [la ville,
admovebantur undique urbi,	étaient approchés de-toutes-parts à (de)
et Tyrii	et les Tyriens
torpebant desperatione,	étaient engourdis par le désespoir,
quum subito	lorsque subitement
nubes spissæ	des nuages épais
se intendere cœlo,	s'étendirent-sur le ciel,
et quidquid lucis	et tout-ce-qui-de lumière
internitebat,	brillait-par-intervalle,
exstinctum est	fut éteint
caligine offusa ;	par le brouillard répandu-devant ;
tum mare inhorrescens	alors la mer se hérissant
levari paulatim ;	être soulevée peu-à-peu ;
deinde concitatum	puis poussée
vento acriori,	par un vent plus vif,
ciere fluctus,	agiter *ses* flots,
et collidere inter se	et choquer entre eux-mêmes
navigia.	les navires.
Jamque vincula	Et déjà les liens [de-rames
quibus quadriremes	par lesquels les galères-à-quatre-rangs-
connexæ erant	avaient été attachées
cœperant scindi,	commençaient à être rompus,
tabulata ruere,	les planchers à crouler,
et trahere secum	et à entraîner avec-eux-mêmes
milites in profundum	les soldats au fond
cum ingenti fragore.	avec un immense fracas.
Neque enim	Ni en-effet
navigia conserta	les navires réunis
poterant regi	ne pouvaient être dirigés
ulla ope	par aucun moyen
in turbido :	dans une *mer* agitée :
miles turbabat	le soldat troublait
ministeria nautarum,	les fonctions des matelots,
remex	le rameur *troublait*
officia militis,	les devoirs du soldat,
et, quod accidit	et, ce qui arrive
in casu hujusmodi,	dans un évènement de-cette-sorte,
periti parebant ignaris;	les habiles obéissaient aux ignorants ;
quippe gubernatores,	car les pilotes, [circonstances,
soliti imperare alias,	habitués à commander dans-d'autres-
exsequebantur tum jussa	exécutaient alors les ordres
metu mortis.	par crainte de la mort.
Tandem mare	Enfin la mer

veluti eripientibus navigia classicis cessit, appulsaque sunt littori, lacerata pleraque.

Iisdem diebus forte Carthaginiensium legati triginta superveniunt, majus obsessis solatium quam auxilium, quippe domestico bello Pœnos impediri, nec de imperio, sed pro salute dimicare nuntiabant. Syracusani[1] tunc Africam urebant, et haud procul Carthaginis muris locaverant castra. Non tamen defecere animis Tyrii, quanquam ab ingenti spe destituti erant; sed conjuges liberosque devehendos Carthaginem tradiderunt[2], fortius quidquid accideret laturi, si carissimam sui partem extra communis periculi sortem habuissent. Quumque unus e civibus concioni indicasset oblatam esse per somnum sibi speciem Apollinis, quem eximia religione colerent, urbem deserentis, molemque a Macedonibus jactam in salo, in silvestrem saltum esse mutatam, quanquam auctor

aux efforts opiniâtres des rameurs, qui semblaient lui arracher de force les vaisseaux; ils regagnèrent le rivage, mais la plupart en mauvais état.

Vers ce temps arrivèrent trente ambassadeurs de Carthage, plutôt pour consoler les assiégés que pour les secourir; car ils apportaient la nouvelle que les Carthaginois avaient chez eux les embarras de la guerre, et qu'ils combattaient, non pour l'empire, mais pour leur propre sûreté. Les Syracusains désolaient alors l'Afrique, et ils étaient campés à peu de distance de Carthage. Les Tyriens ne perdirent point courage, quoiqu'ils fussent privés d'une grande espérance; mais ils firent passer leurs femmes et leurs enfants à Carthage, persuadés qu'ils supporteraient plus courageusement tout ce qui pourrait leur arriver, quand ils auraient dérobé aux hasards du péril commun la plus chère partie d'eux-mêmes. Un de leurs concitoyens déclara en pleine assemblée qu'il avait vu en songe leur ville abandonnée par Apollon, qu'ils honoraient particulièrement, et la digue construite dans la mer par les Macédoniens, chan-

everberatum remis	frappée par les rames
pertinacius	plus opiniâtrément
cessit classicis,	céda aux matelots,
velut eripientibus	comme *lui* arrachant
navigia,	les navires,
appulsaque sunt littori,	et ils furent poussés au rivage,
pleraque lacerata.	la plupart déchirés.
Forte iisdem diebus	Par-hasard dans les mêmes jours
triginta legati	trente députés
Carthaginiensium	des Carthaginois
superveniunt,	surviennent,
majus solatium	plus grande consolation
quam auxilium obsessis.	que secours aux assiégés.
Quippe nuntiabant	Car ils annonçaient
Pœnos impediri	les Carthaginois être empêchés (pays),
bello domestico,	par une guerre domestique (dans leur
nec dimicare de imperio,	et-ne-pas combattre touchant l'empire,
sed pro salute.	mais pour *leur* salut.
Syracusani	Les Syracusains
urebant tunc Africam,	brûlaient alors l'Afrique,
et locaverant castra	et ils avaient placé *leur* camp
haud procul muris	non loin des murs
Carthaginis.	de Carthage.
Tyrii tamen	Les Tyriens cependant
non defecere animis,	ne défaillirent pas par-les cœurs
quanquam destituti erant	quoiqu'ils fussent privés
ingenti spe;	d'une immense espérance;
sed tradiderunt	mais ils remirent
conjuges liberosque	*leurs* épouses et *leurs* enfants
devehendos Carthaginem,	devant être emmenés à Carthage,
laturi fortius	devant supporter plus courageusement
quidquid accideret,	tout-ce-qui arriverait,
si habuissent	s'ils avaient eu
partem sui carissimam	la partie d'eux-mêmes la plus chère
extra sortem	en-dehors-du sort (des hasards)
periculi communis.	du péril commun.
Quumque unus e civibus	Et comme un des citoyens
indicasset concioni	eut fait-connaître à l'assemblée
speciem Apollinis,	l'image d'Apollon,
quem colerent	lequel ils honoraient
religione eximia,	d'une religion particulière,
deserentis urbem,	d'*Apollon* abandonnant la ville,
oblatam esse sibi	avoir été offerte à lui-même
per somnum,	pendant le sommeil,
molemque jactam	et la digue jetée
in salo a Macedonibus,	dans la mer par les Macédoniens
mutatam esse	avoir été changée

levis erat, tamen, ad deteriora credenda proni metu, aurea
catena devinxere simulacrum, aræque Herculis, cujus nu-
mini urbem dicaverant, inseruere vinculum, quasi illo deo
Apollinem retenturi[1]. Syracusis[2] id simulacrum devexerant
Pœni, et in majore locaverant patria, multisque aliis spoliis
urbium a semet captarum non Carthaginem magis quam Tyrum ornaverant. Sacrum quoque, quod quidem diis minime
cordi esse crediderim, multis seculis intermissum, repetendi
auctores quidam erant, ut ingenuus puer Saturno immolare-
tur; quod sacrilegium verius quam sacrum Carthaginienses,
a conditoribus traditum, usque ad excidium urbis suæ[3] fecisse dicuntur; ac, nisi seniores obstitissent, quorum consilio cuncta agebantur, humanitatem dira superstitio vicisset.

Ceterum, efficacior omni arte, imminens necessitas non
usitata modo præsidia, sed quædam etiam nova admovit.
Namque, ad implicanda navigia quæ muros subibant, validis

gée en un défilé boisé. Quoique cette autorité ne fût pas bien grave,
la crainte néanmoins leur fit croire aisément le mal; ils lièrent
la statue d'Apollon avec une chaîne d'or, et passèrent cette chaîne
dans l'autel d'Hercule, sous la protection de qui ils avaient mis leur
ville, comme pour retenir l'un de ces dieux par l'autre. C'étaient les
Carthaginois qui avaient apporté cette statue de Syracuse, et qui l'a-
vaient placée dans leur mère patrie; ils avaient encore décoré Tyr,
avec autant d'empressement que Carthage même, de beaucoup d'autres dépouilles des villes qu'ils avaient prises. Quelques-uns étaient
aussi d'avis de faire revivre une pratique religieuse qui, à mon sens,
était loin d'être agréable aux dieux et qui avait été interrompue pendant plusieurs siècles : c'était d'immoler à Saturne un enfant de condition libre. Cette cérémonie, plus véritablement digne du nom de
sacrilége que de celui de sacrifice, transmise aux Carthaginois par
leurs fondateurs, se soutint, dit-on, parmi eux jusqu'à la destruction
de leur ville; et, sans l'opposition des anciens, dont la sagesse réglait
toutes les affaires, cette cruelle superstition l'eût emporté sur les
droits de l'humanité.

Au reste, l'urgente nécessité, plus puissante que tout l'art
du monde, non contente des moyens de défens ordinaires, leur

in saltum silvestrem,	en un défilé boisé,
quanquam auctor	quoique l'auteur (l'autorité)
erat levis,	fût léger (fût légère),
proni tamen metu	portés cependant par la crainte
ad deteriora credenda,	aux choses pires devant être crues,
devinxere simulacrum	ils enchaînèrent la statue
catena aurea,	par une chaîne d'-or,
inserueroque vinculum	et passèrent le lien
aræ Herculis,	dans l'autel d'Hercule,
numini cujus	à la puissance duquel
dicaverant urbem,	ils avaient consacré la ville,
quasi retenturi Apollinem	comme devant retenir Apollon
illo deo.	par ce dieu. [racuse
Pœni devexerant Syracusis	Les Carthaginois avaient emporté de Sy-
id simulacrum,	cette statue,
et locaverant	et ils l'avaient placée
in patria majore,	dans *leur* patrie plus grande,
ornaverantque Carthaginem	et ils avaient orné Carthage
non magis quam Tyrum	non plus que Tyr
multis aliis spoliis	de beaucoup d'autres dépouilles
urbium captarum	de villes prises
a semet.	par eux-mêmes.
Quidam erant quoque	Certains étaient aussi
auctores repetendi sacrum,	conseillers de reprendre un sacrifice,
quod quidem crediderim	lequel certes j'aurai cru
esse minime cordi diis,	n'être point-du-tout à cœur aux dieux,
intermissum multis seculis,	interrompu pendant beaucoup de siècles,
ut puer ingenuus	*à savoir* qu'un enfant de-naissance-libre
immolaretur Saturno;	fût immolé à Saturne;
quod sacrilegium	lequel sacrilège
verius quam sacrum,	plus véritablement que sacrifice
traditum a conditoribus,	transmis par *leurs* fondateurs,
Carthaginienses dicuntur	les Carthaginois sont dits
fecisse usque ad excidium	avoir fait jusqu'à la destruction
suæ urbis;	de leur ville;
ac nisi seniores obstitissent,	et si les plus vieux ne se fussent opposés,
consilio quorum	par le conseil desquels
cuncta agebantur,	toutes choses étaient menées,
dira superstitio	*cette* affreuse superstition
vicisset humanitatem.	aurait vaincu l'humanité.
Ceterum,	Du-reste,
necessitas imminens,	la nécessité pressante,
efficacior omni arte,	plus efficace que tout art, [défense
admovit præsidia	fit-approcher (suggéra) des moyens-de-
non modo usitata,	non-seulement *ceux* usités,
sed quædam etiam nova.	mais certains même nouveaux.
Namque ad navigia	Car pour les navires

asseribus corvos et ferreas manus cum uncis ac falcibus illigaverant, ut, quum tormento asseres promovissent, subito laxatis funibus injicerent. Unci quoque et falces, ex iisdem asseribus dependentes, aut propugnatores aut ipsa navigia lacerabant. Clypeos vero æreos multo igne torrebant, quos repletos fervida arena cœnoque decocto e muris subito devolvebant. Nec ulla pestis magis timebatur; quippe, ubi loricam corpusque fervens arena penetraverat, nec ulla vi excuti poterat, et quidquid attigerat, perurebat; jacientesque arma, laceratis omnibus queis protegi poterant, vulneribus inulti patebant; corvi vero et ferreæ manus tormentis emissæ plerosque rapiebant.

IV. Hic rex fatigatus statuerat, soluta obsidione, Ægyptum petere; quippe, quum Asiam ingenti celeritate percur-

en suggéra de nouveaux. Ainsi, pour saisir les vaisseaux qui venaient aux pieds des murailles, ils attachaient à de forts madriers des grapins et des harpons avec des crocs et des faux, de manière qu'après avoir fait avancer ces madriers avec des machines, ils pussent, en lâchant tout à coup les cordes, les laisser tomber. En même temps les crocs et les faux attachés à ces poutres, mettaient en pièces ou les combattants ou les vaisseaux mêmes. Ils faisaient aussi rougir au feu des boucliers d'airain, qu'ils remplissaient de sable brûlant et de fange bouillante, et qu'ils jetaient à l'improviste du haut de leurs murailles. Il n'y avait rien que les assiégeants redoutassent davantage ; car lorsque le sable ardent avait une fois pénétré la cuirasse et atteint le corps, il était impossible de s'en débarrasser ; il brûlait complétement tout ce qu'il touchait; les soldats, jetant leurs armes, et déchirant tout ce qui pouvait les garantir, demeuraient exposés sans défense aux coups des ennemis; et cependant les grapins et les harpons lancés par les machines les saisissaient pour la plupart.

IV. Le roi rebuté enfin avait résolu de lever le siége et de passer en Egypte; car, après avoir parcouru l'Asie avec une grande rapidité,

quæ subibant muros	qui venaient-sous les murs
implicanda,	devant être enlacés (saisis),
illigaverant validis asseribus	ils avaient attaché par de forts madriers
corvos et manus ferreas	des corbeaux et des mains de-fer
cum uncis et falcibus,	avec des crocs et des faux, [en-avant
ut, quum promovissent	de-manière que lorsqu'ils auraient poussé-
asseres tormento,	les madriers par une machine de-guerre,
injicerent subito	ils *les* jetassent-dessus tout-à-coup
funibus laxatis.	les cordes étant lâchées.
Unci quoque et falces	Les crocs aussi et les faux
dependentes	suspendus
ex iisdem asseribus	des (aux) mêmes madriers
lacerabant	déchiraient
aut propugnatores	ou les défenseurs
aut navigia ipsa.	ou les navires eux-mêmes.
Torrebant vero	Ils chauffaient de-plus
igne multo	par un feu abondant
clypeos æreos,	des boucliers d'-airain,
quos repletos	lesquels ayant été remplis
arena fervida	de sable brûlant
cœnoque decocto	et de boue cuite
devolvebant subito	ils déroulaient tout-à-coup
e muris.	du-haut-des murs.
Nec ulla pestis	Ni aucun fléau
timebatur magis;	n'était craint davantage;
quippe ubi arena fervens	car dès-que le sable brûlant
penetraverat	avait pénétré
loricam corpusque,	la cuirasse et le corps,
nec poterat excuti	ni il *ne* pouvait être secoué
ulla vi,	par aucune force,
et perurebat	et il brûlait-complètement
quidquid attigerat;	tout-ce-qu'il avait touché;
jacientesque arma,	et jetant *leurs* armes,
omnibus laceratis,	toutes les choses étant déchirées,
queis poterant protegi,	par lesquelles ils pouvaient être protégés,
patebant inulti	ils étaient-ouverts (exposés) sans-défense
vulneribus;	aux blessures;
corvi vero	de-plus les corbeaux
et manus ferreæ	et les mains de-fer
emissæ tormentis	lancées par les machines-de-guerre
rapiebant plerosque.	saisissaient la plupart.
IV. Hic rex fatigatus	IV. Ici (alors) le roi fatigué
statuerat,	avait résolu,
obsidione soluta,	le siège ayant étant délié (levé),
petere Ægyptum;	*de* gagner l'Égypte;
quippe, quum	car, après-que

risset, circa muros unius urbis hærebat, tot maximarum rerum opportunitate dimissa. Ceterum tam discedere irritum quam morari pudebat; famam quoque, qua plura quam armis everterat, ratus leviorem fore, si Tyrum, quasi testem se posse vinci, reliquisset. Igitur, ne quid inexpertum omitteret, plures naves admoveri jubet, delectosque militum imponi. Et forte bellua inusitatæ magnitudinis, super ipsos fluctus dorso eminens, ad molem quam Macedones jecerant, ingens corpus applicuit, diverberatisque fluctibus allevans semet utrinque conspecta est; deinde a capite molis rursus alto se immersit; ac modo super undas eminens magna sui parte, modo superfusis fluctibus condita, haud procul munimentis urbis emersit. Utrisque lætus fuit belluæ adspectus: Macedones iter jaciendo operi monstrasse

il perdait, autour des murailles d'une seule ville, l'occasion d'entreprises des plus importantes. Au reste, il avait également honte de se retirer et de rester sans avoir rien fait; il pensait aussi que ce serait affaiblir sa réputation, à laquelle il devait plus de conquêtes qu'à ses armes, que de laisser Tyr, comme un témoin qu'il pouvait être vaincu. Voulant donc tout tenter, il fait approcher un plus grand nombre de vaisseaux et y place l'élite de ses soldats. En même temps il arriva qu'un monstre d'une grandeur extraordinaire, élevant son dos au-dessus des flots, vint appuyer son énorme masse contre la digue que les Macédoniens avaient construite, et se soutenant sur les vagues qu'il battait des deux côtés, il fut aperçu des assiégeants et des assiégés; il se replongea ensuite dans la mer à la tête de la digue, et tantôt se montrant presque entier au-dessus de l'eau, tantôt se cachant sous les flots, il reparut près des remparts de la ville. La vue de ce monstre fut agréable aux deux partis: les Macédoniens auguraient qu'il avait tracé la route par où ils devaient conduire l'ouvrage; et les Tyriens, que Neptune, défenseur de la mer

percurrisset Asiam	il avait parcouru l'Asie
ingenti celeritate,	avec une grande célérité,
hærebat circa muros	il restait-attaché autour des murs
unius urbis,	d'une seule ville,
opportunitate	l'opportunité
tot rerum maximarum	de tant de choses très-grandes
dimissa.	étant laissée-échapper.
Ceterum pudebat tam	Du-reste la honte-le-tenait autant
discedere irritum	de se retirer sans-avoir-rien-fait
quam morari;	que de rester;
ratus famam quoque,	persuadé sa renommée aussi, [choses
qua everterat plura	par laquelle il avait renversé plus de
quam armis,	que par les armes,
fore leviorem,	devoir être plus légère,
si reliquisset Tyrum,	s'il avait laissé Tyr
quasi testem	comme un témoin
se posse vinci.	lui-même pouvoir être vaincu.
Igitur ne omitteret	Donc pour-qu'il n'omît pas
quid inexpertum,	quelque chose non-tenté,
jubet naves plures	il ordonne des navires plus nombreux
admoveri,	être approchés,
militesque delectos imponi.	et des soldats choisis être placés-dessus.
Et forte bellua	Et par-hasard une bête
magnitudinis inusitatæ	d'une grandeur inaccoutumée
eminens dorso	s'élevant par le dos
super ipsos fluctus,	au-dessus des flots eux-mêmes,
applicuit ingens corpus	appuya son énorme corps
ad molem	à la masse (la digue)
quam Macedones jecerant;	que les Macédoniens avaient jetée;
allevansque semet,	et soulevant elle-même
fluctibus diverberatis,	les flots ayant-été divisés,
conspecta est utrinque;	elle fut aperçue des-deux-côtés;
deinde se immersit	ensuite elle se plongea,
a capite molis	de la tête de la masse (digue)
rursus alto,	de-nouveau dans la mer profonde,
ac modo eminens	et tantôt s'élevant
magna parte sui	par une grande partie d'elle-même
super undas,	au-dessus des ondes,
modo condita	tantôt cachée
fluctibus superfusis,	par les flots répandus-dessus,
emersit haud procul	elle revint-à-la surface non loin
munimentis urbis.	des remparts de la ville.
Adspectus belluæ	L'aspect de la bête
fuit lætus utrisque :	fut agréable aux-uns-et-aux-autres :
Macedones augurabantur	les Macédoniens auguraient
eam monstrasse iter	elle avoir indiqué le chemin
operi jaciendo,	à l'ouvrage devant être jeté;

eam augurabantur; Tyrii Neptunum, occupati maris vindicem, abripuisse belluam, ac molem brevi profecto ruituram; lætique omine eo, ad epulas dilapsi oneravere se vino. Quo graves, orto sole navigia conscendunt redimita coronis floribusque[1] : adeo victoriæ non omen modo, sed etiam gratulationem præceperant.

Forte rex classem in diversam partem agi jusserat, triginta minoribus navigiis relictis in littore; e quibus Tyrii duobus captis cetera ingenti terruerant metu, donec, suorum clamore audito, Alexander classem littori, e quo fremitus acciderat admovit. Prima e Macedonum navibus quinqueremis velocitate inter ceteras eminens occurrit; quam ut conspexere Tyrii, duæ e diverso in latera ejus invectæ sunt; in quarum alteram quinqueremis eadem concitata, et ipsa rostro icta est, et illam invicem tenuit. Jamque ea quæ non cohærebat, libero impetu evecta, in aliud quinqueremis

envahie, avait englouti le monstre, et que la digue ne tarderait pas à être abîmée. Enchantés de ce présage, ils se dispersèrent pour aller se livrer aux plaisirs de la table, et burent à l'excès ; si bien qu'au lever du soleil, ils montèrent pleins de vin sur leurs vaisseaux, qu'ils avaient ornés de guirlandes de fleurs : tant ils goûtaient d'avance, non-seulement le présage, mais la joie même de la victoire.

Précisément le roi avait porté sa flotte d'un autre côté, et n'avait laissé sur ce rivage que trente petits bâtiments. Les Tyriens en prirent deux, et donnèrent aux autres une vive alarme; mais Alexandre entendit les cris des siens, et se dirigea avec la flotte vers le rivage d'où le bruit était parti. Le premier vaisseau macédonien qui parut, fut une galère à cinq rangs, la plus rapide de toutes ; dès qu'elle fut à la vue des Tyriens, deux de leurs navires se jetèrent sur ses flancs chacun de son côté; la galère macédonienne lancée contre un des deux navires tyriens, fut atteinte par l'éperon de l'ennemi, mais en même temps elle l'accrocha. Déja l'autre galère qui n'était

Tyrii Neptunum,	les Tyriens *auguraient* Neptune,
vindicem maris occupati,	défenseur de la mer envahie,
abripuisse belluam,	avoir emporté la bête,
ac molem ruituram	et la digue devoit crouler
brevi profecto;	bientôt assurément :
lætique eo omine,	et joyeux de ce présage,
dilapsi ad epulas	s'étant dispersés pour les festins
oneravere se vino.	ils chargèrent eux-mêmes de vin.
Quo graves,	Par lequel appesantis,
conscendunt sole orto	ils montent le soleil s'étant levé
navigia redimita	*leurs* navires couronnés
coronis floribusque;	de couronnes et de fleurs :
adeo præceperant	tellement ils avaient pris-à-l'-avance
non modo omen,	non-seulement le présage
sed etiam gratulationem	mais encore le signe-de-joie
victoriæ.	de la victoire.
Forte rex jusserat	Par-hasard le roi avait ordonné
classem agi	la flotte être poussée
ad partem diversam,	vers un côté opposé,
triginta navigiis minoribus	trente navires plus petits
relictis in littore;	ayant été laissés sur le rivage ;
e quibus duobus captis	d'entre lesquels deux ayant été pris
Tyrii terruerant cetera	les Tyriens avaient effrayé tous-les-autres
ingenti metu,	par une grande crainte,
donec Alexander,	jusqu'-à-ce qu'Alexandre,
clamore suorum audito	le cri des siens ayant été entendu,
admovit classem	approcha *sa* flotte
littori e quo	au (vers le) rivage duquel
fremitus acciderat.	le bruit était arrivé.
Quinqueremis	Une galère-à-cinq rangs-de-rames
eminens velocitate	se distinguant par sa rapidité
inter ceteras	parmi toutes-les-autres
occurrit prima	se présenta la première
e navibus Macedonum;	d'entre les navires des Macédoniens :
quam ut Tyrii	laquelle dès-que les Tyriens
conspexere,	eurent aperçue,
duæ invectæ sunt	deux *navires* se portèrent
ex diverso	de *côté* différent
in latera ejus;	sur les flancs d'elle ;
in alteram quarum	sur l'un desquels *navires*
eadem quinqueremis	la même galère-à-cinq rangs-de-rames
concitata	ayant été lancée
et ipsa icta est rostro	et elle-même fut frappée par l'éperon,
et tenuit illam	et elle tint (accrocha) lui (le navire)
invicem.	à-son-tour.
Jamque ea	Et déjà celui
quæ non cohærebat,	qui n'était point attaché (accroché),

latus invehebatur, quum opportunitate mira triremis e classe Alexandri in eam ipsam, quæ quinqueremi imminebat, tanta vi impulsa est, ut Tyrius gubernator in mare excuteretur e puppi. Plures deinde Macedonum naves superveniunt, et rex quoque aderat, quum Tyrii, inhibentes remis, ægre evellere navem quæ hærebat, portumque omnia simul navigia repetunt. Confestim rex insecutus, portum quidem intrare non potuit, quum procul e muris missilibus submoveretur, naves autem omnes fere aut demersit aut cepit.

Biduo deinde ad quietem dato militibus, jussisque et classem et machinas pariter admovere, ut undique territis instaret, ipse in altissimam turrem ascendit, ingenti animo, periculo majore; quippe, regio insigni et armis fulgentibus conspicuus, unus præcipue telis petebatur. Et digna pror-

point accrochée allait se jeter par l'autre flanc sur la galère à cinq rangs de rames ; lorsqu'une trirème de la flotte d'Alexandre, se présentant fort à propos, choqua si rudement celle qui menaçait la galère macédonienne, que la secousse jeta le pilote tyrien du haut de la poupe dans la mer. Il arrivait alors un plus grand nombre de vaisseaux macédoniens, et le roi lui-même y était en personne. Les Tyriens, ramant en sens contraire, dégagent à grand'-peine le vaisseau qui était accroché, et retournent vers le port avec tous leurs navires à la fois. Le roi les poursuivit sur le champ ; il ne put à la vérité entrer dans le port, dont l'écartaient les traits lancés du haut des murs ; mais il prit ou coula à fond presque tous les vaisseaux.

Après avoir laissé deux jours de repos aux soldats, il fit avancer tout à la fois la flotte et les machines, afin de presser de toutes parts les Tyriens épouvantés ; lui-même monta sur la plus haute tour ; c'était un acte de courage, mais plus encore de témérité ; car attirant tous les regards par les insignes de la royauté et par l'éclat de ses armes, il était en butte à tous les traits. Du reste il fit des choses

evecta impetu libero	porté par un mouvement libre
invehebatur in alium latus	se jetait contre un autre flanc
quinqueremis,	de la galère-à-cinq-rangs-de-rames,
quum opportunitate mira	lorsque par une opportunité admirable
triremis e classe Alexandri	une trirème de la flotte d'Alexandre
impulsa est tanta vi	fut poussée avec une si-grande force
in eam ipsam	contre ce *navire* même
quæ imminebat,	qui menaçait,
quinqueremi,	la galère-à-cinq-rangs-de-rames,
ut gubernator Tyrius	que le pilote tyrien
excuteretur	était jeté-par-la-secousse
e puppi in mare.	de la poupe dans la mer.
Deinde naves plures	Ensuite des navires plus nombreux
Macedonum	des Macédoniens
superveniunt,	surviennent,
et rex quoque aderat,	et le roi aussi était-présent,
quum Tyrii,	lorsque les Tyriens, [mant à rebours)
inhibentes remis	ramenant-en-arrière par les rames (ra-
evellere ægre	arrachèrent avec-peine
navem quæ hærebat;	le navire qui était attaché (accroché);
omniaque navigia simul	et tous les bâtiments en-même-temps
repetunt portum.	regagnent le port.
Rex insecutus confestim,	Le roi ayant poursuivi aussitôt
non potuit quidem	ne put à-la-vérité
intrare portum,	entrer-dans le port,
quum submoveretur procul	attendu-qu'il était écarté loin
missilibus	par les projectiles *lancés*
e muris;	des murs;
autem aut demersit	mais ou il coula,
aut cepit	ou il prit
fere omnes naves.	presque tous les navires.
Deinde biduo	Ensuite un-espace-de-deux-jours
dato militibus	ayant été donné aux soldats
ad quietem,	pour le repos,
jussisque	et *ceux-ci* ayant-reçu-l'ordre
admovere pariter	d'approcher pareillement
et classem et machinas,	et la flotte et les machines,
ut instaret undique	pour qu'il pressât de-tous-côtés
territis,	les *Tyriens* effrayés,
ascendit ipse	il monta lui-même,
in turrem altissimam,	sur la tour la plus élevée,
animo ingenti,	avec un courage grand,
periculo majore;	avec un péril plus grand;
quippe conspicuus	car remarquable
insigni regio	par l'ornement royal
et armis fulgentibus,	et *ses* armes brillantes,
cum præcipue	seul particulièrement

sus spectaculo edidit : multos e muris propugnantes hasta transfixit; quosdam etiam cominus gladio clypeoque impulsos præcipitavit; quippe turris ex qua dimicabat muris hostium propemodum cohærebat. Jamque, crebris arietibus saxorum compage laxata, munimenta defecerant; et classis intraverat portum, et quidam Macedonum in turres hostium desertas evaserant, quum Tyrii, tot simul malis victi, alii supplices in templa confugiunt, alii foribus ædium obseratis, occupant liberum mortis arbitrium; nonnulli ruunt in hostem, haud inulti tamen perituri; magna pars summa tectorum obtinebant, saxa et quidquid manibus fors dederat ingerentes subeuntibus. Alexander, exceptis qui in templa confugerant, omnes interfici ignemque tectis injici jubet. His per præcones pronuntiatis, nemo tamen armatus opem a diis petere sustinuit; pueri virginesque templa compleve-

bien dignes d'être vues : il perça de sa lance plusieurs ennemis qui défendaient les murailles ; il en précipita aussi quelques-uns, en les poussant de près avec l'épée ou avec le bouclier ; car la tour d'où il combattait touchait presque aux murailles de l'ennemi. Déjà les pierres se détachant les unes des autres par les coups redoublés des béliers, les remparts commençaient à s'écrouler ; la flotte était entrée dans le port, et quelques Macédoniens étaient arrivés sur les tours abandonnées par les ennemis, lorsque les Tyriens, vaincus par tant de maux à la fois, se réfugient dans les temples en suppliants, ou s'enferment dans leurs maisons pour prévenir l'ennemi par une mort volontaire; quelques-uns se précipitent sur les vainqueurs pour ne pas mourir du moins sans vengeance ; la plupart, montés au faîte des maisons, lançaient sur ceux qui approchaient des pierres et tout ce que le hasard leur mettait sous la main. Alexandre ordonne qu'on tue tout, excepté ceux qui s'étaient réfugiés dans les temples, et qu'on mette le feu aux maisons. Quoique les crieurs publics eussent notifié ces ordres, aucun de ceux qui portaient les armes ne se résigna à demander secours aux dieux ; les jeunes garçons et les jeunes filles

petebatur telis	il était assailli par les traits,
et edidit	et il produisit (fit)
digna prorsus spectaculo;	des choses dignes entièrement du spectacle (d'être vues);
transfixit hasta	il transperça de *sa* lance
multos propugnantes	beaucoup se défendant
e muro;	du-haut du mur;
præcipitavit etiam	il précipita même
quosdam impulsos cominus	quelques-uns poussés de-près
gladio clypeoque;	avec *son* épée et *son* bouclier,
quippe turris,	car la tour,
ex qua dimicabat,	du-haut-de laquelle il combattait,
cohærebat propemodum	tenait presque
muris hostium.	aux murs des ennemis.
Jamque compage saxorum	Et déjà l'assemblage des pierres
laxata arietibus crebris,	étant relâché par des béliers fréquents,
munimenta defecerant,	les remparts avaient manqué,
et classis intraverat portum,	et la flotte était entrée-dans le port,
et quidam Macedonum	et quelques-uns des Macédoniens
evaserant in turres hostium	étaient arrivés sur les tours des ennemis
desertas,	*tours* abandonnées,
quum Tyrii,	lorsque les Tyriens,
victi tot malis simul,	vaincus par tant de maux à-la-fois,
alii confugiunt	les uns se réfugient
supplices in templa,	suppliants dans les temples,
alii, foribus ædium	les autres, les portes de *leurs* maisons
obseratis,	ayant été fermées,
occupant	prennent-d'avance
arbitrium liberum mort	la décision libre (volontaire) de la mort;
nonnulli ruunt in hostem,	quelques-uns se jettent sur l'ennemi,
haud perituri tamen	ne devant pas périr du-moins
inulti;	non-vengés;
magna pars obtinebat	une grande partie occupait
summa tectorum,	les *parties* suprêmes des toits,
ingerentes subeuntibus	jetant-sur *ceux* venant-dessous
saxa et quidquid fors	des pierres et tout-ce-que le-hasard
dederat manibus.	avait donné à *leurs* mains.
Alexander jubet	Alexandre ordonne
omnes interfici,	tous être tués, [temples
qui confugerant in templa	ceux qui s'étaient réfugiés dans les
exceptis,	ayant été exceptés, [sons).
ignemque injici tectis.	et le feu être jeté-sur-les toits (les mai-
His pronuntiatis	Ces choses ayant été déclarées
per præcones,	par des crieurs,
nemo tamen armatus	personne cependant armé [mander
sustinuit petere	ne supporta de (ne se résigna à) de-
opem a diis;	secours aux dieux;
pueri virginesque	les jeunes-garçons et les jeunes-filles

rant; viri in vestibulo suarum quisque ædium stabant, parata sævientibus turba. Multis tamen saluti fuere Sidonii, qui intra Macedonum præsidia erant. Hi urbem quidem inter victores intraverant; sed, cognationis cum Tyriis memores (quippe utramque urbem[1] Agenorem condidisse credebant), multos Tyriorum etiam protegentes ad sua perduxere navigia; quibus occultatis Sidona devecti sunt. Quindecim millia hoc furto subducta sævitiæ sunt; quantumque sanguinis fusum sit vel ex hoc existimari potest, quod intra munimenta urbis sex millia armatorum trucidata sunt. Triste deinde spectaculum victoribus ira præbuit regiis : duo millia, in quibus occidendis defecerat rabies, crucibus affixi[2], per ingens littoris spatium pependerunt. Carthaginiensium legatis pepercit, addita denuntiatione belli quod præsentium rerum necessitas moraretur.

avaient rempli les temples ; les hommes se tenaient chacun à l'entrée de sa maison, disposés à assouvir la fureur du soldat. Beaucoup cependant furent sauvés par les Sidoniens qui servaient dans les rangs macédoniens, au nombre des auxiliaires. Ils étaient entrés, il est vrai, dans la ville parmi les vainqueurs; mais se souvenant de leur parenté avec les Tyriens, car Agénor passait pour le fondateur des deux villes, ils en emmenèrent un grand nombre dans leurs vaisseaux, en les défendant même sur la route; et après les y avoir cachés, ils retournèrent à Sidon. Quinze mille hommes furent soustraits par cette fraude à la barbarie du vainqueur, et l'on peut juger de tout le sang répandu par ce fait seul qu'il y eut six mille soldats massacrés dans l'intérieur de la ville. La colère du roi offrit ensuite aux vainqueurs un triste spectacle : deux mille hommes, que la rage fatiguée avait épargnés, furent attachés en croix sur une grande étendue du rivage. Il fit grâce aux ambassadeurs de Carthage ; mais en leur déclarant la guerre, qu'il ne différait que par la nécessité des affaires présentes.

compleverant templa ;	avaient rempli les temples ;
viri stabant	les hommes se-tenaient
quisque in vestibulo	chacun dans le vestibule
suarum ædium,	de sa maison,
turba parata	troupe prête
sævientibus.	aux (pour les) (*Macédoniens*) furieux.
Sidonii tamen,	Les Sidoniens cependant,
qui erant	qui étaient [niens,
intra præsidia Macedonum,	en-dedans des auxiliaires des Macédo-
fuere saluti multis.	furent à salut à beaucoup.
Hi quidem	Ceux-ci à-la-vérité
intraverant urbem	étaient entrés-dans la ville
inter victores ;	parmi les vainqueurs ;
sed memores cognationis	mais se souvenant de *leur* parenté
cum Tyriis	avec les Tyriens
(quippe credebant	(car ils croyaient
Agenorem condidisse	Agénor avoir fondé
utramque urbem),	l'une-et-l'-autre ville),
perduxere multos Tyriorum	ils conduisirent beaucoup de Tyriens
protegentes etiam	en *les* protégeant même
ad sua navigia ;	à leurs navires ;
quibus occultatis,	lesquels *Tyriens* ayant été cachés,
devecti sunt Sidona.	ils (les Sidoniens) furent transportés à
Quindecim millia	Quinze mille [Sidon.
subducta sunt hoc furto	furent soustraits par ce larcin
sævitiæ ;	à la cruauté ;
potestque existimari [sit,	et il peut être jugé
quantum sanguinis fusum	combien de sang fut répandu,
vel ex hoc	même par ceci
quod sex millia armatorum	que six milliers des *hommes* armés
trucidata sunt	furent égorgés
intra munimenta urbis.	en-dedans des remparts de la ville.
Deinde ira regis	Ensuite la colère du roi
præbuit victoribus	présenta aux vainqueurs
triste spectaculum :	un triste spectacle :
duo millia,	deux mille,
in quibus occidendis	sur lesquels devant être tués
rabies defecerat,	la rage avait fait-défaut,
affixi crucibus,	attachés à des croix
pependerunt	furent suspendus
per ingens spatium littoris.	à travers un immense espace de rivage.
Pepercit legatis	Il épargna les députés
Carthaginiensium,	des Carthaginois, [ajoutée,
denuntiatione belli addita,	une déclaration de guerre ayant été
quod necessitas	laquelle *guerre* la nécessité
rerum imminentium	des choses pressantes
moraretur.	retardait.

Tyrus, septimo mense quam oppugnari cœpta erat, capta est : urbs et vetustate originis et crebra fortunæ varietate ad memoriam posteritatis insignis. Condita ab Agenore, diu mare, non vicinum modo, sed quodcumque classes ejus adierunt, ditionis suæ fecit; et, si famæ libet credere, hæc gens litteras prima aut docuit aut didicit. Coloniæ certe ejus pæne orbe toto diffusæ sunt : Carthago in Africa, in Bœotia Thebæ[1], Gades[2] ad Oceanum. Credo, libero commeantes mari, sæpiusque adeundo ceteris incognitas terras, elegisse sedes juventuti qua tunc abundabant; seu quia crebris motibus terræ (nam hoc quoque traditur) cultores ejus fatigati nova et externa domicilia armis sibimet quærere cogebantur. Multis ergo casibus defuncta, et post excidium renata, nunc tamen, longa pace cuncta refovente, sub tutela Romanæ mansuetudinis acquiescit.

Ce fut après un siége de sept mois que fut prise la ville de Tyr, ville mémorable dans la postérité tant par l'ancienneté de son origine que par les vicissitudes fréquentes de sa fortune. Fondée par Agénor, elle tint longtemps sous sa domination, non-seulement la mer voisine, mais encore toutes celles où ses flottes pénétrèrent. Ce peuple est aussi le premier, s'il faut en croire la renommée, qui ait enseigné ou appris les lettres de l'alphabet. Il est certain que ses colonies sont répandues presque par tout l'univers : Carthage en Afrique, Thèbes en Béotie, Cadix sur les côtes de l'Océan. Cela tient sans doute à ce que parcourant librement les mers, et abordant souvent en des pays inconnus aux autres nations, les Tyriens choisissaient des établissements pour leur jeunesse, dont ils étaient alors surchargés ; ou que, fatigués par de fréquents tremblements de terre, comme on le dit aussi, les habitants de cette île étaient contraints de conquérir au dehors de nouvelles demeures. Ainsi, après avoir passé par bien des épreuves, et s'être relevée de ses ruines, cette ville, à la faveur de la longue paix qui ranime tout, se repose enfin sous la douce protection de Rome.

Tyrus capta est,	Tyr fut prise,
septimo mense	le septième mois
quam cœpta erat	après qu'elle avait été commencée
oppugnari :	à être assiégée ;
urbs insignis	ville remarquable
ad memoriam posteritatis	pour le souvenir de la postérité
et vetustate originis	et par l'ancienneté de *son* origine
et varietate crebra	et par le changement fréquent
fortunæ.	de fortune.
Condita ab Agenore,	Fondée par Agénor,
fecit diu suæ ditionis	elle fit longtemps de sa domination
non modo mare vicinum,	non-seulement la mer voisine,
sed quodcumque	mais quelque-*mer*-que
classes ejus adierunt,	les flottes d'elles visitèrent,
et si libet	et s'il plaît
credere famæ,	de croire à la renommée,
hæc gens prima	cette nation la première
aut docuit	ou enseigna
aut didicit litteras.	ou apprit les caractères-de-l'alphabet.
Certe coloniæ ejus	Du-moins les colonies d'elle
diffusæ sunt	ont été répandues
orbe pæne toto :	par le globe presque tout-entier :
Carthago in Africa,	Carthage en Afrique,
Thebæ in Bœotia,	Thèbes en Béotie,
Gades ad Oceanum.	Gadès auprès de l'Océan.
Credo commeantes	Je crois *eux* circulant
mari libero,	par la mer libre,
adeundoque sæpius	et en-visitant-plus-souvent
terras incognitas ceteris,	des terres inconnues à-tous-les-autres,
elegisse sedes juventuti	avoir choisi des demeures à la jeunesse
qua abundabant tunc ;	de laquelle ils regorgeaient alors ;
seu quia	soit parce-que
cultores ejus	les cultivateurs (habitants d'elle)
fatigati	fatigués
crebris motibus terræ	par de fréquents tremblements de terre
(nam hoc quoque traditur)	(car cela aussi est rapporté)
cogebantur quærere	étaient forcés d'acquérir
sibimet armis	pour eux-mêmes par les armes
domicilia nova et externa.	des domiciles nouveaux et étrangers.
Defuncta ergo	S'étant donc acquittée
casibus multis,	de hasards nombreux,
et renata post excidium,	et relevée après la destruction,
nunc tamen,	maintenant cependant,
longa pace	une longue paix
refovente cuncta,	ranimant toutes choses,
acquiescit sub tutela	elle se repose sous la protection
mansuetudinis Romanæ.	de la douceur romaine.

DE REBUS GESTIS ALEXANDRI LIBER IV.

V. Iisdem ferme diebus Darii litteræ allatæ sunt, tandem ut regi[1] scriptæ. Petebat « Uti filiam suam (Statiræ erat nomen) nuptiis Alexander sibi adjungeret; dotem fore omnem regionem inter Hellespontum[2] et Halyn[3] amnem sitam; inde Orientem spectantibus terris contentum se fore; si forte dubitaret quod offerretur accipere, nunquam diu eodem vestigio stare fortunam, semperque homines, quantamcumque felicitatem habeant, invidiam tamen sentire majorem; vereri ne se, avium modo quas naturalis levitas ageret ad sidera, inani ac puerili mentis affectu efferret; nihil difficilius esse quam in illa ætate tantam capere fortunam; multas se adhuc reliquias habere, nec semper in angustiis[4] posse deprehendi; transeundum esse Alexandro Euphratem Tigrimque et Araxem et Hydaspem[5], magna munimenta regni sui; veniendum in campos ubi paucitate suorum erubescendum sit. Mediam, Hyrcaniam, Bactra, et Indos, Oceani accolas, quando aditurum? ne Sogdianos et

V. A peu près vers le même temps Alexandre reçut une lettre de Darius, qui enfin le traitait de roi. Ce prince demandait qu' « Alexandre épousât sa fille, nommée Statira; qu'il prît pour dot tout le pays compris entre l'Hellespont et le fleuve Halys; tandis que lui, se renfermerait en deçà, dans les terres qui regardent l'Orient; que, s'il faisait quelque difficulté d'accepter ces offres, il pensât que la fortune ne reste jamais longtemps à la même place, et que quelques faveurs qu'elle accorde aux hommes, elle leur fait toujours sentir encore plus sa jalousie; que pour lui, il craignait que, semblable aux oiseaux, que leur légèreté naturelle porte vers les cieux, Alexandre ne se laissât entraîner par une vaine et puérile exaltation; qu'il n'y avait rien de plus difficile, que de soutenir à son âge une si grande fortune. Quant à lui, il lui restait encore bien des ressources, et il ne serait pas toujours possible de le prendre dans des défilés; tandis qu'Alexandre aurait à passer l'Euphrate, le Tigre, l'Araxe et l'Hydaspe, qui étaient de grandes défenses pour son empire; et qu'il lui faudrait venir dans des plaines, où il rougirait de la petitesse de son armée. Et quand entrerait-il dans la Médie, dans l'Hyrcanie,

HISTOIRE D'ALEXANDRE. LIVRE IV.

V. Ferme iisdem diebus	V. Presque dans les mêmes jours
litteræ Darii allatæ sunt	une lettre de Darius fut apportée
scriptæ tandem ut regi.	écrite enfin comme à un roi.
Petebat « uti Alexander	Il demandait « qu'Alexandre
adjungeret sibi nuptiis	unît à lui-même par des noces
suam filiam	sa fille
(nomen erat Statiræ);	(nom était à elle Statire);
omnem regionem	tout le pays
sitam inter Hellespontum	situé entre l'Hellespont
et amnem Halyn	et le fleuve Halys
fore dotem;	devoir être la dot;
se fore contentum	lui-même devoir être content
terris spectantibus inde	des terres regardant depuis-là
Orientem;	l'Orient;
si forte dubitaret	si par-hasard il hésitait
accipere quod offerretur,	à accepter ce qui était offert,
fortunam	la fortune
nunquam stare diu	ne se-tenir jamais longtemps
eodem vestigio;	dans la même trace (à la même place);
hominesque,	et les hommes,
quantamcumque felicitatem	quelque-grand bonheur que
habeant,	ils aient,
sentire tamen semper	ressentir cependant toujours
invidiam majorem;	la jalousie d'elle plus grande ;
vereri ne se efferret	lui (Darius) craindre qu'il ne s'emportât
affectu mentis	par une disposition d'esprit
inani ac puerili,	vaine et puérile,
modo avium	à la manière des oiseaux
quas levitas naturalis	que leur légèreté naturelle
ageret ad sidera;	poussait vers les astres ;
nihil esse difficilius	rien n'être plus difficile
quam capere	que de contenir (soutenir)
in illa ætate	à cet âge-là
tantam fortunam;	une si-grande fortune ;
se habere adhuc	lui-même avoir encore
multas reliquias,	beaucoup de restes,
nec posse deprehendi semper	ni ne pouvoir être surpris toujours
in angustiis; [dro	dans des défilés;
esse transeundum Alexan-	être à-traverser à Alexandre
Euphratem Tigrimque	l'Euphrate et le Tigre
et Araxem et Hydaspem,	et l'Araxe et l'Hydaspe,
magna munimenta	grandes forteresses
sui regni ;	de son royaume;
veniendum in campos	être à-venir dans des plaines
ubi sit erubescendum	où il serait à lui à-rougir
paucitate suorum.	du petit-nombre des siens.
Quando aditurum	Quand devoir aller-vers

Arachosios nominaret, ceterasque gentes ad Caucasum[1] et Tanaim[2] pertinentes. Senescendum fore tantum terrarum vel sine prœlio obeunti. Se vero ad ipsum vocare desineret; namque illius exitio esse venturum. »

Alexander iis qui litteras attulerant respondit « Darium sibi aliena promittere; quod totum amiserit, velle partiri; doti sibi dari Lydiam, Ioniam, Æolidem, Hellesponti oram, victoriæ suæ præmia; leges autem a victoribus dici, accipi a victis. In utro statu ambo essent, si solus ignoraret, quamprimum Marte decerneret. Se quoque, quum transisset mare, non Ciliciam aut Lydiam (quippe tanti belli exiguam hanc esse mercedem), sed Persepolim, caput regni ejus, Bactra deinde et Ecbatana[3], ultimique Orientis oram imperio suo destinasse. Quacumque ille fugere potuisset, ipsum

dans la Bactriane, chez les Indiens qui habitent les rives de l'Océan, sans parler des Sogdiens, des Arachosiens et des autres nations qui s'étendent jusqu'au Caucase et au Tanaïs ? Il vieillirait à parcourir seulement tant de pays, même sans coup férir. Enfin il lui conseillait de ne plus l'appeler auprès de lui, parce qu'il n'y viendrait que pour sa perte. »

Alexandre répondit à ceux qui avaient apporté la lettre que « Darius lui promettait ce qui n'était pas à lui, et qu'il voulait partager ce qu'il avait perdu en entier; qu'il lui donnait en dot la Lydie, l'Ionie, l'Éolide, et la côte de l'Hellespont, qu'il possédait déjà comme prix de sa victoire ; que c'était aux vainqueurs à faire la loi, et aux vaincus à s'y soumettre. Si Darius était le seul qui ignorât quelle était la situation de l'un et de l'autre, il n'avait qu'à trancher la question le plus tôt possible les armes à la main. Pour lui, quand il avait passé la mer, il s'était proposé d'ajouter à son empire, non-seulement la Cilicie ou la Lydie, trop faible récompense pour une si grande guerre, mais encore Persépolis, la capitale des Etats de Darius, Bactre, Ecbatane, et les extrémités les plus reculées de l'Orient. Partout où Darius pourrait fuir, lui, Alexandre, pouvait le suivre. Qu'il cessât donc de vouloir épouvanter

Mediam, Hyrcaniam,	la Médie, l'Hyrcanie,
Bactra et Indos,	Bactre et les Indiens,
accolas Oceani?	riverains de l'Océan?
ne nominaret	pour-qu'il ne nommât pas
Sogdianos et Arachosios,	les Sogdiens et les Arachosiens,
ceterasque gentes	et toutes-les-autres nations
pertinentes	s'étendant
ad Caucasum et Tanaim.	au Caucase et au Tanaïs.
Fore senescendum	Devoir être-à-vieillir
obeunti tantum terrarum	à *lui* parcourant tant de terres
vel sine proelio.	même sans combat.
Desineret vero	Mais qu'il cessât
vocare se ad ipsum,	d'appeler lui (Darius) vers lui-même,
namque venturum esse	car devoir venir
exitio illius. »	à (pour) la perte de lui. »
Alexander respondit iis	Alexandre répondit à ceux
qui attulerant litteras,	qui avaient apporté la lettre,
« Darium promittere sibi	« Darius promettre à lui-même
aliena;	des choses étrangères (qui ne lui appar-
velle partiri	vouloir partager [tenaient pas];
quod amiserit totum;	ce-qu'il a perdu tout-entier ;
Lydiam, Ioniam,	la Lydie, l'Ionie,
Æolidem, oram Hellesponti,	l'Éolide, la côte de l'Hellespont,
præmia suæ victoriæ,	récompenses de sa victoire,
dari sibi doti;	être données à lui-même à (en) dot;
leges autem dici	or les lois être dites (fixées)
a victoribus,	par les vainqueurs,
accipi a victis.	être reçues par les vaincus.
Si ignoraret solus	S'il ignorait seul
in utro statu	dans quelle situation
essent ambo,	ils étaient tous-deux
decerneret quamprimum	qu'il décidât le-plus-tôt
Marte.	par Mars (par un combat).
Se quoque,	Lui-même aussi,
quum transisset mare,	lorsqu'il avait passé la mer,
destinasse suo imperio	avoir destiné à son empire
non Ciliciam aut Lydiam	non la Cilicie ou la Lydie
(quippe hanc esse	(car *celle-ci* être
mercedem exiguam	une récompense petite
belli tanti),	d'une guerre si-grande),
sed Persepolim,	mais Persépolis,
caput regni ejus,	capitale du royaume de lui (Darius),
deinde Bactra et Ecbatana,	ensuite Bactre et Ecbatane,
ramque Orientis ultimi.	et la région de l'Orient le plus reculé.
Quacumque ille	Partout-où lui (Darius)
potuisset fugere,	aurait pu fuir,
ipsum posse sequi;	lui-même pouvoir suivre;

sequi posse; desineret terrere fluminibus quem sciret maria transisse. » Reges quidem invicem hæc scripserant.

Sed Rhodii[1] urbem suam portusque dedebant Alexandro. Ille Ciliciam Socrati tradiderat, Philota regioni circa Tyrum jusso præsidere. Syriam, quæ Cœle appellatur, Andromacho Parmenio tradiderat, bello quod supererat interfuturus. Rex, Hephæstione Phœnices oram classe prætervehi jusso, ad urbem Gazam cum omnibus copiis venit. Iisdem fere diebus solemne erat ludicrum Isthmiorum[2], quod conventu totius Græciæ celebratur. In eo concilio, ut sunt Græcorum temporaria[3] ingenia, decernunt ut quindecim legarentur ad regem, qui, ob res pro salute Græciæ ac libertate gestas, coronam auream donum victoriæ ferrent. Iidem paulo ante incertæ famæ captaverant auram, ut, quocumque pendentes animos tulisset fortuna, sequerentur.

Ceterum non ipse modo rex obibat urbes imperii jugum

avec des fleuves, un ennemi qu'il savait avoir traversé des mers. » Voilà ce que s'étaient écrit les deux rois.

Cependant les Rhodiens remettaient leur ville et leurs ports au pouvoir d'Alexandre. Ce prince avait donné à Socrate le gouvernement de la Cilicie, et à Philotas celui du pays qui est aux environs de Tyr. Parménion, afin de prendre part aux opérations futures de la guerre, avait remis à Andromaque la partie de la Syrie qu'on appelle Célésyrie. Le roi ordonna à Héphestion de longer avec la flotte les côtes de la Phénicie, et vint à la ville de Gaza à la tête de toutes ses forces. C'était à peu près vers le temps de la célébration des jeux isthmiques, où toute la Grèce se rassemble. Les Grecs, dont les esprits changent au gré des circonstances, arrêtèrent dans cette assemblée, qu'on enverrait au roi quinze députés, qui, en reconnaissance des belles actions de ce prince pour le salut et la liberté de la Grèce, lui porteraient une couronne d'or comme récompense de sa victoire. Ces mêmes Grecs un peu auparavant prêtaient l'oreille à tous les bruits encore incertains de la renommée, afin de se tourner du côté où la fortune pousserait leurs esprits flottants.

Au reste, le roi n'était pas seul à attaquer les villes qui refu-

desineret terrere fluminibus	qu'il cessât d'effrayer par des fleuves
quem sciret	celui qu'il savait
transisse maria. »	avoir passé les mers. »
Reges quidem	Les rois à-la-vérité
scripserant hæc invicem.	avaient écrit ces choses réciproquement.
Sed Rhodii	Mais les Rhodiens
dedebant Alexandro	livraient à Alexandre
suam urbem portusque.	leur ville et leurs ports.
Ille tradiderat	Lui avait remis
Ciliciam Socrati,	la Cilicie à Socrate,
Philota jusso	Philotas ayant reçu-l'ordre
præsidere regioni	de veiller au pays
circa Tyrum.	autour de Tyr.
Parmenio, interfuturus	Parménion, devant assister
bello quod supererat,	à la guerre qui restait *à faire*,
tradiderat Andromacho	avait remis à Andromaque [rie).
Syriam quæ appellatur Cœle.	la Syrie qui est appelée creuse (la Célésy-
Hephæstione jusso	Héphestion ayant reçu-l'ordre [cie
prætervehi oram Phœnices	d'être porté-le-long-de la côte de Phéni-
classe,	par une flotte,
rex venit	le roi vint
cum omnibus copiis	avec toutes *ses* troupes
ad urbem Gazam.	vers la ville *de* Gaza.
Fere iisdem diebus	Presque dans les mêmes jours
ludicrum solemne	le divertissement solennel
Isthmiorum,	des *jeux* Isthmiques,
quod celebratur conventu	qui est célébré *avec* la réunion
Græciæ totius,	de la Grèce tout-entière,
erat.	était (avait lieu).
In eo concilio,	Dans cette assemblée,
ut ingenia Græcorum	comme les esprits des Grecs
sunt temporaria,	sont changeant-avec-les-circonstances,
decernunt ut quindecim	ils décrètent que quinze *députés*
legarentur ad regem,	seraient délégués vers le roi,
qui ferrent	lesquels *lui* porteraient
donum victoriæ	*comme* don de la victoire
coronam auream	une couronne d'-or
ob res gestas pro salute	à-cause-des choses faites pour le salut
et libertate Græciæ.	et la liberté de la Grèce.
Iidem paulo ante	Les mêmes un-peu auparavant
captaverant auram	avaient aspiré le vent
famæ incertæ,	de la renommée incertaine,
ut sequerentur	afin qu'ils suivissent
quocumque fortuna	partout-où la fortune
tulisset animos pendentes.	aurait porté *leurs* esprits suspendus.
Ceterum non modo	Du reste non-seulement
rex ipse	le roi lui-même

adhuc recusantes, sed prætores quoque ipsius, egregii duces, pleraque invaserant. Calas Paphlagoniam, Antigonus Lycaoniam, Balacrus, Idarne prætore Darii superato, Miletum[1] cepit; Amphoterus et Hegelochus, centum sexaginta navium classe, insulas inter Achaiam atque Asiam in ditionem Alexandri redegerunt, Tenedon[2] quoque, hostium receptaculum, incolis ultro vocantibus. Statuerant et Chium occupare; sed Pharnabazus, Darii prætor, comprehensis qui res ad Macedonas trahebant, rursus Apollonidi et Athenagoræ, suarum partium viris, urbem cum modico præsidio militum tradit. Præfecti Alexandri in obsidione urbis perseverabant, non tam suis viribus quam ipsorum qui obsidebantur voluntate. Nec fefellit opinio; namque inter Apollonidem et duces militum orta seditio irrumpendi in urbem occasionem dedit; quumque porta effracta cohors Macedonum intrasset, oppidani, olim consilio proditionis agitato,

saient de lui obéir; ses lieutenants, excellents capitaines, faisaient aussi des conquêtes presque partout. Calas soumit la Paphlagonie; Antigone, la Lycaonie; et Balacre, la ville de Milet, après avoir défait Idarnès, lieutenant de Darius; Amphotère et Hégéloque, avec une flotte de cent soixante voiles, mirent au pouvoir d'Alexandre toutes les îles qui sont entre l'Achaïe et l'Asie, ainsi que Ténédos qui servait de refuge aux ennemis, et dont les habitants les appelaient. Ils avaient aussi dessein de s'emparer de Chio; mais Pharnabaze, lieutenant de Darius, ayant arrêté ceux qui intriguaient en faveur des Macédoniens, rendit le gouvernement de la ville avec une faible garnison, à Apollonide et à Athénagore, qui tenaient son parti. Les généraux d'Alexandre ne laissèrent pas de continuer le siège, comptant moins sur leurs propres forces que sur la bonne volonté des assiégés. Leur attente ne fut pas déçue; car la division s'étant mise entre Apollonide et les chefs des soldats, ils trouvèrent l'occasion de se jeter dans la ville; et lorsqu'un gros de Macédoniens y eut pénétré par une porte qui fut forcée, les habitants,

obibat urbes imperii	allait-vers les villes de l'empire
recusantes adhuc jugum,	refusant encore le joug,
sed prætores quoque ipsius,	mais les généraux aussi de lui-même,
duces egregii,	chefs distingués,
invaserant pleraque.	avaient envahi la plupart des choses.
Calas cepit Paphlagoniam,	Calas prit la Paphlagonie,
Antigonus Lycaoniam,	Antigone la Lycaonie,
Balacrus Miletum,	Balacre Milet,
Idarne, prætore Darii,	Idarnè, général de Darius,
superato;	ayant été surpassé (vaincu);
Amphoterus et Hegelochus	Amphotèro et Hégéloque
redegerunt in ditionem	réduisirent au pouvoir
Alexandri,	d'Alexandre,
classe	par une flotte
centum sexaginta navium,	de cent soixante navires,
insulas inter Achaiam	les îles entre l'Achaïe
atque Asiam,	et l'Asie,
Tenedon quoque,	Ténédos aussi,
receptaculum hostium,	lieu-de-refuge des ennemis,
incolis vocantibus ultro.	les habitants appelant d'eux-mêmes.
Statuerant occupare	Ils avaient résolu d'occuper
et Chium;	aussi Chio;
sed Pharnabazus,	mais Pharnabaze,
prætor Darii,	général de Darius,
qui trahebant res	*ceux* qui entraînaient les choses
ad Macedonas	vers les Macédoniens
comprehensis,	ayant été saisis,
tradit rursus urbem [tum	remet de-nouveau la ville
cum modico præsidio mili-	avec une faible garde de soldats
Apollonidi et Athenagoræ,	à Apollonide et à Athénagore,
viris suarum partium.	hommes de son parti.
Præfecti Alexandri	Les généraux d'Alexandre
perseverabant	persévéraient
in obsidione urbis,	dans le siége de la ville,
non tam suis viribus	non tant par leurs forces [mêmes
quam voluntate ipsorum	que par la bonne volonté *de ceux-là* eux-
qui obsidebantur.	qui étaient assiégés.
Nec opinio fefellit;	Ni l'opinion ne trompa *eux*;
namque seditio	car une sédition
orta inter Apollonidem	s'étant élevée entre Apollonide
et duces militum	et les chefs des soldats
dedit occasionem	donna l'occasion
irrumpendi in urbem; [num,	de pénétrer dans la ville;
quumque cohors Macedo-	et lorsqu'une cohorte de Macédoniens,
porta effracta,	la porte ayant été brisée,
intrasset,	fut entrée,
oppidani,	les habitants-de-la-place,

aggregant se Amphotero et Hegelocho; Persarumque praesidio cæso, Pharnabazus cum Apollonide et Athenagora vincti traduntur; duodecim triremes cum suo milite ac remige; præter eas triginta naves et piratici lembi, Græcorumque tria millia a Persis mercede conducta. His in supplementum copiarum suarum distributis, piratisque supplicio affectis, captivos remiges adjecere classi suæ.

Forte Aristonicus, Methymnæorum[1] tyrannus, cum piraticis navibus, ignarus omnium quæ ad Chium acta erant, prima vigilia[2] ad portus claustra successit; interrogatusque a custodibus quis esset, Aristonicum ad Pharnabazum venire respondit. Illi Pharnabazum quidem jam quiescere, et non posse tum adiri, ceterum patere socio atque hospiti portum, et postero die Pharnabazi copiam fore affirmant. Nec dubitavit Aristonicus primus intrare; secuti sunt ducem piratici lembi, ac, dum applicant navigia crepidini portus,

qui songeaient depuis longtemps à faire défection, se joignent à Amphotère et à Hégéloque, égorgent la garnison perse, livrent pieds et poings liés Pharnabaze, Apollonide et Athénagore; ils livrent aussi douze trirèmes, avec les soldats qui les montaient et leurs rameurs, et en outre trente navires, des barques de pirates, et trois mille Grecs qui étaient à la solde des Perses. Ceux-ci furent répartis dans l'armée pour en compléter les cadres; on exécuta les pirates, et l'on employa sur la flotte d'Alexandre les rameurs qu'on avait faits prisonniers.

Le hasard voulut qu'Aristonicus, tyran de Méthymne, ne sachant rien de ce qui s'était passé à Chio, se présentât à la première veille de la nuit aux barrières du port, avec des barques de pirates. Les gardes lui demandèrent qui il était; il répondit qu'il était Aristonicus et qu'il venait vers Pharnabaze; les gardes répliquèrent que Pharnabaze reposait déjà, et que dans le moment on ne pouvait aller à lui; mais que le port était libre pour un allié et un ami, et que le lendemain il pourrait voir Pharnabaze. Là-dessus Aristonicus ne fait point difficulté d'entrer le premier; les pirates suivent leur chef. Tandis qu'ils attachent leurs vaisseaux au quai du port, les gardes

consilio proditionis	le projet de la trahison [longtemps),
agitato olim,	ayant été agité anciennement (depuis
se aggregant	se réunissent
Amphotero et Hegelocho;	à Amphotère et Hégéloque: [sacrée,
præsidioque Persarum cæso,	et la garnison des Perses ayant été mas-
Pharnabazus	Pharnabaze
cum Apollonide	avec Apollonide
et Athenagora	et Athénagore
traduntur vincti;	sont remis enchaînés ;
duodecim triremes	douze trirèmes
cum suo milite	avec leur soldat (leurs soldats)
ac remige;	et *leur* rameur (leurs rameurs);
præter eas triginta naves	outre celles-ci trente navires
et lembi piratici,	et des barques de-pirates,
triaque millia Græcorum	et trois milliers de Grecs
conducta mercede a Persis.	loués pour un salaire par les Perses.
His distributis	Ceux-ci ayant été répartis
in supp...tum	pour le complément
suarum copiarum,	de leurs troupes, [supplice,
piratisque affectis supplicio,	et les pirates ayant été frappés par le
adjecere suæ classi	ils ajoutèrent à leur flotte
remiges captivos.	les rameurs captifs.
Forte Aristonicus,	Par-hasard Aristonicus,
tyrannus Methymnæorum,	tyran des Méthymnéens,
ignarus omnium	ignorant de toutes les choses
quæ acta erant ad Chium,	qui avaient été faites auprès de (à) Chio,
successit prima vigilia,	approcha à la première veille,
cum navibus piraticis	avec des navires de-pirates
ad claustra portus; [bus	vers les barrières du port;
interrogatusque a custodi-	et interrogé par les gardes
quis esset,	qui il était,
respondit Aristonicum	il répondit *lui* Aristonicus
venire ad Pharnabazum.	venir vers Pharnabaze.
Illi affirmant	Eux assurent
Pharnabazum quidem	Pharnabaze à-la-vérité
quiescere jam,	se reposer déjà,
et non posse tum adiri;	et ne pouvoir alors être abordé,
ceterum portum patere	du-reste le port être-ouvert
socio atque hospiti,	à un allié et à un hôte,
et die postero	et le jour d'-après [nabaze) devoir être.
copiam Pharnabazi fore.	faculté de Pharnabaze (de voir Phar-
Nec Aristonicus dubitavit	Ni Aristonicus n'hésita
intrare primus;	à entrer le premier ;
lembique piratici	et les barques de-pirates
secuti sunt ducem;	suivirent le chef ;
ac, dum applicant navigia	et tandis-qu'ils appliquent *leurs* navires
crepidini portus,	au quai du port,

objicitur a vigilibus claustrum, et qui proximi excubabant ab iisdem excitantur; nulloque ex his auso repugnare, omnibus catenæ injectæ sunt; Amphotero deinde Hegelochoque traduntur. Hinc Macedones transiere Mitylenen[1], quam Chares Atheniensis, nuper occupatam, duorum millium Persarum præsidio tenebat; sed quum obsidionem tolerare non posset, urbe tradita, pactus ut incolumi abire liceret, Imbrum petit[2]. Deditis Macedones pepercerunt.

VI. Darius, desperata pace quam per litteras legatosque impetrari posse crediderat, ad reparandas vires bellumque impigre renovandum intendit animum. Duces ergo copiarum Babyloniam[3] convenire, Bessum quoque, Bactrianorum prætorem, quam maximo posset exercitu coacto, descendere[4] ad se jubet. Sunt autem Bactriani inter illas gentes promptissimi, horridis ingeniis, multumque a Persarum luxu abhorrentibus; siti haud procul Scytharum[5] bellicosissima

---

ferment la barrière, et éveillent leurs camarades les plus voisins; les nouveaux venus sont chargés de chaînes, sans qu'aucun ose opposer de résistance, et on les livre ensuite à Amphotère et à Hégéloque. De là les Macédoniens passent à Mitylène, que Charès d'Athènes occupait depuis peu avec une garnison de deux mille Perses ; mais comme il n'était pas en état de soutenir un siége, il rendit la ville à condition d'en sortir la vie sauve et se retira à Imbros. Les Macédoniens firent grâce aux habitants après la reddition.

VI. Darius, n'espérant plus la paix qu'il avait cru pouvoir obtenir par ses lettres et par ses ambassadeurs, songea à rétablir ses forces et à recommencer la guerre avec vigueur. Il donne donc ordre aux chefs de ses troupes de se réunir en Babylonie, et à Bessus, satrape de la Bactriane, de lever la plus grande armée qu'il lui serait possible, et de venir le joindre. Or, entre toutes ces nations, les Bactriens sont les plus résolus ; d'un naturel farouche, ils sont très-éloignés du luxe

claustrum objicitur	la barrière est placée-devant le port
a vigilibus;	par les gardes;
et proximi qui excubabant	et les plus proches qui étaient-de-garde
excitantur ab iisdem;	sont réveillés par les mêmes;
nulloque ex his	et aucun de ceux-ci (des pirates)
auso repugnare, [bus;	n'ayant osé résister,
catenæ injectæ sunt omni-	des chaînes furent jetées à tous;
deinde traduntur	ensuite ils sont remis
Amphotero Hegelochoque.	à Amphotère et à Hégéloque.
Hinc Macedones	De-là les Macédoniens
transiere Mitylenem,	passèrent à Mitylène,
quam Chares Atheniensis	que Charès Athénien
tenebat,	tenait,
occupatam nuper,	ayant été occupée récemment,
præsidio	par une garnison
duorum millium Persarum;	de deux milliers de Perses;
sed quum non posset	mais comme il ne pouvait
tolerare obsidionem,	supporter un siége,
urbe tradita,	la ville ayant été livrée,
pactus ut liceret	ayant stipulé qu'il serait-permis à lui
abire incolumi,	de s'en-aller sain-et-sauf,
petit Imbrum.	il gagne Imbros.
Macedones pepercerunt	Les Macédoniens épargnèrent
deditis.	ceux s'étant rendus.
VI. Darius,	VI. Darius,
pace desperata,	la paix étant désespérée,
quam crediderat	laquelle il avait cru
posse impetrari	pouvoir être obtenue
per litteras legatosque,	par lettres et par députés,
intendit animum	tendit son esprit
ad vires reparandas	vers ses forces devant être réparées
bellumque	et vers la guerre
renovandum impigre.	devant être renouvelée activement.
Jubet ergo	Il ordonne donc
duces copiarum	les chefs des troupes
convenire Babyloniam,	se réunir dans la Babylonie,
Bessum quoque,	Bessus aussi,
prætorem Bactrianorum,	gouverneur des Bactriens,
descendere ad se,	descendre vers lui-même, [nombreuse
exercitu coacto	une armée ayant été rassemblée aussi
quam maximo.	qu'elle pouvait être rassemblée la plus
Bactriani autem	Or les Bactriens [nombreuse.
sunt promptissimi	sont les plus résolus
inter illas gentes,	parmi ces nations là,
ingeniis horridis,	de caractères rudes,
abhorrentibusque multum	et s'-éloignant beaucoup

gente et rapto vivere assueta, semper in armis erant. Sed
Bessus suspecta perfidia, haud sane æquo animo in secundo
se continens gradu, regem terrebat; nam, quum regnum
affectaret, proditio, qua sola id assequi poterat, timebatur.
Ceterum Alexander, quam regionem Darius petisset, omni
cura vestigans, tamen explorare non poterat, more quodam
Persarum, arcana regum mira celantium fide : non metus,
non spes elicit vocem qua prodantur occulta. Vetus disciplina regum silentium vitæ periculo sanxerat : lingua gravius castigatur quam ullum probrum, nec magnam rem
sustineri posse credunt ab eo cui tacere sit grave, quod
homini facillimum voluerit esse natura. Ob hanc causam
Alexander omnium quæ apud hostem gererentur ignarus
urbem Gazam obsidebat. Præerat ei Betis, eximiæ in regem

Perses. Voisins des Scythes, peuple très-belliqueux et accoutumé à vivre de brigandage, ils étaient toujours en armes. Mais
Bessus, suspect de perfidie, et qui avait peine à se contenter du second rang, donnait de l'inquiétude au roi ; en effet, comme il aspi-
rait à la royauté, on craignait de sa part une trahison, qui était la
seule voie par où il pût satisfaire son ambition. Au reste Alexandre,
malgré tous ses soins pour découvrir la retraite de Darius, ne pouvait en venir à bout, grâce à l'habitude qu'ont les Perses de garder
les secrets des rois avec une fidélité merveilleuse: ni menaces, ni promesses ne peuvent leur arracher un mot propre à découvrir les choses
qu'ils doivent cacher. Un ancien règlement établi par les rois pres-
crivait le silence sous peine de la vie : l'indiscrétion est punie plus
sévèrement qu'aucun autre crime, et on ne croit capable de rien de
grand celui qui ne peut se taire : chose que la nature a voulu être la
plus facile pour l'homme. Alexandre, ignorant donc complétement ce
qui se passait chez l'ennemi, mettait le siége devant la ville de
Gaza. Elle avait pour gouverneur Bétis, homme singulièrement

HISTOIRE D'ALEXANDRE. LIVRE IV. 211

a luxu Persarum;	du luxe des Perses;
siti haud procul	situés non loin
gente Scytharum	de la nation des Scythes
bellicosissima	*nation* très-belliqueuse
et assueta vivere rapto,	et accoutumée à vivre de rapine,
erant semper in armis.	ils étaient toujours en armes.
Sed Bessus,	Mais Bessus,
perfidia suspecta,	*sa* perfidie étant suspecte,
continens se	contenant lui-même
in secundo gradu	dans le second rang [(content)
animo haud sane æquo,	avec un esprit non assurément égal
terrebat regem; [num,	effrayait le roi;
nam quum affectaret reg-	car comme il aspirait à la royauté,
proditio, qua sola	la trahison, par laquelle seule
poterat assequi id,	il pouvait atteindre cela,
timebatur.	était crainte.
Ceterum Alexander,	Du-reste Alexandre,
vestigans omni cura	cherchant avec tout soin
quam regionem	quelle contrée
Darius petisset,	Darius avait gagnée,
non poterat tamen	ne pouvait cependant
explorare,	le découvrir,
quodam more Persarum	par une certaine coutume des Perses
celantium arcana regum	cachant les secrets des rois
fide mira:	avec une fidélité admirable:
non metus, non spes,	non la crainte, non l'espérance
elicit vocem	*ne* fait-sortir une parole [trahies.
qua occulta prodantur.	par laquelle les choses secrètes soient
Vetus disciplina regum	Une ancienne discipline des rois
sanxerat silentium	avait rendu-inviolable le secret
periculo vitæ:	par le risque de la vie:
lingua castigatur gravius	la langue est châtiée plus gravement
quam ullum probrum,	qu'aucune action-honteuse,
nec credunt	ni ils *ne* croient
magnam rem	une grande chose
posse sustineri ab eo	pouvoir être soutenue par celui
cui sit grave tacere,	à qui il est pénible de se taire,
quod natura	chose que la nature
voluerit esse	a voulu être
facillimum homini.	la plus facile à l'homme.
Ob hanc causam	Pour cette cause
Alexander ignarus	Alexandre ignorant
omnium quæ gererentur	de toutes les choses qui étaient faites
apud hostem,	chez l'ennemi,
obsidebat urbem Gazam.	assiégeait la ville *de* Gaza.
Betis, fidei eximiæ	Bétis, d'une fidélité remarquable
in suum regem,	envers son roi,

fidei, modicoque præsidio muros ingentis operis tuebatur.

Alexander, æstimato locorum situ, agi cuniculos jussit, facili ac levi humo acceptante occultum opus; quippe multam arenam vicinum mare evomit, nec saxa cautesque, quæ interpellent specus, obstabant. Igitur ab ea parte, quam oppidani conspicere non possent, opus orsus, ut a sensu ejus averteret, turres muris admoveri jubet. Sed eadem humus, admovendis inutilis turribus, desidente sabulo, agilitatem rotarum morabatur, et tabulata turrium perfringebat, multique vulnerabantur impune, quum idem recipiendis qui admovendis turribus labor eos fatigaret. Ergo, receptui signo dato, postero die muros corona circumdari jussit; ortoque sole, priusquam admoveret exercitum, opem deum exposcens, sacrum patrio more faciebat. Forte prætervolans corvus glebam quam unguibus ferebat subito

fidèle à son roi, et, avec une garnison médiocre, il défendait cette place dont les fortifications étaient immenses.

Alexandre, après avoir étudié les lieux, fit creuser des galeries souterraines, la mobilité et la légèreté du sol se prêtant à ce travail caché; car la mer voisine y jette beaucoup de sable, et il n'y avait ni pierres ni roches de nature à arrêter la mine. Il commença les travaux du côté que les habitants ne pouvaient découvrir, et fit approcher les tours des murailles, afin de détourner entièrement leur attention. Mais ce même terrain, peu favorable à l'approche de ces machines, retardait par des éboulements de sable le mouvement des roues, et mettait en pièce les étages des tours ; beaucoup de soldats furent alors blessés par l'ennemi sans pouvoir se défendre, parce qu'ils avaient autant de peine à dégager ces machines qu'à les faire avancer. Il fit donc sonner la retraite, et ordonna pour le lendemain l'investissement de la place. Après le lever du soleil, voulant implorer le secours des dieux avant de faire avancer ses troupes, il offrait un sacrifice selon le rite de son pays. Un corbeau, qui par hasard passait par là, laissa tout à coup échapper de ses griffes sur la tête du roi une

HISTOIRE D'ALEXANDRE. LIVRE IV. 213

præerat ei, [dio	commandait à elle,
tuebaturque modico præsi-	et il gardait avec une faible garnison
muros operis ingentis.	des murs d'un ouvrage immense.
Alexander,	Alexandre,
situ locorum æstimato,	la situation des lieux ayant été appréciée,
jussit cuniculos agi,	ordonna des mines être poussées,
humo facili et levi	le sol facile (meuble) et léger
acceptante	recevant-aisément
opus occultum;	un ouvrage caché;
quippe mare vicinum	car la mer voisine
evomit arenam multam,	rejette un sable abondant,
nec saxa cautesque	ni des pierres et des rochers-aigus
quæ interpellent specus,	qui puissent-arrêter la cavité (le souter-
obstabant.	ne faisaient-obstacle. [rain),
Orsus igitur opus	Ayant commencé donc l'ouvrage
ab ea parte	de ce côté
quam oppidani	que les habitants-de-la-place
non possent conspicere,	ne pouvaient apercevoir,
ut averteret	afin qu'il détournât *eux*
a sensu ejus,	de la perception de lui (de l'ouvrage),
jubet turres	il ordonne les tours
admoveri muris.	être approchées aux (des) murs.
Sed eadem humus, [dis,	Mais le même sol, [chées,
inutilis turribus admoven-	nuisible aux tours devant être appro-
sabulo desidente, [rum,	le sable s'affaissant, [roues,
morabatur agilitatem rota-	retardait la facilité-à-se-mouvoir des
et perfringebat	et mettait-en-pièces
tabulata turrium,	les étages des tours,
multique vulnerabantur	et beaucoup étaient blessés
impune,	impunément,
quum idem labor	attendu-que le même travail
fatigaret eos	fatiguait eux
turribus recipiendis	pour les tours devant être retirées
qui	lequel *les avait fatigués pour elles*
admovendis.	*devant être approchées.*
Ergo, signo dato	Donc, le signal ayant été donné
receptui,	à (pour) la retraite,
jussit die postero	il ordonna le jour d'-après [troupes.
muros circumdari corona.	les murs être entourés d'un cercle-de
Soleque orto, [citum,	Et le soleil s'étant levé,
priusquam admoveret exer-	avant qu'il approchât l'armée,
faciebat sacrum	il faisait un sacrifice
more patrio,	par (selon) la coutume de-son-pays,
exposcens opem deum.	sollicitant l'assistance des dieux.
Forte corvus prætervolans	Par-hasard un corbeau passant-en volant
amisit subito	laissa-tomber tout-à-coup
glebam	une motte-de-terre

amisit : quæ, quum regis capiti incidisset, resoluta defluxit; ipsa autem avis in proxima turre consedit. Illita erat turris bitumine ac sulfure¹; in qua alis hærentibus, frustra se allevare conatus, a circumstantibus capitur. Digna res visa de qua vates consulerentur; et erat non intactæ a superstitione mentis. Ergo Aristander, cui maxima fides habebatur, urbis quidem excidium augurio illo portendi, ceterum periculum esse inquit ne rex vulnus acciperet; itaque monuit ne quid eo die inciperet. Ille, quanquam unam urbem sibi, quominus securus Ægyptum intraret, obstare ægre ferebat, tamen paruit vati, signumque receptui dedit.

Hinc animus crevit obsessis; egressique porta, recedentibus inferunt signa, cunctationem hostium fore suam occasionem rati. Sed acrius quam constantius prœlium inierunt; quippe, ut Macedonum signa circumagi videre, repente sistunt gradum. Jamque ad regem prœliantium clamor perve-

motte de terre, qui se brisa et tomba en poussière ; puis l'oiseau alla se percher sur une tour voisine. Cette tour était enduite de bitume et de soufre; de manière que les ailes du corbeau s'y étant attachées, il fit de vains efforts pour se débarrasser, et fut pris par ceux qui se trouvaient là. La chose fut jugée digne d'être soumise à l'examen des devins ; d'ailleurs l'esprit du prince n'était pas exempt de superstition. Aristandre, en qui on avait le plus de confiance, répond qu'à la vérité cet augure présageait la ruine de la ville, mais que le roi courait risque d'être blessé; c'est pourquoi il lui conseilla de ne rien entreprendre ce jour-là. Quoiqu'Alexandre vît avec impatience qu'une seule ville l'empêchât d'entrer sans inquiétude en Égypte, il ne laissa pas d'obéir au devin, et il donna le signal de la retraite.

Cela redoubla le courage des assiégés ; ils font une sortie, et, enseignes déployées, ils attaquent l'ennemi dans sa retraite, persuadés que cette hésitation serait pour eux une occasion favorable. Mais ils montrèrent plus d'ardeur que de constance; car dès qu'ils virent les Macédoniens faire volte-face, ils s'arrêtèrent tout à coup. Et déjà les cris des combattants étaient parvenus jusqu'au roi, lorsque ou-

HISTOIRE D'ALEXANDRE. LIVRE IV.

quam ferebat unguibus;	qu'il portait dans *ses* griffes;
quæ quum incidisset	laquelle, après qu'elle fut tombée-sur
capiti regis,	la tête du roi,
resoluta defluxit;	s'étant dissoute coula-de-haut-en-bas;
avis autem ipsa	et l'oiseau lui-même
consedit in turre proxima.	se-posa sur la tour la plus proche.
Turris illita erat	La tour avait été enduite
bitumine ac sulfure,	de bitume et de soufre,
in qua alis hærentibus,	sur laquelle *tour ses* ailes s'-attachant,
conatus frustra	s'-étant efforcé vainement
se allevare,	de se soulever,
capitur a circumstantibus.	il est pris par *ceux* se-tenant-autour.
Res visa digna	La chose parut digne
de qua vates consulerentur;	sur laquelle les devins fussent consultés;
et erat mentis	et il (Alexandre) était d'un esprit
non intactæ a superstitione.	non exempt de superstition.
Ergo Aristander,	Donc Aristandre, [que,
cui fides maxima habebatur,	à qui (en qui) la foi la plus grande était
inquit,	dit,
excidium urbis quidem	la destruction de la ville à-la-vérité
portendi illo augurio,	être présagée par cet augure là,
ceterum periculum esse	du-reste danger être
ne rex acciperet vulnus;	que le roi ne reçût une blessure;
itaque monuit	en-conséquence il *l'*avertit [ce jour-là.
ne inciperet quid eo die.	qu'il ne commençât pas quelque chose
Ille, quanquam	Lui, quoique
ferebat ægre	il supportât avec-peine
unam urbem	une seule ville
obstare sibi	faire-obstacle à lui-même
quominus intraret	qu'il n'entrât
securus Ægyptum,	en-sécurité dans l'Égypte,
paruit tamen vati,	obéit cependant au devin,
deditque signum receptui.	et donna le signal à (pour) la retraite.
Hinc animus	De-là le cœur
crevit obsessis;	s'accrut aux assiégés;
egressique porta,	et étant sortis par la porte-de-la-ville,
inferunt recedentibus	ils portent-contre *ceux* se retirant
signa,	*leurs* étendards,
rati cunctationem hostium	persuadés l'hésitation des ennemis [eux.
fore occasionem suam.	devoir être une occasion *favorable* pour-
Sed inierunt prœlium	Mais ils engagèrent le combat
acrius quam constantius;	plus vivement que plus constamment;
quippe ut videre	car dès qu'ils virent
signa Macedonum	les étendards des Macédoniens
circumagi,	être retournés,
sistunt repente gradum.	ils arrêtent tout-à-coup la marche.
Jamque clamor prœliantium	Et déjà le cri des combattants

nerat, quum, denuntiati periculi haud sane memor, loricam tamen, quam raro induebat, amicis orantibus, sumpsit, et ad prima signa pervenit. Quo conspecto, Arabs quidam, Darii miles, majus fortuna sua facinus ausus, clypeo gladium tegens, quasi transfuga genibus regis advolvitur; ille assurgere supplicem recipique inter suos jussit. At gladio barbarus strenue in dextram translato cervicem appetit regis, qui, exigua corporis declinatione evitato ictu, in vanum manum barbari lapsam amputat gladio; denuntiato in illum diem periculo, ut arbitrabatur ipse, defunctus. Sed, ut opinor, inevitabile est fatum; quippe, dum inter primores promptius dimicat, sagitta ictus est; quam per loricam adactam, stantem in humero, medicus ejus Philippus [1] evellit. Plurimus deinde sanguis manare cœpit, omnibus territis, quia nunquam tam alte penetrasse telum, lorica obstante, cognove-

bliant sans doute le péril dont on l'avait menacé, il prit toutefois, à la prière de ses amis, sa cuirasse, dont il se couvrait rarement, et alla se mettre à la tête des enseignes. A sa vue, un Arabe, soldat de Darius, formant un projet d'une audace au-dessus de sa condition, cache son épée sous son bouclier, et vient comme déserteur se jeter aux genoux du roi. Le prince fait lever le suppliant, et ordonne qu'on le reçoive dans ses troupes. Mais le barbare, faisant passer rapidement son arme dans sa main droite, veut en porter un coup sur la tête du roi, qui l'évite en détournant un peu le corps, et coupe de son épée la main qui avait frappé dans le vide; il crut alors qu'il était quitte du danger qu'on lui avait prédit pour ce jour là. Mais est-il possible d'éviter sa destinée? En effet, tandis qu'Alexandre combat aux premiers rangs avec trop d'ardeur, il est atteint d'une flèche, qui perce sa cuirasse et s'enfonce dans son épaule. Son médecin Philippe l'en retire. Le sang sortit alors en abondance, au grand effroi de tous, parce qu'on n'avait jamais vu un trait pénétrer aussi profondément malgré la cuirasse. Le roi, sans

pervenerat ad regem,	était parvenu au roi,
quum, haud memor sane	lorsque ne se-souvenant pas assurément
periculi denuntiati,	du péril annoncé à lui,
sumpsit tamen,	il prit cependant,
amicis orantibus,	ses amis l'en priant,
loricam quam induebat raro,	la cuirasse qu'il revêtait rarement,
et pervenit	et il parvint
ad prima signa.	aux premiers étendards.
Quo conspecto,	Lequel ayant été aperçu,
quidam Arabs, miles Darii,	un certain Arabe, soldat de Darius,
ausus facinus	ayant osé un acte
majus sua fortuna,	plus grand que sa fortune (sa condition),
tegens gladium clypeo,	couvrant son épée de son bouclier,
advolvitur genibus regis,	se-roule aux genoux du roi,
quasi transfuga.	comme un transfuge.
Ille jussit	Celui-là ordonna
supplicem assurgere	le suppliant se-relever
recipique inter suos.	et être reçu parmi les siens.
At barbarus,	Mais le barbare, [tement
gladio translato strenue	son épée ayant été transportée promp-
in dextram,	dans la main droite,
appetit cervicem regis,	cherche-à-frapper la nuque du roi,
qui, ictu evitato [ris,	qui, le coup ayant été évité
exigua declinatione corpo-	par un petit détour du corps,
amputat gladio	tranche de son épée
manum barbari	la main du barbare
lapsam in vanum ;	tombée dans le vide ;
defunctus,	s'étant acquitté (quitte),
ut ipse arbitrabatur,	comme lui-même le pensait,
periculo denuntiato	du péril annoncé
in illum diem.	pour ce jour-là.
Sed fatum est,	Mais le destin est,
ut opinor, inevitabile ;	comme je crois, inévitable ;
quippe, dum	car, tandis-que
dimicat promptius	il combat plus résolûment
inter primores,	parmi les premiers,
ictus est sagitta ;	il fut frappé d'une flèche ;
quam adactam per loricam	laquelle poussée à travers la cuirasse
stantem in humero,	se-tenant dans l'épaule,
Philippus medicus ejus	Philippe médecin de lui
evellit.	arrache.
Deinde sanguis plurimus	Ensuite un sang très-abondant
cœpit manare,	commença à couler,
omnibus territis,	tous étant effrayés,
quia nunquam cognoverant	parce qu'ils n'avaient jamais connu
telum penetrasse	un trait avoir *pénétré*
tam alto,	aussi profondément,

rant; ipse, nec oris quidem colore mutato, supprimi sanguinem et vulnus obligari jussit. Diu ante ipsa signa, vel dissimulato vel victo dolore, perstiterat, quum suppressus paulo ante sanguis medicamento manare latius cœpit, et vulnus, quod recens adhuc dolorem non moverat, frigente sanguine intumuit. Linqui deinde animo et submitti genu cœpit; quem proximi exceptum in castra receperunt; et Betis, interfectum ratus, urbem ovans victoria repetit.

At Alexander, nondum percurato vulnere, aggerem quo mœnium altitudinem æquaret exstruxit, et pluribus cuniculis muros subrui jussit. Oppidani ad pristinum fastigium mœnium novum exstruxere munimentum; sed ne id quidem turres aggeri impositas æquare poterat; itaque interiora quoque urbis infesta telis erant. Ultima pestis urbis fuit cuniculo

même changer de couleur, fit arrêter le sang et bander la plaie. Il y avait longtemps que dissimulant ou surmontant ses souffrances, il s'obstinait à rester à la tête de ses troupes, lorsque le sang, arrêté d'abord par l'appareil, se mit à couler plus abondamment, et la plaie, qui dans les premiers moments n'avait causé aucune douleur, enfla à mesure que le sang se refroidit. Ensuite il s'évanouit et tomba sur les genoux; alors ceux qui étaient près de lui le prirent et le reportèrent au camp. Bétis, le croyant mort, rentra dans la ville triomphant de sa victoire.

Mais Alexandre, sans attendre la guérison entière de sa blessure, fit élever une terrasse au niveau des remparts, et pratiquer plusieurs mines sous les murs pour les renverser. Les habitants élevèrent de nouvelles fortifications sur le haut des anciens remparts; mais ils ne purent même par là les mettre au niveau des tours qui avaient été placées sur la terrasse, de sorte que le cœur même de la ville était inquiété par les traits des assiégeants. Ce qui mit le comble à leur malheur, fut la chute d'une muraille minée, dont la brèche

HISTOIRE D'ALEXANDRE. LIVRE IV.

lorica obstante.	une cuirasse faisant-obstacle.
Ipse, nec quidem	Lui-même, ni même [gée,
colore oris mutato,	la couleur de son visage ayant été chan-
jussit sanguinem supprimi	ordonna le sang être arrêté
et vulnus obligari.	et la blessure être bandée.
Perstiterat diu	Il était resté longtemps
ante signa ipsa,	devant les étendards eux-mêmes,
dolore vel dissimulato,	la douleur ou ayant été dissimulée,
vel victo,	ou ayant été vaincue,
quum sanguis	lorsque le sang
suppressus paulo ante	arrêté un-peu auparavant
medicamento	par le médicament (l'appareil)
cœpit manare latius,	commença à couler plus largement,
et vulnus,	et la blessure
quod recens adhuc	qui récente encore
non moverat dolorem,	n'avait pas excité de douleur,
intumuit,	enfla,
sanguine frigente.	le sang se refroidissant.
Deinde cœpit	Ensuite il commença [naissance),
linqui animo,	à être abandonné par l'esprit (la con-
et submitti genu ;	et à se plier par le genou ;
quem exceptum	lequel ayant été reçu
proximi receperunt	les plus proches reportèrent
in castra ;	dans le camp ;
et Betis, ratus interfectum,	et Bétis, persuadé *lui avoir été* tué,
repetit urbem	regagne la ville
ovans victoria.	triomphant de la victoire.
At Alexander,	Mais Alexandre, [rie,
vulnere nondum percurato,	la blessure non-encore entièrement-gué-
exstruxit aggerem	éleva une terrasse
quo æquaret	par laquelle il égalât
altitudinem mœnium,	la hauteur des remparts, [par-dessous
et jussit muros subrui	et il ordonna les murs être renversés
pluribus cuniculis.	par plusieurs mines.
Oppidani exstruxere	Les habitants de-la-place élevèrent
ad pristinum fastigium	à (sur) l'ancien faîte
mœnium	des remparts
novum munimentum	une nouvelle fortification ;
sed ne quidem id	mais pas même celle-là
poterat æquare turres	ne pouvait égaler les tours
impositas aggeri ;	placées-sur la terrasse ; [même
itaque interiora quoque	en-conséquence les *parties* intérieures
urbis	de la ville
erant infesta telis ;	étaient infestées par des traits ;
ultima pestis urbis	le dernier fléau de la ville
fuit murus	fut un mur
subrutus cuniculo,	renversé en-dessous par une mine,

subrutus murus, per cujus ruinas hostis intravit. Ducebat ipse rex antesignanos, et, dum incautius subit, saxo crus ejus affligitur; innixus tamen telo, nondum prioris vulneris obducta cicatrice, inter primores dimicat, ira quoque accensus, quod duo in obsidione urbis ejus acceperat vulnera. Betim, egregia edita pugna multisque vulneribus confectum, deseruerant sui; nec tamen segnius proelium capessebat, lubricis armis suo pariter atque hostium sanguine. Sed quum undique[1] [unus omnium telis peteretur, ad postremum, exhaustis viribus, vivus in potestatem hostium venit. Quo ad regem] adducto, insolenti gaudio juvenis elatus, alias virtutis etiam in hoste mirator: « Non ut voluisti, inquit, morieris, Beti; sed, quiquid in captivum inveniri potest, passurum esse te cogita. » Ille non interrito modo, sed contumaci quoque vultu intuens regem, nullam ad minas ejus reddit

donna entrée à l'ennemi. Le roi était lui-même à la tête des plus avancés, et comme il se présentait avec trop peu de précaution, il fut frappé d'une pierre à la jambe; il ne laissa pas, en s'appuyant sur son javelot, de combattre au premier rang, quoique sa première plaie ne fût pas encore fermée; d'ailleurs il était irrité d'avoir reçu deux blessures au siége de cette place. Bétis, après avoir fait des prodiges de valeur, accablé de blessures, avait été abandonné des siens; il ne se battait pas pour cela moins vaillamment; ses armes ruisselaient tout à la fois de son propre sang et de celui de ses ennemis. Mais seul en butte aux traits lancés de toutes parts, il s'épuisa enfin, et tomba vif au pouvoir des Macédoniens. Quand on l'eut amené au roi, ce jeune prince, transporté alors d'une joie excessive, lui qui d'ordinaire admirait le courage jusque dans ses ennemis, lui dit : « Tu ne mourras pas, Bétis, comme tu le désirais ; mais attends-toi à souffrir tout ce qu'on peut inventer contre un captif. » Celui-ci regardant le roi, non-seulement sans effroi, mais même avec fierté, ne répondit pas un mot à ses menaces. « Voyez-vous, dit alors Alexandre, comme il s'obstine à se taire? A-t-il fléchi le genou? a-t-il prononcé une parole suppliante? Mais je lui ferai bien rompre

per ruinas cujus	par les ruines duquel
hostis intravit.	l'ennemi entra.
Rex ipse	Le roi lui-même [enseignes;
ducebat antesignanos;	conduisait *ceux* qui-étaient-devant-les-
et dum subit incautius,	et tandis-qu'il s'approche plus impru-
crus ejus	la jambe de lui [demment,
affligitur saxo;	est frappée par une pierre;
tamen innixus telo,	cependant s'étant appuyé sur *son* javelot,
cicatrice prioris vulneris	la cicatrice de *sa* première blessure
nondum obducta,	n'étant pas-encore fermée,
dimicat inter primores,	il combat parmi les premiers,
accensus quoque ira,	enflammé aussi de colère,
quod acceperat	parce qu'il avait reçu
duo vulnera	deux blessures
in obsidione ejus urbis.	dans le siége de cette ville.
Sui deseruerant Betim,	Les siens avaient abandonné Bétis,
pugna egregia edita,	un combat remarquable ayant été livré,
confectumque	et accablé
vulneribus multis;	de blessures nombreuses;
nec tamen capessebat	ni cependant il *n*'exécutait
arœlium segnius,	le combat plus nonchalamment,
prmis lubricis	ses armes étant glissantes
pariter suo sanguine	pareillement de son sang
atque hostium.	et *du sang* des ennemis.
Sed quum peteretur	Mais comme il était assailli
unus undique	seul de-toutes-parts
telis omnium,	par les traits de tous,
viribus	ses forces
exhaustis ad postremum,	ayant été épuisées à la fin,
venit vivus	il vint vivant
in potestatem hostium.	au pouvoir des ennemis.
Quo adducto ad regem,	Lequel ayant été amené vers le roi,
juvenis elatus	le jeune-homme transporté
gaudio insolenti,	d'une joie inaccoutumée, [du courage
mirator alias virtutis	*lui* admirateur en-d'autres-circonstances
etiam in hoste:	même dans un ennemi :
« Non morieris,	« Tu ne mourras pas,
Beti, inquit,	Bétis, dit-il,
ut voluisti;	comme tu as voulu;
sed cogita te passurum esse	mais pense toi devoir souffrir
quidquid potest	tout-ce-qui peut
inveniri in captivum. »	être inventé contre un prisonnier »
Ille intuens regem	Lui regardant le roi
vultu non modo interrito,	d'un visage non-seulement non-effrayé
sed quoque contumaci,	mais aussi arrogant,
reddit nullam vocem	ne rend (répond) aucune parole
ad minas ejus.	aux menaces de lui.

vocem. Tum Alexander : « Videtisne obstinatum ad tacendum? inquit. Num genu posuit? num supplicem vocem misit? Vincam tamen silentium, et, si nihil aliud, certe gemitu interpellabo. » Ira deinde vertit in rabiem, jam tum peregrinos ritus nova subeunte fortuna ; per talos enim spirantis lora trajecta sunt, religatumque ad currum traxere circa urbem equi, gloriante rege Achillem[1], a quo genus ipse deduceret, imitatum se esse pœna in hostem capienda[2]. Cecidere Persarum Arabumque circa decem millia ; nec Macedonibus incruenta victoria fuit. Obsidio certe non tam claritate urbis nobilitata est quam geminato periculo regis. Qui, Ægyptum adire festinans, Amyntam cum decem triremibus in Macedoniam ad inquisitionem novorum militum misit; namque prœliis etiam secundis atterebantur copiæ, devictarumque gentium militi minor quam domestico fides habebatur.

le silence ; et si je n'en tire autre chose, je lui arracherai du moins des gémissements. » Sa colère se convertit alors en rage, sa nouvelle fortune subissant déjà l'influence des mœurs étrangères. Il fit donc passer des courroies à travers les talons de Bétis encore vivant, et ce malheureux, attaché au char du roi, fut traîné ainsi par des chevaux autour de la ville : Alexandre se faisait gloire d'imiter par cette vengeance Achille, de qui il descendait. Il périt environ dix mille Perses et Arabes ; mais la victoire coûta aussi du sang aux Macédoniens. Ce siége, du reste, fut moins célèbre par l'illustration de la ville, que par le danger que le roi y courut à deux reprises. Pressé de passer en Égypte, Alexandre envoya Amyntas avec dix trirèmes en Macédoine, pour y faire de nouvelles levées ; car ses victoires mêmes épuisaient ses forces, et il avait moins de confiance aux soldats qu'il tirait des nations vaincues qu'à ceux de sa propre nation

Tum Alexander :	Alors Alexandre :
« Videtisne, inquit,	« Voyez-vous, dit-il,
obstinatum ad tacendum ?	lui obstiné à se taire ?
num posuit genu ?	est-ce qu'il a posé à *terre* le genou ?
num misit	est-ce qu'il a émis
vocem supplicem ?	une parole suppliante ?
Vincam tamen silentium,	Je vaincrai cependant *son* silence,
et, si nihil aliud,	et, si *je n'aurai fait* rien autre chose,
interpellabo certe gemitu. »	je *l'*interromprai du-moins par le gé-
Deinde ira	Ensuite sa colère [missement. »
vertit in rabiem,	se changea en rage,
fortuna nova	*sa* fortune nouvelle
subeunte jam tum	subissant déjà alors
ritus peregrinos ;	les mœurs étrangères ;
lora enim trajecta sunt	des courroies en-effet furent passées
per talos spirantis,	à travers les talons de *lui* respirant,
equique traxere	et *des* chevaux traînèrent
circa urbem	autour de la ville
religatum ad currum,	*lui* attaché au char,
rege gloriante	le roi se glorifiant
se imitatum esse	lui-même avoir imité [l'ennemi
pœna capienda in hostem	par le châtiment devant être pris envers
Achillem, a quo ipse	Achille, duquel lui-même
deduceret genus.	tirait *sa* race.
Circa decem millia	Autour de (environ) dix milliers
Persarum Arabumque	de Perses et d'Arabes
cecidere ;	tombèrent ;
nec victoria fuit	ni la victoire ne fut [doniens.
incruenta Macedonibus.	non-ensanglantée aux (pour les) Macé-
Obsidio certe	Le siège du-moins
fuit nobilitata	fut-rendu célèbre
non tam claritate urbis	non tant par l'illustration de la ville
quam periculo geminato	que par le péril redoublé
regis.	du roi.
Qui festinans	Lequel étant-pressé
adire Ægyptum,	d'aller-en Égypte,
misit Amyntam	envoya Amyntas
cum decem triremibus	avec dix trirèmes
in Macedoniam	en Macédoine
ad inquisitionem	pour la recherche
novorum militum ;	de nouveaux soldats ;
namque copiæ atterebantur	car *ses* troupes étaient usées
prœliis etiam secundis,	par les combats même heureux,
fidesque minor	et une confiance moindre
habebatur militi	était eue au (placée dans le) soldat
gentium devictarum	des nations vaincues
quam domestico.	qu'au (que dans le) *soldat* national.

VII. Ægyptii, olim Persarum opibus infensi (quippe avare et superbe imperitatum sibi esse credebant), ad spem adventus ejus erexerant animos : utpote qui Amyntam[1] quoque transfugam, et cum precario imperio venientem, læti recepissent. Igitur ingens multitudo Pelusium, qua rex intraturus videbatur, convenerat ; atque ille, septimo die posteaquam a Gaza copias moverat, in regionem Ægypti quam nunc Castra Alexandri vocant pervenit. Deinde, pedestribus copiis Pelusium petere jussis, ipse cum expedita delectorum manu Nilo amne vectus est. Nec sustinuere adventum ejus Persæ, defectione quoque perterriti. Jamque haud procul Memphi erat ; in cujus præsidio Mazaces prætor Darii relictus, ocius amne superato, octingenta talenta[2] Alexandro omnemque regiam supellectilem tradidit. A Memphi eodem flumine vectus, ad interiora Ægypti penetrat ; compositisque rebus ita ut nihil

VII. Les Égyptiens, hostiles depuis longtemps à la puissance des Perses, dont ils trouvaient le gouvernement cupide et tyrannique, avaient, sur l'espoir de son arrivée, repris courage. N'avaient-ils pas en effet reçu avec transport Amyntas même, qui n'était qu'un transfuge, et qui n'avait qu'un commandement précaire? Il s'en était donc rassemblé un grand nombre à Péluse, par où il semblait que le roi devait entrer dans le pays. Celui-ci, sept jours après son départ de Gaza, arriva dans la partie de l'Égypte qu'on appelle aujourd'hui le Camp d'Alexandre; de là, il fit défiler son infanterie vers Péluse, et il s'embarqua sur le Nil avec une escorte d'élite armée à la légère. Les Perses, effrayés d'ailleurs par la défection des Égyptiens, ne tinrent pas à son arrivée. Et déjà il était proche de Memphis, lorsque Mazacès, lieutenant de Darius, qui avait été laissé dans cette place pour la défendre, traversa promptement le fleuve, et remit à Alexandre huit cents talents et tout le mobilier royal. De Memphis, il pénétra par le même fleuve jusqu'au cœur de l'Égypte ; et, après avoir réglé

VII. Ægyptii	VII. Les Egyptiens,
infensi olim	hostiles autrefois (depuis longtemps)
opibus Persarum	aux ressources (à la puissance) des Perses
(quippe credebant	(car ils croyaient
imperitatum esse sibi	avoir été commandé à eux-mêmes
avare et superbe),	avec-cupidité et orgueilleusement),
erexerant animos	avaient relevé *leurs* esprits
ad spem adventus ejus ;	à l'espoir de l'arrivée de lui ;
utpote qui	en *gens* qui
recepissent læti [gam,	avaient reçu joyeux
Amyntam quoque transfu-	Amyntas même transfuge,
et venientem	et venant
cum imperio precario.	avec un pouvoir précaire.
Igitur multitudo ingens	Donc une multitude immense
convenerat Pelusium,	s'-était-réunie à Péluse,
qua rex videbatur	par-où le roi paraissait
intraturus;	devant entrer *dans l'Égypte*,
atque ille, septimo die	et lui le septième jour
posteaquam moverat copias	après qu'il avait déplacé *ses* troupes
a Gaza,	d'-auprès-de Gaza,
pervenit	parvint
in regionem Ægypti	dans la région de l'Égypte
quam vocant nunc	qu'ils appellent maintenant
castra Alexandri.	le camp d'Alexandre.
Deinde copiis pedestribus	Puis les troupes de-pied
jussis petere Pelusium,	ayant reçu-ordre de gagner Péluse,
ipse cum manu expedita	lui-même avec une troupe dégagée
delectorum	d'*hommes* choisis
vectus est amne Nilo.	fut porté par le fleuve *du* Nil.
Nec Persæ,	Ni les Perses,
perterriti quoque defectione,	très-effrayés aussi par la défection,
sustinuere adventum ejus ;	*ne* soutinrent l'arrivée de lui ;
jamque erat	et déjà il était
haud procul Memphi,	non loin de Memphis,
in præsidio cujus	à la garde de laquelle
Mazaces, prætor Darii,	Mazacès, général de Darius,
relictus,	ayant été laissé, [tement,
amne superato ocius,	le fleuve ayant été passé plus promp-
tradidit Alexandro	livra à Alexandre
octingenta talenta,	huit-cents talents,
omnemque supellectilem	et tout le mobilier
regiam.	royal.
Vectus a Memphi	Porté de Memphis
eodem flumine,	par le même fleuve,
penetrat ad interiora	il pénètre jusqu'aux *parties* intérieures
Ægypti,	de l'Egypte,
rebusque compositis	et les choses ayant été arrangées

ex patrio Ægyptiorum more mutaret, adire Jovis Hammonis [1] oraculum statuit.

Iter expeditis quoque et paucis vix tolerabile ingrediendum erat. Terra cœloque aquarum penuria est; steriles arenæ jacent, quas ubi vapor solis accendit, fervido solo exurente vestigia, intolerabilis æstus exsistit; luctandumque est non tantum cum ardore et siccitate regionis, sed etiam cum tenacissimo sabulo, quod præaltum et vestigio cedens ægre moliuntur pedes. Hæc Ægyptii vero majora jactabant. Sed ingens cupido animum stimulabat adeundi Jovem, quem generis sui auctorem, haud contentus mortali fastigio, aut credebat esse aut credi volebat. Ergo cum iis quos ducere secum statuerat secundo amne descendit ad Mareotim paludem [2]. Eo legati Cyrenensium [3] dona attulere, pacem et ut adiret urbes suas petentes. Ille, donis acceptis amicitiaque

toutes choses sans rien changer aux anciens usages du pays, il résolut d'aller à l'oracle de Jupiter Hammon.

Il fallait prendre une route à peine praticable, même pour une petite troupe sans équipages. On n'y a ni eau de source ni eau de pluie; on n'y voit que des sables stériles, qui, échauffés par le soleil, mettent sous les pieds un sol brûlant et causent une chaleur insupportable; et ce n'est pas seulement contre l'ardeur et la sécheresse du pays qu'il faut lutter, mais encore contre un sable fort tenace, d'où l'on se tire avec peine, parce qu'il est profond, et qu'il cède sous les pas. Les Égyptiens exagéraient encore ces difficultés; mais Alexandre était poussé par un vif désir d'aller visiter Jupiter, qu'il croyait ou voulait faire croire être son père, ne se contentant pas d'être parvenu au faîte de la grandeur humaine. Prenant donc avec lui ceux qu'il avait choisis pour l'accompagner, il descend le cours du fleuve jusqu'au lac Maréotis. Ce fut là que les ambassadeurs des Cyrénéens lui apportèrent des présents, lui demandant la paix et la faveur de le recevoir dans leurs villes. Il accepta leurs présents, fit alliance avec eux, et conti-

ita ut mutaret nihil	de-manière qu'il ne changeât rien
de more patrio	de (à) la coutume nationale
Ægyptiorum,	des Egyptiens,
statuit adire	il résolut d'aller-vers
oraculum Jovis Hammonis.	l'oracle de Jupiter Hammon.
Iter vix tolerabile	Un chemin à-peine supportable
quoque expeditis	même pour des *hommes* sans-bagages
et paucis	et peu nombreux
erat ingrediendum.	était à-marcher (à suivre).
Penuria aquarum	Le manque d'eaux
est terra cœloque;	est *dans* la terre et *dans* le ciel ;
arenæ steriles jacent,	des sables stériles s'-étendent,
quas ubi vapor solis	lesquels dès-que la chaleur du soleil
accendit,	a embrasés,
solo fervido	le sol chaud
exurente vestigia,	brûlant les plantes-des-pieds,
æstus intolerabilis exsistit;	une chaleur intolérable s'élève;
estque luctandum	et il est à-lutter
non tantum cum ardore	non-seulement avec la chaleur
et siccitate regionis,	et la sécheresse du pays,
sed etiam	mais encore
cum sabulo tenacissimo,	avec un sable très-tenace,
quod præaltum	lequel très-profond
et cedens vestigio	et cédant à la plante-des-pieds
pedes moliuntur ægre.	les pieds écartent avec-peine.
Ægyptii jactabant hæc	Les Egyptiens vantaient ces choses
majora vero.	plus grandes que la vérité.
Sed ingens cupido	Mais un immense désir
adeundi Jovem,	d'aller-vers Jupiter
quem, haud contentus	que *Alexandre* non content
fastigio mortali,	de *son* élévation mortelle
aut credebat esse	ou croyait être
aut volebat credi	ou voulait être cru
auctorem sui generis,	l'auteur de sa race,
stimulabat animum.	aiguillonnait *son* âme.
Descendit ergo	Il descendit donc [fleuve,
amne secundo,	le fleuve étant favorable (le cours du
cum iis quos statuerat	avec ceux qu'il avait résolu
ducere secum	d'emmener avec lui-même
ad paludem Mareotim.	jusqu'au lac Maréotis.
Legati Cyrenensium	Des députés des Cyrénéens
attulere eo dona,	apportèrent là des présents,
petentes pacem	demandant la paix
et ut adiret suas urbes.	et qu'il allât-vers leurs villes.
Ille, donis acceptis	Lui, les présents ayant été reçus
amicitiaque conjuncta,	et amitié ayant été jointe,
pergit exsequi destinata.	continue à suivre les choses projetées.

conjuncta, destinata exsequi pergit. Ac primo quidem et sequente die tolerabilis labor visus, nondum tam vastis nudisque solitudinibus aditis, jam tamen sterili et emoriente terra. Sed, ut aperuere se campi alto obruti sabulo, haud secus quam profundum æquor ingressi, terram oculis requirebant. Nulla arbor, nullum culti soli occurrebat vestigium; aqua etiam defecerat quam utribus cameli devexerant, et in arido solo ac fervido sabulo nulla erat. Ad hæc, sol omnia incenderat, siccaque et adusta erant omnia; quum repente, sive illud deorum munus, sive casus fuit, obductæ cœlo nubes condidere solem, ingens æstu fatigatis, etiamsi aqua deficeret, auxilium. Enimvero, ut largum quoque imbrem excusserunt procellæ, pro se quisque excipere eum, quidam, ob sitim impotentes sui, ore quoque hianti captare cœperunt. Quatriduum per vastas solitudines absumptum est.

nua de suivre son projet. Le premier et le second jour, la fatigue fut supportable, parce qu'on n'était pas encore dans ces immenses et arides solitudes, quoique le sol fût déjà stérile et frappé de mort. Mais quand ils virent se dérouler devant eux des plaines ensevelies sous une profonde couche de sable, ils cherchaient la terre des yeux comme s'ils étaient entrés dans la haute mer. Point d'arbres, point de traces de culture; l'eau même, apportée dans des outres par des chameaux, manquait, et il ne s'en trouvait nulle part dans un terrain aride et un sable brûlant. D'ailleurs, le soleil avait tout embrasé; tout était sec et brûlé, quand tout à coup, soit par la faveur des dieux, soit par l'effet du hasard, des nuages répandus devant le ciel cachèrent le soleil, ce qui était un grand soulagement pour les troupes exténuées par la chaleur, quand même l'eau eût continué à manquer. Mais de grands coups de vent firent tomber une pluie abondante, et chacun fit sa provision; quelques-uns, n'en pouvant plus de soif, ouvraient la bouche pour recevoir l'eau qui tombait. On fut quatre jours à traverser ces immenses déserts.

Ac primo die quidem	Et le premier jour à-la-vérité
et sequenti	et le suivant
labor visus tolerabilis,	la fatigue parut supportable,
solitudinibus tam vastis	les solitudes si désolées
nudisque	et *si* nues
nondum aditis,	n'étant pas-encore abordées,
terra tamen jam sterili	la terre *étant* cependant déjà stérile
et emoriente.	et se-mourant.
Sed, ut campi	Mais, dès-que les plaines
obruti sabulo alto	couvertes d'un sable profond
se aperuere,	s'ouvrirent,
requirebant terram oculis,	ils cherchaient la terre des yeux,
haud secus quam ingressi	non autrement qu'étant entrés
in æquor profundum.	dans la mer profonde (la haute mer).
Nulla arbor,	Aucun arbre,
nullum vestigium	aucune trace
soli culti	de sol cultivé
occurrebat;	ne se-présentait ;
aqua etiam defecerat	l'eau même avait manqué
quam cameli	laquelle les chameaux
devexerant utribus ;	avaient apportée dans des outres ;
et nulla erat	et aucune n'était
in solo arido	dans un sol aride
et sabulo fervido.	et un sable brûlant.
Ad hæc,	Outre ces choses,
sol incenderat omnia,	le soleil avait embrasé toutes choses,
omniaque erant	et toutes choses étaient
sicca et adusta;	sèches et brûlées ;
quum repente,	lorsque tout-à-coup,
sive illud munus deorum,	soit que cela *fût* faveur des dieux,
sive casus fuit,	soit que *ce* fût hasard,
nubes obductæ cœlo	des nuages répandus-devant le ciel
condidere solem,	cachèrent le soleil,
ingens auxilium	grand secours
fatigatis æstu,	à *eux* fatigués par la chaleur,
etiamsi aqua deficeret.	même-si l'eau manquait.
Enimvero, ut procellæ	Mais-en-effet, comme des-coups-de-vent
excussere quoque	firent-tomber aussi
imbrem largum,	une pluie abondante,
cœperunt excipere eum	ils commencèrent à recevoir elle
quisque pro se,	chacun pour soi,
quidam impotentes sui	quelques-uns non-maîtres d'eux-mêmes
ob sitim,	à-cause-de la soif
captare	à chercher-à-prendre *elle*
quoque ore hianti.	même de *leur* bouche ouverte.
Quatriduum absumptum est	Un espace-de-quatre-jours fut consumé
per has vastas solitudines.	à-travers ces vastes solitudes.

Jamque haud procul oraculi sede aberant, quum complures corvi[1] agmini occurrunt, modico volatu prima signa antecedentes; et modo humi residebant, quum lentius agmen incederet, modo se pennis levabant, antecedentium iterque monstrantium ritu. Tandem ad sedem consecratam deo ventum est. Incredibile dictu, inter vastas solitudines sita, undique ambientibus ramis, vix in densam umbram cadente sole, contecta est; multique fontes dulcibus aquis passim manantibus alunt silvas. Cœli quoque mira temperies, verno tempori maxime similis, omnes anni partes pari salubritate percurrit. Accolæ sedis sunt ab oriente proximi Æthiopum[2]; in meridiem versam Arabes[3] spectant; Troglodytis cognomen est, quorum regio usque ad Rubrum mare excurrit; at, qua vergit ad occidentem, alii Æthiopes colunt, quos Scenitas[4] vocant; a septentrione Nasamones[5] sunt, gens

Déjà l'on approchait du lieu où réside l'oracle, lorsque quantité de corbeaux vinrent au-devant de l'armée, précédant d'un vol modéré les premières enseignes : tantôt ils se posaient à terre quand l'armée ralentissait sa marche, tantôt ils s'élevaient dans les airs comme pour la devancer et lui servir de guide. Enfin l'on arriva au temple du dieu. Chose incroyable! ce temple, situé au milieu de déserts immenses, est environné de toutes parts d'ombrages épais, qui laissent à peine pénétrer les rayons du soleil; de nombreuses fontaines, qui sourdent de côté et d'autre, entretiennent ce bois par l'agréable fraîcheur de leurs eaux. La température y est aussi merveilleuse, et, semblable à celle du printemps, elle conserve la même salubrité pendant toute l'année. Les peuples qui habitent auprès de ce lieu sont, à l'orient, les Éthiopiens les plus proches de l'Egypte; vers le midi, les Arabes qu'on appelle Troglodytes, dont le pays s'étend jusqu'à la mer Rouge; en tournant à l'occident, on trouve d'autres Éthiopiens nommés Scénites; et au septentrion, sont les Nasamons, qui avoisinent les Syrtes, et qui s'enrichissent des

Jamque aberant	Et déjà ils étaient-distants
haud procul sede oraculi,	non loin de la demeure de l'oracle,
quum complures corvi	lorsque plusieurs corbeaux
occurrunt agmini,	viennent-au-devant à (de) l'armée
antecedentes	précédant
volatu modico	d'un vol modéré
prima signa;	les premières enseignes;
et modo residebant humi,	et tantôt ils se-posaient à terre,
quum agmen	lorsque l'armée
incederet lentius,	s'-avançait plus lentement,
modo se levabant	tantôt ils se soulevaient
pennis,	par les ailes,
ritu antecedentium	à la manière d'*oiseaux* précédant
monstrantiumque iter.	et montrant le chemin.
Tandem ventum est	Enfin on arriva
ad sedem sacratam deo.	à la demeure consacrée au dieu,
Incredibile dictu,	Chose incroyable à être dite,
sita	située
inter vastas solitudines,	parmi de vastes solitudes,
contecta est ramis	elle est couverte de rameaux
ambientibus undique,	entourant de-toutes-parts,
sole cadente vix	le soleil tombant (pénétrant) à-peine
in umbram densam;	dans l'ombre épaisse;
fontesque multi	et des sources nombreuses
alunt silvas	nourrissent les bois
aquis dulcibus	par des eaux douces
manantibus passim.	coulant çà-et-là.
Temperies mira	La température merveilleuse
cœli quoque,	du ciel aussi,
maxime similis	très-semblable
tempori verno,	à la saison printanière,
percurrit salubritate pari	parcourt *avec* une salubrité égale
omnes partes anni.	toutes les parties de l'année.
Proximi Æthiopum	Les plus proches des Éthiopiens
sunt accolæ sedis	sont habitants-auprès de *cette* demeure
ab Oriente;	du-côté-de l'Orient;
Arabes spectant	les Arabes regardent
versam in meridiem;	*elle* tournée vers le midi;
cognomen est Troglodytis,	surnom est à *ceux-ci* Troglodytes
quorum regio excurrit	desquels la contrée s'-étend
usque ad mare Rubrum;	jusqu'à la mer Rouge;
at, qua vergit	mais, par-où *le pays* tourne
ad Occidentem,	à l'Occident,
alii Æthiopes colunt,	d'autres Éthiopiens habitent,
quos vocant Scenitas;	qu'ils appellent Scénites;
Nasamones sunt	les Nasamons sont
a Septentrione,	du-côté-du Septentrion,

Syrtica, navigiorum spoliis quæstuosa; quippe obsident littora, et æstu destituta navigia notis sibi vadis occupant.

Incolæ nemoris, quos Hammonios vocant, dispersis tuguriis habitant; medium nemus pro arce habent, triplici muro circumdatum. Prima munitio tyrannorum veterem regiam clausit; in proxima conjuges eorum cum liberis et pellicibus habitant; hic quoque dei oraculum est. Ultima munimenta satellitum armigerorumque sedes erant. Est etiam aliud Hammonis nemus: in medio habet fontem; aquam Solis vocant. Sub lucis ortum tepida manat; medio die, quum vehementissimus est calor, frigida eadem fluit; inclinato in vesperam, calescit; media nocte, fervida exæstuat; quoque propius nox vergit ad lucem, multum ex nocturno calore decrescit, donec sub ipsum diei ortum assueto tepore languescat. Id quod pro deo colitur non eamdem effigiem habet quam vulgo diis artifices accommodaverunt; umbi-

---

dépouilles des vaisseaux; car ils infestent les rivages, et par la connaissance qu'ils ont des bas-fonds, ils surprennent les navires échoués par la basse mer.

Quant à ceux qui habitent le bois, et qu'on appelle Hammoniens, ils logent dans des cabanes éparses. Le milieu du bois leur sert de forteresse; il est fermé par un mur triple. L'enceinte intérieure renfermait l'ancien palais des rois; la seconde, la demeure de leurs femmes, de leurs enfants et de leurs concubines, et en outre l'oracle du dieu; la troisième était le poste des gardes du corps et des satellites du prince. Il y a encore un autre bois d'Hammon, au milieu duquel est une source qu'on appelle l'eau du Soleil. Au point du jour, elle est tiède; à midi, lorsque la chaleur est plus grande, elle est froide; sur le soir, elle s'échauffe; au milieu de la nuit, elle est brûlante et s'élève en bouillonnant; puis, à mesure que le jour approche, la chaleur de la nuit diminue, jusqu'à ce qu'au lever du soleil elle reprenne son degré ordinaire de tiédeur. L'objet que l'on adore comme un dieu n'a point la figure que les artistes ont coutume de donner aux dieux; la forme en est très-semblable à celle

gens Syrtica, [rum;	nation des-Syrtes,
quæstuosa spoliis navigio-	enrichie par les dépouilles des navires;
quippe obsident littora,	car ils assiégent les rivages,
et occupant	et surprennent
vadis notis sibi	par les bas-fonds connus à eux-mêmes
navigia destituta æstu.	les navires délaissés par le flot.
Incolæ nemoris,	Les habitants du bois, [moniens,
quos vocant Hammonios,	qu'ils appellent (qu'on appelle) Ham-
habitant tuguriis dispersis;	habitent dans des cabanes dispersées;
habent pro arce	ils ont pour citadelle
medium nemus,	le milieu du bois,
circumdatum muro triplici.	entouré d'un mur triple.
Prima munitio	La première fortification (enceinte)
clausit veterem regiam	renferma l'ancien palais
tyrannorum;	des tyrans;
conjuges eorum	les épouses d'eux
cum liberis et pellicibus	avec *leurs* enfants et *leurs* concubines
habitant in proxima;	habitent dans la plus proche;
oraculum dei	l'oracle du dieu
est quoque hic;	est aussi là;
ultima munimenta	les derniers retranchements
erant sedes [que.	étaient les demeures
satellitum armigerorum-	des satellites et des gardes.
Aliud nemus Hammonis	Un autre bois d'Hammon
est etiam;	est aussi;
habet fontem in medio;	il a une source dans le milieu;
vocant aquam Solis;	il *l*'appellent eau du Soleil;
manat tepida	elle coule tiède
sub ortum solis;	vers le lever du soleil;
die medio, [simus,	le jour étant au-milieu,
quum calor est vehementis-	lorsque la chaleur est le plus violente,
eadem fluit frigida;	la même coule froide;
inclinato in vesperam,	*le jour* étant incliné vers le soir,
calescit;	elle s'échauffe;
nocte media,	la nuit *étant* au-milieu,
fervida exæstuat:	brûlante elle s'élève-en-bouillonnant;
quoque nox vergit	et par *cela* que la nuit tourne
propius ad lucem,	plus près vers la lumière,
decrescit multum	elle décroît beaucoup
ex calore nocturno,	de la chaleur nocturne,
donec languescat	jusqu'-à-ce-qu'elle s'affaiblisse
tepore assueto	par *sa* tiédeur accoutumée
sub ortum ipsum diei.	vers le lever même du jour.
Id quod colitur pro deo,	Ce qui est adoré pour un dieu,
non habet eamdem effigiem	n'a pas la même forme
quam artifices	laquelle les artistes
accommodaverunt vulgo	ont prêtée ordinairement

lico maxime similis est habitus[1], smaragdo et gemmis coagmentatus. Hunc, quum responsum petitur, navigio aurato gestant sacerdotes, multis argenteis pateris ab utroque navigii latere pendentibus ; sequuntur matronæ virginesque, patrio more inconditum quoddam carmen canentes, quo propitiari Jovem credunt ut certum edat oraculum.

At tum quidem regem propius adeuntem maximus natu e sacerdotibus filium appellat, hoc nomen illi parentem Jovem reddere affirmans[2]. Ille se vero ait et accipere et agnoscere, humanæ sortis oblitus. Consuluit deinde an totius orbis imperium fatis sibi destinaret pater ; vates, æque in adulationem compositus, terrarum omnium rectorem fore ostendit. Post hæc institit quærere an omnes parentis sui interfectores pœnas dedissent. Sacerdos parentem ejus negat ullius scelere posse violari ; Philippi autem omnes interfectores fuisse sup-

---

d'un ombilic, formé d'une émeraude et de pierres précieuses. Quand on le consulte, les prêtres le portent dans un navire doré, garni de plusieurs coupes d'argent qui pendent de chaque côté ; ils sont suivis par des femmes mariées et par de jeunes filles, qui chantent à la mode du pays un hymne grossier, qu'elles croient propre à disposer Jupiter à donner une réponse sûre.

Ce fut précisément dans cette conjoncture, que le roi s'étant avancé, le plus ancien des prêtres l'appela du nom de fils, assurant que c'était son père Jupiter qui lui donnait ce nom, et Alexandre, oubliant qu'il était homme, répondit qu'il l'acceptait et le reconnaissait. Il demanda ensuite si son père ne lui destinait pas par ses décrets l'empire de toute la terre ; et le devin, également disposé à l'adulation, déclara qu'il gouvernerait toute la terre. Il continua encore à demander si tous les meurtriers de son père avaient été punis ; le prêtre répondit que son père ne pouvait-être atteint par un attentat, et

diis :	aux dieux :
habitus,	l'extérieur
coagmentatus	formé-par-l'-assemblage
smaragdo et gemmis,	d'une émeraude et de pierres-précieuses,
est maxime similis	est très-semblable
umbilico.	à un ombilic.
Quum responsum petitur,	Lorsqu'une réponse est demandée,
sacerdotes gestant hunc	les prêtres portent celui-ci
navigio aurato,	dans un navire doré,
pateris multis argenteis	des coupes nombreuses d'-argent
pendentibus	étant suspendues
ab utroque latere	de l'un-et-l'autre flanc
navis ;	du navire,
matronæ virginesque	des femmes-mariées et des jeunes-filles
sequuntur,	suivent,
canentes more patrio	chantant par (selon) la coutume du-pays
quoddam carmen	un certain chant
inconditum,	grossier,
quo credunt	par lequel ils croient
Jovem propitiari	Jupiter être rendu-favorable
ut edat oraculum certum.	de sorte-qu'il rende un oracle sûr.
At tum quidem	Mais alors certes
maximus natu	le plus grand par l'âge
e sacerdotibus	d'entre les prêtres
appellat filium	appelle fils
regem adeuntem propius,	le roi s'-approchant plus près,
affirmans Jovem parentem	affirmant Jupiter père d'*Alexandre*
redderre illi hoc nomen.	rendre à lui ce nom.
Ille vero oblitus	Or lui ayant oublié
sortis humanæ,	sa condition humaine,
ait se et accipere	dit lui-même et recevoir
et agnoscere.	et reconnaître *ce titre*.
Deinde consuluit an pater	Ensuite il consulta si *son* père
destinaret sibi fatis	destinait à-lui-même *par* les destins
imperium orbis totius ;	l'empire du globe tout-entier ;
vates, æque compositus	le devin, également disposé
in adulationem,	pour la flatterie,
ostendit fore	montra *lui* devoir être
rectorem omnium terrarum.	gouverneur de toutes les terres.
Post hæc institit	Après ces choses il continua
quærere an	à demander si
omnes interfectores	tous les assassins
sui patris	de son père
dedissent pœnas.	avaient donné (subi) des peines
Sacerdos negat	Le prêtre nie
parentem ejus posse	le père de lui pouvoir
violari scelere ullius ;	être violé (atteint) par le crime d'aucun ;

plicia; adjecit invictum fore, donec excederet ad deos. Sacrificio deinde facto, dona et sacerdotibus et deo data sunt, permissumque amicis ut ipsi quoque consulerent Jovem. Nihil amplius quæsiverunt quam an auctor esset sibi divinis honoribus colendi suum regem. Hoc quoque acceptum fore Jovi vates respondit, ut ipsi victorem regem divino honore colerent. Vere et salubriter æstimanti fidem oraculi vana profecto responsa videri potuissent; sed fortuna, quos uni sibi credere coegit, magna ex parte avidos gloriæ magis quam capaces facit. Jovis igitur filium se non solum appellari passus est, sed etiam jussit, rerumque gestarum famam, dum augere vult tali appellatione, corrumpit [1]. Et Macedones, assueti quidem regio imperio, sed majore libertatis umbra quam ceteræ gentes, immortalitatem affectantem contumacius quam aut ipsis expediebat aut regi aversati sunt. Sed

qu'à l'égard de Philippe, tous ses meurtriers avaient subi leur châtiment; il ajouta que pour lui il serait invincible jusqu'à ce qu'il s'en allât parmi les dieux. Quand le sacrifice fut achevé, il fit des présents aux dieux et aux prêtres, et permit à ses courtisans de consulter aussi Jupiter. La seule chose qu'ils lui demandèrent fut, s'il leur conseillait de rendre à leur roi les honneurs divins; et le prêtre répondit qu'ils feraient aussi une chose très-agréable à Jupiter, en honorant comme dieu un roi victorieux. A juger sainement et raisonnablement de la bonne foi de l'oracle, ces réponses auraient pu passer pour illusoires; mais ceux que la fortune a amenés au point de ne plus compter que sur elle, deviennent pour la plupart plus avides de la gloire que capables de la supporter. Non-seulement donc Alexandre souffrit, mais il exigea qu'on l'appelât fils de Jupiter; et en voulant par ce titre augmenter l'éclat de sa renommée, il ne fit que la ternir. Les Macédoniens de leur côté, accoutumés, il est vrai, au gouvernement monarchique, mais jouissant aussi d'une ombre de liberté plus grande que les autres peuples, marquèrent pour la prétention du roi à l'immortalité, une aversion

omnes autem	mais tous
interfectores Philippi	les meurtriers de Philippe
luisse supplicia;	avoir payé (subi) des supplices ;
adjecit fore invictum	il ajouta *lui* devoir être invincible
donec excederet ad deos.	jusqu'à-ce qu'il s'-en-allât vers les dieux.
Deinde sacrificio facto,	Ensuite un sacrifice ayant été fait,
dona data sunt	des présents furent donnés
et sacerdotibus et deo,	et aux prêtres et au dieu,
permissumque amicis	et il fut permis aux amis *du roi*
ut ipsi quoque	que eux-mêmes aussi
consulerent Jovem.	consultassent Jupiter.
Quæsiverunt nihil amplius	Ils *ne* demandèrent rien plus
quam an esset auctor sibi	que s'il était conseiller (s'il conseillait) à
colendi suum regem	d'honorer leur roi [eux-mêmes
honoribus divinis.	par les honneurs divins.
Vastes respondit	Le devin répondit
hoc quoque fore	cela aussi devoir être
acceptum Jovi,	agréable à Jupiter,
ut ipsi colerent	que eux-mêmes honorassent
honore divino	d'un honneur divin
regem victorem.	un roi vainqueur.
Responsa potuissent	Les réponses auraient pu
videri vana profecto	paraître vaines assurément [ment
æstimanti vere et salubriter	à *celui* appréciant avec-vérité et saine-
fidem oraculi,	la foi de l'oracle,
sed fortuna facit	mais la fortune fait (rend)
quos coegit	*ceux* qu'elle a forcés
credere sibi uni,	de croire à elle-même seule,
ex magna parte	en grande partie
magis avidos gloriæ	plus avides de gloire
quam capaces.	que capables-de-supporter *elle*.
Igitur non solum passus est	Donc non-seulement il souffrit
sed etiam jussit	mais encore il ordonna
se appellari	lui-même être appelé
filium Jovis,	fils de Jupiter,
corrupitque appellatione tali	et il corrompit (gâta) par un titre tel
famam rerum gestarum,	la renommée des choses faites,
dum vult augere.	tandis-qu'il veut *l*'augmenter.
Et Macedones,	Et les Macédoniens,
assueti quidem	habitués, à-la-vérité,
imperio regio,	au commandement royal,
sed umbra libertatis	mais *avec* une ombre de liberté
majore quam ceteræ gentes,	plus grande que toutes-les-autres nations,
aversati sunt	repoussèrent *le roi*
affectantem immortalitatem	aspirant à l'immortalité [dient
contumacius quam expedie-	plus opiniâtrement qu'il *n*'était-expé-
aut ipsis aut regi. [bat	ou à eux-mêmes ou au roi.

hæc suo quæque tempori reserventur; nunc cetera exsequi pergam.

VIII. Alexander, ab Hammone rediens, ut ad Mareotim paludem, haud procul insula Pharo[1] sitam, venit, contemplatus loci naturam, primum in ipsa statuerat urbem novam condere. Inde, ut apparuit magnæ sedis insulam haud capacem, elegit urbi locum ubi nunc est Alexandria, appellationem trahens ex nomine auctoris. Complexus quiquid soli est inter paludem et mare, octoginta stadiorum muris ambitum destinat, et, qui ædificandæ urbi præessent, relictis, Memphim petit. Cupido, haud injusta quidem, ceterum intempestiva, incesserat, non interiora modo Ægypti, sed etiam Æthiopiam invisere. Memnonis Tithonique[2] celebrata regia cognoscendæ vetustatis avidum trahebat pæne extra terminos solis[3]; sed imminens bellum, cujus multo major supere

plus opiniâtre qu'il n'était bon pour eux et pour lui. Du reste, il faut réserver ces choses pour en parler en leur temps; quant à présent je continuerai mon récit.

VIII. Alexandre, au retour du temple de Jupiter Hammon, arriva au lac Maréotis, qui est peu éloigné de l'île de Pharos. Là il examina la nature du lieu, et résolut de bâtir une nouvelle ville dans l'île même. Ayant ensuite reconnu que cette île ne pouvait contenir un grand établissement, il choisit pour sa ville l'endroit où est aujourd'hui Alexandrie, ainsi appelée du nom du fondateur. Il prit tout l'espace compris entre le lac et la mer, traça pour les murailles une enceinte de quatre-vingts stades, laissa sur les lieux des gens chargés de la conduite de l'ouvrage, et se rendit à Memphis. Il avait conçu le désir, assez raisonnable, mais d'ailleurs intempestif, de visiter nonseulement l'intérieur de l'Égypte, mais l'Éthiopie même. Avide, comme il était, de connaître l'antiquité, la curiosité de voir le fameux palais de Memnon et de Tithon, l'attirait presque au delà des limites qu'éclaire le soleil; mais la guerre qu'il avait à soutenir, et dont les

Sed hæc reserventur	Mais que ces choses soient réservées
quæque suo tempori ;	chacune à leur temps ;
nunc pergam	maintenant je continuerai
exsequi cetera.	à poursuivre toutes-les-autres choses.

VIII. Alexander,   VIII. Alexandre,

rediens ab Hammone,	revenant d'-auprès-d'Hammon,
ut venit	dès-qu'il fut arrivé
ad paludem Mareotim,	au lac Maréotis,
sitam haud procul	situé non loin
ab insula Pharo,	de l'île de Pharos,
contemplatus naturam loci,	ayant contemplé la nature du lieu,
statuerat primum	avait résolu d'-abord
condere urbem novam	de fonder une ville nouvelle
in insula ipsa.	dans l'île elle-même.
Inde, ut apparuit	De-là (ensuite), dès qu'il fut-évident
insulam haud capacem	l'île n'être pas capable-de-contenir
magnæ sedis,	un grand établissement,
elegit urbi locum	il choisit pour la ville le lieu
ubi Alexandria est nunc,	où Alexandrie est maintenant,
trahens appellationem	tirant son appellation
ex nomine auctoris.	du nom de son auteur.
Complexus	Ayant embrassé
quidquid soli est	tout-ce-qui de terrain est
inter paludem et mare,	entre le marais et la mer,
destinat muris	il désigne aux (pour les) murs
ambitum	une enceinte
octoginta stadiorum,	de quatre-vingts stades,
et qui præessent	et des gens qui présidassent
urbi ædificandæ	à la ville devant être bâtie,
relictis,	ayant été laissés,
petit Memphim. [dem,	il gagne Memphis.
Cupido, haud injusta qui-	Un désir, non déraisonnable à-la-vérité,
ceterum intempestiva,	du-reste intempestif,
incesserat,	s'était emparé de lui,
invisere non modo	à savoir de visiter non-seulement
interiora Ægypti,	les parties intérieures de l'Égypte,
sed etiam Æthiopiam.	mais même l'Éthiopie.
Regia celebrata	Le palais célébré
Memnonis Tithonique	de Memnon et de Tithon
trahebat pæne	entraînait presque
extra terminos solis	en-dehors des limites du soleil
avidum vetustatis	lui avide de l'antiquité
cognoscendæ ;	devant être connue ;
sed bellum imminens,	mais la guerre imminente,
cujus moles multo major	dont la masse beaucoup plus grande
supererat,	restait,

rat moles, otiosæ peregrinationi tempora exemerat. Itaque Ægypto præfecit Æschylum Rhodium et Peucestem Macedonem, quatuor millibus militum in præsidium regionis ejus datis; claustra Nili fluminis Polemonem tueri jubet : triginta ad hoc triremes datæ. Africæ[1] deinde, quæ Ægypto juncta est, præpositus Apollonius, vectigalibus ejusdem Africæ Ægyptique Cleomenes. Ex finitimis urbibus commigrare Alexandriam jussis, novam urbem magna multitudine implevit. Fama est, quum rex urbis futuros muris polenta, ut Macedonum mos est[2], destinasset, avium greges advolasse, et polenta esse pastas; quumque id omen pro tristi a plerisque esset acceptum, respondisse vates magnam illam urbem advenarum frequentiam culturam, multisque eam terris alimenta præbituram.

Regem, quum secundo amne deflueret, assequi cupiens Hector, Parmenionis filius, eximio ætatis flore, in paucis Alexandro carus, parvum navigium conscendit, pluribus quam

plus grandes difficultés restaient à surmonter, ne lui laissait pas de temps pour une course qui demandait du loisir. Il donna donc le gouvernement de l'Égypte au Rhodien Eschyle et au Macédonien Peuceste, avec quatre mille hommes pour la défense du pays ; il chargea Polémon de garder les bouches du Nil, et à cet effet il lui laissa trente trirèmes. Il confia ensuite à Apollonius le commandement de la partie de l'Afrique qui touche à l'Égypte; et à Cléomène, la perception des tributs dans ces deux contrées. Il fit venir à Alexandrie des colonies des villes voisines; ce qui jeta dans la nouvelle ville une grande multitude d'habitants. On raconte que le roi ayant tracé avec de la farine d'orge, selon la coutume des Macédoniens, l'enceinte des murailles de la ville future, il survint des troupes d'oiseaux qui mangèrent la farine. La plupart regardaient ce présage comme fâcheux, mais les devins firent entendre que cette ville serait fréquentée par un grand nombre d'étrangers, et qu'elle approvisionnerait de vivres beaucoup de contrées.

Tandis que le roi descendait le fleuve, Hector, fils de Parménion, qui était à la fleur de son âge et qu'Alexandre chérissait d'une manière particulière, voulant joindre le prince, monta un petit bateau, où l'on admit plus de monde qu'il n'en pouvait porter; de sorte

exemerat tempora	avait enlevé les temps (le temps)
peregrinationi otiosæ.	à un voyage de-loisir.
Itaque præfecit Ægypto	En-conséquence il préposa à l'Egypte
Æschylum Rhodium	Eschyle Rhodien
et Peucestem Macedonem ;	et Peuceste Macédonien ;
quatuor millibus militum	quatre milliers de soldats
datis in præsidium	ayant été donnés pour la garde
ejus regionis ;	de cette contrée ;
jubet Polemonem	il ordonne Polémon
tueri claustra	garder les barrières (les bouches)
fluminis Nili ;	du fleuve du Nil ;
triginta triremes	trente trirèmes
datæ ad hoc.	lui furent données pour cela.
Deinde Apollonius	Ensuite Apollonius
præpositus Africæ,	fut préposé à l'Afrique,
quæ est juncta Ægypto,	qui est jointe à l'Egypte,
Cleomenesque vectigalibus	et Cléomène fut préposé aux tributs
ejusdem Africæ	de la même Afrique
Ægyptique.	et de l'Egypte.
Jussis	Des habitants ayant reçu-ordre
commigrare	de passer
ex urbibus finitimis	des villes voisines
Alexandriam,	à Alexandrie,
implevit novam urbem	il (Alexandre) remplit la nouvelle ville
magna multitudine.	d'une grande multitude.
Fama est,	La renommée est,
quum rex	lorsque le roi
destinasset polenta	eut désigné avec de la farine
muros urbis futuræ,	les murs de la ville future,
ut mos Macedonum est,	comme la coutume des Macédoniens est,
greges avium advolasse,	des troupes d'oiseaux avoir volé-vers,
et esse pastas polenta,	et s'être repues de la farine,
quumque id omen	et comme ce présage
acceptum esset pro tristi	avait été reçu pour triste
a plerisque,	par la plupart,
vates respondisse	les devins avoir répondu
magnam frequentiam	une grande quantité
advenarum	d'étrangers
culturam illam urbem, [ta-	devoir habiter cette ville,
eamque præbituram alimen-	et elle devoir fournir des aliments
terris multis. [nis,	à des terres nombreuses.
Hector, filius Parmenio-	Hector, fils de Parménion,
flore ætatis eximio,	d'une fleur de l'âge remarquable,
carus Alexandro in paucis,	cher à Alexandre entre peu,
cupiens assequi regem,	desirant atteindre le roi,
quum deflueret	comme celui-ci descendait [fleuve),
amne secundo,	le fleuve étant favorable (le cours du

capere posset impositis; itaque mersa navis omnes destituit. Hector, diu flumini obluctatus, quum madens vestis et adstricti crepidis pedes natare prohiberent, in ripam tamen semianimis evasit; et, ut primum fatigatus spiritum laxavit, quem metus et periculum intenderant, nullo adjuvante (quippe in diversum evaserant alii), exanimatus est. Rex amissi ejus desiderio vehementer afflictus est, repertumque corpus magnifico extulit funere.

Oneravit hunc dolorem nuntius mortis Andromachi, quem præfecerat Syriæ: vivum Samaritæ cremaverant. Ad cujus interitum vindicandum, quanta maxima celeritate potuit, contendit; advenientique sunt traditi tanti sceleris auctores. Andromacho deinde Memnona substituit, affectis supplicio qui prætorem interemerant. Tyrannos, inter eos Methymnæorum Aristonicum et Chrysolaum, popularibus suis tradidit; quos illi e muris ob injurias tortos necaverunt. Athe-

qu'il coula avec tous les passagers. Hector lutta longtemps contre le fleuve, sans pouvoir nager à cause de l'eau dont ses vêtements étaient imprégnés et des sandales qui lui serraient les pieds; néanmoins il gagna la rive encore vivant; mais lorsque dans cet état d'épuisement il commença à respirer plus librement, essoufflé qu'il était par la crainte et le danger, il mourut faute de secours, parce que les autres s'étaient échappés d'un autre côté. Le roi fut vivement frappé de sa perte, et lorsqu'on eut retrouvé son corps, il lui fit faire de magnifiques funérailles.

Pour surcroît de douleur, il reçut la nouvelle de la mort d'Andromaque, à qui il avait donné le gouvernement de la Syrie: les Samaritains l'avaient brûlé vif. Il partit avec la plus grande diligence pour venger cette mort; à son arrivée, on lui livra les auteurs d'un si horrible attentat. Il fit punir du dernier supplice les meurtriers de son lieutenant, et donna à Memnon la charge d'Andromaque. Il livra aussi des tyrans, et entre autres ceux de Méthymne, Aristonique et Chrysolaüs, à la fureur de leurs compatriotes; ceux-ci, pour se venger des outrages qu'ils en avaient

HISTOIRE D'ALEXANDRE. LIVRE IV.

conscendit	monta
parvum navigium,	une petite embarcation,
pluribus impositis	plus d'*hommes* étant placés-dessus
quam posset capere.	qu'elle ne pourrait *en* contenir. [mergé
Itaque navis mersa	En-conséquence le navire ayant été sub-
destituit omnes.	*les* laissa tous.
Hector obluctatus diu	Hector ayant lutté longtemps
flumini,	contre le fleuve,
quum vestis madens	comme *son* vêtement mouillé
et pedes adstricti crepidis	et *ses* pieds serrés par des sandales
prohiberent natare,	*l*'empêchaient de nager,
evasit tamen in ripam	il échappa cependant sur la rive
semianimis ;	respirant-à-demi ;
et, ut primum fatigatus	et, dès-que d'-abord fatigué
laxavit spiritum,	il détendit *sa* respiration,
quem metus et periculum	que la crainte et le danger
intenderant,	avaient tendue,
exanimatus est	il expira,
nullo adjuvante	aucun ne secourant
(quippe alii evaserant	(car les autres s'étaient échappés
in diversum).	dans un *côté* différent).
Rex afflictus est vehementer	Le roi fut frappé violemment
desiderio ejus amissi,	par le regret de lui perdu,
extulitque funere magnifico	et porta-dehors (ensevelit) par des funé-
corpus repertum. [machi,	son corps retrouvé. [railles magnifiques
Nuntius mortis Andro-	La nouvelle de la mort d'Androma-
quem præfecerat Syriæ,	qu'il avait préposé à la Syrie, [que,
oneravit hunc dolorem :	chargea (accrut) cette douleur :
Samaritæ	les Samaritains
cremaverant vivum.	avaient brûlé *lui* vivant.
Ad interitum cujus	Pour la mort duquel
vindicandum,	devant être vengée,
contendit celeritate	il se-dirigea avec une rapidité *aussi grande*
quanta potuit maxima,	qu'il put la plus grande.
auctoresque tanti sceleris	et les auteurs d'un si-grand crime
traditi sunt advenienti.	furent livrés à *lui* arrivant.
Deinde substituit	Ensuite il substitua
Memnona Andromacho,	Memnon à Andromaque,
qui interemerant prætorem	*ceux* qui avaient tué le gouverneur
affectis supplicio.	ayant été frappés du supplice.
Tradidit tyrannos	Il livra des tyrans
suis popularibus,	à leurs compatriotes,
inter eos	parmi eux
Aristonicum et Chrysolaum,	Aristonique et Chrysolaüs,
Methymnæorum ;	*tyrans* des Méthymnéens,
quos tortos e muris	lesquels *tyrans* lancés du-haut-des murs
illi necaverunt	ceux-ci tuèrent

niensium deinde, Rhodiorum et Chiorum legatos audit. Athenienses victoriam gratulabantur, et, ut captivi Græcorum suis restituerentur', orabant; Rhodii et Chii de præsidio querebantur. Omnes, æqua desiderare visi, impetraverunt. Mitylenæis quoque, ob egregiam in partes suas fidem, et pecuniam quam in bellum impenderant, obsides reddidit, et magnam regionem finibus eorum adjecit. Cypriorum quoque regibus, qui a Dario defecerant ad ipsum, et oppugnanti Tyrum miserant classem, pro merito honos habitus est. Amphoterus deinde, classis præfectus, ad liberandam Cretam missus (namque et Persarum et Spartanorum armis pleraque ejus insulæ obsidebantur), ante omnia mare a piraticis classibus vindicare jussus; quippe obnoxium prædonibus erat, in bellum utroque rege converso. His compositis, Herculi

reçus, les mirent à mort en les précipitant du haut de leurs murailles. Après cela, il donne audience aux ambassadeurs d'Athènes, de Rhodes et de Chio. Les Athéniens venaient le féliciter de sa victoire, et le prier de rendre aux Grecs les prisonniers de leur nation ; ceux de Rhodes et de Chio se plaignaient des garnisons qu'on avait mises chez eux. Tous ne paraissant réclamer que des choses justes, obtinrent ce qu'ils demandaient. Les Mityléniens lui avaient donné des preuves remarquables de fidélité, et avaient contribué beaucoup aux frais de la guerre ; il leur rendit aussi leurs otages, et ajouta à leur territoire une grande étendue de pays. Il récompensa également en raison de leurs services les rois de Chypre, qui avaient abandonné Darius pour lui, et lui avaient envoyé une flotte pendant le siége de Tyr. Puis Amphotère qui commandait la flotte fut envoyé pour délivrer la Crète, dont la plus grande partie était occupée par les Perses et par les Spartiates. Mais il reçut ordre avant tout de nettoyer la mer des pirates; car elle en était infestée, depuis que les deux rois étaient engagés dans la guerre. Après ces dispositions, il consacra à Hercule tyrien, un cratère d'or avec trente patères, et ne pensant

ob injurias.	à-cause-de *leurs* injustices.
Deinde audit	Ensuite il entend
legatos Atheniensium,	les députés des Athéniens,
Rhodiorum et Chiorum.	des Rhodiens et des habitants-de-Chio.
Athenienses gratulabantur	Les Athéniens félicitaient
victoriam,	de la victoire,
et orabant ut	et demandaient que
captivi Græcorum	les prisonniers d'*entre* les Grecs
restituerentur suis;	fussent rendus aux leurs ;
Rhodii et Chii	les Rhodiens et les habitants-de-Chio
querebantur de præsidio.	se plaignaient de la garnison.
Omnes visi	Tous ayant paru
desiderare æqua	désirer des choses justes
impetraverunt.	obtinrent.
Reddidit quoque	Il rendit aussi
obsides Mitylenæis,	les otages aux Mityléniens,
ob fidem egregiam	à-cause-de *leur* fidélité remarquable
in suas partes	pour *son* parti,
et pecuniam	et de l'argent
quam impenderant	qu'ils avaient dépensé
in bellum,	pour la guerre,
et adjecit magnam regionem	et il ajouta une grande contrée
finibus eorum.	aux frontières d'eux.
Honor habitus est quoque	Honneur fut rendu aussi
pro merito	selon le service
regibus Cypriorum,	aux rois des Cypriens,
qui et defecerant	lesquels *rois* et avaient fait-défection
a Dario ad ipsum,	de Darius vers lui-même,
et miserant classem	et avaient envoyé une flotte
oppugnanti Tyrum.	à *lui* assiégeant Tyr.
Deinde Amphoterus,	Ensuite Amphotère,
præfectus classis,	commandant de la flotte,
missus ad Cretam	envoyé pour la Crète
liberandam	devant être délivrée
(namque pleraque	(car la plupart *des parties*
ejus insulæ	de cette île
obsidebantur armis [rum],	étaient occupées par les armes
et Persarum et Spartano-	et des Perses et des Spartiates),
jussus ante omnia	reçut-ordre avant toutes choses
vindicare mare	d'affranchir la mer
a classibus piraticis;	des flottes de-pirates ;
quippe erat obnoxium	car elle était exposée
prædonibus,	aux brigands,
utroque rege	l'un-et-l'autre roi
converso in bellum.	étant tourné vers la guerre.
His compositis,	Ces choses ayant été réglées,
dicavit Herculi Tyrio,	il dédia à Hercule tyrien

Tyrio ex auro crateram cum triginta pateris[1] dicavit; imminensque Dario, iter ad Euphratem pronuntiari jussit.

IX. Darius, quum ab Ægyto divertisse in Africam hostem comperisset, dubitaverat utrumne circa Mesopotamiam[2] subsisteret, an interiora regni sui peteret, haud dubie potentior auctor præsens futurus ultimis gentibus impigre bellum capessendi, quas ægre per præfectos suos moliebatur. Sed, ut idoneis auctoribus fama vulgavit Alexandrum cum omnibus copiis quamcumque ipse adisset regionem petiturum, haud ignarus cum quam strenuo res esset, omnia longinquarum gentium auxilia Babyloniam contrahi jussit. Bactriani Scythæque et Indi convenerant; jam et ceterarum gentium copiæ partibus simul adfuerunt. Ceterum, quum dimidio ferme major esset exercitus quam in Cilicia fuerat, multis arma deerant, quæ summa cura comparabantur. Equitibus equis-

plus qu'à joindre Darius, il donna l'ordre de marcher vers l'Euphrate.

IX. Cependant, Darius ayant appris que l'ennemi était passé d'Egypte en Afrique, avait délibéré s'il resterait aux environs de la Mésopotamie, où s'il se porterait au cœur de ses États; il sentait bien que sa présence déciderait plus facilement ces nations éloignées à faire la guerre avec vigueur, tandis qu'il avait peine à les mettre en mouvement par l'entremise de ses lieutenants. Mais quand, sur des rapports dignes de foi, il sut qu'Alexandre était déterminé à le suivre avec toutes ses forces en quelque pays qu'il allât, n'ignorant pas à quel adversaire actif il avait à faire, il fit rassembler dans la Babylonie toutes les troupes auxiliaires des nations éloignées. Déjà les Bactriens, les Scythes et les Indiens s'y étaient rendus; et bientôt les contingents des autres peuples vinrent se joindre à lui. Au reste, l'armée se trouvant presque de moitié plus nombreuse qu'elle n'était dans la Cilicie, beaucoup d'hommes étaient sans armes; mais on n'épargnait

crateram auream	un cratère d'-or
cum triginta pateris,	avec trente patères,
imminensque Dario	et menaçant Darius,
jussit iter ad Euphratem	il ordonna la marche vers l'Euphrate
pronuntiari.	être annoncée.

IX. Darius,	IX. Darius,
quum comperisset hostem	lorsqu'il eut appris l'ennemi
divertisse ab Ægypto	s'être détourné de l'Égypte
in Africam,	en Afrique,
dubitaverat utrumne	avait douté si
subsisteret	il s'-arrêterait
circa Mesopotamiam,	autour-de la Mésopotamie,
an peteret	ou-s'il gagnerait
interiora sui regni,	les *parties* intérieures de son royaume,
futurus haud dubie	devant-être non d'une manière-douteuse
præsens	étant présent (s'il était présent)
auctor potentior	auteur plus puissant
gentibus ultimis	aux nations les plus reculées
capessendi bellum impigre,	de saisir la guerre avec-ardeur,
quas moliebatur ægre	lesquelles *nations* il remuait avec-peine
per suos præfectos.	par ses généraux.
Sed, ut fama vulgavit	Mais, dès-que la renommée eut divulgué
auctoribus idoneis,	par des auteurs suffisants,
Alexandum petiturum	Alexandre devoir gagner
cum omnibus copiis	avec toutes *ses* troupes
regionem	la contrée [allé,
quamcunque ipse adisset,	vers quelque *contrée* que lui-même fût
haud ignarus	n'ignorant pas
cum quam strenuo	avec *un ennemi* combien actif
res esset,	affaire était,
jussit omnia auxilia	il ordonna tous les secours
gentium longinquarum	des nations lointaines
contrahi Babyloniam.	être rassemblés *en* Babylonie.
Bactriani Scythæque	Les Bactriens et les Scythes
et Indi convenerant;	et les Indiens s'y étaient réunis;
jam et copiæ	déjà les troupes aussi
ceterarum gentium	de toutes-les-autres-nations [temps
adfuerunt simul	furent-présentes (se joignirent) en-même-
partibus.	à son parti.
Ceterum, quum exercitus	Du-reste comme l'armée
esset major	était plus grande
ferme dimidio	presque de moitié
quam fuerat in Cilicia,	qu'elle *n'*avait été en Cilicie,
arma deerant multis,	des armes manquaient à beaucoup,
quæ comparabantur	lesquelles *armes* étaient acquises
cura summa.	avec un soin suprême.

que tegumenta erant ex ferreis laminis serie inter se connexis; queis antea præter jacula nihil dederat, scuta gladiique adjiciebantur; equorumque domandi greges peditibus distributi sunt, ut major pristino esset equitatus; ingensque, ut crediderat, terror hostium, ducentæ falcatæ quadrigæ, unicum illarum gentium auxilium, secutæ sunt. Ex summo temone hastæ præfixæ ferro eminebant; utrinque a jugo ternos direxerant gladios, et inter radios rotarum plura spicula eminebant in adversum; aliæ deinde falces summis rotarum orbibus hærebant; et aliæ in terram demissæ, quidquid obvium concitatis equis fuisset amputaturæ [1].

Hoc modo instructo exercitu ac perarmato, Babylone copias movit. A parte dextra erat Tigris [2], nobilis fluvius; lævam tegebat Euphrates; agmen Mesopotamiæ campos impleverat. Tigri deinde superato, quum audisset haud procul abesse hostem, Satropatem equitum præfectum cum

aucun soin pour les en pourvoir. Les cavaliers et les chevaux étaient couverts de lames de fer attachées les unes aux autres ; à ceux qui auparavant n'avaient eu que le javelot, on donna de plus le bouclier et l'épée ; on distribua à l'infanterie des troupes de jeunes chevaux à dresser, afin d'avoir une cavalerie plus nombreuse qu'auparavant ; et, ce qui selon Darius était le plus propre à jeter la terreur parmi les ennemis, deux cents chars armés de faux, ressource particulière à ces nations, suivaient l'armée. De l'extrémité de la flèche sortaient des piques garnies de pointes de fer ; trois épées se dirigeaient en dehors de chaque côté du joug, et plusieurs dards faisant saillie partaient d'entre les rayons des roues ; enfin des faux attachées aux jantes, et d'autres tournées vers la terre, étaient destinées à tailler en pièces tout ce qu'elles rencontraient lorsqu'on lançait les chevaux.

L'armée ainsi équipée et complétement armée, Darius partit de Babylone. Il avait à sa droite le célèbre fleuve du Tigre ; sa gauche était couverte par l'Euphrate ; son armée remplissait les plaines de la Mésopotamie. Quand il eut passé le Tigre, informé que l'ennemi n'était pas loin, il détacha en avant, avec mille chevaux d'élite, Satropatès, général de la cavalerie ; et il en donna six mille au général

Tegumenta	Des couvertures
ex laminis ferreis	de lames de-fer
connexis serie inter se	attachées par rangée entre elles
erant equitibus equisque.	étaient aux cavaliers et aux chevaux:
Scuta gladiique	Des boucliers et des épées
adjiciebantur	étaient donnés-de-plus à *ceux* [ravant
queis dederat nihil antea	auxquels il n'avait donné rien aupa-
præter jacula;	outre des javelots;
gregesque equorum	et des troupeaux de chevaux
domandi	*troupeaux* devant être domptés
distributi sunt peditibus,	furent distribués aux fantassins,
ut equitatus esset	afin-que la cavalerie fût [précédente;
major pristino;	plus grande (plus nombreuse) que la
terrorque ingens hostium,	et terreur énorme des ennemis,
ut crediderat,	comme il (Darius) avait cru,
ducentæ quadrigæ falcatæ,	deux-cents quadriges armés-de-faux,
auxilium unicum	secours unique (particulier)
illarum gentium,	de ces nations-là,
secutæ sunt.	suivirent.
Hastæ præfixæ ferro	Des lances garnies-devant de fer
eminebant	faisaient-saillie
ex temone summo;	du timon extrême;
direxerant utrinque a jugo	ils avaient dirigé des-deux-côtés du joug
gladios ternos,	des épées trois-de-chaque-côté,
et plura spicula	et plusieurs dards
eminebant in adversum	faisaient-saillie en face
inter radios rotarum;	entre les rayons des roues;
deinde aliæ falces	puis d'autres faux
hærebant	étaient-attachées
orbibus summis rotarum;	aux cercles extrêmes des roues;
et aliæ demissæ	et d'autres abaissées
in terram,	vers la terre,
amputaturæ	devant couper
quidquid fuisset obvium	tout ce qui aurait été se-rencontrant
equis concitatis.	les chevaux ayant été lancés.
Exercitu instructo	L'armée ayant été pourvue
ac perarmato hoc modo,	et armée-complétement de cette manière,
movit copias Babylone.	il déplaça ses troupes de Babylone.
Tigris, fluvius nobilis,	Le Tigre, fleuve célèbre,
erat a parte dextra;	était du côté droit;
Euphrates tegebat lævam;	l'Euphrate couvrait le *côté* gauche;
agmen impleverat	l'armée avait rempli
campos Mesopotamiæ.	les plaines de la Mésopotamie.
Deinde Tigri superato,	Ensuite le Tigre ayant été passé,
quum audisset hostem	lorsqu'il eut entendu-dire l'ennemi
abesse haud procul,	être-distant non loin,
præmisit Satropatem	il envoya-devant Satropatès

mille delectis præmisit. Mazæo prætori sex millia data, quibus hostem transitu amnis arceret; eidem mandatum ut regionem quam Alexander esset aditurus popularetur atque ureret; quippe credebat inopia debellari posse, nihil habentem nisi quod rapiendo occupasset; ipsi autem commeatus alii terra, alii Tigri amne subvehebantur. Jam pervenerat ad Arbela[1], vicum nobilem sua clade facturus. Hic commeatuum sarcinarumque majore parte deposita, Lycum amnem ponte junxit, et per dies quinque, sicut ante[2] Euphratem, trajecit exercitum. Inde, octoginta fere stadia progressus, ad alterum amnem, Bumado nomen est, castra posuit. Opportuna explicandis copiis regio erat, equitabilis et vasta planities; ne stirpes quidem et brevia virgulta operiunt solum; liberque prospectus oculorum etiam ad ea quæ procul reces-

Mazée, pour empêcher l'ennemi de passer la rivière; il lui recommanda aussi de dévaster et d'incendier le pays où Alexandre devait entrer; car il croyait pouvoir vaincre par la disette, un ennemi qui n'avait que le pillage pour subsister; quant à lui, les vivres lui venaient et par la terre et par le Tigre. Il était déjà arrivé aux environs d'Arbèles, village qu'il allait rendre fameux par sa défaite; il y laissa la plus grande partie de ses provisions et de son bagage, jeta un pont sur la rivière de Lycus, et la fit passer en cinq jours à son armée, comme il avait fait autrefois pour l'Euphrate. S'étant avancé de là à la distance d'environ quatre-vingts stades, il campa sur les bords d'une autre rivière, nommée Bumado. Ce lieu était propre au déploiement des troupes; c'était une plaine nue, bonne pour la cavalerie; le sol n'y est couvert ni d'arbres ni de buissons, et la vue entièrement libre, s'étend jusqu'aux parties même les plus éloignées.

præfectum equitum	commandant des cavaliers
cum mille delectis.	avec mille *cavaliers* choisis.
Sex millia data	Six mille *furent* donnés
Mazæo prætori,	à Mazée général,
quibus arceret hostem	par lesquels il repousserait l'ennemi
transitu amnis ;	du passage du fleuve ;
mandatum eidem	il *fut* recommandé au même
ut popularetur atque ureret	qu'il dévastât et brûlât
regionem quam Alexander	le pays vers lequel Alexandre
esset aditurus ;	serait devant aller ;
quippe credebat	car il croyait
habentem nihil do	*lui* n'ayant rien
nisi quod occupasset rapien-	sinon ce qu'il aurait pris en enlevant,
posse debellari inopia ;	pouvoir être vaincu par la disette ;
commeatus autem	mais des vivres
subvehebantur ipsi,	étaient apportés à lui-même,
alii terra,	les uns par terre,
alii amne Tigri.	les autres par le fleuve *du* Tigre.
Jam pervenerat	Déjà il était parvenu
ad Arbela,	auprès d'Arbèles,
facturus vicum	devant faire *ce* village
nobilem sua clade.	célèbre par sa défaite.
Parte majore	La partie plus grande
commeatuum sarcinarumque	des vivres et des effets
deposita hic,	ayant été déposée ici,
junxit ponte	il réunit par un pont
amnem Lycum	le fleuve *de* Lycus,
et trajecit exercitum	et transporta-au-delà l'armée
per quinque dies,	pendant cinq jours,
sicut ante	comme auparavant
Euphratem.	*au delà de* l'Euphrate.
Progressus inde	S'-étant-avancé de-là
fere octoginta stadia,	presque quatre-vingts stades,
posuit castra	il plaça *son* camp
ad alterum amnem ;	auprès de l'autre fleuve ;
nomen est Bumado.	nom est *à lui* Bumade.
Regio erat opportuna	La contrée était favorable
copiis explicandis.	aux troupes devant être développées,
planities equitabilis	plaine bonne-pour-la cavalerie
et vasta ;	et vaste (nue) ;
ne quidem stirpes	pas même des souches
et virgulta brevia	et des broussailles courtes
operiunt solum ;	*ne* couvrent le sol ;
prospectusque liber	et la vue libre
oculorum	des yeux
permittitur etiam ad ea	s'étend même vers ces choses
quæ recessere procul.	qui se-sont-retirées loin.

sere permittitur. Itaque, si qua campi eminebant, jussit æquari, totumque fastigium extendi.

Alexandro, qui numerum copiarum ejus, quantum procul conjectari poterant, æstimabant, vix fecerunt fidem, tot millibus cæsis, majores copias esse reparatas. Ceterum, omnis periculi et maxime multitudinis contemptor, undecimis castris[1] pervenit ad Euphratem[2]. Quo pontibus juncto, equites primos ire, phalangem sequi jubet, Mazæo, qui, ad inhibendum transitum ejus cum sex millibus equitum occurrerat, non auso periculum sui facere. Paucis deinde, non ad quietem, sed ad reparandos animos, diebus datis militi, strenue hostem insequi cœpit, metuens ne interiora regni sui peteret, sequendusque esset per loca omni solitudine atque inopia vasta. Igitur quarto die præter Arbela[3] penetrat ad Tigrim. Tota regio ultra amnem recenti fumabat incendio; quippe

En conséquence Darius ordonna d'aplanir toutes les éminences que la plaine pouvait présenter, et de niveler partout la surface.

Ceux qui appréciaient le nombre des troupes perses, autant qu'on pouvait le faire de loin par conjecture, ne persuadèrent pas sans peine à Alexandre, qu'après la perte de tant de milliers d'hommes, Darius eût remis sur pied une armée plus grande que la première. Du reste Alexandre, qui méprisait tous les périls et surtout la multitude, arriva en onze jours de marche jusqu'à l'Euphrate. Il y jette des ponts, et fait passer d'abord sa cavalerie, puis sa phalange, sans que Mazée, qui s'était avancé avec six mille chevaux pour lui disputer le passage, ose se mesurer avec lui. Après avoir donné au soldat quelques jours, non pour se reposer, mais seulement pour reprendre courage, il se mit vigoureusement à la poursuite de l'ennemi, dans la crainte qu'il ne se retirât au centre de son royaume, et qu'il ne fallût le suivre à travers des déserts où tout manquerait. Il arrive donc en quatre jours jusqu'au Tigre, au delà d'Arbèles. Toute la contrée de l'autre côté du fleuve fumait encore des restes de l'embrasement;

Itaque jussit	En-conséquence il ordonna [part,
si campi eminebant qua,	si les plaines, faisaient-saillie quelque-
æquari	*elles* être égalisées,
fastigiumque totum	et le faîte tout-entier (la surface entière)
extendi. [rum	être étendu (être nivelé).
Qui æstimabant nume-	*Ceux* qui estimaient le nombre
copiarum ejus,	des troupes de lui,
quantum poterant	autant-qu'elles pouvaient
conjectari procul,	être conjecturées de-loin,
fecerunt vix fidem	firent à-peine foi (persuasion)
Alexandro,	à Alexandre,
tot millibus cæsis,	tant de milliers ayant été tués,
copias majores	des troupes plus grandes
esse reparatas.	avoir été levées-de-nouveau.
Ceterum contemptor	Du-reste contempteur
omnis periculi	de tout péril
et maxime multitudinis,	et surtout de la multitude, [marche)
pervenit undecimis castris	il parvint au onzième camp (jour de
ad Euphratem;	à l'Euphrate;
quo juncto pontibus,	lequel ayant été réuni par des ponts,
jubet equites	il ordonne les cavaliers
ire primos,	aller les premiers,
phalangem sequi,	la phalange suivre,
Mazæo qui occurrerat	Mazée qui était venu-au-devant
cum sex millibus equitum	avec six milliers de cavaliers
ad transitum ejus	pour le passage de lui
inhibendum,	devant être arrêté,
non auso facere	n'ayant pas osé faire
periculum sui.	essai de lui-même (de ses forces).
Deinde paucis diebus	Ensuite peu de jours
datis militi,	ayant été donnés au soldat,
non ad quietem,	non pour le repos,
sed ad animos reparandos,	mais pour les cœurs devant être refaits
cœpit insequi strenue	il commença à poursuivre activement
hostem,	l'ennemi ;
metuens ne peteret	craignant qu'il ne gagnât
interiora sui regni,	les *parties* intérieures de son royaume,
essetque sequendus	et *qu'il ne* fût devant être suivi
per loca vasta	à travers des lieux rendus-vastes
omni solitudine et inopia.	par toute solitude et *tout* dénûment.
Igitur pen	Donc il pénètre
quarto die	le quatrième jour
ad Tigrim	au Tigre
præter Arbela.	au-delà d'Arbèles.
Regio tota	La contrée tout-entière
ultra amnem	au-delà du fleuve
fumabat incendio recenti ;	fumait par un incendie récent ;

Mazæus, quæcumque adierat, haud secus quam hostis urebat. Ac primo, caligine quam fumus effuderat obscurante lucem, insidiarum metu substitit; deinde, ut speculatores præmissi tuta omnia nuntiaverunt, paucos equitum ad tentandum vadum fluminis præmisit; cujus altitudo primo summa equorum pectora, mox, ut in medium alveum ventum est, cervices quoque æquabat. Nec sane alius ad Orientis plagam tam violentus invehitur, multorum torrentium non aquas solum, sed etiam saxa secum trahens; itaque, a celeritate qua defluit, Tigri nomen est inditum, quia Persica lingua Tigrim sagittam appellant[1].

Igitur pedes, velut divisus in cornua, circumdato equitatu, levatis super capita armis, haud ægre ad ipsum alveum penetrat. Primus inter pedites rex egressus in ripam, vadum militibus manu, quando vox exaudiri non poterat, ostendit; sed gradum firmare vix poterant, quum modo saxa lubrica

car Mazée mettait le feu, comme un ennemi, partout où il passait. Le brouillard que la fumée avait répandu obscurcissait le jour. Alexandre, qui craignait quelque embûche, fit d'abord halte; puis ayant su des coureurs qu'il avait envoyés en avant qu'il n'y avait rien à craindre, il chargea quelques cavaliers d'aller les premiers sonder le gué; les chevaux en y entrant avaient de l'eau jusqu'au poitrail, et, au milieu du lit, jusqu'au cou. C'est assurément le plus rapide de tous les fleuves de l'Orient; car non-seulement il est grossi par les eaux de plusieurs torrents, mais il entraîne même de grosses pierres dans son cours. Cette impétuosité lui a fait donner le nom de Tigre, parce qu'en langue persane, une flèche s'appelle Tigre.

L'infanterie fut donc partagée comme en deux ailes, et, soutenue aux deux côtés par la cavalerie, portant ses armes élevées au-dessus de la tête, elle arriva sans peine jusqu'au courant de l'eau. Le roi parut le premier des fantassins sur l'autre bord, et, ne pouvant se faire entendre, il montrait le gué aux soldats avec la main. Mais ils avaient bien de la peine à se tenir ferme sur leurs pieds; tantôt

quippe Mazæus	car Mazée
urebat haud secus	brûlait non autrement
quam hostis,	qu'un ennemi,
quæcunque adierat.	toutes-les-choses vers lesquelles il était [allé.
Ac primo, caligine	Et d'abord le brouillard
quam fumus effuderat,	que la fumée avait répandu,
obscurante lucem,	obscurcissant le jour,
substitit metu insidiarum ;	il (Alexandre) s'arrêta par crainte d'em- [bûches ;
deinde, ut speculatores	ensuite, comme des éclaireurs
præmissi	envoyés-devant
nuntiaverunt omnia tuta,	annoncèrent toutes choses sûres,
præmisit equites paucos	il envoya-devant des cavaliers peu-nom-
ad tentandum	pour essayer [breux
vadum fluminis ;	le gué du fleuve ;
cujus altitudo	dont la profondeur
æquabat primo	égalait d'-abord
pectora summa equorum,	les poitrines extrêmes des chevaux,
mox quoque cervices,	bientôt aussi les cous,
ut ventum est	dès qu'on fût arrivé
in medium alveum.	au milieu du lit.
Nec sane alius	Ni assurément un autre
ad plagam Orientis	vers la région de l'Orient
invehitur tam violentus,	n'est porté si violent,
trahens secum	entraînant avec-lui-même
non solum aquas	non-seulement les eaux
multorum torrentium,	de beaucoup de torrents,
sed etiam saxa ;	mais encore des rochers ;
itaque nomen	en-conséquence le nom
inditum est Tigri	a été donné au Tigre [en-coulant,
a celeritate qua defluit,	de la rapidité avec laquelle il descend=
quia appellant	parce qu'ils appellent
lingua Persica	dans la langue perse
sagittam tigrim.	une flèche tigre.
Igitur pedes,	Donc le fantassin,
velut divisus in cornua,	comme divisé en ailes,
equitatu circumdato,	la cavalerie ayant été placée-autour,
armis levatis	les armes ayant été élevées
super capita,	sur les têtes,
penetrat haud ægre	pénètre non avec-peine
ad alveum ipsum.	vers le lit lui-même.
Rex primus inter pedites	Le roi le premier parmi les fantassins
egressus in ripam	étant sorti sur la rive
ostendit vadum militibus,	montre le gué aux soldats,
manu, quando vox	de la main, vu-que la voix
non poterat exaudiri ;	ne pouvait être-entendue ;
sed poterant vix	mais ils pouvaient à-peine
firmare gradum,	affermir leur pas,

vestigium fallerent, modo rapidior unda subduceret. Præcipuus erat labor eorum qui humeris onera portabant ; quippe, quum semet ipsos regere non possent, in rapidos gurgites incommodo onere auferebantur ; et, dum sua quisque spolia consequi studet, major inter ipsos quam cum amne orta luctatio est ; cumulique sarcinarum passim fluitantes plerosque perculerant. Rex monere ut satis haberent arma retinere; cetera se redditurum. Sed neque consilium neque imperium accipi poterat : obstrepebat hinc metus ; præter hunc, invicem nutantium mutuus clamor. Tandem, qua leniore tractu amnis aperit vadum, emersere ; nec quidquam præter paucas sarcinas desideratum est.

Deleri potuit exercitus, si quis ausus esset vincere ; sed perpetua fortuna regis avertit inde hostem. Sic Granicum, tot millibus equitum peditumque in ulteriore stantibus ripa,

les pierres glissantes se dérobaient sous leurs pieds ; tantôt la violence du courant les entraînait. Le plus grand mal était pour ceux qui portaient des bagages sur leurs épaules ; car ne pouvant se diriger eux-mêmes, ils étaient entraînés dans des gouffres rapides par cet embarrassant fardeau ; chacun alors tâchant de rattraper ce qu'il perdait, ils avaient plus à lutter les uns contre les autres que contre le fleuve même ; et la plupart étaient heurtés par des monceaux de paquets qui flottaient de tous côtés. Le roi criait que l'on se contentât de retenir les armes, et qu'il rendrait le reste. Mais il n'y avait ni conseil ni commandement qui pût être entendu ; la crainte d'un côté, et de l'autre les cris que poussaient tour à tour ceux qui glissaient, couvraient sa voix. Enfin ils sortirent du fleuve par l'endroit du gué où l'eau coule plus doucement ; et on n'eut à regretter que quelques bagages.

L'armée pouvait être détruite, si quelqu'un eût osé la vaincre ; mais le bonheur du roi, toujours constant, détourna l'ennemi loin de là. C'était ainsi qu'il avait franchi le Granique à la vue de tant de mil-

quum modo saxa lubrica	attendu-que tantôt des pierres glissantes
fallerent vestigium,	trompaient la-plante-des-pieds,
modo unda rapidior	tantôt l'onde plus rapide
subduceret.	les enlevait-par-dessous.
Labor præcipuus erat	La peine principale était
eorum qui portabant	de ceux qui portaient
onera humeris;	des fardeaux sur *leurs* épaules;
quippe quum non possent	car comme ils ne pouvaient
semet regere ipsos,	se diriger eux-mêmes,
auferebantur	ils étaient entraînés
onere incommodo	par un fardeau incommode
in gurgites rapidos;	dans des gouffres rapides;
et dum quisque studet	et tandis-que chacun s'-applique
consequi sua spolia,	à saisir ses dépouilles,
luctatio major orta est	une lutte plus grande s'-éleva
inter ipsos	entre eux-mêmes
quam cum amne;	qu'avec le fleuve;
cumulique sarcinarum	et des monceaux d'effets
fluitantes passim	flottant çà-et-là
perculerant plerosque.	avaient frappé la plupart.
Rex monere	Le roi *se mit à* avertir
ut haberent satis	qu'ils eussent assez
retinere arma;	*de* retenir leurs armes; [choses;
se redditurum cetera;	lui-même devoir rendre toutes-les-autres
sed neque consilium	mais ni conseil
neque imperium	ni commandement
poterat accipi;	*ne* pouvait être reçu;
hinc metus,	d'-un-côté la crainte,
præter hunc, clamor mutuus	*et* outre-celle-ci, le cri mutuel
nutantium invicem	de *ceux* glissant tour-à-tour [voix.
obstrepebat.	faisait-du-bruit-devant (couvrait sa
Tandem emersere,	Enfin ils sortirent-de-l'eau,
qua amnis	par-où le fleuve
aperit vadum	ouvre le gué
tractu leniore; [est	par un cours plus doux;
nec quidquam desideratum	ni quelque chose ne fut regretté
præter sarcinas paucas.	excepté des effets peu-nombreux.
Exercitus potuit deleri,	L'armée put être détruite,
si quis ausus esset	si quelqu'un avait osé
vincere;	vaincre;
sed fortuna perpetua regis	mais la fortune continue du roi
avertit hostem inde.	détourna l'ennemi de-là.
Superavit sic Granicum,	Il passa ainsi le Granique,
tot millibus	tant de milliers
equitum peditumque	de cavaliers et de fantassins
stantibus in ripa ulteriore;	se-tenant sur la rive ultérieure;
sic in callibus angustis	ainsi dans les sentiers étroits

QUINTE-CURCE.

superavit; sic angustis in Ciliciæ callibus tantam multitudinem hostium. Audaciæ quoque, qua maxime viguit, ratio minui potest, quia nunquam in discrimen venit an temere fecisset. Mazæus, qui, si transeuntibus flumen supervenisset, haud dubie oppressurus fuit incompositos, in ripa demum et jam perarmatos adequitare cœpit. Mille admodum equites præmiserat; quorum paucitate Alexander explorata, deinde contempta, præfectum Pæonum[1] Aristona laxatis habenis invehi jussit. Insignis eo die pugna equitum et præcipue Aristonis fuit: præfectum equitatus Persarum, Satropatem, directa in gutture hasta transfixit; fugientemque per medios hostes consecutus, ex equo præcipitavit; et obluctanti caput gladio dempsit, quod relatum magna cum laude ante regis pedes posuit.

X. Biduo ibi rex stativa[2] habuit; in proximum deinde iter pronuntiari jussit. Sed, prima fere vigilia, luna deficiens pri-

liers d'hommes de cavalerie et d'infanterie qui couvraient la rive opposée, ainsi que, dans les sentiers étroits de la Cilicie, il avait vaincu un si grand nombre d'ennemis. On peut même réduire la part de l'audace qui fit surtout ses succès, parce qu'il n'y eut jamais lieu de se demander s'il n'avait pas agi avec témérité. Mazée, qui n'aurait pas manqué d'écraser les ennemis en désordre, s'il fût tombé sur eux tandis qu'ils passaient, ne commença à s'avancer que quand ils furent sur la rive, et complétement armés. Il avait envoyé devant mille chevaux environ; dès qu'Alexandre eut reconnu cette poignée de gens, il la méprisa, et ordonna à Ariston, qui commandait la cavalerie péonienne, de les charger à bride abattue. La cavalerie combattit ce jour-là d'une manière distinguée, et principalement Ariston : il porta un coup de javeline à la gorge de Stropatès, général de la cavalerie perse, le poursuivit dans sa fuite à travers les ennemis, l'atteignit, le renversa de son cheval, et malgré sa résistance, lui coupa la tête, qu'il rapporta glorieusement aux pieds du roi.

X. Après avoir campé deux jours en ce lieu, le roi fit signifier le départ pour le jour suivant. Mais vers la première veille de la nuit,

Ciliciæ	de la Cilicie
tantam multitudinem	il vainquit une si-grande multitude
hostium.	d'ennemis.
Ratio quoque audaciæ,	Le compte aussi de l'audace,
qua viguit maxime,	par laquelle il fut-vigoureux le plus,
potest minui,	peut être diminué,
quia venit nunquam	parce-qu'il ne vint jamais
in discrimen	en décision
an fecisset temere.	s'il avait agi au-hasard.
Mazæus,	Mazée,
qui si supervenisset	qui s'il était venu-sur
transeuntibus flumen,	eux traversant le fleuve, [douteuse
fuit oppressurus haud dubie	fut devant accabler non d'une manière-
incompositos,	eux non-ordonnés,
cœpit adequitare	commença à chevaucher-vers eux
demum in ripa	seulement *lorsqu'ils étaient* sur la rive
et jam perarmatos.	et déjà complétement-armés.
Præmiserat	Il avait envoyé-devant
admodum mille equites ;	à-peu-près mille cavaliers; [connu,
paucitate quorum explorata,	le petit-nombre desquels ayant été re-
deinde contempta,	puis méprisé,
Alexander jussit	Alexandre ordonna
Aristona,	Ariston,
præfectum Pæonum,	commandant des Péoniens,
invehi habenis laxatis.	se porter-contre les rênes étant lâchées.
Eo die	Ce jour-là
pugna equitum	le combat des cavaliers
et præcipue Aristonis	et principalement d'Ariston
fuit insignis :	fut remarquable :
transfixit Satropatem,	il transperça Satropatès,
præfectum equitatus	commandant de la cavalerie
Persarum,	des Perses,
hasta directa in gutture;	sa lance ayant été dirigée dans le gosier;
consecutusque fugientem	et ayant atteint *lui* fuyant
per medios hostes,	à travers le milieu des ennemis,
præcipitavit ex equo ;	il *le* précipita de cheval;
dempsitque gladio	et enleva (coupa) de *son* épée
caput obluctanti,	la tête *à lui* luttant-contre,
quod relatum	laquelle rapportée
cum magna laude	avec une grande louange
posuit ante pedes regis.	il déposa devant les pieds du roi.
X. Rex habuit ibi	X. Le roi eut là
stativa biduo ;	un cantonnement l'espace-de-deux-jours;
deinde jussit iter	ensuite il ordonna le chemin
pronuntiari in proximum.	être annoncé pour *le jour* le plus proche.
Sed luna deficiens	Mais la lune défaillant

mum nitorem sideris sui condidit, deinde sanguinis colore suffuso lumen omne fœdavit; sollicitisque sub ipsum tanti discriminis casum ingens religio et ex ea formido quædam incussa est. « Diis invitis in ultimas terras trahi se querebantur ; jam nec flumina posse adiri, nec sidera pristinum præstare fulgorem ; vastas terras, deserta omnia occurrere ; in unius hominis jactationem tot millium sanguinem impendi; fastidio esse patriam; abdicari Philippum patrem ; cœlum vanis cogitationibus peti. » Jam pro seditione res erat, quum, ad omnia interritus, duces principesque militum frequentes adesse prætorio, Ægyptiosque vates, quos cœli ac siderum peritissimos esse credebat, quid sentirent expromere jubet. At illi, qui satis scirent temporum orbes implere destinatas vices, lunamque deficere quum aut terram subiret aut sole premeretur, rationem quidem ipsis perceptam non

la lune s'éclipsa, elle cacha d'abord sa lumière ; puis elle reparut toute teinte de sang, et souillée. Les soldats, déjà inquiets à l'approche d'une action si périlleuse, ressentirent une profonde impression religieuse, et par suite une certaine terreur. Aussi se plaignaient-ils qu'on les traînât contre la volonté des dieux aux extrémités de la terre. Ils ajoutaient qu'on ne pouvait plus tenter le passage des fleuves, et que les astres refusaient leur ancienne clarté ; qu'ils ne trouvaient plus que des terres dévastées et des déserts ; que c'était pour satisfaire la vanité d'un seul que tant de milliers d'hommes versaient leur sang, d'un homme qui osait dédaigner sa patrie, renier son père Philippe, et prétendre follement aux honneurs divins. Déjà une sédition était sur le point d'éclater, lorsqu'Alexandre, qui ne s'épouvantait de rien, fit venir dans sa tente un grand nombre de chefs et d'officiers, et ordonna aux devins égyptiens, qu'il croyait très-versés dans la connaissance du ciel et des astres, de déclarer ce qu'ils pensaient de ce prodige. Ceux-ci savaient bien que le cours des astres suit des révolutions régulières, et que la lune s'éclipse quand elle passe derrière la terre, ou qu'elle est couverte par le soleil ; néanmoins ils n'eurent garde de divulguer leur science;

fere prima vigilia	presqu'à la première veille
condidit primum	cacha d'-abord
nitorem sui sideris,	l'éclat de son astre,
deinde fœdavit	puis elle souilla
omne lumen	toute sa lumière
colore sanguinis suffuso ;	d'une couleur de sang répandue-dessous ;
ingensque religio	et une immense religion (impression
et ex ea	et par-suite d'elle [religieuse)
quædam formido	une certaine épouvante
incussa est sollicitis	fut inspirée *aux Macédoniens* inquiets
sub casum ipsum	à la chute (à l'approche) elle-même
discriminis tanti.	d'une crise si-grande. [nés
Querebantur « se trahi	Ils se-plaignaient « eux-mêmes être traî-
in terras ultimas	dans les terres les plus reculées
diis invitis ;	les dieux ne-voulant-pas ;
jam nec flumina	déjà ni les fleuves
posse adiri,	ne pouvoir être abordés,
nec sidera præstare	ni les astres maintenir
fulgorem pristinum ;	*leur* éclat précédent ;
terras vastas,	des terres dévastées,
omnia deserta occurrere ;	toutes choses désertes se-présenter ;
sanguinem tot millium	le sang de tant de milliers *d'hommes*
impendi in jactationem	être dépensé pour la vanité
unius hominis ;	d'un seul homme ;
patriam esse fastidio ;	*sa* patrie être à dédain *à lui ;*
patrem Philippum abdicari ;	*son* père Philippe être renié ;
cœlum peti	le ciel être cherché
vanis cogitationibus. »	par de vaines pensées. »
Jam res erat	Déjà la chose était
pro seditione,	à-la-place de sédition, [choses,
quum, interritus ad omnia,	lorsqu'*Alexandre* intrépide à toutes
jubet duces	ordonne les chefs
principesque militum	et les premiers d'*entre* les soldats
adesse frequentes	être-présents nombreux
prætorio,	dans la-tente-du-général,
vatesque Ægyptios,	et les devins égyptiens,
quos credebat esse	qu'il croyait être
peritissimos cœli	très-habiles *dans la connaissance* du ciel
ac siderum,	et des astres,
expromere quid sentirent.	exposer quelle chose ils pensaient.
At illi,	Mais ceux-là, [samment
qui scirent satis	qui savaient (quoiqu'ils sussent) suffi-
orbes temporum	les cours des temps [quées,
implere vices destinatas,	remplir (accomplir) des révolutions mar-
lunamque deficere	et la lune défaillir,
quum aut subiret terram	lorsque ou elle passait-derrière la terre
aut premeretur sole,	ou elle était pressée par le soleil,

edocent vulgus ; ceterum affirmant solem Græcorum, lunam esse Persarum ; quoties illa deficiat, ruinam stragemque illis gentibus portendi ; veteraque exempla percensent Persidis regum, quos adversis diis pugnasse lunæ ostendisset defectio. Nulla res efficacius multitudinem regit quam superstitio : alioquin impotens, sæva, mutabilis, ubi vana religione capta est, melius vatibus quam ducibus suis paret. Igitur edita in vulgus Ægyptiorum responsa rursus ad spem et fiduciam erexere torpentes.

Rex, impetu animorum utendum ratus, secunda vigilia castra movit : dextra Tigrim habebat, a læva montes quos Gordyæos[1] vocant. Hoc ingresso iter speculatores qui præmissi erant, sub lucis ortum, Darium adventare nuntiaverunt. Instructo igitur milite et composito agmine antecedebat. Sed Persarum exploratores erant mille ferme, qui speciem

mais ils assurèrent que le soleil était pour les Grecs, et la lune pour les Perses, et que toutes les fois que celle-ci s'éclipsait, c'était pour ces peuples un présage de ruine et de malheur; et là-dessus ils énumèrent les exemples d'anciens rois de Perse qui avaient eu les dieux contraires dans les batailles, selon le présage de quelque éclipse de lune. Rien de plus efficace que la superstition pour mener la multitude : incapable d'ailleurs de se maîtriser, violente, inconstante, dès qu'elle est préoccupée d'une vaine image de religion, elle obéit mieux à des devins qu'à ses chefs. Aussi les réponses des Égyptiens répandues parmi les troupes, ramenèrent l'espoir et la confiance dans les cœurs abattus.

Le roi crut devoir profiter de cet élan, et décampa à la seconde veille ; il avait à sa droite le Tigre, et à sa gauche les montagnes qu'on appelle Gordyéennes. Quand il fut en marche, les éclaireurs qu'il avait dépêchés en avant, rapportèrent au point du jour que Darius approchait. Il disposa donc ses soldats, rangea son armée en bataille, et s'avança à la tête. Mais c'étaient environ mille coureurs perses qu'on avait pris pour une troupe considérable ; car, quand

HISTOIRE D'ALEXANDRE. LIVRE IV. 263

non edocent quidem	n'enseignent pas-à-la-vérité
vulgus	au vulgaire
rationem perceptam ipsis ;	la raison perçue par eux-mêmes ;
ceterum affirmant	du-reste ils affirment
solem esse Græcorum,	le soleil être des (pour les) Grecs,
lunam Persarum.	la lune des (pour les) Perses.
Quoties illa deficiat,	Toutes-les-fois que celle-là fait-défaut,
ruinam stragemque	ruine et massacre
portendi illis gentibus ;	être présagés à ces nations ;
percensentque	et ils passent-en-revue
vetera exempla	les anciens exemples
regum Persidis,	des rois de Perse,
quos defectio lunæ	lesquels l'éclipse de la lune
ostendisset pugnare	avait montrés combattre
diis adversis.	les dieux *étant* contraires.
Nulla res	Aucune chose
regit multitudinem	ne gouverne la multitude
efficacius quam superstitio :	plus efficacement que la superstition :
alioquin impotens,	d'ailleurs ne-se-maîtrisant-pas,
sæva, mutabilis,	violente, changeante,
ubi capta est	dès qu'elle a été prise
vana religione,	par une vaine religion,
paret melius	elle obéit mieux
vatibus quam suis ducibus.	aux devins qu'à ses chefs.
Igitur responsa	Donc les réponses
Ægyptiorum	des Égyptiens
edita in vulgus	répandues dans le vulgaire
erexere ad spem et fiduciam	relevèrent vers l'espoir et la confiance
torpentes.	*eux* engourdis.
Rex ratus utendum	Le roi persuadé être-à-se-servir
impetu animorum,	de l'élan des cœurs,
movit castra	déplaça le camp
secunda vigilia.	à la seconde veille.
Habebat Tigrim dextra,	Il avait le Tigre à droite,
a læva montes	à gauche les montagnes
quos vocant Gordyæos.	qu'ils appellent Gordyéennes.
Speculatores	Des éclaireurs
qui præmissi erant	qui avaient été envoyés-devant
nuntiaverunt	annoncèrent
sub ortum lucis	vers le lever du jour
ingresso hoc iter	à *Alexandre* étant entré-dans cette route
Darium adventare.	Darius arriver-à-grands-pas.
Igitur antecedebat	Donc il marchait-en-tête
milite instructo	le soldat ayant été disposé
et agmine composito.	et l'armée ayant été mise-en-ordre.
Sed mille ferme	Mais mille environ
exploratores Persarum	éclaireurs des Perses

agminis magni fecerant; quippe, ubi explorari vera non possunt, falsa per metum augurantur. His cognitis, rex, cum paucis suorum assecutus agmen refugientium ad suos, alios cecidit, alios cepit; equitesque præmisit simul speculatum, simul ut ignem, quo barbari cremaverant vicos, exstinguerent; quippe fugientes raptim tectis acervisque frumenti injecerant flammas; quæ quum in summo hæsissent, ad inferiora nondum penetraverant. Exstincto igitur igne, plurimum frumenti repertum est; copia aliarum quoque rerum abundare cœperunt. Ea res ipsa militi ad persequendum hostem animum incendit; quippe, urente et populante eo terram, festinandum erat, ne incendio cuncta præriperet. In rationem ergo necessitas versa; quippe Mazæus, qui antea per otium vicos incenderat, jam fugere contentus, pleraque inviolata hosti reliquit. Alexander haud longius centum quinquaginta

on ne peut connaître le vrai, la crainte mène à de fausses conjectures. Informé de ce qui en était, le roi atteignit avec quelques-uns des siens cette troupe qui se retirait vers le gros de l'armée, tua quelques ennemis et en fit d'autres prisonniers; il fit aussi avancer des cavaliers, tant pour aller à la découverte, que pour éteindre le feu que les barbares avaient mis dans les villages; car tout en fuyant ils avaient jeté à la hâte sur les toits et sur les meules de blé des corps enflammés, qui s'étaient arrêtés au sommet, et n'avaient pas encore pénétré jusqu'au bas. Lorsqu'on eut donc éteint le feu, on trouva beaucoup de froment, et l'on commença aussi à jouir des autres biens en abondance. Ce succès même anima les soldats à la poursuite de l'ennemi; comme celui-ci brûlait et ravageait le pays, il fallait se hâter, si on ne voulait trouver tout détruit par le feu. Ainsi la nécessité traçait le plan qu'on avait à suivre; Mazée, qui auparavant avait eu le loisir d'incendier les villages, content alors de pouvoir fuir, laissa presque tout intact à l'ennemi. Alexandre avait appris que Darius

erant qui fecerant	étaient qui avaient fait
speciem magni agminis;	l'apparence d'une grande troupe;
quippe, ubi vera	car, dès-que les choses vraies
non possunt explorari,	ne peuvent être reconnues,
augurantur per metum	ils augurent (on augure) par crainte
falsa.	des choses fausses.
His cognitis,	Ces choses ayant été connues,
rex cum paucis suorum	le roi avec peu des siens
assecutus agmen	ayant atteint la troupe
refugientium ad suos,	de *ceux* se repliant vers les leurs,
cecidit alios,	tua les uns,
cepit alios;	prit les autres;
præmisitque equites	et envoya-devant des cavaliers
simul speculatum,	en-même-temps observer, [sent
simulque ut exstinguerent	et en-même temps pour qu'ils éteignis-
ignem quo barbari	le feu par lequel les barbares
cremaverant vicos;	avaient brûlé les villages;
quippe fugientes	car en fuyant
injecerant raptim	ils avaient jeté à-la-hâte
flammas tectis	des flammes sur les toits
acervisque frumenti;	et les amas de blé; [chées
quæ, quum hæsissent	lesquelles, comme elles s'-étaient-atta-
in summo,	au plus haut,
nondum penetraverant	n'avaient pas-encore pénétré
ad inferiora.	aux *parties* inférieures.
Igitur igne exstincto,	Donc le feu ayant été éteint,
plurimum frumenti	la plus grande *partie* du blé
repertum est;	fut trouvée; [dance
cœperunt abundare copia	ils commencèrent à regorger de l'abon-
aliarum rerum quoque.	des autres choses aussi.
Ea res ipsa	Cette chose elle-même
incendit animum militi	échauffa le cœur au soldat
ad hostem persequendum;	pour l'ennemi devant être poursuivi;
quippe, eo urente	car, celui-là brûlant
et populante terram,	et ravageant la terre,
erat festinandum	il était à-se-hâter
ne præriperet	de-peur-qu'il ne ravît-d'-avance
cuncta incendio.	toutes les choses par l'incendie.
Ergo necessitas	Donc la nécessité
versa in rationem;	*fut* tournée en calcul;
quippe Mazæus,	car Mazée,
qui antea incenderat	qui auparavant avait incendié
vicos per otium,	les villages par loisir,
contentus jam fugere,	content déjà de fuir,
reliquit hosti	laissa à l'ennemi
pleraque inviolata.	la plupart des choses intactes.
Alexander compererat	Alexandre avait appris

stadiis Darium abesse compererat ; itaque, ad satietatem quoque copia commeatuum instructus, quatriduo in eodem loco substitit.

Interceptæ deinde Darii litteræ sunt, quibus Græci milites sollicitabantur ut regem aut interficerent aut proderent ; dubitavitque an eas pro concione recitaret, satis confisus Græcorum quoque erga se benevolentiæ ac fidei. Sed Parmenio deterruit : « Non esse talibus promissis imbuendas aures militum ; patere vel unius insidiis regem, nihil nefas esse avaritiæ. » Secutus consilii auctorem, castra movit. Iter facienti spado, unus ex captivis qui Darii uxorem comitabantur, deficere eam nuntiat et vix spiritum ducere. Itineris continui labore animique ægritudine[1] fatigata, inter socrus et virginum filiarum manus collapsa erat, deinde et exstincta ; id ipsum nuntians alius supervenit. Et rex, haud secus quam si parentis suæ mors nuntiata esset, crebros edidit

n'était plus qu'à cent cinquante stades ; c'est pourquoi se trouvant pourvu de vivres, même surabondamment, il séjourna quatre jours dans le même lieu.

On intercepta peu après une lettre de Darius, par laquelle il sollicitait les soldats grecs à tuer ou à livrer le roi. Alexandre se demanda s'il ne la lirait pas en pleine assemblée, parce qu'il faisait assez de fond sur la bienveillance et la fidélité des Grecs eux-mêmes. Mais Parménion l'en détourna ; il lui fit entendre qu'il fallait se garder de laisser parvenir de semblables promesses aux oreilles des soldats, que la vie du roi était à la discrétion d'un seul traître, et qu'il n'y avait rien dont la cupidité ne fût capable. Il en crut l'auteur de ce conseil, et décampa. Pendant la marche, un des eunuques prisonniers qui accompagnaient la femme de Darius, vint lui dire que cette princesse était sans connaissance et qu'elle respirait à peine. Accablée par la fatigue d'une marche continuelle et par ses peines d'esprit, elle était tombée de faiblesse entre les bras de la reine sa belle-mère, et de ses jeunes filles, et y était morte bientôt après ; c'est ce que vint apprendre un autre envoyé qui survint. Le roi se mit à gémir comme si on lui eût annoncé la mort de sa mère ; et versant des

Darium abesse	Darius être-distant
haud longius centum	non plus loin que cent
et quinquaginta stadiis;	et cinquante stades;
itaque instructus	en-conséquence pourvu
ad satietatem quoque	à satiété même
copia commeatuum,	de l'abondance des vivres,
substitit quatriduo	il s'arrêta l'espace-de-quatre-jours
in eodem loco.	dans le même lieu.
Deinde litteræ Darii	Puis une lettre de Darius
interceptæ sunt,	fut interceptée,
quibus milites Græci	par laquelle les soldats grecs
sollicitabantur	étaient sollicités
ut aut interficerent	afin-que ou ils tuassent
aut proderent regem;	ou trahissent le roi;
dubitavitque an recitaret	et il douta s'il lirait
eas pro concione,	elle devant l'assemblée, [lance
confisus satis benevolentiæ	s'étant fié suffisamment à la bienveil-
ac fidei erga se	et à la fidélité envers-lui-même
Græcorum quoque.	des Grecs aussi.
Sed Parmenio deterruit:	Mais Parménion l'en détourna:
« Aures militum	« Les oreilles des soldats
non esse imbuendas	ne devoir pas être imprégnées
promissis talibus.	de promesses telles.
Regem patere	Le roi être exposé
insidiis vel unius;	aux embuches même d'un seul;
nihil esse nefas avaritiæ. »	rien n'être illicite à la cupidité. »
Secutus auctorem consilii,	Ayant suivi l'auteur du conseil,
movit castra.	il déplaça le camp.
Spado, unus ex captivis	Un eunuque, un des captifs
qui comitabantur	qui accompagnaient
uxorem Darii,	l'épouse de Darius,
nuntiat facienti iter,	annonce à lui faisant route,
eam deficere	elle défaillir
et ducere vix spiritum.	et tirer à-peine la respiration.
Fatigata labore	Fatiguée par la peine
itineris continui	d'une marche continuelle
ægritudineque animi,	et par la souffrance de l'esprit,
collapsa erat	elle était tombée-évanouïe
inter manus socrus	entre les mains de sa belle-mère
et virginum filiarum,	et des jeunes-filles ses filles,
deinde et exstincta;	ensuite même elle s'était éteinte;
alius supervenit	un autre survint
nuntians id ipsum.	annonçant cela même.
Et rex edidit	Et le roi poussa
gemitus crebros,	des gémissements répétés,
haud secus quam si	non autrement que si
mors suæ parentis	la mort de sa mère

gemitus ; lacrimisque obortis quales Darius profudisset, in tabernaculum, in quo mater erat Darii defuncto assidens corpori, venit. Hic vero renovatus est mœror, ut prostratam humi vidit. Recenti malo priorum quoque admonita, receperat in gremium adultas virgines, magna quidem mutui doloris solatia, sed quibus ipsa deberet esse solatio. In conspectu erat nepos parvulus, ob id ipsum miserabilis quod nondum sentiebat calamitatem maxima ex parte ad ipsum redundantem. Crederes Alexandrum inter suas necessitudines flere, et solatia non adhibere, sed quærere ; cibo certe abstinuit, omnemque honorem funeri, patrio Persarum more, servavit[1] : dignus hercule qui nunc quoque tantæ mansuetudinis et continentiæ ferat fructum. Semel omnino eam viderat, quo die capta est, nec ut ipsam, sed ut Darii matrem videret ; eximiamque pulchritudinem formæ ejus non libidinis habuerat incitamentum, sed gloriæ.

larmes comme Darius aurait pu le faire, il se rendit à la tente où était la mère de ce prince à côté du corps. Dans ce moment toute sa douleur se ranima, quand il vit cette princesse étendue par terre. Celle-ci, pour qui ce dernier malheur renouvelait toute l'amertume des premiers, tenait sur son sein les princesses à la fleur de leur âge ; elles étaient bien faites pour adoucir son affliction qu'elles partageaient ; mais c'était elle qui aurait dû être elle-même leur consolation. Elle voyait devant elle son petit-fils, jeune enfant d'autant plus à plaindre, qu'il ne sentait pas encore l'infortune dont le plus grand poids retombait sur lui. On aurait dit qu'Alexandre pleurait au milieu de ses propres parents, et qu'il était venu là, non pour apporter mais pour chercher des consolations. Il ne prit en effet aucune nourriture, et fit ensevelir la reine, à la manière des Perses, avec tous les honneurs qui lui étaient dûs : prince bien digne de recueillir encore aujourd'hui le fruit de sa bonté et de sa continence. Il n'avait vu la reine qu'une fois, le jour où elle avait été prise ; ce ne fut pas même à elle, ce fut à la mère de Darius qu'il fit visite ; et la beauté remarquable de cette princesse, loin d'enflammer ses désirs, n'avait été pour lui qu'un encouragement à acquérir une gloire nouvelle.

nuntiata fuisset;	lui eût été annoncée;
lacrimisque obortis	et des larmes lui étant venues
quales Darius profudisset,	telles que Darius en aurait répandu,
venit in tabernaculum	il vint dans la tente,
in quo erat mater Darii	dans laquelle était la mère de Darius
assidens corpori defuncto.	assise-auprès du corps mort.
Hic vero mœror	Mais alors le chagrin de lui
renovatus est,	fut renouvelé,
ut vidit prostratam humi.	dès qu'il vit elle étendue à terre.
Admonita malo recenti	Avertie par ce mal récent
priorum quoque,	des premiers aussi,
receperat in gremium	elle avait reçu dans son sein
virgines adultas,	les jeunes-filles adultes,
magna solatia quidem	grandes consolations à-la-vérité
doloris mutui,	de la douleur mutuelle, [(aurait dû)
sed quibus ipsa deberet	mais auxquelles elle-même devrait
esse solatio.	être à consolation.
Nepos parvulus,	Son petit-fils tout-jeune,
miserabilis ob id ipsum	digne-de-pitié pour cela même
quod sentiebat nondum	qu'il ne sentait pas-encore
calamitatem redundantem	un malheur retombant
ex maxima parte	de (pour) la plus grande partie
ad ipsum,	vers lui-même,
erat in conspectu.	était en sa présence.
Crederes Alexandrum flere	Tu croirais Alexandre pleurer
inter suas necessitudines,	parmi ses parentés,
et non adhibere	et ne-pas appliquer (apporter)
sed quærere solatia.	mais chercher des consolations.
Certe abstinuit cibo,	Du-moins il s'abstint de nourriture,
servavitque funeri	et conserva aux funérailles
omnem honorem	tout honneur [Perses;
more patrio Persarum;	par (selon) la coutume nationale des
dignus hercule [tum	digne par-Hercule [core le fruit
qui ferat nunc quoque fruc-	qu'il emporte (recueille) maintenant en-
mansuetudinis tantæ	d'une douceur si-grande
continentiæque.	et d'une continence si-grande.
Viderat eam	Il avait vu elle
semel omnino,	une-seule-fois en-tout,
die quo capta est;	le jour dans lequel elle fut prise;
nec ut videret ipsam,	ni pour-qu'il vît elle-même,
sed ut matrem Darii;	mais pour-qu'il vît la mère de Darius;
habueratque	et il avait eu
pulchritudinem eximiam	la beauté remarquable
formæ ejus	de la forme d'elle
incitamentum	comme incitation
non libidinis,	non de passion,
sed gloriæ.	mais de gloire.

E spadonibus qui circa reginam erant, Tyriotes[1], inter trepidationem lugentium elapsus per eam portam quæ, quia ab hoste aversa erat, levius custodiebatur, ad Darii castra pervenit, exceptusque a vigilibus, in tabernaculum regis perducitur, gemens et veste lacerata. Quem ut conspexit Darius, multiplici exspectatione commotus, et quid potissimum timeret incertus : « Vultus tuus, inquit, nescio quod ingens malum præfert ; sed cave miseri hominis auribus parcas ; didici enim esse infelix, et sæpe calamitatis solatium est nosse sortem suam. Num, quod maxime suspicor et loqui timeo, ludibria meorum nuntiaturus es, mihi et, ut credo, ipsis quoque omni graviora supplicio ? » Ad hæc Tyriotes : « Istud quidem procul abest, inquit ; quantuscumque enim reginis honor ab iis qui parent haberi potest, tuis a victore servatus est; sed uxor tua paulo ante excessit e vita. » Tum vero non gemitus modo, sed etiam ejulatus totis castris

Tyriotès, l'un des eunuques de la suite de la reine, profita du trouble causé par l'affliction générale pour s'échapper par la porte qui était la moins gardée, parce qu'elle était du côté opposé à l'ennemi. Il arrive au camp de Darius ; arrêté par les sentinelles, il est mené, fondant en larmes et sa robe déchirée, à la tente du roi. A sa vue Darius ému d'une foule de pressentiments divers, sans savoir ce qu'il devait craindre le plus : « Ton air, lui dit-il, m'annonce je ne sais quel grand malheur ; mais garde-toi de rien déguiser par considération pour mon infortune ; car j'ai appris à être malheureux, et souvent c'est une consolation dans l'adversité, que de connaître son sort. Viens-tu, ainsi que je le soupçonne et que je crains de le dire, m'apprendre que les personnes de ma famille ont souffert des indignités plus cruelles pour moi et sans doute pour elles-mêmes que tous les supplices du monde? — Bien loin de là, répond Tyriotès, tout ce que des sujets peuvent rendre d'honneur à leurs reines, a été rendu par le vainqueur aux personnes de votre sang; mais votre épouse vient de mourir. » Alors tout le camp retentit, non de sim-

Tyriotes, e spadonibus	Tyriotès, un des eunuques
qui erant circa reginam,	qui étaient autour de la reine,
elapsus inter trepidationem	s'étant échappé au-milieu-du-trouble
lugentium	de ceux pleurant,
per eam portam	par cette porte
quæ custodiebatur levius,	qui était gardée plus légèrement,
quia erat aversa	parce-qu'elle était détournée
ab hoste,	de l'ennemi (du côté opposé à l'ennemi),
pervenit ad castra Darii,	parvint au camp de Darius,
exceptusque a vigilibus,	et reçu par les sentinelles
perducitur gemens	il est mené gémissant
et veste lacerata	et le vêtement étant déchiré
in tabernaculum regis.	dans la tente du roi.
Quem ut Darius conspexit,	Lequel Tyriotès dès-que Darius aperçut,
commotus	tout-ému
exspectatione multiplici	par une attente multiple
et incertus	et incertain
quid timeret potissimum :	quelle chose il craindrait de-préférence :
« Tuus vultus, inquit,	« Ton visage, dit-il,
præfert nescio quod	porte-devant je ne sais quel
malum ingens ;	mal immense ;
sed cave parcas	mais prends-garde que tu n'épargnes
auribus hominis miseri ;	les oreilles d'un homme malheureux ;
didici enim esse infelix ;	j'ai appris en-effet à être malheureux ;
et sæpe	et souvent
nosse suam sortem	connaître son sort
est solatium calamitatis.	est consolation du malheur.
Num, quod suspicor maxime	Est-ce que, ce que je soupçonne le plus
et timeo loqui,	et que je crains de dire,
es nuntiaturus	tu es devant annoncer
ludibria meorum,	les outrages des (faits aux) miens,
graviora mihi,	outrages plus pénibles à moi
et, ut credo, ipsis quoque,	et, comme je crois, à eux-mêmes aussi,
omni supplicio ? »	que tout supplice ? »
Tyriotes ad hæc :	Tyriotès à ces choses :
« Istud quidem	« Cela à-la-vérité
abest procul, inquit ;	est-distant loin, dit-il ;
honor enim,	un honneur en-effet
quantuscunque potest	quelque-grand-qu'il puisse
haberi reginis	être eu (rendu) aux reines
ab eis qui parent,	par ceux qui obéissent,
servatus est tuis	a été conservé aux tiens
a victore ;	par le vainqueur ;
sed tua uxor excessit e vita	mais ton épouse est sortie de la vie
paulo ante. »	un-peu auparavant. »
Tum vero	Mais alors
non modo gemitus,	non-seulement des gémissements

exaudiebantur; nec dubitavit Darius quin interfecta esset, quia nequisset contumeliam pati; exclamatque amens dolore : « Quod ego tantum nefas commisi, Alexander ? quem tuorum propinquorum necavi, ut hanc vicem sævitiæ meæ reddas ? Odisti me, non quidem provocatus; sed finge justum intulisse te bellum : cum feminis ergo agere debueras ? » Tyriotes affirmare per deos patrios nihil in eam gravius esse consultum; ingemuisse etiam Alexandrum morti, et non parcius flevisse quam ipse lacrimaretur. Ob hæc ipsa amantis animus in sollicitudinem suspicionemque revolutus est, desiderium captivæ profecto ab illicito amore ortum esse conjectans. Submotis igitur arbitris, uno duntaxat Tyriote retento, jam non flens, sed suspirans : « Videsne in te, Tyriote, locum mendacio non esse? Tormenta jam hic erunt. Sed ne exspectaveris, per deos, si quid tui tibi regis reverentiæ est :

ples gémissements, mais de cris lamentables. Darius ne douta point qu'on ne lui eût ôté la vie, parce qu'elle n'avait pas voulu consentir à son déshonneur ; et il s'écria, dans l'égarement de la douleur : « Quel si grand crime ai-je commis, Alexandre ? à qui des tiens ai-je ôté la vie, pour que tu payes ma cruauté d'un tel retour ? Tu m'as pris en haine sans être provoqué ; mais en supposant que la guerre que tu me fais soit juste, devais-tu t'en prendre à des femmes ? » Là-dessus Tyriotès jure par les dieux du pays, qu'il n'avait été fait à la reine aucune insulte; qu'Alexandre avait gémi sur sa mort, et qu'il n'avait pas versé moins de larmes que Darius lui-même. Ces paroles mêmes firent renaître dans l'esprit de ce prince violemment épris l'inquiétude et la jalousie : il conjectura que tant de regrets sur la mort d'une captive n'avaient leur source que dans un amour criminel. Il fit donc sortir tous les témoins, et ne retenant que Tyriotès, il lui dit, non plus en répandant des larmes, mais en soupirant : « Vois-tu bien, Tyriotès, qu'il ne t'est pas permis de m'en imposer? Les instruments de torture seront ici tout à l'heure ; mais n'attends pas jusque-là, je t'en conjure par les dieux, s'il te reste quelque respect pour ton roi. Alexandre n'a-t-il pas osé ce

sed etiam ejulatus	mais encore des lamentations
exaudiebantur totis castris ;	étaient entendus par tout le camp ;
nec Darius dubitavit	ni Darius ne douta
quin interfecta esset,	qu'elle n'eût été tuée
quia nequisset	parce qu'elle n'-avait-pu
pati contumeliam ;	subir un affront ;
amensque dolore exclamat :	et égaré par la douleur il s'écrie :
« Quod tantum nefas	« Quel si-grand crime
ego commisi, Alexander ?	moi ai-je commis, Alexandre ?
quem tuorum propinquorum	qui de tes proches
necavi,	ai-je tué,
ut reddas hanc vicem	pour que tu rendes ce retour
meæ sævitiæ ?	à ma cruauté ?
Odisti me,	Tu hais moi,
non quidem provocatus ;	non à-la-vérité ayant été provoqué ;
sed finge te intulisse	mais suppose toi avoir porté-contre *moi*
bellum justum,	une guerre juste,
debueras ergo	avais-tu dû (aurais-tu dû) donc
agere cum feminis ? »	*la* faire avec des femmes ? »
Tyriotes affirmare	Tyriotès *se met à* affirmer
per deos patrios	par les dieux de-la-patrie
nihil gravius	rien de plus grave
consultum esse in eam ;	n'avoir été délibéré contre elle ;
Alexandrum	Alexandre
ingemuisse etiam morti,	avoir gémi même sur *sa* mort,
et non flevisse parcius	et n'avoir pas pleuré plus modérément
quam ipse lacrimaretur.	que lui-même ne pleurait.
Animus amantis	Le cœur de *lui* aimant [mêmes
revolutus est ob hæc ipsa	fut reporté à-cause-de ces choses elles-
in sollicitudinem	dans l'inquiétude
suspicionemque,	et le soupçon,
conjectans	conjecturant
desiderium captivæ	le regret de la captive
ortum esse	s'être élevé (être né)
ab amore illicito.	d'un amour illicite.
Igitur arbitris remotis,	Donc les témoins ayant été écartés,
Tyriote duntaxat uno	Tyriotès exactement seul
retento, [rans :	ayant été retenu,
non flens jam, sed suspi-	ne pleurant plus, mais soupirant :
« Videsne, Tyriote,	« Vois-tu, Tyriotès,
locum mendacio	lieu au mensonge
non esse in te ?	n'être pas en toi ? [ici ;
Jam tormenta erunt hic ;	Déjà les instruments-de-torture seront
sed ne exspectaveris,	mais n'aie pas attendu,
per deos,	par les dieux,
si quid reverentiæ	si quelque-chose de respect
tui regis	de (pour) ton roi

num, quod et scire expeto et quærere pudet, ausus est et dominus et juvenis? » Ille quæstioni corpus offerre, deos testes invocare, caste sancteque habitam esse reginam. Tandem, ut fides facta est vera esse quæ affirmaret spado, capite velato, diu flevit; manantibusque adhuc lacrimis, veste ab ore rejecta, ad cœlum manus tendens : « Dii patrii, inquit, primum mihi stabilite regnum ; deinde, si de me jam transactum est, precor, ne quis potius Asiæ rex sit quam iste, tam justus hostis, tam misericors victor[1]. »

XI. Itaque quanquam, pace frustra bis[2] petita, omnia in bellum consilia converterat, victus tamen continentia hostis, ad novas pacis conditiones ferendas decem legatos, cognatorum[3] principes, misit. Quos Alexander, concilio advocato, introduci jussit. E quibus maximus natu : « Darium, inquit,

que je désire savoir, et que j'ai honte de demander, cet Alexandre jeune et victorieux ? » L'eunuque s'offre lui-même aux tortures, et prend les dieux à témoin que le vainqueur n'est jamais sorti, à l'égard de la reine, des bornes de l'honnêteté et du respect. Enfin, lorsque Darius fut persuadé de la vérité des serments de l'eunuque, il se voila la tête et pleura longtemps ; puis, les larmes encore aux yeux, rejetant sa robe de dessus son visage et tendant les mains au ciel : « Dieux de ma patrie, s'écria-t-il, je vous demande premièrement de m'affermir sur mon trône ; mais ensuite, si ma perte est décidée, ne permettez pas, je vous prie, que l'empire de l'Asie tombe en d'autres mains qu'en celles de ce prince, ennemi si juste, vainqueur si compatissant. »

XI. Aussi, quoique Darius, après avoir demandé deux fois la paix sans succès, eût tourné toutes ses pensées du côté de la guerre, vaincu cependant par la continence de son ennemi, il lui envoya dix députés, les principaux de ses cousins, pour lui proposer de nouvelles conditions de paix. Alexandre assembla son conseil, et les fit entrer. Le plus âgé d'entre eux prit la parole : « Aucune nécessité, dit-il, n'a forcé Darius à vous demander aujourd'hui la paix pour la

est tibi;	est à toi;
num dominus et juvenis	est-ce que maître et jeune
ausus est quod	il a osé *ce* que
et expeto scire	et je désire savoir
et pudet quærere ? »	et honte-est *à moi* de demander? »
Ille offerre	Celui-là *se met à* offrir
corpus quæstioni,	son corps à la question,
invocare deos testes	à invoquer les dieux *comme* témoins
reginam habitam esse	la reine avoir été traitée
caste sancteque.	chastement et honnêtement.
Tandem ut fides	Enfin dès-que foi (persuasion)
facta est	fut faite [mait
quæ spado affirmaret	*à savoir* les choses que l'eunuque affir-
esse vera,	être vraies,
capite velato,	la tête ayant été voilée,
flevit diu,	il pleura longtemps ;
lacrimisque	et les larmes
manantibus adhuc,	coulant encore, [sage,
veste rejecta ab ore,	son vêtement ayant été rejeté de *son* vi-
tendens manus ad cœlum :	tendant les mains vers le ciel :
« Dii patrii, inquit,	« Dieux de-la-patrie, dit-il,
primum stabilite	d'abord affermissez
regnum mihi ;	la royauté à (pour) moi ;
deinde, si jam	ensuite, si déjà
transactum est de me,	la chose a été réglée touchant moi,
precor, ne quis sit rex Asiæ	je prie, que quelqu'un ne soit roi de l'Asie
potius quam iste,	plutôt que celui-là,
hostis tam justus,	ennemi si juste,
victor tam misericors. »	vainqueur si miséricordieux. »
XI. Itaque quanquam,	XI. En-conséquence, quoique, la paix
petita bis frustra, [pace	ayant été demandée deux-fois vainement,
converterat in bellum	il eût tourné vers la guerre
omnia consilia,	tous *ses* desseins,
victus tamen	vaincu cependant
continentia hostis,	par la continence de l'ennemi,
misit decem legatos,	il envoya dix députés,
principes cognatorum,	les premiers des cousins,
ad novas conditiones pacis	pour de nouvelles conditions de paix
ferendas.	devant être portées.
Quos Alexander	Lesquels Alexandre
jussit introduci,	ordonna être introduits,
concilio advocato.	le conseil ayant été appelé. [par l'âge:
E quibus maximus natu :	D'entre lesquels *députés* le plus grand
« Nulla vis, inquit,	« Aucune force, dit-il,
subegit Darium	*n*'a contraint Darius
ut peteret pacem a te	qu'il demandât la paix de toi

ut pacem a te jam hoc tertio peteret, nulla vis subegit, sed justitia et continentia tua expressit. Matrem, conjugem, liberosque ejus, nisi quod sine illo sunt, captos esse non sensit; pudicitiæ earum quæ supersunt curam haud secus quam parens agens, reginas appellas; speciem pristinæ fortunæ retinere pateris. Vultum tuum video qualis Darii fuit, quum dimitteremur ab eo; et ille tamen uxorem, tu hostem luges. Jam in acie stares, nisi cura te sepulturæ ejus moraretur. Et quid mirum est si tam ab amico animo pacem petit? quid opus est armis inter quos odia sublata sunt? Antea imperio tuo finem destinabat Halyn amnem, qui Lydiam terminat. Nunc, quidquid inter Hellespontum et Euphratem est, in dotem filiæ offert quam tibi tradit. Ochum filium, quem habes, pacis et fidei obsidem retine; matrem et duas virgines filias redde; pro tribus corporibus

troisième fois; mais votre justice et votre continence l'y ont déterminé. Il n'a senti la captivité de sa mère, de sa femme, de ses enfants, que par leur absence; aussi attentif qu'un père à l'honneur des princesses qui survivent, vous les traitez de reines; vous leur laissez l'appareil de leur ancienne fortune. Je vois sur votre visage ce que nous vîmes sur celui de Darius quand nous prîmes congé de lui; et c'est une épouse qu'il pleure, tandis que vous, vous ne pleurez qu'une ennemie. Vous seriez déjà sur le champ de bataille, si le soin de ses funérailles ne retardait votre marche. Qu'y a-t-il donc d'étonnant qu'il demande la paix à un prince qui montre tant de bienveillance? Qu'est-il besoin de guerre quand il n'y a plus de ressentiments? Autrefois il assignait pour bornes à votre empire le fleuve Halys, qui limite la Lydie; aujourd'hui tout ce qui est entre l'Hellespont et l'Euphrate, il vous l'offre comme dot de sa fille, qu'il vous donne en mariage. Pour son fils Ochus qui est entre vos mains, gardez-le comme un gage de la paix et de sa foi; mais rendez-lui sa mère et ses deux filles; il vous prie d'accepter pour ces trois personnes, trente mille talents en or. Si je ne connaissais votre mo-

jam hoc tertio,	déjà cette troisième *fois*,
sed justitia	mais *ta* justice
et tua continentia	et ta continence
expressit.	a arraché *de lui qu'il la demandât*
Non sensit matrem,	Il ne s'-est pas aperçu la mère,
conjugem liberosque ejus	l'épouse et les enfants de lui
captos esse,	avoir été pris,
nisi quod sunt sine illo.	si-ce-n'-est parce-qu'ils sont sans lui.
Agens curam pudicitiæ	T'-occupant du soin de la pudicité
earum quæ supersunt	de celles qui survivent
haud secus quam parens,	non autrement qu'un père,
appellas reginas;	tu *les* appelles reines ;
pateris retinere speciem	tu souffres *elles* retenir l'apparence
fortunæ pristinæ.	de *leur* fortune précédente.
Video tuum vultum,	Je vois ton visage,
qualis fuit Darii,	*tel* que fut *celui* de Darius,
quum dimitteremur ab eo;	lorsque nous étions congédiés par lui ;
et ille tamen uxorem,	et lui cependant *pleure* une épouse,
tu luges hostem.	toi tu pleures une ennemie.
Jam stares in acie,	Déjà tu te-tiendrais en bataille,
nisi cura sepulturæ ejus	si le soin de la sépulture d'elle
moraretur te.	ne retardait toi.
Et quid mirum est,	Et quelle chose étonnante est,
si petit pacem	s'il demande la paix
ab animo tam amico?	d'un (à un) cœur si ami?
quid opus est armis	quel besoin est-il d'armes
inter quos	entre qui
odia sublata sunt?	les haines ont été enlevées ?
Destinabat antea	Il désignait auparavant
finem tuo imperio	*comme* limite à ton empire
amnem Halym,	le fleuve Halys,
qui terminat Lydiam.	qui borne la Lydie.
Nunc offert	Maintenant il offre
in dotem filiæ	pour la dot de *sa* fille
quam tradit tibi	qu'il remet à toi
quidquid est inter	tout-ce-qui est entre
Hellespontum et Euphratem.	l'Hellespont et l'Euphrate.
Retine obsidem	Retiens *comme* otage
pacis et fidei	de paix et de fidélité
filium Ochum	*son* fils Ochus
quem habes ;	que tu as;
redde matrem	rends *lui sa* mère
et duas virgines filias;	et les deux jeunes-filles *ses* filles ;
precatur accipias	il prie que tu reçoives
triginta millia	trente milliers
talentum auri	de talents d'or
pro tribus corporibus.	pour *ces* trois corps.

triginta millia talentum auri precatur accipias. Nisi moderationem animi tui notam haberem, non dicerem hoc esse tempus quo pacem non dare solum, sed etiam occupare deberes. Respice quantum post te reliqueris! intuere quantum petas! Periculosum est præegrave imperium; difficile est continere quod capere non possis. Videsne ut navigia quæ modum excedunt regi nequeant? Nescio an Darius ideo tam multa amiserit, quia nimiæ opes magnæ jacturæ locum faciunt. Facilius est quædam vincere quam tueri. Quam hercule expeditius manus nostræ rapiunt quam continent! Ipsa mors uxoris Darii te admonere potest minus jam misericordiæ tuæ licere quam licuit. »

Alexander, legatis excedere tabernaculo jussis, quid placeret ad concilium refert. Diu nemo quid sentiret ausus est dicere, incerta regis voluntate. Tandem Parmenio, « ante suasisse se ait ut captivos apud Damascum[1] redimentibus redderet; ingentem pecuniam potuisse redigi ex iis qui

dération, je ne vous dirais pas que voici pour vous le moment non-seulement d'accorder la paix, mais même de la saisir avec empressement. Considérez ce que vous avez laissé derrière vous ! examinez ce que vous avez à conquérir ! C'est un fardeau dangereux, qu'un empire trop grand ; et il est difficile de bien tenir ce qu'on ne peut embrasser. Ne voyez-vous pas comme il est impossible de gouverner les navires d'une grandeur démesurée? Peut-être même Darius n'a-t-il tant perdu que parce qu'une trop grande puissance donne lieu à de grandes pertes. Il y a des conquêtes plus faciles à faire qu'à garder. Combien nos mains saisissent plus aisément qu'elles ne retiennent ! La mort même de l'épouse de Darius vous avertit que votre clémence ne peut plus ce qu'elle a pu. »

Alexandre fait sortir les députés de sa tente, et demande au conseil son avis. On fut longtemps sans que personne osât donner son avis, parce qu'on ne savait quelle était l'intention du roi. Enfin, Parménion dit qu'autrefois il avait conseillé au roi de rendre les prisonniers, lorsqu'on voulait les racheter près de Damas, et qu'on aurait pu tirer une somme considérable de cette multitude de captifs,

Nisi haberem notam	Si je n'avais *pour* connue
moderationem tui animi,	la modération de ton esprit,
non dicerem hoc tempus esse	je ne dirais pas ce temps-être *celui*
quo deberes	dans lequel tu devrais
non solum dare pacem,	non-seulement donner la paix,
sed etiam occupare.	mais même *la* saisir.
Respice quantum	Regarde-en-arrière combien
reliqueris post te!	tu as laissé derrière toi ! [quérir.
intuere quantum petas.	considère combien tu cherches-à-ac-
Imperium prægrave	Un empire très-lourd
est periculosum ;	est dangereux ;
difficile est continere	il est difficile de contenir
quod non possis capere.	ce que tu ne pourrais embrasser.
Videsne ut navigia	Vois-tu comme les navires
quæ excedunt modum	qui dépassent la mesure
nequeant regi ?	ne-peuvent être gouvernés ?
Nescio an Darius	Je ne-sais si Darius
amiserit tam multa	a perdu de si nombreuses choses
ideo quia	pour-cela parce-que [nent) lieu
opes nimiæ faciunt locum	des ressources trop-grandes font (don-
magnæ jacturæ.	à une grande perte.
Est facilius	Il est plus facile
vincere quædam	de vaincre (conquérir) certaines choses
quam tueri.	que de *les* défendre.
Quam hercule	Combien par-Hercule
nostræ manus rapiunt	nos mains saisissent
expeditius quam continent !	plus aisément qu'elles *ne* contiennent !
Mors ipsa uxoris Darii	La mort elle-même de l'épouse de Darius
potest admonere te	peut avertir toi
licere jam minus	être-permis déjà moins
tuæ misericordiæ	à ta compassion
quam licuit. »	qu'il *ne lui* a été permis. »
Legatis jussis	Les députés ayant reçu-ordre
excedere tabernaculo,	de sortir de la tente,
Alexander refert	Alexandre *en* réfère
ad concilium	à *son* conseil
quid placeret.	*pour savoir* quelle chose plaisait.
Diu nemo ausus est dicere	Longtemps nul n'osa dire
quid sentiret,	quelle chose il pensait, [eux.
voluntate regis incerta.	la volonté du roi étant incertaine *pour*
Tandem Parmenio ait :	Enfin Parménion dit :
« Se suassisse ante	« Lui-même avoir conseillé auparavant
ut redderet captivos	qu'il rendît les captifs
redimentibus	à eux rachetant
apud Damascum ;	auprès de Damas ;
pecuniam ingentem	un argent immense
potuisse redigi ex iis	avoir pu être retiré de ceux

multi vincti virorum fortium occuparent manus; et nunc magnopere censere ut unam anum et duas puellas, itinerum agminumque impedimenta, triginta millibus talentis auri permutet. Opimum regnum occupari posse conditione, non bello ; nec quemquam alium inter Istrum [1] et Euphratem possedisse terras ingenti spatio intervalloque discretas. Macedoniam quoque respiceret potius quam Bactra et Indos intueretur. » Ingrata oratio regi fuit. Itaque, ut finem dicendi fecit : « Et ego, inquit, pecuniam quam gloriam mallem, si Parmenio essem. Nunc Alexander de paupertate securus sum, et me non mercatorem memini esse, sed regem. Nihil quidem habeo venale; sed fortunam meam utique non vendo. Captivos si placet reddi, honestius dono dabimus quam pretio remittemus. »

Introductis deinde legatis, ad hunc modum respondit :

dont la garde occupait les bras de vaillants soldats ; et maintenant encore il était grandement d'avis que le roi acceptât trente mille talents en or pour une vieille femme et deux jeunes filles, qui après tout ne faisaient que retarder les marches et embarrasser l'armée ; qu'il pouvait acquérir un riche royaume par un traité, sans coup férir; que personne avant lui n'avait possédé des terres si éloignées les unes des autres, comprises entre le Danube et l'Euphrate. Il devait aussi tourner ses regards vers la Macédoine; plutôt que de considérer la Bactriane et l'Inde. Ce discours déplut au roi. C'est pourquoi, dès que Parménion eut fini: « Et moi aussi, dit-il, j'aimerais mieux l'argent que la gloire, si j'étais Parménion ; mais je suis Alexandre, et je ne crains pas la pauvreté : je me souviens que je suis roi, et non pas marchand. Je n'ai rien à vendre sans doute ; mais à coup sûr, ma fortune moins que tout le reste. Si je juge à propos de rendre les prisonniers, il sera plus honorable de les donner en pur don, que de les renvoyer à prix d'argent. »

Ensuite il fait rentrer les députés, et leur répond à peu près en ces termes: « Dites à Darius, que si j'ai usé de clémence et de géné-

qui vincti multi	qui enchaînés nombreux
occuparent manus	occupaient les mains
virorum fortium ;	d'hommes courageux ;
et nunc censere magnopere	et maintenant être-d'-avis grandement
ut permutet	qu'il échange
triginta millibus	pour trente milliers
talentum auri	de talents d'or
unam anum	une vieille-femme
et duas puellas,	et deux jeunes-filles,
impedimenta itinerum	empêchements des routes
agminumque.	et des-marches-de l'armée.
Opimum regnum	Un riche royaume
posse occupari	pouvoir être occupé
non bello sed conditione,	non par une guerre mais par un traité,
nec quemquam alium	ni qui-que-ce-soit autre
possedisse	avoir possédé
inter Istrum et Euphratem	entre l'Ister et l'Euphrate
terras discretas	des terres séparées
spatio ingenti	par un espace immense
intervalloque.	et une distance *immense*.
Respiceret quoque	Qu'il regardât-en-arrière aussi
Macedoniam	la Macédoine
potius quam intueretur	plutôt qu'il ne considérât
Bactra et Indos. »	Bactre et les Indiens. »
Oratio fuit ingrata regi.	*Ce* discours fut désagréable au roi.
Itaque, ut fecit	En-conséquence, dès-qu'il eut fait
finem dicendi :	fin de parler :
« Et ego, inquit,	« Et-aussi moi, dit-il,
mallem pecuniam	j'aimerais-mieux l'argent
quam gloriam,	que la gloire,
si essem Parmenio.	si j'étais Parménion.
Nunc Alexander	Maintenant *étant* Alexandre
sum securus	je suis tranquille
de paupertate,	touchant la pauvreté,
et memini	et je me-souviens
me esse non mercatorem,	moi être non-pas un marchand,
sed regem.	mai un roi.
Habeo quidem	Je *n*'ai à-la-vérité
nihil venale;	rien de vénal (à vendre);
sed utique non vendo	mais surtout je ne vends pas
meam fortunam.	ma fortune.
Si placet captivos reddi,	S'il plaît les captifs être rendus,
dabimus dono	nous *les* donnerons par don
honestius quam	plus honorablement que [d'argent. »
remittemus pretio. » [tis,	nous *ne* les renverrons par (à) prix [duits,
Deinde legatis introduc-	Ensuite les députés ayant été intro-
respondit ad hunc modum :	il répondit vers cette manière:

« Nuntiate Dario me, quæ fecerim clementer et liberaliter, non amicitiæ ejus tribuisse, sed naturæ meæ. Bellum cum captivis et feminis gerere non soleo; armatus sit oportet quem oderim. Quod si saltem pacem bona fide peteret, deliberarem forsitan an darem ; verum enimvero, quum modo milites meos litteris ad proditionem, modo amicos ad perniciem meam pecunia sollicitet, ad internecionem mihi persequendus est, non ut justus hostis, sed ut percussor et veneficus. Conditiones vero pacis quas fertis, si accepero, victorem eum faciunt. Quæ post Euphratem sunt liberaliter donat. Ubi igitur me affamini? nempe, quod obliti estis, ultra Euphratem. Summum ergo dotis quam promittit terminum castra mea transeunt. Hinc me depellite, ut sciam vestrum esse quod ceditis. Eadem liberalitate dat mihi filiam suam; nempe quam scio alicui servorum suorum nupturam.

rosité, ce n'est pas par amitié pour lui, mais pour suivre mon inclination naturelle. Je n'ai pas coutume de faire la guerre aux prisonniers ni aux femmes; il faut être armé pour encourir ma haine. Si c'était du moins de bonne foi que Darius me demandât la paix, j'examinerais peut-être si je ne devrais pas la lui donner; mais, puisqu'il cherche à engager par argent, tantôt mes soldats à me trahir, tantôt mes amis à me tuer, je dois le poursuivre à outrance, non comme un ennemi ordinaire, mais comme un assassin et un empoisonneur. Quant aux conditions de paix que vous me proposez, si je les accepte, elles lui assurent les avantages de la victoire. Il me donne généreusement tout ce qui est de l'autre côté de l'Euphrate. Où donc me parlez-vous? Vous oubliez que c'est au delà de ce fleuve. Mon camp a donc déjà franchi les dernières bornes de la dot qu'il me promet. Chassez-moi d'ici, pour me montrer que ce que vous me cédez est à vous. C'est avec la même générosité qu'il me donne sa fille en mariage, sa fille qui doit épouser, je le sais, un de ses esclaves. En vérité il me fait beaucoup d'honneur, de me préférer

« Nuntiate Dario	« Annoncez à Darius
me tribuisse	moi avoir accordé
non amicitiæ ejus	non à l'amitié de lui
sed meæ naturæ	mais à ma nature
quæ fecerim	les choses que j'ai faites
clementer et liberaliter.	avec-clémence et avec-générosité.
Non soleo gerere bellum	Je n'ai-pas coutume de faire la guerre
cum captivis et feminis.	avec des prisonniers et des femmes.
Oportet sit armatus	Il faut qu'il soit armé
quem oderim.	*celui* que je hais.
Quod si saltem	Que si au-moins
peteret pacem bona fide,	il demandait la paix de bonne foi,
forsitan deliberarem	peut-être je délibérerais
an darem;	si je la donnerais;
verum enimvero,	mais en-vérité,
quum sollicitet modo	attendu-qu'il sollicite tantôt
meos milites litteris	mes soldats par des lettres
ad proditionem,	à la trahison,
modo amicos pecunia	tantôt mes amis par de l'argent
ad meam perniciem,	à ma perte,
persequendus est mihi	il est à-poursuivre à moi
ad internecionem,	jusqu'à extermination,
non ut hostis justus,	non comme un ennemi juste (régulier),
sed ut percussor	mais comme un meurtrier
et veneficus.	et un empoisonneur.
Conditiones vero pacis	De-plus les conditions de paix
quas fertis,	que vous apportez,
si accepero,	si je *les* aurai acceptées,
faciunt eum victorem.	font lui vainqueur.
Donat liberaliter	Il donne généreusement
quæ sunt post Euphratem.	les choses qui sont derrière l'Euphrate.
Ubi igitur affamini me ?	Où donc parlez-vous à moi ?
nempe, quod obliti estis,	à-savoir, ce que vous avez oublié,
ultra Euphratem.	au-delà de l'Euphrate.
Ergo mea castra	Donc mon camp
transierunt	a dépassé
terminum summum	la limite extrême
dotis quam promittit.	de la dot qu'il promet.
Depellite me hinc	Repoussez-moi d'-ici
ut sciam quod ceditis	afin-que je sache *ce* que vous cédez
esse vestrum.	être vôtre.
Dat mihi	Il donne à moi
eadem liberalitate	*avec* la même générosité
suam filiam;	sa fille;
nempe quam scio	à-savoir laquelle je sais
nupturam alicui	devoir se marier à quelqu'un
suorum servorum.	de ses esclaves.

Multum vero mihi præstat, si me Mazæo generum præponit! Ite, nuntiate regi vestro, et quæ amisit, et quæ adhuc habet, præmia esse belli ; hoc regente utriusque terminos regni, id quemque habiturum quod proximæ lucis assignatura fortuna est. » Legati respondent, quum bellum in animo sit, facere eum simpliciter quod spe pacis non frustraretur; ipsos petere quamprimum dimittantur ad regem ; eum quoque bellum parare debere. Dimissi, nuntiant adesse certamen.

XII. Ille quidem confestim Mazæum cum tribus millibus equitum ad itinera quæ hostis petiturus erat occupanda præmisit. Alexander, corpori uxoris ejus justis persolutis, omnique graviore comitatu intra eadem munimenta cum modico præsidio relicto, ad hostem contendit. In duo cornua diviserat peditem, in utrumque latus equite circumdato; impedimenta sequebantur agmen. Præmissum deinde con-

---

à Mazée pour être son gendre! Allez, dites à votre roi, que ce qu'il a perdu et ce qui lui reste est le prix de la guerre; que c'est elle qui réglera la limite des deux empires, et que chacun aura ce que lui assignera la journée de demain. » Les ambassadeurs répondent que, puisqu'il est résolu à continuer la guerre, c'est agir avec franchise que de ne pas les leurrer de l'espoir de la paix ; qu'ils le prient à leur tour de les renvoyer le plus tôt possible vers leur maître; qu'il était juste que de son côté il se préparât à soutenir la guerre. Congédiés ainsi, ils annoncent à Darius que le moment de la bataille était proche.

XII. Aussitôt il fait avancer Mazée avec trois mille chevaux, pour s'emparer des chemins par où l'ennemi devait arriver. Alexandre, après avoir rendu les honneurs funèbres à l'épouse de Darius, laisse dans son camp, sous une faible garde, l'attirail le plus embarrassant, et marche à l'ennemi. Il avait partagé l'infanterie en deux colonnes, et placé la cavalerie aux deux ailes; les bagages suivaient

Præstat vero multum mihi,	Il accorde en-vérité beaucoup à moi,
si præponit me generum	s'il préfère moi *comme* gendre
Mazæo.	à Mazée.
Ite, nuntiate vestro regi	Allez, annoncez à votre roi
et quæ amisit	et les choses qu'il a perdues
et quæ habet adhuc	et les choses qu'il a encore
esse præmia belli ;	être les récompenses de la guerre ;
hoc regente	celle-ci réglant
terminos utriusque regni,	les limites de l'un-et-l'autre royaume,
quemque habiturum	chacun devoir avoir
id quod fortuna	ce que la fortune
lucis proximæ	du jour le plus proche
est assignatura. »	est devant assigner. »
Legati respondent	Les députés répondent
quum bellum sit	puisque la guerre est
in animo,	dans l'esprit (la résolution) *à lui*,
eum facere simpliciter,	lui agir franchement,
quod non frustraretur	parce-qu'il n'abusait pas
spe pacis ;	par l'espoir de la paix ;
ipsos petere	eux-mêmes demander
dimittantur ad regem	qu'ils soient renvoyés vers le roi
quamprimum ;	le-plus-tôt-possible ;
eum quoque debere	lui aussi devoir
parare bellum.	préparer la guerre.
Dimissi nuntiant	Renvoyés ils annoncent
certamen adesse.	la lutte être-présente.
XII. Ille quidem	XII. Lui à-la-vérité
præmisit confestim	envoya-devant aussitôt
Mazæum [tum	Mazée
cum tribus millibus equi-	avec trois milliers de cavaliers
ad itinera	pour les chemins
quæ hostis erat petiturus	lesquels l'ennemi était devant gagner
occupanda.	devant être occupés.
Alexander,	Alexandre,
justis persolutis	les choses justes ayant été payées
uxori ejus,	à l'épouse de lui (de Darius),
omnique comitatu graviore	et tout cortège plus pesant
relicto cum præsidio modico	ayant été laissé avec une garde faible
intra eadem munimenta,	au-dedans des mêmes retranchements,
contendit ad hostem.	se-dirigea vers l'ennemi.
Diviserat peditem	Il avait divisé le fantassin
in duo cornua,	en deux ailes,
equite circumdato	le cavalier ayant été placé-autour
in utrumque latus ;	sur l'un-et-l'autre côté ;
impedimenta	les bagages
sequebantur agmen.	suivaient l'armée.

citis equis Menidam jubet explorare ubi Darius esset. At illlle,
quum Mazæus haud procul consedisset, non ausus ulttra
procedere, nihil aliud quam fremitum hominum hinnitumque
equorum exaudisse se nuntiat. Mazæus quoque, conspecttis
procul exploratoribus, in castra se recipit, adventus hostiuum
nuntius. Igitur Darius, qui in patentibus campis decernere
optabat, armari militem jubet, aciemque disponit. In lævo
cornu Bactriani ibant equites, mille admodum; Dahæ totti-
dem; et Arachosii Susiique[1] quatuor millia explebant. Hios
quinquaginta falcati currus sequebantur. Proximus qua-
drigis erat Bessus cum octo millibus equitum, item Bactrianis; Massagetæ[2] duobus millibus agmen ejus claudebant.
Pedites his plurium gentium non mixtas, sed suæ quisque
nationis junxerant copias. Persas deinde cum Mardis Sog-
dianisque Ariobarzanes et Orobates ducebant. Illi partibus
copiarum, summæ Orsines præerat, a septem Persis[5] oriun-

en queue. Il charge ensuite Ménidas d'aller à toute bride, avec
quelque cavalerie reconnaître la position de Darius. Mais, trouvant
Mazée posté à peu de distance, Ménidas n'osa pas pousser plus loin:
il se contenta de rapporter qu'il avait entendu un bruit sourd d'hommes
et des hennissements de chevaux. Mazée, de son côté, ayant vu de
loin ces coureurs, regagne le camp, et annonce l'arrivée des
ennemis. Alors Darius, qui désirait combattre en rase campagne,
fait prendre les armes à ses gens et les range en bataille. A la gauche
marchaient environ mille chevaux bactriens, autant de Dahes, et
des Susiens, et des Arachosiens au nombre de quatre mille. Ils
étaient suivis de cinquante chars armés de faux. Immédiatement
après marchait Bessus, avec huit mille chevaux aussi bactriens;
deux mille Massagètes fermaient la marche de ce corps. A cette
cavalerie était jointe l'infanterie de plusieurs nations, non confondues
ensemble, mais chacune à part. Les Perses ensuite, avec les Mardes
et les Sogdiens, marchaient sous la conduite d'Ariobarzane et d'O-
robate. Ils commandaient chacun une division; le commandant
en chef était Orsinès, issu de l'un de sept Perses, et rapportant

Deinde jubet	Ensuite il ordonne
Menidam præmissum	Ménidas envoyé-devant
equis concitis	les chevaux ayant été lancés
explorare	reconnaître
ubi Darius esset.	où Darius était.
At ille, quum Mazæus	Mais celui-là, comme Mazée
consedisset haud procul,	s'-était arrêté non loin,
non ausus	n'ayant pas osé
procedere ultra,	s'-avancer au-delà,
nihil aliud quam nuntiat	ne fait rien autre chose qu'il annonce
se exaudisse	lui-même avoir entendu
fremitum hominum	le frémissement des hommes
hinnitumque equorum.	et le hennissement des chevaux.
Mazæus quoque,	Mazée aussi,
exploratoribus	les éclaireurs
conspectis procul,	ayant été aperçus de-loin,
se recipit in castra,	se retire dans le camp,
nuntius adventus hostium.	messager de l'arrivée des ennemis.
Igitur Darius	Donc Darius
qui optabat decernere	qui souhaitait combattre
in campis patentibus,	dans des plaines ouvertes,
jubet militem armari,	ordonne le soldat être armé,
disponitque aciem.	et dispose la ligne-de-bataille.
Equites Bactriani	Les cavaliers bactriens
ibant in cornu lævo,	marchaient à l'aile gauche,
mille admodum;	mille à-peu-près;
Dahæ totidem;	les Dahes autant;
et Arachosii Susiique	et les Arachosiens et les Susiens [mille,
explebant quatuor millia.	remplissaient (complétaient) quatre
Quinquaginta currus falcati	Cinquante chars armés-de-faux
sequebantur hos.	suivaient ceux-ci.
Bessus cum octo	Bessus avec huit
millibus equitum	milliers de cavaliers
item Bactrianis,	de-même bactriens,
erat proximus quadrigis.	était le plus proche (aux) des quadriges.
Massagetæ claudebant	Des Massagètes fermaient
duobus millibus	avec deux mille hommes
agmen ejus.	la troupe de lui.
Pedites junxerant his	Les fantassins avaient joint à ceux-ci
copias plurium gentium	des troupes de plusieurs nations
non mixtas,	troupes non mêlées, [tion.
sed quisque suæ nationis.	mais chacun avait joint celles de sa na-
Deinde Ariobarzanes	Ensuite Ariobarzane
et Orobates ducebant Persas	et Orobate conduisaient les Perses
cum Mardis Sogdianisque.	avec les Mardes et les Sogdiens. [troupes
Illi partibus copiarum,	Eux commandaient à des parties de ces
Orsines	Orsinès

dus, ad Cyrum quoque nobilissimum regem originem sui referens. Hos aliæ gentes, ne sociis quidem satis notæ, sequebantur. Post quas, quinquaginta quadrigas Phradates magno Caspianorum[1] agmine antecedebat. Indi ceterique Rubri maris accolæ, nomina verius quam auxilia, post currus erant. Claudebatur hoc agmen aliis falcatis curribus quinquaginta; queis peregrinum militem[2] adjunxerat. Hunc Armenii, quos Minores[3] vocant; Armenios Babylonii; utrosque Belitæ[4], et qui montes Cossæorum[5] incolebant, sequebantur. Post hos ibant Gortuæ[6], gentis quidem Euboicæ, Medos quondam secuti, sed jam degeneres, et patrii moris ignari. Applicuerat his Phrygas et Cataonas[7]. Parthorum deinde gens, incolentium terras quas nunc Parthi Scythia profecti[8] tenent, claudebant agmen. Hæc sinistri cornu acies fuit.

Dextrum tenebat natio majoris Armeniæ[9], Cadusiique[10], et Cappadoces, et Syri, et Medi; his quoque falcati currus

même son origine au célèbre roi Cyrus. Puis venaient d'autres nations, mal connues de leurs alliés mêmes; et derrière, cinquante chars précédés par Phradate à la tête d'un corps considérable de Caspiens. A la suite des chars étaient les Indiens et les autres habitants des bords de la mer Érythrée, plus propres à faire nombre qu'à être d'aucun secours. Derrière ce corps étaient cinquante autres chars armés de faux, accompagnés de troupes mercenaires. Ces troupes étaient suivies par les Arméniens de la petite Arménie; les Arméniens, par les Babyloniens; les uns et les autres par les Bélites, et ceux qui habitent les montagnes des Cosséens. Après eux marchaient les Gortues, originaires, il est vrai, de l'Eubée, et qui avaient suivi autrefois les Mèdes, mais alors abâtardis, et ne conservant plus rien des usages de leur patrie. Ils étaient soutenus par les Phrygiens et les Cataoniens. Enfin, les Parthes, habitants des pays aujourd'hui occupés par les Parthes venus de la Scythie, fermaient la marche de toutes ces troupes. Telle était l'ordonnance de l'aile gauche.

La droite était composée des peuples de la grande Arménie, des Cadusiens, des Cappadociens, des Syriens et des Mèdes; ceux-ci

oriundus a septem Persis,	issu des sept Perses,
referens quoque	rapportant aussi
originem sui [mum,	l'origine de lui-même
ad Cyrum regem nobilissi-	à Cyrus roi très-célèbre,
præerat summæ.	commandait à l'ensemble.
Aliæ gentes	D'autres nations [alliés
ne quidem notæ satis sociis	pas même connues suffisamment à *leurs*
sequebantur hos.	suivaient ceux-ci.
Post quas	Derrière lesquelles
Phradates antecedebat	Phradate précédait
quinquaginta quadrigas	cinquante quadriges
magno agmine Caspiano-	avec une grande troupe de Caspiens.
Indi ceterique accolæ [rum.	Les Indiens et tous-les-autres riverains
maris Rubri,	de la mer Rouge,
nomina verius	noms plus véritablement
quam auxilia,	que secours,
erant post currus.	étaient derrière les chars.
Hoc agmen claudebatur	Cette troupe était fermée
quinquaginta aliis	par cinquante autres
curribus falcatis;	chars armés-de-faux ;
queis adjunxerat	auxquels il avait adjoint
militem peregrinum. [res,	le soldat étranger (mercenaire). [tits,
Armenii quos vocant mino-	Les Arméniens qu'ils appellent plus pe-
hunc,	*suivaient* celui-ci,
Babylonii Armenios;	les Babyloniens *suivaient* les Arméniens ;
Belitæ et qui incolebant	les Belites et *ceux* qui habitaient
montes Cossæorum	les montagnes des Cosséens
sequebantur utrosque.	suivaient les uns-et-les-autres.
Gortuæ,	Les Gortues,
gentis Euboïcæ quidem,	de la nation de-l'-Eubée à-la-vérité,
secuti quondam Medos,	ayant suivi autrefois les Mèdes,
sed jam degeneres,	mais déjà dégénérés, [trie,
et ignari moris patrii,	et ignorants de la coutume de-leur-pa-
ibant post hos.	marchaient après ceux-ci.
Applicuerat his	Il avait appuyé à ceux-ci
Phrygas et Cataonas.	les Phrygiens et les Cataoniens.
Deinde gens Parthorum,	Ensuite la nation des Parthes,
incolentium terras	habitant les terres
quas Parthi profecti Scythia	que les Parthes partis de la Scythie
tenent nunc,	occupent maintenant,
claudebant agmen.	fermaient (fermait) la troupe.
Hæc fuit	Celle-ci (telle) fut
acies cornu sinistri.	la ligne-de-bataille de l'aile gauche.
Natio Armeniæ majoris	La nation de l'Arménie plus grande
tenebat dextrum,	tenait *l'aile* droite, [dociens,
Cadusiique, et Cappadoces,	et (ainsi que) les Cadusiens et les Cappa-
et Syri, et Medi.	et les Syriens et les Mèdes.

erant quinquaginta. Summa totius exercitus, equites quadraginta quinque millia, pedestris acies ducenta millia expleverat[1]. Hoc modo instructi, decem stadia procedunt; jussique subsistere, armati hostem exspectabant. Alexandri exercitum pavor cujus causa non suberat invasit; quippe lymphati trepidare cœperunt, omnium pectora occulto metu percurrente. Cœli fulgor, tempore æstivo ardenti similis internitens, ignis præbuit speciem; flammasque ex Darii castris splendere, velut illati temere præsidiis, credebant. Quod si perculsis Mazæus, qui præsidebat itineri, supervenisset, ingens clades accipi potuit; nunc, dum ille segnis in eo quem occupaverat tumulo sedet, contentus non lacessi, Alexander, cognito pavore exercitus, signum ut consisterent dari, ipsos arma deponere ac levare corpora jubet, admonens nullam subiti causam esse timoris, hostem procul

avaient aussi cinquante chars armés de faux. L'armée montait en tout à quarante-cinq mille hommes de cavalerie, et deux cent mille d'infanterie. Rangés, comme on vient de dire, ils s'avancent de dix stades; puis reçoivent l'ordre de faire halte, et attendent l'ennemi sous les armes. Quant à l'armée d'Alexandre, elle fut saisie d'une terreur panique; les soldats en délire tremblaient, et une crainte secrète s'emparait de tous les cœurs. De fréquents éclats de lumière, qui semblaient embraser le ciel comme pendant les chaleurs de l'été, paraissaient être des feux allumés; et les soldats, jugeant que c'étaient les feux du camp de Darius, crurent avoir donné sans le savoir dans les gardes avancées. Si pendant ce trouble, Mazée, qui gardait la route, était tombé sur eux, il pouvait leur faire essuyer un grand échec; mais il se tint immobile sur une éminence dont il s'était saisi, content de n'être point attaqué. Alexandre, instruit de la frayeur qui s'était emparée de son armée, fait faire halte, commande aux soldats de mettre bas les armes et de se reposer; il leur représente que leur alarme subite est sans fondement, et que l'ennemi est loin

Quinquaginta currus falcati erant quoque his.	Cinquante chars armés-de-faux étaient aussi à ceux-ci.
Summa exercitus totius, equites quadraginta quinque millia, acies pedestris expleverat ducenta millia.	Comme total de l'armée tout-entière, les cavaliers *avaient rempli* quarante-cinq mille, la ligne d-'infanterie avait rempli deux-cent mille.
Instructi hoc modo, procedunt decem stadia, jussique subsistere, armati exspectabant hostem.	Rangés de cette manière, ils s'avancent *de* dix stades, et ayant reçu ordre de s'arrêter, armés ils attendaient l'ennemi.
Pavor cujus causa non suberat, [dri; invasit exercitum Alexanquippe lymphati cœperunt trepidare, metu occulto [um. percurrente pectora omni-	Un effroi dont la cause [fondement], n'existait-pas-dessous (n'avait pas de s'-empara de l'armée d'Alexandre; car égarés-par-le-délire ils commencèrent à s'-agiter, une crainte cachée parcourant les cœurs de tous.
Fulgor cœli, internitens similis ardenti tempore æstivo, præbuit speciem ignis ; credebantque flammas splendere ex castris Darii, velut illati præsidiis temere.	L'éclat du ciel brillant-par-divers points semblable *au ciel* brûlant dans la saison d'-été, présenta l'apparence du feu ; et ils croyaient *ces* flammes briller du camp de Darius, comme *eux* ayant été portés-dans les postes des *Perses* sans-le-savoir.
Quod si Mazæus, qui præsidebat itineri, supervenisset perculsis, ingens clades potuit accipi ; nunc, dum ille sedet segnis in eo tumulo quem occupaverat, contentus non lacessi, Alexander, pavore exercitus cognito, jubet signum dari ut consisterent, ipsos deponere arma, ac levare corpora, admonens nullam causam timoris subiti esse hostem stare procul.	Que si Mazée, qui veillait à la route, fût venu-sur *eux* frappés *de terreur*, une immense défaite put être reçue ; maintenant, tandis-que lui est-assis inactif sur cette éminence qu'il avait occupée, content de ne pas être attaqué, Alexandre, l'effroi de l'armée étant connu, ordonne le signal être donné afin qu'ils s'arrêtassent, eux-mêmes déposer *leurs* armes, et alléger *leurs* corps, avertissant aucun motif de crainte soudaine *n*'être, l'ennemi se-tenir loin.

stare. Tandem compotes sui, pariter arma et animos recepere; nec quidquam ex præsentibus tutius visum est quam eodem loco castra munire.

Postero die, Mazæus, qui cum delectis equitum in edito colle, ex quo Macedonum prospiciebantur castra, consederat, sive metu, sive quia speculari modo jussus erat, ad Darium rediit. Macedones eum ipsum collem quem deseruerat occupaverunt; nam et tutior planitie erat, et inde acies hostium, quæ in campo explicabatur, conspici poterat. Sed caligo, quam circa humidi effuderant montes, universam quidem rei faciem non abstulit, ceterum agminum discrimina atque ordinem prohibuit perspici. Multitudo inundaverat campos, fremitusque tot millium etiam procul stantium aures impleverat. Fluctuari animo rex, et modo suum, modo Parmenionis consilium sera æstimatione perpendere; quippe eo ventum erat unde recipi exercitus, nisi victor, sine clade non posset. Itaque, dissimulato eo, mer-

d'eux. Enfin revenus à eux-mêmes, en reprenant les armes ils reprirent aussi courage; mais on jugea que pour le moment le plus sûr était de se retrancher dans le lieu même où l'on se trouvait.

Le lendemain, Mazée qui, avec l'élite de la cavalerie, s'était posté sur une hauteur d'où l'on découvrait de loin le camp des Macédoniens, rejoignit Darius, soit par crainte, soit qu'il n'eût été chargé que d'une reconnaissance. Les Macédoniens se saisirent de l'éminence même qu'il avait abandonnée; car c'était un poste plus sûr que la plaine, et de là on pouvait voir l'armée ennemie qui se déployait en rase campagne. Mais un brouillard causé par l'humidité des montagnes voisines, sans dérober la vue de l'ensemble, empêchait de distinguer la position respective des différents corps. C'était une multitude qui inondait la campagne, et le bruit confus de tant de milliers d'hommes, quoique éloignés, étourdissait les oreilles. Le roi alors tomba dans la perplexité, et se mit à peser, tantôt son avis, tantôt celui de Parménion; mais il était trop tard, puisqu'on était si avancé, que l'armée ne pouvait se

Tandem compotes sui,	Enfin maîtres d'eux-mêmes,
recepere pariter	ils reprirent pareillement
et arma et animos;	et *leurs* armes et *leur* courage;
nec quidquam ex præsenti-	ni quoi-que-ce-soit des choses présentes
visum est tutius	ne parut plus sûr
quam munire castra	que *de* fortifier le camp
eodem loco.	dans le même lieu.
Die postero, Mazæus,	Le jour d'-après, Mazée,
qui consederat	qui s'-était arrêté
cum delectis equitum	avec les choisis d'*entre* les cavaliers
in colle edito,	sur une colline élevée,
ex quo castra Macedonum	de laquelle le camp des Macédoniens
prospiciebantur,	était aperçu-de-loin,
rediit ad Darium,	retourna vers Darius,
sive metu,	soit par crainte,
sive quia jussus erat	soit parce-qu'il avait reçu-ordre
modo speculari.	seulement d'éclairer.
Macedones occupaverunt	Les Macédoniens occupèrent
eum collem ipsum	cette colline elle-même
quem deseruerat;	qu'il avait abandonnée;
nam et erat	car et elle était
tutior planitie,	plus sûre que la plaine,
et acies hostium	et la ligne-de-bataille des ennemis
quæ explicabatur in campo,	qui était développée dans la plaine,
poterat conspici inde.	pouvait être aperçue de-là.
Sed caligo,	Mais le brouillard,
quam montes humidi circa	que les montagnes humides d'-alentour
effuderant,	avaient répandu,
non abstulit quidem	n'enleva pas à-la-vérité
faciem universam rei,	l'aspect général de la chose,
ceterum prohibuit	du-reste il empêcha
discrimina atque ordinem	les intervalles et la disposition
agminum	des corps-de-troupes
perspici.	être distingués.
Multitudo inundaverat	La multitude avait inondé
campos,	les plaines,
fremitusque tot millium	et le frémissement de tant de milliers [d'hommes]
etiam stantium procul	même se-tenant loin
impleverat aures.	avait rempli les oreilles.
Rex fluctuari animo,	Le roi *commença à* flotter par l'esprit,
et perpendere æstimatione	et *à* peser par une appréciation tardive
modo suum consilium,	tantôt son avis,
modo Parmenionis;	tantôt *l'avis* de Parménion;
quippe ventum erat eo	car on était arrivé là
unde exercitus	d'-où l'armée
non posset recipi	ne pourrait être retirée
sine clade,	sans désastre,

cenarium equitem ex Pæonia præcedere jubet. Ipse phalangem, sicut antea dictum est, in duo cornua extenderat; utrumque cornu equites tegebant. Jamque nitidior lux, discussa caligine, aciem hostium ostenderat; et Macedones, sive alacritate sive tædio exspectationis, ingentem, pugnantium more, edidere clamorem; redditus et a Persis nemora vallesque circumjectas terribili sono impleverat. Nec jam contineri Macedones poterant quin cursu quoque ad hostem contenderent. Melius adhuc ratus in eodem tumulo castra munire, vallum jaci jussit, strenueque opere perfecto, in tabernaculum, ex quo tota acies hostium conspiciebatur, secessit.

XIII. Tum vero universa futuri discriminis facies in oculis erat : armis insignibus equi virique splendebant; et omnia intentiore cura præparari apud hostem sollicitudo prætorum agmina sua interequitantium ostendebat; ac pleraque ina-

retirer sans un désastre considérable, à moins d'être victorieuse. Cachant donc son hésitation, il fit avancer la cavalerie péonienne qui était à sa solde. Il avait, ainsi qu'il a été dit plus haut, développé sa phalange en deux ailes; et chaque aile était couverte par de la cavalerie. Le brouillard s'était dissipé, et le jour plus pur laissait voir à découvert l'armée ennemie. Les Macédoniens, soit ardeur, soit ennui d'une si longue attente, poussent alors un grand cri, comme s'ils allaient au combat; ce cri répété par les Perses fit retentir d'une manière terrible les bois et les vallons d'alentour. On ne pouvait plus retenir les Macédoniens qui voulaient même courir sur l'ennemi. Mais Alexandre jugea qu'il valait mieux se fortifier encore sur cette éminence; il fit faire des retranchements, et, le travail ayant été promptement exécuté, il se retira dans sa tente, d'où il voyait toute l'armée ennemie.

XIII. Il avait alors devant les yeux le tableau complet de la lutte qui allait s'engager : les chevaux, ainsi que les hommes, éblouissaient par l'éclat des armes; et la sollicitude des chefs, qui parcouraient à cheval les rangs de leurs soldats, montrait que les préparatifs de l'ennemi se faisaient avec le plus grand soin; une foule même de

nisi victor	sinon victorieuse.	[mulé,
Itaque, eo dissimulato,	En-conséquence, cela ayant été dissi-	
jubet equitem mercenarium	il ordonne le soldat mercenaire	
ex Pæonia	de Péonie	
præcedere.	marcher-en-avant.	
Ipse extenderat phalangem,	Lui-même avait étendu la phalange,	
sicut dictum est antea,	comme il a été dit auparavant,	
in duo cornua;	en deux ailes ;	
equites tegebant	les cavaliers couvraient	
utrumque eorum.	l'une-et-l'autre d'elles.	
Jamque lux nitidior,	Et déjà le jour plus lumineux,	
caligine discussa,	le brouillard ayant été dissipé,	
ostenderat aciem hostium;	avait montré la ligne-de-bataille des en-	
et Macedones,	et les Macédoniens,	[nemis ;
sive alacritate,	soit par ardeur,	
sive tædio exspectationis,	soit par ennui de l'attente,	
edidere clamorem ingentem,	poussèrent un cri immense,	
more pugnantium;	à-la-manière de ceux-qui combattent ;	
redditus et a Persis	rendu aussi par les Perses	
impleverat sono terribili	il avait rempli d'un son terrible	
nemora	les bois *placés-autour*	
vallesque circumjectas.	et les vallées placées-autour.	
Nec Macedones	Ni les Macédoniens	
poterant jam contineri	ne pouvaient plus être contenus	
quin contenderent	qu'ils ne-se dirigeassent	
ad hostem	vers l'ennemi	
cursu quoque.	par la course même.	[core
Ratus melius adhuc	*Alexandre* ayant pensé *être* meilleur en-	
munire castra	de fortifier le camp	
in eodem tumulo,	sur la même éminence,	
jussit vallum jaci,	ordonna un retranchement être jeté,	
opereque perfecto strenue,	et l'ouvrage ayant été achevé activement,	
secessit in tabernaculum,	il se retira-dans *sa* tente,	
ex quo acies tota hostium	de laquelle la ligne-de-bataille tout-en-	
conspiciebatur.	était aperçue.	[tière des ennemis
XIII. Tum vero	XIII. Mais alors	
facies universa	l'aspect entier	
discriminis futuri	de l'action-décisive future	
erat in oculis :	était dans (devant) *ses* yeux :	
equi virique splendebant	chevaux et hommes brillaient	
armis insignibus;	d'armes remarquables;	
et sollicitudo prætorum	et la sollicitude des chefs	
interequitantium sua agmi-	chevauchant-entre leurs troupes	
ostendebat omnia	[na montrait toutes choses	
præparari apud hostem	être préparées chez l'ennemi	
cura intentiore;	avec un soin plus attentif;	

nia, sicut fremitus hominum, equorum hinnitus, armorum internitentium fulgor, sollicitam exspectatione mentem turbaverant. Igitur, sive dubius animi, sive ut suos experiretur, consilium adhibet, quid optimum factu esset exquirens. Parmenio, peritissimus inter duces artium belli, furto, non prœlio opus esse censebat; intempesta nocte opprimi posse hostes; discordes moribus, linguis, ad hæc somno et improviso periculo territos, quando in nocturna trepidatione coituros? At interdiu primum terribiles occursuras facies Scytharum Bactrianorumque; hirta illis ora et intonsas comas esse; præterea eximiam vastorum magnitudinem corporum. Vanis et inanibus militem magis quam justis formidinis causis moveri. Deinde tantam multitudinem circumfundi paucioribus posse; non in Ciciliæ angustiis et inviis callibus, sed in aperta et lata planitie dimicandum fore. Omnes ferme Parmenioni assentiebant; Polysper-

choses insignifiantes, comme le bruit confus des hommes, les hennissements des chevaux, les éclairs que jetaient les armes, avaient ajouté le trouble à l'inquiétude de l'attente. Soit donc qu'il fût irrésolu, soit qu'il voulût mettre les siens à l'épreuve, il assemble son conseil, pour examiner ce qu'il y avait de mieux à faire. Parménion, le plus entendu de tous les chefs dans l'art de la guerre, voulait une surprise, non une bataille. A la faveur de l'obscurité de la nuit, on pouvait prendre les ennemis au dépourvu ; n'ayant ni les mêmes mœurs ni le même langage, d'ailleurs effrayés par un brusque réveil et un péril inattendu, comment pourraient-ils se rallier dans le désordre d'une attaque de nuit, tandis qu'en plein jour, la première chose dont on serait frappé, serait la vue affreuse des Scythes et des Bactriens, leurs barbes hérissées, leurs longues chevelures, et leur stature colossale. Or les apparences vaines et frivoles faisaient plus d'impression sur le soldat, que de justes sujets de crainte. D'ailleurs, une si grande multitude pouvait aisément envelopper une armée moins nombreuse, et ce ne serait pas dans les gorges et dans les sentiers impraticables de la Cilicie, mais dans une plaine vaste et découverte qu'il faudrait combattre.

ac pleraque inania,	et la plupart des choses vaines,
sicut fremitus hominum,	comme le frémissement des hommes,
hinnitus equorum,	le hennissement des chevaux,
fulgor armorum	l'éclat des armes
internitentium	brillant-par-intervalles
turbaverant mentem	avaient troublé son esprit
sollicitam exspectatione.	inquiet par l'attente.
Igitur sive dubius animi,	Donc soit irrésolu d'esprit,
sive ut experiretur suos,	soit pour-qu'il éprouvât les siens,
adhibet consilium,	il appelle le conseil,
exquirens quid esset	recherchant quelle chose était
optimum factu.	la meilleure à être faite.
Parmenio,	Parménion, [la guerre
peritissimus artium belli	le plus habile des (dans les) moyens de
inter duces,	parmi les chefs,
censebat esse opus	était-d'avis être besoin
furto, non prœlio;	de surprise, non de combat;
hostes posse opprimi	les ennemis pouvoir être surpris
nocte intempesta;	dans une nuit profonde;
discordes moribus, linguis,	discordants de mœurs, de langages,
ad hæc territos somno	outre ces choses effrayés par le sommeil
et periculo improviso,	et par un danger imprévu,
quando coituros	quand devoir se rallier
in trepidatione nocturna?	dans une alarme nocturne?
At interdiu	Mais pendant-le-jour
facies terribiles [que	les faces terribles
Scytharum Bactrianorum	des Scythes et des Bactriens
occursuras primum;	devoir se-présenter d'abord;
ora hirta	des visages hérissés
et comas intonsas	et des chevelures non-coupées
esse illis;	être à eux;
præterea	en-outre
magnitudinem eximiam	la grandeur extraordinaire
corporum vastorum.	de corps vastes.
Militem moveri	Le soldat être remué
vanis et inanibus	par des *causes* vaines et frivoles
magis quam causis justis	plus que par des causes justes
formidinis. [nem	d'épouvante.
Deinde tantam multitudi-	Ensuite une si-grande multitude
posse circumfundi	pouvoir être répandue-autour
paucioribus;	de *troupes* moins-nombreuses;
fore dimicandum	devoir être à-combattre
non in angustiis	non dans les défilés
et callibus inviis Ciliciæ,	et les sentiers impraticables de la Cilicie,
sed in planitie	mais dans une plaine
aperta et lata. »	ouverte et large. »
Omnes ferme	Topresque

chon haud dubie in eo consilio positam victoriam arbitrabatur. Quem intuens rex (namque Parmenionem, nuper acrius quam vellet increpitum, rursus castigare non sustinebat) : « Latrunculorum, inquit, et furum ista solertia est quam præcipitis mihi; quippe illorum votum unicum est fallere. Meæ vero gloriæ semper aut absentiam Darii[1], aut angustias locorum[2], aut furtum noctis obstare non patiar. Palam luce aggredi certum est; malo me fortunæ pœniteat quam victoriæ pudeat. Ad hæc illud quoque accedit : vigilias agere barbaros, et in armis stare, ut ne decipi quidem possint, compertum habeo; itaque ad prœlium vos parate. » Sic incitatos ad corpora curanda dimisit.

Darius, illud quod Parmenio suaserat hostem facturum esse conjectans, frenatos equos stare, magnamque exercitus partem in armis esse, ac vigilias intentiore cura servari

---

Presque tous étaient de l'avis de Parménion, et Polysperchon prétendait que la victoire en dépendait absolument. Le roi se tourna vers lui, car il n'avait pas le courage de mortifier de nouveau Parménion, qu'il avait repris récemment avec plus de vivacité qu'il n'aurait voulu : « C'est à des brigands et à des voleurs, dit-il, que convient cette habileté que vous me recommandez, parce que ceux-là ne cherchent qu'à tromper ; mais je ne souffrirai pas que ma gloire soit toujours amoindrie ou par l'absence de Darius, ou par l'avantage des lieux, ou par une surprise de nuit. Je suis décidé à attaquer l'ennemi en plein jour ; et j'aime mieux avoir à me plaindre de ma fortune, qu'à rougir de ma victoire. Ajoutez à cela que les barbares, je le sais, font bonne garde et se tiennent sous les armes, de sorte qu'on ne saurait même les surprendre. Préparez-vous donc au combat. » Après les avoir ainsi animés, il les renvoie prendre quelque repos.

Darius, de son côté, conjecturant que l'ennemi ferait ce que Parménion avait conseillé, avait ordonné qu'on tînt les chevaux bridés, qu'une grande partie de l'armée demeurât sous les armes, et que les gardes redoublassent d'attention. Tout son camp fut en conséquence

assentiebant Parmenioni ;	donnaient-leur-assentiment à Parmé-[nion ;
Polysperchon arbitrabatur	Polysperchon pensait
victoriam positam	la victoire placée
haud dubie	non d'une manière-douteuse
in eo consilio.	dans cet avis.
Quem rex intuens	Lequel le roi regardant [courage]
(nam non sustinebat [nem	(car il ne soutenait pas (n'avait pas le
castigare rursus Parmenio-	de réprimander de-nouveau Parménion
increpitum nuper	gourmandé récemment
acrius quam vellet) :	plus vivement qu'il ne voudrait) :
« Ista solertia, inquit,	« Cette habileté, dit-il,
quam præcipitis mihi,	que vous recommandez à moi,
est latrunculorum	est le fait de brigands
et furum ;	et de voleurs ;
quippe fallere est	car tromper est
unicum votum illorum.	l'unique vœu d'eux.
Non vero patiar	Mais je ne souffrirai pas
aut absentiam Darii,	ou l'absence de Darius,
aut angustias locorum,	ou les défilés des lieux,
aut furtum noctis	ou une surprise de nuit
obstare semper	faire-obstacle toujours
meæ gloriæ.	à ma gloire.
Est certum aggredi	C'est chose décidée d'attaquer
palam luce ;	ouvertement le jour ;
malo pœniteat me	j'aime mieux que repentir-soit à moi
fortunæ,	de la fortune,
quam pudeat victoriæ.	que honte-soit de la victoire.
Illud accedit quoque	Cela s'ajoute aussi
ad hæc :	à ces choses-ci :
habeo compertum	j'ai pour connu
barbaros agere vigilias,	les barbares faire des veilles,
et stare in armis,	et se-tenir en armes,
ut ne possint quidem	de-sorte-qu'ils ne peuvent pas même
decipi ;	être trompés ;
itaque parate vos	en-conséquence préparez-vous
ad prœlium. »	au combat. » [soignés
Dimisit ad corpora curanda	Il congédia pour leurs corps devant être
incitatos sic.	eux animés ainsi.
Darius conjectans	Darius conjecturant
hostem facturum illud	l'ennemi devoir faire cela
quod Parmenio suaserat,	que Parménion avait conseillé,
jusserat equos	avait ordonné les chevaux
stare frenatos, [tus	se-tenir bridés,
magnamque partem exerci-	et une grande partie de l'armée
esse in armis,	être en armes,
vigiliasque servari	et les veilles être observées
cura intentiore ;	avec un soin plus attentif ;

jusserat; ergo ignibus tota ejus castra fulgebant. Ipse cum ducibus propinquisque agmina in armis stantium circumibat, Solem Mithren[1] sacrumque et æternum invocans ignem, ut illis dignam vetere gloria majorumque monumentis fortitudinem inspirarent. « Et profecto, si qua divinæ opis auguria humana mente concipi possent, deos stare secum; illos nuper Macedonum animis subitam incussisse formidinem; adhuc lymphatos ferri agique, arma jacientes. Expetere præsides Persarum imperii deos debitas e vecordibus pœnas. Nec ipsum ducem saniorem esse; quippe, ritu ferarum, prædam modo quam expeteret intuentem, in perniciem quæ ante prædam posita esset incurrere. » Similis apud Macedones quoque sollicitudo erat; noctemque, velut in eam certamine edicto, metu egerunt. Alexander, non alias magis territus, ad vota et preces Aristandrum

éclairé de feux. Il alla lui-même, avec les chefs et avec ses proches, visiter les corps qui étaient sous les armes, priant Mithra, le soleil, et le feu sacré et éternel, de leur inspirer un courage digne de leur ancienne gloire, et des exemples de leurs ancêtres. Et assurément, si l'esprit humain pouvait présager le secours de la divinité, les dieux, disait-il, étaient pour eux. Ils venaient de frapper d'une terseur subite les Macédoniens, qui égarés encore par le délire, couraient çà et là en jetant leurs armes. C'était un châtiment mérité que les dieux protecteurs de l'empire des Perses faisaient subir à ces furieux. Leur chef même n'était pas plus sensé qu'eux, puisque, comme les bêtes sauvages, n'envisageant que la proie qu'il convoitait, il se précipitait dans le piége qui était tendu en avant de cette proie. Les Macédoniens avaient aussi pareille inquiétude; et ils passèrent la nuit dans la crainte, comme si c'eût été le temps fixé pour la bataille. Alexandre même, qui jamais n'avait été plus troublé que dans cette occasion, fait venir Aristandre pour adresser au ciel

ergo castra ejus tota	donc le camp de lui tout-entier
fulgebant ignibus.	brillait de feux.
Ipse cum ducibus	Lui-même avec les chefs
propinquisque	et *ses* proches
circumibat agmina	allait-autour des bataillons
stantium in armis,	de *ceux* se-tenant en armes,
invocans Mithren Solem,	invoquant Mithra le soleil,
ignemque sacrum	et le feu sacré
et æternum,	et éternel,
ut inspirarent illis	afin qu'ils inspirassent à eux
fortitudinem dignam	un courage digne
vetere gloria	de *leur* ancienne gloire
monumentisque majorum.	et des souvenirs de *leurs* ancêtres.
Et profecto,	Et assurément,
si qua auguria	si quelques augures
opis divinæ	de l'assistance divine
possent concipi	pouvaient être conçus
mente humana,	par l'esprit humain,
deos stare secum ;	les dieux se tenir avec eux-mêmes ;
illos incussisse nuper	eux avoir inspiré récemment
animis Macedonum	aux esprits des Macédoniens
formidinem subitam ;	une épouvante soudaine ;
adhuc lymphatos	*ceux-ci* encore égarés-par-le-délire
ferri agique,	être portés et être poussés,
jacientes arma.	jetant les armes.
Deos præsides	Les dieux protecteurs
imperii Persarum	de l'empire des Perses,
expetere e vecordibus	rechercher de *ces* furieux
pœnas debitas ;	les peines dues ;
nec ducem ipsum	ni leur chef lui-même
esse saniorem ;	être plus sensé ;
quippe intuentem,	car regardant,
ritu ferarum,	à-la-manière des bêtes-sauvages,
prædam modo	la proie seulement
quam expeteret,	qu'il recherchait,
incurrere in perniciem	se-jeter dans la perte
quæ posita esset	qui avait été placée
ante prædam.	devant la proie.
Similis sollicitudo	Une semblable inquiétude
erat quoque	était aussi
apud Macedones ;	chez les Macédoniens ;
egeruntque noctem metu,	et ils passèrent la nuit dans la crainte,
velut certamine edicto	comme le combat ayant été fixé
in eam.	pour celle-ci.
Alexander, non territus	Alexandre, n'ayant pas été effrayé
magis alias,	davantage dans-une-autre-circonstance,
jubet Aristandrum	ordonne Aristandre

vocari jubet. Ille in candida veste, verbenas¹ manu præferens, capite velato, præibat preces regi², Jovem, Minervam Victoriamque propitianti. Tunc quidem, sacrificio rite perpetrato, reliquum noctis acquieturus in tabernaculum rediit. Sed nec somnum capere nec quietem pati poterat : modo e jugo montis aciem in dextrum Persarum cornu demittere agitabat; modo recta fronte concurrere hosti; interdum hæsitare an potius in lævum torqueret agmen. Tandem gravatum animi anxietate corpus altior somnus oppressit.

Jamque luce orta, duces ad accipienda imperia convenerant, insolito circa prætorium silentio attoniti; quippe alias arcessere ipsos, et interdum morantes castigare assueverat ; tunc ne ultimo quidem rerum discrimine excitatum esse mirabantur; et non somno quiescere, sed pavore marcere credebant. Non tamen quisquam e custodibus corporis intrare tabernaculum audebat. Et jam tempus instabat; nec

des vœux et des prières. Ce devin, en robe blanche, portant en main des rameaux sacrés, et la tête voilée, prononçait le premier les prières que le roi répétait pour se rendre propices Jupiter, Minerve et la Victoire. Ce fut alors qu'après avoir achevé le sacrifice selon les rites, il retourna dans sa tente pour reposer le reste de la nuit. Mais il lui était impossible de dormir ni de demeurer tranquille; il projetait, tantôt de fondre du haut de la colline avec toute son armée sur l'aile droite des Perses, tantôt de choquer l'ennemi de front; quelquefois il se demandait s'il ne ferait pas mieux de tourner plutôt ses forces sur l'aile gauche. Enfin accablé par ses inquiétudes, il tomba dans un profond sommeil.

Déjà le jour paraissait, et les chefs, assemblés pour recevoir ses ordres, étaient fort étonnés du silence extraordinaire qui régnait autour de sa tente; car ordinairement c'était lui qui les appelait et qui réprimandait ceux qui tardaient; mais qu'en ce jour l'approche d'une lutte décisive ne le reveillât même pas, voilà ce qu'ils ne pouvaient comprendre, et ils pensaient qu'au lieu de jouir d'un sommeil paisible, il était anéanti par la peur. Cependant aucun de ses gardes du corps n'osait entrer dans sa tente. Le temps commençait à presser; et les

vocari ad vota et preces.	être appelé pour des prières et des vœux.
Ille in veste candida	Celui-là en vêtement blanc
præferens manu	portant-devant dans la main
verbenas,	des rameaux-sacrés,
capite velato,	la tête voilée,
præibat preces	dictait les prières
regi propitianti Jovem,	au roi rendant-propice Jupiter,
Minervam Victoriamque.	Minerve et la Victoire.
Tunc quidem,	Alors certes, [rites,
sacrificio perpetrato rite,	le sacrifice ayant été accompli selon-les
rediit in tabernaculum	il retourna dans sa tente
acquieturus	devant se reposer
reliquum noctis.	le reste de la nuit.
Sed poterat	Mais il ne pouvait
nec capere somnum,	ni prendre le sommeil,
nec pati quietem :	ni souffrir le repos :
agitabat modo	il songeait tantôt
demittere aciem	à faire-descendre sa ligne-de-bataille
e jugo montis	du sommet de la montagne
in cornu dextrum Persarum ;	sur l'aile droite des Perses ;
modo concurrere hosti	tantôt à choquer l'ennemi
fronte recta ;	de front droit ;
interdum hæsitare	parfois il se mettait à hésiter
an torqueret agmen	s'il lancerait l'armée
potius in lævum.	plutôt sur la gauche des ennemis.
Tandem somnus altior	Enfin un sommeil plus profond
oppressit corpus	accabla son corps
gravatum anxietate animi.	appesanti par l'anxiété d'esprit.
Jamque luce orta,	Et déjà la lumière s'-étant-levée,
duces convenerant	les chefs s'-étaient-réunis
ad imperia accipienda,	pour les ordres devant être reçus,
attoniti silentio insolito	étonnés du silence inaccoutumé
circa prætorium ;	autour de la tente-du-général ;
quippe assueverat alias	car il avait-coutume dans-les-autres-
accersere ipsos,	de mander eux-mêmes, [circonstances
et interdum castigare	et parfois de réprimander
morantes;	ceux tardant ;
mirabantur [tunc	ils s'-étonnaient
ne esse quidem excitatum	lui n'avoir pas même été éveillé alors
ultimo discrimine rerum,	par la dernière crise des choses,
et credebant	et ils croyaient lui
non quiescere somno,	non se-reposer par le sommeil,
sed marcere pavore.	mais être flétri par la crainte.
Tamen quisquam	Cependant qui-que-ce-soit
e custodibus corporis	des gardes du corps
non audebat	n'osait
intrare tabernaculum.	entrer dans la tente.

miles, injussu ducis, aut arma capere poterat, aut in ordines ire. Diu Parmenio cunctatus, cibum ut caperent ipse pronuntiat. Jamque exire necesse erat : tunc demum intrat tabernaculum; sæpiusque nomine compellatum, quum voce non posset, tactu excitavit. « Multa lux, inquit, est; instructam aciem hostis admovit, tuus miles adhuc inermis exspectat imperium. Ubi est vigor ille animi tui? nempe excitare vigiles soles. » Ad hæc Alexander : « Credisne me prius somnum capere potuisse quam exonerarem animum sollicitudine quæ quietem morabatur? » Signumque pugnæ tuba dari jussit. Et, quum in eadem admiratione Parmenio perseveraret, quod securus somnum cepisset : « Minime, inquit, mirum est; ego enim, quum Darius terras ureret, vicos excideret, alimenta corrumperet, potens mei non eram; nunc vero quid metuam, quum acie decernere paret? Her-

soldats ne pouvaient, sans l'ordre du général, ni prendre les armes, ni se mettre en rang. Après avoir longtemps hésité, Parménion, de sa propre autorité, donne l'ordre de manger. Enfin il était nécessaire de se mettre en mouvement : il se décide alors à entrer dans la tente du roi; il l'appelle plusieurs fois par son nom, et ne pouvant l'éveiller ainsi, il le touche pour y réussir. « Il est grand jour, lui dit-il, l'ennemi s'approche en bataille; vos soldats attendent vos ordres pour s'armer. Qu'est devenue la vigueur de courage qui vous distingue, vous qui avez coutume d'éveiller les gardes? — Crois-tu, lui répond Alexandre, qu'il m'ait été possible de m'endormir avant de m'être débarrassé l'esprit de l'inquiétude qui s'opposait à mon repos? » Puis il fait sonner le signal du combat. Et, comme Parménion continuait à marquer sa surprise de la tranquillité avec laquelle le roi avait dormi : « Cela n'est pas surprenant, lui dit-il; car lorsque Darius incendiait les campagnes, détruisait les villages, gâtait les vivres, je n'étais pas maître de moi; mais qu'aurais-je à craindre maintenant, qu'il se dispose à en venir à une bataille? Par Hercule! il comble mes vœux. Mais je vous rendrai plus

Et jam tempus instabat;	Et déjà le temps pressait;
nec miles poterat	ni le soldat ne pouvait
injussu ducis	sans-l'ordre du chef
aut capere arma,	ou prendre des armes,
aut ire in ordines.	ou aller en rangs.
Parmenio cunctatus diu	Parménion ayant hésité longtemps
pronuntiat ipse	prononce *de* lui-même
ut caperent cibum.	qu'ils prissent de la nourriture.
Jamque erat necesse	Et déjà il était nécessaire
exire :	de sortir :
tunc demum	alors seulement
intrat tabernaculum;	il entre-dans la tente;
excitavitque tactu	et il éveilla par le toucher
compellatum sæpius nomi-	*lui* appelé plus souvent par *son* nom,
quum non posset voce.	comme il ne pouvait *l'éveiller* par la voix.
« Lux, inquit, est multa;	« Le jour, dit-il, est abondant (grand);
hostis admovit	l'ennemi a approché
aciem instructam;	*sa* ligne-de-bataille rangée;
tuus miles adhuc inermis	ton soldat encore sans-armes
exspectat imperium.	attend l'ordre.
Ubi est ille vigor	Où est cette vigueur
tui animi?	de ton cœur?
Nempe soles	Car tu as-coutume
excitare vigiles. »	d'éveiller les gardes. »
Alexander ad hæc :	Alexandre à ces choses :
« Credisne me potuisse	« Crois-tu moi avoir pu
capere somnum	prendre le sommeil
prius quam exonerarem	avant que je déchargeasse
animum sollicitudine	*mon* esprit de l'inquiétude
quæ morabatur quietem? »	qui retardait *mon* repos ? »
Jussitque signum pugnæ	Et il ordonna le signal du combat
dari tuba.	être donné par la trompette.
Et quum Parmenio	Et comme Parménion
perseveraret	persévérait
in eadem admiratione	dans le même étonnement
quod cepisset securus	parce-qu'il avait pris tranquille
somnum :	le sommeil :
« Est minime mirum, inquit;	« *Cela* n'est nullement étonnant, dit-il;
ego enim, quum Darius	moi en-effet, lorsque Darius
ureret terras,	brûlait les terres,
excideret vicos,	rasait les villages,
corrumperet alimenta,	gâtait les vivres,
non eram potens mei;	je n'étais pas maître de moi;
nunc vero quid metuam	mais maintenant que craindrai-je
quum paret	puisqu'il se-prépare
decernere acie?	à combattre en-ligne-de bataille?
Hercule, implevit	Par-Hercule, il a rempli

QUINTE-CURCE.

cule, votum meum implevit. Sed hujus quoque consilii ratio postea reddetur: vos ite ad copias quibus quisque præest; ego jam adero et, quid fieri velim, exponam. » Raro admodum, admonitu magis amicorum quam metu discriminis, munimento corporis uti solebat. Tunc quoque sumpto, processit ad milites. Haud alias tam alacrem viderant regem; et vultu ejus interrito certam spem victoriæ augurabantur. Atque ille, proruto vallo, exire copias jubet, aciemque disponit.

In dextro cornu locati sunt equites, quos agema[1] appellant; præerat his Clitus; cui junxit Philotæ turmas, ceterosque præfectos equitum lateri ejus applicuit. Ultima Meleagri ala stabat; quam phalanx sequebatur. Post phalangem Argyraspides[2] erant; his Nicanor, Parmenionis filius, præerat. In subsidiis cum manu sua Cœnos; post eum Orestes Lyncestesque. Post illos Polysperchon, dux peregrini militis; hujus agminis Amyntas princeps erat.

tard compte de ma résolution: pour vous, allez chacun vers les troupes que vous commandez; je vous joindrai dans l'instant, et vous donnerai mes ordres. » Ce n'était que bien rarement, et sur les instances de ses amis, plutôt que par crainte du péril qu'il prenait sa cuirasse; mais il la prit alors avec ses autres armes, et s'avança vers ses soldats. Jamais ils n'avaient vu le roi si gai; et son air intrépide fut pour eux un augure infaillible de la victoire. Il ordonne de renverser la palissade, fait sortir ses troupes, et les range en bataille.

A l'aile droite fut placée la cavalerie qu'on appelle agéma; elle était sous les ordres de Clitus, renforcée par les escadrons de Philotas, et appuyée sur les côtés par les autres chefs de cavalerie. Le corps commandé par Méléagre était le dernier, et il était suivi de la phalange. Après la phalange venaient les Argyraspides, commandés par Nicanor, fils de Parménion. Ils étaient soutenus par la troupe de Cénus, après lequel marchaient Oreste et Lynceste. A la suite de ceux-là, Polysperchon menait les troupes étrangères, dont le premier

meum votum.	mon vœu.
Sed ratio	Mais la raison
hujus consilii quoque	de cette résolution aussi
reddetur postea;	sera rendue dans-la-suite;
vos ite ad copias	vous allez vers les troupes
quibus quisque præest;	auxquelles chacun commande;
ego adero jam	moi je serai-présent déjà
et exponam	et j'exposerai
quid velim fieri. »	quelle chose je veux être faite. »
Solebat uti	Il avait-coutume de se-servir
admodum raro	tout-à-fait rarement
munimento corporis,	d'une défense de corps,
magis admonitu amicorum	plus par l'avertissement de ses amis
quam metu discriminis.	que par crainte du danger.
Tunc sumpto quoque	Alors *elle* ayant été prise aussi
processit ad milites.	il s'avança vers les soldats.
Haud viderant alias	Ils n'avaient pas vu une-autre-fois
regem tam alacrem,	le roi si allègre,
et augurabantur	et ils auguraient
vultu interrito ejus	par le visage intrépide de lui
spem certam victoriæ.	l'espoir certain de la victoire.
Atque ille,	Et lui,
vallo proruto,	le retranchement ayant été renversé,
jubet copias exire,	ordonne les troupes sortir,
disponitque aciem.	et dispose sa ligne-de-bataille.
Equites quos vocant agema	Les cavaliers qu'ils appellent agéma
locati sunt	furent placés
in cornu dextro;	à l'aile droite;
Clitus præerat his;	Clitus commandait à ceux-ci;
cui junxit	auquel il joignit
turmas Philotæ,	les escadrons de Philotas,
applicuitque lateri ejus	et il appuya au côté de lui [liers.
ceteros præfectos equitum.	tous-les-autres commandants des cava-
Ala Meleagri	L'aile (l'escadron) de Méléagre
stabat ultima,	se-tenait la dernière,
quam phalanx sequebatur.	laquelle la phalange suivait.
Argyraspides erant	Les Argyraspides étaient
post phalangem;	derrière la phalange;
Nicanor, filius Parmenionis,	Nicanor, fils de Parménion,
præerat his;	commandait à ceux-ci;
Cœnos cum sua manu	Cénus avec sa troupe
in subsidiis;	dans les secours (la réserve);
post eum Orestes	après lui Oreste
Lyncestesque.	et Lynceste.
Post illos Polysperchon,	Après eux Polysperchon,
dux militis peregrini;	chef du soldat étranger;
Amyntas erat princeps	Amyntas était le premier

Phrygas Balacrus regebat, in societatem nuper adscitos. Hæc dextri cornu facies erat. In lævo, Craterus Peloponnensium equites habebat, Achæorumque et Locrensium et Maleon[1] turmis sibi adjunctis; hos Thessali equites claudebant, Philippo duce. Peditum acies equitatu tegebatur. Frons lævi cornu hæc erat. Sed, ne circumiri posset a multitudine, ultimum agmen valida manu cinxerat; cornua quoque subsidiis firmavit, non recta fronte, sed a latere positis, ut, si hostis circumvenire aciem tentasset, parata pugnæ forent. Hic Agriani[2] erant, quibus Attalus præerat, adjunctis sagittariis Cretensibus[3]. Ultimos ordines avertit a fronte[4], ut totam aciem orbe muniret. Illyrii hic erant, adjuncto milite mercede conducto. Thracas quoque simul objecerat leviter armatos; adeoque aciem versatilem posuit ut, qui ultimi stabant, ne circumirentur, verti tamen et in frontem circumagi possent. Itaque non

chef était Amyntas; Balacre commandait les Phrygiens, nouveaux alliés d'Alexandre. Telle était la disposition de l'aile droite. A la gauche, Cratère conduisait la cavalerie du Péloponèse, avec celle des Achéens, des Locriens et des Maliens; la cavalerie thessalienne, sous la conduite de Philippe, servait d'arrière-garde à ces corps. L'infanterie était couverte par la cavalerie. Voilà quel était le front de l'aile gauche. Mais pour n'être pas enveloppé par la multitude, il avait placé derrière les derniers bataillons un puissant corps de réserve. Il avait aussi fortifié les deux ailes par des corps auxiliaires, tournés, non vers le front de l'armée, mais vers les côtés, de manière que si l'ennemi tentait d'investir l'armée, ils fussent tout prêts à combattre. Là étaient les Agriens commandés par Attale, avec les archers crétois. Il tourna les derniers rangs en sens contraire du front de bataille, afin que l'armée entière fût protégée de tous côtés. Là étaient les Illyriens, avec les troupes qu'il avait prises à sa solde. Il y avait placé aussi les Thraces armés à la légère. Au reste, il avait si bien pris ses mesures pour faciliter les mouvements de son armée, que ceux qui se tenaient aux derniers rangs pouvaient néanmoins, pour n'être pas investis, faire face à l'ennemi par un mouvement de conversion : de sorte

hujus agminis ;	de cette troupe ;
Balacrus regebat Phrygas	Balacrus conduisait les Phrygiens
adscitos nuper in societatem.	admis récemment en alliance.
Facies cornu dextri	L'aspect de l'aile droite
erat hæc.	était celui-ci (tel).
In lævo Craterus habebat	A *l'aile* gauche Cratère avait
equites Peloponnensium,	les cavaliers des Péloponésiens,
turmis Achæorumque	les escadrons et des Achéens
et Locrensium et Maleon	et des Locriens et des Maliens
adjunctis sibi ;	ayant été adjoints à lui-même ;
equites Thessali,	les cavaliers thessaliens,
Philippo duce,	Philippe étant chef,
claudebant hos.	fermaient ceux-ci.
Acies peditum	La ligne-de-bataille des fantassins
tegebatur equitatu.	était couverte par la cavalerie.
Frons cornu lævi	Le front de l'aile gauche
erat hæc.	était celui-ci (tel).
Sed ne posset	Mais pour qu'il (Alexandre) ne pût
circumiri a multitudine,	être enveloppé par la multitude,
cinxerat ultimum agmen	il avait ceint le dernier bataillon
valida manu ;	d'une forte troupe ;
firmavit quoque cornua	il fortifia aussi les ailes
subsidiis	par des secours (des réserves)
positis non fronte recta,	placés non de front droit
sed a latere,	mais de côté,
ut si hostis tentasset	afin-que si l'ennemi avait tenté
circumvenire aciem,	d'envelopper la-ligne-de-bataille,
forent parata pugnæ.	*les réserves* fussent prêtes au combat.
Agriani erant hic,	Les Agriens étaient là,
quibus Attalus præerat,	auxquels Attale commandait,
sagittariis Cretensibus	les archers crétois
adjunctis.	ayant été adjoints.
Avertit a fronte	Il détourna du front
ultimos ordines,	les derniers rangs,
ut muniret orbe	pour qu'il fortifiât en-cercle
aciem totam.	la ligne-de-bataille tout-entière.
Illyrii erant hic,	Les Illyriens étaient ici,
milite conducto mercede	le soldat loué pour un salaire
adjuncto ;	ayant été adjoint ; [temps
objecerat quoque simul	il avait placé-en-avant aussi en-même-
Thracas leviter armatos ;	les Thraces légèrement armés ;
posuitque aciem	et il disposa *sa* ligne-de-bataille
adeo versatilem	tellement mobile
ut qui stabant ultimi	que *ceux* qui se-tenaient les derniers
possent tamen,	pouvaient cependant,
ne circumirentur,	afin-qu'ils-ne fussent pas enveloppés,
verti	faire-une-conversion

prima quam latera, non latera munitiora fuere quam terga.

His ita ordinatis, præcipit ut, si falcatos currus cum fremitu barbari emitterent, ipsi, laxatis ordinibus [1], impetum incurrentium silentio exciperent, haud dubius sine noxa transcursuros, si nemo se opponeret; sin autem sine fremitu immisissent, eos ipsi clamore terrerent, pavidosque equos telis utrinque suffoderent. Qui cornibus præerant extendere ea jussi, ita ut nec circumvenirentur, si arctius starent, nec tamen mediam aciem exinanirent. Impedimenta cum captivis, inter quos mater liberique Darii custodiebantur, haud procul acie in edito colle constituit, modico præsidio relicto. Lævum cornu, sicut alias, Parmenioni tuendum datum; ipse in dextro stabat. Nondum ad teli jactum pervenerant, quum Bion quidam transfuga, quanto maximo cursu potuerat, ad regem pervenit, nuntians murices ferreos in terram defodisse Darium, qua hostem equites emissurum

que le front n'était pas mieux défendu que les flancs, ni les flancs que les derrières.

Ces dispositions prises, il ordonne, si les barbares poussaient en criant leurs chariots armés de faux, d'ouvrir les rangs pour les recevoir en silence, ne doutant pas qu'ils ne les traversassent sans faire de mal, s'ils ne trouvaient pas d'obstacles; au contraire, s'ils les poussaient sans bruit, ses soldats devaient jeter des cris pour les intimider, et percer de traits des deux côtés leurs chevaux effrayés. Ceux qui commandaient les ailes eurent ordre de les étendre assez pour les empêcher d'être enveloppées, ce qui arriverait si elles demeuraient trop serrées, mais sans dégarnir le centre. Les bagages et les prisonniers, parmi lesquels étaient la mère et les enfants de Darius, furent mis, avec une faible garde, sur une colline élevée, peu éloignée du champ de bataille. Parménion eut, comme d'ordinaire, le commandement de l'aile gauche, et le roi se tint à la droite. On n'était pas encore à la portée du trait, qu'un transfuge, nommé Bion, vint à toutes brides avertir Alexandre que Darius avait semé en terre des chausse-

et circumagi in frontem.	et être tournés en front.
Itaque non prima	En-conséquence ni les premières par-
fuere munitiora	ne furent plus fortifiées [ties
quam latera,	que les flancs,
non latera	ni les flancs
quam terga.	que les derrières.
His ordinatis ita,	Ces choses ayant été disposées ainsi,
præcipit ut, si barbari	il ordonne que, si les barbares
emitterent cum fremitu	lançaient avec frémissement
currus falcatos,	les chars armés-de-faux,
ipsi, ordinibus laxatis,	eux-mêmes, les rangs étant desserrés,
exciperent silentio	reçussent en silence
impetum incurrentium;	le choc des chars se-précipitant;
haud dubius	ne doutant pas [mage,
transcursuros sine noxa,	eux devoir passer-en-courant sans dom-
si nemo se opponeret;	si personne-ne se plaçait-devant;
sin autem immisissent	si au-contraire ils les avaient poussés
sine fremitu,	sans frémissement, [cri,
ipsi terrerent eos clamore,	qu'eux-mêmes effrayassent eux par un
suffoderentque telis utrinque	et qu'ils perçassent de traits des-deux-
equos pavidos.	les chevaux effrayés. [côtés
Qui præerant cornibus,	Ceux qui commandaient aux ailes,
jussi extendere ea	reçurent-ordre d'étendre elles
ita ut	de telle-manière que
nec circumvenirentur,	ni elles ne fussent enveloppées.
si starent arctius,	si elles se tenaient plus-à-l'étroit,
nec tamen exinanirent	ni cependant elles ne dégarnissent
mediam aciem.	le milieu de la-ligne-de-bataille.
Constituit haud procul acie	Il établit non loin de la ligne-de-bataille
in colle edito,	sur une colline élevée,
modico præsidio relicto,	une faible garde ayant été laissée,
impedimenta cum captivis,	les bagages avec les captifs,
inter quos mater	parmi lesquels la mère
liberique Darii	et les enfants de Darius
custodiebantur.	étaient gardés.
Lævum cornu dum,	L'aile gauche
datum Parmenioni tuen-	fut donnée à Parménion à-défendre,
sicut alias;	comme les-autres-fois;
ipse stabat in dextro.	lui-même se tenait à l'aile droite.
Nondum pervenerant	Ils n'étaient pas-encore parvenus
ad jactum teli,	au jet (à la portée) du trait,
quum quidam Bion	lorsqu'un certain Bion
transfuga	transfuge [grande
pervenit ad regem cursu	parvint vers le roi par une course aussi
quanto potuerat maximo,	qu'il avait pu la plus grande,
nuntians Darium	annonçant Darius
defodisse in terram	avoir enfoui dans la terre

esse credebat; notatumque certo signo locum, ut fraus evitari a suis posset. Asservari transfuga jusso, duces convocat, expositoque quod nuntiatum erat, monet ut regionem monstratam declinent, equitemque periculum edoceant. Ceterum hoc tantus exercitus exaudire non poterat, usum aurium intercipiente fremitu duorum agminum; sed, in conspectu omnium, duces et proximum quemque interequitans alloquebatur :

XIV. « Emensis tot terras in spem victoriæ de qua dimicandum foret, hoc unum superesse discrimen. Granicum hic amnem, Ciliciæque montes, et Syriam Ægyptumque prætereuntibus raptas, ingentia spei gloriæque incitamenta, referebat. Reprehensos ex fuga Persas pugnaturos, quia fugere non possent. Tertium diem jam metu exsangues, armis suis oneratos, in eodem vestigio hærere; nullum desperationis illorum majus indicium esse quam quod urbes, quod agros

trapes de fer, par où il croyait que déboucherait la cavalerie ennemie, et qu'il avait marqué l'endroit par des signes certains, afin que les siens pussent éviter le piège. Le roi donne l'ordre de garder le transfuge, assemble les chefs, leur communique l'avis qu'il vient de recevoir, les avertit de se détourner de l'endroit indiqué et de prévenir la cavalerie de ce danger. Au reste, cet avis ne pouvait être entendu d'une si grande multitude, les oreilles étant étourdies par le bruit sourd des deux armées; mais le roi, passant à cheval dans les rangs, disait en présence de tous, aux chefs et à ceux qui étaient les plus proches :

XIV. « Qu'après avoir parcouru tant de pays dans l'espérance de la victoire pour laquelle ils allaient combattre, il ne leur restait plus que ce péril à affronter. Là-dessus, il leur rappelait, pour les exciter à acquérir une gloire nouvelle, le passage du Granique et des montagnes de la Cilicie, la Syrie et l'Égypte enlevées en courant. Il ajoutait que les Perses, arrêtés dans leur fuite, ne combattraient que faute de pouvoir fuir encore; que glacés de peur depuis trois jours, et surchargés du poids de leurs armes, ils étaient comme immobiles à la même place ; ce qui prouvait surtout leur désespoir, c'est qu'ils incen-

murices ferreos,	des chausse-trapes de-fer,
qua credebat hostem	par-où il croyait l'ennemi
emissurum esse equites ;	devoir faire-sortir les cavaliers ;
locumque notatum	et le lieu avoir été marqué
signo certo	par un signe certain
ut fraus posset	afin-que la fraude (le piége) pût
evitari a suis.	être évitée par les siens. [gardé,
Transfuga jusso asservari,	Le transfuge ayant été ordonné d'être
convocat duces,	il convoque les chefs,
quodque nuntiatum erat	et ce qui avait été annoncé
exposito,	ayant été exposé,
monet ut declinent	il avertit qu'ils évitent
regionem monstratam,	la région (le côté) indiquée,
edoceantque equitem	et qu'ils apprennent au cavalier
periculum.	le péril.
Ceterum exercitus tantus	Du-reste une armée si-grande
non poterat exaudire hoc,	ne pouvait entendre ceci,
fremitu duorum agminum	le frémissement de deux troupes
intercipiente usum aurium ;	interceptant l'usage des oreilles ;
sed interequitans	mais courant-entre-à-cheval
alloquebatur duces	il parlait-aux chefs
et quemque proximum	et à chacun le plus proche
in conspectu omnium :	en vue de tous :

XIV. « Hoc unum discri- [men superesse
emensis tot terras
in spem victoriæ
de qua foret dimicandum.
Referebat hic
amnem Granicum,
montesque Ciliciæ,
et Syriam Ægyptumque
raptas prætereuntibus,
ingentia incitamenta
spei gloriæque.
Persas reprehensos ex fuga pugnaturos,
quia non possent fugere.
Jam exsangues metu
tertium diem,
oneratos suis armis,
hærere
in eodem vestigio;
nullum indicium
desperationis illorum
esse majus

XIV. « Cette seule lutte-décisive rester
à eux ayant parcouru tant de terres
pour l'espoir de la victoire
touchant laquelle il serait à-combattre.
Il rappelait ici
le fleuve du Granique,
et les montagnes de Cilicie,
et la Syrie et l'Égypte
enlevées par eux passant,
grands stimulants
d'espérance et de gloire.
Les Perses repris (ramenés) de leur fuite
devoir combattre,
parce-qu'ils ne pouvaient fuir.
Déjà privés-de-sang par la peur
le troisième jour (depuis trois jours),
surchargés de leurs armes,
rester-attachés
dans la même empreinte-des-pieds;
aucun indice
du désespoir d'eux
être plus grand

suos urerent, quidquid non corrupissent hostium esse confessi. Nomina modo vana gentium ignotarum ne extimescerent; neque enim ad belli discrimen pertinere qui ab his Scythæ, quive Cadusii appellentur. Ob id ipsum, quod ignoti essent, ignobiles esse : nunquam ignorari viros fortes; at imbelles, ex latebris suis erutos, nihil præter nomina afferre. Macedones virtute assecutos ne quis toto orbe locus esset qui tales viros ignoraret. Intuerentur barbarorum inconditum agmen : alium nihil præter jaculum habere; alium funda saxa librare; paucis justa arma esse. Itaque illinc plures stare, hinc plures dimicaturos. Nec postulare se ut fortiter capesserent prœlium, ni ipse ceteris fortitudinis fuisset exemplum : se ante prima signa dimicaturum; spondere pro se, quot cicatrices, totidem corporis decora; scire ipsos unum pæne se prædæ communis exsortem, in illis

diaient leurs villes et leurs campagnes, avouant ainsi que tout ce qu'ils laissaient intact était aux ennemis. Seulement, il ne fallait pas s'effrayer des vains noms de nations inconnues; l'issue de la guerre dépendait-elle des peuples que les Perses appelaient Scythes ou Cadusiens? Si ces peuples étaient inconnus, c'est qu'ils méritaient de l'être; des hommes courageux n'étaient jamais inconnus; mais des lâches, arrachés de leurs retraites, n'apportaient au combat que leurs noms. Quant aux Macédoniens, ils avaient fait en sorte, par leur valeur, qu'il n'y eût pas un coin sur toute la terre où l'on ne connût des guerriers tels qu'eux. Qu'ils jetassent les yeux sur cette troupe confuse de barbares : l'un n'avait que le javelot, un autre la fronde pour lancer des pierres, et bien peu un équipement complet. Si donc de ce côté-là il y avait plus d'hommes, de celui-ci il y aurait plus de combattants. Au reste, il ne les exhortait à agir vaillamment qu'autant qu'il en donnerait lui-même l'exemple : il combattrait à la tête des enseignes; et ils avaient pour garants de sa valeur ses cicatrices, qui étaient autant de marques glorieuses; ils n'i-

quam quod urerent urbes,	que parce-qu'ils brûlaient *leurs* villes,
quod suos agros,	parce qu'*ils brûlaient* leurs campagnes,
confessi	ayant avoué
quidquid non corrupissent	tout-ce-qu'ils n'avaient pas gâté
esse hostium.	être des (aux) ennemis.
Modo ne extimescerent	Seulement qu'ils ne redoutassent pas
nomina vana	des noms vains
gentium ignotarum ;	de nations inconnues ;
neque enim	ni en-effet
qui appellentur ab his	*eux* qui sont appelés par ceux-ci
Scythæ,	Scythes,
quive Cadusii,	ou *ceux* qui *sont appelés* Cadusiens,
pertinere ad discrimen belli ;	importer à la décision de la guerre ;
esse ignobiles	être indignes-d'être-connus
ob id ipsum	à-cause de cela même
quod essent ignoti ;	qu'ils étaient inconnus ;
viros fortes	les hommes courageux
nunquam ignorari ;	n'être jamais inconnus ;
at imbelles,	mais les lâches
erutos ex suis latebris,	arrachés de leurs retraites
afferre nihil	n'apporter rien
præter nomina.	hormis des noms. [courage
Macedones assecutos virtute	Les Macédoniens avoir acquis par *leur*
ne quis locus esset	que quelque lieu ne fût
toto orbe	par tout l'univers
qui ignoraret vires tales.	qui ignorât des hommes tels.
Intuerentur	Qu'ils regardassent
agmen inconditum	la troupe confuse
barbarorum ;	des barbares :
alium nihil habere	l'un ne rien avoir
præter jaculum ;	hormis un javelot ;
alium librare	l'un lancer
saxa funda ;	des pierres avec une fronde ;
arma justa esse paucis ;	des armes régulières être à peu ;
itaque plures	en-conséquence de plus-nombreux
stare illinc ;	se-tenir de l'autre côté ; [ce côté-ci ;
plures dimicaturos hinc ;	de plus-nombreux devoir combattre de
nec se postulare	ni lui-même demander
ut capesserent prœlium	qu'ils entreprissent le combat
fortiter,	courageusement, [les-autres
ni ipse fuisset ceteris	à-moins-que lui-même n'eût été à tous-
exemplum fortitudinis ;	exemple de courage ;
se dimicaturum	lui-même devoir combattre
ante prima signa ;	devant les premières enseignes ;
totidem decora corporis	autant d'ornements de *son* corps
quot cicatrices	qu'*il avait* de cicatrices
spondere pro se	être-garants pour lui-même ;

colendis ornandisque usurpare victoriæ præmia. Hæc se
fortibus viris dicere. Si qui dissimiles eorum essent, illa
fuisse dicturum : pervenisse eo unde fugere non possent ;
tot terrarum spatia emensis, tot amnibus montibusque post
tergum objectis, iter in patriam et penates manu esse facien-
dum. » Sic duces, sic proximi militum instincti sunt.

Darius in lævo cornu erat, magno suorum agmine, delectis
equitum peditumque stipatus ; contempseratque paucitatem
hostis, vanam aciem esse extentis cornibus ratus. Ceterum,
sicut curru eminebat, dextra lævaque ad circumstantium
agmina oculos manusque circumferens : « Terrarum, inquit,
quas Oceanus[1] hinc alluit, illinc claudit Hellespontus, paulo
ante dominis, jam non de gloria, sed de salute, et, quod
saluti præponitis, de libertate pugnandum est. Hic dies im-

gnoraient pas qu'il était presque le seul qui n'eût point de part au
butin commun, et que c'était à leur bien-être et à leur fortune qu'il
consacrait les fruits de la victoire. Tel était le langage qu'il tenait à
des hommes de cœur; mais s'il y en avait eu d'autres parmi eux,
il leur aurait dit qu'ils étaient arrivés à un endroit d'où ils ne
pouvaient plus fuir; qu'après avoir traversé tant de vastes contrées,
et laissé derrière eux tant de fleuves et de montagnes, il leur fallait,
pour retourner dans leur patrie et vers leurs pénates, s'ouvrir un
chemin l'épée à la main. » C'est ainsi qu'il anima les chefs et les
soldats qui se trouvaient auprès de lui.

Darius était à son aile gauche, environné d'un gros des siens, élite
de sa cavalerie et de son infanterie. Il avait pris en dédain le petit
nombre des ennemis, persuadé qu'ils avaient réduit à rien leur
centre en étendant leurs ailes. Au surplus, du haut du char sur
lequel il était élevé, tournant ses regards et ses mains à droite et à
gauche vers les troupes qui l'environnaient, il leur disait : « Maîtres,
naguère, des terres baignées d'un côté par l'Océan et terminées de
l'autre par l'Hellespont, nous voici forcés de combattre, non plus

ipsos scire	eux-mêmes savoir
se pæne unum	lui-même presque seul
exsortem prædæ communis;	être privé-de-part de butin commun,
usurpare præmia victoriæ	employer les récompenses de la victoire,
in illis colendis	dans (pour) eux devant être soignés
ornandisque.	et devant être ornés.
Se dicere hæc	Lui-même dire ces choses-ci
viris fortibus.	à des hommes courageux.
Si qui essent	Si quelques-uns étaient
dissimiles eorum,	différents de ceux-là,
dicturum fuisse illa :	*lui* avoir dû dire ces choses-là :
pervenisse eo	*eux* être parvenus là
unde non possent fugere;	d'-où ils ne pouvaient fuir ;
iter in patriam penatesque	le chemin vers la patrie et les pénates
esse faciendum manu	être à-faire par la main (de force)
emensis	à *eux* ayant parcouru
tot spatia terrarum,	tant d'espaces de terres,
tot amnibus montibusque	tant de fleuves et de montagnes
objectis post tergum. »	étant opposés derrière *leur* dos. »
Sic duces,	Ainsi les chefs,
sic proximi militum	ainsi les plus proches des soldats
instincti sunt.	furent animés.
Darius erat	Darius était
in cornu lævo,	à l'aile gauche,
stipatus	entouré
magno agmine suorum,	d'une grande troupes des siens,
delectis	des choisis
equitum peditumque;	d'*entre* les cavaliers et les fantassins;
contempseratque	et il avait méprisé
paucitatem hostis,	le petit-nombre de l'ennemi,
ratus aciem	persuadé la ligne-de-bataille
esse vanam,	être vide (dégarnie),
cornibus extentis.	les ailes ayant été étendues.
Ceterum,	Du-reste,
sicut eminebat curru,	comme il était élevé sur un char,
circumferens	promenant
oculos manusque	*ses* yeux et *ses* mains
dextra lævaque	à gauche et à droite
ad agmina circumstantium:	vers les troupes de *ceux* l'entourant:
« Est pugnandum, inquit,	« Il est à-combattre, dit-il,
non jam de gloria,	non plus touchant la gloire,
sed de salute,	mais touchant le salut,
et, quod præponitis saluti,	et, ce que vous préférez au salut,
de libertate,	touchant la liberté,
dominis paulo ante	à *vous* maîtres un-peu auparavant
terrarum quas Oceanus	des terres que l'Océan
alluit hinc,	baigne de-ce-côté-ci,

perium, quo nulla amplius vidit ætas, aut constituet aut finiet. Apud Granicum minima virium parte cum hoste certavimus; in Cilicia victos Syria poterat excipere; magna munimenta regni Tigris atque Euphrates erant. Ventum est eo unde pulsis ne fugæ quidem locus est. Omnia tam diutino bello exhausta post tergum sunt; non incolas suos urbes, non cultores habent terræ. Conjuges quoque et liberi sequuntur hanc aciem, parata hostibus præda, nisi pro carissimis pignoribus corpora opponimus. Quod mearum fuit partium, exercitum, quem pæne immensa planities vix caperet, comparavi; equos, arma distribui; commeatus ne tantæ multitudini deessent providi; locum, in quo acies explicari posset, elegi. Cetera in vestra potestate sunt: audete modo vincere, famamque, infirmissimum adversus fortes viros telum, contemnite. Temeritas est, quam adhuc

pour la gloire, mais pour la vie, et, ce qui vous est plus cher que la vie, pour la liberté. Ce jour affermira ou renversera le plus grand empire qui fut jamais. Près du Granique, c'est avec la moindre partie de nos forces que nous avons combattu; vaincus en Cilicie, la Syrie pouvait encore nous offrir une retraite; le Tigre et l'Euphrate étaient deux puissants boulevards de mon royaume. Mais nous voici au point, qu'il ne nous reste pas même où fuir, si nous sommes repoussés. Tout ce qui est derrière nous, est épuisé par la longueur de la guerre; les villes n'ont plus d'habitants, les campagnes de cultivateurs. Nos femmes mêmes et nos enfants sont à la suite de cette armée; ils vont devenir la proie des ennemis, si nos corps ne servent de remparts à ces chers objets de notre amour. Tout ce qui était de mon devoir, je l'ai fait : j'ai mis sur pied une armée qu'une plaine presque sans bornes peut à peine contenir; j'ai distribué des chevaux et des armes; j'ai pourvu à la subsistance d'une si énorme multitude; j'ai choisi un lieu où elle pût se déployer en bataille. Le reste dépend de vous : ayez seulement la hardiesse de vaincre, et ne faites aucun cas de la réputation des ennemis, arme bien faible contre des gens de cœur. C'est de la témérité que vous

Hellespontus claudit illinc.	que l'Hellespont ferme de-ce-côté-là.
Hic dies aut constituet	Ce jour-ci ou affermira
aut finiet imperium,	ou finira un empire,
quo nulla ætas	en comparaison duquel aucun âge
vidit amplius.	n'*en* vit de plus grand.
Certavimus cum hoste	Nous avons combattu avec l'ennemi
apud Granicum	auprès du Granique
parte minima virium ;	avec la partie la moindre de *nos* forces ;
Syria poterat accipere	la Syrie pouvait recevoir
victos in Cilicia ;	*nous* vaincus en Cilicie ;
Tigris atque Euphrates,	le Tigre et l'Euphrate,
erant magna munimenta	étaient de grandes défenses
regni.	du royaume.
Ventum est eo unde	On est venu là d'-où
ne quidem locus fugæ	pas même lieu de fuite
est pulsis.	est à *nous* repoussés.
Omnia post tergum	Toutes choses derrière *notre* dos
exhausta sunt bello	ont été épuisées par une guerre
tam diutino ;	si longue ;
urbes non habent	les villes n'ont pas
suos incolas ;	leurs habitants ;
terræ non cultores.	les terres *n'ont pas* de cultivateurs.
Conjuges quoque	*Nos* épouses aussi
et liberi	et *nos* enfants
sequuntur hanc aciem,	suivent cette ligne-de-bataille,
præda parata hostibus,	proie prête pour les ennemis,
nisi opponimus corpora	si nous n'opposons *nos* corps
pro pignoribus carissimis.	pour *ces* gages très-chers.
Quod fuit mearum partium,	Ce qui fut de mon rôle,
paravi exercitum	j'ai levé une armée
quem planities	qu'une plaine
pæne immensa	presqu'immense
caperet vix ;	contiendrait à-peine ;
distribui equos, arma ;	j'ai distribué des chevaux, des armes ;
providi commeatus	j'ai pourvu aux vivres
ne deessent	pour qu'ils ne manquassent pas
tantæ multitudini ;	à une si-grande multitude ;
elegi locum	j'ai choisi un lieu
in quo acies	dans lequel la ligne-de-bataille
posset explicari.	pût être déployée.
Cetera sunt	Toutes-les-autres choses sont
in vestra potestate ;	en votre pouvoir ;
audete modo vincere ;	osez seulement vaincre ;
contemniteque famam,	et méprisez la renommée,
telum infirmissimum	trait très-faible
adversus viros fortes.	contre des hommes courageux.
Temeritas est	La témérité est

pro virtute timuistis; quæ, ubi primum impetum effudit, velut quædam animalia emisso aculeo, torpet[1]. Hi vero campi deprehendere paucitatem quam Ciliciæ montes absconderant : videtis ordines raros, cornua extenta, mediam aciem vanam et exhaustam; nam ultimi, quos locavit aversos[2], terga jam præbent. Obteri mehercule equorum ungulis possunt, etiamsi nil præter falcatos currus emisero. Et bello vicerimus, si vincimus prœlio[3]; nam ne illis quidem ad fugam locus est : hinc Euphrates, illinc Tigris prohibet inclusos[4]. Et, quæ antea pro illis erant, in contrarium versa sunt. Nostrum mobile et expeditum agmen est; illud præda grave : implicatos ergo spoliis nostris trucidabimus, eademque res et causa victoriæ erit et fructus. Quod si quem e vobis nomen gentis movet, cogitet Macedonum illic arma esse, non corpora; multum enim sanguinis invicem hau-

avez redoutée jusqu'ici comme valeur; témérité qui, après son premier élan, tombe dans la langueur, semblable à certains animaux qui ont perdu leur aiguillon. D'ailleurs, ces plaines ont trahi leur petit nombre, que les montagnes de la Cilicie nous avaient caché : vous voyez que leurs rangs sont clairs, leurs ailes étendues et leur corps de bataille faible et dégarni; car ceux qu'il a placés en sens contraire présentent déjà le dos. Pour les fouler aux pieds des chevaux, il ne faut en vérité que lâcher contre eux mes chars armés de faux, et vainqueurs dans ce combat, nous sortons victorieux de la guerre; car ils n'ont pas même d'issue pour fuir : l'Euphrate d'un côté, le Tigre de l'autre, ils sont enfermés de toute part; et, ce qui auparavant leur était favorable, leur est devenu contraire. Notre armée est leste et dégagée, la leur est surchargée de butin; nos dépouilles, qui les embarrassent, nous aideront donc à les tailler en pièces; elles seront à la fois la cause et la récompense de la victoire. S'il en est parmi vous sur qui le nom de ce peuple fasse impression, qu'ils pensent que ce sont en effet les armes, mais non les

quam timuistis adhuc	que vous avez crainte jusqu'-ici
pro virtute ;	pour du courage ;
quæ, ubi primum	laquelle, dès-que d'-abord
effudit impetum,	elle a répandu sa fougue,
torpet	s'engourdit
velut quædam animalia,	comme certains animaux,
aculeo emisso.	leur aiguillon ayant été lancé-dehors.
Hi vero campi	De-plus ces plaines
deprehendere paucitatem	ont surpris (trahi) le petit-nombre
quam montes Ciliciæ	que les montagnes de Cilicie
absconderant.	avaient caché.
Videtis ordines claros,	Vous voyez les rangs clair-semés,
cornua extenta,	les ailes étendues ;
aciem mediam	la ligne-de-bataille du-milieu
vanam et exhaustam ;	dégarnie et épuisée ;
nam ultimi,	car les derniers
quos locavit aversos,	qu'il a placés en-sens-opposé,
præbent jam terga.	présentent déjà leurs dos.
Possunt mehercule	Ils peuvent par-Hercule
obteri ungulis equorum,	être écrasés par les sabots des chevaux,
etiamsi emisero nil	même-si je n'aurai lancé rien
præter currus falcatos.	hormis des chars armés-de-faux.
Et vicerimus bello,	Et nous aurons vaincu par la guerre,
si vincimus prœlio ;	si nous vainquons par le combat ;
nam locus ad fugam	car un lieu pour la fuite
ne est quidem illis.	n'est pas même à eux.
Hinc Euphrates,	De-ce-côté-ci l'Euphrate,
illinc Tigris	de-ce-côté-là le Tigre
prohibet inclusos.	arrête eux enfermés.
Et quæ erant antea	Et les choses qui étaient auparavant
pro illis,	pour eux,
versa sunt in contrarium.	ont été tournées en contraire.
Nostrum agmen est	Notre troupe est
mobile et expeditum ;	mobile et dégagée ;
illud grave præda.	celle-là appesantie par le butin.
Trucidabimus ergo	Nous égorgerons donc
implicatos nostris spoliis ;	eux embarrassés par nos dépouilles ;
eademque res erit	et la même chose sera
et causa et fructus	et cause et fruit
victoriæ.	de la victoire.
Quod si nomen gentis	Que si le nom de la nation
movet quem e vobis,	émeut quelqu'un d'entre vous,
cogitet arma Macedonum	qu'il pense les armes des Macédoniens
esse illic,	être là,
non corpora ;	non les corps ;
hausimus enim invicem	nous avons épuisé en-effet réciproque-
multum sanguinis,	beaucoup de sang, [ment

simus, et semper gravior in paucitate jactura est. Nam Alexander, quantuscumque ignavis et timidis videri potest, unum animal est, et, si quid mihi creditis, temerarium et vecors, adhuc nostro pavore quam sua virtute felicius. Nihil autem potest esse diuturnum cui non subest ratio; licet felicitas adspirare videatur, tamen ad ultimum temeritati non sufficit. Præterea breves et mutabiles vices rerum sunt, et fortuna nunquam simpliciter indulget. Forsitan ita dii fata ordinaverunt, ut Persarum imperium, quod secundo cursu per ducentos triginta annos ad summum fastigium evexerant, magno motu concuterent magis quam affligerent, admonerentque nos fragilitatis humanæ, cujus nimia in prosperis rebus oblivio est. Modo Græcis ultro bellum inferebamus; nunc in sedibus nostris propulsamus illatum : jactamur invicem varietate fortunæ. Videlicet imperium

personnes des Macédoniens que vous avez devant vous; car bien du sang a été répandu de part et d'autre, et la perte est toujours plus sensible du côté du petit nombre. Pour Alexandre, si grand qu'il paraisse aux lâches et aux poltrons, ce n'est qu'un homme, et, si vous m'en croyez, un téméraire, un furieux, plus heureux jusqu'ici par notre frayeur que par son courage. Or, rien ne peut être durable de ce qui n'est pas fondé sur la raison; quoique le bonheur semble d'abord seconder le téméraire, il finit cependant par lui manquer. D'ailleurs, les vicissitudes des choses humaines sont rapides et fréquentes, et la fortune ne favorise jamais sans arrière-pensée. Peut-être les dieux ont-ils arrêté dans leurs décrets, qu'après avoir élevé l'empire des Perses au faîte de la grandeur par une prospérité de deux cent trente ans, ils lui feraient essuyer un grand choc, capable de l'ébranler plutôt que de l'abattre, et qu'ils nous rappelleraient ainsi la fragilité des choses humaines, qu'on oublie trop aisément dans le bonheur. Il n'y a pas longtemps que nous portions la guerre chez les Grecs; aujourd'hui, nous voilà réduits à la défensive dans nos propres foyers : nous sommes tour à tour les jouets de l'inconstante fortune. C'est que l'empire auquel nous prétendons les uns et les

et jactura	et la perte
est semper gravior	est toujours plus lourde
in paucitate.	dans le petit-nombre.
Nam Alexander, [deri	Car Alexandre,
quantuscumque potest vi-	quelque-grand-qu'il puisse paraître
ignavis et timidis,	aux lâches et aux timides,
est unum animal,	est un seul être-animé,
et si creditis mihi quid,	et si vous croyez à moi en quelque chose,
temerarium et vecors,	un être animé téméraire et fou,
felicius adhuc	plus heureux jusqu-'ici
nostro pavore	par notre frayeur
quam sua virtute.	que par son courage.
Nihil autem potest	Or rien ne peut
esse diuturnum	être de longue-durée
cui ratio	à quoi le calcul [ment);
non subest ;	n'est-pas-dessous (ne sert pas de fonde-
licet felicitas videatur	quoique le bonheur paraisse
adspirare,	souffler-favorablement,
tamen non sufficit temeritati	cependant il ne suffit pas à la témérité
ad ultimum.	jusqu'à-la-fin.
Præterea vices rerum	En-outre les alternatives des choses
sunt breves et mutabiles,	sont courtes et changeantes,
et fortuna indulget nunquam	et la fortune ne favorise jamais
simpliciter.	franchement.
Forsitan dii	Peut-être les dieux
ordinaverunt fata	ont réglé les destins
ita ut concuterent	de-telle-sorte qu'ils ébranlassent
magno motu	par un grand mouvement
magis quam affligerent	plutôt qu'ils ne renversassent
imperium Persarum	l'empire des Perses
quod evexerant	qu'ils avaient élevé
cursu secundo	par un cours prospère
per ducentos triginta annos	pendant deux-cent trente ans
ad fastigium summum,	au faîte suprême,
admonerentque nos	et qu'ils avertissent nous
fragilitatis humanæ,	de la fragilité humaine,
cujus oblivio est nimia	dont l'oubli est trop-grand
in rebus prosperis.	dans les choses prospères.
Inferebamus modo ultro	Nous portions naguère de nous-mêmes
bellum Græcis ;	la guerre aux Grecs ;
propulsamus nunc	nous repoussons maintenant
in nostris sedibus	dans nos demeures
illatum :	la guerre portée-contre nous :
jactamur invicem	nous sommes ballottés tour-à-tour
varietate fortunæ.	par l'inconstance de la fortune.
Videlicet una gens	Apparemment une seule nation, [pire
non capit imperium	ne contient pas (ne peut embrasser) l'em-

quod mutuo affectamus una gens non capit. Ceterum, etiamsi spes non subesset, necessitas tamen stimulare deberet. Ad extrema perventum est : matrem meam, duas filias, Ochum, in spem hujus imperii genitum principem, illam sobolem regiæ stirpis, duces vestros, regum instar, vinctos habet; nisi quod in vobis est, ipse ego majore mei parte captivus sum. Eripite viscera mea ex vinculis; restituite mihi pignora pro quibus ipse mori non recuso, parentem, liberos; nam conjugem in illo carcere amisi. Credite nunc omnes tendere ad vos manus, implorare patrios deos, opem vestram, misericordiam, fidem exposcere, ut servitute, ut compedibus, ut precario victu ipsos liberetis. An creditis æquo animo iis servire quorum reges esse fastidiunt? Video admoveri hostium aciem; sed, quo propius discrimen ac-

autres est trop grand pour une seule nation. Au reste, quand nous n'aurions plus d'espérance, la nécessité seule devrait nous animer. Nous en sommes aux dernières extrémités : ma mère, mes deux filles, Ochus, l'héritier présomptif de cette couronne, ces rejetons de la maison royale, vos chefs, semblables à des rois, sont dans les fers; sauf l'espoir que j'ai encore en vous, je suis captif pour la plus grande partie de moi-même. Arrachez aux chaînes ces objets de ma tendresse; rendez-moi ces gages précieux, pour lesquels je ne refuse pas non plus de faire le sacrifice de ma vie. Pensez tous que ma mère, mes enfants, car j'ai perdu mon épouse dans cette prison, tendent maintenant les mains vers vous, qu'ils invoquent les dieux de notre patrie, qu'ils réclament votre assistance, votre compassion, votre fidélité, afin que vous les déliveriez de leur captivité, de leurs chaînes, d'une existence précaire. Croyez-vous qu'ils se résignent tranquillement à être esclaves de ceux dont ils dédaignent d'être rois? Je vois s'avancer l'armée ennemie, mais plus j'approche du moment déci-

quod affectamus mutuo.	que nous ambitionnons mutuellement.
Ceterum, etiamsi	Du-reste, même-si
spes non subesset,	espoir n'était-pas-dessous,
necessitas tamen	la nécessité cependant
deberet stimulare.	devrait *vous* stimuler.
Perventum est ad extrema :	On est arrivé aux choses extrêmes :
habet vinctos	il (l'ennemi) tient enchaînés
meam matrem,	ma mère,
duas filias,	*mes* deux filles,
Ochum, principem genitum	Ochus, prince engendré
in spem hujus imperii,	pour l'espoir de cet empire,
illam sobolem	cette descendance
stirpis regiæ,	de la race royale,
vestros duces,	vos chefs,
instar regum ;	à-l'-instar-de rois (semblables à des rois);
nisi quod est in vobis,	si-ce-n'-est *ce* qui est en vous,
ego ipse sum captivus	moi-même je suis captif
parte mei majore.	par la partie de moi-même plus grande.
Eripite ex vinculis	Arrrachez des chaînes
mea viscera ;	mes entrailles ;
restituite mihi	rendez à moi
pignora pro quibus	des gages pour lesquels
ipse non recuso mori,	moi-même je ne refuse pas de mourir,
parentem, liberos ;	*ma* mère, *mes* enfants ;
nam amisi conjugem	car j'ai perdu *mon* épouse
in illo carcere.	dans cette prison.
Credite nunc	Croyez maintenant
omnes hos tendere	tous ceux-ci tendre
manus ad vos,	les mains vers vous,
implorare deos patrios ,	implorer les dieux de-la-patrie,
exposcere vestram opem,	réclamer votre assistance,
misericordiam , fidem,	*votre* compassion, *votre* fidélité,
ut liberetis ipsos	afin-que vous déliviriez eux-mêmes
servitute,	de l'esclavage,
ut compedibus,	afin que *vous les délivriez* des entraves,
ut victu precario.	afin-que *vous les délivriez* d'un genre-de-vie précaire ;
An creditis	Est-ce-que vous croyez
servire animo æquo	*eux* être-esclaves d'un esprit égal
iis quorum fastidiunt	à (de) ceux dont ils dédaignent
esse reges ?	être rois ?
Video aciem hostium	Je vois la ligne-de-bataille des ennemis
admoveri ;	être approchée ;
sed possum esse	mais je puis être
minus contentus	moins content
iis quæ dixi,	de ces choses que j'ai dites,
hoc quo accedo	par cela que j'approche
propius discrimen.	plus près du-moment-décisif.

cedo, hoc minus iis quæ dixi possum esse contentus. Per ego vos deos patrios, æternumque ignem qui præfertur altaribus[1], fulgoremque Solis intra fines regni mei orientis, per æternam memoriam Cyri, qui ademptum Medis Lydisque imperium primus in Persidem intulit, vindicate ab ultimo dedecore nomen gentemque Persarum. Ite alacres et spe pleni, ut, quam gloriam accepistis a majoribus vestris, posteris relinquatis. In dextris vestris jam libertatem, opem, spem futuri temporis geritis. Effugit mortem quisquis contempserit; timidissimum quemque consequitur. Ipse non patrio more solum, sed etiam ut conspici possim, curru vehor; nec recuso quominus imitemini me, sive fortitudinis exemplum sive ignaviæ fuero. »

XV. Interim Alexander, ut et demonstratum a transfuga insidiarum locum[2] circumiret, et Dario, qui lævum cornu

sif, moins je peux me contenter de ce que je vous ai dit. Par nos dieux tutélaires, par le feu éternel qu'on porte devant nous sur les autels, et par la splendeur du soleil qui se lève dans les limites de mon royaume, par l'immortelle mémoire de Cyrus, qui le premier enleva l'empire aux Mèdes et aux Lydiens pour le transporter aux Perses, sauvez, je vous en conjure, du dernier opprobre notre nom et notre nation. Allez pleins d'ardeur et de confiance, et la gloire que vous tenez de vos ancêtres, songez à la transmettre à vos descendants. C'est dans vos mains que votre liberté, votre salut, l'espérance de l'avenir sont aujourd'hui. Le moyen d'échapper à la mort, c'est de la mépriser; ce sont ceux qui la redoutent le plus qu'elle atteint. Quant à moi, ce n'est pas seulement pour me conformer à l'usage de notre patrie, c'est pour pouvoir être vu de tout le monde, que je suis sur un char; et je consens que vous m'imitiez, quelque exemple que je vous donne, de courage ou de lâcheté. »

XV. Cependant Alexandre, voulant tourner l'endroit périlleux que le transfuge avait indiqué et aller à la rencontre de Darius,

Ego deprecor vos	Moi *je prie* vous
per deos patrios	par les dieux de-la-patrie
ignemque æternum	et *par* le feu éternel
qui præfertur altaribus,	qui est porté-devant *sur* les autels,
fulgoremque solis	et *par* l'éclat du soleil
orientis intra fines	se-levant en-dedans des limites
mei regni,	de mon royaume,
per memoriam æternam	par la mémoire éternelle
Cyri,	de Cyrus
qui primus intulit	qui le premier porta
in Persidem	en Perse
imperium ademptum	l'empire enlevé
Medis Lydisque,	aux Mèdes et aux Lydiens
vindicate	affranchissez
ab ultimo dedecore	du dernier déshonneur
nomen gentemque	le nom et la nation
Persarum.	des Perses.
Ite alacres	Allez allègres
et pleni spe,	et pleins d'espoir,
ut relinquatis posteris	afin-que vous laissiez aux descendants
gloriam quam accepistis	la gloire que vous avez reçue
a vestris majoribus.	de vos ancêtres.
Geritis jam	Vous portez maintenant
in vestris dextris	dans vos *mains* droites,
libertatem, opem,	*votre* liberté, *votre* ressource,
spem temporis futuri.	l'espérance du temps futur.
Quisquis contempserit	Quiconque aura méprisé
mortem,	la mort
effugit;	y échappe;
consequitur	elle atteint
quemque timidissimum.	chacun le plus timide.
Ipse vehor curru	Moi-même je suis porté par un char
non solum more patrio,	non-seulement par (d'après) la coutume
sed etiam	mais encore [nationale,
ut possim conspici;	pour-que je puisse être aperçu;
nec recuso	ni je ne refuse
quominus imitemini me,	que vous imitiez moi,
sive fuero	soit-que j'aurai été
exemplum fortitudinis,	un exemple de courage,
sive ignaviæ.	soit-que *j'aurai été un exemple* de lâcheté.

XV. Interim Alexander,	XV. Cependant Alexandre,
ut et circumiret	afin-que et il tournât
locum insidiarum	le lieu des embûches
demonstratum a transfuga,	indiqué par le transfuge,
et occurreret Dario	et *qu*'il allât-à-la-rencontre à (de) Darius
qui tuebatur	qui défendait

tuebatur, occurreret, agmen obliquum incedere jubet. Darius quoque eodem suum obvertit, Besso admonito ut Massagetas equites in lævum Alexandri cornu a latere invehi juberet. Ipse ante se falcatos currus habebat, quos, signo dato, universos in hostem effudit. Ruebant laxatis habenis aurigæ, quo plures, nondum satis proviso impetu, obtererent. Alios ergo hastæ multum ultra temones eminentes, alios ab utroque latere dimissæ falces laceravere; nec sensim Macedones cedebant, sed effusa fuga turbaverant ordines. Mazæus quoque perculsis metum incussit, mille equitibus ad diripienda hostis impedimenta circumvehi jussis, ratus captivos quoque, qui simul asservabantur, rupturos vincula, quum suos appropinquantes vidissent. Non fefellerat Parmenionem, qui in lævo cornu erat; propere igitur Polydamanta mittit ad regem, qui et periculum ostenderet et,

qui menait son aile gauche, ébranle son armée par un mouvement oblique. Darius en fait autant; il avait enjoint à Bessus de charger en flanc l'aile gauche d'Alexandre avec la cavalerie des Massagètes. De son côté il avait devant lui les chars armés de faux; à un signal donné il les lance tous ensemble contre l'ennemi. Les conducteurs se précipitent à bride abattue, afin de renverser un plus grand nombre d'ennemis par un choc imprévu; en effet les uns sont mis en pièces par les piques qui faisaient saillie bien au delà des timons, les autres par les faux qui débordaient de chaque côté; et les Macédoniens ne se retiraient point pas à pas; mais ils fuyaient en désordre et se débandaient. Mazée vint encore augmenter leur effroi en faisant passer par les derrières mille chevaux pour piller les bagages de l'ennemi; il pensait que les prisonniers qui étaient sous la même garde, rompraient leurs chaînes, quand ils verraient approcher leurs gens. Ce mouvement n'avait pas échappé à Parménion, qui était à l'aile gauche; il envoie donc promptement Polydamas vers le roi, pour l'avertir du danger et prendre ses ordres en conséquence. Quand le roi eut entendu Polydamas : « Va, lui ré-

cornu lævum,	l'aile gauche,
jubet agmen	ordonne la troupe
incedere obliquum.	s'avancer oblique.
Darius quoque obvertit	Darius aussi tourna
suum eodem,	son *aile* vers-le-même-côté,
Besso admonito	Bessus ayant été averti
ut juberet	qu'il ordonnât
equites Massagetas	les cavaliers massagètes
invehi a latere	être portés de côté
in cornu lævum Alexandri.	sur l'aile gauche d'Alexandre.
Ipse habebat ante se	Lui-*même* avait devant lui-même
currus falcatos,	les chars armés-de-faux,
quos effudit universos	lesquels *il* répandit tous-ensemble
in hostem,	contre l'ennemi,
signo dato.	un signal ayant été donné.
Aurigæ ruebant,	Les cochers se-précipitaient,
habenis laxatis,	les rênes ayant été lâchées, [nombreux
quo obtererent plures	afin-que-par-là ils écrasassent de plus
impetu proviso	le choc ayant été prévu
nondum satis.	pas-encore suffisamment.
Ergo hastæ	Donc les piques
eminentes multum	faisant saillie beaucoup
ultra temones,	au-delà des timons,
laceravere alios,	lacérèrent les uns,
falces dimissæ	les faux placées-de-différents-côtés
ab utroque latere	de-l'un-et-l'autre côté,
alios;	*lacérèrent* les autres;
nec Macedones,	ni les Macédoniens
cedebant sensim,	*ne* se-retiraient insensiblement,
sed turbaverant ordines	mais ils avaient troublé les rangs
fuga effusa.	par une fuite répandue (désordonnée).
Mazæus quoque	Mazée aussi
incussit perculsis metum,	inspira à eux ébranlés de la crainte,
mille equitibus	mille cavaliers
jussis circumvehi	ayant-reçu-l'ordre d'être portés-autour
ad impedimenta hostis	pour les bagages de l'ennemi
diripienda,	devant être pillés,
ratus captivos quoque	ayant pensé les captifs aussi
qui asservabantur simul,	qui étaient gardés ensemble,
rupturos vincula,	devoir rompre les chaînes,
quum vidissent	lorsqu'ils auraient vu
suos appropinquantes.	les leurs approchant.
Non fefellerat	*Cela* n'avait pas trompé
Parmenionem,	Parménion,
qui erat in cornu lævo;	qui était à l'aile gauche;
mittit igitur	il envoie donc
propere ad regem	à-la-hâte vers le roi

quid fieri juberet, consuleret. Ille, audito Polydamante :
« Abi, nuntia, inquit, Parmenioni, si acie vicerimus, non
nostra solum nos recuperaturos, sed omnia quæ hostium
sunt occupaturos. Proinde non est quod quidquam virium
subducat ex acie, sed, ut me et Philippo patre dignum est,
contempto sarcinarum damno, fortiter dimicet. » Interim
barbari impedimenta turbaverant; cæsisque plerisque custodum, captivi, vinculis ruptis, quidquid obvium erat, quo
armari possent, rapiunt, et, aggregati suorum equitibus,
Macedonas ancipiti circumventos malo invadunt; lætique
qui circa Sisygambim erant, vicisse Darium, ingenti cæde
prostratos hostes, ad ultimum etiam impedimentis exutos
esse nuntiant; quippe eamdem fortunam ubique esse credebant, et victores Persas ad prædam discurrisse. Sisygambis,
hortantibus captivis ut animum a mœrore allevaret, in

pondit-il, et dis à Parménion que, si nous remportons la victoire, non-
seulement nous recouvrerons ce qui est à nous, mais nous serons encore les maîtres de tout ce qui est aux ennemis. Il n'y a donc pas de
raison pour affaiblir le corps de bataille ; mais, qu'il combatte courageusement et d'une manière digne de moi et de Philippe, mon père,
sans s'embarrasser de la perte du bagage. » Cependant les barbares
avaient mis le désordre dans les équipages ; la plus grande partie des
gardes avaient été égorgés, et les prisonniers, brisant leurs fers, se
saisissent de toutes les armes qui leur tombent sous la main, se joignent à la cavalerie des Perses, et fondent sur les Macédoniens pris entre
deux ennemis. Ceux qui étaient autour de Sisygambis, lui annoncent avec joie que Darius est vainqueur, que les ennemis ont été taillés en pièces, et qu'enfin ils ont perdu jusqu'à leurs bagages; car ils
croyaient qu'il en était de même partout, et que ce n'était qu'après
la victoire que les Perses avaient couru au pillage. Sisygambis,
quelque instance que lui fissent les prisonniers de mettre fin à son

Polydamanta	Polydamas
qui et ostenderet	qui et montrât
periculum,	le danger,
et consuleret	et *qui le* consultât,
quid juberet fieri.	quelle chose il ordonnait être faite.
Polydamante audito :	Polydamas ayant été entendu :
« Abi, inquit ille,	« Va-t'-en, dit celui-là,
nuntia Parmenioni,	annonce à Parménion, [bataille,
si vicerimus acie,	si nous aurons vaincu par la-ligne-de-
nos non solum	nous non-seulement
recuperaturos nostra,	devoir recouvrer nos choses,
sed occupaturos omnia	mais devoir saisir toutes les choses
quæ sunt hostium.	qui sont des (aux) ennemis.
Proinde non est	Ainsi-donc il n'est pas
quod subducat ex acie	qu'il retire de la-ligne-de-bataille
quidquam virium,	quoi-que-ce-soit des forces,
sed dimicet fortiter,	mais qu'il combatte courageusement,
ut dignum est me	comme *cela* est digne de moi
et Philippo patre,	et de Philippe *mon* père,
damno sarcinarum	la perte des effets
contempto. »	ayant été méprisée. »
Interim barbari	Cependant les barbares
turbaverant impedimenta;	avaient troublé les bagages ;
plerisqueque custodum	et la plupart des gardiens [sées,
cæsis,	ayant été tués,
captivi, vinculis ruptis,	les captifs, *leurs* chaînes ayant été bri-
rapiunt quidquid erat	saisissent tout-ce-qui était
obvium,	se-rencontrant,
quo possent armari,	par quoi ils pussent être armés,
aggregatique	et réunis
equitibus suorum	aux cavaliers des leurs,
invadunt Macedonas,	se jettent-sur les Macédoniens,
circumventos malo ancipiti;	environnés d'un mal double;
quique erant	et *ceux* qui étaient
circa Sisygambim,	autour de Sisygambis,
nuntiabant læti	annonçaient joyeux (avec joie)
hostes prostratos	les ennemis *avoir été* renversés
cæde ingenti,	par un carnage immense,
ad ultimum exutos esse	à la fin avoir été dépouillés
etiam impedimentis ;	même de bagages ;
quippe credebant	car ils croyaient
fortunam esse	la fortune être
eamdem ubique,	la même partout,
et Persas victores	et les Perses victorieux
discurrisse ad prædam.	avoir couru-çà-et-là vers le butin.
Sisygambis,	Sisygambis,
captivis hortantibus	les captifs exhortant

eodem, quo antea fuit, perseveravit : non vox ulla excidit ei; non oris color vultusve mutatus est; sed sedit immobilis : credo, præcoce gaudio verita irritare fortunam, adeo ut, quid mallet, intuentibus fuerit incertum.

Inter hæc Menidas, præfectus equitum Alexandri, cum paucis turmis opem impedimentis laturus advenerat, incertum suone consilio an regis imperio; sed non sustinuit Cadusiorum Scytharumque impetum; quippe, vix tentato certamine, refugit ad regem, amissorum impedimentorum testis magis quam vindex. Jam consilium Alexandri dolor vicerat, et, ne cura recuperandi sua militem a prœlio averteret, non immerito verebatur. Itaque Areten, ducem hastatorum (sarissophoros[1] vocabant), adversus Scythas mittit. Inter hæc currus, qui circa prima signa turbaverant aciem, in phalangem invecti erant. Macedones, confirmatis animis, in medium ag-

affliction, demeura toujours dans la même disposition d'esprit qu'auparavant : elle ne laissa pas échapper une parole, ne changea ni de couleur, ni de visage; mais elle resta assise sans se mouvoir, craignant sans doute d'irriter la Fortune par une joie prématurée; de sorte qu'à la voir on ne pouvait juger ce qu'elle désirait.

Cependant Ménidas, qui commandait la cavalerie d'Alexandre, était venu avec quelques escadrons au secours des bagages; on ne sait si ce fut de son propre mouvement ou par ordre du roi; mais il ne put soutenir le choc des Cadusiens et des Scythes; car à peine eut-il tenté le combat qu'il se retira vers le roi, témoin impuissant de la perte des équipages. Le dépit alors l'emporta sur la première résolution d'Alexandre; il craignit avec raison que le souci de recouvrer ce qui lui appartenait ne détournât le soldat du combat. Il envoie donc contre les Scythes Arétès, chef des piquiers, appelés sarissophores. Pendant ce temps, les chars qui avaient mis le désordre dans les premiers rangs s'étaient portés jusqu'à la phalange. Les Macédoniens les reçoivent avec assurance au milieu de

ut allevaret animum	qu'elle allégeât *son* cœur
a mœrore,	du chagrin,
perseveravit in eodem	persévéra dans le même *chagrin*
quo fuit antea :	*dans* lequel elle fut auparavant :
non ulla vox	non quelque parole
excidit ei ;	ne tomba (n'échappa) à elle ;
non color oris	non la couleur du visage
vultusve mutatus est ;	ou l'air ne fut changé ;
sed sedit immobilis :	mais elle resta-assise immobile :
credo, verita	je crois, ayant craint
irritare fortunam	d'irriter la fortune
gaudio præcoce,	par une joie prématurée,
adeo ut fuerit incertum	tellement qu'il fut incertain
intuentibus,	à *ceux* regardant,
quid mallet.	quelle chose elle aimait-mieux.
Inter hæc Menidas,	Pendant ces choses Ménidas,
præfectus equitum	commandant des cavaliers
Alexandri,	d'Alexandre,
advenerat	était arrivé
cum turmis paucis,	avec des escadrons peu-nombreux,
laturus opem	devant porter secours
impedimentis,	aux bagages, [*fait* par sa résolution,
incertum suone consilio,	incertain (la chose étant incertaine) si c'é
an imperio regis ;	ou par l'ordre du roi ;
sed non sustinuit	mais il ne soutint pas
impetum Cadusiorum	le choc des Cadusiens
Scytharumque ;	et des Scythes ;
quippe certamine	car la lutte
tentato vix,	ayant été essayée à-peine,
refugit ad regem,	il se retira vers le roi,
testis magis quam vindex	témoin plus que vengeur
impedimentorum amisso-	des bagages perdus.
Jam dolor vicerat [rum.	Déjà le dépit avait vaincu
consilium Alexandri,	la résolution d'Alexandre,
et verebatur non immerito	et il craignait non à-tort
ne cura	que le soin
recuperandi sua	de recouvrer ses *effets*
averteret militem a prœlio.	*ne* détournât le soldat du combat.
Itaque mittit	En-conséquence il envoie
adversus Scythas	contre les Scythes
Areten, ducem hastatorum	Arétès, chef des piquiers
(vocabant sarissophoros).	(ils *les* appelaient sarissophores),
Inter hæc currus	Pendant ces choses les chars
qui turbaverant aciem	qui avaient troublé la-ligne-de-bataille
circa prima signa,	autour des premières enseignes,
invecti erant in phalangem	avaient été portés contre la phalange.
Macedones,	Les Macédoniens,

men accipiunt. Vallo similis acies erat : junxerant hastas,, et ab utroque latere temere incurrentium ilia suffodiebamt; circumire deinde currus, et propugnatores præcipitare cœperunt. Ingens ruina equorum aurigarumque aciem compleverat : hi territos regere non poterant; equi, crebra jactatione cervicum, non jugum modo excusserant, sed etiam currus everterant; vulnerati interfectos trahebant; nec consistere territi, nec progredi debiles poterant. Paucæ ttamen evasere quadrigæ in ultimam aciem, iis quibus inciderunt miserabili morte consumptis ; quippe amputata virorum membra humi jacebant; et, quia calidis adhuc vulneribus, aberat dolor¹, trunci quoque et debiles arma non omittebamt, donec, multo sanguine effuso, exanimati procumberent.

Interim Aretes, Scytharum qui impedimenta diripiebant

leurs bataillons. Leurs lignes étaient comme deux palissades; et leurs lances réunies perçaient de droite et de gauche les flancs des chevaux qui s'y engageaient au hasard : ils se mirent ensuite à investir les chars et à en précipiter les combattants. Les chevaux et les conducteurs abattus couvraient au loin le champ de bataille; ceux-ci ne pouvaient plus conduire les chevaux épouvantés, et les chevaux, à force de remuer la tête, avaient non-seulement secoué le joug, mais renversé même les chars : les blessés traînaient les morts; et ils ne pouvaient ni s'arrêter à cause de leur effroi, ni avancer à cause de leur faiblesse. Il y eut pourtant quelques chars qui percèrent jusqu'au dernier rang, en faisant périr misérablement ceux qu'ils rencontrèrent sur leur passage; on ne voyait par terre que membres coupés, et comme la douleur ne se faisait pas sentir, tant que les blessures étaient échauffées, ces malheureux mutilés et affaiblis n'abandonnaient leurs armes, que lorsqu'épuisés de sang, ils tombaient sans vie.

Cependant le chef des Scythes qui pillaient les bagages avait été

animis confirmatis	les esprits étant raffermis,
acceperunt	les reçurent
in medium agmen.	au milieu du bataillon.
Acies erat	La ligne-de-bataille était
similis vallo :	semblable à une palissade :
junxerant hastas,	ils avaient réuni leurs piques,
et suffodiebant	et ils perçaient-en-dessous
ab utroque latere	de l'un-et-l'-autre côté
ilia incurrentium temere ;	les flancs des chevaux se-jetant-au-hasard ;
deinde cœperunt	ensuite ils commencèrent
circumire currus, [res-	à entourer les chars,
et præcipitare propugnato-	et à en précipiter les combattants.
Ingens ruina	Un immense renversement
equorum aurigarumque	de chevaux et de cochers
compleverat aciem ;	avait rempli la ligne-de-bataille ;
hi non poterant	ceux-ci ne pouvaient
regere territos ;	gouverner les chevaux effrayés ; [quent
equi, jactatione crebra	les chevaux, (par) un mouvement fré-
cervicum,	de leurs cous,
non modo	non-seulement
excusserant jugum,	avaient secoué le joug,
sed etiam	mais encore
everterant currus ;	avaient renversé les chars ;
vulnerati trahebant	ceux blessés traînaient
interfectos ;	ceux ayant été tués ;
poterant nec consistere	ils ne pouvaient ni s'-arrêter
territi,	étant effrayés,
nec progredi debiles.	ni avancer étant faibles.
Quadrigæ paucæ tamen	Des quadriges peu-nombreux cependant
evasere	arrivèrent
in ultimam aciem,	à la dernière ligne-de-bataille,
iis quibus inciderunt	ceux qu'ils rencontrèrent
consumptis	ayant été consumés
morte miserabili ;	par une mort misérable ;
quippe membra amputata	car les membres coupés
virorum	des hommes
jacebant humi ;	gisaient à terre ;
et, quia vulneribus	et, parce-que les blessures
adhuc calidis,	étant encore chaudes,
dolor aberat,	la douleur était-absente,
trunci quoque et debiles	mutilés même et faibles
non omittebant arma,	ils ne laissaient pas leurs armes,
donec, sanguine multo	jusqu'-à-ce qu'un sang abondant
effuso,	ayant été répandu,
procumberent exanimati.	ils tombassent privés-de-souffle.
Interim Aretes,	Cependant Arétès,
duce Scytharum	le chef des Scythes

duce occiso, gravius territis instabat. Supervenere deinde missi a Dario Bactriani, pugnæque vertere fortunam. Multi ergo Macedonum primo impetu obtriti sunt ; plures ad Alexandrum refugerunt. Tum Persæ, clamore sublato qualem victores solent edere, ferociter in hostem, quasi ubique profligatum, incurrunt. Alexander territos castigare, adhortari ; prœlium, quod jam elanguerat, solus accendere ; confirmatisque tandem animis, ire in hostem jubet. Rarior acies erat in dextro cornu Persarum ; namque inde Bactriani decesserant ad opprimenda impedimenta. Itaque Alexander axatos ordines invadit, et multa cæde hostium invehitur. At qui in lævo cornu erant Persæ, spe posse eum includi, agmen suum a tergo dimicantis opponunt ; ingensque periculum in medio hærens adisset, ni equites Agriani, calcaribus subditis, circumfusos regi barbaros adorti essent, aversosque cædendo

tué, et Arétès profitait de leur effroi, pour les presser plus vivement. Mais les Bactriens, envoyés par Darius, surviennent bientôt et changent la face du combat. Beaucoup de Macédoniens furent écrasés au premier choc ; la plupart se retirèrent vers Alexandre. Les Perses, poussant alors un cri de victoire, donnent avec furie sur l'ennemi, comme s'il était défait de tous côtés. Alexandre gourmande ses soldats effrayés, les excite, ranime seul le combat qui ne se soutenait plus ; et, après avoir réchauffé leur courage, il les renvoie à la charge. L'aile droite des Perses était affaiblie, parce qu'on en avait détaché les Bactriens pour s'emparer des bagages. Alexandre attaque donc ces rangs éclaircis, et y fait un grand carnage. Mais les Perses de l'aile gauche, comptant pouvoir l'envelopper, le prennent en queue, pendant qu'il combat ; ainsi cerné, il se trouvait dans un grand danger, si la cavalerie agriènne, fondant à toute bride sur les barbares qui enveloppaient le roi, ne les eût forcés, en les chargeant en queue, de faire volte-face contre

qui diripiebant impedimen- [ta,	qui pillaient les bagages,
occiso,	ayant été tué, [frayés.
instabat gravius territis.	pressait plus vivement les *Scythes* ef-
Deinde Bactriani	Ensuite les Bactriens
missi a Dario	envoyés par Darius
supervenere,	survinrent,
verterequefortunampugnæ.	et tournèrent la fortune du combat.
Ergo multi Macedonum	Donc beaucoup de Macédoniens
obtriti sunt primo impetu;	furent écrasés par le premier choc;
plures refugerunt	de-plus nombreux se retirèrent
ad Alexandum.	vers Alexandre.
Tum Persæ,	Alors les Perses,
clamore sublato	un cri ayant été élevé (poussé)
qualem victores	*tel* que les vainqueurs
solent edere,	ont-coutume d'*en* pousser,
incurrunt ferociter	se jettent avec-furie
in hostem,	sur l'ennemi
quasi profligatum ubique.	comme abattu partout.
Alexander castigare	Alexandre *se mit à* gourmander
territos,	les *Macédoniens* effrayés,
adhortari;	à *les* exhorter;
accendere solus prœlium	à échauffer seul le combat
quod elanguerat jam;	qui était devenu-languissant déjà;
animisque	et les esprits
confirmatis tandem,	ayant été raffermis enfin,
jubet ire in hostem.	il ordonne d'aller contre l'ennemi.
Acies erat rarior	La ligne-de-bataille était plus claire
in cornu dextro Persarum;	à l'aile droite des Perses;
namque Bactriani	car les Bactriens
decesserant inde	s'-étaient-éloignés de-là
ad impedimenta opprimenda.	pour les bagages devant être surpris.
Itaque Alexander	En-conséquence Alexandre
invadit ordines laxatos,	se-jette-sur les rangs desserrés,
et invehitur	et est porté
cæde multa hostium.	*avec* un carnage abondant d'ennemis.
At Persæ qui erant	Mais les Perses qui étaient
in cornu lævo,	à l'aile gauche,
opponunt suum agmen	présentent leur troupe
a tergo dimicantis,	du-côté du dos de *lui* combattant,
spe eum posse includi;	par l'espoir lui pouvoir être enfermé;
hærensque in medio	et étant attaché (pris) dans le milieu
adisset periculum ingens,	il aurait couru un danger énorme,
ni equites Agriani,	si les cavaliers Agriens,
calcaribus subditis,	les éperons étant placés-dessous les*flancs*,
adorti essent barbaros	n'eussent attaqué les barbares
circumfusos regi,	répandus-autour au (du) roi, [rière
cædendoque aversos	et en abattant eux détournés (par-der-

in se obverti coegissent. Turbata erat utraque acies. Alexander et a fronte et a tergo hostem habebat; qui averso ei instabant, ab Agrianis militibus premebantur. Bactriani, impedimentis hostium direptis, reversi, ordines suos recuperare non poterant; plura simul abrupta a ceteris agmina, ubicumque alium alii fors miscuerat, dimicabant. Duo reges junctis prope agminibus prœlium accendebant : plures Persæ cadebant; par ferme utrinque numerus vulnerabatur. Curru Darius, Alexander equo vehebatur; utrumque delecti tuebantur, sui immemores; quippe, amisso rege, nec volebant salvi esse nec poterant; ante oculos sui quisque regis mortem occumbere ducebant egregium. Maximum tamen periculum adibant qui maxime tuebantur, quippe sibi quisque cæsi regis expetebat decus.

Ceterum, sive ludibrium oculorum, sive vera species fuit, qui circa Alexandrum erant vidisse se crediderunt paululum

elle-même. Les deux armées étaient également en désordre. Alexandre avait l'ennemi par devant et par derrière ; ceux qui l'attaquaient par derrière, étaient pressés par les Agriens ; les Bactriens, revenus du pillage des équipages, ne pouvaient reprendre leurs rangs ; plusieurs troupes, détachées en même temps de leur corps, combattaient où le hasard les mettait aux prises. Les deux rois dont les soldats étaient presque confondus, animaient l'action : il tombait plus de morts du côté des Perses ; le nombre des blessés était à peu près égal de part et d'autre. Darius était sur un char ; Alexandre, à cheval ; tous deux étaient environnés de gens d'élite, qui s'oubliaient eux-mêmes ; car, si leur roi était venu à périr, ils ne voulaient ni ne pouvaient lui survivre ; chacun d'eux tenait à honneur de mourir sous les yeux de son prince. Cependant les plus exposés étaient ceux qui les défendaient de plus près, chacun ambitionnant la gloire de tuer le roi ennemi.

Au reste, soit illusion, soit réalité, ceux qui étaient près d'Alexandre crurent avoir vu, un peu au-dessus de la tête de ce

coegissent obverti in se.	ne *les* eussent forcés de se tourner contre
Utraque acies	L'une-et-l'autre ligne de bataille [eux-
turbata erat.	avait été troublée. [mêmes.
Alexander habebat hostem	Alexandre avait l'ennemi
et a fronte et a tergo ;	et de front et de dos;
qui instabant	*ceux* qui pressaient
ei averso,	lui détourné (par derrière),
premebantur	étaient pressés
ab militibus Agrianis.	par les soldats Agriens.
Bactriani reversi,	les Bactriens revenus,
impedimentis hostium	les bagages des ennemis
direptis,	ayant été pillés,
non poterant	ne pouvaient
recuperare suos ordines ;	reprendre leurs rangs ;
plura agmina simul	plusieurs troupes en-même-temps
abrupta a ceteris	détachées des autres
dimicabant ubicumque	combattaient partout-où
fors miscuerat	le hasard avait mêlé
alium alii.	l'un à l'autre.
Duo reges	Les deux rois
accendebant prœlium	échauffaient le combat
agminibus junctis prope :	*leurs* troupes étant réunies presque :
Persæ cadebant plures;	les Perses tombaient plus nombreux;
numerus ferme par	un nombre presque égal
vulnerabatur utrinque.	était blessé de-part-et-d'-autre.
Darius vehebatur curru,	Darius était porté par un char,
Alexander equo ;	Alexandre par un cheval;
delecti,	des *hommes* choisis,
immemores sui,	oublieux d'eux-mêmes,
tuebantur utrumque;	protégeaient l'un-et-l'autre;
quippe, rege amisso,	car, *leur* roi étant perdu,
nec volebant esse salvi	ni ils ne voulaient être saufs
nec poterant;	ni ils ne *le* pouvaient;
ducebant egregium	ils regardaient-comme glorieux
occumbere mortem,	de succomber la (à la) mort,
quisque ante oculos	chacun devant les yeux
sui regis;	de son roi ; [près).
qui tuebantur maxime,	*ceux* qui protégeaient le plus (de plus
adibant tamen	couraient cependant
maximum periculum ;	le plus grand danger;
quippe quisque	car chacun
expetebat sibi	recherchait pour lui-même
decus regis cæsi.	l'honneur du roi abattu.
Ceterum, sive fuit	Du-reste, soit-que *ce* fut
ludibrium oculorum,	jouet des yeux,
sine species vera,	soit-que *ce fut* apparence vraie,
qui erant circa Alexandrum	*ceux* qui étaient autour-d'Alexandre

super caput regis placide volantem aquilam, non sonitu armorum, non gemitu morientium territam; diuque circa equum Alexandri, pendenti magis quam volanti similis, apparuit. Certe vates Aristander, alba veste indutus, et dextra præferens lauream, militibus in pugnam intentis avem monstravit, haud dubium victoriæ auspicium. Ingens ergo alacritas ac fiducia paulo ante territos accendit ad pugnam, utique postquam auriga Darii, qui ante ipsum sedens equos regebat, hasta transfixus est [1]; nec aut Persæ aut Macedones dubitavere quin ipse rex esset occisus. Lugubri ergo ululatu, et incondito clamore gemituque totam fere aciem adhuc æquo Marte pugnantium turbavere cognati Darii et armigeri; lævoque cornu in fugam effuso, destituerant currum, quem a dextra parte stipati in medium agmen receperunt. Dicitur, acinace stricto, Darius dubitasse an fugæ dedecus honesta

prince, un aigle voler paisiblement, sans être effrayé ni du bruit des armes ni des gémissements des mourants; et il leur parut pendant longtemps plutôt planer que voler autour de son cheval. Du moins dans le fort de l'action, le devin Aristandre, revêtu d'une robe blanche, et portant en main une branche de laurier, montra-t-il aux soldats cet oiseau, comme un augure de la victoire. Alors eux qui naguère tremblaient encore, se sentirent animés d'une grande confiance pour combattre, surtout, quand le cocher de Darius, assis devant ce prince pour conduire ses chevaux, eut été percé d'une javeline. Ni les Perses, ni les Macédoniens ne doutèrent que le roi lui-même n'eût été tué. Aussitôt les hurlements lugubres, les cris et les gémissements des cousins et des gardes de Darius portèrent le trouble dans presque toute l'armée, qui avait combattu jusque-là sans désavantage; et l'aile gauche ayant été mise en fuite, ils abandonnèrent le char du roi; ceux de la droite serrant leurs rangs le reçurent au milieu d'eux. On dit que Darius tira son cimeterre et

crediderunt se vidisse	crurent eux-mêmes avoir vu
aquilam volantem placide	un aigle volant paisiblement
paululum super	un-peu au-dessus
caput regis,	de la tête du roi,
non territam	non effrayé
sonitu armorum,	par le bruit des armes, [rants;
non gemitu morientium;	non *effrayé* par le gémissement des mou-
apparuitque diu	et il apparut longtemps
circa equum Alexandri,	autour-du cheval d'Alexandre, [nant
similis magis pendenti	semblable plus à un *aigle* suspendu (pla-
quam volanti.	qu'à *un aigle* volant.
Certe vates Aristander,	Assurément le devin Aristandre,
indutus veste alba,	revêtu d'un vêtement blanc,
et præferens dextra	et portant-en-avant de la *main* droite
lauream,	une branche-de-laurier,
monstravit militibus	montra aux soldats
intentis in pugnam	attentifs au combat
avem,	l'oiseau,
auspicium haud dubium	auspice non douteux
victoriæ.	de la victoire.
Ergo ingens alacritas	Donc une grande ardeur
et fiducia	et *une grande* confiance
accendit ad pugnam	échauffa pour le combat
territos paulo ante,	*eux* effrayés un-peu auparavant,
utique postquam	surtout après-que
auriga Darii,	le cocher de Darius,
qui sedens ante ipsum	qui assis devant lui-même
regebat equos,	dirigeait les chevaux,
transfixus est hasta; [nes	eut été transpercé d'une pique;
nec aut Persæ aut Macedo-	ni ou les Perses ou les Macédoniens
dubitavere quin rex ipse	ne doutèrent que le roi lui-même
occisus esset.	n'eût été tué.
Ergo cognati Darii	Donc les cousins de Darius
et armigeri	et les gardes-du-corps
turbavere ululatu lugubri	troublèrent par un hurlement lugubre
et clamore incondito	et par un cri confus
gemituque	et un gémissement *confus*
aciem fere totam	la ligne-de-bataille presque tout-entière
pugnantium adhuc	de *ceux* combattant encore
Marte æquo;	avec mars égal;
cornuque lævo	et l'aile gauche
effuso in fugam,	s'-étant-répandue en fuite,
destituerant currum,	ils avaient délaissé le char,
quem stipati a parte dextra	que *ceux* s'-étant-groupés du côté droit
receperunt	reçurent
in medium agmen.	au milieu *de leur* troupe.
Darius dicitur,	Darius est dit,

morte vitaret. Sed, eminens curru, nondum omnem suorum aciem prœlio excedentem destituere erubescebat. Dum inter spem et desperationem hæsitat, sensim Persæ cedebant et laxaverant ordines. Alexander, mutato equo, quippe plures fatigaverat, resistentium adversa ora fodiebat, fugientium terga. Jamque non pugna, sed cædes erat, quum Darius quoque currum suum in fugam vertit. Hærebat in tergis fugientium victor; sed prospectum oculorum nubes pulveris, quæ ad cœlum ferebatur, abstulerat: ergo haud secus quam in tenebris errabant, ad sonitum notæ vocis, ut signum, subinde coeuntes. Exaudiebantur tantum strepitus habenarum, quibus equi currum trahentes identidem verberabantur. Hæc sola fugientis vestigia excepta sunt.

XVI. At in lævo Macedonum cornu, quod Parmenio, sicut ante dictum, tuebatur, longe alia fortuna utriusque partis

délibéra s'il ne devait pas éviter une fuite honteuse par une mort honorable. Mais, du haut de son char, voyant qu'une grande partie de son armée combattait encore, il eut honte de l'abandonner. Tandis qu'il flottait entre l'espérance et le désespoir, les Perses pliaient insensiblement, et leurs rangs s'étaient éclaircis. Alexandre ayant changé de cheval, après en avoir excédé plusieurs, ne cessait de tuer par devant ceux qui résistaient, et par derrière ceux qui fuyaient. Ce n'était déjà plus un combat, c'était une boucherie, lorsque Darius tourna aussi son char pour prendre la fuite. Le vainqueur serrait de près les fuyards; mais un nuage de poussière qui s'élevait jusqu'aux cieux, ôtait l'usage de la vue. Aussi allait-on à l'aventure comme dans les ténèbres, et on ne se ralliait qu'au son des voix connues, qui servaient de signal. On entendait seulement les coups de fouets dont on frappait de temps en temps les chevaux du char de Darius; c'était le seul indice auquel on pût reconnaître la trace de sa fuite.

XVI. Mais à l'aile gauche des Macédoniens, qui était, comme on l'a dit, sous le commandement de Parménion, la fortune des

acinace stricto,	son cimeterre ayant été tiré,
dubitasse an vitaret	avoir douté s'il éviterait
dedecus fugæ	la honte de la fuite
morte honesta.	par une mort honorable.
Sed, eminens curru,	Mais, élevé sur son char,
erubescebat destituere	il rougissait de délaisser
aciem suorum	la ligne-de-bataille des siens
nondum excedentem omnem	ne s'éloignant pas-encore toute
prœlio.	du combat.
Dum hæsitat inter	Tandis qu'il hésite entre
spem desperationemque,	l'espoir et le désespoir,
Persæ cedebant sensim,	les Perses reculaient peu-à-peu,
laxaverantque ordines.	et ils avaient relâché leurs rangs.
Alexander, equo mutato,	Alexandre, son cheval étant changé,
quippe fatigaverat plures,	car il avait fatigué plusieurs chevaux,
fodiebat ora adversa	perçait les visages tournés-en-face
resistentium,	de ceux résistant,
terga fugientium.	les dos de ceux fuyant.
Jamque non erat pugna,	Et déjà ce n'était pas un combat,
sed cædes,	mais un massacre,
quum Darius quoque	lorsque Darius aussi
vertit in fugam	tourna en fuite
suum currum.	son char.
Victor hærebat	Le vainqueur était attaché
tergis fugientium;	aux dos de ceux fuyant;
sed nubes pulveris	mais un nuage de poussière
quæ ferebatur ad cœlum,	qui était portée vers le ciel
abstulerat	avait enlevé
prospectum oculorum :	la vue des yeux :
errabant ergo	ils erraient donc
haud secus quam in tenebris,	non autrement que dans les ténèbres,
coeuntes subinde	se ralliant de-temps-en-temps
ad sonitum vocis notæ,	au son d'une voix connue,
ut signum.	comme à un signal.
Strepitus habenarum	Les bruits des lanières
quibus equi	par lesquelles les chevaux
trahentes currum	traînant le char
verberabantur identidem	étaient fouettés de temps-en-temps
exaudiebantur tantum;	étaient entendus seulement;
hæc sola vestigia fugientis	ces seuls vestiges de Darius fuyant
excepta sunt.	furent recueillis.
XVI. At in cornu lævo	XVI. Mais à l'aile gauche
Macedonum,	des Macédoniens,
quod Parmenio tuebatur,	laquelle Parménion défendait,
sicut dictum ante,	comme il a été dit auparavant,
res utriusque partis	l'affaire de l'un-et-l'autre parti

res gerebatur. Mazæus, cum omni suorum equitatu vehementer invectus, urgebat Macedonum alas. Jamque, abundans multitudine, aciem circumvehi cœperat, quum Parmenio equites nuntiare jubet Alexandro in quo discrimine ipsi essent : nisi mature subveniretur, non posse sisti fugam. Jam multum viæ præceperat rex, imminens fugientium tergis, quum a Parmenione tristis nuntius venit. Refrenare equos jussi qui vehebantur, agmenque constitit, frendente Alexandro eripi sibi victoriam e manibus, et Darium felicius fugere quam se sequi. Interim ad Mazæum superati regis fama pervenerat. Itaque, quanquam validior erat, fortuna tamen partium territus, perculsis languidius instabat. Parmenio ignorabat quidem causam sua sponte pugnæ remissæ ; sed occasione vincendi strenue est usus. Thessalos equites ad se vocari jubet. « Ecquid, inquit, videtis istos, qui ferociter modo instabant, pedem referre, subito pavore perterritos ?

deux partis était bien différente. Mazée, ayant chargé vigoureusement avec toute sa cavalerie, pressait les Macédoniens en flanc ; et il commençait déjà à les envelopper grâce à la supériorité du nombre, quand Parménion détacha des cavaliers vers Alexandre, pour lui apprendre le danger où il était, et lui dire que s'il n'était promptement secouru, il ne pourrait plus empêcher ses gens de prendre la fuite. Le roi était déjà loin à la poursuite des fuyards, quand il reçut de Parménion cette fâcheuse nouvelle. Il commande à ses cavaliers de retenir leurs chevaux, et toute sa troupe fait halte: Alexandre frémissait de rage, de se voir arracher des mains la victoire, et de ce que l'ennemi était plus heureux dans sa fuite que lui dans la poursuite. Cependant le bruit de la défaite de Darius était venu jusqu'à Mazée. Aussi, quoiqu'il eût l'avantage, étonné du malheur de son parti, il poussait moins vivement les ennemis déjà ébranlés. Parménion ignorait à la vérité la cause de ce ralentissement spontané du combat, mais il se hâta de profiter de l'occasion qui lui était donnée de ramener la victoire. Il fait approcher la cavalerie thessalienne : « Ne voyez-vous pas, dit-il, que ceux qui nous pressaient avec fureur il n'y a qu'un moment,

HISTOIRE D'ALEXANDRE. LIVRE IV.   345

gerebatur fortuna	était faite *avec* une fortune
longe alia. [ter	de-loin (tout) autre. [ment
Mazæus, invectus vehemen-	Mazée, ayant été porté-contre violem-
cum omni equitatu suorum,	avec toute la cavalerie des siens,
urgebat alas Macedonum.	pressait les escadrons des Macédoniens.
Jamque	Et déjà
abundans multitudine	abondant en multitude
cœperat circumvehi	il commençait à être porté-autour
aciem,	de la ligne-de-bataille,
quum Parmenio jubet	lorsque Parménion ordonne
equites nuntiare Alexandro	des cavaliers annoncer à Alexandr
in quo discrimine	dans quelle crise
ipsi essent :	eux-mêmes étaient :
fugam non posse sisti,	la fuite ne pouvoir être arrêtée,
nisi subveniretur mature.	s'il n'y était subvenu promptement.
Jam rex præceperat	Déjà le roi avait pris-d'avance
multum viæ, [tium,	beaucoup de route,
imminens tergis fugien-	menaçant les dos des fuyant,
quum nuntius tristis	quand la nouvelle triste
venit a Parmenione.	vint de Parménion.
Qui vehebantur,	*Ceux* qui étaient portés *par des chevaux*,
jussi refrenare equos,	reçurent-l'ordre de retenir *leurs* chevaux,
agmenque constitit,	et la troupe s'arrêta,
Alexandro frendente	Alexandre grinçant-des-dents
victoriam eripi sibi	la victoire être arrachée à lui-même
e manibus,	des mains,
et Darium fugere felicius	et Darius fuir plus heureusement
quam se sequi.	que lui-même suivre.
Interim fama	Cependant le bruit
regis superati	du roi surpassé (vaincu)
pervenerat ad Mazæum.	était parvenu à Mazée.
Itaque, quamquam	En-conséquence, quoique
erat validior,	il fût plus fort,
territus tamen	effrayé cependant
fortuna partium,	par la fortune de *son* parti,
instabat languidius	il pressait plus mollement
perculsis.	les *Macédoniens* frappés.
Parmenio ignorabat quidem	Parménion ignorait à-la-vérité
causam pugnæ	la cause du combat
remissæ sua sponte;	relâché de son propre-mouvement;
sed usus est strenue	mais il se-servit activement
occasione vincendi.	de l'occasion de vaincre.
Jubet equites Thessalos	Il ordonne les cavaliers thessaliens
vocari ad se.	être appelés vers lui-même.
« Ecquid videtis, inquit,	« Est-ce-que vous ne voyez pas, dit-il,
istos qui modo	ceux qui tout-à-l'-heure
instabant ferociter,	pressaient furieusement,

Nimirum nobis quoque regis nostri fortuna vincit; omnia Persarum cæde strata sunt. Quid cessatis? an ne fugientibus quidem pares estis? » Vera dicere videbatur, et spes languentes quoque erexerat: subditis calcaribus, proruere in hostem. Et illi jam non sensim, sed citato gradu recedebant, nec quidquam fugæ, nisi quod terga nondum verterant, deerat. Parmenio tamen, ignarus quænam in dextro cornu fortuna regis esset, repressit suos. Mazæus, dato fugæ spatio, non recto itinere, sed majore et ob id tutiore circuitu Tigrim superat, et Babylonem cum reliquiis devicti exercitus intrat.

Darius, paucis fugæ comitibus, ad Lycum[1] amnem contenderat; quo trajecto, dubitavit an solveret pontem; quippe hostem jam affore nuntiabatur. Sed tot millia suorum, quæ nondum ad amnem pervenerant, ponte rescisso, prædam

lâchent pied et sont saisis d'une terreur soudaine? C'est que la fortune de notre roi triomphe, même pour nous; tout est jonché de Perses massacrés. Que tardez-vous? ne valez-vous pas même des gens qui fuient? » Il paraissait dire la vérité, et l'espérance ranimait ceux même qui étaient abattus. Ils piquent des deux, et fondent sur l'ennemi qui recule non pas à pas, mais précipitamment : c'était même une fuite, sauf qu'il ne tournait pas encore le dos. Cependant Parménion, ignorant quel succès le roi avait eu à l'aile droite, retint ses soldats, et laissa à Mazée le temps de fuir. Celui-ci alla passer le Tigre, non par le droit chemin, mais par un circuit plus long et par là même plus sûr, et il entra dans Babylone avec les débris de l'armée vaincue.

Darius, peu accompagné dans sa fuite, s'était dirigé vers le Lycus; et quand il l'eut passé, il délibéra s'il ne couperait pas le pont; car on annonçait que l'ennemi allait arriver. Mais il voyait que tant de milliers de ses soldats qui n'avaient pas encore gagné le

HISTOIRE D'ALEXANDRE. LIVRE IV.

referre pedem,	ramener-en-arrière le pied,
perterritos pavore subito?	épouvantés par un effroi subit?
Nimirum fortuna	Sans-doute la fortune
nostri regis	de notre roi
vincit quoque nobis;	vainc aussi pour nous;
omnia strata sunt	toutes choses ont été jonchées
cæde Persarum.	par le carnage des Perses.
Quid cessatis?	Que tardez-vous?
An ne estis quidem	Est-ce-que vous n'êtes pas même
pares fugientibus? »	égaux à des *hommes* fuyant?»
Videbatur dicere vera,	Il paraissait dire des choses vraies,
et spes erexerat	et l'espérance avait relevé
languentes quoque:	*ceux* languissant même: [*chevaux*,
calcaribus subditis,	les éperons étant placés-sous *les flancs des*
proruere in hostem.	ils s'élancèrent-en-avant sur l'ennemi.
Et illi recedebant,	Et eux reculaient
non jam sensim,	non déjà peu-à-peu,
sed gradu citato,	mais d'un pas accéléré,
nec quidquam	ni quoi-que-ce-soit
deerat fugæ,	ne manquait à la fuite, [tourné
nisi quod nondum verterant	si-ce-n'-est qu'ils n'avaient pas-encore
terga.	les dos.
Parmenio tamen,	Parménion cependant,
ignarus quænam esset	ignorant quelle était
fortuna regis	la fortune du roi
in cornu dextro,	à l'aile droite,
repressit suos.	retint les siens.
Mazæus,	Mazée, [fuite,
spatio dato fugæ,	l'espace (le temps) ayant été donné à la
superat Tigrim	passe le Tigre
non itinere recto,	non par le chemin droit,
sed circuitu majore	mais par un circuit plus grand
et tutiore ob id,	et plus sûr pour cela,
et intrat Babylonem	et il entre-dans Babylone
cum reliquiis	avec les débris
exercitus devicti.	de l'armée vaincue.
Darius contenderat	Darius s'-était-dirigé
ad amnem Lycum,	vers la rivière *de* Lycus,
paucis comitibus fugæ;	peu *étant* compagnons de fuite;
quo trajecto,	lequel *Lycus* ayant été traversé,
dubitavit an	il douta si
solveret pontem;	il délierait (couperait) le pont;
quippe nuntiabatur	car il était annoncé
hostem affore jam.	l'ennemi devoir-arriver déjà.
Sed videbat	Mais il voyait
tot millia suorum,	tant *de* milliers des siens,
quæ nondum pervenerant	qui n'étaient pas-encore parvenus

hostis fore videbat. Abeuntem, quum intactum sineret pontem, dixisse constat malle insequentibus iter dare quam auferre fugientibus. Ipse, ingens spatium fuga emensus, media fere nocte Arbela[1] pervenit. Quis tot ludibria fortunæ, ducum agminumque cædem multiplicem, devictorum fugam, clades nunc singulorum, nunc universorum, aut animo assequi queat aut oratione complecti? Propemodum seculi res in unum illum diem fortuna cumulavit. Alii, qua brevissimum patebat iter, alii diversos saltus et ignotos sequentibus calles petebant. Eques pedesque confusi, sine duce, armatis inermes, integris debiles implicabantur. Deinde, misericordia in metum versa, qui sequi non poterant inter mutuos gemitus deserebantur. Sitis præcipue fatigatos et saucios perurebat, passimque omnibus rivis prostraverant corpora, præterfluentem aquam hianti ore captantes. Quam quum diu avidi turbidam hausissent, tendebantur extemplo præcordia pre-

fleuve, seraient la proie de l'ennemi si le pont était détruit. Il le laissa donc subsister, et dit en partant, qu'il aimait mieux donner ce passage à ceux qui le poursuivaient, que de l'ôter à ceux qui se sauvaient. Ce prince, après avoir traversé en fuyant une grande étendue de pays, arriva enfin à Arbèles vers le milieu de la nuit. Qui pourrait concevoir par la pensée ou exprimer dans toute leur étendue tant de jeux outrageants de la fortune, les massacres si nombreux des chefs et des corps de troupes, la fuite des vaincus, les désastres de tous, et de chacun en particulier? Peu s'en fallut que la fortune n'accumulât dans cette seule journée les évènements de tout un siècle. Les uns fuyaient par le plus court chemin qu'ils pouvaient trouver, les autres gagnaient des défilés écartés et des sentiers inconnus à ceux qui les poursuivaient. Cavaliers et fantassins, armés et non armés, blessés et non blessés, tous sans ordre et sans chefs, se confondaient en s'embarrassant. Bientôt la compassion faisant place à la crainte, on abandonnait au milieu de gémissements réciproques, ceux qui ne pouvaient suivre. La soif surtout dévorait ces malheureux, excédés de fatigues et de blessures; couchés à plat ventre le long de tous les ruisseaux, ils avalaient à longs traits l'eau du courant; mais après qu'ils avaient étanché à loisir leur soif ardente dans cette eau trouble, leurs entrailles, surchargées

ad amnem,	à la rivière,
fore prædam hostis,	devoir-être la proie de l'ennemi,
ponte rescisso.	le pont ayant été coupé.
Constat dixisse abeuntem,	Il est-constant lui avoir dit en-s'en allant
quum sineret	comme il laissait
pontem intactum,	le pont intact,
malle dare	lui-même aimer-mieux donner
iter insequentibus	le chemin aux poursuivant
quam auferre fugientibus.	que de l'enlever aux fuyant.
Ipse, emensus fuga	Lui-même, ayant parcouru par la fuite
spatium ingens,	un espace énorme,
pervenit Arbela	parvint à Arbèles
nocte fere media.	la nuit étant presque au-milieu.
Quis queat	Qui pourrait
aut assequi animo	ou atteindre par l'esprit
aut complecti oratione	ou embrasser par le discours,
tot ludibria fortunæ,	tant de dérisions de la fortune,
cædem multiplicem	le carnage multiple
ducum agminumque,	des chefs et des corps-de-troupes,
fugam devictorum,	la fuite des vaincus, [tres
clades nunc singulorum	les désastres tantôt des uns après-les-au-
nunc universorum?	tantôt de tous-ensemble?
Fortuna	La fortune
cumulavit propemodum	accumula presque
in illum unum diem	dans ce seul jour
res seculi.	les choses (les événements) d'un siècle.
Alii petebant qua	Les uns gagnaient par-où
iter brevissimum patebat,	le chemin le plus court était-ouvert,
alii saltus diversos	d'autres des défilés écartés
et calles ignotos sequentibus.	et des sentiers inconnus aux poursuivant.
Eques pedesque confusi,	Cavalier et fantassin confondus,
sine duce,	sans chef,
implicabantur,	étaient embarrassés,
inermes armatis,	ceux désarmés par ceux armés,
debiles integris.	les faibles par ceux intacts.
Deinde misericordia	Ensuite la compassion
versa in metum,	ayant été tournée en crainte,
qui non poterant sequi,	ceux qui ne pouvaient suivre
deserebantur	étaient abandonnés
inter gemitus mutuos.	parmi des gémissements réciproques.
Sitis præcipue perurebat	La soif principalement brûlait-complè-
fatigatos et saucios,	eux fatigués et blessés, [tement
prostraverantque passim	et ils avaient étendu çà-et-là
corpora omnibus rivis,	leurs corps devant tous les ruisseaux,
captantes ore hianti	cherchant-à-prendre d'une bouche béante
aquam præterfluentem,	l'eau coulant-devant eux,
quam turbidam	laquelle étant troublé

mente limo; resolutisque et torpentibus membris, quum supervenisset hostis, novis vulneribus excitabantur. Quidam, occupatis proximis rivis, diverterant longius, ut quidquid occulti humoris usquam manaret, exciperent; nec ulla adeo avia et sicca lacuna erat quæ vestigantium sitim falleret. E proximis vero itineri vicis senum ululatus feminarumque exaudiebantur, barbaro ritu Darium adhuc regem clamantium.

Alexander, ut supra dictum est, inhibito suorum cursu, ad Lycum amnem pervenerat, ubi ingens multitudo fugientium oneraverat pontem ; et plerique, quum hostis urgeret, in flumen se præcipitaverant, gravesque armis, et prœlio ac fuga defatigati, gurgitibus hauriebantur. Jamque non pons modo fugientes, sed ne amnis quidem capiebat, agmina sua improvide subinde cumulantes : quippe, ubi intravit animos pavor, id solum metuunt quod primum formidare cœperunt.

de limon, se gonflaient aussitôt; leurs membres perdaient leurs forces, et demeuraient engourdis, jusqu'à ce que l'ennemi survenant les ranimât par de nouvelles blessures. Quelques-uns trouvant occupés les ruisseaux les plus proches, allaient plus loin pour recueillir toute l'eau des sources les plus cachées; et il n'y avait mare si écartée ou si desséchée, qui échappât aux recherches de ces gens altérés. Dans les villages près desquels on passait, on entendait les cris perçants des vieillards, et des femmes, qui, à la manière des barbares, appelaient encore à haute voix le roi Darius.

Lorsque Alexandre avait, comme nous l'avons dit, suspendu la marche des siens, il était arrivé au fleuve Lycus. Là la foule des fuyards surchargeait le pont, et la plupart, pressés par l'ennemi, s'étaient précipités dans l'eau, où appesantis par le poids des armes et harassés du combat et de la fuite, ils étaient engloutis dans les tourbillons. Alors, non-seulement le pont, mais le fleuve même ne pouvait contenir la quantité des fuyards, dont les bandes venaient coup sur coup s'entasser inconsidérément les unes sur les autres : car, quand la terreur a saisi les esprits, ils ne re-

HISTOIRE D'ALEXANDRE. LIVRE IV. 351

quum avidi hausissent diu, præcordia	lorsqu'avides ils avaient avalé long-les entrailles [temps,
tendebantur extemplo,	étaient gonflées aussitôt,
limo premente,	le limon *les* pressant,
membrisque resolutis et torpentibus,	et leurs membres étant détendus et étant engourdis,
quum hostis supervenisset,	lorsque l'ennemi était survenu,
excitabantur	ils étaient ranimés
novis vulneribus.	par de nouvelles blessures.
Quidam,	Certains, [cupés,
rivis proximis occupatis,	les ruisseaux les plus proches étant oc-
diverterant longius,	s'étaient-écartés plus loin,
ut exciperent	afin qu'ils recueillissent
quidquid humoris occulti	tout-ce-qui d'eau cachée
manaret usquam.	coulait quelque-part.
Nec ulla lacuna	Ni aucune mare [desséchée
erat adeo avia et sicca	n'était tellement éloignée-de-la route et
quæ falleret	qui trompât (échappât à)
sitim vestigantium.	la soif de *ceux* cherchant.
Ululatus vero	De-plus les hurlements
senum feminarumque	de vieillards et de femmes,
clamantium adhuc	appelant-par des-cris encore
regem Darium,	le roi Darius,
ritu barbaro,	par (à) la manière barbare,
exaudiebantur	étaient entendus
e vicis proximis	des villages les plus proches.
itineri.	à (de) la route.
Alexander,	Alexandre,
cursu suorum inhibito,	la course des siens ayant été arrêtée,
ut dictum est supra,	comme il a été dit au-dessus,
pervenerat	était parvenu
ad amnem Lycum,	au fleuve *du* Lycus,
ubi multitudo ingens	où une multitude immense
fugientium,	d'*hommes* fuyant,
oneraverat pontem;	avait chargé le pont,
et plerique,	et la plupart,
quum hostis urgeret, [men,	comme l'ennemi *les* pressait,
se præcipitaverant in flu-	s'étaient précipités dans le fleuve,
gravesque armis,	et pesants par les armes, [et la fuite,
et defatigati prœlio ac fuga,	et fatigués-complétement par le combat
hauriebantur gurgitibus.	ils étaient engloutis par les gouffres.
Jamque non pons modo,	Et déjà non-pas le pont seulement
sed ne quidem amnis	mais pas même le fleuve
capiebat fugientes,	ne contenait *ceux* fuyant,
cumulantes subinde	accumulant successivement
improvide sua agmina :	inconsidérément leurs troupes
quippe, ubi pavor	car, dès-que la peur

Alexander, instantibus suis impune abeuntem hostem sequi permitteret, hebetia tela esse et manus fatigatas, tantoque cursu corpora exhausta, et præceps in noctem diei tempus causatus est. Revera de lævo cornu, quod adhuc in acie stare credebat, sollicitus, reverti ad ferendam opem suis statuit. Jamque signa converterat, quum equites a Parmenione missi illius quoque partis victoriam nuntiant. Sed nullum eo die majus periculum adiit quam dum copias reducit in castra. Pauci eum et incompositi sequebantur, ovantes victoria quippe omnes hostes aut in fugam effusos, aut in acie credebant cecidisse, quum repente ex adverso apparuit agmen equitum, qui primo inhibuere cursum, deinde, Macedonum paucitate conspecta, turmas in obvios concitaverunt. Ante signa rex ibat, dissimulato magis periculo quam spreto ; nec

doutent plus que ce qui leur a d'abord causé de l'effroi. Les soldats d'Alexandre le pressaient de les laisser poursuivre l'ennemi qui se retirait impunément ; il prétexta que leurs armes étaient émoussées et leurs mains lasses de frapper, qu'une si longue course avait épuisé leurs forces, et que le jour tombait. La vérité est qu'inquiet de son aile gauche, qu'il croyait encore être aux mains, il avait résolu de revenir sur ses pas pour lui porter secours. Déjà ses enseignes avaient fait volte-face, quand des cavaliers dépêchés par Parménion lui apprennent que la bataille est également gagnée de ce côté. Mais il ne courut ce jour-là aucun danger plus grand, que lorsqu'il ramenait ses troupes au camp. Il était suivi de peu de gens, qui marchaient en désordre dans la joie où ils étaient de la victoire ; il croyaient tous les ennemis en fuite ou restés sur le champ de bataille, quand tout à coup il parut en face un gros de cavalerie, qui d'abord s'arrêta, puis ayant reconnu le petit nombre des Macédoniens, fondit impétueusement sur eux. Le roi marchait à la tête de ses enseignes, dissimulant le danger plus qu'il ne le

intravit animos,	est entrée dans les esprits,
metuunt id solum	ils craignent cela seul
quod cœperunt	qu'ils ont commencé
formidare primum.	à redouter d'-abord.
Alexander, suis instantibus	Alexandre, les siens le pressant
permitteret sequi	qu'il permît de suivre
hostem abeuntem impune,	l'ennemi s'-en-allant impunément,
causatus est	allégua
tela esse hebetia,	les traits être émoussés,
et manus fatigatas	et les mains fatiguées,
corporaque exhausta	et les corps épuisés
cursu tanto,	par une course si-grande,
et tempus diei	et le temps du jour
præceps in noctem.	se-précipitant vers la nuit.
Revera sollicitus	En-réalité inquiet
de cornu lævo,	touchant l'aile gauche,
quod credebat	laquelle il croyait
stare adhuc in acie,	se-tenir encore en ligne-de-bataille,
statuit reverti	il résolut de retourner
ad opem ferendam suis.	pour secours devant-être-porté aux siens.
Jamque converterat signa,	Et déjà il avait tourné les enseignes,
quum equites	lorsque des cavaliers
missi a Parmenione	envoyés par Parménion
nuntiant victoriam	annoncent la victoire
illius partis quoque.	de cette partie aussi.
Sed adiit eo die	Mais il ne courut ce jour-là
nullum periculum majus	aucun péril plus grand
quam dum reducit	que tandis-qu'il ramène
copias in castra.	les troupes dans le camp.
Pauci et incompositi	Des gens peu-nombreux et sans-ordre
sequebantur eum,	suivaient lui,
ovantes victoria;	triomphants de la victoire;
quippe credebant	car ils croyaient
omnes hostes	tous les ennemis
aut effusos in fugam,	ou répandus en fuite,
aut cecidisse in acie,	ou être tombés dans la bataille,
quum repente	lorsque tout-à-coup
agmen equitum	une troupe de cavaliers
apparuit ex adverso,	apparut du côté en-face,
qui primo	lesquels d'abord
inhibuere cursum, [num	arrêtèrent leur course,
deinde paucitate Macedo-	ensuite le petit-nombre des Macédoniens
conspecta,	ayant été aperçu,
concitaverunt turmas	lancèrent leurs escadrons
in obvios.	sur ceux se-présentant.
Rex ibat ante signa,	Le roi allait devant les enseignes;
periculo dissimulato	le péril ayant été dissimulé

defuit ei perpetua in dubiis rebus felicitas : namque præfectum equitatus, avidum certaminis, et ob id ipsum incautius in se ruentem, hasta transfixit; quo ex equo lapso, proximum ac deinde plures eodem telo confodit. Invasere turbatos amici quoque. Nec Persæ inulti cadebant; quippe non universæ acies, quam hæ tumultuariæ manus, vehementius iniere certamen. Tandem barbari, quum obscura luce fuga tutior videretur esse quam pugna, diversis agminibus abiere. Rex, extraordinario periculo defunctus, incolumes suos reduxit in castra.

Cecidere Persarum, quorum numerum victores finire potuerunt, millia quadraginta [1]; Macedonum minus quam trecenti desiderati sunt. Ceterum hanc victoriam rex majore ex parte virtuti quam fortunæ suæ debuit; animo, non, ut antea, loco[2] vicit. Nam et aciem peritissime instruxit, et promptissime ipse pugnavit; et magno consilio jacturam sarcinarum

méprisait. Le bonheur qui le suivait constamment dans toutes les occasions périlleuses, ne l'abandonna pas non plus dans celle-ci : le commandant de la cavalerie, impatient d'en venir aux mains, se jeta imprudemment sur lui; il le perça de son javelot; et quand il l'eut renversé de son cheval, il tua avec la même arme le cavalier le plus proche et plusieurs autres ensuite. Ses amis tombèrent en même temps sur les Perses, que cet accident avait étonnés ; mais ceux-ci vendirent cher leur vie; car les deux armées entières ne s'étaient pas chargées avec plus de fureur, que ne le firent ces deux troupes formées à la hâte. Enfin les barbares, jugeant que dans l'obscurité il était plus sûr de fuir que de combattre, se retirèrent par bandes de différents côtés. Le roi, échappé à ce danger imprévu, ramena ses gens au camp sans aucune perte.

Il périt quarante mille Perses selon le compte que purent en faire les vainqueurs ; les Macédoniens perdirent moins de trois cents hommes. Au reste, le roi fut plus redevable de cette victoire à sa bravoure qu'à son bonheur ; il l'obtint par la force de son courage, et non, comme autrefois, par l'avantage du lieu. En effet, il disposa son armée avec une grande habileté, et paya résolûment de sa personne. Il montra aussi une grande sagesse en ne tenant pas compte

magis quam spreto,	plus que méprisé,
nec felicitas	ni le (son) bonheur
perpetua in rebus dubiis	constant dans les choses douteuses
defuit ei;	ne manqua à lui ;
namque transfixit hasta	car il transperça de *sa* lance
præfectum equitatus	le commandant de la cavalerie
avidum certaminis,	avide de combat,
et ob id ipsum	et à-cause-de cela même [lui.
ruentem incautius in se.	se-précipitant plus imprudemment sur
Quo lapso ex equo,	Lequel étant tombé de cheval,
confodit eodem telo	il perça du même trait (de la même arme)
proximum	le plus proche
ac deinde complures.	et ensuite plusieurs.
Amici quoque	*Ses* amis aussi
invasere turbatos.	se-jetèrent-sur les *ennemis* troublés.
Nec Persæ cadebant	Ni les Perses ne tombaient
inulti;	non-vengés ;
quippe acies universæ	car les armées entières
non iniere certamen	n'engagèrent pas la lutte
vehementius quam	plus vivement que
hæ manus tumultuariæ.	ces troupes formées-à-la-hâte.
Tandem barbari,	Enfin les barbares, [baissant)
quum luce obscura	comme, la lumière étant obscure (le jour
fuga videretur esse	la fuite paraissait être
tutior pugna,	plus sûre que le combat,
abiere agminibus diversis.	se-retirèrent par troupes séparées.
Rex defunctus	Le roi s'-étant-acquitté de (échappé à)
periculo extraordinario	ce danger extraordinaire,
reduxit suos incolumes	ramena les siens sains-et-saufs
in castra.	dans le camp.
Quadraginta millia	Quarante milliers
Persarum,	de Perses,
quorum victores potuerunt	desquels les vainqueurs purent
finire numerum,	déterminer le nombre,
cecidere ;	tombèrent;
minus quam trecenti	moins que trois cents
Macedonum	des Macédoniens
desiderati sunt.	furent regrettés.
Ceterum rex debuit	Du-reste le roi dut
hanc victoriam	cette victoire-ci
ex majore parte	en plus grande partie
virtuti quam suæ fortunæ :	à *son* courage qu'à sa fortune :
vicit animo,	il vainquit par le cœur,
non loco, ut antea.	non par le lieu, comme auparavant.
Nam et instruxit	Car et il rangea
aciem peritissime ;	la ligne-de-bataille très-habilement ;
et pugnavit ipse	et il combattit lui-même

impedimentorumque contempsit, quum in ipsa acie summum rei videret esse discrimen; dubioque adhuc pugnæ eventu, pro victore se gessit; perculsos deinde hostes fudit; fugientes, quod in illo ardore animi vix credi potest, prudentius quam avidius persecutus est. Nam si, parte exercitus adhuc in acie stante, instare cedentibus perseverasset, aut sua culpa victus esset, aut aliena virtute vicisset; jam, si multitudinem equitum occurrentium extimuisset, victori aut fœde fugiendum aut miserabiliter cadendum fuit. Ne duces quidem copiarum sua laude fraudandi sunt; quippe vulnera quæ quisque excepit indicia virtutis sunt. Hephæstionis brachium hasta ictum est; Perdiccas ac Cœnus et Menidas sagittis prope occisi. Et, si vere æstimare Macedonas qui tunc erant volumus, fatebimur et regem talibus ministris, et illos tanto rege fuisse dignissimos.

de la perte des effets et des bagages; car il voyait que tout allait dépendre du succès de la bataille; et quoique l'issue fût encore douteuse, il ne laissa pas de se comporter en vainqueur; dès qu'il vit les ennemis ébranlés, il les mit en déroute; et, chose qu'on a peine à croire d'un courage si bouillant, quand ils prirent la fuite, il mit à leur poursuite plus de prudence que d'ardeur. Car si, pendant qu'une partie de l'armée était encore aux mains, il se fût obstiné à la poursuite des fuyards, il aurait perdu la victoire par sa faute, ou il ne l'aurait due qu'à la valeur d'autrui. Enfin, s'il eût été intimidé par le nombre des cavaliers qu'il rencontra, il était réduit, malgré sa victoire, ou à fuir honteusement ou à périr misérablement. Il ne faut pas non plus refuser aux chefs les éloges qui leur sont dus, puisque les blessures que reçut chacun d'eux sont des preuves de leur valeur. Héphestion fut frappé au bras d'un coup de pique; Perdiccas, Cénus et Ménidas faillirent être tués à coups de flèches. Et, si nous voulons apprécier justement les Macédoniens de ce temps-là, nous avouerons que le roi était bien digne de pareils serviteurs, et que ces hommes étaient bien dignes d'un tel roi.

promptissime ;	très-résolûment ;
et contempsit magno consilio	et il méprisa avec une grande prudence
jacturam sarcinarum	la perte des effets
impedimentorumque,	et des bagages,
quum videret	attendu-qu'il voyait
discrimen summum rei	la crise suprême de l'affaire
esse in acie ipsa ;	être dans la ligne-de-bataille elle-même,
eventuque pugnæ	et l'issue du combat
adhuc dubio,	*étant* encore douteuse,
se gessit pro victore ;	il se comporta en vainqueur ;
deinde fudit	ensuite il mit-en-déroute
hostes perculsos ;	les ennemis frappés ;
persecutusque est pruden- [tius	et il poursuivit plus prudemment
quam avidius	que plus avidement
fugientes,	*eux* fuyant,
quod potest credi vix	ce qui peut être cru à-peine
in illo ardore animi.	dans cette ardeur d'esprit.
Nam si perseverasset	Car s'il avait persévéré
instare cedentibus,	à presser *ceux* se-retirant,
parte exercitus	une partie de l'armée
stante adhuc in acie,	se-tenant encore en ligne-de-bataille,
aut victus esset sua culpa,	ou il aurait été vaincu par sa faute,
aut vicisset	ou il aurait vaincu
virtute aliena. [tudinem	par le courage d'autrui. [multitude
Jam, si extimuisset multi-	D'un-autre-côté, s'il avait redouté la
hostium occurrentium,	des ennemis se-présentant,
fuit aut fugiendum fœde	il fut ou à-fuir honteusement
aut cadendum miserabiliter	ou à-tomber misérablement
victori.	à *lui* vainqueur.
Ne quidem duces copiarum	Pas même les chefs des troupes [ange ;
sunt fraudandi sua laude ;	ne sont devant être frustrés de leur lou
quippe vulnera	car les blessures
quæ quisque accepit	que chacun reçut
sunt indicia virtutis.	sont des preuves de *leur* courage
Brachium Hephæstionis	Le bras d'Héphestion
ictum est hasta ;	fut frappé d'une pique ;
Perdiccas et Cœnus	Perdiccas et Cœnus
et Menidas	et Ménidas
occisi prope sagittis.	*furent* tués presque par des flèches.
Et si volumus	Et si nous voulons
æstimare vere	apprécier avec-vérité
Macedonas qui erant tunc,	les Macédoniens qui étaient alors, [*digne*
fatebimur et regem	nous avouerons et le roi *avoir été très-*
talibus ministris,	de tels serviteurs,
et illos fuisse dignissimos	et eux avoir été très-dignes
rege tanto.	d'un roi si-grand.

NOTES

DU QUATRIÈME LIVRE DE L'HISTOIRE D'ALEXANDRE LE GRAND.

Page 135 : 1. *Darius*. Darius III Codoman, dernier roi de Perse, mort l'an 330 avant Jésus-Christ. Il venait de perdre une grande bataille contre Alexandre, à Issus, 333 avant Jésus-Christ.

— 2. *Unchas*. Ville de la Syrie méridionale.

— 3. *Euphratem*. L'Euphrate, aujourd'hui les *Frat* des Turcs. Ce fleuve, qui naît dans les montagnes de l'Arménie méridionale, se réunit au Tigre à Corna, et prend alors le nom de *Chat-el-Arab*.

Page 136 : 1. *Damascum*. Damas, capitale de la Syrie. Voir livre III, chapitre XII.

— 2. *Syriæ.....vocant*. La Célésyrie ou Syrie creuse κοίλη Συρία, formant une vallée profonde entre le Liban et l'Anti-Liban, devait son nom à sa configuration.

— 3. *Aradus.... insula*. L'île d'Arade était située sur la côte de la Phénicie.

— 4. *Marathon*, terminaison grecque. Marathos ou Marathe, ville de Phénicie.

Page 138 : 1. *Sumpsisti*. Ce prince s'appelait Codoman avant de monter sur le trône.

— 2. *Darius*. Darius, fils d'Hystaspe, qui régna de 521 à 495 avant Jésus-Christ.

— 3. *Hellesponti*. L'Hellespont, ou *mer d'Hellé*, aujourd'hui le *Canal des Dardanelles*, détroit qui unit la mer Égée à la Propontide et sépare l'Asie de l'Europe.

— 4. *Xerxes, gentis ejusdem*. Xerxès, fils de Darius; il régna de 495 à 472 avant Jésus-Christ.

— 5. *Navali prœlio*. Allusion à la bataille de Salamine, donnée l'an 480 avant Jésus-Christ.

— 6. *Mardonium*. Mardonius, gendre de Darius. Il fut défait à Platée, en 479, et périt dans cette bataille.

— 7. *Ab iis interfectum esse..... vestri*. Les historiens sont loin d'être unanimes à cet égard. Quelques-uns prétendent que Pausanias, l'assassin de Philippe, n'avait voulu qu'assouvir une vengeance particulière en frappant ce roi qui lui avait refusé justice. Selon d'autres, il aurait été l'instrument de la vengeance d'Olympias offensée par le mariage que Philippe venait de conclure avec Cléopâtre, fille d'Attale. Il y en a même qui prétendent qu'Alexandre, indigné de l'outrage fait à sa mère, avait encouragé le meurtrier.

Page 140 : 1. *Talentis.* Le talent, poids d'or ou d'argent valait environ 5,500 francs de notre monnaie.

— 2. *Phœnicen.* La Phénicie, resserrée entre la mer et l'Anti-Liban, et dont les principales villes étaient Tyr, Sidon, Byblos, Béryte et Tripolis.

Page 148 : 1. *Amyntas.* Amyntas, chef des mercenaires grecs à la solde de Darius: *At Græci, qui in Darii partibus steterant, Amynta duce, (prætor hic Alexandri fuit, nunc transfuga).* Livre III, chap. XI.

— 2. *Tripolim.* Tripolis, ville de Phénicie.

— 3. *Cyprum.* L'île de Chypre, située dans la Méditerranée, au sud de la Cilicie.

— 4. *Sabacem... acie.* Il avait été tué dans la bataille d'Issus, autour du char de Darius : *Inter hos.... et Sabaces, prætor Ægypti.... noscitabantur.* Livre III, chapitre XI.

Page 150 : 1. *Pelusii ostium.* C'était une des bouches du Nil, sur laquelle était située Péluse, place forte de la basse Égypte.

2. *Memphim.* Memphis, capitale de la moyenne Égypte.

Page 152 : 1. *Antigonus.* Antigone, un des lieutenants d'Alexandre qui se partagèrent son empire. Il obtint la Pamphylie, la Syrie, la haute Phrygie, s'empara de la Paphlagonie et de la Cappadoce, et prit le titre de roi d'Asie, 307 avant Jésus-Christ. Il fut vaincu et tué à la bataille d'Ipsus, 301 avant Jésus-Christ.

— 2. *Chium.* Chio, île de la mer Égée, sur la côte occidentale de l'Asie mineure.

— 3. *Andrum et Syphnum.* Andros et Syphnos, deux des Cyclades, dans la mer Égée.

Page 154 : 1. *Ex Cilicia profugi.* Les Grecs, qui après la bataille d'Issus étaient rentrés dans leurs foyers, au lieu de se joindre à Darius, ou de suivre Amyntas en Égypte.

Page 154 : 2. *Tyro.* Tyr, aujourd'hui *Sour.* Il y eut en Phénicie deux villes de ce nom. La première fondée sur la côte, au S. de Byblos, vers 1900 avant Jésus-Christ, et détruite en 572 par Nabuchodonosor; la seconde bâtie dans une île voisine du continent par les habitants échappés à la ruine de la première.

Page 156 : 1. *Macedonum reges.* Le premier roi de Macédoine avait été Caranus, petit-fils d'Hercule.

— 2. *Palætyron.* L'ancienne Tyr, celle qui avait été détruite par Nabuchodonosor.

Page 158 : 1. *Stadiorum.* Le stade, mesure de distance chez les Grecs, équivalait à 185 mètres.

— 2. *Africus.* L'Africus, vent qui souffle de l'Afrique, vent d'O. S. O.

— 3. *Tormenta.* Ce mot qui vient du verbe *torquere* (lancer), désigne non-seulement les machines de guerre, mais encore les projectiles lancés par ces machines. Voici un exemple de ce sens tiré de César : *Tantum aberat a nostro castello, ut telum tormentumve missum adigi non posset.*

Page 160 : 1. *Parva dictu res.* Cette circonstance n'est pas aussi insignifiante que le dit Quinte-Curce. Si Carthage avait pris résolûment la cause de sa métropole et envoyé ses flottes à son secours, il eût été difficile à Alexandre de s'emparer de Tyr.

— 2. *Carthaginem condiderunt.* Suivant la tradition, c'était Didon fuyant la cruauté et l'avarice de son frère Pygmalion, roi de Tyr, qui avait fondé Carthage vers l'an 866 avant Jésus-Christ.

Page 164 : 1. *Herculis.... oblatam esse.* Plutarque, dans la vie d'Alexandre, parle aussi de ce songe ; seulement il le place à la fin du siège : Τύρον δὲ πολιορκῶν ἑπτὰ μῆνας χώμασι καὶ μηχαναῖς καὶ τριήρεσι διακοσίαις ἐκ τῆς θαλάττης, ὄναρ εἶδε τὸν Ἡρακλέα δεξιούμενον αὐτὸν ἀπὸ τοῦ τείχους καὶ καλοῦντα. Chapitre XXVI. Il y avait sept mois qu'il (Alexandre) assiégeait Tyr avec des digues, des machines de guerre, et deux cents trirèmes du côté de la mer, lorsqu'il vit en songe Hercule qui lui tendait la main et qui l'appelait du haut des remparts.

Page 166 : 1. *Gestare*. Un commentateur allemand, Timothée Zumpt, fait remarquer que *gestare* ne se dit en général que de ce qui tient à nous, de ce que nous portons habituellement comme nos vêtements, et *portare* des fardeaux. Ce mot rend donc encore plus piquante la raillerie des Tyriens.

Page 168 : 1. *Arabiam*. Il ne s'agit pas ici de l'Arabie proprement dite, péninsule de l'Asie occidentale, comprise entre la mer Rouge, la mer des Indes, et le golfe persique, mais des parties de la Syrie, situées au pied de l'Anti Liban, et occupées par des Arabes. C'étaient ces Arabes qui avaient surpris un convoi macédonien. Plutarque commente ici Quinte-Curce. Διὰ μέσου δὲ τῆς πολιορκίας, ἐπὶ τοὺς Ἄραβας τοὺς προσοικοῦντας, τῷ Ἀντιλιβάνῳ στρατεύσας.... chapitre XXVII. Au milieu du siége (Alexandre) ayant fait une expédition contre les Arabes qui habitent au pied du Liban....

— 2. *Navem.... illitam*. Ce que les modernes ont appelé un brûlot.

Page 180 : 1. *Syracusani....urgebant*. Quinte-Curce se trompe. Ce ne fut que vingt ans plus tard que les Syracusains passèrent en Afrique, sous la conduite d'Agathocle, et vinrent camper jusque sous les murs de Carthage. Il est plus probable que ce furent leurs divisions intérieures qui, en affaiblissant les Carthaginois, les empêchèrent de secourir leur mère patrie.

— 2. *Devehendos Carthaginem tradiderunt*. Si Carthage était pressée elle-même par un ennemi puissant, quelle sécurité offrait-elle aux enfants et aux femmes des Tyriens?

Page 182 : 1. *Apollinem retenturi*. Plutarque raconte aussi ce songe à peu près de même, sauf ce dernier détail : Τῶν δὲ Τυρίων πολλοῖς κατὰ τοὺς ὕπνους ἔδοξεν ὁ Ἀπόλλων λέγειν ὡς ἄπεισι πρὸς Ἀλέξανδρον· οὐ γὰρ ἀρέσκειν αὐτῷ τὰ πρατσόμενα κατὰ τὴν πόλιν. Ἀλλ' αὐτοὶ μὲν, ὥσπερ ἄνθρωπον αὐτομολοῦντα πρὸς τοὺς πολεμίους, ἐπ' αὐτοφόρῳ τὸν θεὸν εἰληφότες, σειράς τε τῷ κολοσσῷ περιέβαλλον αὐτοῦ, καὶ καθήλουν πρὸς τὴν βάσιν, Ἀλεξανδριστὴν καλοῦντες. Beaucoup de Tyriens crurent voir en songe Apollon qui leur déclara qu'il s'en allait vers Alexandre, mécontent de ce qui se passait dans la ville. Alors ceux-ci traitant le dieu comme un transfuge pris en flagrant délit de trahison, entourèrent de chaînes sa statue colossale, et la clouèrent au piédestal, l'appelant créature d'Alexandre. Plutarque, Vie d'Alexandre, chapitre XXVI.

Page 182 : 2. *Syracusis*. Suivant Diodore de Sicile, XIII, p. 148, ce n'était pas de Syracuse, mais de Géla que les Carthaginois avaient enlevé cette statue.

— 3. *Excidium urbis suæ*. Tertullien, dans son Apologétique, prétend que cette pratique barbare se perpétua jusqu'au proconsulat de Tibère; il ajoute, mais sans en donner de preuves, qu'elle subsistait même encore de son temps.

Page 186 : 1. *Coronis floribusque* est mis pour *coronis ex floribus*, par une figure de langage que les Grecs appellent ἓν διὰ δυοῖν une seule chose rendue par deux.

Page 194 : 1. *Utramque urbem*. Tyr et Sidon. Suivant Justin c'étaient des habitants de Sidon, qui, chassés de leur ville par le roi d'Ascalon, avaient fondé l'ancienne Tyr, un an avant la prise de Troie. *Post multos deinde annos Sidonii a rege Ascaloniorum expugnati, navibus appulsi, Tyron urbem ante annum Trojanæ cladis condiderunt.* Livre XVIII, chapitre III.

— 2. *Duo millia affixi*. Ce dernier mot se rapporte par une figure appelée *syllepse* non pas à *millia* mais a *homines*, dont l'idée domine toute la phrase. Cette construction n'est pas rare. Nous l'avons déjà vue dans le troisième livre de Quinte-Curce : *Duo millia Bactrianorum equitum armati fuere.*

Page 196 : 1. *Thebæ in Bœotia*. Cette ville, capitale de la Béotie, fondée vers l'an 1580 avant Jésus-Christ, avait été détruite comme sa métropole par Alexandre.

— 2. *Gades*. Gadès, aujourd'hui *Cadix*, ville de la Bétique (l'*Andalousie*), bâtie dans une île, à l'embouchure du Bétis (le *Guadalquivir*).

Page 198 : 1. *Ut regi*. Nous avons vu au chapitre I que dans sa première lettre Darius avait refusé à Alexandre le titre de roi, et que le vainqueur en avait été fortement irrité.

— 2. *Hellespontum*. L'Hellespont, ou *mer d'Hellé*, aujourd'hui le *Canal des Dardanelles*, détroit qui sépare l'Asie de l'Europe.

— 3. *Halyn*. L'Halys, le fleuve le plus considérable de l'Asie Mineure, prend sa source au mont Taurus et se jette dans le Pont-Euxin.

— 4. *In angustiis.* Dans les défilés de la Cilicie, où il avait été vaincu.

— 5. *Euphratem.* L'Euphrate. Voir chapitre 1, note 3. — *Tigrim.* Le Tigre, aujourd'hui le *Didjel*, fleuve qui naît sur le versant méridional du Taurus et qui, après s'être réuni à l'Euphrate, va se perdre dans le golfe Persique. — *Araxem.* L'Araxe, aujourd'hui l'*Aras*, fleuve de l'Asie occidentale qui se jette dans la mer Caspienne. — *Hydaspem.* L'Hydaspe, aujourd'hui le *Djelim*, qui se jette dans l'Acésine, aujourd'hui le *Chennab*.

Page 200 : 1. *Caucasum.* Le Caucase indien ou Paropamise, aujourd'hui *Hindou-Kouch*, s'élève entre la mer Caspienne et l'Indus.

— 2. *Tanaim.* Le Tanaïs, aujourd'hui le *Don*, fleuve qui se jette dans la mer d'Azov.

— 3. *Persepolim.* Persépolis, aujourd'hui *Tchehil-Minar*, capitale de la Perse proprement dite, et de tout l'empire persan; elle fut détruite par Alexandre. — *Bactra.* Bactre, aujourd'hui *Balk*, capitale de la Bactriane, province de Perse. — *Ecbatana.* Ecbatane, aujourd'hui *Hamadan*, capitale de la Médie.

Page 202 : 1. *Rhodii.* Rhodes, île de la mer Egée, au sud de la Carie.

— 2. *Isthmiorum.* Les jeux isthmiques, ainsi nommés de l'isthme de Corinthe, où ils se célébraient tous les cinq ans en l'honneur de Neptune. Ils furent, dit-on, institués par Sisyphe, puis remis en honneur par Thésée.

— 3. *Temporaria. Temporarius,* qui s'accommode aux temps; *temporalis,* qui dure un temps.

Page 204 : 1. *Miletum.* Milet, aujourd'hui *Palatcha*, ville de Carie en Asie Mineure.

— 2. *Tenedon,* Ténédos, aujourd'hui *Bocktcha-Adassi.* C'est dans cette île, suivant Virgile, que les Grecs allèrent se cacher, lorsqu'ils feignirent de quitter le siège de Troie.

Page 206 : 1. *Methymnæorum.* Méthymne, aujourd'hui *Mollevah*, ville de Lesbos, sur la côte méridionale.

Page 206 : 2. *Prima vigilia.* Les Romains divisaient la nuit en quatreparties appelées veilles, de trois heures chacune ; la première veille, de six heures du soir à neuf heures, la seconde de neuf heures à minuit, la troisième de minuit à trois heures du matin, et la quatrième de trois heures à six heures du matin.

Page 208 : 1. *Mitylenen.* Mitylène, aujourd'hui *Médélin*, capitale de l'île de Lemnos, sur la côte orientale.

— 2. *Imbrum.* Imbros, aujourd'hui *Imbro*, ville de la mer Egée, au sud de Samothrace.

— 3. *Babyloniam.* La Babylonie, contrée d'Asie, située au sud de la Mésopotamie, entre l'Euphrate et le Tigre.

— 4. *Descendere.* Ce verbe est employé comme le verbe grec καταβαίνειν pour indiquer qu'on se dirige de l'orient vers l'occident.

— 5. *Scytharum.* La Scythie, vaste région qui, chez les anciens, occupait l'immense étendue de terres située au nord du Pont-Euxin et de la mer Caspienne, et habitée par des peuplades nomades et peu civilisées.

Page 214 : 1. *Bitumine ac sulfure.* On s'est demandé avec raison comment cette tour avait été enduite de matières propres à prendre feu. Peut-être Quinte-Curce veut-il parler des machines disposées pour lancer dans la ville des matières combustibles, et placées sur le haut de la tour. La version de Plutarque qui rapporte ce même prodige, est plus vraisemblable. Ὁ δ'ὄρνις ἐφ' ἓν τῶν μηχανημάτων καθίσας ἔλαθεν ἐνσχεθεὶς τοῖς νευρίνοις κεκρυφάλοις, οἷς πρὸς τὰς ἐπιστροφὰς τῶν σχοινίων ἐχρῶντο. L'oiseau s'étant posé sur une machine, se prit par mégarde dans les réseaux en nerfs dont on se servait pour manœuvrer les cordages. Plutarque, vie d'Alexandre, chapitre XXVIII.

Page 216 : 1. *Philippus.* Voir sur le médecin Philippe, le livre III, chapitre V.

Page 220 : 1. *Unus ... regem.* Il y a ici une lacune dans les manuscrits. Les mots placés entre crochets sont un supplément de Freinshémius.

Page 222 : 1. *Achillem.* Le fameux Achille, qui traîna Hector autour des murs de Troie. Alexandre en descendait par sa mère Olympias, fille du roi d'Épire Alexandre Ier.

— 2. *Pœna.... capienda.* Plutarque, qui parle aussi de la blessure qu'Alexandre reçut au siége de Gaza, ne fait pas mention du supplice de Bétis.

Page 224 : 1. *Amyntam.* Voir le chapitre I. Il ne s'agit pas de l'Amyntas qu'Alexandre venait d'envoyer en Macédoine pour y lever des troupes.

— 2. *Talenta.* Le talent, poids d'or ou d'argent, valait environ 5,500 francs de notre monnaie.

Page 226 : 2. *Jovis Hammonis.* Jupiter Hammon (de ἄμμος sable, *Jupiter des sables*). C'était sous ce nom que Jupiter était adoré chez les peuples de la Libye. Hercule, ou, selon d'autres, Bacchus, étant sur le point de périr de soif avec son armée dans les déserts de la Libye, implora le secours de Jupiter, qui lui apparut sous la forme d'un bélier, et qui, fouillant le sable avec ses cornes, en fit jaillir une source. Hercule, dans sa reconnaissance, éleva en ce lieu un temple à Jupiter.

— 2. *Mareotin paludem.* Le lac Maréotis, dans la basse Égypte, à l'ouest du Delta, communiquait à la Méditerranée par la bouche canopique du Nil.

— 3. *Cyrenensium.* Cyrène ville de l'Afrique septentrionale, capitale de la Cyrénaïque.

Page 230 : 1. *Complures corvi.* Ces prodiges sont racontés également par Plutarque. Voir la vie d'Alexandre, chapitre xxx.

— 2. *Æthiopum.* Les habitants de l'Éthiopie, vaste région au sud de l'Égypte, et dont les limites étaient mal déterminées.

— 3. *Arabes.... Troglodytis.* Tribus arabes établies en Afrique, et appelées Troglodytes parce qu'elles habitaient des trous sous terre (τρώγλη, trou, δύω, je m'enfonce).

— 4. *Scenitas.* Scénites. Ils étaient ainsi appelés parce qu'ils logeaient sous des tentes (σκηνή).

— 5. *Nasamones.* Les Nasamons, peuple du littoral de la Méditerranée, au sud de la grande Syrte.

Page 234 : 1. *Umbilico.... habitus.* Sans parler de la grande déesse, qui était adorée sous la forme d'une pierre noire, il y avait, surtout en Orient, un certain nombre de divinités qui n'avaient point la forme humaine. Telle était, entre autres, la Vénus de Paphos dont parle Tacite au second livre des Histoires, chapitre III : *Simulacrum deæ non effigie humana, continuus orbis latiore initio tenuem in ambitum metæ modo exsurgens.* La déesse n'est point représentée sous la figure humaine; c'est un bloc circulaire qui, s'élevant en cône, diminue graduellement de la base au sommet. (Traduction de Burnouf.)

Page 234 : 2. *Jovis filium affirmans.* Plutarque après avoir rapporté ce fait comme Quinte-Curce, en donne ensuite une autre version, d'après laquelle le prêtre voulant appeler Alexandre, mon fils, παιδίον, se serait trompé de lettre, et, substituant un Σ au N, l'aurait appelé παῖ Διός, fils de Jupiter : erreur dont Alexandre se serait emparé avec joie.

Page 236 : 1. *Corrumpit.* En effet, ce qui était digne d'admiration chez un homme, n'était plus rien chez le fils d'un dieu.

Page 238 : 1. *Pharos.* Pharos, petite île en face du port d'Alexandrie, et qui fut plus tard reliée au continent. Plutarque, qui place la fondation d'Alexandrie avant la visite au temple de Jupiter Hammon, dit que l'emplacement de cette ville fut indiqué au roi par Homère qui lui apparut en songe. Plutarque, vie d'Alexandre, chapitre XXIX.

— 2. *Memnonis.... regia.* Memnon, personnage fabuleux, qui régnait, dit-on, sur l'Égypte et l'Éthiopie. On avait élevé en son honneur dans un grand nombre de villes des monuments appelés *Memnonia.* Les plus célèbres étaient ceux de Thèbes, capitale de la haute Égypte; on y voyait une statue colossale de Memnon, qui, suivant la tradition, rendait un son harmonieux, lorsqu'elle était frappée par les premiers rayons du soleil. — *Tithoni.* Tithon, père du précédent, mari de l'Aurore, roi d'Éthiopie.

— 3. *Solis terminos.* Les limites du soleil, c'est-à-dire les tropiques au-delà desquels les anciens ne croyaient plus la terre habitable.

Page 240 : 1. *Africæ.* Il ne s'agit pas de l'Afrique entière, mais de la partie de ce continent qui forma sous les Romains la province d'Afrique, après la ruine de Carthage.

— 2. *Ut Macedonum mos est.* Aucun autre auteur ne parle de cet usage des Macédoniens. Plutarque dit au contraire, que c'est à défaut de craie qu'Alexandre se servit de farine.

Page 242 : 1. *Samaritæ*. Les habitants de Samarie, ville de Syrie.

Page 244 : 1. *Ut... restituerentur*. Déjà avant la bataille d'Issus, les Athéniens avaient demandé à Alexandre de rendre la liberté aux Grecs pris dans les rangs des Perses au passage du Granique. Mais Alexandre n'avait pas cru alors devoir leur accorder cette grâce.

Page 246 : 1. *Crateram... pateris*. Le cratère, grand vase où l'on mêlait le vin (κεράννυμι, mélanger). — La *patère*, coupe employée spécialement dans les sacrifices.

— 2. *Mesopotamiam*. La Mésopotamie, contrée de l'Asie, devait son nom à sa position entre le Tigre et l'Euphrate (μέσος ποταμός).

Page 248 : 1. *Ex summo temone..... amputaturæ*. Xénophon, dans le chapitre VIIIe du 1er livre de l'*Anabase*, donne une description à peu près semblable des chars armés de faux dont se servaient les peuples de l'Orient : Πρὸ δὲ αὐτῶν ἅρματα διαλείποντα συχνὸν ἀπ' ἀλλήλων τὰ δὴ δρεπανηφόρα καλούμενα· εἶχον δὲ καὶ τὰ δρέπανα ἐκ τῶν ἀξόνων εἰς πλάγιον ὑποτεταμένα καὶ ὑπὸ τοῖς δίφροις, εἰς γῆν βλέποντα ὡς διακόπτειν ὅτῳ τυγχάνοιεν. En avant, à de grandes distances les uns des autres, étaient des chars armés de faux attachées à l'essieu, les unes s'étendant obliquement à droite et à gauche, les autres placées sous le siège, dirigées vers la terre, pour couper tout sur leur passage.

— 2. *Tigris*. Le Tigre, aujourd'hui le *Didjel*, fleuve qui naît sur le versant méridional du Taurus, et qui, après s'être réuni à l'Euphrate, se jette dans le golfe Persique.

Page 250 : 1. *Arbela*. Arbèles, bourg de l'Assyrie, entre le Lycus et le Caprus, affluents du Tigre. Suivant Plutarque, ce n'est pas à Arbèles, comme on le croit généralement, mais à Gaugamèles, bourgade située non loin de là, que se donna la bataille.

— 2. *Ante*. Avant la bataille d'Issus. Voir livre I, chap. VII.

Page 252 : 1. *Undecimis castris*. Quand les armées romaines étaient en campagne, elles se retranchaient tous les soirs pour passer la nuit. De là l'habitude de compter les jours de marche par les camps qu'on établissait.

Page 252 : 2. *Euphratem*. Ce fut près de la ville de Thapsaque que les Macédoniens franchirent ce fleuve.

— 3. *Præter Arbela*. La route partant de l'Euphrate, au lieu de se diriger vers l'ouest du côté d'Arbèles, inclinait légèrement au nord à travers la haute Mésopotamie, et atteignait le Tigre au delà d'Arbèles.

Page 254 : 1. *Tigrim... appellant*. Pline, le naturaliste, VI, XXXI, dit également : *A celeritate Tigris incipit vocari; ita appellant Medi sagittam*.

Page 258 : 1. *Pæonum*. Les Péoniens, peuplade belliqueuse du nord-ouest de la Macédoine.

— 2. *Stativa*, sous-entendu *castra*; camp où l'on séjourne (de *stare*).

Page 262 : 1. *Gordyæos*. Les monts Gordyéens, chaîne de montagnes au nord de l'Assyrie, qui s'élève dans la Gordyène ou le pays des Carduques, aujourd'hui les *Kourdes*.

Page 266 : 1. *Labore... ægritudine*. Plutarque et Justin disent qu'elle mourut en couches.

Page 268 : 1. *Servavit*. Plutarque ne fait aucune mention de la douleur d'Alexandre; il dit seulement comme Quinte-Curce qu'il fit ensevelir Statira avec magnificence : Ἔθαψεν οὖν τὴν ἄνθρωπον, οὐδεμίας πολυτελείας φειδόμενος. Chap. XXXIV.

Page 270 : 1. *Tyriotes*. Plutarque l'appelle Tirée (Τιρεως ou Τειρεως).

Page 274 : 1. *Victor*. Quinte-Curce se montre, dans ce récit, comme toujours, écrivain habile, souvent même trop habile. Une gradation factice, des sentiments raffinés ou exagérés, sont des défauts qui contrastent avec la narration si simple et si humainement vraie de Plutarque. Voyez dans cet auteur tout le chapitre XXXIV de la vie d'Alexandre.

— 2. *Bis*. La première fois après la bataille d'Issus, voir le chapitre I de ce livre; la seconde après la prise de Tyr, voir le chapitre V.

— 3. *Cognatorum*. Nous avons vu, livre III, chapitre III, que c'était un titre honorifique qui n'impliquait aucun lien de parenté, et qu'il y avait quinze mille cousins du roi.

Page 278 : 1. *Damascum.* Damas, capitale de la Syrie.

Page 280 : 1. *Istrum.* L'Ister, aujourd'hui le *Danube*, fleuve qui se jette dans la mer Noire.

Page 286 : 1. *Dahæ... Arachosii, Susii.* Les Dahes, peuples de la Scythie, à l'est de la mer Caspienne. — L'Arachosie, province de la haute Asie, voisine de l'Inde. — La Susiane, province de la haute Asie, au nord du golfe Persique.

— 2. *Massagetæ.* Les Massagètes, peuples de la Scythie, voisins des Dahes.

— 3. *Septem Persis.* Les sept seigneurs perses qui tuèrent le faux Smerdis, et parmi lesquels était Darius, fils d'Hystape, qui monta sur le trône.

Page 288 : 1. *Caspianorum.* Les Caspiens, peuples qui habitaient la rive occidentale de la mer Caspienne.

— 2. *Peregrinum militem.* Il s'agit ici des mercenaires grecs.

— 3. *Armenii minores.* Habitants de la petite Arménie, située à l'ouest de l'Euphrate, qui la séparait de l'Arménie proprement dite.

— 4. *Belitæ.* Les Bélites, peuples de la Babylonie, tiraient leur nom de Bélus.

— *Cossæorum.* Les Cosséens occupaient les montagnes méridionales de la Médie.

— 6. *Gortuæ.* Les Gortues ou Gordiens, au sud de l'Arménie.

— 7. *Cataonas.* Les Cataoniens habitaient le midi de la Cappadoce.

— 8. *Scythia profecti.* Justin dit également que les Parthes qui tinrent en échec l'empire romain, étaient venus de la Scythie : *Parthi penes quos, velut divisione orbis cum Romanis facta, nunc Orientis imperium est, Scytharum exsules fuere. Hoc etiam ipsorum vocabulo manifestatur; nam Scythico sermone Parthi exsules dicuntur.* Liv. XLI, chapitre I.

— 9. *Majoris Armeniæ.* La grande Arménie, ou Arménie proprement dite, au nord de la Mésopotamie.

— 10. *Cadusii.* Les Cadusiens habitaient au sud-ouest de la mer Caspienne.

Page 290 : 1. *Equites.... expleverat.* Il y a ici erreur de chiffres ou contradiction de la part de Quinte-Curce, à moins qu'on ne lise *decies centena millia* au lieu de *ducenta millia*. Il a dit en effet au chap. IX que Darius avait réuni une armée deux fois plus considérable que celle qu'il avait à Issus. Or, d'après le dénombrement qu'en fait Quinte-Curce au chapitre IX du livre III, l'armée Perse qui combattit en Cilicie s'élevait à deux cent-cinquante mille fantassins et à soixante-un mille cavaliers. Arrien porte à un million de fantassins les forces des Perses à Arbèles.

Page 298 : 1. *Absentiam Darii*. Allusion à la bataille du Granique.

— 2. *Angustias locorum*. Allusion à la bataille d'Issus, livrée dans les défilés de la Cilicie.

Page 300 : 1. *Solem Mithren*. Les Perses adoraient le soleil sous le nom de Mithra.

Page 302 : 1. *Verbenas*. La verveine, dit Servius, dans son commentaire sur l'*Énéide*, livre XII, 120, est une plante sacrée, le romarin, selon beaucoup d'auteurs, cueillie dans un endroit sacré, et dont se couronnaient les féciaux lorsqu'ils devaient faire un traité ou déclarer la guerre ; puis, par extension, on a appelé *verbenas* tous les rameaux sacrés, comme ceux du laurier, de l'olivier et du myrte.

— 2. *Præibat preces regi*. C'est une coutume romaine que Quinte-Curce attribue aux Macédoniens. Le prêtre prononçait une formule de prière que le suppliant répétait après lui.

Page 306 : 1. *Agema*. L'élite de la cavalerie macédonienne se composait de huit escadrons d'hétaires ($\dot{\epsilon}\tau\alpha\tilde{\iota}\rho o\iota$, compagnons du roi). Le premier de ces escadrons, l'escadron royal, s'appelait $\ddot{\alpha}\gamma\eta\mu\alpha$ $\dot{\iota}\pi\pi\dot{\epsilon}\omega\nu$.

— 2. *Argyraspides*. Les Agyraspides, corps d'infanterie d'élite, ainsi appelés à cause de leurs boucliers d'argent ($\ddot{\alpha}\rho\gamma\upsilon\rho o\varsigma$, $\dot{\alpha}\sigma\pi\dot{\iota}\varsigma$.)

Page 308 : 1. *Maleon*. Forme de génitif grec ($M\alpha\lambda\iota\epsilon\tilde{\iota}\varsigma$, $M\alpha\lambda\iota\dot{\epsilon}\omega\nu$). Les Malliens étaient un peuple de la Thessalie.

— 2. *Agriani*. Les Agriens, peuple de la Macédoine septentrionale.

— 3. *Sagittariis Cretensibus*. Les Crétois étaient renommés pour leur habileté à tirer de l'arc.

— 4. *Ultimos ordines avertit a fronte*. C'est ce que confirme Arrien en ces termes, Livre III, chap. XII, Ἐπέταξε δὲ καὶ δευτέραν τάξιν, ὡς εἶναι τὴν φάλαγγα ἀμφίστομον. Il rangea la seconde ligne de manière que la phalange fît face de deux côtés.

Page 310 : 1. *Laxatis ordinibus*. Ce fut la même tactique que Sylla employa à Chéronée, lorsqu'il eut à combattre l'armée de Mithridate.

Page 316 : 1. *Oceanus*, L'océan indien.

Page 320 : 1. *Torpet*. Comparaison tirée de l'abeille. Tite Live dit également livre XXIII, chap. XLII : *Glorientûrque Romani te ad unum modo ictum vigentem, velut aculeo emisso, torpere.*

— 2. *Locavit aversos.* Voyez la note 4, page 308.

— 3. *Bello vicerimus... prælio.* Tite Live a dit de même, livre IX, chap. XIX : *Uno prælio victus Alexander bello victus esset.*

— 4. *Hinc... Tigris.* Darius, ou plutôt Quinte-Curce oublie qu'Alexandre a passé le Tigre, et n'est pas enfermé entre ces deux fleuves.

Page 326 : 1. *Præfertur altaribus.* Nous avons vu au livre III, chap. III, qu'on portait le feu sacré sur des autels à la tête de l'armée : *Ignis quem ipsi sacrum et æternum vocabant, argenteis altaribus præferebatur.*

— 2. *Insidiarum locum.* Il s'agit des chausse-trappes semées par Darius. Voir la fin du chap. XIII.

Page 332 : 1. *Sarissophoros.* Les Sarissophores étaient armés de piques appelées *sarisses* (σάρισσα, φέρω), dont la longueur allait jusqu'à dix coudés. C'était un corps de cavalerie, comme nous l'apprend Arrien, liv. III, chap. XII, § 3.

Page 334 : 1. *Calidis... dolor.* Nous avons vu la même pensée exprimée au chap. II : *Vulnus quod recens adhuc dolorem non moverat.*

Page 340 : 1. *Hasta transfixus est.* Suivant Diodore, il périt de la main d'Alexandre.

Page 346 : 1. *Lycum amnem.* Le Lycus, en Assyrie, se jetait dans le Tigre au sud d'Arbèles. Ce nom de Lycus (λύκος, loup) avait été donné à plusieurs rivières à cause de leur impétuosité. Il y en avait une en Lydie, affluent de l'Hermus; une dans la province du Pont; une troisième en Arménie. Enfin nous avons vu au livre III, chap. I, que le fleuve Marsyas prenait le nom de Lycus en sortant de

Célènes : *Ceterum, quandiu intra muros fluit, nomen suum retinet; at quum extra munimenta se evolvit, majore vi ac mole agentem undas, Lycum appellant.*

Page 348 : 1. *Arbela.* Le bourg qui donna son nom à cette bataille livrée l'an 331 avant Jésus-Christ.

Page 354 : 1. *Quadraginta millia.* Quelque invraisemblable que ce nombre puisse paraître, il faut savoir gré à Quinte-Curce de sa réserve, si on le compare à Diodore de Sicile qui porte à 90 mille hommes la perte des Perses, et surtout à Arrien qui la porte à 300 mille.

— 2. *Loco.* Allusion à la bataille d'Issus.

ARGUMENT ANALYTIQUE

DU CINQUIÈME LIVRE

DE L'HISTOIRE D'ALEXANDRE LE GRAND.

I. Darius s'enfuit en Médie. Alexandre entre dans Arbèles et dans Babylone. Description de cette dernière ville.
II. Récompenses décernées par Alexandre à la valeur militaire. Le satrape Abulitès livre Suse aux Macédoniens.
III. Alexandre s'empare du pays des Uxiens. Sa générosité envers les vaincus. Il tente d'entrer en Perse; il est repoussé par Ariobarzane.
IV. Un prisonnier conduit Alexandre par un chemin détourné. Défaite et mort d'Ariobarzane.
V. Marche d'Alexandre sur Persépolis. Il rencontre quatre mille prisonniers grecs mutilés par les barbares.
VI. Prise et pillage de Persépolis. Courte expédition contre les Mardes.
VII. Incendie de Persépolis.
VIII. Darius se prépare à livrer une nouvelle bataille. Il assemble son conseil.
IX. Nabarzane combat l'avis émis par le roi. Colère, puis abattement de Darius.
X. Repentir hypocrite de Bessus et de Nabarzane. Darius leur pardonne.
XI. Patron, chef des mercenaires grecs, découvre à Darius les projets criminels de Bessus et de Nabarzane. Darius refuse de suivre ses conseils.
XII. Bessus et Nabarzane s'emparent de la personne du roi, et le chargent de chaînes.
XIII. Alexandre, instruit de la trahison de Bessus, se met à sa poursuite. Bessus et ses complices assassinent Darius.

QUINTI CURTII
DE REBUS GESTIS
ALEXANDRI MAGNI
LIBER V.

I. Quæ interim[1] ductu imperioque[2] Alexandri, vel in Græcia vel in Illyriis ac Thracia gesta sunt, si suis quæque temporibus reddere voluero, interrumpendæ sunt res Asiæ. Quas utique ad fugam mortemque Darii[3] universas in conspectu dari, et, sicut inter se cohærent tempore, ita opere ipso conjungi, haud paulo aptius videri potest. Igitur ante, quæ prœlio apud Arbela[4] conjuncta sunt, ordiar dicere.

Darius media fere nocte Arbela pervenit; eodemque magnæ partis amicorum ejus ac militum fugam fortuna

I. Si je voulais rapporter dans l'ordre chronologique tout ce qui se fit sous les auspices et par les ordres d'Alexandre, tant en Grèce qu'en Illyrie et en Thrace, il faudrait interrompre le fil des affaires d'Asie; mais il peut paraître beaucoup plus convenable d'en présenter le spectacle tout entier, surtout jusqu'à la fuite et à la mort de Darius, et de lier ensemble dans le récit des événements qui sont enchaînés les uns aux autres par la suite des temps. Je vais donc commencer par ceux qui suivirent immédiatement la bataille d'Arbèles. Darius arriva dans cette ville vers le milieu de la nuit; le hasard y avait conduit aussi dans leur fuite une grande partie de ses courtisans

QUINTE-CURCE.
HISTOIRE
D'ALEXANDRE LE GRAND.
LIVRE V.

I. Si voluero reddere
suis temporibus
quæque quæ gesta sunt
interim
ductu imperioque
Alexandri,
vel in Græcia
vel in Illyriis ac Thracia,
res Asiæ
sunt interrumpendæ,
quas dari universas
in conspectu,
utique ad fugam
mortemque Darii,
et conjungi ita
opere ipso,
sicut cohærent inter se
tempore,
potest videri
aptius haud paulo.
Darius pervenit Arbela,
nocte fere media ; [dem
fortunaque compulerat eo-
fugam magnæ partis
amicorum ac militum ejus.
Quibus convocatis exponit,

I. Si j'aurai voulu rendre
à leurs temps
chaque chose *celles* qui furent faites
pendant-ce-temps-là
par la conduite et le commandement
d'Alexandre,
ou dans la Grèce
ou chez les Illyriens et dans la Thrace,
les choses d'Asie
sont devant être interrompues,
lesquelles être données toutes-ensemble
en vue,
surtout jusqu'-à la fuite
et à la mort de Darius,
et être unies ainsi
par l'ouvrage lui-même,
comme elles se-tiennent entre elles
par le temps,
peut paraître
plus convenable non de peu.
Darius parvint à Arbèles,
la nuit *étant* presque au milieu ;
et la fortune avait poussé au-même-lieu
la fuite d'une grande partie
des amis et des soldats de lui.
Auxquels étant convoqués il expose,

compulerat. Quibus convocatis exponit, « Haud dubitare se quin Alexander celeberrimas urbes agrosque omni copia rerum abundantes petiturus esset; prædam opimam paratamque ipsum et milites ejus spectare. Id suis rebus tali in statu saluti fore; quippe se deserta cum expedita manu petiturum. Ultima regni adhuc intacta esse; inde bello vires haud ægre reparaturum. Occuparet sane gazam avidissima gens, et ex longa fame satiaret se auro, mox futura prædæ sibi; didicisse se usu pretiosam supellectilem pellicesque et spadonum agmina nihil aliud fuisse quam onera et impedimenta; eadem trahentem Alexandrum, quibus antea vicisset, inferiorem fore. » Plena omnibus desperationis videbatur oratio; quippe Babylonem [1], urbem opulentissimam, dedi cernentibus, jam Susa [2], jam cetera ornamenta regni, causamque belli, victorem occupaturum. At ille docere pergit, « Non speciosa dictu, sed usu necessaria in rebus ad-

et de ses soldats. Il les assemble donc et leur expose qu'il ne doute pas qu'Alexandre ne songe à s'emparer des villes les plus populeuses et des campagnes les plus riches; qu'une proie si belle et si facile ne fixe ses regards et ceux de ses soldats. Pour lui, dans l'état où il était, cela même le sauverait, parce qu'il gagnerait les déserts avec un camp volant; les provinces les plus reculées de son royaume étaient encore intactes; il y trouverait sans peine de nouvelles forces pour soutenir la guerre. Cette avide nation pouvait donc s'emparer de tous ses trésors et se rassasier de l'or dont elle était altérée depuis si longtemps; elle ne tarderait pas à devenir sa proie à lui-même. Pour lui, il avait appris par expérience que des meubles précieux, des concubines, des troupes d'eunuques, ne faisaient que surcharger et embarrasser; qu'Alexandre traînant à son tour tout cela après lui, serait vaincu par les choses mêmes qui lui avaient d'abord assuré la victoire. Tous jugèrent que ce discours était dicté par le désespoir, parce qu'ils voyaient clairement que Babylone, cette ville si opulente, une fois abandonnée, le vainqueur serait bientôt maître de Suse et des autres places qui faisaient la gloire du royaume, et qui étaient la véritable cause de la guerre. Mais le roi leur représenta encore que, dans les conjonctures fâcheuses, il fallait s'attacher, non aux belles choses, mais aux choses nécessaires; que c'était par le fer

« Se haud dubitare	« Lui-même ne pas douter
quin Alexander esset	qu'Alexandre ne fût
petiturus urbes	devant gagner les villes
celeberrimas	les plus fréquentées
agrosque abundantes	et les campagnes abondant
omni copia rerum ;	de toute quantité de choses ;
ipsum et milites ejus	lui-même et les soldats de lui
spectare prædam	regarder une proie
opimam paratamque.	très-riche et prête.
Id fore saluti suis rebus	Cela devoir être à salut à ses affaires
in statu tali ;	dans une situation telle ; [désertes
quippe se petiturum deserta	car lui-même devoir gagner les *parties*
cum manu expedita.	avec une troupe dégagée.
Ultima regni	Les dernières *parties* du royaume
esse adhuc intacta ;	être encore intactes ; [de-là
reparaturum inde	*lui-même* devoir se procurer-de-nouveau
haud ægre	non avec-peine
vires bello.	des forces pour la guerre.
Gens avidissima	*Que cette* nation très-avide
occuparet sane gazam,	s'-emparât sans-doute du trésor,
et se satiaret auro	et qu'elle se rassasiât d'or
ex longa fame,	à-la-suite-d'une longue faim,
futura mox prædæ sibi ;	devant être bientôt à proie à lui-même ;
se didicisse usu	lui-même avoir appris par l'usage
supellectilem pretiosam	un mobilier précieux
pellicesque	et des concubines
et agmina spadonum	et des troupes d'eunuques
fuisse nihil aliud	n'avoir été rien autre chose
quam onera et impedimenta.	que des fardeaux et des embarras
Alexandrum	Alexandre
trahentem eadem	traînant ces mêmes *embarras*
fore inferiorem	devoir être inférieur *par ces choses*
quibus vicisset antea. »	par lesquelles il avait vaincu aupara-
Oratio videbatur omnibus	Le discours paraissait à tous [vant. »
plena desperationis ;	plein de désespoir ;
quippe cernentibus	car eux voyant
Babylonem,	Babylone,
urbem opulentissimam,	ville très-opulente,
dedi,	être livrée,
victorem occupaturum	le vainqueur devoir s'-emparer
jam Susa,	bientôt de Suse, [royaume,
jam cetera ornamenta regni,	bientôt de tous-les-autres ornements du
causamque belli.	et de la cause de la guerre.
At ille pergit docere,	Mais lui continue de représenter,
« Non speciosa dictu,	« Non les choses belles à être dites,
sed necessaria usu	mais les choses nécessaires par l'usage
esse sequenda	être devant être suivies (recherchées)

versis sequenda esse. Ferro geri bella, non auro, viris, non urbium tectis; omnia sequi armatos. Sic majores suos, perculsos in principio rerum, celeriter pristinam reparasse fortunam. » Igitur sive confirmatis eorum animis, sive imperium magis quam consilium sequentibus, Mediæ[1] fines ingressus est.

Paulo post, Alexandro traduntur Arbela, regia supellectili ditique gaza repleta : quatuor millia talentum[2] fuere ; præterea pretiosæ vestes, totius, ut supra dictum est, exercitus opibus in illam sedem congestis. Ingruentibus deinde morbis, quos odor cadaverum totis jacentium campis vulgaverat, maturius castra movit. Euntibus aperit se læva Arabia[3], odorum fertilitate nobilis regio; campestre iter est. Inter Tigrim et Euphratem[4] jacentia tam uberi et pingui solo sunt ut a pastu repelli pecora dicantur, ne satietas perimat. Causa fertilitatis est humor qui ex utroque amne manat, toto fere solo propter venas aquarum resudante. Ipsi

que les guerres se terminaient, et non par l'or ; par le courage des hommes, et non par les maisons des villes ; que tout se rangeait du côté des armes, et que c'était ainsi que leurs ancêtres, battus d'abord, avaient promptement réparé leurs pertes. Soit donc qu'il eût en effet rassuré leur courage, soit qu'ils suivissent ses ordres plutôt que ses conseils, il entra dans la Médie.

Peu de temps après, on rend Arbèles à Alexandre ; il y trouve quantité de meubles de la couronne et un trésor considérable : il y avait quatre mille talents et des étoffes précieuses ; car toutes les richesses de l'armée, comme on l'a dit ci-dessus, avaient été accumulées dans cette place. Les maladies, causées par l'odeur des cadavres répandus dans toute la campagne, le forcèrent bientôt à décamper. Dans leur marche, les Macédoniens avaient à gauche l'Arabie, pays célèbre par l'abondance de ses parfums. C'est une route en plaine ; les terres, situées entre le Tigre et l'Euphrate, sont si grasses et si fertiles, qu'on est forcé, dit-on, de retirer le bétail des pâturages, de peur qu'il ne périsse de réplétion. Cela tient à l'humidité qui provient des deux fleuves, et aux infiltrations d'eau dont par suite le sol est presque partout imprégné. Quant aux fleuves mêmes, ils ont leur

in rebus adversis.	dans les affaires contraires.
Bella geri ferro,	Les guerres être faites par (avec) le fer,
non auro,	non par (avec) l'or,
viris,	par (avec) les hommes,
non tectis urbium;	non par (avec) les abris des villes;
omnia sequi armatos;	toutes choses suivre les hommes armés;
sic suos majores perculsos	ainsi leurs ancêtres frappés
in principio rerum,	au commencement des choses,
reparasse celeriter	avoir recouvré promptement
pristinam fortunam. »	*leur* première fortune. »
Igitur, sive	Donc, soit
animis eorum confirmatis,	les esprits d'eux ayant été raffermis,
sive sequentibus imperium	soit *eux* suivant *son* ordre
magis quam consilium,	plutôt que *son* conseil,
ingressus est fines Mediæ.	il entra-dans les limites de la Médie.
Paulo post Arbela,	Un peu après Arbèles,
repleta supellectili regia,	remplie du mobilier royal,
ditique gaza	et d'un riche trésor
traduntur Alexandro:	est livrée à Alexandre:
quatuor millia talentum	quatre milliers de talents
fuere;	y furent;
præterea vestes pretiosæ,	en-outre des étoffes précieuses,
opibus exercitus totius	les ressources de l'armée tout-entières
congestis in illam sedem,	ayant été entassées dans cette demeure,
ut dictum est supra.	comme il a été dit plus-haut.
Deinde morbis ingruentibus,	Puis les maladies se-précipitant,
quos odor cadaverum	lesquelles l'odeur des cadavres
jacentium campis totis	gisant par les plaines tout-entières
vulgaverat,	avait propagées,
movit castra maturius.	il déplaça *son* camp plus promptement.
Arabia, regio nobilis	L'Arabie, contrée célèbre
fertilitate odorum,	par l'abondance des parfums,
se aperit læva euntibus;	se découvre à la gauche à *eux* marchant;
iter est campestre.	le chemin est de-plaine.
Jacentia inter	Les *parties* situées entre
Tigrim et Euphratem	le Tigre et l'Euphrate,
sunt solo tam uberi	sont d'un sol si fécond
et pingui	et si gras
ut pecora dicantur	que les troupeaux sont dits
repelli a pastu,	être repoussés de la pâture,
ne satietas perimat.	de-peur-que la satiété ne *les* fasse-périr.
Causa fertilitatis est	La cause de la fertilité est
humor qui manat	l'humidité qui découle
ex utroque amne,	de l'un-et-l'autre fleuve,
solo fere toto resudante	le sol presque tout-entier suant
propter venas aquarum.	à-cause-des veines d'eaux.
Amnes ipsi profluunt	Les fleuves eux-mêmes coulent-en-avant

amnes ex Armeniæ montibus profluunt, ac magno deinde aquarum divortio iter quod cœpere percurrunt; duo millia et quingenta stadia [1] emensi sunt qui amplissimum intervallum circa Armeniæ montes notaverunt. Iidem, quum Mediæ et Gordyæorum [2] terras secare cœperunt, paulatim in arctius coeunt, et, quo longius manant, hoc angustius inter se spatium terræ relinquunt. Vicini maxime sunt his campis quos incolæ Mesopotamiam [3] appellant; mediam namque ab utroque latere concludunt. Iidem per Babyloniorum fines in Rubrum mare [4] prorumpunt. Alexander quartis castris ad Mennim [5] urbem pervenit. Caverna ibi est, ex qua fons ingentem vim bituminis effundit, adeo ut satis constet Babylonios muros, ingentis operis, hujus fontis bitumine interlitos esse.

Ceterum, Babylonem procedenti Alexandro Mazæus [6], qui ex acie in urbem eam confugerat, cum adultis liberis supplex occurrit, urbem seque dedens. Gratus adventus ejus fuit regi; quippe magni operis futura erat obsidio tam mu-

---

source dans les montagnes de l'Arménie, d'où ils continuent leurs cours dans des lits très-éloignés l'un de l'autre; en mesurant la plus grande distance qui les sépare vers les montagnes de l'Arménie, on l'évalue à deux mille cinq cents stades. Quand ils sont une fois entrés dans la Médie et dans les terres des Gordyens, ils se rapprochent peu à peu; et plus ils avancent, moins ils laissent d'intervalle entre eux. Là où ils sont le plus voisins l'un de l'autre, c'est dans les plaines que les habitants nomment Mésopotamie, parce qu'ils enferment des deux côtés cette contrée : ils vont delà, en traversant les terres des Babyloniens, se jeter dans le golfe Persique. Alexandre arriva en quatre journées à la ville de Mennis. On y trouve, dans une caverne, une fontaine qui donne une si grande quantité de bitume, qu'il est constant que les murs de Babylone, ouvrage énorme, en ont été cimentés.

Alexandre s'avançait vers Babylone, lorsque Mazée, qui s'y était réfugié après la bataille, vint humblement à sa rencontre, avec ceux de ses enfants qui étaient déjà grands; il remit entre ses mains la ville et sa personne. Son arrivée fit grand plaisir au roi, parce que

ex montibus Armeniæ,	des monts de l'Arménie,
ac deinde percurrunt	et ensuite ils parcourent
magno divortio aquarum	avec une grande séparation de *leurs* eaux
iter quod cœpere;	le chemin qu'ils ont commencé;
qui notaverunt	*ceux* qui ont observé
amplissimum intervallum	la plus grande distance *qui les sépare*
circa montes Armeniæ,	autour des monts de l'Arménie,
emensi sunt duo millia	ont mesuré deux mille
et quingenta stadia.	et cinq-cents stades.
Iidem, quum cœperunt	Les mêmes, lorsqu'ils ont commencé
secare terras	à couper les terres
Mediæ et Gordyæorum,	de la Médie et des Gordyens,
coeunt paulatim	se-rapprochent peu-à-peu
in arctius,	en plus resserré,
et relinquunt inter se	et ils laissent entre eux
spatium angustius hoc	un espace plus étroit par ceci
quo manant longius.	qu'ils coulent plus loin.
Sunt maxime vicini	Ils sont le plus voisins *l'un de l'autre*
his campis quos incolæ	dans ces plaines que les habitants
appellant Mesopotamiam ;	appellent Mésopotamie ;
namque concludunt	car ils enferment
ab utroque latere	de l'un-et-l'-autre côté
mediam.	*elle* étant-au milieu *d'eux*.
Iidem prorumpunt	Les mêmes se-jettent
per campos Babyloniorum	à-travers les plaines des Babyloniens
in mare Rubrum.	dans la mer Rouge.
Alexander pervenit	Alexandre parvint
quartis castris	au quatrième campement
ad urbem Mennim.	à la ville *de* Mennis.
Caverna est ibi,	Une caverne est là
ex qua fons effundit	de laquelle une source répand
vim ingentem bituminis,	une quantité énorme de bitume,
adeo ut constet satis	tellement que il est-constant suffisam- [ment,
muros Babylonios,	les murs de-Babylone,
operis ingentis,	d'un ouvrage énorme,
interlitos esse bitumine	avoir été enduits du bitume
hujus fontis.	de cette source.
Ceterum Mazæus,	Du-reste Mazée,
qui confugerat ex acie	qui s'-était enfui de la bataille
in eam urbem,	dans cette ville,
occurrit supplex	se-présenta suppliant
cum liberis adultis	avec *ses* enfants adultes
Alexandro procedenti	à Alexandre s'-avançant
Babylonem,	vers Babylone,
dedens urbem seque.	livrant la ville et lui-même.
Adventus ejus	L'arrivée de lui
fuit gratus regi ;	fut agréable au roi ;

nitæ urbis. Ad hoc vir illustris, et manu promptus, famaque etiam proximo prœlio celebris, et ceteros ad deditionem sui incitaturus exemplo videbatur. Igitur hunc quidem benigne cum liberis excipit; ceterum quadrato agmine, quod ipse ducebat, velut in aciem irent, ingredi suos jubet. Magna pars Babyloniorum constiterat in muris, avida cognoscendi novum regem; plures obviam egressi sunt. Inter quos Bagophanes, arcis et regiæ pecuniæ custos, ne studio a Mazæo vinceretur, totum iter floribus coronisque constraverat, argenteis altaribus utroque latere dispositis, quæ non ture modo, sed omnibus odoribus cumulaverat. Eum dona sequebantur : greges pecorum equorumque, leones quoque et pardales caveis præferebantur. Magi [1] deinde, suo more carmen canentes. Post hos Chaldæi [2], Babyloniorumque non vates modo, sed etiam artifices cum fidibus sui generis

c'était une entreprise difficile que le siége d'une ville si bien fortifiée : joint qu'un homme de cette distinction, d'une grande bravoure, et dont la réputation avait acquis un nouvel éclat dans la dernière bataille, semblait devoir, par son exemple, porter les autres à se soumettre aussi. Il le reçut donc avec bonté ainsi que ses enfants. Toutefois, il fit entrer ses troupes dans la ville en bataillon carré, marchant lui-même à la tête, comme si elles allaient au combat. Une grande partie des Babyloniens s'étaient placés sur les murailles dans l'impatience de connaître leur nouveau roi. Le plus grand nombre était sorti au-devant de lui; entre autres Bagophane, gouverneur de la forteresse et garde du trésor royal, qui, pour ne pas montrer moins de zèle que Mazée, avait fait joncher toute la route de fleurs et de couronnes, et disposer des deux côtés des autels d'argent, chargés non-seulement d'encens, mais de toutes sortes de parfums. Après lui venaient ses présents, qui consistaient en troupeaux et en chevaux; ils étaient précédés par des lions et des panthères que l'on portait dans des cages. Marchaient ensuite les mages, chantant des hymnes selon leur coutume. Ils étaient suivis des Chaldéens, puis des devins et même des musiciens de Babylone, avec des instruments d'un genre particulier; ceux-ci font profession de

quippe obsidio	car le siége
urbis tam munitæ	d'une ville si fortifiée
erat futura magni operis.	était devant être d'un grand ouvrage.
Ad hoc vir illustris,	A (outre) cela cet homme distingué,
et promptus manu,	et actif par la main (le bras),
celebrisque etiam fama	et célèbre encore par la renommée
proximo prœlio,	dans la plus proche (la dernière) bataille,
videbatur	paraissait
incitaturus exemplo	devant pousser par l'exemple
et ceteros	aussi tous-les-autres
ad deditionem sui.	à la reddition d'eux-mêmes.
Excipit igitur	Il reçoit donc
hunc quidem benigne	celui-ci à-la-vérité avec-bienveillance
cum liberis;	avec ses enfants;
ceterum jubet suos	du-reste il ordonne les siens
ingredi agmine quadrato,	entrer en bataillon carré,
quod ipse ducebat,	lequel bataillon lui-même conduisait,
velut irent in aciem.	comme-s'ils allaient à la bataille.
Magna pars Babyloniorum	Une grande partie des Babyloniens
constiterat in muris,	s'était placée sur les murs,
avida cognoscendi,	avide de connaître
novum regem;	le nouveau roi;
plures egressi sunt obviam.	de plus nombreux sortirent-à-la-rencontre.
Inter quos Bagophanes,	Parmi lesquels Bagophane
custos arcis	gardien de la citadelle
et pecuniæ regiæ,	et de l'argent royal,
ne vinceretur studio	afin-qu'il ne fût pas vaincu en zèle
a Mazæo,	par Mazée,
constraverat iter totum	avait jonché le chemin tout-entier
floribus coronisque,	de fleurs et de couronnes,
altaribus argenteis	des autels d'-argent
quæ cumulaverat	qu'il avait comblés
non modo ture,	non-seulement d'encens
sed omnibus odoribus,	mais de toutes les odeurs,
dispositis	ayant été disposés
ab utroque latere.	de l'un-et-l'-autre côté.
Dona sequebantur cum; que,	Des dons suivaient lui :
greges pecorum equorum	des troupeaux de bestiaux et de chevaux,
leones quoque et pardales	des lions aussi et des panthères
præferebantur caveis.	étaient portés-en-avant dans des cages.
Deinde Magi,	Ensuite les Mages,
canentes carmen suo more,	chantant un chant à leur manière,
post hos Chaldæi,	après ceux-ci des Chaldéens,
nonque modo vates,	et non-seulement des devins,
sed etiam artifices,	mais encore des artistes (des musiciens)
Babyloniorum	des Babyloniens
ibant cum fidibus	allaient avec des instruments-à-cordes

ibant : laudes ii regum canere soliti ; Chaldæi, siderum motus et statas temporum vices ostendere. Equites deinde Babylonii, suo atque equorum cultu ad luxuriam magis quam ad magnificentiam exacto, ultimi ibant. Rex, armatis stipatus, oppidanorum turbam post ultimos pedites ire jussit ; ipse cum curru urbem ac deinde regiam intravit. Postero die, supellectilem Darii et omnem pecuniam recognovit.

Ceterum ipsius urbis pulchritudo ac vetustas non regis modo, sed etiam omnium oculos in semet haud immerito convertit. Semiramis[1] eam condiderat, non, ut plerique credidere, Belus, cujus regia ostenditur. Murus, instructus laterculo coctili, bitumine interlitus, spatium triginta et duorum pedum latitudinem amplectitur ; quadrigæ inter se occurrentes sine periculo commeare dicuntur. Altitudo muri centum cubitorum[2] eminet spatio ; turres denis pedibus

---

chanter les louanges des rois ; les Chaldéens, d'expliquer le mouvement des astres et les révolutions réglées des saisons. La cavalerie babylonienne venait la dernière, hommes et chevaux, parés avec plus de richesse que de magnificence. Le roi, au milieu de ses gardes, fit marcher le peuple à la queue de son infanterie. Il entra sur un char dans la ville, puis se rendit au palais. Le lendemain, il passa en revue le mobilier et tous les trésors de Darius.

Au reste, la beauté et l'ancienneté de la ville même fixèrent avec justice l'attention, non-seulement du roi, mais encore de tout le monde. Elle avait été bâtie par Sémiramis, ou, comme plusieurs l'ont cru, par Bélus, dont on montre encore le palais. La muraille qui en ferme l'enceinte, faite de brique et cimentée de bitume, a trente-deux pieds d'épaisseur ; et l'on assure que des quadriges, venant à s'y rencontrer, peuvent y passer ensemble sans péril : elle a cent coudées de hauteur, et les tours sont plus hautes de dix pieds

generis sui.	d'une espèce à-eux (particulière).
Ii soliti canere	Ceux-ci *étaient* accoutumés à chanter
laudes regum,	les louanges des rois,
Chaldæi ostendere	les Chaldéens à montrer
motus siderum	les mouvements des astres
et vices statas temporum.	et les changements réglés des saisons.
Deinde equites	Ensuite les cavaliers
Babyloniorum	des Babyloniens
ibant ultimi,	allaient les derniers,
suo cultu exacto	leur extérieur ayant été mesuré
ad luxuriam magis	au luxe plutôt
quam ad magnificentiam.	qu'à la magnificence.
Rex stipatus armatis	Le roi escorté d'*hommes* armés
jussit	ordonna
turbam oppidanorum ire	la foule des habitants-de-la-ville aller
post ultimos pedites;	derrière les derniers fantassins;
ipse intravit urbem	lui-même entra-dans la ville
ac deinde regiam	et ensuite dans le palais
cum curru.	avec un char (en char).
Die postero recognovit	Le jour d'-après il passa-en-revue
supellectilem Darii	le mobilier de Darius
et omnem pecuniam.	et tout l'argent.
Ceterum pulchritudo	Du-reste la beauté
ac vetustas urbis ipsius	et l'ancienneté de la ville elle-même
convertit haud immerito	tourna non sans-raison
in semet	sur elle-même
non modo oculos regis,	non-seulement les yeux du roi,
sed etiam omnium.	mais encore de tous.
Semiramis condiderat eam,	Semiramis avait fondé elle,
non, ut plerique credidere,	non, comme la plupart ont cru,
Belus,	Bélus,
cujus regia ostenditur.	dont le palais est montré.
Murus instructus	Le mur formé
laterculo coctili,	d'une brique cuite,
interlitus bitumine,	enduit-entre de bitume,
amplectitur latitudinem	embrasse *comme* largeur
spatium	un espace
triginta et duorum pedum.	de trente et deux pieds.
Quadrigæ occurrentes	Des quadriges allant-au-devant
inter se	entre eux (se rencontrant)
dicuntur commeare	sont dits circuler
sine periculo.	sans danger.
Altitudo muri	La hauteur du mur
eminet spatio	s'élève par un espace
centum cubitorum;	de cent coudées ;
turres sunt altiores	les tours sont plus hautes
denis pedibus	chacune-de-dix pieds

quam murus altiores sunt. Totius operis ambitus trecenta sexaginta octo stadia complectitur; singulorum stadiorum structuram singulis diebus perfectam esse memoriæ proditum est. Ædificia non sunt admota muris, sed fere spatium unius jugeris [1] absunt. Ac ne totam quidem urbem tectis occupaverunt; per nonaginta stadia habitatur; nec omnia continua sunt : credo, quia tutius visum est pluribus locis spargi. Cetera serunt coluntque, ut, si externa vis ingruat, obsessis alimenta ex ipsius urbis solo subministrentur. Euphrates interfluit, magnæque molis crepidinibus coercetur. Sed omnium operum magnitudinem circumveniunt cavernæ ingentes, in altitudinem pressæ ad accipiendum impetum fluminis, quod, ubi appositæ crepidinis fastigium excessit, urbis tecta corriperet, nisi essent specus lacusque qui exciperent. Coctili laterculo structi sunt ; totum opus bitumine adstringitur. Pons lapideus, flumini impositus, jungit urbem. Hic

chacune. L'enceinte entière est de trois cent soixante-huit stades ; si l'on en croit la tradition, la construction de chaque stade ne coûta qu'un jour de travail. Les maisons ne touchent point aux murs, mais en sont éloignées à peu près d'un arpent, et même toute l'aire de la ville n'est point occupée par des maisons ; il n'y a d'habité que quatre-vingt-dix stades. Tous les bâtiments ne sont pas de suite, parce qu'on a jugé, je pense, qu'il était plus sûr de les disperser en différents endroits. On ensemence et on cultive le reste du terrain afin de trouver, en cas d'attaque du dehors, la subsistance des assiégés sur le sol même de l'intérieur. L'Euphrate traverse la ville, et est contenu par des quais qui forment une masse énorme. Tous ces grands ouvrages sont environnés de souterrains immenses, creusés très-profondément pour recevoir les crues rapides du fleuve; car, lorsqu'il vient à s'élever au-dessus du quai, il entraînerait les maisons de la ville, sans les réservoirs et les bassins destinés à cet usage. Ils sont construits en brique, et toute la maçonnerie est enduite de bitume. Un pont de pierre, jeté sur le fleuve, joint les deux côtés de

quam murus.	que le mur.
Ambitus operis totius	Le tour de l'ouvrage tout-entier
amplectitur trecenta	embrasse trois-cent
sexaginta octo stadia;	soixante huit stades;
proditum est memoriæ	il a été livré à la mémoire
structuram	la construction
singulorum stadiorum	de chaque stade
perfectam esse	avoir été achevée
singulis diebus.	par chaque jour.
Ædificia	Les édifices
non admota sunt muris;	n'ont pas été approchés aux (des) murs;
sed absunt fere	mais ils sont-distants presque
spatium unius jugeris.	de l'espace d'un arpent. [sons)
Ac occupaverunt tectis	Et ils ont occupé par des toits (des mai-
ne quidem urbem totam;	pas même la ville tout-entière;
habitatur	il est habité (on habite)
per nonaginta stadia ;	par (sur) quatre-vingt-dix stades ;
nec omnia sunt continua :	ni toutes (les maisons) ne sont se-tenant :
credo, quia	je crois parce-que
spargi pluribus locis	elles être dispersées en plusieurs lieux
visum est tutius.	a paru plus sûr. [autres parties,
Serunt coluntque cetera,	Ils ensemencent et cultivent toutes-les-
ut, si vis externa ingruat,	afin-que, si une force extérieure fond,
alimenta subministrentur	des aliments soient fournis
obsessis	aux assiégés
ex solo urbis ipsius.	du sol de la ville elle-même.
Euphrates interfluit,	L'Euphrate coule-au-milieu,
coerceturque crepidinibus	et est resserré par des quais
magnæ molis.	d'une grande masse.
Sed cavernæ ingentes	Mais des cavernes immenses
circumveniunt	entourent
magnitudinem	la grandeur
omnium operum,	de tous les ouvrages,
pressæ in altitudinem	cavernes, enfoncées en profondeur
ad accipiendum	pour recevoir
impetum fluminis,	l'impétuosité du fleuve,
quod, ubi excessit	lequel, dès-qu'il a dépassé
fastigium crepidinis	le faîte du quai
appositæ,	placé-auprès, [ville,
corriperet tecta urbis,	entraînerait les toits (les maisons) de la
nisi specus lacusque essent	si des cavernes et des bassins n'étaient
qui exciperent. [ctili;	qui le reçussent.
Structi sunt latérculo co-	Ils ont été construits de brique cuite;
opus totum	l'ouvrage tout-entier
adstringitur bitumine.	est lié par du bitume.
Pons lapideus,	Un pont de-pierre,
impositus flumini,	placé-sur le fleuve,

quoque inter mirabilia Orientis opera numeratus est; quippe Euphrates altum limum vehit, quo penitus ad fundamenta jacienda egesto, vix suffulciendo operi firmum reperiunt solum. Arenæ autem subinde cumulatæ, et saxis quibus pons sustinetur annexæ, morantur amnem; qui retentus acrius quam si libero cursu mearet illiditur. Arcem quoque ambitu viginti stadia complexam habet; triginta pedes in terram turrium fundamenta demissa sunt; ad octoginta summum munimenti fastigium pervenit.

Super arce, vulgatum Græcorum fabulis miraculum, pensiles horti sunt, summam murorum altitudinem æquantes, multarumque arborum umbra et proceritate amœni. Saxo pilæ quæ totum onus sustinent instructæ sunt; super pilas lapide quadrato solum stratum est, patiens terræ, quam altam injiciunt, et humoris, quo rigant terras; adeoque va-

la ville. On l'a mis aussi au nombre des merveilles de l'Orient; car l'Euphrate charrie quantité de limon, qu'il faut enlever entièrement pour creuser les fondements, et sous lequel on trouve à peine un fond pour asseoir solidement l'ouvrage. D'ailleurs les sables qui s'amoncellent journellement et s'attachent aux piles du pont, arrêtent le cours du fleuve, qui, à raison de cet obstacle, y brise ses flots avec plus d'impétuosité que s'il coulait librement. Il y a aussi une forteresse qui a vingt stades de circuit; les tours ont trente pieds de fondation dans la terre; et le sommet de l'ouvrage est à quatre-vingts pieds d'élévation.

Sur le haut de la forteresse se trouvent ces jardins suspendus, merveille dont les Grecs ont tant parlé; ils sont au niveau du faîte des murailles, et agréablement ombragés par quantité d'arbres très-grands. Les piles qui soutiennent tout l'ouvrage, sont construites en pierres; les assises sont recouvertes d'un lit de pierres de taille, capable de supporter la terre qui y est entassée à une grande hauteur, et de résister à l'eau dont cette terre est arrosée; et ces masses

jungit urbem.	unit la ville (les deux parties de la ville).
Hic numeratus est quoque inter opera mirabilia Orientis;	Celui-ci a été compté aussi parmi les ouvrages merveilleux de l'Orient;
quippe Euphrates vehit limum altum,	car l'Euphrate charrie un limon profond,
quo egesto penitus ad fundamenta jacienda,	lequel ayant été retiré jusqu'-au-fond pour des fondements devant être jetés,
reperiunt vix solum firmum operi suffulciendo.	ils trouvent (on trouve) à-peine un sol ferme à (pour) l'ouvrage devant être appuyé.
Arenæ autem cumulatæ subinde, et annexæ saxis quibus pons sustinetur, morantur amnem,	Les sables de-plus amoncelés successivement, et attachés aux pierres par lesquelles le pont est soutenu, arrêtent le fleuve,
qui retentus illiditur acrius quam si mearet cursu libero.	lequel ayant été retenu est brisé-contre plus vivement que s'il circulait d'un cours libre.
Habet quoque arcem complexam ambitu viginti stadia;	*La ville* a aussi une citadelle ayant embrassé par le tour vingt stades;
fundamenta turrium demissa sunt in terram triginta pedes;	les fondements des tours ont été enfoncés en terre de trente pieds;
fastigium summum munimenti pervenit ad octoginta.	le faîte suprême de la fortification parvient à quatre-vingts *pieds*.
Horti pensiles, miraculum vulgatum fabulis Græcorum, æquantes [rorum, altitudinem summam mu-	Des jardins suspendus, merveille publiée par les récits des Grecs, égalant la hauteur suprême des murs,
amœnique umbra et proceritate arborum multarum, sunt super arce.	et agréables par l'ombre et l'élévation d'arbres nombreux, sont sur la citadelle.
Pilæ quæ sustinent opus totum, instructæ sunt saxo;	Les piles qui soutiennent l'ouvrage tout-entier, ont été formées de pierre;
solum lapide quadrato stratum est super pilas, patiens terræ,	une base de pierre carrée a été étendue sur les piles, *base* capable-de-supporter la terre,
quam injiciunt altam, et humoris quo rigant terras	qu'ils jettent-dessus profonde, et l'humidité (l'eau) par laquelle ils arrosent les terres;

lidas arbores sustinent moles, ut stipites earum octo cubitorum spatium crassitudine æquent, in quinquaginta pedum altitudinem emineant, et frugiferæ æque sint ac si terra sua alerentur. Et, quum vetustas non opera solum manu facta, sed etiam ipsam naturam paulatim exedendo perimat, hæc moles, quæ tot arborum radicibus premitur, tantique nemoris pondere onerata est, inviolata durat; quippe viginti lati parietes sustinent, undecim pedum intervallo distantes, ut procul visentibus silvæ montibus suis imminere videantur. Syriæ regem, Babylone regnantem, hoc opus esse molitum, memoriæ proditum est, amore conjugis victum, quæ, desiderio nemorum silvarumque in campestribus locis, virum compulit amœnitatem naturæ genere hujus operis imitari. Diutius in hac urbe quam usquam constitit rex; nec ullus locus diciplinæ militari magis nocuit. Nihil urbis ejus corruptius moribus, nec ad irritandas illiciendasque immodicas voluptates instructius. Liberos conjugesque cum hos-

portent des arbres si forts, qu'ils ont des troncs épais de huit coudées et hauts de cinquante pieds, aussi riches en fruits que s'ils étaient nourris par leur sol naturel. Quoique le temps consume insensiblement et détruise enfin, non-seulement les ouvrages faits de main d'homme, mais jusqu'à la nature même, cette grande masse, pressée par les racines de tant d'arbres, et chargées du poids d'une forêt si considérable, ne laisse pas de subsister sans altération; car elle est soutenue par vingt larges murailles, à la distance de onze pieds les unes des autres; de manière que de loin on croit voir des forêts ombrager les montagnes où elles sont nées. La tradition rapporte qu'un roi de Syrie, régnant à Babylone, entreprit ce travail par amour pour sa femme, qui, regrettant dans ce pays de plaines les bois et les forêts, poussa son mari à imiter par cet ouvrage le spectacle délicieux de la nature. Le roi séjourna plus longtemps dans cette ville qu'en aucun autre lieu; et nul autre ne fut plus nuisible à la discipline militaire. Rien de plus corrompu que les mœurs de cette ville, ni de plus propre à exciter et à entraîner aux voluptés les plus dissolues. Les

molesque sustinent	et ces masses soutiennent
arbores adeo validas,	des arbres tellement forts,
ut stipites earum	que les troncs d'eux
æquent crassitudine	égalent par l'épaisseur
spatium octo cubitorum,	l'espace de huit coudées,
emineant in altitudinem	s'élèvent en une hauteur
quinquaginta pedum,	de cinquante pieds, [fruits
et sint æque frugiferæ	et sont également (aussi) fertiles - en-
ac si alerentur	que s'ils étaient nourris
sua terra.	par leur terre.
Et, quum vetustas	Et, quoique l'ancienneté
perimat paulatim exedendo	détruise peu-à-peu en rongeant
non solum opera	non-seulement les ouvrages
facta manu,	faits par la main,
sed etiam naturam ipsam,	mais encore la nature elle-même,
hæc moles,	cette masse,
quæ premitur radicibus	qui est pressée par les racines
tot arborum,	de tant d'arbres,
onerataque est pondere	et a été chargée du poids
tanti nemoris,	d'une si-grande forêt,
durat inviolata;	subsiste non-atteinte;
quippe viginti	car vingt
parietes lati sustinent,	murailles larges les soutiennent,
distantes intervallo	distantes d'un intervalle
undecim pedum,	de onze pieds,
ut silvæ videantur	de-sorte-que des forêts paraissent
visentibus procul	à ceux voyant de-loin
imminere suis montibus.	s'élever-sur leurs montagnes.
Proditum est memoriæ	Il a été livré à la mémoire
regem Syriæ,	un roi de Syrie,
regnantem Babylone,	régnant à Babylone,
molitum esse hoc opus,	avoir entrepris cet ouvrage,
victum amore conjugis,	vaincu par l'amour de son épouse,
quæ, desiderio	laquelle, par le regret
nemorum silvarumque	des bois et des forêts
in locis campestribus,	qu'elle éprouvait dans des lieux de-plaines,
compulit virum	poussa son mari
imitari genere hujus operis	à imiter par le genre de cet ouvrage
amœnitatem naturæ.	l'agrément de la nature.
Rex constitit in hac urbe	Le roi s'arrêta dans cette ville
diutius quam usquam;	plus longtemps que nulle-part;
nec ullus locus	ni aucun lieu
nocuit magis	ne nuisit plus
disciplinæ militari.	à la discipline militaire.
Nihil corruptius moribus	Rien de plus corrompu que les mœurs
hujus urbis,	de cette ville,
nec instructius	ni de plus formé (de mieux fait)

pitibus stupro coire, modo pretium flagitii detur, parentes maritique patiuntur. Conviviales ludi tota Perside regibus purpuratisque cordi sunt; Babylonii maxime in vinum et quæ ebrietatem sequuntur effusi sunt. Feminarum convivia ineuntium in principio modestus est habitus; dein summa quoque amicula exuunt, paulatimque pudorem profanant; ad ultimum (honos auribus sit) ima corporum velamenta projiciunt; nec meretricum hoc dedecus est, sed matronarum virginumque, apud quas comitas habetur vulgati corporis vilitas.

Inter hæc flagitia exercitus ille domitor Asiæ per triginta quatuor dies saginatus, ad ea quæ sequebantur discrimina haud dubie debilior futurus fuit, si hostem habuisset. Ceterum, quo minus damnum sentiret, identidem incremento novabatur. Namque Amyntas Andromenis ab Antipatro [1]

parents souffrent que leurs enfants, les maris consentent que leurs femmes s'abandonnent aux étrangers, pourvu qu'ils reçoivent le prix de cette infamie. Les plaisirs de la table sont dans toute la Perse la passion des rois et des satrapes; les Babyloniens surtout sont enclins à l'ivrognerie et aux désordres qui en sont la suite. Les femmes qui se trouvent à ces banquets, y paraissent d'abord avec un maintien modeste; ensuite elles se dépouillent de tout ce qui les couvre par le haut, et peu à peu foulent aux pieds la pudeur; à la fin (j'en demande pardon aux oreilles chastes), elles rejettent même les voiles destinées à cacher les parties inférieures de leur corps; et ce ne sont pas des courtisanes qui s'abandonnent à cette infamie; ce sont les femmes et les filles les plus honorables, qui regardent cette prostitution avilissante comme une preuve d'amabilité.

Cette armée victorieuse de l'Asie, après avoir croupi trente-quatre jours dans ces débauches scandaleuses, se fût sans doute trouvée trop faible pour triompher des périls auxquels elle aurait été exposée, si elle eût eu un ennemi à combattre. Du reste pour que cet affaiblissement fût moins sensible, des secours venaient de temps en temps la renouveler. Car Amyntas, fils d'Andromène,

HISTOIRE D'ALEXANDRE. LIVRE V. 393

ad voluptates immodicas	pour les plaisirs immodérés [cés.
irritandas illiciendasque.	devant être excités et devant être amor-
Parentes maritique	Les parents et les maris
patiuntur	souffrent
liberos conjugesque	*leurs* enfants et *leurs* épouses
coire stupro	s'unir par un commerce-criminel
cum hospitibus,	avec les étrangers,
modo pretium flagitii	pourvu-que le prix de l'infamie
detur.	soit donné.
Ludi convivales	Les jeux de-table
sunt cordi	sont à cœur
tota Perside	*dans* toute la Perse
regibus purpuratisque ;	aux rois et aux vêtus-de-pourpre ;
Babylonii maxime	les Babyloniens surtout
effusi sunt in vinum	sont répandus dans le vin
et quæ sequuntur ebrietatem.	et *dans les choses* qui suivent l'ivresse.
Habitus feminarum	L'extérieur des femmes
ineuntium convivia	allant-dans les repas
est modestus in principio ;	est modeste dans le commencement ;
dein exuunt	ensuite elles dépouillent
quæque amicula summa,	chacun-des vêtements les plus-hauts,
profanantque paulatim	et profanent peu-à-peu
pudorem ;	la pudeur ;
ad ultimum	à la fin
(honos sit auribus),	(que respect soit aux oreilles),
projiciunt velamenta ima	elles rejettent les voiles les-plus-bas
corporum ;	de *leurs* corps ;
nec hoc dedecus	ni cette infamie
est meretricum,	est *le propre* des courtisanes,
sed matronarum	mais des femmes-mariées
virginumque,	et des jeunes-filles,
apud quas vilitas	chez lesquelles l'avilissement
corporis vulgati	du corps livré-au-public
habetur comitas.	est regardé-comme affabilité.
Ille exercitus	*Cette* armée
domitor Asiæ	conquérante de l'Asie
saginatus inter hæc flagitia	engraissée au-milieu de ces infamies
per triginta quatuor dies,	pendant trente-quatre jours, [teuse
fuit futurus haud dubie	fut devant être non d'une-manière-dou-
debilior ad ea discrimina	plus faible pour ces dangers
quæ sequebantur,	qui suivaient,
si habuisset hostem.	si elle avait eu un ennemi.
Ceterum quo sentiret minus	Du-reste afin-que-par là elle sentît moins
damnum,	la perte,
novabatur identidem	elle était renouvelée de temps-en-temps
incremento.	par un complément (des recrues).
Namque Amyntas	Car Amyntas

Macedonum peditum sex millia adduxit; quingentos præterea ejusdem generis equites; cum his sexcentos Thracas, adjunctis peditibus suæ gentis tribus millibus et quingentis, et ex Peloponneso mercenarius miles ad quatuor millia advenerat cum trecentis et octoginta equitibus. Idem Amyntas adduxerat quinquaginta principum Macedoniæ liberos adultos ad custodiam corporis; quippe inter epulas hi sunt regis ministri; iidemque equos ineunti prœlium admovent, venantemque comitantur, et vigiliarum vices ante cubiculi fores servant; magnorumque præfectorum et ducum hæc incrementa sunt et rudimenta. Igitur arci Babyloniæ rex Agathone præsidere jusso cum septingentis Macedonum trecentisque mercede conductis, prætores, qui regioni Babyloniæ ac Ciliciæ præessent, Menetem et Apollodorum reliquit. His duo millia peditum dat cum mille talentis; utrique præceptum ut

amena six mille hommes de pied macédoniens, envoyés par Antipater, outre cinq cents chevaux du même pays; ils étaient accompagnés de six cents chevaux thraces, avec trois mille cinq cents hommes d'infanterie de cette nation; il était encore arrivé du Péloponèse quatre mille mercenaires, et trois cent quatre-vingts chevaux. Amyntas avait de plus amené cinquante jeunes gens, fils des plus grands seigneurs de Macédoine, pour être gardes de corps du roi; ce sont ces jeunes nobles qui le servent à table, qui lui présentent ses chevaux pour le combat, qui l'accompagnent à la chasse, et qui montent tour à tour la garde à la porte de sa chambre; et tel est le premier degré et l'apprentissage des gouverneurs et des généraux les plus distingués. Le roi donna à Agathon le commandement de la forteresse de Babylone avec sept cents Macédoniens et trois cents mercenaires, laissa à la garde de la Babylonie et de la Cilicie Ménetès et Apollodore, et leur remit deux mille hommes d'infanterie et mille talents, avec ordre à l'un et à l'autre de se compléter par des recrues; il

Andromenis	fils d'Andromène
adduxit ab Antipatro	amena de-la-part d'Antipater
sex millia	six milliers
peditum Macedonum ;	de fantassins macédoniens ;
præterea quingentos equites	en-outre cinq-cents cavaliers
ejusdem generis ;	de la même race ;
cum his sexcentos Thracas,	avec ceux-ci six-cents Thraces,
tribus millibus et quingentis	trois mille et cinq-cents
peditibus suæ gentis	fantassins de leur nation
adjunctis ;	ayant été adjoints ;
et miles mercenarius	et le soldat mercenaire
ad quatuor millia	jusqu'à quatre milliers
advenerat ex Peloponneso	était arrivé du Péloponèse
cum trecentis	avec trois-cents
et octoginta equitibus.	et quatre-vingts cavaliers.
Idem Amyntas adduxerat	Le même Amyntas avait amené
liberos adultos	les enfants adultes
quinquaginta principum	de cinquante des principaux
Macedoniæ	de la Macédoine
ad custodiam corporis ;	pour la garde du corps du roi ;
quippe hi sunt	car ceux-ci sont
ministri regis	les servants du roi
inter epulas ;	au-milieu des mets (à table) ;
iidemque admovent equos	et les mêmes approchent les chevaux
ineunti prœlium ;	à lui allant-au combat ;
comitanturque venantem,	et ils accompagnent lui chassant,
et servant vices vigiliarum	et observent les tours des veilles [cher ;
ante fores cubiculi ;	devant les portes de la chambre-à-cou-
hæcque sunt incrementa	et ceux-ci sont les accroissements
et rudimenta	et les commencements
magnorum præfectorum	des grands gouverneurs
ducumque.	et des grands généraux.
Igitur Agathone	Donc Agathon
jusso præsidere	ayant reçu-ordre de veiller
arci Babyloniæ	à la citadelle Babylonienne
cum septingentis	avec sept-cents
Macedonum	des Macédoniens
trecentisque	et trois-cents
conductis mercede	loués par (pour) un salaire,
rex reliquit	le roi laissa
Menetem et Apollodorum	Ménétès et Apollodore [sent
prætores, qui præessent	comme commandants, qui commandas-
regioni Babyloniæ	à la contrée de Babylonie
ac Ciliciæ.	et de Cilicie. [fantassins
Dat his duo millia peditum	Il donne à ceux-ci deux milliers de
cum mille talentis ;	avec mille talents ;
præceptum utrique	il fut recommandé à l'un-et-à-l'-autre

in supplementum milites legerent. Mazæum transfugam satrapia Babyloniæ donat; Bagophanem, qui arcem tradiderat, se sequi jussit; Armenia Mithreni, Sardium [1] proditori, data est. Ex pecunia deinde Babyloniæ tradita, Macedonum equitibus sexceni denarii [2] tributi; peregrinus eques quingenos accepit, ducenos pedes, trium stipendium mensium.

II. His ita compositis, in regionem quæ Satrapene [3] vocatur pervenit : fertilis terra, copia rerum et omni commeatu abundans. Itaque diutius ibi substitit; ac, ne desides otio demitterent animos, judices dedit, præmiaque proposuit de virtute militari certantibus. Novem qui fortissimi judicati essent, singulis militum millibus præfuturi erant; chiliarchas [4] vocabant, tum primum in hunc numerum copiis distributis, namque antea quingenariæ cohortes fuerant; nec

donna à Mazée, qui avait quitté le parti Darius, la satrapie de la Babylonie; il prit à sa suite Bagophane, qui lui avait remis la forteresse; et confia l'Arménie à Mithrène, qui avait livré Sardes. Ensuite sur l'argent de la Babylonie, chaque cavalier macédonien reçut en gratification six cents deniers; chaque cavalier mercenaire, cinq cents; chaque fantassin deux cents. C'était la solde de trois mois.

II. Après avoir pris ces dispositions, il arriva daus un pays qu'on nomme Satrapène : c'est une contrée fertile, riche en biens de toutes sortes, en vivres de toute espèce. Aussi le roi y séjourna-t-il assez longtemps; mais dans la crainte que le courage de ses gens ne se ramollît dans les douceurs de l'oisiveté, il nomma des juges, et proposa des prix pour la bravoure militaire. Les neuf qui seraient jugés les plus vaillants, devaient avoir chacun le commandement d'un corps de mille hommes ; on leur donnait le nom de chiliarques ; c'était la première fois que les troupes étaient ainsi réparties ; car auparavant les corps étaient de cinq cents hommes, et n'étaient point le prix de la valeur. Les soldats s'étaient assemblés en foule, pour assister à ce

HISTOIRE D'ALEXANDRE. LIVRE V. 397

-ut legerent milites	qu'ils choisissent (levassent) des soldats
in supplementum.	pour complément.
Donat Mazæum transfugam	Il gratifie Mazée transfuge
satrapia Babyloniæ;	de la satrapie de la Babylonie;
jussit Bagophanem,	il ordonna Bagophane,
qui tradiderat arcem,	qui avait livré la citadelle,
sequi se;	suivre lui-même;
Armenia data est	l'Arménie fut donnée [Sardes.
Mithreni, proditori Sardium.	à Mithrène traître de (qui avait livré)
Deinde ex pecunia Babylo-	Puis sur l'argent de la Babylonie
tradita, [niæ	livré *au roi,*
denarii sexceni	des deniers six-cents-pour-chacun
tributi equitibus	*furent* accordés aux cavaliers
Macedonum;	des Macédoniens;
eques peregrinus	le cavalier étranger
accepit quingenos,	reçut cinq-cents-pour-chacun,
pedes ducenos,	le fantassin deux-cents-pour-chacun,
stipendium trium mensium.	solde de trois mois.
II. His compositis ita,	II. Ces choses ayant été réglées ainsi,
pervenit in regionem	il parvint dans la contrée
quæ vocatur Satrapene:	qui est appelée Satrapène :
terra fertilis,	*c'est une* terre fertile,
abundans copia rerum	abondante en quantité de choses
et omni commeatu.	et en tout approvisionnement.
Itaque	En-conséquence
substitit ibi diutius,	il s'arrêta là plus longtemps; [veté
ac, ne desides otio	et, de-peur-que languissants par l'oisi-
demitterent animos,	ils ne laissassent-tomber *leurs* courages,
dedit judices,	il donna des juges,
proposuitque præmia	et proposa des récompenses
certantibus	à *ceux* luttant
de virtute militari.	touchant la vertu militaire.
Novem, qui judicati essent	Neuf, qui auraient été jugés
fortissimi,	les plus courageux,
erant præfuturi	étaient devant commander
singulis millibus militum;	à chaque milliers de soldats;
vocabant chiliarchas,	ils *les* appelaient chiliarques,
copiis distributis	les troupes ayant été distribuées
tum primum	alors pour-la-première-fois
in hunc numerum;	en ce nombre;
namque cohortes	car les cohortes [*hommes;*
fuerant antea quingenariæ;	avaient été auparavant de-cinq-cents
nec cesserant	et-elles n'étaient point échues
præmia fortitudinis.	*comme* récompenses du courage.
Turba ingens militum	Une foule immense de soldats
convenerat interfutura	s'était-rassemblée devant assister

fortitudinis præmia cesserant. Ingens militum turba convenerat egregio interfutura certamini, testis eadem cujusque factorum, et de judicibus latura sententiam; quippe verone an falso honos cuique haberetur, ignorari non poterat. Primus omnium, virtutis causa, donatus est Adarchias senior, qui omissum apud Halicarnasson [1] a junioribus prœlium unus maxime accenderat; proximus ei Antigenes visus est; tertium locum Philotas Augeus [2] obtinuit; quartus Amyntæ datus est; post hos Antigonus, et ab eo Lyncestes Amyntas fuit; septimum locum Theodotus, ultimum [3] obtinuit Hellanicus. In disciplina quoque militaris rei pleraque a majoribus tradita utiliter mutavit. Nam, quum ante equites in suam quisque gentem describerentur seorsum a ceteris, exempto nationum discrimine, præfectis, non utique suarum gentium, sed delectis attribuit. Tuba, quum castra movere vellet, signum dabat; cujus sonus plerumque, tumultantium fremitu exoriente, haud satis exaudiebatur. Ergo perticam quæ undique conspici posset supra prætorium statuit, ex qua

noble concours. Ils devaient tout à la fois être témoins des actions de chacun des concurrents, et juger les juges mêmes; car ils ne pouvaient ignorer si les prix seraient accordés à chacun justement ou injustement. Le premier qui fut récompensé pour son courage, fut Adarchias, déjà vieux; c'était lui qui, devant Halicarnasse, avait contribué plus que tout autre à ranimer le combat, quand la jeunesse lâchait pied; Antigène vint après lui; Philotas d'Augée eut le troisième prix; le quatrième fut donné à Amyntas; après eux on nomma Antigone, puis Lynceste-Amyntas; le septième rang fut pour Théodote, et le dernier pour Hellanicus. Alexandre changea aussi avec avantage, dans la discipline militaire, la plupart des dispositions qu'on tenait de la tradition des anciens. Les cavaliers formaient jusqu'alors des corps séparés, divisés par nation; il mit la cavalerie, sans distinction de peuples, sous des chefs, qui n'étaient pas toujours nationaux, mais qu'il choisissait à son gré. Quand il voulait décamper, le signal était donné au son de la trompette, que bien souvent on avait peine à entendre, à cause du bruit qu'occasionnait alors le mouvement même. En conséquence il fit élever au haut de sa tente une perche, qui pût être aperçue de tous côtés,

certamini egregio,	à *cette* lutte remarquable
eadem testis	la même *étant* témoin
factorum cujusque,	des faits de chacun,
et latura sententiam	et devant porter une sentence
de judicibus;	touchant les juges ;
quippe non poterat ignorari	car il ne pouvait être ignoré
honosne haberetur cuique	si honneur était rendu à chacun
vero an falso.	vraiment ou faussement (à tort).
Adarchias senior,	Adarchias plus vieux,
qui unus accenderat maxime	qui seul avait réchauffé le plus
prœlium omissum	le combat abandonné
a junioribus	par de plus jeunes
apud Halicarnasson,	auprès d'Halicarnasse,
donatus est primus omnium,	fut récompensé le premier de tous,
causa virtutis ;	à cause du courage;
Antigenes visus est	Antigène parut
proximus ei ;	le plus proche à (de) lui ;
Philotas Augeus	Philotas d'-Augée
obtinuit tertium locum ;	obtint la troisième place ;
quartus datus est Amyntæ;	la quatrième fut donnée à Amyntas ;
Antigonus fuit post hos,	Antigone fut après ceux-ci, [lui-ci;
et Lyncestes Amyntas ab eo;	et Lynceste-Amyntas à-la-suite-de ce-
Theodotus obtinuit	Théodore obtint
septimum locum,	la septième place,
Hellanicus ultimum.	Hellanicus la dernière.
Mutavit quoque utiliter	Il changea aussi utilement
in disciplina rei militaris	dans la discipline de la chose militaire
pleraque tradita	la plupart des choses transmises
a majoribus.	par les ancêtres.
Nam, quum equites	Car, comme les cavaliers
describerentur ante	étaient distribués auparavant
quisque in suam gentem	chacun en sa nation
seorsum a ceteris,	séparément de tous-les-autres,
discrimine nationum	la différence des nations
exempto,	étant ôtée,
attribuit præfectis,	il assigna *les cavaliers* à des chefs,
non utique suarum gentium,	non en-tout-cas (exclusivement) de leurs
sed delectis.	mais à des *chefs* choisis. [nations,
Quum vellet movere castra,	Lorsqu'il voulait déplacer le camp,
dabat signum tuba,	il donnait le signal par la trompette,
cujus sonus	dont le son
haud exaudiebatur satis	n'était pas entendu suffisamment
plerumque,	la plupart-du-temps,
fremitu tumultuantium	le frémissement des *soldats* s'agitant
exoriente.	s'élevant.
Ergo statuit	Donc il plaça
supra prætorium	au-dessus-de la tente-du-général

signum eminebat pariter omnibus conspicuum : observabatur ignis noctu, fumus interdiu.

Jamque Susa adituro Abulites, regionis ejus præfectus, sive Darii jussu, ut Alexandrum præda retineret, sive sponte, filium obviam misit, traditurum se urbem promittens. Benigne juvenem excepit rex, et eo duce ad Choaspen[1] amnem pervenit, dedicatam[2], ut fama est, vehentem aquam. Hic Abulites cum donis regalis opulentiæ occurrit. Dromades cameli inter dona erant, velocitatis eximiæ ; duodecim elephanti a Dario ex India acciti, non jam terror, ut speraverant, Macedonum, sed auxilium, opes victi ad victorem transferente fortuna. Ut vero urbem intravit, incredibilem ex thesauris summam pecuniæ egessit : quinquaginta millia talentum argenti, non signati forma, sed rudi pondere. Multi reges tantas opes

et au sommet de laquelle était un signal également visible à tout le monde : c'était du feu pendant la nuit, et de la fumée pendant le jour.

Il approchait de Suse, lorsqu'Abulitès, gouverneur de la province, soit par ordre de Darius, dans la vue d'amuser Alexandre par le pillage, soit de son propre mouvement, envoya son fils au-devant du vainqueur, avec promesse de lui remettre la ville. Le roi reçut ce jeune homme avec bonté, et le prenant pour guide, il se rendit au fleuve Choaspe, dont l'eau est, dit-on, réservée au roi de Perse. Ce fut là qu'Abulitès vint le trouver avec des présents d'une magnificence royale. On y voyait entre autres choses des dromadaires d'une vitesse peu commune; douze éléphants que Darius avait fait venir de l'Inde, et qui n'étaient plus, pour les Macédoniens, un objet d'effroi, comme on l'avait espéré, mais une arme de guerre; car la fortune fait passer les forces du vaincu dans les mains du vainqueur. Quand il fut entré dans la ville, il tira des trésors qui y étaient une somme prodigieuse : savoir cinquante mille talents d'argent non monnayé, mais en lingots. Bien des rois avaient peu-

perticam	une perche
quæ posset conspici undique,	qui pût être vue de-tous-côtés,
ex qua signum	de laquelle un signal
conspicuum pariter omnibus	visible également à tous
eminebat :	s'élevait :
ignis observabatur noctu,	du feu était observé pendant la nuit,
fumus interdiu.	de la fumée pendant-le-jour.
Jamque Abulites,	Et déjà Abulitès,
præfectus ejus regionis,	gouverneur de cette contrée,
misit filium	envoya son fils [à Suse,
obviam adituro Susa,	au-devant à (d') Alexandre devant aller
sive jussu Darii,	soit par l'ordre de Darius,
ut retineret Alexandrum	afin-qu'-il retînt Alexandre
præda,	par le butin,
sive sponte,	soit de son-propre-mouvement,
promittens se traditurum	promettant lui-même devoir livrer
urbem.	la ville.
Rex excepit juvenem	Le roi reçut le jeune-homme
benigne,	avec-bienveillance,
et pervenit eo duce	et parvint lui étant guide
ad amnem Choaspen,	au fleuve Choaspe,
vehentem, ut fama est,	roulant, comme la renommée est,
aquam dedicatam.	une eau consacrée.
Abulites occurrit hic	Abulitès vint-à-la-rencontre là
cum donis	avec des dons
opulentiæ regalis.	d'une opulence royale.
Cameli dromades,	Des chameaux coureurs,
velocitatis eximiæ,	d'une vitesse remarquable,
erant inter dona ;	étaient parmi les dons ;
duodecim elephanti	douze éléphants
acciti ex India a Dario,	tirés de l'Inde par Darius,
non jam terror Macedonum,	non plus terreur des Macédoniens,
ut speraverant,	comme ils avaient espéré,
sed auxilium,	mais secours,
fortuna transferente	la fortune transportant
ad victorem	au vainqueur
opes victi.	les ressources du vaincu. [la ville,
Ut vero intravit urbem,	Mais dès-qu'il (Alexandre) fut entré-dans
egessit ex thesauris	il tira des trésors
summam pecuniæ	une somme d'argent
incredibilem :	incroyable :
quinquaginta millia	cinquante milliers
talentum argenti	de talents d'argent
non signati forma,	non marqué par la forme,
sed pondere rudi.	mais de poids brut.
Multi reges	Beaucoup de rois
cumulaverant longa ætate	avaient accumulé pendant un long âge

longa ætate cumulaverant liberis posterisque, ut arbititra-
bantur, quas una hora in externi regis manus intculit.
Consedit deinde in regia sella, multo excelsiore quam pro
habitu corporis. Itaque pedes quum imum gradum non
contingerent, unus ex regiis pueris [1] mensam subdidit pœdi-
bus. Et quum spadonem, qui Darii fuerat, ingemiscenntem
conspexisset rex, causam mœstitiæ requisivit. Ille inddicat
Darium vesci in ea solitum, seque sacram ejus menasam
ad ludibrium recidentem sine lacrimis conspicere non poosse.
Subiit ergo regem verecundia violandi hospitales deos ; jjam-
que subduci jubebat, quum Philotas : « Minime vero hæc
feceris, rex, sed omen quoque accipe, mensam ex qua lliba-
vit hostis epulas, tuis pedibus esse subjectam. »

Rex, Persidis [2] fines aditurus, Susa urbem Archelaco et
præsidium trium millium tradidit ; Xenophilo arcis cura
mandata est ; Macedonum ætate graves præsidere arcis cus-

dant une longue suite de siècles accumulé pour leurs enfants et
leurs descendants, pensaient-ils, ces richesses immenses, qu'uin instant faisait passer au pouvoir d'un prince étranger. Il prit ensuite
séance sur le trône royal, qui se trouvait beaucoup trop haut
pour sa taille ; comme il ne pouvait atteindre à la dernière marche,
un de ses pages lui mit une table sous les pieds. Le roi vit
alors gémir un eunuque qui avait été à Darius ; il lui demanda
la cause de sa tristesse ; et celui-ci répondit que Darius ayant
coutume de manger sur cette table, il ne pouvait voir sans pleurer
ce meuble sacré tomber dans l'avilissement. Le roi sentit alors
quelque honte d'avoir manqué de respect aux dieux hospitaliers,
et il allait faire ôter cette table, quand Philotas lui dit : « Gardez-vous en bien, ô roi ! considérez au contraire comme un
heureux présage, d'avoir sous vos pieds la table où votre ennemi
mangeait. »

Alexandre, se proposant de pénétrer dans la Perse, confia le
gouvernement de la ville de Suse à Archélaüs, avec une garnison
de trois mille hommes ; à Xénophile, celui de la citadelle ; aux Ma-

tantas opes	de si-grandes ressources
liberis posterisque,	pour *leurs* enfants et *leurs* descendants,
ut arbitrabantur,	comme ils pensaient,
quas una hora	lesquelles *ressources* un seul moment
intulit in manus	porta dans les mains
regis externi.	d'un roi étranger.
Deinde consedit	Ensuite il s'assit
in sella regia,	sur le siége royal,
multo excelsiore	beaucoup plus élevé
quam pro habitu corporis.	que eu-égard-à l'extérieur de *son* corps.
Itaque quum pedes	En-conséquence comme *ses* pieds
non contingerent	ne touchaient pas
imum gradum,	la dernière marche,
unus ex pueris regiis	un des enfants royaux
subdidit pedibus mensam.	plaça-sous *ses* pieds une table.
Et quum rex	Et comme le roi
conspexisset spadonem,	eut aperçu un eunuque,
qui fuerat Darii,	qui avait été de (à) Darius,
ingemiscentem,	gémissant,
requisivit causam mœstitiæ.	il demanda la cause de *sa* tristesse.
Ille indicat	Lui fait-connaître
Darium solitum	Darius avoir-eu-coutume
vesci in ea,	de manger sur elle (cette table),
seque non posse	et lui-même ne pouvoir
conspicere sine lacrimis	considérer sans larmes
mensam sacram ejus	la table sacrée de lui (de Darius)
recidentem ad ludibrium.	retombant à la dérision.
Ergo verecundia	Donc la honte
violandi deos hospitales	de violer les dieux hospitaliers
subiit regem ;	entra-dans le roi ;
jamque jubebat subduci,	et déjà il ordonnait la *table* être retirée,
quum Philotas :	lorsque Philotas :
« Minime vero feceris hæc, rex,	« Mais n'aie fait nullement ces choses, roi,
sed accipe quoque omen,	mais reçois aussi *comme* présage,
mensam ex qua	la table de laquelle
hostis libavit epulas, [bus. »	*ton* ennemi a goûté les mets,
esse subjectam tuis pedi-	être placée-sous tes pieds. »
Rex aditurus	Le roi devant aller-vers
fines Persidis,	les frontières de la Perse,
tradidit Archelao	remit à Archélaüs
urbem Susa,	la ville *de* Suse,
et præsidium trium millium ;	et une garnison de trois mille *hommes* ;
cura arcis	le soin de la citadelle
mandata est Xenophilo ;	fut confié à Xénophile ;
jussit graves ætate	il ordonna *ceux* appesantis par l'âge
Macedonum	d'*entre* les Macédoniens

todiæ jussit. Thesaurorum Callicrati tutela permissa ; satrapea regionis Susiæ restituta Abuliti. Matrem quoque Darii et liberos in eadem urbe deponit. Ac forte Macedonicas vestes multamque purpuram, dono ex Macedonia sibi missam, cum his quæ eam confecerant, tradi Sisygambi jussit ; omni namque honore eam et filii quoque pietate prosequebatur ; admonerique jussit ut, si cordi quoque vestis esset, conficere eam neptes suas assuefaceret, donoque doceret dare. Ad hanc vocem lacrimæ obortæ prodidere animum adspernantis id munus ; quippe non aliud magis in contumeliam Persarum feminæ accipiunt quam admovere lanæ manus. Nuntiant, qui dona tulerant, tristem esse Sisygambim ; dignaque res excusatione et solatio visa. Ipse ergo pervenit ad eam, et : « Mater, inquit, hanc vestem, qua indutus sum, sororum non solum donum, sed etiam opus vides ; nostri decepere me mores. Cave, obsecro, in contume-

cédoniens appesantis par l'âge, la garde de cette forteresse. Callicrate fut chargé de celle des trésors ; et la satrapie de la Susiane fut rendue à Abulitès. Il laissa aussi dans cette ville la mère et les enfants de Darius. On lui avait envoyé en présent de Macédoine des étoffes de ce pays et quantité de pourpre avec les ouvrières qui l'avaient faite. Il s'avisa de les adresser à Sisygambis ; car il rendait à cette princesse tous les honneurs possibles, et lui témoignait même une tendresse toute filiale. Il lui fit dire en même temps que, pour peu que ces étoffes lui fissent plaisir, elle pouvait accoutumer ses petites-filles à y travailler et leur apprendre à en faire des présents. A ces mots les larmes qui vinrent aux yeux de cette princesse, trahirent le dédain que lui inspirait une telle occupation ; car il n'est rien que les femmes perses regardent comme plus déshonorant que de mettre la main à des ouvrages de laine. Ceux donc qui avaient porté ces présents, vinrent dire au roi que Sisygambis en était affligée ; il jugea convenable de lui faire des excuses et de la consoler. Il alla donc la trouver lui-même, et lui dit : « Ma mère, vous voyez, dans l'habit que je porte, non-seulement un présent de mes sœurs, mais même l'ouvrage de leurs mains. Ce sont nos usages qui m'ont trompé. Ne

HISTOIRE D'ALEXANDRE. LIVRE V. 405

præsidere custodiæ arcis.	veiller à la garde de la citadelle.
Tutela thesaurorum	La conservation des trésors
permissa est Callicrati;	fut confiée à Callicrate;
satrapea regionis Susiæ	la satrapie de la contrée Susienne
restituta Abuliti.	fut rendue à Abulitès.
Deponit quoque	Il dépose aussi
in eadem urbe	dans la même ville
matrem et liberos Darii.	la mère et les enfants de Darius.
Ac jussit forte	Et il ordonna par-hasard
vestes Macedonicas	des étoffes macédoniennes
purpuramque multam,	et une pourpre abondante
missam dono sibi	envoyée à (en) don à lui-même
ex Macedonia,	de Macédoine,
tradi Sisygambi,	être remises à Sisygambis,
cum his	avec celles
quæ confecerant eam;	qui avaient fait elle (la pourpre);
namque prosequebatur eam	car il poursuivait elle (Sisygambis)
omni honore	de tout honneur,
et pietate quoque filii;	et de la piété même d'un fils;
jussitque admoneri,	et il ordonna *elle* être avertie,
si vestis	si *cette* étoffe
esset quoque cordi,	était aussi à cœur *à elle*,
assuefaceret suas neptes	*qu'*elle habituât ses petites-filles
conficere eam,	à faire elle,
doceretque dare dono.	et *leur* apprît à donner *elle* à (en) présent.
Lacrimæ obortæ	Les larmes étant venues
ad hanc vocem	à cette parole
prodidere animum	trahirent l'esprit
adspernantis id munus;	d'*elle* méprisant cette occupation;
quippe feminæ Persarum	car les femmes des Perses
non accipiunt aliud	ne reçoivent pas autre chose
in contumeliam	en offense
magis quam admovere	plus que d'approcher
manus lanæ.	les mains à (de) la laine.
Qui tulerant dona,	*Ceux* qui avaient apporté les présents,
nuntiant Sisygambim	annoncent Sisygambis
esse tristem;	être triste;
resque visa digna	et la chose parut (au roi) digne
excusatione et solatio.	d'excuse et de consolation.
Ergo ipse pervenit	Donc il arriva lui-même
ad eam,	auprès-d'elle,
et : « Mater, inquit,	et : « Mère, dit-il,
vides hanc vestem	tu vois cette étoffe
qua indutus sum,	de laquelle je suis revêtu,
non solum donum,	non-seulement présent,
sed etiam opus sororum;	mais encore ouvrage de *mes* sœurs;
nostri mores decepere me.	nos mœurs ont trompé moi.

liam accipias ignorationem meam. Quæ tui moris esse cognovi, ut spero, abunde servata sunt. Scio apud vos filium in conspectu matris nefas esse considere, nisi quum illa permisit ; quotiescumque ad te veni, donec ut considerem annueres, restiti. Procumbens venerari me sæpe voluisti ; inhibui. Dulcissimæ matri Olympiadi nomen debitum tibi reddo. »

III. Mitigato animo ejus, rex quartis castris[1] pervenit ad fluvium : Pasitigrim[2] incolæ vocant ; oritur in montibus Uxiorum[3], et per quinquaginta stadia silvestribus ripis præceps inter saxa devolvitur. Accipiunt deinde eum campi, quos clementiore alveo præterit, jam navium patiens ; sexcenta stadia sunt mollioris soli, per quod leni tractu aquarum Persico mari[4] se insinuat. Alexander, amne superato, cum novem millibus peditum et Agrianis[5], atque Græco-

prenez pas, je vous prie, pour une insulte ce qui n'est qu'un effet de mon ignorance. Ce que j'ai su être conforme à vos manières, je me flatte de l'avoir exactement observé. Je sais que chez vous un fils ne doit s'asseoir en présence de sa mère que quand elle le lui a permis : aussi, chaque fois que je suis venu vous voir, je me suis tenu debout jusqu'à ce que vous me fissiez signe de m'asseoir. Souvent vous avez voulu vous prosterner devant moi pour m'honorer ; je vous en ai empêchée, et je vous donne le nom qui n'appartient qu'à ma chère mère Olympias. »

III. Après avoir calmé cette princesse, le roi arriva en quatre journées au bord du fleuve, que les riverains nomment Pasitigre. Il a sa source dans les montagnes des Uxiens, d'où il se précipite avec impétuosité sur un espace de cinquante stades, à travers les bois et les rochers ; il trouve ensuite des plaines, où il coule plus paisiblement ; il devient alors navigable ; et après un cours tranquille de six cents stades sur un sol plus uni, il entre doucement dans le golfe persique. Alexandre traverse ce fleuve, avec neuf mille hommes de pied, les Agriens, les mercenaires grecs et un renfort de trois

Cave, obsecro,	Prends-garde, je conjure,
accipias in contumeliam	que tu ne reçoives en offense
meam ignorationem.	mon ignorance.
Quæ cognovi	Les choses que j'ai connues
esse tui moris,	être de ta coutume,
servata sunt abunde,	ont été observées amplement,
ut spero.	comme j'espère.
Scio esse nefas apud vos	Je sais être défendu chez vous
filium considere	le fils s'asseoir
in conspectu matris,	en présence de sa mère,
nisi quum illa permisit :	si-ce-n'-est lorsque celle-ci l'a permis :
quotiescumque	toutes-les-fois-que
veni ad te,	je suis venu vers toi, [ses-signe
restiti donec annueres	je suis-resté-debout jusqu'à-ce que tu fis-
ut considerem.	que je m'assisse.
Voluisti sæpe	Tu as voulu souvent
venerari me procumbens ;	vénérer moi en te prosternant ;
inhibui.	je t'ai retenue.
Reddo tibi	Je rends (donne) à toi
nomen debitum Olympiadi,	le nom dû à Olympias,
matri dulcissimæ. »	ma mère très-douce (très-chère). »

III. Animo ejus mitigato,	III. L'esprit d'elle ayant été adouci,
rex pervenit	le roi parvint
quartis castris	au quatrième campement
ad fluvium :	à un fleuve :
incolæ vocant Pasitigrim ;	les habitants l'appellent Pasitigre ;
oritur in montibus	il se lève (naît) dans les montagnes
Uxiorum,	des Uxiens,
et devolvitur præceps	et roule se-précipitant
per quinquaginta stadia	par (sur) cinquante stades
ripis silvestribus	dans des rives boisées
inter saxa.	entre des rochers.
Deinde campi,	Ensuite des plaines,
quos præterit	qu'il traverse
alveo clementiore,	dans un lit plus doux,
jam patiens navium,	déjà capable-de-porter des navires,
accipiunt eum ;	reçoivent lui ;
sexcenta stadia sunt	six-cents stades sont
soli mollioris,	d'un sol plus mou,
per quod se insinuat	à-travers lequel il se glisse
mari Persico	dans la mer persique
tractu leni aquarum.	par une marche douce de ses eaux.
Amne superato,	Le fleuve ayant été passé,
Alexander, [tum	Alexandre,
cum novem millibus pedi-	avec neuf milliers de fantassins
et Agrianis,	et des Agriens,

rum mercenariis, tribus additis millibus Thracum, in regionem Uxiorum pervenit. Finitima Susis est, et in primam Persidem excurrit, arctum inter se et Susianos aditum relinquens. Madates erat hujus regionis præfectus, haud sane temporum homo ; quippe ultima pro fide experiri decreverat. Sed periti locorum Alexandrum docent occultum iter esse per calles et aversum ab urbe : si paucos misisset leviter armatos, super capita hostium evasuros. Quum consilium placuisset, iidem itinerum fuerunt duces ; mille et quingenti mercede conducti et Agriani fere mille Tauroni præfecto dati, ac post solis occasum iter ingredi jussi. Ipse tertia vigilia[1] castris motis, circa lucis ortum superaverat angustias; cæsaque materia cratibus et pluteis faciendis, ut qui turres admoverent extra teli ictum essent, urbem obsidere cœpit. Prærupta erant omnia, saxis et cautibus impedita. Multis

mille Thraces, et arrive dans le pays des Uxiens. Cette contrée, voisine de Suse, s'étend jusqu'aux frontières de Perse, et ne laisse entre elle et la Susiane qu'un passage étroit. Elle était gouvernée par Madatès, qui n'était pas de ces hommes dont la fidélité se règle sur les circonstances ; car il était résolu de tout braver pour garder sa foi. Mais des gens qui connaissaient le pays apprirent à Alexandre qu'il y avait par des sentiers un chemin détourné gagnant les derrières de la ville, et que s'il envoyait par là un petit nombre de gens armés à la légère, ils parviendraient à se loger sur la tête des ennemis. Leur avis parut bon, et ils servirent eux-mêmes de guides. Quinze cents mercenaires, et environ mille Agriens, sous le commandement de Tauron, eurent ordre de partir après le coucher du soleil. Le roi, de son côté, avait décampé à la troisième veille, avait franchi les gorges vers le point du jour ; et après avoir coupé les bois nécessaires pour faire des claies et des mantelets, afin de mettre à l'abri des traits ceux qui pousseraient les tours en avant, il commença le siège de la ville. De tous côtés le terrain était escarpé, hérissé de pierres et des roches. Les sol-

atque mercenariis Græcorum,	et des mercenaires des Grecs,
tribus millibus Thracum additis,	trois milliers de Thraces ayant été ajoutés,
pervenit in regionem Uxiorum.	parvint dans la contrée des Uxiens.
Est finitima Susis,	Elle est contiguë à Suse,
et excurrit	et s'étend
in primam Persidem,	à la première (à l'entrée de la) Perse,
relinquens aditum arctum	laissant un accès étroit
inter se et Susianos.	entre elle-même et les Susiens.
Madates erat præfectus hujus regionis,	Madatès était gouverneur de cette contrée, [stances;
homo haud sane temporum;	homme non assurément des circon-
quippe decreverat	car il avait résolu
experiri ultima	d'éprouver les dernières choses
pro fide.	pour sa foi.
Sed periti locorum	Mais des hommes connaissant les lieux
docent Alexandrum	instruisent Alexandre
iter occultum	un chemin caché
et aversum ab urbe	et détourné de la ville
esse per calles:	être par des sentiers: [breux
si misisset paucos	s'il avait envoyé des hommes peu-nom-
armatos leviter,	armés légèrement,
evasuros	eux devoir arriver
super capita hostium.	au-dessus des têtes des ennemis.
Quum consilium placuisset,	Comme l'avis avait plu,
iidem fuerunt	les mêmes furent
duces itinerum;	guides des chemins;
mille et quingenti	mille et cinq cents
conducti mercede,	loués par (pour) un salaire,
et Agriani fere mille	et des Agriens environ mille
dati præfecto Tauroni,	furent donnés au commandant Tauron,
ac jussi	et ordonnés (reçurent l'ordre)
ingredi iter	d'entrer dans le chemin
post occasum solis.	après le coucher du soleil.
Ipse castris motis tertia vigilia,	Lui-même le camp ayant été déplacé à la troisième veille,
superaverat angustias	avait franchi les défilés
circa ortum lucis;	autour du (vers le) lever du jour;
materiaque cæsa	et du bois-de-construction ayant été coupé
cratibus pluteisque faciendis,	à (pour) des claies et des mantelets devant être-faits, [tours,
ut qui admoverent turres,	afin-que ceux qui approchaient les
essent extra ictum teli,	fussent hors-du coup du trait,
cœpit obsidere urbem.	il commença à assiéger la ville.
Omnia erant prærupta,	Toutes choses étaient escarpées,

ergo vulneribus depulsi, ut quibus non cum hoste solum, sed etiam cum loco dimicandum esset, subibant tamen, quia rex inter primos constiterat, interrogans tot urbium victores an erubescerent hærere in obsidione castelli exigui et ignobilis? Simul admonens, jam inter hæc eminus petebatur; quum testudine objecta[1] milites, qui, ut inde discederet, perpellere nequiverant, tuebantur.

Tandem Tauron super arcem urbis se cum suo agmine ostendit; ad cujus conspectum et animi hostium labare, et Macedones acrius prœlium inire cœperunt. Anceps oppidanos malum urgebat; nec sisti vis hostium poterat. Paucis ad moriendum, pluribus ad fugam animus fuit; magna pars in arcem concessit. Inde triginta oratoribus missis ad deprecandum, triste responsum a rege redditur, non esse veniæ locum. Itaque, suppliciorum metu perculsi, ad Sisygambim,

---

dats, accablés de blessures, car ils avaient à lutter non-seulement contre l'ennemi, mais encore contre les incommodités du lieu, ne laissaient pas d'aller en avant, parce que le roi se tenait lui-même à leur tête, leur demandant si, après avoir forcé tant de villes, ils ne rougissaient pas d'être arrêtés au siége d'une bicoque inconnue. Pendant qu'il les exhortait ainsi, on tirait sur lui de loin; alors les soldats, n'ayant pu l'engager à se retirer, firent la tortue avec leurs boucliers pour le mettre à couvert.

Enfin Tauron parut avec sa troupe au-dessus de la citadelle; à sa vue les ennemis commencèrent à perdre courage, et les Macédoniens, à se porter au combat avec plus d'ardeur. Les habitants de la ville étaient pressés des deux côtés, et il leur était impossible d'arrêter les progrès de l'ennemi. Quelques-uns eurent le courage de mourir; la plupart prirent le parti de la fuite; ils se retirèrent presque tous dans la forteresse. Trente ambassadeurs, qu'ils députèrent au roi pour lui demander grâce, rapportèrent cette triste réponse, qu'ils ne méritaient point de pardon. Effrayés par la crainte des supplices, ils envoient donc à Sisygambis, mère de Darius, par un che-

HISTOIRE D'ALEXANDRE. LIVRE V. 411

impedita saxis et cautibus.	embarrassées de pierres et de rochers.
Ergo depulsi	Donc repoussés
vulneribus multis,	par des blessures nombreuses,
ut quibus esset dimicandum	comme *des gens* à qui il était à-combattre
non solum cum hoste	non-seulement avec l'ennemi
sed etiam cum loco,	mais encore avec le lieu,
subibant tamen,	ils avançaient cependant,
quia rex constiterat	parce-que le roi s'était placé
inter primos,	parmi les premiers,
interrogans victores	interrogeant *eux* vainqueurs
tot urbium	de tant de villes
an erubescerent hærere	s'ils rougissaient d'être arrêtés
in obsidione castelli	dans le siège d'un château
exigui et ignobilis?	petit et inconnu?
Admonens simul,	Avertissant en-même-temps
petebatur jam inter hæc	il était attaqué déjà pendant ces choses
eminus;	de-loin;
quum testudine objecta	lorsqu'une tortue ayant été opposée
milites qui nequiverant	les soldats qui n'-avaient pu
perpellere ut discederet inde,	*le* déterminer *à ce* qu'il s'-éloignât de-là,
tuebantur.	*le* protégeaient.
Tandem Tauron	Enfin Tauron
se ostendit cum suo agmine	se montra avec sa troupe
super arcem urbis;	au-dessus de la citadelle de la ville;
ad conspectum cujus	à l'aspect duquel
et animi hostium	et les esprits des ennemis
cœperunt labare,	commencèrent à chanceler,
et Macedones	et les Macédoniens
inire prœlium acrius.	à-aller au combat plus vivement.
Malum anceps	Un mal double
urgebat oppidanos;	pressait les habitants-de-la-place;
nec vis hostium	ni l'impétuosité des ennemis
poterat sisti.	*ne* pouvait être arrêtée.
Animus fuit paucis	La résolution fut à peu
ad moriendum,	pour mourir,
pluribus ad fugam;	à de plus-nombreux pour la fuite;
magna pars concessit	la grande partie se-retira
in arcem.	dans la citadelle.
Inde triginta oratoribus	De-là trente orateurs [prières,
missis ad deprecandum,	ayant été envoyés pour fléchir-par-des-
responsum triste	une réponse triste
redditur a rege,	est rendue de-la-part du roi,
locum non esse veniæ.	lieu n'être pas au pardon.
Itaque percussi	En-conséquence frappés
metu suppliciorum,	de la crainte des supplices,
mittunt ad Sisygambim,	ils envoient à Sisygambis,
matrem Darii,	mère de Darius,

Darii matrem, occulto itinere ignotoque hostibus mittunt, qui peterent ut ipsa regem mitigaret, haud ignari parentis eam loco diligi colique ; et Madates sororis filiam secum matrimonio junxerat, Darium propinqua cognatione contingens. Diu Sisygambis supplicum precibus repugnavit, abnuens deprecationem pro illis convenire fortunæ in qua esset ; adjecitque metuere sese ne victoris indulgentiam fatigaret ; sæpius cogitare captivam esse se quam reginam fuisse. Ad ultimum victa, litteris Alexandrum ita deprecata est, ut id ipsum excusaret quod deprecaretur ; petere se ut illis quoque, si minus, sibi ignosceret ; pro necessario ac propinquo suo, jam non hoste, sed supplice, tantum vitam precari. Moderationem clementiamque regis, quæ tunc fuit, vel una hæc res possit ostendere : non Madati modo ignovit, sed omnes, et deditos et captivos, libertate atque immunitate donavit ; urbem reliquit intactam ; agros sine tributo

min détourné et inconnu aux ennemis, pour la supplier d'apaiser le roi, n'ignorant pas qu'il l'aimait et l'honorait comme sa mère ; d'ailleurs, Madatès avait épousé la fille de sa sœur, et se trouvait ainsi proche allié de Darius. Sisygambis se refusa longtemps à leurs prières, prétendant qu'intercéder en leur faveur était une démarche peu convenable à l'état présent de sa fortune; elle ajouta qu'elle craignait de lasser l'indulgence du vainqueur, et qu'elle songeait plus souvent qu'elle était captive, qu'elle ne se souvenait d'avoir été reine. A la fin, elle se laissa vaincre, écrivit à Alexandre, et lui demanda leur grâce en le priant de l'excuser de cette démarche même ; elle le conjurait de pardonner à ces malheureux, ou sinon à elle-même ; elle lui demandait uniquement la vie d'un homme dont elle était parente et alliée, et qui n'était plus un ennemi, mais un suppliant. Jusqu'où allaient encore la clémence et la modération du roi, ce trait suffirait à le faire connaître : non-seulement il fit grâce à Madatès, mais il accorda encore à tous les autres, soit qu'ils se fussent rendus, soit qu'ils eussent été faits prisonniers, liberté et exemption de toutes charges; il ne toucha pas à la ville et permit de cultiver les terres sans payer de tribut. Darius vainqueur,

HISTOIRE D'ALEXANDRE. LIVRE V. 413

itinere occulto	par un chemin secret
ignotoque hostibus,	et inconnu aux ennemis,
qui peterent	*des gens* qui demandassent
ut ipsa mitigaret regem,	qu'elle-même adoucît le roi,
haud ignari	n'ignorant pas
eam coli diligique	elle être honorée et être chérie
loco parentis ;	en-place-d'une (comme une) mère ;
et Madates junxerat	et Madatès avait uni
secum matrimonio	avec-lui-même par le mariage
filiam sororis,	la fille de la sœur de *Sisygambis*,
contingens Darium	touchant à Darius
cognatione propinqua.	par une parenté proche.
Sisygambis repugnavit diu	Sisygambis résista longtemps
precibus supplicum,	aux prières des suppliants,
abnuens deprecationem	niant l'intercession
pro illis	pour eux
convenire fortunæ	convenir à la fortune
in qua esset ;	dans laquelle elle était ;
adjecitque sese metuere	et elle ajouta elle-même craindre
ne fatigaret	qu'elle ne fatiguât
clementiam victoris ;	la clémence du vainqueur ;
cogitare sæpius	*elle* penser plus souvent
se esse captivam	elle-même être captive
quam fuisse reginam.	qu'avoir été reine.
Victa ad ultimum,	Vaincue à la fin,
deprecata est Alexandrum	elle intercéda-auprès-d'Alexandre
litteris,	par lettre, [même
ita ut excusaret id ipsum	de-telle-manière qu'elle excusait cela
quod deprecaretur ;	*à savoir* qu'elle intercédait ;
se petere	elle-même demander
ut ignosceret illis quoque,	qu'il pardonnât à eux aussi,
si minus, sibi ;	sinon, à elle-même ;
precari tantum vitam	prier (demander) seulement la vie
pro suo necessario	pour *un homme* son allié
ac propinquo,	et *son* proche,
jam non hoste, sed supplice.	non plus ennemi, mais suppliant.
Vel hæc res una possit	Même cette chose seule pourrait
ostendere moderationem	montrer la modération
clementiamque regis	et la clémence du roi,
quæ fuit tunc :	qui fut alors :
non modo ignovit Madati,	non-seulement il pardonna à Madatès
sed donavit omnes,	mais il gratifia tous,
et deditos et captivos,	et *ceux* s'étant soumis et *ceux* captifs,
libertate atque immunitate ;	de la liberté et de l'exemption-de-char-
reliquit urbem intactam ;	il laissa la ville intacte ; [ges ;
permisit colere agros	il permit de cultiver les champs
sine tributo.	sans tribut.

colere permisit. A victore Dario plura mater non impetrasset. Uxiorum deinde gentem subactam Susianorum satrapæ contribuit; divisisque cum Parmenione copiis, illum campestri itinere procedere jubet; ipse cum expedito agmine jugum montium cepit, quorum perpetuum dorsum in Persidem excurrit.

Omni hac regione vastata, tertio die Persidem, quinto angustias, quas illi Susidas Pylas[1] vocant, intrat. Ariobarzanes has cum quinque et viginti millibus peditum occupaverat, rupes abscissas et undique præruptas, in quarum cacuminibus extra teli jactum barbari stabant, de industria quieti et paventibus similes, donec in arctissimas fauces penetraret agmen. Quod ubi contemptu sui pergere vident, tum vero ingentis magnitudinis saxa per montium prona devolvunt; quæ, incussa sæpius subjacentibus petris, majore vi incidebant, nec singulos modo, sed agmina proterebant. Fundis quoque excussi lapides et sagittæ ingerebantur undique; nec id miserrimum fortibus viris erat, sed quod

n'aurait pas accordé davantage à sa mère. Alexandre réunit à la satrapie de la Susiane la nation des Uxiens qu'il venait de soumettre; puis, partageant ses troupes avec Parménion, il lui ordonna de marcher par la plaine, tandis qu'avec un camp volant, il prit lui-même par le haut des montagnes dont la chaîne s'étend jusque dans la Perse.

Après avoir fait le dégât dans toute cette contrée, il arriva le cinquième jour dans les gorges, que dans le pays on appelle le pas de Suse. Ariobarzane, avec vingt-cinq mille hommes d'infanterie, s'était posté sur ces rochers, coupés à pic et escarpés de toutes parts; les barbares en occupaient les sommets, hors de la portée du trait; ils ne faisaient à dessein aucun mouvement et paraissaient même avoir peur; ils attendaient que l'armée ennemie se fût engagée dans les passages les plus étroits. Voyant qu'elle continuait à avancer sans se soucier d'eux, ils se mirent à rouler sur la pente des montagnes des pierres d'une grosseur prodigieuse, qui, faisant plusieurs bonds sur les rochers qu'elles rencontraient dans leur chute, tombaient avec plus de violence, et écrasaient non quelques hommes isolés, mais des bataillons entiers. Il tombait aussi de tous côtés

Mater non impetrasset	Sa mère n'aurait pas obtenu
plura	plus de choses
a Dario victore.	de Darius vainqueur.
Deinde contribuit	Ensuite il réunit
gentem subactam Uxiorum	la nation soumise des Uxiens
satrapiæ Susianorum ;	à la satrapie des Susiens ;
copiisque divisis	et ses troupes ayant été divisées
cum Parmenione,	avec Parménion,
jubet illum procedere	il ordonne lui s'avancer
itinere campestri ;	par le chemin de-la-plaine ;
ipse cum agmine expedito	lui-même avec une troupe dégagée
cepit jugum montium	prit la chaîne des montagnes
quorum dorsum excurrit	dont le dos s'étend
in Persidem.	jusque dans la Perse
Omni hac regione	Toute cette contrée
vastata,	ayant été dévastée,
intrat Persidem tertio die,	il entre dans la Perse le troisième jour,
quinto angustias	le cinquième *il entre dans* les défilés
quas illi vocant	que ceux-là appellent
Pylas Susidas.	les Portes Susiennes.
Ariobarzanes	Ariobarzane
occupaverat has	avait occupé celles-ci
cum quinque et viginti	avec cinq et vingt
millibus peditum,	milliers de fantassins,
rupes abscissas	roches coupées (à pic)
et præruptas undique,	et escarpées de-tous-côtés,
in cacuminibus quarum	sur les sommets desquelles
barbari stabant	les barbares se tenaient
extra jactum teli,	hors-du jet du trait,
quieti de industria,	tranquilles à dessein,
et similes paventibus,	et semblables à *des gens* ayant-peur,
donec agmen penetraret	jusqu'-à-ce-que l'armée pénétrât
in fauces arctissimas.	dans les gorges les plus étroites.
Quod ubi vident	Laquelle *armée* dès qu'ils voient [mêmes,
pergere contemptu sui,	continuer-d'-avancer par mépris d'eux-
tum vero devolvunt	mais alors ils déroulent
per prona montium	par les pentes des montagnes
saxa magnitudinis ingentis,	des rochers d'une grandeur énorme,
quæ, incussa sæpius	qui, heurtés plus souvent
petris subjacentibus,	contre les pierres placées-dessous,
incidebant vi majore,	tombaient avec une force plus grande,
nec proterebant modo	et n'écrasaient pas seulement [taillons.
singulos, sed agmina.	des *hommes pris* un-à-un, mais des ba-
Lapides quoque	Des pierres aussi
excussi fundis	envoyées par des frondes
et sagittæ	et des flèches, [côtés ;
ingerebantur undique ;	étaient-jetés sur *les Macédoniens* de-tous-

inulti, ferarum ritu, velut in fovea deprehensi cæderentur. Ira igitur in rabiem versa, eminentia saxa complexi, ut ad hostem pervenirent, alius alium levantes, conabantur ascendere; ea ipsa, multorum simul manibus correpta et convulsa, in eos qui commoverant recidebant. Nec stare ergo, nec niti, nec testudine quidem protegi poterant, quum tantæ molis onera propellerent barbari. Regem non dolor modo, sed etiam pudor temere in illas angustias conjecti exercitus angebat. Invictus ad eam diem fuerat, nihil frustra ausus: impune Ciliciæ fauces[1] intraverat; mari[2] quoque novum iter in Pamphyliam[3] aperuerat. Tunc hæsitabat deprehensa felicitas, nec aliud remedium erat quam reverti qua venerat. Itaque, signo receptui dato, densatis ordinibus

des pierres lancées avec la fronde et une grêle de flèches. Ce n'était pas encore là ce qui fâchait le plus ces hommes courageux; c'était de se voir pris comme dans une fosse, ainsi que des bêtes sauvages, et d'être tués sans pouvoir se venger. Leur colère se tournant donc en rage, ils embrassaient les saillies des rochers, et tâchaient, en se soulevant les uns les autres, de gravir et d'arriver jusqu'à l'ennemi; mais ces rochers mêmes, déracinés par les efforts de tant de mains qui les saisissaient à la fois, tombaient bientôt sur ceux qui les avaient ébranlés. Ils ne pouvaient donc ni tenir en place, ni monter, ni même se garantir en faisant la tortue, à cause du poids énorme des masses que les barbares poussaient contre eux. Le roi était outré non-seulement de douleur, mais aussi de honte, d'avoir engagé inconsidérément son armée dans ces gorges. Invincible jusqu'alors, il n'avait rien tenté sans succès; il avait pénétré sans perte dans les gorges de la Cilicie; il s'était même ouvert le long de la mer une nouvelle route pour la Pamphylie; mais ici sa fortune chancelait arrêtée dans sa course, et il n'y avait de remède que de retourner par où il était venu. Il donne donc le signal de la retraite, et pres-

nec id erat miserrimum	ni cela n'était le plus malheureux
viris fortibus;	à (pour) des hommes courageux ; [vengés,
sed quod cæderentur inulti,	mais parce-qu'ils étaient abattus non-
ritu ferarum,	à la manière des bêtes-fauves,
velut deprehensi in fovea.	comme surpris dans une fosse.
Igitur ira	Donc la colère
versa in rabiem,	ayant été tournée en rage,
complexi saxa eminentia,	ayant embrassé les rochers saillants,
ut pervenirent ad hostem,	pour-qu'ils parvinssent à l'ennemi,
alius levantes alium,	l'un soulevant l'autre,
conabantur ascendere.	ils s'efforçaient de monter.
Ea ipsa	Ces *rochers* eux-mêmes
correpta et convulsa	saisis et arrachés
manibus multorum simul,	par les mains de beaucoup à-la-fois
recidebant in eos	retombaient sur ceux
qui commoverant.	qui *les* avaient ébranlés.
Ergo poterant	Donc ils *ne* pouvaient
nec stare, nec niti,	ni rester-en-place ni s'efforcer (monter),
nec quidem protegi	ni même être protégés
testudine,	par la tortue,
quum barbari	attendu-que les barbares
propellerent onera	poussaient-en-avant des fardeaux
molis tantæ.	d'une masse si-grande.
Non modo dolor,	Non-seulement la douleur,
sed etiam pudor	mais encore la honte
exercitus conjecti temere	de l'armée jetée inconsidérément
in illas angustias	dans ces défilés
angebat regem.	serrait (tourmentait) le roi.
Fuerat invictus	Il avait été invincible
ad eam diem	jusqu'-à ce jour
ausus nihil frustra :	n'ayant rien osé vainement :
intraverat impune	il était entré impunément
fauces Ciliciæ ;	dans les gorges de la Cilicie ;
aperuerat quoque mari	il avait ouvert aussi par la mer
iter novum	une route nouvelle
in Pamphyliam.	*pour aller* en Pamphylie.
Felicitas deprehensa	*Son* bonheur surpris
hæsitabat tunc,	hésitait alors,
nec aliud remedium erat	ni un autre remède n'était
quam reverti qua venerat.	que de retourner par-où il était venu.
Itaque	En-conséquence
signo dato receptui,	le signal ayant été donné pour la retraite,
ordinibus densatis,	les rangs ayant été serrés,
scutisque consertis	et les boucliers ayant été réunis
super capita,	au-dessus des têtes,
jubet evadere retro	il ordonne de sortir en-arrière
ex angustiis :	hors du défilé :

scutisque super capita consertis, retro evadere ex angustiis jubet : triginta fuere stadia, quæ remensi sunt.

IV. Tum castris undique aperto loco positis, non consultare modo quid agendum esset, sed vates quoque adhibere cœpit a superstitione animi. Sed quid tunc prædicere Aristander, cui tum plurimum credebat ex vatibus, poterat? Itaque, damnatis intempestivis sacrificiis, peritos locorum convocari jubet Per Mediam iter ostendebant tutum apertumque; sed rex dimittere milites insepultos erubescebat, ita tradito more ut vix ullum militiæ tam solenne esset munus quam humandi suos[1]. Captivos ergo, quos nuper exceperat, vocari jubet; inter quos erat quidam Græcæ Persicæque linguæ peritus, qui frustra eum in Persidem montium dorso exercitum ducere affirmat : silvestres esse calles, vix singulis pervios ; omnia contegi frondibus, implexosque arborum ramos silvas committere. Namque Persis ab altero

crit à ses troupes de se retirer des gorges en serrant les rangs, et en réunissant leurs boucliers au-dessus de leurs têtes : ils parcoururent ainsi trente stades en revenant sur leurs pas.

IV. Alors il assit son camp dans un lieu entièrement découvert, et se mit non-seulement à délibérer sur ce qu'il fallait faire, mais encore, par un mouvement de superstition, à consulter les devins. Mais que pouvait dans cette conjoncture prédire Aristandre, qui était alors le plus accrédité auprès du roi ? Renonçant donc à des sacrifices hors de saison, Alexandre fait appeler des personnes qui connaissaient les lieux. Elles lui indiquent un chemin sûr et découvert à travers la Médie; mais le roi avait honte d'abandonner ses morts sans sépulture; car, suivant un usage immémorial, à peine y avait-il à la guerre un devoir aussi sacré que celui d'ensevelir ses morts. Il fait donc appeler les prisonniers qui étaient tombés dernièrement entre ses mains ; parmi eux il s'en trouvait un qui, parlant le grec et le persan, l'assura qu'il essayerait inutilement de mener son armée en Perse par le haut des montagnes ; que les sentiers qui y conduisaient étaient

triginta stadia fuere,	trente stades furent
quæ remensi sunt.	qu'ils retraversèrent.
IV. Tum castris positis	IV. Alors le camp ayant été placé
loco aperto undique,	dans un lieu découvert de-tous-côtés,
cœpit	il commença
non modo consultare	non-seulement à délibérer
quid esset agendum,	quelle chose était devant être faite,
sed adhibere quoque vates,	mais à appeler aussi des devins
a superstitione animi.	par-suite-de la superstition de *son* esprit.
Sed quid Aristander,	Mais quelle chose Aristandre,
cui ex vatibus	à qui d'entre les devins
credebat tum plurimum,	il se fiait alors le plus,
poterat prædicere tunc?	pouvait prédire alors ?
Itaque	En-conséquence
sacrificiis intempestivis	des sacrifices intempestifs
damnatis,	ayant été condamnés (rejetés),
jubet peritos locorum	il ordonne *ceux* connaissant les lieux
convocari.	être convoqués.
Ostendebant iter	Ils montraient un chemin
tutum apertumque	sûr et découvert
per Mediam;	à-travers la Médie;
sed rex erubescebat.	mais le roi rougissait
dimittere milites	de laisser *ses* soldats
insepultos,	non-ensevelis,
more tradito ita	la coutume ayant été transmise ainsi
ut vix ullum munus	qu'à-peine aucun devoir
militiæ	du service-militaire
esset tam solemne	fût aussi solennel (sacré)
quam suos humari.	que les siens être inhumés.
Jubet ergo	Il ordonne donc
captivos vocari	les captifs être appelés
quos exceperat nuper;	qu'il avait recueillis récemment;
inter quos erat quidam	parmi lesquels était un certain
peritus linguæ græcæ	instruit-de la langue grecque
Persicæque,	et de la persique,
qui affirmat	lequel affirme
eum ducere frustra	lui conduire vainement
exercitum in Persidem	*son* armée en Perse
dorso montium :	par le dos des montagnes:
calles esse silvestres,	les sentiers être boisés [un,
vix pervios singulis,	à-peine praticables à des *hommes* un-à-
omnia contegi frondibus,	toutes choses être couvertes de feuilles,
ramosque arborum implexos	et les branches des arbres entrelacées
committere silvas.	rapprocher des forêts.
Namque Persis clauditur	Car la Perse est fermée [gnes
jugis perpetuis montium	par des chaînes continues de monta-

latere perpetuis montium jugis clauditur, quod in longitudinem mille sexcenta stadia, in latitudinem centum septuaginta procurrit. Hoc dorsum a Caucaso [1] monte ad Rubrum mare [2] pertinet; quaque deficit mons, aliud munimentum, fretum objectum est. Planities deinde sub radicibus montium spatiosa procumbit, fertilis terra, multisque vicis atque urbibus frequens. Araxes amnis [3] per hos campos multorum aquas torrentium evolvit in Medum [4]; Medus ad mare et ad meridiem versus, minor amnis eo quem accepit, evehitur; gignendæque herbæ non alius est aptior, quidquid alluit floribus vestiens. Platani quoque et populi contegunt ripas, ita ut procul visentibus continuata videantur montibus nemora riparum; quippe obumbratus amnis presso in solum dilabitur alveo, imminentque colles, ipsi quoque fontibus læti, radices eorum humore subeunte. Regio non alia tota Asia salubrior habetur : temperatum cœlum; hinc perpetuum ju-

boisés et qu'on pouvait à peine y passer un à un ; que tout y était caché sous un épais feuillage, et que les branches des arbres entrelacées y formaient une forêt impénétrable. En effet, la Perse est fermée d'un côté par une chaîne de montagnes, qui a seize cents stades de longueur, sur une largeur de cent soixante-dix. Cette barrière s'étend du mont Caucase à la mer Erythrée; et là où la montagne finit, la mer se présente comme un autre rempart. Aux pieds des montagnes se trouve une plaine spacieuse, fertile, remplie de villages et de villes. Le fleuve Araxe porte dans le Médus, à travers ces campagnes, les eaux de plusieurs torrents ; le Médus, moins considérable que l'Araxe qu'il reçoit, va se rendre à la mer du côté du midi. Au reste, nul autre fleuve n'est plus propre à faire croître l'herbe; toutes les terres qu'il arrose, il les émaille de fleurs. Ses rives sont aussi couvertes de platanes et de peupliers, de manière que de loin on dirait qu'elles ne font avec les montagnes qu'une même forêt. En effet, le fleuve ainsi ombragé coule dans un lit profond, et il est dominé par des collines également revêtues d'une riante verdure, à cause de l'humidité qui s'y insinue par le bas. Il n'y a pas dans toute l'Asie de contrée qui passe pour

HISTOIRE D'ALEXANDRE. LIVRE V.

ab altero latere	d'un-des-deux côtés
quod procurrit	qui court-en-avant
mille sexcenta stadia	de mille six-cents stades
in longitudinem,	en longueur,
centum septuaginta	de cent soixante-dix
in latitudinem.	en largeur.
Hoc dorsum pertinet	Ce dos (cette chaîne) s'-étend
a monte Caucaso	du mont Caucase
ad mare Rubrum ;	à la mer Rouge ;
quaque mons deficit,	et par-où la montagne manque, [devant,
fretum objectum est,	le détroit (le golfe Persique) a été placé-
aliud munimentum.	autre fortification.
Deinde planities spatiosa	Ensuite une plaine spacieuse
procumbit	est couchée (étendue)
sub radicibus montium,	sous les racines des montagnes,
terra fertilis,	terre fertile, [breux
frequensque vicis multis	et fréquente en (remplie de) bourgs nom-
atque urbibus.	et de villes *nombreuses*.
Amnis Araxes	Le fleuve Araxe
evolvit in Medum	roule dans le Médus
per hos campos	à-travers ces plaines
aquas torrentium multorum;	les eaux de torrents nombreux ;
Medus evehitur	le Médus est porté
ad mare,	vers la mer,
et versus ad meridiem,	et du-côté vers le midi,
amnis minor	fleuve moindre
eo quem accepit,	que celui qu'il a reçu ;
aliusque non est	et un autre n'est pas [duite,
aptior herbæ gignendæ,	plus propre à l'herbe devant être pro-
vestiens floribus	revêtant de fleurs
quidquid alluit.	tout-ce-qu'il baigne.
Platani quoque et populi	Des platanes aussi et des peupliers.
contegunt ripas,	couvrent ses rives,
ita ut nemora riparum	de-telle-sorte que les bois des rives
videantur visentibus procul	paraissent *à ceux* voyant de-loin
continuata montibus ;	contigus aux montagnes ;
quippe amnis obrumbratus	car le fleuve ombragé
dilabitur alveo	coule *dans* un lit
presso in solum,	enfoncé dans le sol,
collesque imminent,	et des collines s'élèvent-au-dessus,
læti quoque ipsi frondibus,	gaies aussi elles-mêmes par les feuilles,
humore subeunte	l'humidité allant-dessous
radices eorum.	les racines d'elles.
Non alia regio	Non une autre contrée
habetur salubrior	n'est regardée-comme plus salubre
tota Asia :	dans toute l'Asie :
cœlum temperatum ;	le ciel y est tempéré ;

gum opacum et umbrosum, quod æstus levat; illinc mare adjunctum, quod modico tepore terras fovet.

His expositis, captivus interrogatus a rege, auditune an oculis comperta haberet quæ diceret, pastorem se fuisse, et omnes eos calles percurrisse respondit; bis captum, semel a Persis in Lycia, iterum ab ipso. Subit regis animum memoria oraculo editæ sortis [1]; quippe consulenti responsum erat ducem in Persidem ferentis viæ Lycium civem fore. Igitur promissis, quanta et præsens necessitas exigebat et ipsius fortuna capiebat, oneratum armari jubet Macedonum more, et, quod bene verteret, monstraret iter; quamvis arduum et præceps, evasurum se esse cum paucis; nisi forte crederet quo ipse pecoris causa isset, Alexandrum pro gloria et perpetua laude ire non posse. Etiam atque etiam docere captivus quam difficile iter esset, maxime armatis. Tum

plus saine : l'air y est tempéré, d'un côté, par cette chaîne de montagnes couvertes d'ombrages épais qui modèrent la chaleur du climat, de l'autre, par le voisinage de la mer qui entretient dans les terres une douce chaleur.

Quand le prisonnier eut donné ces renseignements, le roi lui demanda s'il parlait par ouï-dire, ou d'après ce qu'il avait vu lui même ; celui-ci répondit qu'il avait été berger, qu'il avait parcouru tous les sentiers de ce canton ; et qu'il avait été pris deux fois, l'une en Lycie par les Perses, et l'autre par lui. Là-dessus, le roi se rappela ce que l'oracle lui avait prédit ; car un jour que ce prince le consultait, il lui avait répondu qu'un Lycien le dirigerait dans la route qui conduit en Perse. Le roi comble donc le prisonnier de toutes les promesses qu'exigeait la nécessité des circonstances et que comportait sa fortune ; puis il le fait armer à la macédonienne, et lui commande, en formant des vœux pour le succès, de lui montrer le chemin ; il ajoute que quelque rude et escarpé qu'il soit, il y passera avec une petite troupe ; à moins qu'il ne crût qu'Alexandre, pour acquérir de la gloire et une réputation immortelle, ne pourrait pénétrer dans les lieux où il avait été lui-même pour faire paître son troupeau. Le prisonnier in-

hinc jugum perpetuum	d'-un-côté une chaîne continue
opacum et umbrosum,	touffue et ombreuse,
quod levat æstus;	qui adoucit les chaleurs ;
illinc mare adjunctum	de-l'autre-côté la mer adjointe (voisine)
quod fovet terras	qui échauffe les terres
tepore modico.	par une tiédeur modérée.
His expositis,	Ces choses ayant été exposées,
captivus interrogatus	le captif ayant été interrogé
a rege,	par le roi,
haberetne comperta	s'il avait *pour* connues
oculis an auditu	par les yeux ou par ouï-dire
quæ diceret,	les choses qu'il disait,
respondit	répondit
se fuisse pastorem,	lui-même avoir été berger,
et percurrisse	et avoir parcouru
omnes eos calles ;	tous ces sentiers-là ;
captum bis,	*lui* avoir été pris deux-fois,
semel in Lycia a Persis,	une-fois en Lycie par les Perses, [dre).
iterum ab ipso.	une-seconde-fois par lui-même (Alexan-
Memoria sortis	le souvenir d'une prophétie
editæ oraculo	rendue par un oracle
subit animum regis ;	vient-à l'esprit du roi ;
quippe responsum erat	car il avait été répondu
consulenti	à *lui* consultant
civem Lycium	*à savoir* un citoyen lycien
fore ducem viæ	devoir être guide de la route
ferentis in Persidem.	portant en Perse.
Igitur jubet	Donc il ordonne
oneratum promissis	*lui* chargé de promesses
quanta et necessitas præsens	aussi-grandes-que et la nécessité présente
exigebat,	exigeait,
et fortuna ipsius capiebat,	et la fortune de lui-même *le* comportait,
armari more Macedonum,	être armé à la manière des Macédoniens,
et monstraret iter,	et *qu'*il montrât le chemin,
quod verteret bene ;	laquelle chose pût-tourner bien ;
se evasurum esse	lui-même devoir franchir
cum paucis,	avec des *hommes* peu-nombreux
quamvis arduum	*ce chemin* quoique difficile
et præceps;	et escarpé ;
nisi forte crederet	à-moins-que par-hasard il ne crût
Alexandrum non posse	Alexandre ne pouvoir
ire pro gloria	aller pour la gloire
et laude perpetua,	et la louange perpétuelle,
quo ipse isset	où lui-même était allé
causa pecoris.	à-cause-de *son* troupeau.
Captivus docere	Le captif *se mit* à représenter
etiam atque etiam	encore et encore

rex : « ræedem me, inquit, accipe neminem eorum qui se
quuntur recusaturum ire qua duces. » Cratero igitur ad
custodiam castrorum relicto, cum peditibus quis assueverat,
et iis copiis quas Meleager ducebat, et sagittariis equitibus
mille, præcepit ut, castrorum specie manente, plures de industria ignes fieri imperaret, quo magis barbari crederent
ipsum regem in castris esse. Ceterum, si forte Ariobarzanes
cognovisset per callium aufractus eum intrare, et ad occu-
pandum iter suum partem copiarum tentasset opponere,
Craterus, in eum illato terrore, retineret ad propius periculum conversum agmen. Sin autem ipse hostem fefellisset,
et saltum occupasset, quum trepidantium barbarorum tumul-
tum exaudisset persequentium regem, ad ipsum iter quo pridie pulsi fuerant, ne dubitaret ingredi; quippe vacuum fore,
hostibus in semet aversis.

Ipse tertia vigilia, silenti agmine, ac ne tuba quidem dato
signo, pergit ad demonstratum iter callium. Tridui alimenta

siste sur la difficulté du chemin, surtout pour des gens armés.
« Crois sur ma parole, lui dit alors le roi, que pas un homme de
ma suite ne refusera d'aller par où tu nous conduiras. » Il laisse
donc à Cratère la garde du camp, avec l'infanterie qu'il commandait d'ordinaire, les troupes qui étaient sous les ordres de Méléagre, et mille archers à cheval, et lui enjoint de ne rien changer à
la forme extérieure du camp, et d'y faire allumer exprès quantité
de feux, afin de mieux persuader aux barbares que le roi y était
en personne. Si d'ailleurs Ariobarzane avait connaissance qu'il
cherchait à entrer par des sentiers détournés, et s'il tentait de lui
couper le chemin avec une partie de ses troupes, Cratère donnerait
l'alarme à l'ennemi, et le retiendrait en l'occupant d'un danger plus
pressant. Si, au contraire, le roi trompait l'ennemi et se rendait
maître du défilé, dès que Cratère entendrait le bruit des barbares en
mouvement pour poursuivre le roi, il devait sans hésiter se jeter
dans le chemin d'où les Macédoniens avaient été repoussés la veille,
et qu'il trouverait libre, le roi ayant attiré sur lui les forces des
ennemis.

A la troisième veille, Alexandre se met en route pour les sentiers
qu'on lui indique; sa troupe gardait un profond silence, et n'avait

quam iter esset difficile,	combien le chemin était difficile,
maxime armatis.	surtout à des *gens* armés.
Tum rex :	Alors le roi :
« Accipe, inquit, me prædem,	« Reçois, dit-il, moi *pour* garant
neminem eorum	personne de ceux
qui sequuntur,	qui *me* suivent, [ras. »
recusaturum ire qua duces. »	devoir refuser d'aller par-où tu condui-
Igitur Cratero relicto	Donc Cratère ayant été laissé
ad custodiam castrorum,	à la garde du camp,
cum pedibus	avec les fantassins
quis assueverat,	auxquels il était habitué,
et iis copiis	et ces troupes
quas Meleager ducebat,	que Méléagre conduisait,
et mille sagittariis equitibus,	et mille archers cavaliers,
præcepit ut,	il ordonna que,
specie castrorum manente,	l'apparence du camp subsistant,
imperaret ignes plures	il commandât des feux plus nombreux
fieri de industria,	être faits à dessein,
quo barbari	afin-que-par-là les barbares
crederent magis	crussent davantage
regem ipsum	le roi lui-même
esse in castris.	être dans le camp.
Ceterum si forte	Du-reste si par-hasard
Ariobarzanes cognovisset	Ariobarzane avait connu
eum intrare	lui entrer
per anfractus callium,	par les courbures (détours) des sentiers,
et tentasset opponere	et avait tenté d'opposer
partem copiarum	une partie de *ses* troupes
ad occupandum suum iter,	pour occuper-le-premier son chemin,
Craterus retineret,	que Cratère retînt, [barzane),
terrore illato in eum,	la terreur étant portée contre lui (Ario-
agmen conversum	l'armée *des Perses* tournée
ad periculum propius.	vers le danger plus proche.
Sin autem ipse	Si au-contraire lui-même
fefellisset hostem,	avait trompé l'ennemi,
et occupasset saltum,	et avait occupé le défilé, [multe
quum exaudisset tumultum	lorsqu'il (Cratère) aurait entendu le tu-
barbarorum trepidantium,	des barbares s'agitant,
persequentium regem,	poursuivant le roi,
ne dubitaret ingredi	qu'il n'hésitât pas à marcher
ad iter ipsum,	vers le chemin même,
quo pulsi fuerant pridie ;	duquel ils avaient été repoussés la veille ;
quippe fore vacuum,	car *ce chemin* devoir être vide, [même
hostibus aversis in semet.	les ennemis étant détournés sur lui-
Ipse pergit	Lui-même continue-d'-avancer
ad iter callium	vers la route des sentiers
demonstratum,	qui avait été indiquée,

portare militem jusserat leviter armatum. Sed præter invias rupes ac prærupta saxa, vestigium subinde fallentia, nix cumulata vento ingredientes fatigabat; quippe velut in foveas delati hauriebantur; et, quum a commilitonibus levarentur, trahebant magis adjuvantes quam sequebantur. Nox quoque, et ignota regio, ac dux, incertum an satis fidus, multiplicabant metum : si custodes fefellisset, quasi feras bestias ipsos posse deprehendi; ex unius captivi vel fide vel anima pendere et regis salutem et suam. Tandem venere in jugum; a dextera iter ad ipsum Ariobarzanem erat. Hic Philotam et Cœnon cum Amynta et Polysperchonte, expeditam habentes manum, reliquit, monitos ut, quia eques pediti erat mixtus, qua pinguissimum esset solum et pabuli fertile, sensim procederent. Duces itineris de captivis dati. Ipse cum armigeris, et ala quam agema¹ appellant, ardua semita, sed longius a stationibus hostium remota, multa cum vexatione processit.

pas même reçu le signal de la trompette. Il avait commandé à ses soldats, qui étaient armés à la légère, de se charger de vivres pour trois jours. Mais outre la difficulté du passage par des montagnes inaccessibles et des rochers escarpés, qui manquaient quelquefois sous les pieds, la neige amoncelée par le vent augmentait encore la fatigue de la marche; les soldats étaient engloutis comme dans des fosses; et si leurs camarades cherchaient à les retirer, ils les entraînaient plus souvent qu'ils ne les suivaient. D'ailleurs la nuit, le défaut de connaissance du pays, et le doute qu'inspirait la fidélité du guide, tout contribuait à redoubler leur crainte : si le guide venait à tromper la surveillance de ses gardiens, on pouvait les prendre tous comme des bêtes dans un piége; de la bonne foi ou de la vie d'un seul prisonnier dépendait le salut du roi et le leur propre. Enfin ils parvinrent au sommet. Il y avait à droite un chemin pour joindre Ariobarzane. Là le roi laissa Philotas, Cénus, Amyntas et Polysperchon, qui avaient des troupes légères, et leur ordonna, comme ils avaient de la cavalerie mêlée à l'infanterie, d'avancer doucement par où le terrain serait le plus gras et le plus fertile en pâturages. Il leur donna des prisonniers pour guides. Quant à lui, accompagné de ses gardes et du corps de cavalerie qu'ils appellent agéma, il s'avança avec bien de la peine, par un sentier difficile, mais éloigné

tertia vigilia,	à la troisième veille,
agmine silente	la troupe se taisant,
ac signo dato	et le signal ayant été donné
ne quidem tuba.	pas même par la trompette.
Jusserat militem	Il avait ordonné le soldat
armatum leviter	armé légèrement [jours.
portare alimenta tridui.	porter les aliments d'un-espace-de-trois-
Sed præter rupes invias	Mais outre des rochers impraticables
ac saxa prærupta	et des pierres escarpées [des-pieds,
fallentia subinde vestigium,	trompant de-temps-en-temps la plante-
nix cumulata vento	la neige amoncelée par le vent
fatigabat ingredientes;	fatiguait eux marchant;
quippe hauriebantur	car ils étaient engloutis
velut delati in foveas;	comme portés (tombés) dans des fossés;
et, quum levarentur	et, lorsqu'ils étaient levés
a commilitonibus,	par leurs compagnons-d'armes,
trahebant adjuvantes	ils entraînaient ceux aidant
magis quam sequebantur.	plus qu'ils ne les suivaient.
Nox quoque,	La nuit aussi,
et regio ignota,	et la contrée inconnue,
ac dux,	et le guide, [ment fidèle,
incertum an satis fidus,	cela étant incertain s'il était suffisam-
multiplicabant metum :	multipliaient la crainte :
si fefellisset custodes,	s'il avait trompé ses gardes,
ipsos posse deprehendi	eux-mêmes pouvoir être surpris
quasi bestias feras;	comme des bêtes sauvages;
et salutem regis et suam	et le salut du roi et le leur
pendere vel ex fide	dépendre ou de la foi
vel anima unius captivi.	ou du souffle (de la vie) d'un seul captif.
Tandem venere in jugum;	Enfin ils arrivèrent sur la chaîne;
iter ad Ariobarzanen	le chemin vers Ariobarzane
erat a dextera.	était du-côté de la droite.
Reliquit hic cum Amynta	Il laissa-là
et Polysperchonte	avec Amyntas et Polysperchon
Philotam et Cœnon, [tam,	Philotas et Cénus,
habentes manum expedi-	ayant une troupe dégagée,
monitos ut	ayant été avertis que
procederent sensim	ils s'-avançassent insensiblement
qua solum	par-où le sol
esset pinguissimum	serait le plus gras
et fertile pabuli,	et fertile en pâturage,
quia eques	parce-que le cavalier
mixtus erat pediti.	était mêlé au fantassin.
Duces itineris	Des guides du chemin
dati de captivis	furent donnés d'entre les captifs.
Ipse processit	Lui-même s'avança
cum multa vexatione	avec mainte souffrance

Medius erat dies, et fatigatis necessaria quies ; quippe tantumdem itineris supererat quantum emensi erant, sed minus præcipitis atque ardui. Itaque, refectis cibo somnoque militibus, secunda vigilia surgit. Et cetera quidem haud ægre præteriit; ceterum, qua se jugum montium paulatim ad planiora demittit, ingens vorago, concursu cavata torrentium, iter ruperat. Ad hæc arborum rami, alius alio implicati et coeuntes, ut perpetuam objecerant sepem. Desperatio igitur ingens, adeo ut vix lacrimis abstinerent, incesserat. Præcipue obscuritas terrori erat; nam etiamsi qua sidera internitebant, continenti fronde tectæ arbores conspicere prohibebant. Ne aurium quidem usus supererat, silvas quatiente vento; quæ concurrentibus ramis majorem quam pro flatu sonum reddebant.

des postes ennemis. Il était midi, et ses gens excédés de fatigue avaient besoin de se reposer, car ils avaient encore autant de chemin à faire qu'ils en avaient déjà parcouru ; toutefois cette partie était moins escarpée et moins rude. Il ordonne donc à ses soldats de prendre de la nourriture et du repos, et il se lève à la seconde veille. Le reste du passage ne fut pas difficile ; mais, vers l'endroit où les montagnes s'abaissent insensiblement par une pente plus douce, un immense ravin, creusé par la rencontre des torrents, avait rompu le chemin. D'ailleurs les branches des arbres, entrelacées les unes dans les autres et formant un tout, présentaient une espèce de haie sans fin, Un grand désespoir avait donc saisi les soldats, à tel point qu'ils pouvaient à peine retenir leurs larmes. L'obscurité surtout les effrayait ; car si quelques étoiles brillaient au milieu des ténèbres, les arbres couverts d'un épais feuillage ne les laissaient point voir. On ne pouvait même plus s'entendre, à cause du vent qui agitait les arbres, le choc des branches ajoutant encore au bruit du vent.

semita ardua,	par un sentier difficile,
sed remota longius	mais écarté plus loin
a stationibus hostium,	des postes des ennemis,
cum armigeris,	avec ses gardes,
et ala quam appellant	et l'escadron qu'ils appellent
agema.	agéma.
Dies erat medius,	Le jour était au-milieu, |gués ;
et quies necessaria fatigatis ;	et le repos était nécessaire à eux fati-
quippe tantumdem itineris	car autant de chemin
supererat,	restait,
quantum emensi erant,	qu'ils en avaient parcouru,
sed minus præcipitis	mais moins à-pic
atque ardui.	et moins difficile.
Itaque militibus	En-conséquence les soldats [sommeil,
refectis cibo somnoque,	ayant été refaits par la nourriture et le
surgit secunda vigilia.	il se lève à la seconde veille. [vérité
Et præteriit cetera quidem	Et il passa toutes-les-autres choses à-la-
haud ægre ; [tium	non avec-peine ;
ceterum qua jugum mon-	mais par-où la chaîne des montagnes
se demittit paulatim	s'abaisse peu-à-peu
ad planiora,	vers des parties plus unies,
vorago ingens,	un gouffre immense,
concavata concursu	creusé par la rencontre
torrentium,	des torrents,
ruperat iter.	avait rompu le chemin.
Ad hæc rami arborum	Outre ces choses les branches des arbres
implicati alius alio	enlacées l'une par l'autre
et coeuntes,	et se réunissant,
objecerant	avaient opposé
ut sepem perpetuam.	comme une haie continue.
Igitur ingens desperatio,	Donc un immense désespoir,
adeo ut abstinerent vix	tellement qu'ils s'abstenaient à-peine
lacrimis,	de larmes,
incesserat.	était entré dans leurs esprits.
Obscuritas præcipue	L'obscurité principalement
erat terrori ;	était à terreur ;
nam etiamsi sidera	car même-si des étoiles
internitebant qua,	brillaient-par-place quelque-part,
arbores tectæ	les arbres couverts
fronde continenti	d'un feuillage se tenant
prohibebant conspicere.	empêchaient de les apercevoir.
Usus aurium	L'usage des oreilles
ne supererat quidem,	ne restait pas même,
vento quatiente silvas ;	le vent agitant les forêts ;
quæ ramis concurrentibus	lesquelles les branches se rencontrant
reddebant sonum	rendaient un son
majorem quam pro flatu.	plus grand que eu-égard-au souffle.

Tandem exspectata lux omnia, quæ terribiliora nox fecerat, minuit : circumiri brevi spatio poterat eluvies, et sibi quisque dux itineris cœperat fieri. Evadunt ergo in editum verticem, ex quo hostium statione conspecta, strenue armati a tergo se ostendunt nihil tale metuentibus; quorum pauci, qui congredi ausi erant, cæsi sunt. Itaque hinc morientium gemitus, hinc ad suos recurrentium miserabilis facies, integros quoque, antea quam discrimen experirentur, in fugam avertit. Fremitu deinde in castra quis Craterus præerat illato, ad occupandas angustias, in quibus pridie hæsitarat, miles educitur; simul et Philotas, cum Polysperchonte Amyntaque et Cœno diversum iter ingredi jussus, alium terrorem intulit barbaris. Ergo, undique Macedonum armis fulgentibus, ancipiti malo oppressi, memorabile tamen prœlium edunt : ut opinor, ignaviam quoque necessitas acuit.

Enfin la lumière tant désirée rendit moins effrayant ce qui la nuit avait paru si terrible : on pouvait, par un petit détour, tourner la fondrière, et chacun commençait à se guider soi-même. Ils montent donc sur un sommet élevé, d'où ils découvrent la garde des ennemis; ils s'arment à la hâte et se montrent au dos des barbares qui étaient loin de s'attendre à rien de pareil ; le peu d'entre eux qui osèrent en venir aux mains, furent taillés en pièces : si bien que d'une part les gémissements des mourants, de l'autre l'effroi de ceux qui regagnaient le gros de leur troupe, firent prendre la fuite aux bataillons même qui n'avaient pas été entamés, avant qu'ils eussent tenté le hasard du combat. Le bruit de ce désordre était parvenu jusqu'au camp de Cratère; il fait avancer ses soldats pour s'emparer des gorges où ils avaient été arrêtés la veille. En même temps Philotas, qui avait reçu ordre de prendre par un autre chemin avec Polysperchon, Amyntas et Cénus, donna aux barbares un nouveau sujet d'alarme. Mais quoiqu'ils se sentissent pressés des deux côtés et qu'ils vissent briller de toutes parts les armes des Macédoniens, ils

Tandem lux exspectata	Enfin la lumière attendue
minuit omnia	diminua toutes les choses
quæ nox fecerat	que la nuit avait faites
terribiliora :	plus terribles :
eluvies poterat	la fondrière pouvait
circumiri brevi spatio,	être tournée par un court espace,
et quisque cœperat	et chacun commençait
fieri sibi	à devenir à (pour) soi-même
dux itineris.	guide du chemin.
Evadunt ergo	Ils arrivent donc
in verticem editum,	sur un sommet élevé,
ex quo statione hostium	duquel le poste des ennemis
conspecta,	ayant été aperçu,
armati strenue	s'étant armés activement
se ostendunt a tergo	ils se montrent du-côté du dos
metuentibus nihil tale;	à *eux* ne craignant rien *de* tel ;
quorum pauci,	desquels peu,
qui ausi erant congredi,	qui avaient osé en-venir-aux-mains,
cæsi sunt.	furent tués.
Itaque hinc	En-conséquence d'-un-côté
gemitus morientium,	les gémissements des mourants,
hinc facies miserabilis	d'-un-côté l'aspect lamentable
recurrentium ad suos,	de *ceux* courant-en-arrière vers les leurs,
avertit in fugam	tourna en fuite
integros quoque,	*ceux* intacts même,
antea quam experirentur	avant qu'ils essayassent
discrimen.	l'action-décisive.
Deinde fremitu	Ensuite le bruit
illato in castra	ayant été porté dans le camp
quis Craterus præerat,	auquel Cratère commandait,
miles educitur	le soldat est mené-dehors
ad angustias in quibus	pour les défilés dans lesquels
hæsitarat pridie	il avait hésité la veille
occupandas;	devant être saisis;
simul et Philotas,	en-même-temps aussi Philotas
jussus cum Polysperchonte	ayant-reçu-ordre avec Polysperchon
Amyntaque et Cœno,	et Amyntas et Cénus,
ingredi iter diversum	d'entrer-dans un chemin différent,
intulit barbaris	porta aux barbares
alium terrorem.	une autre terreur.
Ergo armis Macedonum	Donc les armes des Macédoniens
fulgentibus undique,	brillant de-toutes-parts,
oppressi malo ancipiti,	accablés par un mal double,
edunt tamen	ils produisent (ils livrent) cependant
prœlium memorabile :	un combat mémorable :
necessitas acuit,	la nécessité aiguise,
ut opinor,	comme je pense,

et sæpe desperatio spei causa[1] est. Nudi complectebantur armatos, et ingenti corporum mole secum ad terram detrahentes, ipsorum telis plerosque fodiebant. Ariobarzanes tamen, quadraginta ferme equitibus et quinque millibus peditum stipatus, per mediam aciem Macedonum cum multo suorum atque hostium sanguine erupit, Persepolim urbem, caput regionis, occupare festinans. Sed a custodibus urbis exclusus, consecutis strenue hostibus, cum omnibus fugæ comitibus renovato prœlio cecidit. Craterus quoque, raptim agmine acto, supervenit.

V. Rex eodem loco, quo hostium copias fuderat, castra communivit. Quanquam enim undique fugati hostes victoriam concesserant, tamen præaltæ præcipitesque fossæ, pluribus locis objectæ, abruperant iter; sensimque et caute progrediendum erat, jam non hostium, sed locorum fraude suspecta. Procedenti ei litteræ redduntur a Tyridate, custode

ne laissèrent pas de combattre d'une manière glorieuse. C'est que la nécessité inspire, sans doute, du courage à la lâcheté même, et souvent l'espérance naît du désespoir. Sans armes ils saisissaient leurs adversaires armés, les entraînaient par terre avec eux par la masse énorme de leurs corps, et en perçaient plusieurs de leurs propres armes. Cependant Ariobarzane, suivi d'environ quarante chevaux et de cinq mille hommes de pied, se fait jour à travers les bataillons macédoniens après avoir perdu et tué beaucoup de monde. Il était pressé d'occuper le premier Persépolis, capitale du pays; mais la garnison lui en ferma les portes, et, suivi de près par les ennemis, il soutint avec tous les compagnons de sa fuite un nouveau combat, où il fut tué. Cratère qui avait hâté la marche de ses troupes, survint encore au même instant.

V. Le roi campa au même lieu où il avait défait les ennemis. Car quoiqu'ils lui eussent cédé la victoire par leur déroute générale, toutefois de grandes fondrières et des précipices que l'on rencontrait en différents endroits, coupaient le chemin, et il fallait avancer lentement et avec précaution, par défiance, non plus des ennemis, mais des lieux mêmes. En avançant, il reçut de Tyridate,

ignaviam quoque,	la lâcheté même,
et desperatio est sæpe	et le désespoir est souvent
causa spei.	une cause d'espérance.
Nudi complectebantur	Nus ils embrassaient
armatos,	des *hommes* armés,
et detrahentes secum	et *les* entraînant avec eux-mêmes
ad terram	vers la terre
mole ingenti corporum,	par la masse énorme de *leurs* corps,
fodiebant plerosque	ils perçaient la plupart
telis ipsorum.	par les traits d'eux-mêmes.
Ariobarzanes tamen,	Ariobarzane, cependant,
stipatus	entouré
quadraginta equitibus ferme	de quarante cavaliers à-peu-près
et quinque millibus peditum,	et de cinq milliers de fantassins,
erupit per mediam aciem	perça à-travers le milieu *de* la ligne
Macedonum,	des Macédoniens,
cum sanguine multo	avec un sang abondant
suorum atque hostium,	des siens et des ennemis,
festinans occupare	se hâtant d'occuper-le-premier
urbem Persepolim,	la ville *de* Persépolis,
caput regionis.	capitale de *cette* contrée.
Sed exclusus	Mais exclu
a custodibus urbis,	par les gardes de la ville,
hostibus consecutis strenue,	les ennemis *l'*ayant suivi activement,
prœlio renovato	le combat ayant été renouvelé,
cedidit cum omnibus	il tomba avec tous
comitibus fugæ.	les compagnons de *sa* fuite.
Craterus quoque,	Cratère aussi,
agmine acto raptim,	*sa* troupe ayant été poussée à-la-hâte,
supervenit.	survint.
V. Rex communivit castra	V. Le roi fortifia le camp [en-déroute
eodem loco quo fuderat	*dans* le même lieu *dans* lequel il avait mis-
copias hostium.	les troupes des ennemis.
Quanquam enim hostes	Quoiqu'en-effet les ennemis
fugati undique	mis-en-fuite de-tous-côtés
concesserant victoriam,	eussent cédé la victoire,
tamen fossæ	cependant des fossés
præaltæ præruptæque,	très-profonds et escarpés,
objectæ pluribus locis,	placés-devant en plusieurs endroits
abruperant iter,	avaient coupé le chemin,
eratque progrediendum	et il était à-avancer
sensim et caute,	peu-à-peu et avec-précaution,
fraude non jam hostium	la fraude non plus des ennemis
sed locorum	mais des lieux
suspecta.	*étant* suspecte.
Litteræ redduntur	Une lettre est remise

regiæ pecuniæ, indicantes eos qui in urbe essent, audito ejus adventu, diripere velle thesauros : properaret occupare dimissos ; expeditum iter esse, quanquam Araxes amnis interfluat. Nullam virtutem regis istius magis quam celeritatem laudaverim ; relictis enim pedestribus copiis, tota nocte cum equitibus, itineris tanto spatio fatigatis, ad Araxem prima luce pervenit. Vici erant in propinquo ; quibus dirutis, pontem ex materia eorum, subditis saxis, strenue induxit. Jamque haud procul urbe erant, quum miserabile agmen, inter pauca fortunæ exempla memorandum, regi occurrit. Captivi erant Græci ad quatuor millia[1] fere, quos Persæ vario suppliciorum modo affecerant : alios pedibus, quosdam manibus auribusque amputatis, inustisque barbarum litterarum notis, in longum sui ludibrium reservaverant ; et, quum se quoque alienæ ditionis esse cernerent, volentes

---

garde du trésor royal, une lettre qui donnait avis, que ceux qui étaient dans la ville, sachant qu'il approchait, voulaient piller l'argent ; qu'il se hâtât de se saisir des richesses abandonnées par Darius ; que le chemin était aisé, quoique traversé par le fleuve Araxe. De toutes les qualités de ce prince, je n'en trouve point qui mérite plus d'éloges que sa diligence ; en effet, laissant là son infanterie, il marcha toute la nuit avec sa cavalerie, qu'une si longue traite fatigua beaucoup, et arriva au point du jour sur les rives de l'Araxe. Il y avait des villages dans les environs ; il les fit démolir, et du bois qu'il en tira, il construisit rapidement un pont, qu'il appuya sur des piles de pierres. On était déjà proche de la ville, lorsqu'une troupe bien digne de pitié, exemple mémorable, s'il en fut jamais, des rigueurs de la fortune, vint à la rencontre du roi. C'étaient environ quatre mille prisonniers grecs, à qui les Perses avaient fait subir différentes sortes de supplices : aux uns ils avaient coupé les pieds, à d'autres les mains et les oreilles ; et après les avoir marqués avec le feu de caractères barbares, ils les avaient réservés pour en faire longtemps l'objet de leurs risées ; mais se voyant à leur tour passés sous une domination étrangère, ils n'avaient pas empêché les Grecs

ei procedenti	à lui s'-avançant
a Tyridate,	de-la-part-de Tyridate.
custode pecuniæ regiæ,	gardien de l'argent royal,
indicantes	*lettre* indiquant
eos qui essent in urbe,	ceux qui étaient dans la ville,
adventu ejus audito,	l'arrivée de lui ayant été entendue,
velle diripere thesauros :	vouloir piller les trésors :
properaret occupare	qu'il se hâtât de saisir-le-premier
dimissos ;	*les trésors* abandonnés ;
iter esse expeditum,	le chemin être dégagé *d'obstacles*,
quamquam amnis Araxes	quoique le fleuve Araxe
interfluat. [tem	coule-entre.
Laudaverim nullam virtu-	Que je n'aie loué aucune qualité
istius regis	de ce roi
magis quam celeritatem ;	plus que *sa* célérité ;
copiis pedestribus enim	les troupes de-pied en-effet
relictis,	ayant été laissées, [du jour)
pervenit luce prima	il parvint à la première lumière (au point
ad Araxem,	vers l'Araxe, [cavaliers
nocte tota cum equitibus	*ayant marché* la nuit tout-entière avec les
fatigatis tanto spatio	fatigués par un si-grand espace
itineris.	de chemin.
Vici erant in proximo ;	Des villages étaient dans le plus proche ;
quibus dirutis,	lesquels ayant été démolis,
induxit strenue pontem	il mit-sur *le fleuve* activement un pont
ex materia eorum,	du bois d'eux,
saxis subditis.	des pierres ayant été placées-dessous.
Jamque erant	Et déjà ils étaient
haud procul urbe,	non loin de la ville,
quum agmen miserabile,	lorsqu'une troupe pitoyable,
memorandum inter pauca	*exemple* devant être cité entre peu
exempla fortunæ,	d'exemples de la fortune,
occurrit regi.	vint-au-devant au (du) roi.
Erant captivi Græci	C'étaient des captifs grecs
ad quatuor millia fere,	jusqu'-à quatre mille presque,
quos Persæ affecerant	que les Perses avaient frappés
modo vario suppliciorum :	par une manière variée de supplices :
reservaverant	ils avaient réservé
in longum ludibrium sui	pour une longue risée d'eux-mêmes
aliis pedibus amputatis,	les uns les pieds ayant été coupés,
quosdam manibus auribus	certains les mains et les oreilles *ayant été*
notisque [que,	et des caractères [*coupées,*
litterarum barbararum	de lettres barbares
inustis,	ayant été imprimés-par-une-brûlure ;
et, quum cernerent	et, comme ils voyaient
se quoque esse	eux-mêmes aussi être
ditionis alienæ,	d'une (sous une) domination étrangère,

regi occurrere non prohibuerant. Inusitata simulacra, non homines videbantur; nec quidquam in illis præter vocem poterat agnosci. Plures igitur lacrimas commovere quam profuderant ipsi; quippe, in tam multiplici variaque fortuna singulorum, intuentibus similes quidem, sed tamen dispares pœnas, quis maxime miserabilis esset liquere non poterat. Ut vero Jovem illi tandem, Græciæ ultorem, aperuisse oculos conclamavere, omnes pari supplicio affecti sibi videbantur. Rex, abstersis quas profuderat lacrimis, bonum habere animum jubet : visuros urbes suas conjugesque ; et castra inde duo ab urbe stadia communit.

Græci excesserant vallo, deliberaturi quid potissimum a rege peterent. Quumque aliis sedes in Asia rogare, aliis reverti domos placeret, Euthymon Cymæus[1] ita locutus ad eos fertur : « Hi, qui modo ad opem petendam ex tenebris et carcere procedere erubuimus, ut nunc est, supplicia, quorum nos pudeat magis an pœniteat incertum est, ostentare

d'aller, comme ils le désiraient, au-devant du roi. Ceux-ci ressemblaient à des spectres étranges, non à des hommes ; et l'on ne pouvait reconnaître en eux que la parole. Ils firent donc couler plus de larmes qu'ils n'en avaient eux-mêmes versé; car devant la situation si diverse et si variée de chacun, à la vue de ces mutilations communes à tous, quoique d'un genre différent, il n'était pas possible de juger lequel était le plus à plaindre. Mais quand ils s'écrièrent unanimement qu'enfin Jupiter, vengeur de la Grèce, avait ouvert les yeux, il n'y eut personne qui ne crût avoir subi le même supplice. Le roi, après avoir essuyé ses propres larmes, les exhorta à prendre courage, puisqu'ils reverraient leurs villes et leurs femmes ; et il alla ensuite camper à deux stades de la ville.

Cependant les Grecs étaient sortis du camp pour délibérer sur ce qu'ils devaient principalement demander au roi. Les uns étant d'avis de lui demander des établissements en Asie, les autres, de retourner dans leur patrie, on rapporte qu'Euthymon de Cyme leur parla ainsi : « Nous, qui tantôt rougissions de sortir des ténèbres et des cachots pour demander du secours, nous voulons, à présent,

HISTOIRE D'ALEXANDRE. LIVRE V. 437

non prohibuerant volentes	il n'avaient pas empêché *eux le* voulant
occurrere regi.	d'aller-au-devant au (du) roi.
Videbantur	Ils paraissaient
simulacra inusitata,	des fantômes inusités (étranges),
non homines ;	non des hommes ;
nec quidquam poterat	ni quoi-que-ce-soit *ne* pouvait
agnosci in illis	être reconnu en eux
præter vocem.	hormis la voix.
Commovere igitur	Ils remuèrent donc
lacrimas plures,	des larmes plus nombreuses
quam ipsi profuderant;	que eux-mêmes *n'en* avaient versé;
quippe in fortuna	car dans la fortune
tam multiplici variaque	si multiple et *si* variée
singulorum,	*d'eux pris* un-à-un,
non poterat liquere	il ne pouvait être-clair
intuentibus pœnas.	à *ceux* considérant les peines
similes quidem	semblables à-la-vérité
sed tamen dispares, [lis.	mais cependant différentes,
quis esset maxime miserabi-	lequel était le plus misérable.
Ut vero illi tandem	Mais dès-que ceux-là enfin
conclamavere Jovem,	eurent crié-ensemble Jupiter
ultorem Græciæ,	vainqueur de la Grèce,
aperuisse oculos,	avoir ouvert les yeux,
omnes videbantur sibi,	tous paraissaient à eux-mêmes
affecti supplicio pari.	frappés d'un supplice pareil.
Rex, lacrimis abstersis	Le roi, les larmes ayant été essuyées
quas profuderat,	qu'il avait répandues,
jubet habere	ordonne *eux* avoir
bŏnūm animum :	bon esprit (bon courage) :
visuros suas urbes	*eux* devoir-voir leurs villes
conjugesque;	et *leurs* épouses;
et inde communit castra	et de-là il fortifie le camp
duo stadia ab urbe.	à deux stades de la ville. [chement,
Græci excesserant vallo,	Les Grecs étaient sortis du retran-
deliberaturi quid peterent	devant délibérer quelle chose ils deman-
potissimum a rege.	de-préférence du (au) roi. [deraient
Quumque placeret aliis	Et comme il plaisait aux uns
rogare sedes in Asia,	de demander des demeures en Asie,
aliis reverti domos,	aux autres de retourner *dans leurs* mai-
Euthymon Cymæus	Euthymon de-Cyme [sons,
fertur locutus ita ad eos :	est rapporté avoir parlé ainsi à eux :
« Hi qui modo	« Ceux-ci (nous) qui naguère
erubuimus procedere	avons rougi de nous avancer
ex tenebris et carcere	hors-des ténèbres et de la prison
ad opem petendam,	pour du secours devant être demandé,
ut est nunc,	comme il est maintenant (à présent),
cupimus ostentare Græciæ,	nous désirons montrer à la Grèce,

Graeciae, velut laetum spectaculum, cupimus? At ii optime miserias ferunt qui abscondunt; nec ulla est tam familiaris infelicibus patria quam solitudo et status prioris oblivio. Nam qui multum in suorum misericordia ponunt, ignorant quam celeriter lacrimae inarescant; nemo fideliter diligit quem fastidit; nam et calamitas querula est et superba felicitas. Ita suam quisque fortunam in consilio habet, quum de aliena deliberat; nisi mutuo essemus miseri, olim alius alii potuissemus esse fastidio. Quid mirum est fortunatos semper parem quaerere? Obsecro vos, olim vita defuncti, quaeramus locum in quo haec semesa membra obruamus, ubi horribiles cicatrices celet exsilium. Grati prorsus conjugibus, quas juvenes duximus, revertemur! Liberi, in flore et aetatis et rerum, et fratres agnoscent ergastuli detrimenta? Et quota pars nostri tot obire terras potest? Procul Europa, in ultima Orientis relegati, senes, debiles, majore membrorum

aller montrer à la Grèce, comme un spectacle bien agréable, nos mutilations, dont la honte n'est peut-être pas moins grande que la peine. Or, le meilleur moyen de supporter ses malheurs est de les cacher; et il n'est point de patrie qui convienne mieux à des malheureux, que la solitude et l'oubli de leur premier état. Car ceux qui comptent beaucoup sur la commisération de leurs parents, ignorent combien les larmes tarissent promptement; on n'a pas d'attachement durable pour qui cause du dégoût, parce que le malheur aime à se plaindre, et que le bonheur est enclin à l'orgueil. Ainsi, chacun ne prend conseil que de sa fortune, quand il délibère sur celle d'autrui; et si notre malheur ne nous était commun, il y a longtemps que nous aurions pu être un objet de dégoût les uns pour les autres. Et qu'y a-t-il d'étonnant, que les heureux cherchent toujours qui leur ressemble? Morts depuis longtemps, cherchons, je vous en conjure, un lieu où nous puissions cacher ces membres à demi-consumés, où l'exil dérobe à tous les yeux nos horribles cicatrices. Notre retour fera vraiment grand plaisir à nos femmes, que nous avons épousées dans notre jeunesse! Nos enfants, dans la fleur de l'âge et l'éclat de la prospérité, et nos frères ne manqueront pas de reconnaître ces corps usés dans les cachots! Mais combien d'entre nous sont en état de traverser tant de pays? Loin de l'Europe, relégués aux extrémités de l'Orient, vieux, affaiblis, privés de la

velut spectaculum lætum,	comme un spectacle agréable
supplicia,	*nos* supplices (nos mutilations),
quorum incertum est	desquels il est incertain
nos pudeat magis	si nous rougissons davantage
an pœniteat?	ou-si nous sommes fâchés *davantage*?
At ii ferunt	Mais ceux-là supportent
optime miserias	le mieux *leurs* malheurs
qui abscondunt;	qui *les* cachent;
nec ulla patria est	ni aucune patrie *n*'est
tam familiaris infelicibus	si familière aux malheureux
quam solitudo	que la solitude
et oblivio status prioris.	et l'oubli de la condition première.
Nam qui ponunt multum	Car ceux qui placent beaucoup
in misericordia suorum,	dans la compassion des leurs,
ignorant quam lacrimæ	ignorent combien les larmes
inarescant celeriter;	sèchent promptement;
nemo diligit fideliter	personne ne chérit fidèlement
quem fastidit;	celui qu'il a-en-dégoût;
nam et calamitas	car et le malheur
est querula,	est porté à-se-plaindre,
et felicitas superba.	et le bonheur *est* superbe.
Ita quisque habet	Aussi chacun a
suam fortunam in consilio,	sa fortune en conseil, [d'-autrui
quum deliberat de aliena;	lorsqu'il délibère sur *la fortune* [ment,
nisi essemus miseri mutuo,	si nous n'étions malheureux mutuelle-
potuissemus esse olim	nous aurions pu être depuis-longtemps
fastidio alius alii.	à dégoût l'un à l'autre.
Quid est mirum fortunatos	Qu'est-il étonnant les heureux
quærere semper parem?	chercher toujours un pareil?
Obsecro vos,	Je conjure vous, [temps,
defuncti vita olim,	nous étant acquittés de la vie depuis-long-
quæramus locum	cherchons un lieu
in quo obruamus	dans lequel nous ensevelissions (cachions)
hæc membra semesa,	ces membres à demi-rongés,
ubi exsilium celet	où l'exil cache
cicatrices horribiles.	*nos* cicatrices horribles.
Revertemur	Nous reviendrons
prorsus grati conjugibus	tout-à-fait agréables aux épouses
quas juvenes duximus!	que *nous* jeunes avons conduites *dans nos*
Liberi, in flore	*Nos* enfants, dans la fleur [maisons!
et ætatis et rerum,	et de l'âge et des choses,
et fratres agnoscent	et *nos* frères reconnaîtront
detrimenta ergastuli?	les usures de la prison-des-esclaves?
At quota pars nostri	Mais quelle partie de nous
potest obire tot terras?	peut parcourir tant *de* terres?
Relegati procul Europa,	Relégués loin de l'Europe,
in ultima Orientis,	dans les dernières *parties* de l'Orient,

parte mulcati, tolerabimus scilicet quæ armatos et victores fatigaverunt! Conjuges deinde, quas captis sors et necessitas unicum solatium applicuit, parvosque liberos trahimus nobiscum, an relinquimus? Cum his venientes nemo agnoscere volet. Relinquemus ergo extemplo præsentia pignora, quum incertum sit an visuri simus ea quæ petimus? Inter hos latendum est qui nos miseros nosse cœperunt. »

Hæc Euthymon. Contra Theætetus Atheniensis orsus est dicere, « Neminem pium habitu corporis suos æstimaturum, utique sævitia hostis, non natura calamitosos. Dignum esse omni malo qui erubesceret fortuita; tristem enim de mortalitate ferre sententiam, et desperare misericordiam, quia ipse alteri denegaturus sit. Deos, quod ipsi nunquam optare ausi forent, offerre patriam, conjuges, liberos, et quidquid homines vel vita æstimant vel morte redimunt. Quin illi ex hoc carcere erumperent? Alium domi esse cœli haustum,

plupart de nos membres, supporterons-nous aisément des fatigues qui ont épuisé des gens armés et victorieux? D'ailleurs, ces femmes que la fortune et la nécessité nous ont donnnées pour toute consolation dans notre esclavage, les jeunes enfants que nous en avons eus, les traînerons-nous à notre suite, ou les abandonnerons-nous? Si nous arrivons avec eux, personne ne voudra nous reconnaître. Allons-nous donc quitter nos familles actuelles, quand nous n'avons nulle certitude de revoir celles que nous allons chercher? Il nous faut demeurer cachés au milieu de ceux qui n'ont commencé à nous connaître que depuis nos malheurs. »

A ce discours d'Euthymon, Théétète d'Athènes répliqua, « que jamais un homme sensible ne règlerait sur les disgrâces du corps les sentiments qu'il devait à des proches, qui après tout n'étaient malheureux que par la cruauté de l'ennemi et non par un vice de nature; qu'on méritait des maux de toute sorte quand on rougissait des coups du sort; que c'était juger peu favorablement du genre humain; et qu'on ne désespérait de la compassion d'autrui, que parce qu'on était disposé à n'en avoir point soi-même pour les autres. Les dieux, ajoutait-il, leur offraient ce qu'ils n'eussent jamais osé souhaiter: leur patrie, leurs femmes, leurs enfants, et tout ce que les hommes estiment autant que la vie ou rachètent aux dépens de leurs jours. Pourquoi donc ne pas sortir de cette prison? L'air qu'on respirait

senes, debiles,	vieux, faibles
mulcati parte majore membrorum,	endomagés par la partie plus grande de *nos* membres,
tolerabimus scilicet	nous supporterons à-savoir
quæ fatigaverunt	*des choses* qui ont fatigué
armatos et victores!	des *gens* armés et victorieux !
Deinde trahimus nobiscum,	Ensuite traînons-nous avec-nous,
an relinquimus conjuges	ou laissons-nous les épouses
quas sors et necessitas applicuit captis,	que le sort et la nécessité a attachées à *nous* pris,
unicum solatium,	*comme* unique consolation,
liberosque parvos?	*et nos* enfants petits ?
Nemo volet agnoscere venientes cum his.	Personne ne voudra reconnaître *nous* venant avec ceux-ci.
Relinquemus ergo extemplo pignora præsentia,	Laisserons-nous donc sur-le-champ *ces* gages présents,
quum sit incertum	quoiqu'il soit incertain
an simus visuri	si nous sommes devant voir
ea quæ petimus ?	ceux que nous allons-chercher ?
Latendum est	Il est à-rester-caché
inter hos qui cœperunt nosse nos miseros. »	parmi ceux-ci qui ont commencé à connaître *nous étant* malheureux.
Euthymon hæc.	Euthymon *dit* ces choses.
Theætetus Atheniensis orsus est dicere contra,	Théétète Athénien commença à dire contre,
« Neminem pium	« Personne *de* pieux
æstimaturum suos, habitu corporis,	ne devoir apprécier les siens par l'extérieur du corps,
utique calamitosos sævitia hostis, non natura.	*ceux-ci*, surtout *étant* malheureux par la cruauté de l'ennemi non par la
Dignum esse omni malo	Celui-là être digne de tout mal [nature.
qui erubesceret fortuita;	qui rougissait des choses fortuites ;
ferre enim de mortalitate sententiam tristem,	*lui* porter en-effet touchant l'humanité un jugement triste (défavorable),
et desperare misericordiam,	et désespérer de la compassion,
quia ipse	parce-que lui-même
sit denegaturus alteri.	serait devant *la* refuser à un autre.
Deos, quod nunquam ipsi ausi forent optare,	Les dieux, chose que jamais eux-mêmes n'auraient osé souhaiter,
offerre patriam,	*leur* offrir *leur* patrie,
conjuges, liberos,	*leurs* épouses, *leurs* enfants,
et quidquid homines vel æstimant vita, vel redimunt morte.	et tout-ce-que les hommes ou estiment par (au prix de) la vie, ou rachètent par la mort.
Quin illi erumperent ex hoc carcere ?	Pourquoi eux ne sortiraient-ils pas de cette prison ?

alium lucis adspectum; mores, sacra, linguæ commercium etiam a barbaris expeti; quæ ingenita ipsi omissuri sint sua sponte, non ob aliud tam calamitosi quam quod illis carere coacti essent? Se certe rediturum ad penates et in patriam, tantoque beneficio regis usurum; si quos contubernii liberorumque, quos servitus coegisset agnoscere, amor detineret, relinquerent, quibus nil patria carius est. » Pauci hujus sententiæ fuere; ceteros consuetudo, natura potentior, vicit. Consenserunt petendum esse a rege ut aliquam ipsis attribueret sedem; centum ad hoc electi sunt. Quos Alexander ratus, quod ipse præstare cogitabat, petituros: « Jumenta, inquit, assignari quæ vos veherent, et singulis vestrum mille denarium dari jussi. Quum redieritis in Græciam, præstabo ne quis statum suum, si hæc calamitas absit, vestro credat esse meliorem. » Illi, obortis lacri-

dans la patrie, la lumière du jour y étaient tout autres; leurs mœurs, leurs cérémonies religieuses, leur langue étaient un objet d'envie même pour les barbares; et ces avantages qu'ils tenaient de leur naissance, ils y renonceraient eux-mêmes volontairement, quoique leur plus grand malheur fût d'en avoir été privés par violence. Pour lui du moins, il retournerait dans sa patrie, et profiterait d'une si grande faveur du prince; s'il s'en trouvait qui fussent retenus par leur attachement pour des concubines et pour des enfants que l'esclavage les avait forcés de reconnaître, il fallait que ceux qui n'avaient rien de plus cher que leur patrie, les laissassent. » Il y en eut peu de cet avis; la plupart cédèrent à l'habitude, plus puissante que la nature même. Ils convinrent qu'il fallait prier le roi de leur accorder un endroit pour s'établir. Cent députés furent choisis à cet effet. Le roi s'imaginant qu'ils allaient lui demander ce qu'il se proposait lui-même de leur donner : « J'ai commandé, leur dit-il, qu'on vous distribuât les bêtes de trait nécessaires pour vous transporter, et qu'on délivrât à chacun de vous mille deniers. Quand vous serez de retour dans la Grèce, je ferai en sorte que personne, à votre malheur près, ne puisse juger sa condition meilleure que la vôtre. »

Haustum cœli	L'aspiration du ciel (l'air qu'on respire)
esse alium domi;	être autre à la maison (dans la patrie);
aspectum lucis alium;	l'aspect de la lumière *être* autre;
mores, sacra,	*leurs* mœurs, *leurs* sacrifices,
commercium linguæ,	le commerce de *leur* langue [bares;
expeti etiam a barbaris;	être recherchés même par les bar- [sance
quæ ingenita	lesquelles choses données-par-la-nais-
ipsi sint omissuri	eux-mêmes seraient devant laisser-de-
sua sponte,	de leur propre-mouvement, [côté
calamitosi non tam	*eux* malheureux non tant
ob aliud quam quod	pour autre chose que parce-que[choses?
coacti essent carere illis?	ils avaient été forcés d'être privés de ces
Se certe rediturum	Lui-même du-moins devoir retourner
ad penates	vers *ses* pénates
et in patriam,	et dans *sa* patrie,
usurumque	et devoir se servir
beneficio tanto regis;	d'un bienfait si-grand du roi ;
si amor contubernii	si l'amour d'une cohabitation
liberorumque,	et des enfants,
quos servitus	que l'esclavage
coegisset agnoscere,	avait forcé de reconnaître,
detineret quos,	retenait quelques-uns,
quibus nihil est	*que ceux* auxquels rien n'est
carius patria,	plus cher que la patrie,
relinquerent. »	laissassent *ceux-là*. »
Pauci fuere	Peu furent
hujus sententiæ :	de cet avis ;
consuetudo potentior natura	l'habitude plus puissante que la nature
vicit ceteros.	vainquit tous-les-autres.
Consenserunt	Ils convinrent
esse petendum a rege,	être à-demander du (au) roi,
ut attribueret ipsis	qu'il assignât à eux-mêmes
aliquam sedem;	quelque demeure;
centum electi sunt ad hoc.	cent furent choisis pour cela.
Quos Alexander ratus	Lesquels Alexandre persuadé
petituros quod ipse	devoir demander *ce* que lui-même
cogitabat præstare:	songeait à fournir :
« Jussi, inquit,	« J'ai ordonné, dit-il,
jumenta assignari	des bêtes-de-trait être assignées
quæ veherent vos,	qui transportassent vous,
et mille denarium	et un millier de deniers
dari singulis vestrum.	être donné à chacun de vous.
Quum redieritis	Lorsque vous serez retournés
in Græciam,	en Grèce,
præstabo ne quis	je ferai-en-sorte que quelqu'un
credat suum statum	ne croie pas son état
esse meliorem vestro,	être meilleur que le vôtre,

mis, terram intuebantur, nec aut erigere vultus aut loqui audebant; tandem rege tristitiæ causam exigente, Euthymon similia iis quæ in consilio dixerat respondit. Atque ille, non fortunæ solum eorum, sed etiam pœnitentiæ misertus, terna millia denarium singulis dari jussit; denæ vestes adjectæ sunt, et armenta cum pecoribus ac frumento data, ut coli serique attributus iis ager posset.

VI. Postero die, convocatos duces copiarum docet nullam infestiorem urbem Græcis esse quam regiam veterum Persidis regum; hinc illa immensa agmina infusa; hinc Darium[1] prius, deinde Xerxem[2] Europæ impium intulisse bellum: excidio illius parentandum esse majoribus. Jamque barbari, deserto oppido, qua quemque metus agebat, diffugerant, quum rex phalangem nil cunctatus inducit. Multas ur-

Là dessus les larmes leur vinrent aux yeux; ils regardaient la terre, et n'osaient ni lever la tête ni parler. A la fin le roi voulant savoir la cause de cette tristesse, Euthymon lui répéta dans sa réponse ce qu'il avait dit dans l'assemblée. Le prince, touché, non-seulement de leur malheur, mais encore du changement survenu dans leur désir, leur fit distribuer à chacun trois mille deniers; on y ajouta dix habits, et on leur donna du gros et du menu bétail avec du blé, afin qu'ils pussent cultiver et ensemencer les terres qui leur seraient assignées.

VI. Le lendemain, Alexandre convoque les chefs et leur représente qu'aucune ville n'a été plus hostile aux Grecs que la capitale des anciens rois de Perse; que de là sont sorties ces armées qui ont inondé la Grèce; que de là Darius d'abord, et ensuite Xerxès ont porté en Europe une guerre impie; et qu'il faut par la ruine de cette ville satisfaire aux mânes de leurs ancêtres. Déjà les barbares l'avaient abandonnée et s'étaient enfuis chacun du côté où la peur les poussait, lorsque le roi, sans différer, y fait entrer sa phalange. Il avait

si hæc calamitas absit. »	si ce malheur était absent. »
Illi, lacrimis obortis,	Eux, les larmes *leur* étant venues,
intuebantur terram,	regardaient-vers la terre,
nec audebant	ni ils n'osaient
aut erigere vultus	ou lever *leurs* visages
aut loqui.	ou parler.
Tandem rege exigente	Enfin le roi exigeant (demandant)
causam tristitiæ,	la cause de *cette* tristesse,
Euthymon respondit	Euthymon répondit
similia iis	des choses semblables à celles
quæ dixerat in consilio.	qu'il avait dites dans la délibération.
Atque ille misertus	Et lui ayant eu-pitié
non solum fortunæ eorum,	non-seulement de la fortune d'eux,
sed etiam pœnitentiæ,	mais encore du repentir (changement
jussit	ordonna [d'avis),
terna millia denarium	trois milliers de deniers
dari singulis ;	être donnés à chacun ; [tés,
vestes denæ adjectæ sunt,	des habits dix-par-chacun furent ajou-
et armenta data	et des troupeaux-de-gros-bétail donnés
cum pecoribus	avec des-troupeaux-de-petit-bétail
et frumento,	et du blé,
ut ager attributus iis	afin-que la terre assignée à eux
posset coli serique,	pût être cultivée et ensemencée.
VI. Die postero,	VI. Le jour d'-après,
docet duces copiarum	il instruit les chefs des troupes
convocatos	ayant été convoqués
nullam urbem esse	nulle ville être
infestiorem Græcis	plus ennemie aux Grecs
quam regiam	que la *ville* royale
veterum regum Persidis ;	des anciens rois de la Perse ;
illa agmina immensa	ces armées immenses
infusa hinc ;	avoir été répandues de-là ;
Darium prius,	Darius d'-abord,
deinde Xerxem,	et ensuite Xerxès
intulisse hinc Græciæ	avoir porté de-là dans la Grèce
bellum impium ;	une guerre impie ;
esse parentandum	être à-offrir-un-sacrifice-expiatoire
majoribus	aux ancêtres
excidio illius.	par la destruction d'elle.
Jamque barbari,	Et déjà les barbares,
oppido deserto,	la place ayant été abandonnée,
diffugerant	s'étaient-dispersés-par-la-fuite
qua metus agebat quemque,	par-où la crainte poussait chacun,
quum rex cunctatus nihil	lorsque le roi n'ayant temporisé *en* rien
inducit phalangem.	conduit-dedans la phalange.
Expugnaverat partim,	Il avait pris-d'-assaut en-partie,

bes, refertas opulentia regia, partim expugnaverat, partim
in fidem acceperat; sed urbis hujus divitiæ vicere præterita. In hanc totius Persidis opes congesserant barbari;
aurum argentumque cumulatum erat; vestis ingens modus;
supellex non ad usum sed ad ostentationem luxus compa-
rata. Itaque inter ipsos victores ferro dimicabatur; pro
hoste erat qui pretiosiorem occupaverat prædam; et, quum
omnia quæ reperiebantur capere non possent, jam res non
occupabantur, sed æstimabantur. Lacerabant regias vestes,
ad se quisque partem trahentes; dolabris pretiosæ artis
vasa cædebant; nihil neque intactum erat neque integrum
ferebatur; abrupta simulacrorum membra, ut quisque avel-
lerat, trahebat. Neque avaritia solum, sed etiam crudelitas
in capta urbe grassata est : auro argentoque onusti, vilia
captivorum corpora trucidabant; passimque obvii cædeban-
tur, quos antea pretium sui miserabiles fecerat. Multi ergo
hostium manus voluntaria morte occupaverunt, pretiosissima

pris jusqu'alors, ou de force ou par composition, beaucoup de villes
remplies de richesses royales; mais les richesses qu'on trouva dans
celle-ci effacèrent tout ce qu'on avait encore vu. Les barbares y avaient
entassé tous les trésors de la Perse; l'or et l'argent y étaient amon-
celés; il y avait une quantité considérable d'étoffes précieuses et
un mobilier destiné non à l'usage, mais à l'ostentation du luxe.
Aussi les vainqueurs se disputaient-ils le butin les armes à la
main; on traitait en ennemi celui qui s'était saisi d'une proie plus
précieuse, et comme il n'était pas possible de garder tout ce qu'on
trouvait, on ne se jetait plus sur les objets, on choisissait. On dé-
chirait les vêtements royaux, chacun en tirant une partie de son
côté; on brisait à coups de haches des vases d'un travail précieux;
rien ne fut épargné, rien ne fut emporté entier; les statues étaient
mises en pièces, et chacun enlevait la partie qu'il avait arrachée. Ce
ne fut pas seulement la cupidité, ce fut encore la cruauté qui se dé-
chaîna sur cette ville après que l'ennemi l'eut prise : les soldats,
chargés d'or et d'argent, tuaient leurs prisonniers comme étant de

acceperat iu fidem partim	il avait reçu en foi en-partie
urbes multas,	des villes nombreuses,
refertas opulentia regia ;	remplies d'une opulence royale ;
sed divitiæ hujus urbis	mais les richesses de cette ville-ci
vicere præterita.	vainquirent les choses passées.
Barbari	Les barbares
congesserant in hanc	avaient entassé dans celle-ci
opes Persidis totius :	les ressources de la Perse tout-entière ;
aurum argentumque	l'or et l'argent [mulés) ;
cumulatum erat;	y avait été accumulé (avaient été accu-
modus ingens vestis,	une mesure (quantité) immense d'étoffe,
supellex comparata	un mobilier amassé
non ad usum,	non pour l'usage,
sed ad ostentationem luxus.	mais pour l'étalage du luxe. [le fer
Itaque dimicabatur ferro	En-conséquence il était combattu par
inter victores ipsos ;	entre les vainqueurs eux-mêmes ;
qui occupaverat	*celui* qui avait pris-le-premier
prædam pretiosiorem	une proie plus précieuse
erat pro hoste ;	était pour (regardé comme) un ennemi ;
et, quum non possent	et, comme ils ne pouvaient
capere omnia	contenir toutes les choses
quæ reperiebantur,	qui étaient trouvées,
jam res non occupabantur	déjà les choses n'étaient pas saisies,
sed æstimabantur.	mais étaient appréciées.
Lacerabant vestes regias,	Ils déchiraient les vêtements royaux,
trahentes quisque	tirant chacun
partem ad se ;	une partie vers soi-même ;
cædebant dolabris	ils brisaient *avec* des pics
vasa artis pretiosæ ;	des vases d'un art précieux ;
nihil neque erat intactum,	rien ni n'était intact,
neque ferebatur integrum ;	ni n'était emporté entier ;
quisque trahebat,	chacun tirait,
ut avellebat,	comme il *les* arrachait,
membra simulacrorum	les membres des statues
abrupta ;	ayant été détachés ;
neque solum avaritia,	et non seulement l'avarice,
sed etiam crudelitas	mais encore la cruauté
grassata est in urbe capta :	circula dans la ville prise :
onusti auro argentoque	chargés d'or et d'argent
trucidabant	ils égorgeaient valeur ;
corpora captivorum vilia ;	les corps des captifs *comme* de-peu-de-
obviique	et *ceux*-se-rencontrant
quos antea pretium sui	qu'auparavant le prix d'eux-mêmes (leur
fecerat miserabiles,	avait rendus dignes-de-pitié, [rançon)
cædebantur passim.	étaient abattus çà-et-là.
Ergo multi hostium	Donc beaucoup des ennemis
occupaverunt	prévinrent

vestium induti, e muris semet ipsos cum conjugibus ac liberis in præceps jacientes. Quidam ignes, quod paulo post facturus hostis videbatur, subjecerant ædibus, ut cum suis vivi cremarentur. Tandem suos rex corporibus et cultu feminarum abstinere jussit. Ingens pecuniæ captivæ modus traditur, prope ut fidem excedat. Ceterum aut de aliis quoque dubitamus, aut credimus in hujus urbis gaza fuisse centum et viginti millia talentum; ad quæ vehenda (namque ad usus belli secum portare decreverat) jumenta et camelos a Susis et Babylone contrahi jussit. Accessere ad hanc pecuniæ summam, captis Pasargadis[1], sex millia talentorum. Cyrus[2] Pasargadum urbem condiderat, quam Alexandro præfectus ejus Gobares tradidit.

Rex arcem Persepolis, tribus millibus Macedonum præsidio relictis, Nicarchidem tueri jubet; Tyridati quoque, qui

peu de prix, et massacraient çà et là ceux qu'ils rencontraient, et que l'espoir d'en obtenir une rançon avait d'abord fait épargner. Aussi beaucoup d'habitants prévinrent, par une mort volontaire, la fureur des ennemis: revêtus de leurs habits les plus précieux, ils se précipitèrent du haut des murailles avec leurs femmes et leurs enfants; d'autres firent ce qu'ils pensaient que l'ennemi ne tarderait pas à faire; ils mirent le feu à leurs maisons, pour s'y brûler vifs avec leurs familles. Le roi ordonna enfin de respecter l'honneur et la parure des femmes. On porte à une quantité presque incroyable l'argent qu'on prit dans cette place. Au surplus, il faut douter de tout le reste, ou croire qu'il se trouva dans le trésor de cette ville jusqu'à cent vingt mille talens. Alexandre, qui les destinait aux frais de la guerre, fit venir de Suse et de Babylone des bêtes de charge et des chameaux pour les emporter. A cette somme s'ajoutèrent six mille talens de la prise de Pasargade. Cette ville, fondée par Cyrus, fut livrée à Alexandre par Gobarès, qui en était gouverneur.

Ce prince donna à Nicarchidès le commandement de la forteresse de Persépolis, avec une garnison de trois mille Macédoniens;

morte voluntaria	par une mort volontaire
manus hostium,	les mains des ennemis,
induti pretiosissima vestium,	revêtus du plus précieux de *leurs* habits,
semet jacientes ipsos	se jetant eux-mêmes
e muris in præceps	des murs en bas
cum conjugibus ac liberis.	avec *leurs* épouses et *leurs* enfants. [sons
Quidam subjecerant ædibus ignes,	Quelques-uns avaient mis-sous les mai- les feux,
quod hostis videbatur	ce que l'ennemi paraissait
facturus paulo post,	devoir faire un peu après,
ut cremarentur vivi	afin qu'ils fussent brûlés vivants
cum suis.	avec les leurs.
Tandem Alexander	Enfin Alexandre
jussit suos abstinere	ordonna les siens s'abstenir
corporibus et cultu	des corps et de la parure
feminarum.	des femmes.
Ingens modus	Une immense mesure (quantité)
pecuniæ captivæ	d'argent prisonnier (pris)
traditur,	est rapportée, [croyance.
prope ut excedat fidem.	presque au-point-qu'elle dépasse la
Ceterum aut dubitamus	Du-reste ou nous doutons
de aliis quoque,	touchant les autres choses aussi,
aut credimus	ou nous croyons
centum et viginti millia	cent et vingt milliers
talentum	de talents
fuisse in gaza hujus urbis;	avoir été dans le trésor de cette ville;
ad quæ vehenda,	pour lesquels devant être transportés,
namque decreverat	car il avait résolu
portare secum	de *les* emporter avec-lui-même
ad usus belli,	pour les usages de la guerre,
jussit jumenta	il ordonna des bêtes-de-somme
et camelos contrahi	et des chameaux être réunis
a Susis et Babylone.	de Suse et de Babylone.
Pasargadis captis,	Pasargade ayant été prise,
sex millia talentorum	six milliers de talents
accessere	s'ajoutèrent
ad hanc summam pecuniæ.	à cette somme d'argent.
Cyrus condiderat	Cyrus avait fondé
urbem Pasargadum,	la ville des Pasargadiens,
quam Gobares,	laquelle Gobarès,
præfectus ejus,	gouverneur d'elle,
tradidit Alexandro.	livra à Alexandre.
Rex jubet Nicarchidem	Le roi ordonne Nicarchide
tueri arcem Persepolis,	garder la citadelle de Persépolis,
tribus millibus Macedonum	trois milliers de Macédoniens
relictis præsidio;	ayant été laissés à (pour) la défense;
honos quem habuerat	l'honneur (le rang) qu'il avait eu

gazam tradiderat, servatus est honos quem apud Darium habuerat; magnaque exercitus parte et impedimentis ibi relictis, Parmenionem Craterumque præfecit. Ipse cum mille equitibus peditumque expedita manu interiorem Persidis regionem, sub ipsum Vergiliarum[1] sidus petiit; multisque imbribus et prope intolerabili tempestate vexatus, procedere tamen quo intenderat perseveravit. Ventum erat ad iter perpetuis obsitum nivibus, quas frigoris vis gelu adstrinxerat. Locorum squalor et solitudines inviæ fatigatum militem terrebant, humanarum rerum terminos se videre credentem. Omnia vasta atque sine ullo humani cultus vestigio attoniti intuebantur, et, antequam lux quoque et cœlum ipsos deficerent, reverti jubebant. Rex castigare territos supersedit; ceterum ipse equo desiliit, pedesque per nivem et concretam glaciem ingredi cœpit. Erubuerunt non sequi, primum amici, deinde copiarum duces, ad ultimum milites; primusque rex, dolabra glaciem perfringens, iter sibi fecit; exemplum regis ceteri imitati sunt. Tandem, pro-

d'autre part, Tyridate, qui avait livré le trésor, fut maintenu dans le rang qu'il avait auprès de Darius; et laissant là une grande partie de son armée avec les bagages, Alexandre en chargea Parménion et Cratère. Pour lui, suivi de mille chevaux et d'un camp volant d'infanterie, il s'avança dans l'intérieur de la Perse, à l'époque même du coucher des pléiades; et, quoique contrarié par d'abondantes pluies et par une saison presque intolérable, il ne laissa pas d'avancer et de suivre son projet. On était arrivé à un chemin couvert de neiges éternelles durcies par la gelée. L'horreur de ces lieux et la vue de ces déserts impénétrables épouvantaient les soldats déjà accablés de fatigue, et qui se croyaient au bout du monde. Ils contemplaient avec étonnement ces immenses solitudes, où il ne paraissait aucune trace d'habitation humaine; et ils voulaient qu'on revînt, avant que le ciel et la lumière vinssent aussi à leur manquer. Le roi n'eut garde de leur reprocher leur effroi; mais il descendit de cheval, et se mit à marcher à pied à travers la neige et la glace la plus dure. Ses amis d'abord, puis les chefs de troupes et enfin les soldats rougirent de ne pas le suivre: le roi le premier, rompant la glace avec une

apud Darium,	auprès de Darius,
servatus est quoque Tyridati,	fut conservé aussi à Tyridate,
qui tradiderat gazam;	qui avait livré le trésor;
magnaque parte exercitus	et une grande partie de l'armée
et impedimentis	et les bagages
relictis ibi,	ayant été laissés là,
præfecit Parmenionem	il mit-à-la-tête Parménion
Craterumque.	et Cratère.
Ipse cum mille equitibus	Lui-même avec mille cavaliers [tassins
manuque expedita peditum	et une troupe dégagée (légère) de fan-
petiit regionem interiorem	gagna la région intérieure
Persidis [rum;	de la Perse [pléiades;
sub sidus ipsum Vergilia-	vers la constellation elle-même des
vexatusque imbribus multis	et maltraité par des pluies abondantes
et tempestate	et par un temps
prope intolerabili,	presque intolérable,
perseveravit tamen	il persévéra cependant
procedere quo intenderat.	à s'avancer où il avait dirigé *sa route*.
Ventum erat ad iter	On était arrivé à un chemin
obsitum nivibus perpetuis	couvert de neiges perpétuelles
quas vis frigoris	que la violence du froid
adstrinxerat gelu.	avait serrées (durcies) par la gelée.
Squalor locorum	L'horreur des lieux
et solitudines inviæ	et les solitudes impraticables
terrebant militem fatigatum,	effrayaient le soldat fatigué,
credentem se videre	croyant lui-même voir
terminos rerum humanarum.	les limites des choses humaines.
Intuebantur attoniti	Ils considéraient étonnés
omnia vasta	toutes choses dévastées (nues)
atque sine ullo vestigio	et sans aucun vestige
cultus humani,	de culture humaine,
et jubebant reverti,	et ils ordonnaient de revenir,
antequam lux quoque	avant-que la lumière aussi
et cœlum deficerent ipsos.	et le ciel manquassent à eux-mêmes.
Rex supersedit	Le roi s'abstint
castigare territos;	de gourmander eux effrayés;
ceterum ipse desiliit equo,	au-reste lui-même sauta de cheval,
cœpitque ingredi pedes	et il commença à marcher piéton
per nivem	à-travers la neige
et glaciem concretam.	et la glace durcie.
Primum amici,	D'-abord *ses* amis,
deinde duces copiarum,	ensuite les chefs des troupes,
ad ultimum milites	à la fin les soldats
erubuerunt non sequi;	rougirent de ne pas suivre;
rexque primus,	et le roi le premier,
perfringens glaciem dolabra	brisant la glace *avec* un pic,
fecit iter sibi;	fit chemin à lui-même;

pemodum invias silvas emensi, humani cultus rara vestigia et passim errantes pecorum greges reperere ; et incolæ, qui sparsis tuguriis habitabant, quum se callibus inviis septos esse credidissent, ut conspexere hostium agmen, interfectis qui comitari fugientes non poterant, devios montes et obsitos nivibus petiverunt. Inde, per colloquia captivorum paulatim feritate mitigata, tradidere se regi, nec in deditos gravius consultum. Vastatis deinde agris Persidis, vicisque compluribus redactis in potestatem, ventum est in Mardorum[1] gentem bellicosissimam et multum a ceteris Persis cultu vitæ abhorrentem. Specus in montibus fodiunt, in quos seque ac conjuges et liberos condunt; pecorum aut ferarum carne vescuntur. Ne feminis quidem pro naturæ habitu molliora ingenia sunt : comæ prominent hirtæ ; vestis super genua est ; funda vinciunt frontem ; hoc et ornamentum

hache, s'ouvrit un chemin ; les autres suivirent son exemple. Enfin après avoir traversé des forêts presque impraticables, ils trouvèrent quelques traces d'hommes et des troupeaux errant çà et là. Les habitants qui logeaient dans des cabanes éparses, et qui se croyaient assez défendus par la difficulté des chemins, n'eurent pas plus tôt aperçu l'armée ennemie, que tuant ceux qui ne pouvaient les accompagner dans leur fuite, ils gagnèrent des montagnes écartées et couvertes de neiges. Mais ensuite ils s'apprivoisèrent peu à peu par leurs entretiens avec les prisonniers, et se rendirent au roi. On n'usa pas de rigueur envers eux après leur soumission. On ravagea les campagnes de la Perse ; on soumit plusieurs bourgades, puis on arriva chez les Mardes, nation très-belliqueuse et bien éloignée de la manière de vivre des autres Perses. Ils creusent dans les montagnes des cavernes, où ils se cachent avec leurs femmes et leurs enfants ; ils se nourrissent de la chair de leurs troupeaux ou de celle des bêtes sauvages. Les femmes mêmes, n'ont pas la douceur naturelle à leur sexe : leurs cheveux sont hérissés ; leur vêtement ne passe pas les genoux ; elles se ceignent la tête d'une fronde, qui

HISTOIRE D'ALEXANDRE. LIVRE V.

ceteri imitati sunt	tous-les-autres imitèrent
exemplum regis.	l'exemple du roi.
Tandem emensi silvas	Enfin ayant parcouru des forêts
propemodum invias,	presqu'impraticables,
reperere rara vestigia	ils trouvèrent de rares vestiges
cultus humani,	de culture humaine,
et greges pecorum	et des troupeaux de menus-bestiaux
errantes passim;	errant çà-et-là ;
et incolæ, qui habitabant	et les habitants, qui habitaient
tuguriis sparsis,	dans des chaumières éparses,
quum credidissent	comme ils avaient cru
se septos esse	eux-mêmes être entourés
callibus inviis,	de sentiers impraticables,
ut conspexere	dès-qu'ils aperçurent
agmen hostium,	la troupe des ennemis,
qui non poterant	*ceux* qui ne pouvaient
comitari fugientes,	accompagner *eux* fuyant,
interfectis,	ayant été tués,
petiverunt montes	gagnèrent des montagnes
devios et obsitos nivibus.	écartées et couvertes de neiges.
Inde feritate	De-là *leur* humeur-sauvage
mitigata paulatim	ayant été adoucie peu-à-peu
per colloquia captivorum,	par les entretiens des captifs,
se tradidere regi ;	ils se livrèrent au roi ; [ment
nec consultum gravius	ni il ne fut pris-de-mesure plus grave-
in deditos.	contre *eux* soumis.
Deinde agris Persidis	Ensuite les champs de la Perse
vastatis,	ayant été devastés,
compluribusque vicis	et plusieurs bourgades d re,
redactis in potestatem,	ayant été réduites au pouvoir d'*Alexan-*
ventum est	on arriva
in gentem Mardorum	chez la nation des Mardes
bellicosissimam	très-belliqueuse
et abhorrentem multum	et différant beaucoup
cultu vitæ	par la culture de la vie (le genre de vie)
a ceteris Persis.	de tous-les-autres Perses.
Fodiunt in montibus	Ils creusent dans les montagnes
specus in quos condunt	des cavernes dans lesquelles ils cachent
seque	et eux-mêmes
ac conjuges et liberos ;	et *leurs* épouses et *leurs* enfants ;
vescuntur carne	ils se nourrissent de la chair
pecorum aut ferarum.	des troupeaux ou des bêtes-sauvages.
Ingenia molliora	Des caractères plus doux
pro habitu naturæ	eu-égard-à l'état de *leur* nature
ne sunt quidem feminis :	ne sont pas même aux femmes : [tes ;
comæ hirtæ prominent ;	*leurs* chevelures hérissées sont saillan-
vestis est super genua ;	*leur* vêtement est sur *leurs* genoux ;

capitis et telum est. Sed hanc quoque gentem idem fortunæ impetus domuit. Itaque, trigesimo die posteaquam a Persepoli profectus erat, eodem rediit. Dona deinde amicis ceterisque pro cujusque merito dedit; propemodum omnia, quæ in ea urbe ceperat, distributa.

VII. Ceterum ingentia animi bona, illam indolem qua omnes reges antecessit, illam in subeundis periculis constantiam, in rebus moliendis efficiendisque velocitatem, in deditos fidem, in captivos clementiam, in voluptatibus permissis quoque et usitatis temperantiam, haud tolerabili vini cupiditate fœdavit. Hoste et æmulo regni reparante tum quum maxime bellum, nuper subactis quos vicerat, novumque imperium adspernantibus, de die[1] inibat convivia, quibus feminæ intererant[2], non quidem quas violari nefas esset, quippe pellices licentius quam decebat cum armato vivere assuetæ.

leur sert d'ornement et d'arme tout à la fois. Mais cette nation céda comme les autres au torrent de la fortune. Ainsi, trente jours après son départ de Persépolis, Alexandre y rentra. Là il fit des présents à ses amis et aux autres, selon le mérite de chacun; il distribua presque tout ce qu'il avait pris dans cette ville.

VII. Malheureusement, ces grandes qualités de l'âme, ce naturel qui le mettait au-dessus de tous les rois, cette intrépidité à affronter les périls, cette rapidité à entreprendre et à exécuter, cette bonne foi envers ceux qui se rendaient, cette clémence envers les prisonniers, cette modération jusque dans les plaisirs permis et ordinaires, tout cela était souillé par un penchant impardonnable pour l'ivresse. Tandis que son ennemi, son concurrent à l'empire, faisait avec plus d'activité que jamais de nouveaux préparatifs de guerre, que les peuples récemment soumis voyaient de mauvais œil la domination nouvelle, il donnait en plein jour des festins où assistaient des femmes, non pas, il est vrai, de celles que l'on ne peut déshonorer sans crime, mais des courtisanes accoutumées à vivre dans une licence excessive au milieu des gens de guerre. L'une d'elle, Thaïs,

vinciunt frontem funda;	elles lient *leur* front d'une fronde;
hoc est	cela est
et ornamentum capitis	et ornement de tête
et telum.	et une arme.
Sed idem impetus fortunæ	Mais la même impétuosité de fortune
domuit quoque	dompta aussi
hanc gentem.	cette nation. [point,
Itaque rediit eodem,	En-conséquence il retourna au même-
trigesimo die	le trentième jour
posteaquam profectus erat	après-qu'il était parti
a Persepoli.	de Persépolis.
Deinde dedit dona	Ensuite il donna des présents
amicis ceterisque	à ses amis et à tous-les-autres
pro merito cujusque;	selon le mérite de chacun;
propemodum omnia	presque toutes les choses
quæ ceperat in ea urbe,	qu'il avait prises dans cette ville,
distributa.	*furent* distribuées.
VII. Ceterum fœdavit	VII. Du-reste il souilla
cupiditate vini	par une passion du vin
haud tolerabili	non tolérable
ingentia bona animi,	de grandes qualités de l'âme,
illam indolem	ce caractère
qua antecessit omnes reges,	par lequel il dépassa tous les rois,
illam constantiam	cette fermeté
in periculis subeundis,	dans les périls devant être affrontés,
velocitatem in rebus	*cette* promptitude dans les choses
moliendis efficiendisque,	devant être entreprises et exécutées,
fidem in deditos,	sa foi envers *ceux* s'étant soumis,
clementiam in captivos,	sa clémence envers les captifs,
temperantiam	sa modération
in voluptatibus	dans les plaisirs
quoque permissis et usitatis.	même permis et ordinaires.
Hoste et æmulo regis	*Son* ennemi et *son* rival de royaume
reparante bellum	préparant-de-nouveau la guerre
tum quum maxime,	alors *autant* que le plus (que jamais),
quos vicerat	*ceux* qu'il avait vaincus
subactis nuper,	ayant été soumis récemment,
adspernantibusque	et repoussant
imperium novum,	une domination nouvelle,
inibat de die convivia,	il allait de jour dans des festins,
quibus feminæ intererant,	auxquels des femmes assistaient,
non quidem	non à-la-vérité
quas violari esset nefas,	lesquelles être violées serait un crime,
quippe pellices assuetæ	car *c'étaient* des courtisanes accoutumées
vivere cum armato	à vivre avec *l'homme* armé
licentius quam decebat.	plus licencieusement qu'il *ne* convenait.

Ex his una, Thaïs[1], et ipsa temulenta, maximam apud omnes Græcos initurum gratiam affirmat, si regiam Persarum jussisset incendi ; exspectare hoc eos quorum urbes barbari delessent. Ebrio scorto, de tanta re ferenti sententiam, unus et alter, et ipsi mero onerati, assentiunt. Rex quoque fuit avidior quam patientior : « Quin igitur ulciscimur Græciam, et urbi faces subdimus ? » Omnes incaluerant mero ; itaque surgunt temulenti ad incendendam urbem cui armati pepercerant. Primus rex ignem regiæ injecit ; tum convivæ et ministri pellicesque. Multa cedro ædificata erat regia ; quæ, celeriter igne concepto, late fudit incendium. Quod ubi exercitus, qui haud procul ab urbe tendebat, conspexit, fortuitum ratus, ad opem ferendam concurrit ; sed, ut ad vestibulum regiæ ventum est, vident regem ipsum adhuc aggerentem faces. Omissa igitur quam portaverant aqua, aridam materiam in incendium jacere cœperunt.

prise aussi de vin, déclare que le roi s'assurera au plus haut degré la bienveillance de tous les Grecs, s'il fait mettre le feu au palais des rois de Perse ; que c'est ce qu'attendent tous ceux dont les barbares avaient détruit les villes. Un ou deux convives, également ivres, applaudissent cette prostituée gorgée de vin, qui donnait un avis sur une affaire aussi grave ; et le roi lui-même, plus emporté que patient, s'écrie : « Que tardons-nous donc à venger la Grèce et à brûler la ville ? » Ils étaient tous échauffés par le vin ; ils se lèvent pour brûler, dans l'emportement de l'ivresse, une ville qu'ils avaient épargnée les armes à la main. Le roi le premier mit le feu au palais, et après lui les convives, les officiers et les courtisanes. Ce palais, pour la plus grande partie, était en bois de cèdre ; ce bois prit feu aussitôt, et propagea au loin l'incendie. L'armée, qui était campée près de la ville, pensa que c'était un accident fortuit, et s'empressa de venir au secours ; mais arrivés à la porte du palais, les soldats voient le roi lui-même animer encore le feu. Alors, ils laissent l'eau qu'ils avaient apportée, et se mettent à jeter aussi dans le feu des matières combustibles.

Una ex his, Thais,	Une d'entre elles, Thaïs,
et ipsa temulenta,	et elle-même ivre
affirmat regem initurum	affirme le roi devoir entrer-dans
maximam gratiam	la plus grande faveur
apud omnes Græcos,	auprès de tous les Grecs,
si jussisset	s'il avait ordonné
regiam Persarum incendi;	la ville royale des Perses être incendiée;
eos quorum barbari	ceux dont les barbares
delessent urbes,	avaient détruit les villes,
exspectare hoc.	attendre ceci.
Unus et alter,	Un et un autre (un ou deux),
et ipsi onerati mero,	et eux-mêmes chargés de vin,
assentiunt scorto ebrio,	approuvent une prostituée ivre,
ferenti sententiam	portant un avis
de re tanta.	sur une chose si grande.
Rex quoque fuit	Le roi aussi fut
avidior quam patientior :	plus pressé que plus patient :
« Quin ulciscimur igitur	« Que-ne vengeons-nous donc
Græciam,	la Grèce,
et subdimus urbi faces ? »	et que ne mettons-nous-sous la ville des [torches ? »
Omnes incaluerant vino;	Tous étaient échauffés par le vin;
itaque surgunt temulenti	en-conséquence ils se lèvent ivres
ad urbem incendendam	pour la ville devant être incendiée
cui pepercerant armati.	qu'ils avaient épargnée étant armés.
Rex primus	Le roi le premier
injecit regiæ ignem;	jeta-sur le palais le feu;
tum convivæ et ministri	alors les convives et les serviteurs
pellicesque.	et les courtisanes.
Regia ædificata erat	Le palais avait été bâti
cedro multa; quæ,	en cèdre abondant; lequel,
igne concepto celeriter,	le feu ayant été conçu rapidement,
fudit late incendium;	répandit au-loin l'incendie;
quod ubi exercitus	lequel incendie dès-que l'armée
qui tendebat	qui tendait-ses-tentes (était campée)
haud procul ab urbe,	non loin de la ville,
conspexit,	aperçut, [courut
ratus fortuitum, concurrit	ayant pensé celui-ci être fortuit, elle ac-
ad opem ferendam;	pour du secours devant être porté;
sed ut ventum est	mais dès-qu'on fut arrivé
ad vestibulum regiæ,	au vestibule du palais,
vident regem ipsum	ils voient le roi lui-même
aggerentem adhuc faces.	jetant encore des torches.
Igitur aqua omissa	Donc l'eau ayant été laissée
quam portaverant,	laquelle ils avaient apportée
cœperunt jacere	ils se mirent à jeter
in incendium	sur l'incendie
materiam aridam.	de la matière sèche.

Hunc exitum habuit regia totius Orientis, unde tot gentes ante jura petebant, patria tot regum, unicus quondam Græciæ terror, molita mille navium classem et exercitus quibus Europa inundata est, contabulato mari molibus[1], perfossisque montibus[2], in quorum specus fretum immissum est. Ac ne longa quidem ætate, quæ excidium ejus secuta est, resurrexit. Alias urbes habuere Macedonum[3] reges, quas nunc habent Parthi[4]; hujus vestigium[5] non inveniretur, nisi Araxes amnis ostenderet. Haud procul moenibus fluxerat; inde urbem fuisse viginti stadiis distantem credunt magis quam sciunt accolæ. Pudebat Macedones tam præclaram urbem a comissabundo rege deletam esse; itaque res in serium versa est, et imperaverunt sibi ut crederent illo potissimum modo fuisse delendum. Ipsum, ut primum gravatam ebrietate mentem quies reddidit, pœnituisse con-

Telle fut la fin de la capitale de tout l'Orient, de cette capitale d'où tant de nations venaient auparavant chercher des lois, la patrie de tant de rois, jadis seule terreur de la Grèce; qui avait équipé une flotte de mille voiles, et mis sur pied des armées, dont l'Europe fut inondée, jeté un pont sur la mer, percé les montagnes, et fait entrer la mer dans leur sein. Et dans le long intervalle qui s'est écoulé depuis sa destruction, elle ne s'est point relevée de sa chute. Les rois Macédoniens ont occupé d'autres villes, qui sont aujourd'hui au pouvoir des Parthes; mais de celle-ci on ne trouverait aucun vestige, si le fleuve Araxe qui coulait auprès n'en faisait connaître l'emplacement. La ville en était éloignée de vingt stades; du moins les habitants du pays le croient, plutôt qu'ils ne le savent. Les Macédoniens avaient honte qu'une ville si célèbre eût été détruite par leur roi dans une partie de débauche; aussi tournèrent-ils la chose au sérieux, et ils tachèrent de se persuader que c'était uniquement de cette manière qu'elle avait dû être détruite.[6] Il est certain que le prince lui-même, quand le sommeil eut dissipé les fumées de l'ivresse, se repentit de

Regia Orientis totius,	La *ville* royale de l'Orient tout-en-d'-où tant de nations [tier,
unde tot gentes	
petebant aute	demandaient auparavant
jura,	des droits (des lois),
patria tot regum,	patrie de tant de rois,
quondam unicus terror	jadis seule terreur
Græciæ,	de la Grèce,
molita classem	ayant mis-en-mouvement une flotte
mille navium,	de mille vaisseaux,
et exercitus quibus	et des armées par lesquelles
Europa inundata est,	l'Europe fut inondée,
mari contabulato molibus,	la mer ayant été pontée par des digues,
montibusque perfossis	et des montagnes ayant été creusées
in specus quorum	dans les ouvertures desquelles
fretum immissum est,	un bras-de-mer fut introduit,
habuit hunc exitum.	eut cette fin.
Ac ne resurrexit quidem	Et elle ne-se releva pas même
longa ætate quæ secuta est	dans le long âge (temps) qui suivit
excidium ejus.	la destruction d'elle.
Reges Macedonum	Les rois des Macédoniens
habuere alias urbes	eurent d'autres villes
quas Parthi habent nunc ;	que les Parthes ont maintenant ;
vestigium hujus	vestige de celle-ci
non inveniretur,	ne serait pas trouvé,
nisi amnis Araxes	si le fleuve Araxe
ostenderet.	ne *le* montrait.
Fluxerat	Il avait coulé
haud procul mœnibus ;	non loin des remparts ;
accolæ credunt	les riverains croient
magis quam sciunt	plus qu'ils *ne* savent
urbem fuisse distantem	la ville avoir été distante
viginti stadiis inde.	de vingt stades de-là (du fleuve).
Macedones pudebat	Les Macédoniens rougissaient
urbem tam præclaram	une ville si illustre
deletam esse	avoir été détruite
a rege comissabundo ;	par le roi faisant-une-débauche ;
itaque res	en-conséquence la chose
versa est in serium ;	fut tournée en sérieux ;
et imperaverunt sibi	et ils commandèrent à eux mêmes
ut crederent	qu'ils crussent
delendam fuisse	*elle* avoir dû être détruite
illo modo potissimum.	de cette manière-là de-préférence.
Constat	Il est-constant
ipsum pœnituisse,	lui-même s'être repenti,
ut primum quies	dès-que d'-abord le repos
reddidit mentem	*lui* eut rendu l'esprit
gravatam ebrietate,	*qui avait été* appesanti par l'ivresse,

stat, et dixisse majores pœnas Persas Græcis daturos fuisse, si ipsum in solio regiaque Xerxis respicere coacti essent. Postero die, Lycio itineris quo Persidem intraverat duci triginta talenta dono dedit. Hinc in regionem Mediæ transiit, ubi supplementum novorum militum a Cilicia occurrit : peditum erant quinque millia, equites mille ; utrisque Plato Atheniensis præerat. His copiis auctus, Darium persequi statuit.

VIII. Ille jam Ecbatana[1] pervenerat, caput Mediæ. Urbem hanc nunc tenent Parthi, eaque æstiva agentibus sedes est. Adire deinde Bactra[2] decreverat ; sed, veritus ne celeritate Alexandri occuparetur, consilium iterque mutavit. Aberat ab eo Alexander stadia mille et quingenta ; sed jam nullum intervallum adversus celeritatem ejus satis longum videbatur. Itaque prœlio magis quam fugæ se præparabat. Triginta millia peditum sequebantur, in quibus Græcorum erant quatuor millia, fide erga regem ad ultimum invicta ; funditorum quoque et sagittariorum manus quatuor millia expleverat ;

ce qu'il avait fait, et dit que les Grecs auraient été mieux vengés des Perses, si ceux-ci avaient été contraints de le voir sur le trône et dans le palais de Xerxès. Le lendemain, il fit présent de trente talents au Lycien qui lui avait montré le chemin de la Perse. De là il passa dans la Médie, où il rencontra des recrues qu'on lui amenait de la Cilicie : elles consistaient en cinq mille hommes de pied et mille chevaux ; les uns et les autres étaient sous les ordres de Platon d'Athènes. Avec ce renfort il résolut de poursuivre Darius.

VIII. Ce prince était déjà arrivé à Ecbatane, capitale de la Médie. Cette ville est aujourd'hui au pouvoir des Parthes, et sert de résidence d'été à leurs rois. Il avait eu dessein de passer de là à Bactre ; mais dans la crainte qu'Alexandre ne fît assez de diligence pour le prévenir, il changea d'avis et de route. Alexandre était à quinze cent stades de lui ; mais aucune distance ne paraissait plus assez grande contre la rapidité de sa marche. Aussi Darius se préparait plutôt à combattre qu'à fuir. Il avait à sa suite trente mille hommes de pied, y compris quatre mille Grecs, qui lui gardèrent jusqu'à la fin une fidélité inébranlable. Il avait aussi un corps complet de

t dixisse Persas	et *lui* avoir dit les Perses
laturos fuisse Græcis	avoir dû donner aux Grecs
pœnas majores,	des peines plus grandes,
i coacti essent	si ils avaient été forcés
respicere ipsum in solio	de regarder lui-même sur le trône
regiaque Xerxis.	et *dans* le palais de Xerxès.
Die postero dedit dono	Le jour d'-après, il donna à (en) présent
triginta talenta	trente talents
lycio duci itineris	au Lycien guide du chemin
quo intraverat Persidem.	par lequel il était entré-en Perse.
Transiit hinc	Il passa de-là
in regionem Mediæ,	dans la contrée de la Médie,
ibi supplementum	où une recrue
militum novorum	de soldats nouveaux
occurrit a Cilicia : [tum,	vint-à-sa rencontre de Cilicie :
erant quinque millia pedi-	ils étaient cinq milliers de fantassins,
mille equites ;	mille cavaliers ;
Platon Atheniensis	Platon Athénien
præerat utrisque.	commandait aux-uns-et-aux-autres.
Auctus his copiis,	Augmenté de ces troupes,
statuit persequi Darium.	il résolut de poursuivre Darius.
VIII. Ille pervenerat jam	VIII. Celui-ci était parvenu déjà
Ecbatana, caput Mediæ.	à Ecbatane, capitale de la Médie.
Parthi tenent nunc	Les Parthes occupent maintenant
hanc urbem,	cette ville,
aque est sedes æstiva	et celle-ci est la demeure d'-été
gentibus.	aux rois y passant *cette saison*
Deinde decreverat	Ensuite il avait résolu
adire Bactra ;	d'aller-à Bactre ;
sed veritus ne occuparetur	mais craignant qu'il ne fût prévenu
celeritate Alexandri,	par la célérité d'Alexandre,
mutavit consilium iterque.	il changea de résolution et de route.
Alexander aberat ab eo	Alexandre était éloigné de lui
mille et quingenta stadia;	de mille et cinq-cents stades ;
sed jam nullum intervallum	mais déjà aucune distance
videbatur satis longum	ne paraissait assez longue
adversus celeritatem ejus.	contre la célérité de lui.
Itaque se præparabat	En-conséquence il se préparait
prœlio magis quam fugæ.	au combat plutôt qu'à la fuite.
Triginta millia peditum	Trente milliers de fantassins
sequebantur,	suivaient,
in quibus erant	dans lesquels étaient
quatuor millia Græcorum,	quatre milliers de Grecs,
fide erga regem	d'une fidélité envers le roi
invicta ad ultimum ;	invincible jusqu'à la fin ;
manus quoque	une troupe aussi

præter hos tria millia et trecenti equites erant, maxime Bactrianorum : Bessus præerat, Bactrianæ regionis præfectus. Cum hoc agmine Darius paulum declinavit via militari, jussis præcedere lixis, impedimentorum custodibus. Consilio deinde advocato : « Si me cum ignavis, inquit, et pluris qualemcumque vitam honesta morte æstimantibus, fortuna junxisset, tacerem potius quam frustra verba consumerem. Sed, majore quam vellem documento et virtutem vestram et fidem expertus, magis etiam conniti debeo ut dignus talibus amicis sim, quam dubitare an vestri similes adhuc sitis. Ex tot millibus quæ sub imperio fuerunt meo, bis me victum, bis fugientem persecuti estis. Fides vestra et constantia ut regem me esse credam facit. Proditores et transfugæ in urbibus meis regnant ; non hercule qui tanto honore digni habeantur, sed ut præmiis eorum vestri sollicitentur animi.

quatre mille frondeurs et archers, et en outre trois mille trois cents cavaliers, principalement composés de Bactriens : ils étaient sous les ordres de Bessus, satrape de la Bactriane. Avec cette armée Darius s'écarta un peu de la voie militaire, après avoir fait prendre les devants aux vivandiers et aux valets chargés de la garde des bagages. Puis il assembla son conseil et parla ainsi : « Si la fortune m'eût associé à des lâches, qui fissent plus de cas de la vie, quelle qu'elle soit, que d'une mort honorable, j'aimerais mieux me taire que de parler en vain. Mais ayant eu par expérience des preuves de votre valeur et de votre fidélité, plus fortes que je n'aurais voulu, je dois m'efforcer de me rendre digne de tels amis, au lieu de douter si vous êtes encore semblables à vous-mêmes. De tant de milliers d'hommes qui étaient sous mes ordres, vous êtes les seuls qui m'ayez suivi jusqu'au bout, moi vaincu deux fois, obligé deux fois de prendre la fuite. Il n'y a plus que votre fidélité et votre confiance qui me fassent croire que je suis roi. Des traîtres et des transfuges règnent dans mes

funditorum et sagittariorum	de frondeurs et d'archers
expleverat quatuor millia ;	avait complété quatre mille :
præter hos tria millia	outre ceux-ci trois mille
et trecenti equites erant,	et trois-cents cavaliers étaient,
maxime Bactrianorum :	surtout de Bactriens :
Bessus, præfectus	Bessus, gouverneur
regionis Bactrianæ,	de la région bactrienne,
præerat.	était-à-la tête.
Darius cum hoc agmine	Darius avec cette troupe
declinavit paulum	s'écarta un peu
via militari,	de la route militaire,
lixis custodibusque	les vivandiers et les gardes
impedimentorum	des bagages
jussis præcedere.	ayant-reçu-ordre d'aller-devant.
Deinde consilio advocato :	Ensuite le conseil ayant été convoqué :
« Si fortuna, inquit,	« Si la fortune, dit-il,
junxisset me cum ignavis	avait joint moi avec des lâches
et æstimantibus pluris	et *des hommes* estimant de plus *de prix*
vitam qualemcumque	une vie quelconque
morte honesta,	qu'une mort honorable,
tacerem potius quam	je me tairais plutôt que
consumerem verba frustra.	je ne consumerais des paroles en-vain.
Sed expertus	Mais ayant éprouvé
et vestram virtutem et fidem	et votre courage et *votre* foi
documento majore	par une preuve plus grande
quam vellem,	que je ne voudrais,
debeo conniti	je dois m'efforcer
ut sim dignus	que je sois (d'être) digne
talibus amicis,	de tels amis,
magis etiam quam dubitare	plutôt encore que douter
an sitis adhuc	si vous êtes encore
similes vestri.	semblables à vous-mêmes.
Ex tot millibus	De tant de milliers
quæ fuerunt	qui ont été
sub meo imperio,	sous mon commandement,
persecuti estis	vous avez suivi-jusqu'-au-bout
me bis victum,	moi deux-fois vaincu,
bis fugientem.	deux-fois fuyant.
Vestra fides et constantia	Votre fidélité et *votre* constance
facit ut credam	fait (font) que je croie
me esse regem.	moi être roi.
Proditores et transfugæ	Des traîtres et des transfuges
regnant in meis urbibus;	règnent dans mes villes ;
non hercule	non par-Hercule
qui habeantur digni	qu'ils soient regardés-comme dignes
tanto honore,	d'un si-grand honneur,
sed ut vestri animi	mais afin-que vos esprits

Meam tamen fortunam quam victoris maluistis sequi, dignissimi quibus, si ego non possim, dii pro me gratiam referant; et mehercule referent. Nulla erit tam surda posteritas, nulla tam ingrata fama, quæ non in cœlum vos debitis laudibus ferat. Itaque, etiamsi consilium fugæ, a qua multum abhorret animus, agitassem, vestra tamen virtute fretus obviam issem hosti. Quousque enim in regno exsulabo, et per fines imperii mei fugiam externum et advenam regem, quum liceat experto belli fortunam aut reparare quæ amisi, aut honesta morte defungi? Nisi forte satius est exspectare victoris arbitrium, et, Mazæi[1] et Mithrenis[2] exemplo, precarium accipere regnum nationis unius, ut jam malit ille gloriæ suæ quam iræ obsequi. Nec dii siverint ut hoc decus mei capitis aut demere mihi quisquam aut condonare possit! Nec hoc imperium vivus amittam ; idemque erit regni

villes; non pas assurément qu'on les croie dignes de cet honneur, mais on veut tenter votre courage par l'appât des récompenses qu'on leur accorde. Vous avez cependant mieux aimé vous attacher à ma fortune, que de suivre celle du vainqueur; et vous méritez, si je ne le peux faire moi-même, que les dieux vous en récompensent; ce qu'ils feront, j'en suis sûr. Non; la postérité ne sera jamais assez indifférente, ni la renommée assez injuste, pour ne pas vous porter jusqu'au ciel comme cela vous est dû. Aussi, quand j'aurais eu quelque dessein de fuir, ce dont je suis bien éloigné, confiant dans votre valeur, je ne laisserais pas d'aller au-devant de l'ennemi. Jusqu'à quand en effet serai-je exilé dans mon propre royaume, forcé de fuir dans toute l'étendue de mon empire devant un roi étranger, un aventurier, tandis qu'en essayant les chances de la guerre, je peux encore ou réparer mes pertes ou obtenir une mort glorieuse? A moins peut-être qu'il ne soit plus convenable d'attendre le bon plaisir du vainqueur, et, à l'exemple d'un Mazée et d'un Mithrène, de recevoir de lui la royauté précaire d'une seule province, en supposant encore qu'il aime mieux consulter les intérêts de sa gloire qu'écouter sa colère. Fassent les dieux que personne ne puisse jamais m'ôter ou me laisser à son gré la couronne placée sur ma tête! Tant

sollicitentur præmiis eorum.	soient tentés par les récompenses d'eux.
Maluistis tamen	Vous avez mieux-aimé cependant
sequi meam fortunam	suivre ma fortune
quam victoris,	que *celle* du vainqueur,
dignissimi quibus dii	très-dignes auxquels les dieux
referant gratiam pro me,	rendent reconnaissance pour moi,
si ego non possum ;	si moi je ne puis ;
et mehercule referent.	et par-Hercule ils *la* rendront.
Nulla posteritas	Aucune postérité
erit tam surda,	ne sera si sourde,
nulla fama tam ingrata,	aucune renommée si ingrate
quæ non ferat vos in cœlum	qui ne porte vous dans le ciel
laudibus debitis.	par les louanges dues.
Itaque, etiamsi	En-conséquence, même-si
agitassem consilium fugæ,	j'avais agité le projet de la fuite,
a qua animus	de laquelle *mon* esprit
abhorret multum,	est éloigné beaucoup,
fretus tamen vestra virtute,	appuyé cependant sur votre courage,
issem obviam hosti.	je serais allé au devant à (de) l'ennemi.
Quousque enim	Jusqu'-à-quand en-effet
exsulabo in regno,	serai-je exilé dans *mon* royaume,
et fugiam per fines	et fuirai-je à-travers les territoires
mei imperii	de mon empire
regem externum	un roi étranger
et advenam,	et venu *dans ce pays*,
quum liceat experto	puisqu'il est-permis à *moi* ayant éprouvé
fortunam belli	la fortune de la guerre [dues
aut reparare quæ amisi,	ou de recouvrer les choses que j'ai per-
aut defungi morte honesta ?	ou de m'acquitter d'une mort honorable ?
Nisi forte est satius	A-moins-que peut-être il ne soit préfé-
exspectare	d'attendre [rable
arbitrium victoris,	la décision du vainqueur,
et exemplo Mazæi	et par (à) l'exemple de Mazée
et Mithrenis,	et de Mithrène,
accipere regnum precarium	de recevoir la royauté précaire
unius gentis,	d'une seule nation, [mieux
ut jam ille malit	en-supposant-que maintenant il aime-
obsequi suæ gloriæ	déférer à sa gloire
quam iræ.	qu'à sa colère.
Nec dii siverint	Et que les dieux n'aient pas permis
ut quisquam possit	que qui-que-ce-soit puisse
aut demere mihi	ou ôter à moi
aut condonare	ou *me* laisser-par-grâce
hoc decus mei capitis ;	cet ornement de ma tête ;
nec amittam vivus	et je ne perdrai pas vivant
hoc imperium ;	cet empire ;
finisque erit idem	et la fin sera la même

mei qui et spiritus finis. Si hic animus, si hæc lex, nulli non parta libertas est; nemo e vobis fastidium Macedonum, nemo vultum superbum ferre cogetur; sua cuique dextra aut ultionem tot malorum pariet aut finem. Equidem, quam versabilis fortuna sit, documentum ipse sum; nec immerito mitiores vices ejus exspecto. Sed, si justa ac pia bella dii aversantur, fortibus tamen viris licebit honeste mori. Per ego vos decora majorum, qui totius Orientis regna cum memorabili laude tenuerunt, per illos viros[1] quibus stipendium Macedonia quondam tulit, per tot navium classes in Græciam missas, per tot tropæa regum, oro et obtestor ut nobilitate vestra gentisque dignos spiritus capiatis, ut eadem constantia animorum, qua præterita tolerastis, experiamini quidquid deinde fors tulerit. Me certe in perpetuum aut victoria egregia nobilitabit aut pugna. »

IX. Hæc dicente Dario, præsentis periculi species omnium

que je vivrai, je ne perdrai point mon empire, et je ne cesserai de régner qu'en cessant de vivre. Si vous êtes dans cette disposition, si c'est la loi que vous vous prescrivez, la liberté de tous est assurée; personne de vous ne sera forcé d'essuyer les dédains, de supporter les regards insultants des Macédoniens; chacun saura de sa propre main venger ou terminer tant de maux. Je suis sans doute un grand exemple de l'intsabilité de la fortune, et je suis fondé à attendre de sa part quelque révolution plus favorable. Mais si les dieux ne favorisent pas des guerres inspirées par la justice et par la piété, des gens de cœur pourront du moins mourir avec honneur. Aussi par la gloire de vos ancêtres qui ont tenu l'empire d'Orient avec tant d'éclat, par ces grands hommes dont la Macédoine fut anciennement tributaire, par le souvenir de tant de flottes envoyées contre la Grèce, par tous les trophées de vos rois, je vous prie et vous conjure de prendre des sentiments dignes de votre noblesse et de celle de votre nation, et de soutenir par la suite tous les caprices de la fortune, avec autant de confiance et de courage que vous en avez montré dans les événements passés. Pour moi, j'immortaliserai mon nom par une victoire éclatante ou par un combat glorieux. »

IX. Pendant ce discours de Darius, l'image du danger présent

mei regni,	de ma royauté, [vie.
qui et spiritus.	laquelle *sera* aussi de *mon* souffle (de ma
Si hic animus,	Si cet esprit *est à vous*,
si hæc lex,	si cette loi (résolution) *est à vous*, (tous);
libertas parta est nulli non;	la liberté est engendrée à nul non (à
nemo e vobis cogetur	personne de vous ne sera forcé
ferre fastidium Macedonum,	de supporter le dédain des Macédoniens,
nemo vultum superbum;	personne *leur* visage superbe;
sua dextra pariet cuique	sa *main* droite engendrera à chacun
aut ultionem aut finem	ou la vengeance ou la fin
tot malorum.	de tant de maux.
Equidem ipse sum	Certes moi-même je suis
documentum quam fortuna	un exemple combien la fortune
sit versabilis;	est changeante;
nec exspecto immerito	ni je n'attends à-tort
vices ejus mitiores.	des retours d'elle plus doux.
Sed si dii aversantur	Mais si les dieux repoussent
bella justa ac pia,	des guerres justes et pieuses,
licebit tamen	il sera permis cependant
viris fortioribus	à des hommes plus courageux
mori honeste.	de mourir honorablement.
Ego oro et obtestor vos	Moi je prie et je conjure vous
per decora majorum	par les gloires de *vos* ancêtres
qui tenuerunt	qui ont tenu
cum laude memorabili	avec une louange mémorable
regna Orientis totius,	les royaumes de l'Orient tout-entier,
per illos viros	par ces hommes
quibus Macedonia	auxquels la Macédoine
tulit quondam stipendium,	a porté (payé) autrefois tribut,
per tot classes navium	par tant *de* flottes de navires
missas in Græciam,	envoyées en Grèce,
per tot tropæa regum,	par tant *de* trophées de rois,
ut capiatis spiritus	que vous preniez des esprits
dignos vestra nobilitate	dignes de votre noblesse,
gentisque,	et *de celle* de la nation,
ut experiamini	que vous éprouviez [la-suite,
quidquid fors tulerit deinde,	tout-ce-que le sort aura apporté dans
eadem constantia animorum	*avec* la même constance d'âmes
qua	*avec* laquelle
tolerastis præterita.	vous avez supporté les choses passées.
Aut victoria egregia	Ou une victoire remarquable
aut pugna	ou un combat *remarquable*
nobilitabit me certe	rendra-célèbre moi du-moins
in perpetuum.	à perpétuité.

IX. Dario dicente hæc,   IX. Darius disant ces choses,
species periculi præsentis   l'image du danger présent

simul corda animosque horrore perstrinxerat, nec aut consilium suppetebat aut vox, quum Artabazus, vetustissimus amicorum, quem hospitem fuisse Philippi sæpe diximus[1] : « Nos vero, inquit, pretiosissima vestium induti, armisque, quanto maximo cultu possumus, adornati, regem in aciem sequemur, ea quidem mente victoriam ut speremus, mortem non recusemus. » Assensu excepere ceteri hanc vocem; sed Nabarzanes, qui in eodem consilio erat cum Besso, inauditi antea facinoris societate inita, regem suum per milites, quibus ambo præerant, comprehendere et vincire decreverant, ea mente ut, si Alexander ipsos insecutus foret, tradito rege vivo, inirent gratiam victoris, magni profecto cepisse Darium æstimaturi; sin autem eum effugere potuissent, interfecto Dario, regnum sibi occuparent, bellumque renovarent. Hoc parricidium quum diu volutassent, Nabarzanes, aditum nefariæ spei præparans : « Scio me,

avait saisi d'horreur tous les esprits et tous les cœurs; on ne savait que faire ni que dire; lorsqu'Artabazo, le plus ancien des amis du roi, et qui, comme nous l'avons répété, avait été à la cour de Philippe, parla ainsi : « Eh! bien donc, couverts de nos plus riches habits et parés de nos plus belles armes, nous suivrons notre roi au combat, décidés à espérer la victoire et à ne pas reculer devant la mort. » Tous les autres applaudirent à ces paroles; mais Nabarzane, qui assistait à ce conseil ainsi que Bessus, avait comploté avec lui un forfait inouï; ils avaient résolu tous deux de se saisir du roi et de le charger de chaînes, avec l'aide des soldats qui étaient sous leurs ordres; leur intention était, s'ils étaient poursuivis par Alexandre, de lui remettre le roi vif entre les mains, et d'obtenir ainsi les bonnes grâces du vainqueur, qui compterait sans doute pour beaucoup la prise de Darius; si au contraire ils pouvaient lui échapper, ils devaient tuer Darius, s'emparer pour eux-mêmes du royaume, et recommencer la guerre. Comme ils méditaient depuis longtemps ce parricide, Nabarzane, pour préparer le succès de ces criminelles espérances : « Je sais, dit-il, que je vais ouvrir un avis que d'abord

perstrinxerat horrore	avait saisi d'horreur
corda animosque	les cœurs et les esprits
omnium simul ;	de tous ensemble ;
nec aut consilium	ni ou un avis
aut vox suppetebat,	ou une parole ne se présentait,
quum Artabazus,	lorsqu'Artabaze,
vetustissimus amicorum,	le plus ancien des amis de Darius
quem diximus sæpe	lequel nous avons dit souvent
fuisse hospitem Philippi :	avoir été l'hôte de Philippe :
« Nos vero, inquit, [tium,	« Nous en-vérité, dit-il, [ments,
induti pretiosissima ves-	revêtus du plus précieux de nos vête-
adornatique armis,	et ornés de nos armes,
cultu maximo	avec la parure la plus grande
quanto possumus,	que nous pouvons,
sequemur regem in aciem,	nous suivrons le roi dans la bataille,
ea mente quidem	avec cette intention certes
ut speremus victoriam,	que nous espérions la victoire,
non recusemus mortem. »	que nous ne refusions pas la mort. »
Ceteri excepere	Tous-les-autres accueillirent
hanc vocem assensu ;	cette parole par l'assentiment ;
sed Nabarzanes,	mais Nabarzane,
qui erat cum Besso	qui était avec Bessus
in eodem consilio,	dans le même projet,
societate facinoris	l'association d'un acte
inauditi antea	inouï auparavant
inita,	ayant été formée,
decreverant comprehendere	avaient (avait) résolu de saisir
et vincire suum regem	et d'enchaîner leur roi
per milites	par les soldats
quibus ambo præerant,	auxquels tous-deux commandaient,
ea mente ut,	avec cette intention que,
si Alexander	si Alexandre
insecutus foret ipsos,	avait poursuivi eux-mêmes,
rege tradito vivo,	le roi ayant été livré vif, [queur,
inirent gratiam victoris,	ils entrassent dans la faveur du vain-
æstimaturi profecto magni	devant estimer certainement d'un grand
cepisse Darium ;	d'avoir pris Darius ; [prix
sin autem potuissent	mais si-au-contraire ils avaient pu
effugere eum,	échapper à lui,
Dario interfecto,	Darius ayant été tué, [mêmes,
occuparent regnum sibi,	qu'ils occupassent la royauté pour eux-
renovarentque bellum.	et renouvelassent la guerre.
Quum volutassent diu	Comme ils avaient roulé longtemps
hoc parricidium,	ce parricide,
Nabarzanes, præparans	Nabarzane, préparant
aditum spei nefariæ :	accès à cette espérance abominable :
« Scio, inquit,	« Je sais, dit-il,

inquit, sententiam esse dicturum prima specie haudquaquam auribus tuis gratam ; sed medici quoque graviores morbos asperis remediis curant ; et gubernator, ubi naufragium timet, jactura quidquid servari potest redimit. Ego tamen, non ut damnum quidem facias suadeo, sed ut te ac regnum tuum salubri ratione conserves. Diis adversis bellum inimus, et pertinax fortuna Persas urgere non desinit ; novis initiis et ominibus opus est. Auspicium et imperium alii trade interim, qui tandiu rex appelletur donec Asia decedat hostis, victor deinde, regnum tibi reddat. Hoc autem brevi futurum ratio promittit. Bactra intacta sunt ; Indi et Sacæ[1] in tua potestate ; tot populi, tot exercitus, tot equitum peditumque millia ad renovandum bellum vires paratas habent, ut major belli moles supersit quam exhausta sit. Quid ruimus, belluarum ritu, in perniciem non necessariam ? Fortium virorum est magis mortem contemnere quam odisse vitam. Sæpe tæ-

vous entendrez avec peine ; mais c'est ainsi que, dans les maladies les plus graves, les médecins ont recours aux remèdes violents, et qu'un pilote, menacé du naufrage, fait un sacrifice volontaire pour racheter tout ce qu'il peut sauver. Mon avis cependant a pour but non pas de vous causer quelque dommage, mais de vous présenter un moyen salutaire pour conserver votre personne et votre empire. Les dieux nous sont contraires dans la guerre que nous faisons, et la fortune opiniâtre ne cesse de persécuter les Perses ; nous avons besoin d'auspices et de présages nouveaux. Cédez pour un temps les auspices et l'empire à un autre, qui ne gardera le nom de roi que jusqu'à ce que l'ennemi ait évacué l'Asie, et qui, après la victoire, vous rendra la couronne. Or cela ne tardera guère ; la réflexion le démontre. La Bactriane n'a pas été entamée ; les Indiens et les Saces sont encore en votre pouvoir ; tant de peuples, tant d'armées, tant de milliers d'hommes de cavalerie et d'infanterie ont des forces toutes prêtes pour recommencer la guerre ; si bien qu'il nous reste une masse de combattants plus grande que celle que nous avons perdue. Pourquoi courir sans nécessité, à notre perte, comme des bêtes ? Le propre du courage est plutôt de mépriser la mort que de haïr la vie. Souvent

me dicturum esse sententiam	moi devoir dire un avis
haudquaquam gratam	nullement agréable
tuis auribus	à tes oreilles
prima specie;	par la première apparence;
sed medici quoque	mais les médecins aussi
curant morbos graviores	soignent les maladies plus graves
remediis asperis;	par des remèdes rudes;
et gubernator,	et le pilote,
ubi timet naufragium,	dès-qu'il craint le naufrage,
redimit jactura	rachète par l'action-de-jeter *à la mer*
quidquid potest servari.	tout-ce-qui peut être conservé.
Ego tamen suadeo	Moi cependant je conseille
non ut facias quidem	non que tu fasses à-la-vérité
damnum,	une perte,
sed ut conserves	mais que tu conserves
te ac tuum regnum	toi et ton royaume
ratione salubri.	par un calcul salutaire.
Inimus bellum,	Nous allons-à la guerre,
diis adversis,	les dieux *étant* contraires,
et fortuna pertinax	et la fortune opiniâtre
non desinit urgere Persas;	ne cesse pas de presser les Perses;
est opus novis initiis	il est besoin de nouveaux auspices
et ominibus.	et de *nouveaux* présages.
Trade interim	Remets provisoirement
auspicium et imperium	l'auspice et l'empire
alii qui appelletur rex	à un autre qui soit appelé roi
tandiu donec hostis	aussi-longtemps jusqu'à-ce-que l'ennemi
decedat Asia,	s'éloigne de l'Asie,
deinde victor,	puis *qui* vainqueur,
reddat tibi regnum.	rende à toi la royauté.
Ratio autem promittit	Or le calcul promet
hoc futurum brevi.	cela devoir être bientôt.
Bactra sunt intacta;	Bactre est intacte;
Indi et Sacæ	les Indiens et les Saces
in tua potestate;	sont en ton pouvoir;
tot populi, tot exercitus,	tant *de* peuples, tant *d'*armées,
tot millia	tant *de* milliers
equitum peditumque	de cavaliers et de fantassins
habent vires paratas	ont *leurs* forces prêtes
ad renovandum bellum,	pour renouveler la guerre, [combattants
ut moles belli	de-sorte-qu'une masse de guerre (de
major quam exhausta sit,	plus grande qu'elle n'a été épuisée,
supersit.	reste.
Quid ruimus,	Pourquoi nous précipitons-nous,
ritu belluarum, [riam?	à la manière des bêtes,
in perniciem non necessa-	à une perte non nécessaire?
Contemnere mortem	Mépriser la mort

dio laboris ad vilitatem sui compelluntur ignavi ; at virtus nihil inexpertum omittit. Itaque ultimum omnium mors est, ad quam non pigre ire satis est. Proinde, si Bactra, quod tutissimum receptaculum est, petimus, præfectum regionis ejus, Bessum, regem temporis gratia statuamus. Compositis rebus, justo regi tibi fiduciarium restituet imperium. »

Haud mirum est Darium non temperasse animo, quanquam tam impiæ voci quantum nefas subesset latebat. Itaque : « Pessimum, inquit, mancipium, reperisti exoptatum tibi tempus quo parricidium aperires ! » Strictoque acinace interfecturus videbatur, ni propere Bessus Bactrianique eum tristium specie, ceterum, si perseveraret, vincturi, circumstetissent. Nabarzanes interim elapsus, mox et Bessus secutus, copias quibus præerant a cetero exercitu secedere jubent, secretum inituri consilium. Artabazus, convenientem

le dégoût de la fatigue pousse les lâches à faire bon marché d'euxmêmes, mais la valeur essaie de toutes les ressources. Puis donc que la mort est la dernière de toutes, c'est assez d'y marcher sans lâcheté. Par conséquent, si nous gagnons la Bactriane, qui est la plus sûre de toutes les retraites, déférons, pour obéir aux circonstances, la royauté à Bessus, qui a le gouvernement de cette province. Quand les affaires seront rétablies, il vous remettra, comme au vrai roi, l'empire que vous lui aurez confié. »

Il n'est pas étonnant que Darius n'ait pu se maîtriser, quoiqu'il ne vit pas toute l'horreur du crime que cachait un si détestable langage. « Méchant esclave, dit-il, crois-tu avoir trouvé le moment que tu souhaitais pour mettre au jour ton projet parricide ? » Et tirant son cimeterre, il l'aurait tué sans doute, s'il n'eût été sur le champ environné par Bessus et les Bactriens, qui, tout en affectant la tristesse, étaient résolus de se saisir du roi, s'il eût voulu persister. Cependant Nabarzane s'était échappé ; Bessus le suivit, et ils séparèrent du reste de l'armée les troupes qu'ils commandaient, afin de se concerter en secret. Artabaze, ouvrant un avis

magis quam odisse vitam	plus que haïr la vie
est virorum fortium.	est *le fait* d'hommes courageux.
Ignavi compelluntur sæpe	Les lâches sont poussés souvent
tædio laboris	par l'ennui de la fatigue
ad vilitatem sui;	au bon-marché d'eux-mêmes;
at virtus omittit	mais le courage n'omet
nihil inexpertum.	rien non-tenté.
Itaque mors	En conséquence la mort
est ultimum omnium,	est la dernière chose de toutes,
ad quam est satis	vers laquelle *mort* il est assez (il suffit)
ire non pigre.	d'aller non paresseusement.
Proinde si petimus Bactra,	Donc si nous gagnons Bactre,
quod est receptaculum	qui est le refuge
tutissimum,	le plus sûr,
statuamus regem	établissons roi
gratia temporis	à-cause-du temps (des circonstances)
Bessum, præfectum	Bessus, gouverneur
ejus regionis.	de cette contrée.
Rebus compositis,	Les choses étant arrangées,
restituet tibi regi justo	il restituera à toi roi régulier
imperium fiduciarium. »	un empire fiduciaire. »
Haud est mirum Darium	Il n'est pas étonnant Darius
non temperasse animo,	n'avoir pas maîtrisé son esprit (sa colère),
quanquam latebat	quoiqu'il fût caché
quantum nefas	quel-grand crime
subesset voci tam impiæ.	était-sous *cette* parole si impie.
Itaque :	En-conséquence :
« Mancipium pessimum,	« Esclave très-mauvais,
reperisti, inquit, tempus	tu as trouvé, dit-il, le temps
exoptatum tibi	souhaité à (par) toi [cide! »
quo aperires parricidium! »	dans lequel tu découvrirais *ton* parri-
Acinaceque stricto,	Et le cimeterre ayant été tiré,
videbatur interfecturus,	il paraissait devant *le* tuer,
ni Bessus Bactrianique	si Bessus et les Bactriens
circumstetissent eum	n'eussent entouré lui
propere,	à-la-hâte,
specie tristium,	avec l'apparence d'*hommes* affligés,
ceterum vincturi,	du-reste devant *l'*enchaîner,
si perseveraret.	s'il persistait. [échappé,
Interim Nabarzanes elapsus,	Pendant-ce-temps Nabarzane s'étant
mox et Bessus secutus,	bientôt aussi Bessus ayant suivi,
jubent copias	ordonnent les troupes
quibus præerant	auxquelles ils commandaient
secedere	s'éloigner
ab exercitu cetero,	de l'armée restante (du reste de l'armée),
inituri consilium secretum.	*eux* devant former une résolution se-
Artabazus orsus	Artabaze ayant commencé [crète.

præsenti fortunæ sententiam orsus, mitigare Darium, temporum identidem admonens, cœpit : « Ferret æquo animo qualiumcumque, suorum tamen, vel stultitiam vel errorem. Instare Alexandrum, gravem etiamsi omnes præsto essent; quid futurum, si persecuti fugam ipsius alienentur a rege? » Ægre paruit Artabazo; et quanquam movere castra statuerat, turbatis tamen omnium animis, eodem in loco substitit; sed, attonitus mœstitia simul et desperatione, tabernaculo se inclusit. Ergo in castris, quæ nullius regebantur imperio, varii animorum motus erant; nec in commune, ut antea, consulebatur. Dux Græcorum militum Patron arma capere suos jubet, paratosque esse ad exsequendum imperium. Persæ secesserant; Bessus cum Bactrianis erat, tentabatque Persas abducere, Bactra et intactæ regionis opulentiam, simul quæ manentibus instarent pericula, ostentans. Persarum omnium eadem fere fuit vox, nefas esse deseri regem. Inter

conforme à la situation présente, essaya de calmer Darius; il lui rappela à diverses reprises la nécessité des circonstances et l'exhorta à supporter patiemment la folie ou l'erreur de gens qui, quels qu'ils fussent, ne laissaient pas d'être à lui. Alexandre le serrait de près, Alexandre, qu'il était difficile de vaincre même en réunissant toutes ses forces; que serait-ce donc, si ceux qui l'avaient suivi jusqu'ici dans sa fuite venaient à l'abandonner? Le roi céda avec peine au conseil d'Artabaze, et quoiqu'il eût résolu de décamper, voyant néanmoins tous les esprits dans le trouble, il se tint au même poste; mais, anéanti tout à la fois par la tristesse et le désespoir, il s'enferma dans sa tente. Ainsi, le camp manquant de direction, les esprits cédaient à des mouvements divers, et on ne délibérait plus en commun comme auparavant. Patron, qui commandait les Grecs, leur enjoignit de prendre les armes et de se tenir prêts au premier ordre. Les Perses avaient fait bande à part; Bessus était avec ses Bactriens, et essayait de débaucher les Perses, en leur montrant avec affectation la Bactriane, l'opulence de cette province qui n'était point encore entamée, et les dangers dont étaient menacés ceux qui resteraient. Mais les Perses répondirent presque unanimement, que c'était un crime infâme d'abandonner

sententiam convenientem	un avis convenable
fortunæ præsenti,	à la fortune présente,
cœpit mitigare Darium,	commença à adoucir Darius,
admonens identidem	l'avertissant de temps-en-temps
temporum :	des circonstances :
« Ferret animo æquo	« Qu'il supportât d'un esprit égal
vel stultitiam vel errorem	ou la sottise ou l'erreur
qualiumcunque,	d'hommes quels-qu'ils-fussent,
tamen suorum.	cependant siens (ses sujets).
Alexandrum instare,	Alexandre presser,
gravem etiamsi omnes	pesant (redoutable) même-si tous
essent præsto ;	étaient auprès-de Darius;
quid futurum,	quelle chose devoir être [de lui-même
si persecuti fugam ipsius	si ceux ayant-suivi-jusqu'au-bout la fuite
alienentur a rege ? »	sont aliénés du roi ? »
Paruit ægre Artabazo,	Il obéit avec-peine à Artabaze,
et quanquam statuerat	et quoiqu'il eût résolu
movere castra,	de remuer le camp (de décamper),
tamen animis omnium	cependant les esprits de tous
turbatis,	ayant été troublés,
subsitit in eodem loco ;	il s'arrêta dans le même lieu ;
sed attonitus mœstitia	mais foudroyé (anéanti) par la tristesse
simul et desperatione,	en-même-temps aussi par le désespoir,
se inclusit tabernaculo.	il s'enferma dans sa tente.
Ergo motus animorum	Donc les mouvements des esprits
erant varii	étaient divers
in castris quæ regebantur	dans le camp qui n'était gouverné
imperio nullius ;	par l'empire d'aucun ;
nec consulebatur, ut antea,	ni il n'était délibéré, comme auparavant,
in commune.	pour la chose commune.
Patron,	Patron,
dux militum Græcorum,	chef des soldats grecs,
jubet suos capere arma,	ordonne les siens prendre les armes,
esseque paratos	et être prêts
ad exsequendum imperium.	à exécuter le commandement.
Persæ secesserant ;	Les Perses s'étaient écartés ;
Bessus erat cum Bactrianis,	Bessus était avec les Bactriens,
tendebatque abducere Per-	et s'efforçait d'emmener les Perses,
ostentans Bactra [sas,	montrant-sans-cesse Bactre,
et opulentiam	et l'opulence
regionis intactæ,	d'une contrée intacte,
simul quæ pericula	en-même-temps quels dangers
instarent manentibus.	menaçaient eux restant.
Vox omnium Persarum	La parole de tous les Perses
fuit fere eadem,	fut presque la même,
regem deseri	le roi être abandonné
esse nefas.	être un crime.

hæc Artabazus omnibus imperatoriis fungebatur officiis; ille Persarum tabernacula circumire, hortari, monere nunc singulos, nunc universos. Non ante destitit quam satis constaret imperata facturos. Idem ægre a Dario impetravit ut cibum caperet animumque regis.

X. At Bessus et Nabarzanes olim agitatum scelus exsequi statuunt, regni cupiditate accensi; Dario autem incolumi, tantas opes sperare non poterant; quippe in illis gentibus regum eximia majestas est; ad nomen quoque barbari conveniunt, et pristinæ veneratio fortunæ sequitur adversam. Inflabat impios animos regio cui præerant, armis virisque et spatio locorum nulli earum gentium secunda : tertiam partem Asiæ tenet; multitudo juniorum exercitus quos amiserat Darius æquabat. Itaque non illum modo, sed etiam Alexandrum spernebant, inde vires imperii repetituri, si regionis potiri contigisset. Diu omnibus cogitatis, placuit per milites Bactrianos, ad omne obsequium destinatos, regem comprehendere, mittique nuntium ad Alexandrum, qui

le roi. Pendant ce temps, Artabaze remplissait toutes les fonctions de général; il parcourait les tentes des Perses, les encourageait, les exhortait, tantôt un à un, tantôt tous ensemble jusqu'à ce qu'il fût bien assuré de leur disposition à obéir. Il obtint aussi de Darius, non sans peine qu'il prît quelque nourriture et qu'il montrât les sentiments d'un roi.

X. Cependant Bessus et Nabarzane, brûlant du désir de régner, prennent la résolution d'exécuter l'attentat qu'ils projetaient depuis longtemps; mais tant que Darius vivait, ils ne pouvaient se promettre une si grande fortune; car parmi ces peuples rien de plus sacré que la majesté royale; au nom seul du prince, les barbares se rallient, et dans sa mauvaise fortune ils honorent encore son premier état. Ce qui enflait le cœur de ces traîtres, c'était la province même où ils commandaient, province qui ne le cédait à aucune de ces contrées en armes, en hommes et en étendue : elle fait le tiers de l'Asie, et une jeunesse nombreuse y égalait les armées que Darius avait perdues. Aussi, ce n'était pas lui seulement, c'était Alexandre

Inter hæc Artabazus fungebatur omnibus officiis imperatoriis;	Pendant ces choses Artabaze s'acquittait de tous les devoirs de-général;
ille circumire tabernacula Persarum, hortari, monere nunc singulos, nunc universos.	lui *se mit à* aller-autour des tentes des Perses, à exhorter, à avertir tantôt *eux* un-à-un, tantôt tous-ensemble.
Non destitit ante quam constaret satis facturos imperata.	Il ne cessa pas avant qu'il fût constant suffisamment *eux* devoir faire les choses commandées.
Idem impetravit ægre a Dario, ut caperet cibum animumque regis.	Le même obtint avec-peine de Darius, qu'il prît de la nourriture et l'esprit d'un roi.

X. At Bessus et Nabarzanes,
accensi cupiditate regni,
statuunt exsequi scelus
agitatum olim;
non autem poterant
sperare
tantas opes,
Dario incolumi;
quippe majestas regum
est eximia
in illis gentibus,
barbari conveniunt
ad nomen-quoque,
et veneratio
fortunæ pristinæ
sequitur adversam.
Regio cui præerant,
secunda nulli
earum gentium
armis virisque
et spatio locorum,
inflabat animos impios :
tenet tertiam partem Asiæ;
multitudo juniorum
æquabat exercitus
quos Darius amiserat.
Itaque spernebant
non modo illum,
sed etiam Alexandrum,

X. Mais Bessus et Nabarzane,
enflammés par le désir de la royauté,
décident d'exécuter le crime
agité anciennement (depuis longtemps);
mais ils ne pouvaient
espérer [puissance],
de si-grandes ressources (une si-grande
Darius *étant* sain-et-sauf;
car la majesté des rois
est extraordinaire
dans ces nations-là;
les barbares se réunissent
au nom même,
et le respect
de la fortune précédente
suit *la fortune* adverse.
La contrée à laquelle ils commandaient,
seconde à aucune
de ces nations-là
par les armes et les hommes
et par l'espace des lieux,
enflait *leurs* esprits impies :
elle occupe la troisième partie de l'Asie;
la multitude des plus jeunes
égalait les armées
que Darius avait perdues.
En-conséquence ils méprisaient
non-seulement lui,
mais encore Alexandre,

indicaret vivum asservari eum ; si, id quod timebant, proditionem aspernatus esset, occisuri Darium, et Bactra cum suarum gentium manu petituri. Ceterum propalam comprehendi Darius non poterat, tot Persarum millibus laturis opem regi ; Græcorum quoque fides timebatur. Itaque, quod non poterant vi, fraude assequi tentant; pœnitentiam secessionis simulare decreverant, et excusare apud regem consternationem suam.

Interim qui Persas sollicitarent, mittuntur. Hinc spe, hinc metu militares animos versant : ruinæ rerum illos subdere capita; in perniciem trahi, quum Bactra pateant, exceptura eos donis et opulentia, quantam animis concipere non possint. Hæc agitantibus Artabazus supervenit, sive regis jussu, sive sua sponte, affirmans mitigatum esse Darium ; eumdem illis amicitiæ gradum patere apud regem. Illi

même qu'ils méprisaient, sûrs de tirer de ce pays les forces nécessaires au maintien de leur empire, s'ils en étaient une fois maîtres. Après avoir longtemps tout examiné, ils arrêtèrent qu'ils se saisiraient de la personne du roi avec l'aide des soldats Bactriens, qui étaient disposés à leur obéir en tout, et qu'ils feraient donner avis à Alexandre qu'on le gardait vif, déterminés au surplus, s'il repoussait leur trahison, comme ils l'appréhendaient, à tuer Darius, et à se retirer dans la Bactriane avec les troupes de leur pays. Mais il n'était pas possible de se saisir de Darius ouvertement, au milieu de tant de milliers de Perses qui ne manqueraient pas de le secourir; on redoutait d'ailleurs la fidélité des Grecs. Ce qu'ils ne pouvaient donc emporter par violence, ils essayèrent de l'obtenir par artifice; ils avaient pris le parti de feindre qu'ils se repentaient de leur retraite, et de donner pour excuse au roi le trouble où les avait jetés son indignation.

Cependant on envoie des émissaires pour tenter les Perses. On essaie d'ébranler les esprits des soldats, tantôt par l'espérance, tantôt par la crainte; on leur insinue qu'ils vont se faire écraser sous les ruines de l'état; qu'on les entraîne à leur perte, tandis qu'ils ont ouverte devant eux, la Bactriane, où ils trouveront des biens et une opulence supérieure à tout ce qu'ils peuvent imaginer. Durant ces

repetituri inde	eux devant retirer de-là
vires imperii,	des forces de (pour) l'empire,
si contigisset	s'il *leur* était arrivé
potiri regionis.	d'être-maîtres du pays.
Omnibus cogitatis diu,	Toutes choses ayant été méditées long-[temps,
placuit	il plut (on fut d'avis)
comprehendere regem	de saisir le roi
per milites Bactrianos,	par-le-moyen des soldats bactriens
destinatos	préparés
ad omne obsequium,	à toute obéissance,
nuntiumque mitti	et un messager être envoyé
ad Alexandrum,	vers Alexandre,
qui indicaret	lequel *messager* ferait-connaître
eum asservari vivum;	lui (Darius) être gardé vivant;
occisuri Darium	devant tuer Darius,
et petituri Bactra	et devant gagner Bactre,
cum manu suarum gentium,	avec une troupe de leurs nations,
si aspernatus esset	si il (Alexandre) avait dédaigné
proditionem,	*leur* trahison,
id quod timebant.	ce qu'ils craignaient.
Ceterum Darius	Du-reste Darius
non poterat	ne pouvait
comprehendi propalam,	être saisi ouvertement,
tot millibus Persarum	tant de milliers de Perses
laturis opem regi;	devant porter secours au roi;
fides Græcorum quoque	la fidélité des Grecs aussi
timebatur.	était crainte.
Itaque tentant	En-conséquence ils tentent
assequi fraude	d'atteindre par la fraude [force;
quod non poterant vi;	ce qu'ils ne pouvaient *atteindre* par la
decreverant simulare	ils avaient résolu de feindre
pœnitentiam secessionis,	le repentir de *leur* retraite,
et excusare apud regem	et de donner-pour-excuse auprès du roi
suam consternationem.	leur trouble.
Interim mittuntur	Cependant des *gens* sont envoyés
qui sollicitarent Persas.	qui sollicitassent les Perses.
Versant animos militum	Ils remuent les esprits des-soldats
hinc spe,	d'un-côté par l'espérance,
hinc metu :	d'un-autre-côté par la crainte :
illos subdere ruinæ rerum	eux placer-sous la ruine des choses
capita;	*leurs* têtes;
trahi in perniciem,	être entraînés à *leur* perte,
quum Bactra pateant,	quoique Bactre soit-ouverte,
exceptura eos donis	devant recevoir eux par des dons
et opulentia	et par une opulence *si-grande*
quantam non possint	qu'-aussi-grande ils ne pourraient
concipere animis.	la concevoir dans *leurs* esprits.

lacrimantes nunc purgare se, nunc Artabazum orare ut causam ipsorum tueretur, precesque perferret. Sic peracta nocte, sub lucis ortum Bessus et Nabarzanes cum Bactrianis militibus in vestibulo prætorii aderant, titulum solennis officii occulto sceleri præferentes. Darius, signo ad eundum dato, currum pristino more conscendit. Nabarzanes ceterique parricidæ, procumbentes humi, quem paulo post in vinculis habituri erant, sustinuere venerari; lacrimas etiam pœnitentiæ indices profuderunt : adeo humanis ingeniis parata simulatio est! Preces deinde suppliciter admotæ Darium, natura simplicem et mitem, non credere modo quæ affirmabant, sed etiam flere coegerunt. Ac ne tum quidem cogitati sceleris pœnituit, quum intuerentur qualem et regem et vi-

menées, Artabaze, soit par ordre du roi, soit de son propre mouvement, vient tout à coup assurer Bessus et Nabarzane, que Darius est calmé, et qu'ils ont encore la même part à ces bonnes grâces. Les traîtres fondant en larmes, tantôt cherchent à se disculper, tantôt prient Artabaze de prendre leur défense et de faire agréer leurs excuses. La nuit se passa ainsi ; au point du jour Bessus et Nabarzane paraissent avec les soldats Bactriens dans le vestibule de la tente du roi, couvrant leur projet criminel du prétexte de leurs fonctions. Lorsque Darius eut donné le signal du départ, il monta sur un char comme de coutume. Nabarzane et les autres parricides se prosternèrent à terre, et eurent l'impudence d'adorer un prince qu'ils allaient bientôt charger de chaînes ; ils versèrent même des larmes, en signe de repentir : tant la dissimulation est naturelle à l'homme ! Les humbles prières qu'ils y ajoutèrent ensuite firent que Darius, prince sans déguisement et plein de douceur, crut à leurs protestations, et lui arrachèrent même des larmes. Néanmoins ils ne se repentirent pas du crime qu'ils avaient projeté, bien qu'ils vissent quel roi et quel homme ils trompaient.

Artabazus,	Artabaze,
sive jussu regis,	soit par l'ordre du roi,
sive sua sponte,	soit de son propre-mouvement,
supervenit agitantibus hæc,	vint-sur *eux* agitant ces choses,
affirmans Darium	affirmant Darius
mitigatum esse,	avoir été adouci,
eumdem gradum amicitiæ	le même degré d'amitié
patere illis apud regem.	être ouvert à eux auprès du roi.
Illi lacrimantes	Eux pleurant
nunc purgare se,	*se mettent* tantôt à justifier eux-mêmes,
nunc orare Artabazum	tantôt à prier Artabaze
ut tueretur causam ipsorum,	qu'il défendît la cause d'eux-mêmes,
perferretque preces.	et portât *à Darius leurs* prières.
Nocte peracta sic,	La nuit ayant été achevée ainsi,
Bessus et Nabarzanes	Bessus et Nabarzane [mière
aderant sub ortum lucis	étaient présents vers le lever de la lu-
cum militibus Bactrianis	avec des soldats bactriens
in vestibulo prætorii,	dans le vestibule de la tente-du général,
præferentes sceleri occulto	mettant-devant le crime caché
titulum officii solennis.	le titre (le prétexte) d'un devoir habituel.
Signo dato ad eundum,	Le signal ayant été donné pour marcher,
Darius conscendit currum	Darius monta sur un char
more pristino.	par (selon) la coutume précédente.
Nabarzanes,	Nabarzane,
ceterique parricidæ	et tous-les-autres parricides
procumbentes humi,	se prosternant à terre,
sustinuerunt	soutinrent (eurent - l'impudence)
venerari	d'adorer
quem erant habituri	*celui* qu'ils étaient devant avoir
paulo post	un peu après
in vinculis;	dans les chaînes;
profuderunt etiam lacrimas	ils versèrent même des larmes
indices pœnitentiæ:	indices du repentir :
adeo simulatio	tellement la dissimulation
est parata	est prête (facile)
ingeniis humanis.	aux caractères humains.
Deinde preces	Ensuite des prières
admotæ suppliciter	appliquées d'une manière-suppliante
coegerunt Darium	forcèrent Darius
simplicem et mitem natura,	franc et doux par nature,
non modo credere	non-seulement à croire
quæ affirmabant,	les choses qu'ils affirmaient,
sed etiam flere.	mais encore à pleurer.
Ac ne quidem tum	Et pas même alors
pœnituit sceleris cogitati,	ils ne se repentirent du crime médité,
quum intuerentur	lorsqu'ils considéraient
qualem et regem et virum	quel et roi et homme

rum fallerent. Ille quidem securus periculi quod instabat, Alexandri manus, quas solas timebat, effugere properabat.

XI. Patron autem, Græcorum dux, præcepit suis ut arma, quæ in sarcinis antea ferebantur, induerent, ad omne imperium suum parati et intenti. Ipse currum regis sequebatur, occasioni imminens alloquendi eum; quippe Bessi facinus præsenserat. Sed Bessus, id ipsum metuens, custos verius quam comes, a curru non recedebat. Diu ergo Patron cunctatus, ac sæpius sermone revocatus, inter fidem timoremque hæsitans, regem intuebatur. Qui, ut tandem advertit oculos, Bubacem spadonem, inter proximos currum sequentem, percontari jubet num quid ipsi velit dicere. Patron se vero, sed remotis arbitris, loqui velle cum eo respondit. Jussusque propius accedere, sine interprete (nam haud rudis Græcæ linguæ Darius erat) : « Rex, inquit, ex quinqua-

---

Quant à Darius, rassuré sur le péril qui le menaçait, il faisait diligence pour ne pas tomber dans les mains d'Alexandre, seul ennemi qu'il redoutât.

XI. Cependant, Patron, chef des Grecs, leur enjoignit de revêtir leurs armes, qui étaient portées auparavant dans les bagages, et de se tenir prêts et attentifs à exécuter tout ce qu'il leur ordonnerait. Pour lui, il suivait le char du roi, épiant l'occasion de lui parler; car il avait deviné le crime de Bessus. Celui-ci, de son côté, qui craignait d'avoir été pénétré, gardait le roi plutôt qu'il ne l'accompagnait, et ne quittait pas le char. Après avoir donc attendu longtemps et s'être retenu plusieurs fois au moment de parler, Patron, hésitant entre le devoir et la crainte, avait les regards fixés sur le roi, qui tourna enfin les yeux vers lui, et lui fit demander par l'eunuque Bubacès, qui était un des plus proches à la suite du char, s'il avait quelque chose à lui dire. Patron répondit qu'il désirait en effet lui parler, mais sans témoins. Le roi le fit alors approcher, et Patron lui dit sans le secours d'un interprète (car Darius n'entendait pas mal la langue grecque) : « Roi, de cinquante

fallerent.	ils trompaient.
Ille quidem,	Lui certes,
securus periculi	tranquille *sur* le péril
quod instabat,	qui pressait (menaçait),
properabat effugere	se hâtait d'échapper
manus Alexandri,	aux mains d'Alexandre,
quas solas timebat.	lesquelles seules il craignait.
XI. Patron autem,	XI. Mais Patron,
dux Græcorum,	chef des Grecs,
præcepit suis	ordonna aux siens,
ut induerent arma,	qu'ils revêtissent les armes,
quæ ferebantur antea	qui étaient portées auparavant
in sarcinis,	dans les effets,
parati et intenti	prêts et attentifs
ad omne imperium suum.	à tout ordre sien (de lui).
Ipse sequebatur	Lui-même suivait
currum regis,	le char du roi,
imminens occasioni	penché-sur (épiant) l'occasion
alloquendi eum ;	de parler-à lui ;
quippe præsenserat	car il avait pressenti
facinus Bessi.	l'action de Bessus.
Sed Bessus,	Mais Bessus,
metuens id ipsum,	craignant cela même,
non recedebat a curru,	ne s'éloignait pas du char, [gnon.
verius custos quam comes.	plus véritablement gardien que compa-
Ergo Patron	Donc Patron
cunctatus diu,	ayant temporisé longtemps,
ac revocatus sæpius	et détourné plus souvent
sermone,	du discours (de parler),
hæsitans inter	hésitant entre
fidem timoremque,	la foi et *la* peur,
intuebatur regem.	regardait le roi.
Qui, ut tandem,	Lequel, comme enfin
advertit oculos,	il eut tourné-vers *lui* les yeux,
jubet Bubacem spadonem,	ordonne Bubacès eunuque,
sequentem currum	suivant le char
inter proximos,	parmi les plus proches,
percontari num velit	demander à *lui* s'il veut
dicere quid ipsi.	dire quelque chose à lui-même.
Patron respondit	Patron répondit
se vero velle	lui-même assurément vouloir
loqui cum eo,	parler avec lui,
sed arbitris remotis.	mais les témoins ayant été écartés. [près
Jussusque accedere propius,	Et ayant-reçu-ordre de s'approcher plus
sine interprete	sans interprète
(namque Darius erat	(car Darius était

ginta millibus Græcorum supersumus pauci, omnis fortunæ
tuæ comites, et in hoc tuo statu iidem qui florente te fui-
mus, quascumque sedes elegeris, pro patria et domesticis
rebus petituri. Secundæ adversæque res tuæ copulavere nos
tecum. Per hanc fidem invictam oro et obtestor, in nostris
castris tibi tabernaculum statue; nos corporis tui custodes
esse patiaris. Amisimus Græciam; nulla Bactra sunt nobis;
spes omnis in te, utinam et in ceteris esset. Plura dici non
attinet. Custodiam corporis tui externus et alienigena non
deposcerem, si crederem alium posse præstare. »

Bessus, quanquam erat Græci sermonis ignarus, tamen,
stimulante conscientia, indicium profecto Patronem detulisse
credebat; et interpretis Græci relato sermone exempta du-
bitatio. Darius autem, quantum ex vultu concipi poterat,
haud sane territus, percontari Patrona causam consilii quod

mille Grecs que nous étions, nous ne sommes plus qu'un petit nombre, qui avons toujours partagé votre fortune, les mêmes envers vous
dans l'état où vous êtes que dans votre plus brillante prospérité, et,
quelque lieu que vous choisissiez pour résidence, prêts à nous y rendre, comme dans notre patrie et nos foyers. Vos succès et vos revers nous ont également attachés à votre personne. Je vous prie
donc et vous conjure au nom de cette fidélité à toute épreuve, de
faire dresser votre tente dans notre quartier, et de nous permettre
d'être vos gardes du corps. Nous avons renoncé à la Grèce; la Bactriane n'est rien pour nous; toute notre espérance est en vous, et
plût aux dieux qu'elle fût de même dans les autres! Il est inutile
d'en dire davantage. Mais moi qui suis de pays étranger, de race
étrangère, je ne demanderais pas la garde de votre personne, si je
croyais qu'un autre pût s'en acquitter. »

Bessus n'entendait pas le grec, mais les remords de sa conscience lui firent penser que Patron avait donné quelque indice au roi; et il n'eut plus de doute lorsqu'un Grec lui eut
traduit les paroles de Patron. Darius, sans s'effrayer aucu-
nement, du moins à en juger à son visage, demanda à Patron pourquoi il lui donnait ce conseil. Celui-ci, persuadé

haud rudis linguæ Græcæ):	non ignorant de la langue grecque) :
« Rex, inquit,	« Roi, dit-il,
supersumus pauci	nous restons peu-nombreux
ex quinquaginta millibus	de cinquante milliers
Græcorum,	de Grecs,
comites omnis fortunæ tuæ,	nous compagnons de toute fortune tienne,
et iidem	et *étant* les mêmes
in hoc statu tuo,	dans cette situation tienne,
qui fuimus te florente,	lesquels nous avons été toi florissant,
petituri pro patria	devant gagner en-lieu de patrie
ac rebus domesticis	et d'affaires domestiques,
quascumque sedes elegeris.	quelques demeures que tu auras choisies.
Tuæ res	Tes choses
secundæ adversæque	prospères et adverses
copulavere nos tecum.	ont lié nous avec-toi.
Oro et obtestor	Je *te* prie et je *te* conjure
per hanc fidem invictam,	par cette fidélité invincible,
statue tabernaculum tibi	place la tente à toi
in nostris castris;	dans notre camp;
patiare nos esse	souffre nous être
custodes tui corporis.	gardes de ton corps.
Amisimus Græciam;	Nous avons perdu la Grèce;
Bactra sunt nulla nobis;	Bactre est nulle (n'est rien) à (pour) nous;
omnis spes in te;	tout *notre* espoir est en toi;
utinam esset	plût-au-Dieu qu'il fût
et in ceteris.	aussi dans tous-les-autres. [dites.
Non attinet plura dici.	Il n'importe pas plus de choses être-
Externus et alienigena	*Moi* étranger et de-race-différente
non deposcerem	je ne réclamerais pas
custodiam tui corporis,	la garde de ton corps,
si crederem alium	si je croyais un autre
posse præstare. »	pouvoir *l'*exécuter (te garder). »
Bessus, quamquam erat	Bessus, quoiqu'il fût
ignarus sermonis Græci,	ignorant de la langue grecque,
conscientia stimulante,	*la* conscience *l'*aiguillonnant,
credebat tamen	croyait cependant
Patronem detulisse profecto	Patron avoir déféré certainement
indicium;	une dénonciation;
et dubitatio exempta	et le doute *fut* enlevé
sermone Græci interpretis	le discours d'un Grec interprète
relato.	lui ayant été rapporté.
Darius autem,	Mais Darius,
haud sane territus,	non assurément effrayé,
quantum poterat concipi	autant-que *cela* pouvait être conçu
ex vultu,	d'-après le visage,
cœpit percontari Patrona	se mit à interroger Patron
causam consilii	*sur* le motif du conseil

afferret cœpit. Ille, non ultra differendum ratus : « Bessus, inquit, et Nabarzanes insidiantur tibi. In ultimo discrimine es fortunæ tuæ et vitæ. Hic dies aut parricidis aut tibi futurus ultimus. » Et Patron quidem egregiam conservati regis gloriam tulerat. Eludant licet, quibus forte ac temere humana negotia volvi agique persuasum est; equidem æterna constitutione crediderim, nexuque causarum latentium et multo ante destinatarum, suum quemque ordinem immutabili lege percurrere. Darius certe respondit, quanquam sibi Græcorum militum fides nota sit, nunquam tamen a popularibus suis recessurum; difficilius sibi esse damnare quam decipi ; quidquid sors tulisset, inter suos perpeti malle quam transfugam fieri ; sero se perire, si salvum esse sui milites nollent. Patron, desperata salute regis, ad eos quibus præerat rediit, omnia pro fide experiri paratus.

qu'il n'y avait plus de temps à perdre : « Bessus, dit-il, et Nabarzane conspirent contre vous. Votre couronne et votre vie ne tiennent plus à rien. Ce jour doit être le dernier pour les parricides ou pour vous. » Peu s'en fallut que Patron n'eût la gloire de sauver le roi. Libre de se moquer à ceux qui croient que les choses humaines sont abandonnées au hasard et roulent à l'aventure ; pour moi je suis persuadé qu'une disposition éternelle et un enchaînement de causes cachées et fixées longtemps à l'avance, fait parcourir à chacun sa carrière d'après une loi immuable. Ce qu'il y a de certain, c'est que Darius répondit, que tout assuré qu'il était de la fidélité des soldats grecs, il ne se séparerait jamais de ceux de sa nation ; qu'il lui était plus pénible de les condamner que d'être trompé par eux, et qu'il aimait mieux, quoi qu'il advînt, souffrir au milieu des siens que de devenir un transfuge ; d'ailleurs, il mourrait encore trop tard, si ses propres soldats ne voulaient plus qu'il vécût. Patron, désespérant alors de sauver le roi, rejoignit ceux qu'il commandait, dans la résolution de tout tenter pour garder sa foi.

quod afferret.	qu'il apportait.
Ille ratus	Lui ayant pensé
non differendum ultra :	n'*être* pas à-différer au-delà :
« Bessus, inquit,	« Bessus, dit-il,
et Nabarzanes	et Nabarzane
insidiantur tibi.	tendent-des-embûches à toi.
Es in ultimo discrimine	Tu es dans la dernière crise
tuæ fortunæ et vitæ.	de ta fortune et de *ta* vie.
Hic dies futurus ultimus	Ce jour *est* devant être le dernier
aut parricidis aut tibi. »	ou aux parricides ou à toi. »
Et Patron quidem	Et Patron à-la-vérité
tulerat gloriam egregiam	avait (aurait) remporté la gloire distin-|guée
regis conservati.	du roi sauvé.
Licet eludant	Il est permis *qu*'ils se moquent,
quibus persuasum est	*ceux* auxquels il a été persuadé
negotia humana	les affaires humaines
volvi agique	être roulées et être poussées
forte et temere ;	par le hasard et-à-l'aventure ;
equidem crediderim	moi-certes que j'aie cru (je croirai)
quemque percurrere	chacun parcourir
lege immutabili	par une loi immuable
suum ordinem,	son rang (sa route),
constitutione æterna,	par une disposition éternelle,
nexuque causarum	et par un enchaînement de causes
latentium	cachées
et destinatarum	et arrêtées
multo ante.	beaucoup avant.
Darius certe respondit,	Darius du-moins répondit,
quanquam fides	quoique la fidélité
militum Græcorum	des soldats grecs
sit nota sibi,	soit connue à lui-même,
nunquam recessurum tamen	*lui* ne devoir jamais s'éloigner cependant
a suis popularibus ;	de ses compatriotes ;
esse difficilius sibi	être plus difficile à lui-même
damnare quam decipi ;	de condamner que d'être trompé ;
malle perpeti	*lui* aimer-mieux souffrir-jusqu'-au-bout
inter suos,	parmi les siens,
quidquid sors tulisset,	tout-ce que le sort aurait apporté,
quam fieri transfugam ;	que de devenir transfuge ;
se perire sero,	lui-même périr tard (trop tard),
si sui milites	si ses soldats
nollent esse salvum.	ne-voulaient-pas *lui* être sauf.
Salute regis desperata,	Le salut du roi étant désespéré,
Patron rediit ad eos	Patron retourna vers ceux
quibus præerat,	auxquels il commandait,
paratus experiri omnia	prêt à essayer toutes choses
pro fide.	pour *sa* foi.

XII. At Bessus occidendi protinus regis impetum conceperat; sed veritus ne gratiam Alexandri, ni vivum eum tradidisset, inire non posset, dilato in proximam noctem sceleris consilio, agere gratias incipit quod perfidi hominis insidias jam Alexandri opes spectantis, prudenter cauteque vitasset; donum eum hosti laturum fuisse regis caput; nec mirari hominem mercede conductum omnia habere venalia; sine pignore, sine lare, terrarum orbis exsulem, ancipitem hostem ad nutum licentium circumferri. Purganti deinde se, deosque patrios testes fidei suæ invocanti, Darius vultu assentiebat, haud dubius quin vera deferrentur a Græcis; sed eo rerum ventum erat, ut tam periculosum esset non credere suis quam decipi. Triginta millia erant quorum inclinata in scelus levitas timebatur; quatuor millia Patron habebat; quibus si credidisset salutem suam, damnata popularium fide, parricidio excusationem videbat offerri; itaque præop-

XII. Cependant Bessus avait une violente envie de tuer le roi sur-le-champ; mais il craignait de ne pas gagner la faveur d'Alexandre, s'il ne lui livrait pas son ennemi vivant; il différa donc jusqu'à la nuit suivante l'exécution de son crime, et se mit à féliciter Darius, de la prudence et de l'adresse avec laquelle il avait échappé aux piéges d'un traître qui avait déjà les yeux fixés sur la puissance d'Alexandre, auquel il aurait porté en présent la tête du roi; qu'il n'était point surpris qu'un mercenaire trafiquât de tout; sans famille, sans patrie, exilé de tous les pays, également ennemi des deux partis, il passait de l'un à l'autre au gré du plus offrant. Puis, Bessus entreprit de se justifier et prit à témoin de sa fidélité les dieux de la patrie. Darius eut l'air de le croire, quoiqu'il ne doutât point que l'avis des Grecs ne fût vrai; mais les choses en étaient au point, qu'il courait autant de risques à se défier de ses sujets qu'à se laisser tromper. Il y avait trente mille hommes, qui paraissaient entraînés au crime par leur légèreté; Patron en avait quatre mille. Si en leur confiant la garde de sa personne, il eût accusé la fidélité des siens, il voyait que c'était donner une couleur spécieuse au parricide; c'est pourquoi il aimait mieux être victime de l'injus-

HISTOIRE D'ALEXANDRE. LIVRE V. 489

XII. At Bessus	XII. Mais Bessus
conceperat impetum	avait conçu l'élan (le vif désir)
regis occidendi protinus ;	du roi devant être tué sur-le-champ ;
sed veritus ne non posset	mais ayant craint qu'il ne pût pas
inire gratiam Alexandri,	entrer-dans la faveur d'Alexandre,
ni tradidisset eum vivum,	s'il n'avait livré lui (Darius) vivant,
consilio sceleris dilato	le projet du crime ayant été différé
in noctem proximam,	à la nuit la plus proche,
incipit agere gratias,	il commence à rendre grâces
quod vitasset	de-ce-qu'il avait évité
prudenter cauteque	avec-prudence et avec précaution
insidias hominis perfidi	les embûches d'un homme perfide
spectantis jam	regardant déjà [dre ;
opes Alexandri ;	les ressources (la puissance) d'Alexan-
eum fuisse laturum	lui avoir été devant porter
caput regis	la tête du roi
donum hosti ;	*comme* don à l'ennemi ;
nec mirari	et *lui-même* (Bessus) ne pas s'étonner
hominem	un homme
conductum mercede	loué par salaire
habere omnia venalia ;	avoir toutes choses vénales ;
sine pignore, sine lare,	sans gage *d'affection*, sans lare,
exsulem orbis terrarum,	exilé du globe des terres,
hostem ancipitem,	ennemi double, [l'autre)
circumferri	être porté-autour (passer de l'un à
ad nutum licentium.	au gré de *ceux* enchérissant. [visage
Darius assentiebat vultu	Darius donnait-son-assentiment du
purganti deinde se,	à *lui* justifiant ensuite lui-même,
invocantique deos patrios	et invoquant les dieux de-la-patrie
testes suæ fidei,	témoins de sa foi,
haud dubius	*Darius* ne doutant pas [portées
quin vera deferrentur	que des choses vraies ne fussent rap-
a Græcis ;	par les Grecs ;
sed ventum erat eo rerum,	mais on était arrivé à-ce-point des choses,
ut esset tam periculosum	qu'il était aussi périlleux
non credere suis	de ne pas croire aux siens
quam decipi.	que d'être trompé.
Triginta millia erant	Trente mille *hommes* étaient
quorum levitas	dont la légèreté
inclinata in scelus	inclinée vers le crime
timebatur ; [lia ;	était crainte ;
Patron habebat quatuor mil-	Patron *en* avait quatre mille ;
quibus si credidisset	auxquels si il (Darius) avait confié
suam salutem,	son salut, [condamnée,
fide popularium damnata,	la fidélité de *ses* compatriotes ayant été
videbat excusationem	il voyait une excuse
offerri parricidio ;	être offerte au parricide ;

tabat immerito quam jure violari. Besso tamen, insidiarum
consilium purganti, respondit : « Alexandri sibi non minus
justitiam quam virtutem esse perspectam. Falli eos qui
proditionis ab eo præmium exspectent; violatæ fidei neminem acriorem fore vindicem ultoremque. ». Jamque nox
appetebat, quum Persæ, more solito armis positis, ad necessaria ex proximo vico ferenda discurrunt; at Bactriani,
ut imperatum erat a Besso, armati stabant.

Inter hæc Darius Artabazum acciri jubet; expositisque
quæ Patron detulerat, haud dubitare Artabazus quin transeundum esset in castra Græcorum; Persas quoque, periculo
vulgato, secuturos. Destinatus sorti suæ, et jam nullius
salubris consilii patiens, unicam in illa fortuna opem, Artabazum, ultimum illum visurus, amplectitur; perfususque
mutuis lacrimis, inhærentem sibi avelli jubet. Capite
deinde velato, ne inter gemitus digredientem velut a rogo

tice que de donner le moindre fondement à cet attentat. Cependant
Bessus se disculpant toujours de tout projet perfide, il lui répondit que la justice d'Alexandre ne lui était pas moins connue que
sa valeur; que ce serait se tromper que d'attendre de lui la récompense d'une trahison, et que personne ne punirait et ne vengerait la
violation des serments avec plus d'ardeur que ce prince. » Déjà la nuit
approchait, lorsque les Perses, quittèrent les armes selon leur coutume, et allèrent chercher des vivres au village voisin ; mais les
Bactriens, par ordre de Bessus, demeurèrent armés.

Cependant Darius fait appeler Artabaze, et lui expose ce que Patron lui a révélé. Artabaze ne douta point que le roi ne dût se retirer au quartier des Grecs ; il ajouta que les Perses l'y suivraient
dès qu'ils le sauraient en danger. Mais livré à sa destinée, et
ne pouvant plus écouter aucun conseil salutaire, il embrasse
pour la dernière fois Artabaze, son unique ressource dans cette
conjoncture, et tout baigné des larmes, qu'ils répandaient l'un et
l'autre, il ordonne qu'on l'arrache de ses bras; puis il se couvrit
la tête, et, pour ne pas le voir s'éloigner en gémissant, comme s'il

itaque præoptabat	en-conséquence il préférait
violari immerito quam jure.	souffrir-violence à-tort qu'avec-droit.
Respondit tamen	Il répondit cependant
Besso purganti	à Bessus justifiant (se justifiant)
consilium insidiarum :	le (du) projet d'embûches :
« Justitiam Alexandri	« La justice d'Alexandre
non esse	n'être pas
minus perspectam sibi	moins connue à lui-même
quam virtutem.	que son courage.
Eos falli	Ceux-là être trompés
qui exspectent ab eo	qui attendent de lui
præmium proditionis ;	récompense de leur trahison ;
neminem fore vindicem	personne ne devoir être vengeur
ultoremque acriorem	et punisseur plus ardent
fidei violatæ. »	de la foi violée. »
Jamque nox appetebat,	Et déjà la nuit approchait,
quum Persæ,	lorsque les Perses,
armis positis	les armes ayant été posées
more solito,	par (à) la manière accoutumée,
discurrunt ad necessaria	se dispersent pour les choses nécessaires
ferenda ex vico proximo ;	devant être apportées du village le plus [proche ;
at Bactriani	mais les Bactriens
stabant armati,	se tenaient armés,
ut imperatum erat	comme cela avait été commandé
a Besso.	par Bessus.
Inter hæc Darius	Pendant ces choses Darius
jubet Artabazum acciri ;	ordonne Artabaze être mandé,
quæque Patron detulerat	et les choses que Patron avait rapportées
expositis,	ayant été exposées,
Artabazus haud dubitare	Artabaze se mit à ne pas douter (passer)
quin esset transeundum	qu'il ne fût à-passer (qu'il ne fallût
in castra Græcorum ;	dans le camp des Grecs ;
Persas quoque secuturos,	disant les Perses aussi devoir suivre,
periculo vulgato.	le péril ayant été divulgué.
Destinatus suæ sorti	Destiné à son sort,
et patiens jam	et ne supportant déjà
nullius consilii salubris,	aucun conseil salutaire,
amplectitur Artabazum,	il embrasse Artabaze,
unicam opem	son unique ressource
in illa fortuna,	dans cette fortune-là,
visurus illum ultimum ;	devant voir lui pour-la-dernière-fois ;
perfususque	et baigné
lacrimis mutuis	de leurs larmes réciproques, [même
jubet inhærentem sibi	il ordonne Artabaze s'attachant à lui-
avelli.	être arraché.
Deinde capite velato,	Ensuite sa tête ayant été voilée,
ne intueretur	pour-qu'il ne considérât pas

intueretur, in humum pronum corpus abjecit. Tum vero custodiæ ejus assueti, quos regis salutem vel periculo vitæ tueri oportebat, dilapsi sunt, cum armatis, quos jam adventare credebant, haud rati se futuros pares. Ingens ergo in tabernaculo solitudo erat, paucis spadonibus, quia quo discederent non habebant, circumstantibus regem. At ille, remotis arbitris, diu aliud atque aliud consilium animo volutabat. Jamque solitudinem, quam paulo ante pro solatio petiverat, perosus, Bubacem vocari jubet. Quem intuens : « Ite, inquit; consulite vobis, ad ultimum regi vestro, ut decebat, fide exhibita; ego hic legem fati mei exspecto. Forsitan mireris quod vitam non finiam : alieno scelere quam meo mori malo. » Post hanc vocem, spado gemitu non modo tabernaculum, sed etiam castra complevit. Irrupere deinde alii, laceratisque vestibus, lugubri et barbaro ululatu regem deplorare cœperunt.

quittait un mort, il se jette le visage contre terre. Alors ses gardes du corps, obligés à la défense du prince, au péril même de leur vie, se dispersent, convaincus qu'ils ne pourraient résister aux gens armés qu'ils croyaient déjà avoir sur les bras. Sa tente devint donc entièrement déserte; il n'était resté auprès de lui que quelques eunuques, parce qu'ils ne savaient où se retirer. Darius, après la retraite de tous ces témoins, roula longtemps dans son esprit divers projets. Enfin détestant la solitude, qu'un peu auparavant il avait désirée comme une consolation, il fait appeler Bubacès, et fixant ses yeux sur lui : « Allez, lui dit-il; songez à votre sûreté, vous qui vous êtes montrés fidèles à votre roi jusqu'au dernier moment, comme vous le deviez ; pour moi, j'attends ici l'arrêt de ma destinée. Peut-être es-tu surpris que je ne mette pas fin à mes jours : c'est que j'aime mieux que ma mort soit le crime d'un autre que le mien. » A ce discours, l'eunuque fit retentir de ses gémissements, non-seulement la tente du roi, mais tout le camp. D'autres accoururent ensuite, et déchirant leurs vêtements, se mirent à pleurer le roi, avec des hurlements lugubres à la manière des barbares.

digredientem inter gemitus	lui s'éloignant au-milieu-des gémisse- [ments
velut a rogo,	comme d'un bûcher.
abjecit corpus pronum	il jeta son corps penché-en-avant
in humum.	contre terre.
Tum vero	Mais alors
assueti custodiæ ejus,	ceux habitués à la garde de lui,
quos oportebat	lesquels il fallait
tueri salutem regis,	défendre le salut du roi,
vel periculo vitæ,	même par le (au) péril de leur vie,
dilapsi sunt,	se dispersèrent, [être
rati se haud futuros	étant persuadés eux-mêmes ne pas devoir
pares cum armatis	égaux avec les (aux) hommes armés
quos credebant	lesquels ils croyaient
adventare jam.	arriver-à-grands-pas déjà.
Ergo ingens solitudo	Donc une immense solitude
erat in tabernaculo,	était dans la tente,
spadonibus paucis	des eunuques peu-nombreux
circumstantibus regem,	entourant le roi,
quia non habebant	parce-qu'ils n'avaient pas
quo discederent.	où ils se retirassent.
At ille, arbitris remotis,	Mais lui, les témoins ayant été écartés,
volutabat diu animo	roulait longtemps dans son esprit
aliud atque aliud consilium.	un autre et un autre projet.
Jamque perosus solitudinem	Et déjà ayant détesté la solitude
quam petierat paulo ante	qu'il avait recherchée un peu auparavant
pro solatio,	pour consolation,
jubet Bubacem vocari.	il ordonne Bubacès être appelé
Quem intuens :	Lequel Darius considérant :
« Ite, inquit;	« Allez, dit-il ;
consulite vobis,	prenez-un-parti pour vous, [la fin
fide exhibita ad ultimum	votre fidélité ayant été montrée jusqu'à
vestro regi,	à votre roi,
ut decebat;	comme il convenait;
ego exspecto hic	moi j'attends ici
legem mei fati.	la loi de mon destin.
Forsitan mireris	Peut-être t'étonnerais-tu
quod non finiam vitam :	de-ce-que je ne finis pas ma vie : [trui
malo mori scelere alieno	j'aime-mieux mourir par le crime d'-au-
quam meo. »	que par le mien. »
Post hanc vocem	Après cette parole,
spado complevit gemitu	l'eunuque remplit de son gémissement
non modo tabernaculum,	non-seulement la tente,
sed etiam castra.	mais encore le camp. [tente,
Deinde alii irrupere,	Puis d'autres se précipitèrent-dans la
vestibusque laceratis,	et leurs vêtements ayant été déchirés,
cœperunt deplorare regem	ils commencèrent à pleurer le roi
ululatu lugubri et barbaro.	par un hurlement lugubre et barbare

Persæ, ad illos clamore perlato, attoniti metu, nec arma capere, ne in Bactrianos inciderent, nec quiescere audebant, ne impie deserere regem viderentur. Varius ac dissonus clamor sine duce ac sine imperio totis castris referebatur. Besso et Nabarzani nuntiaverant sui regem a semet ipso interemptum esse; planctus eos deceperat. Itaque citatis equis advolant, sequentibus quos ad ministerium sceleris delegerant; et, quum tabernaculum intrassent, quia regem vivere spadones indicabant, comprehendi vincirique jusserunt. Rex, curru paulo ante vectus, et deorum a suis honoribus cultus, nulla externa ope admota, captivus servorum suorum, in sordidum vehiculum pellibus undique contectum imponitur. Pecunia regis et supellex, quasi jure belli, diripitur; onustique præda per scelus ultimum parta, fugam intendunt. Artabazus, cum iis qui imperio parebant, Græcisque militibus, Parthienen [1] petebat, omnia tutiora parrici-

Les Perses, au bruit de ces cris saisis d'épouvante, n'osaient, ni prendre les armes de peur de tomber au milieu des Bactriens, ni demeurer dans l'inaction, dans la crainte de paraître avoir manqué à un devoir sacré en abandonnant leur roi. Ce n'étaient que clameurs confuses et discordantes par tout le camp, où il n'y avait plus ni chef ni commandement. Les partisans de Bessus et de Nabarzane leur avaient annoncé que le roi s'était tué lui-même; les gémissements qu'ils avaient entendus les avaient jetés dans cette erreur. Ceux-ci accourent donc à bride abattue, suivis des hommes qu'ils avaient choisis pour l'exécution de leur crime; ils entrent dans la tente, et apprenant des eunuques que le roi vivait encore, ils le font saisir et charger de chaînes. Ce roi, porté un peu auparavant sur un char, et à qui ses peuples rendaient les honneurs divins, devenu alors prisonnier de ses propres esclaves sans qu'aucune puissance étrangère y eût de part, est jeté dans un misérable chariot couvert de peaux de tous côtés. On pille, comme par le droit de la guerre, l'argent et les équipages du roi, et les traîtres, chargés d'un butin acquis par les dernier des crimes, prennent la fuite. Artabaze, accompagné de ceux qui étaient sous ses ordres et des soldats grecs, prit la route de la Parthiène, jugeant tout autre parti plus

Persæ,	Les Perses,
clamore perlato ad illos,	ce cri ayant été porté jusqu'à eux,
attoniti metu,	étonnés par la crainte,
nec audebant capere arma,	ni n'osaient prendre les armes,
ne inciderent in Bactrianos,	de-peur-qu'ils ne tombassent dans les
nec quiescere,	ni n'osaient rester-en-repos, [Bactriens,
ne viderentur	de-peur-qu'ils ne parussent
deserere regem impie.	abandonner le roi d'une manière-impie.
Clamor varius et dissonus	Une clameur diverse et confuse
referebatur castris totis	était portée par le camp tout-entier
sine duce ac sine imperio.	sans chef et sans commandement.
Sui nuntiaverant	Les leurs (leurs partisans) avaient an-
Besso et Nabarzani	à Bessus et à Nabarzane [noncé
regem interemptum esse	le roi avoir été détruit
a semet ipso;	par lui-même;
planctus deceperat eos.	le gémissement avait trompé eux.
Itaque advolant	En-conséquence ils volent-vers la tente
equis citatis,	leurs chevaux ayant été pressés,
sequentibus	ceux-là les suivant
quos delegerant	lesquels ils avaient choisis
ad ministerium sceleris;	pour l'office du crime;
et, quum intrassent	et comme ils étaient entrés-dans
tabernaculum,	la tente, [naître
quia spadones indicabant	parce-que les eunuques faisaient-con-
regem vivere,	le roi vivre,
jusserunt comprehendi	ils ordonnèrent lui être saisi
vincirique.	et être enchaîné.
Rex vectus curru	Le roi porté sur un char
paulo ante,	un peu auparavant,
et cultus a suis	et révéré par les siens
honoribus deorum,	par les honneurs des dieux (divins),
nulla ope externa admota,	aucune force étrangère n'ayant été ap-
captivus suorum servorum,	prisonnier de ses esclaves, [prochée,
imponitur	est placé
in vehiculum sordidum,	sur un chariot sale,
contectum pellibus undique.	couvert de peaux de-toutes-parts.
Pecunia et supellex regis	L'argent et le mobilier du roi
diripitur,	est pillé (sont pillés),
quasi jure belli;	comme par le droit de guerre;
onustique præda	et chargés d'un butin
parta per ultimum scelus,	acquis par le dernier crime,
intendunt fugam.	ils dirigent (pressent) leur fuite.
Artabazus cum iis	Artabaze avec ceux
qui parebant imperio,	qui obéissaient à son commandement
militibusque Græcis,	et les soldats grecs,
petebat Parthienem,	gagnait la Parthiène,
ratus	tant persuadé

darum contuitu ratus. Persæ, promissis Bessi onerati, maxime quia nemo alius erat quem sequerentur, conjunxere se Bactrianis, agmen eorum tertio assecuti die. Ne tamen honor regi non haberetur, aureis compedibus Darium vinciunt, nova ludibria subinde excogitante fortuna. Et, ne forte cultu regio posset agnosci, sordidis pellibus vehiculum intexerant; ignoti jumenta agebant, ne percontantibus in agmine monstrari posset; custodes procul sequebantur.

XIII. Alexander, audito Darium movisse ab Ecbatanis, omisso itinere quod patebat in Mediam, fugientem insequi pergit strenue. Taba oppidum est in Parætacene ultima; ibi transfugæ nuntiant præcipitem fuga Bactra petere Darium. Certiora deinde cognoscit ex Bagistane Babylonio, non equidem vinctum regem, sed in periculo esse aut mortis aut vinculorum. Rex, ducibus convocatis : « Maximum, inquit,

sûr que de rester avec des parricides. Les Perses, comblés des promesses de Bessus, mais surtout ne sachant qui suivre, se réunirent aux Bactriens, qu'ils rejoignent trois jours après. Cependant pour rendre honneur au roi, on l'attacha avec des chaînes d'or, la fortune inventant sans cesse de nouvelles manières de se jouer de ce prince; et de peur que les ornements royaux ne le fissent reconnaître, le chariot fut couvert de mauvaises peaux ; les conducteurs ne le connaissaient pas, afin qu'ils ne pussent le montrer dans la marche à ceux qui le chercheraient; les gardes suivaient de loin.

XIII. Alexandre, informé que Darius était parti d'Ecbatane, quitta la route de la Médie, et se mit promptement à sa poursuite. Il y a aux extrémités de la Parétacène une ville nommée Taba ; là des transfuges apportent la nouvelle que Darius s'enfuit précipitamment vers la Bactriane. Puis Alexandre reçoit des renseignements plus certains du Babylonien Bagistanès : il apprend, non pas que le roi est dans les fers, mais qu'il est en grand danger de perdre la vie ou la liberté. Il assemble alors ses généraux, et leur dit

omnia esse tutiora	toutes choses être plus sûres
contuitu parricidarum.	que la vue des parricides.
Persæ,	Les Perses,
onerati promissis Bessi,	chargés des promesses de Bessus,
maxime quia	mais surtout parce-que
nemo alius erat	personne autre n'était
quem sequerentur,	qu'ils suivissent,
se conjunxere Bactrianis,	se joignirent aux Bactriens,
assecuti agmen eorum	ayant atteint la troupe d'eux
tertio die.	le troisième jour.
Ne tamen honor	De-peur que cependant honneur
non haberetur regi,	ne fût pas rendu au roi,
vinciunt Darium	ils enchaînent Darius
compedibus aureis,	par des entraves d'-or,
fortuna cogitante subinde	la fortune inventant successivement
nova ludibria.	de nouvelles dérisions.
Et, ne posset forte	Et, pour-qu'il ne pût par-hasard,
agnosci cultu regio,	être reconnu par l'ornement royal,
intexerant vehiculum	ils avaient couvert le chariot
pellibus sordidis ;	de peaux sales ;
ignoti	*des gens ne le* connaissant-pas
agebant jumenta,	poussaient les bêtes-de-somme,
ne posset monstrari	pour-qu'-il ne pût être montré
in agmine	dans la marche
percontantibus ;	à *ceux* interrogeant ;
custodes	les gardes
sequebantur procul.	suivaient de-loin.
XIII. Alexander,	XIII. Alexandre,
audito	*cela* ayant été appris
Darium movisse	Darius avoir déplacé *son camp*
ab Ecbatanis,	d'Ecbatane,
itinere omisso	le chemin ayant été laissé
quod patebat in Mediam,	qui était ouvert *pour aller* en Médie,
pergit strenue	continue promptement
insequi fugientem.	à poursuivre *lui* fuyant.
Oppidum Taba est	La ville *de* Taba est
in Parætacene ultima ;	dans la Parétacène la plus reculée ;
ibi transfugæ nuntiant	là des transfuges annoncent
Darium petere præcipitem	Darius gagner en-se-précipitant
Bactra fuga.	Bactre par la fuite. [taines
Deinde cognoscit certiora	Ensuite il apprend des choses plus cer-
ex Babylonio Bagistane,	du Babylonien Bagistanès,
non equidem	non à-la-vérité
regem vinctum,	le roi *avoir été* enchaîné,
sed esse in periculo	mais être en danger
aut mortis aut vinculorum.	ou de mort ou de chaînes.

opus, sed labor brevissimus superest. Darius haud procul, destitutus a suis aut oppressus; in illo corpore posita est victoria nostra, et tanta res celeritatis præmium. » Omnes pariter conclamant, paratos ipsos sequi; nec labori nec periculo parceret. Igitur raptim agmen, cursus magis quam itineris modo, ducit, ne nocturna quidem quiete diurnum laborem relaxante. Itaque quingenta stadia processit. Perventumque erat in vicum in quo Darium Bessus comprehenderat. Ibi Melon, Darii interpres, excipitur; corpore æger, non potuerat agmen sequi, et deprehensus celeritate regis, transfugam se esse simulabat. Ex hoc acta cognoscit; sed fatigatis necessaria quies erat. Itaque delectis equitum sex millibus, trecentos, quos dimachas[1] appellabant, adjungit; dorso hi graviora arma portabant, ceterum equis vehebantur; quum res locusque posceret, pedestris acies erat.

« Il nous reste à accomplir la tâche la plus importante, mais la peine sera courte. Darius est à peu de distance d'ici, abandonné ou assassiné par les siens; notre victoire dépend de la possession de sa personne, et un si grand succès sera le prix de notre diligence. » Tous s'écrient unanimement qu'ils sont prêts à le suivre, et qu'il ne leur épargnât ni peine ni danger. Il emmène donc son armée précipitamment, et la fait plutôt courir que marcher, sans même lui accorder pendant la nuit le repos nécessaire après la fatigue du jour. Il parcourut de cette manière cinq cents stades. On était parvenu au bourg où Bessus avait arrêté Darius. On y prit Mélon, interprète de ce prince; sa santé l'avait empêché de suivre l'armée, et se voyant surpris par la célérité d'Alexandre, il feignit de passer à son service. On sut de lui tout ce qui s'était fait; mais les soldats fatigués avaient besoin de repos. Le roi composa donc un corps de six mille chevaux d'élite, et y ajouta trois cents hommes de ceux qu'ils appelaient dimaques; ceux-ci portaient les armes pesantes de l'infanterie, mais étaient à cheval; et quand l'occasion et le lieu le requéraient,

Rex, ducibus convocatis :	Le roi, les chefs ayant été convoqués :
« Maximum opus, inquit,	« Le plus grand ouvrage, dit-il,
sed labor brevissimus	mais la fatigue la plus courte
superest.	reste.
Darius haud procul,	Darius *est* non loin,
destitutus a suis	abandonné par les siens
aut oppressus;	ou accablé *par eux*;
nostra victoria	notre victoire
posita est in illo corpore,	a été placée dans (dépend de) ce corps-là;
et res tanta	et une chose si-grande
præmium celeritatis. »	*est* le prix de la célérité. »
Omnes conclamant pariter	Tous crient-ensemble pareillement
ipsos paratos sequi	eux-mêmes être prêts à suivre;
nec parceret labori	et qu'il n'épargnât pas la fatigue
nec periculo.	ni le péril.
Igitur ducit agmen	Donc il conduit l'armée
raptim,	à-la-hâte,
modo cursus	à la manière d'une course
magis quam itineris,	plutôt que d'une marche,
ne quidem quiete nocturna	pas même le repos nocturne
relaxante laborem diurnum.	ne relâchant la fatigue du-jour.
Itaque processit	En-conséquence il s'avança
quingenta stadia.	de cinq-cents stades.
Perventumque erat	Et on était parvenu
in vicum in quo Bessus	dans le village dans lequel Bessus
comprehenderat Darium.	avait saisi Darius.
Melon, interpres Darii,	Mélon, interprète de Darius,
excipitur ibi;	est recueilli là;
æger corpore,	malade de corps,
non potuerat sequi agmen,	il n'avait pu suivre l'armée,
et deprehensus	et surpris
celeritate regis,	par la célérité du roi,
simulabat se esse	il feignait lui-même être
transfugam.	transfuge.
Cognoscit ex hoc acta;	Il apprend de celui-ci les choses faites,
sed quies	mais le repos
erat necessaria fatigatis.	était nécessaire aux *soldats* fatigués.
Itaque adjungit	En-conséquence il adjoint
sex millibus delectis	à six mille choisis
equitum	d'*entre* les cavaliers
trecentos quos appellabant	trois-cents qu'ils appelaient
dimachas;	dimaques;
hi portabant dorso	ceux-ci portaient sur *leur* dos
arma graviora;	les armes plus pesantes; [chevaux;
ceterum vehebantur equis;	du-reste ils étaient portés par des
acies erat pedestris,	la ligne-de-bataille était d'-infanterie,
quum res locusque	lorsque la chose et le lieu

Hæc agentem Alexandrum adeunt Orsillos et Mithracenes, qui Bessi parricidium exosi transfugerant ; nuntiabantque stadia quingenta abesse Persas ; ipsos brevius iter monstraturos. Gratus regi adventus tranfugarum fuit. Itaque, prima vespera, ducibus iisdem, cum expedita equitum manu monstratam viam ingreditur, phalange quantum festinare posset, sequi jussa. Ipse, quadrato agmine incedens, ita cursum regebat, ut primi conjungi ultimis possent.

Trecenta stadia processerant, quum occurrit Brocubelus, Mazæi filius, Syriæ quondam prætor, is quoque transfuga. Nuntiabat Bessum haud amplius quam ducenta stadia abesse ; exercitum, utpote qui nihil præcaveret, incompositum inordinatumque procedere ; Hyrcaniam videri petituros ; si festinaret sequi, palantibus superventurum ; Darium adhuc vivere. Strenuo alioqui cupiditatem consequendi transfuga

ils combattaient à pied. Tandis qu'Alexandre faisait ces dispositions, arrivent Orsille et Mithracène, qui avaient abandonné Bessus en haine de son parricide ; ils annoncent au roi que les Perses ne sont qu'à cinq cents stades, et qu'ils lui montreront un chemin plus court. L'arrivée de ces transfuges lui fit plaisir. Aussi à l'entrée de la nuit, il prend sous leur direction, la route qu'ils lui indiquent, accompagné d'une troupe de cavalerie légère, et laisse à la phalange l'ordre de suivre le plus vite qu'elle pourra. Pour lui, marchant en bataillon carré, il modérait sa course de manière que les premiers pussent se joindre aux derniers.

On avait déjà fait trois cents stades, quand on rencontra Brocubèle, fils de Mazée, ancien gouverneur de Syrie, et également transfuge. Il annonce que Bessus n'est plus qu'à deux cents stades ; que son armée ne se défiant de rien, marche débandée et sans ordre ; qu'elle paraît tourner vers l'Hyrcanie ; mais que s'il se met promptement à la suite des ennemis, il les surprendra en désordre ; qu'au reste Darius vivait encore. Alexandre, était naturellement actif ; mais le rapport du transfuge l'anime encore à la poursuite. Les

HISTOIRE D'ALEXANDRE. LIVRE V. 501

posceret.	l'exigeait (l'exigeaient).
Orsillos et Mithracenes,	Orsille et Mithracène,
qui exosi	lesquels ayant détesté
parricidium Bessi	le parricide de Bessus
transfugerant,	avaient passé-de-l'-autre-côté,
adeunt Alexandrum	vont-vers Alexandre
agentem hæc ;	faisant ces choses ;
nuntiabantque	et ils annonçaient
Persas abesse	les Perses être éloignés
quingenta stadia ;	de cinq-cents stades ;
ipsos monstraturos	eux-mêmes devoir montrer
iter brevius.	un chemin plus court.
Adventus transfugarum	L'arrivée des transfuges
fuit gratus regi.	fut agréable au roi. [soir
Itaque, prima vespera,	En-conséquence, au commencement-du-
iisdem ducibus,	ces mêmes étant guides,
ingreditur viam monstratam	il entre-dans la route montrée
cum manu expedita	avec une troupe dégagée (légère)
equitum,	de cavaliers,
phalange jussa sequi,	la phalange ayant reçu-ordre de suivre,
quantum posset festinare.	autant-qu'elle pourrait se hâter.
Ipse incedens	Lui-même s'avançant
agmine quadrato,	avec une troupe carrée,
regebat cursum	dirigeait sa course
ita ut primi possent	de-telle-sorte que les premiers pussent
conjungi ultimis. [dia,	être joints aux derniers. [stades,
Processerant trecenta sta-	Ils s'étaient avancés de trois-cents
quum Brocubelus,	lorsque Brocubèle,
filius Mazæi,	fils de Mazée,
quondam prætor Syriæ,	autrefois gouverneur de Syrie,
is quoque transfuga,	celui-là aussi transfuge,
occurrit.	vint-au-devant.
Nuntiabat	Il annonçait
Bessum abesse haud amplius	Bessus être éloigné non plus
quam ducenta stadia ;	que de deux-cents stades ;
exercitum procedere	l'armée s'avancer
incompositum	non-ordonnée
inordinatumque,	et non-rangée,
utpote qui	comme une armée qui
præcaveret nihil ;	ne se gardait-de-rien ;
videri petituros	eux paraître devoir gagner
Hyrcaniam ;	l'Hyrcanie ;
si festinaret sequi,	s'il se hâtait de suivre,
superventurum palantibus ;	lui devoir venir-sur eux dispersés ;
Darium vivere adhuc.	Darius vivre encore.
Transfuga injecerat	Le transfuge avait inspiré
strenuo alioqui	à Alexandre actif d'-ailleurs

injecerat; itaque, calcaribus subditis, effuso cursu eunt. Jamque fremitus hostium iter ingredientium exaudiebatur; sed prospectum ademerat pulveris nubes. Paulisper ergo inhibuit cursum, donec consideret pulvis. Jamque conspecti a barbaris erant, et abeuntium agmen conspexerant, nequaquam futuri pares, si Besso tantum animi fuisset ad prœlium quantum ad parricidium fuerat; namque et numero barbari præstabant et robore; ad hoc, refecti cum fatigatis certamen inituri erant. Sed nomen Alexandri et fama, maximum in bello utique momentum, pavidos in fugam convertit. Bessus et ceteri facinoris ejus participes, vehiculum Darii assecuti, cœperunt hortari eum ut conscenderet equum, et se hosti fuga eriperet. Ille deos ultores adesse testatur, et, Alexandri fidem implorans, negat se parricidas velle comitari. Tum vero, ira quoque accensi, tela injiciunt in regem, multisque confossum vulneribus relinquunt. Ju-

Macédoniens piquent des deux et partent à fond de train. Déjà ils entendaient le bruit des ennemis en marche; mais un nuage de poussière leur en dérobait la vue. Alexandre s'arrêta donc un peu, jusqu'à ce que la poussière fût tombée. Déjà les barbares avaient aperçu les Macédoniens, et ceux-ci les voyaient battre en retraite, quoique la partie n'eût pas été égale, si Bessus avait eu autant de résolution pour le combat que pour le parricide; car les barbares l'emportaient et par le nombre et par la vigueur; d'ailleurs c'étaient des troupes rafraîchies qui auraient eu affaire à des gens harassés. Mais le nom d'Alexandre et la renommée, qui a tant de poids surtout à la guerre, les épouvanta et les mit en fuite. Bessus et les autres complices de son crime, joignent le char de Darius, le pressent de monter à cheval et de fuir pour se dérober à l'ennemi. Mais lui atteste que ce sont les dieux vengeurs qui se montrent; et invoquant la protection d'Alexandre, il leur déclare qu'il ne veut point suivre des parricides. Alors ceux-ci, enflammés en outre de colère, lancent des javelots sur ce prince, et le laissent percé de coups. On blesse en même temps les mulets qui le traînaient, afin

cupiditatem consequendi.	le désir d'atteindre. [cés-dessous,
Itaque, calcaribus subditis,	En-conséquence, les éperons étant pla-
eunt cursu effuso.	ils vont par une course répandue (effré-
Jamque fremitus hostium	Et déjà le frémissement des ennemis [née).
ingredientium iter	allant-dans le chemin
exaudiebatur;	était entendu;
sed nubes pulveris	mais un nuage de poussière
ademerat prospectum.	avait enlevé la vue-en-avant.
Ergo inhibuit cursum	Donc il arrêta la course
paulisper	un-peu-de-temps
donec pulvis consideret.	jusqu'-à-ce-que la poussière s'abaissât.
Jamque conspecti erant	Et déjà ils avaient été aperçus
a barbaris,	par les barbares,
et conspexerant agmen	et ils avaient aperçu la troupe
abeuntium,	des *barbares* s'éloignant,
futuri nequaquam pares,	devant être nullement égaux,
si tantum animi	si autant de courage
fuisset Besso ad prœlium	avait été à Bessus pour le combat,
quantum fuerat	que *de courage* avait été *à lui*
ad parricidium;	pour le parricide;
Jamque barbari præstabant	car les barbares l'emportaient
et numero et robore;	et par le nombre et la vigueur;
ad hoc, refecti	outre cela, refaits (reposés)
erant inituri certamen	ils étaient devant engager le combat
cum fatigatis.	avec des *gens* fatigués.
Sed nomen Alexandri	Mais le nom d'Alexandre,
et fama,	et la renommée,
maximum momentum	très-grand poids
utique in bello,	surtout dans la guerre,
convertit in fugam pavidos.	tourna en fuite *eux* effrayés.
Bessus et ceteri participes	Bessus et tous-les-autres complices
facinoris ejus,	de l'action de lui,
assecuti vehiculum Darii,	ayant atteint le chariot de Darius,
cœperunt hortari eum	commencèrent à exhorter lui
ut conscenderet equum,	qu'il montât un cheval, [nemi.
et se eriperet fuga hosti.	et qu'il s'arrachât par la fuite à l'en-
Ille testatur	Lui atteste
deos ultores adesse,	les dieux vengeurs être-présents,
et implorans	et implorant
fidem Alexandri,	la foi d'Alexandre,
negat se velle	il nie lui-même vouloir
comitari parricidas.	accompagner des parricides.
Tum vero,	Mais alors,
accensi quoque ira,	échauffés aussi par la colère,
injiciunt tela in regem,	ils jettent des traits sur le roi,
relinquuntque confossum	et laissent *lui* percé
vulneribus multis.	de blessures nombreuses.

menta quoque, ne longius prosequi possent, convulnerantur, duobus servis qui regem comitabantur occisis.

Hoc edito facinore, ut vestigia fugæ spargerent, Nabarzanes Hyrcaniam, Bessus Bactra, paucis equitum comitantibus, petebant. Barbari, ducibus destituti, qua quemque aut spes ducebat aut pavor, dissipabantur. Quingenti tantum equites congregaverant se, incerti adhuc resisterene melius esset an fugere. Alexander, hostium trepidatione comperta, Nicanorem cum equitum parte ad inhibendam fugam præmittit; ipse cum ceteris sequitur. Tria ferme millia resistentium occisa sunt; reliquum agmen intactum, more pecudum, agebatur, jubente rege ut cædibus abstineretur. Nemo captivorum erat qui monstrare Darii vehiculum posset; singuli, ut quæque prehenderant, scrutabantur, nec tamen ullum vestigium fugæ regis exstabat. Festinantem Alexandrum vix tria millia equitum persecuta sunt; at in eos qui lentius sequebantur incidebant universa fugientium agmina.

qu'ils ne puissent aller plus loin, et deux esclaves qui accompagnaient le roi sont massacrés.

Ce crime consommé, Nabarzane et Bessus, dans la vue de diviser les traces de leur fuite, se portèrent accompagnés d'un petit nombre de cavaliers, le premier vers l'Hyrcanie, le second vers la Bactriane. Les barbares n'ayant plus de chefs, prirent différentes routes, selon que l'espérance ou la crainte les poussait d'un côté ou d'un autre. Cinq cents chevaux seulement se rallièrent, sans savoir encore s'il valait mieux faire face que de fuir. Alexandre instruit du trouble des ennemis, fait avancer Nicanor avec une partie de la cavalerie pour les arrêter dans leur fuite, et lui même se met à leurs trousses avec le reste. Environ trois mille hommes qui voulurent se défendre, furent taillés en pièces; on poussa le reste comme un troupeau de bêtes, sans l'entamer, parce que le roi avait défendu de verser du sang. Aucun des prisonniers ne pouvait faire connaître le chariot où était Darius; aussi avait-on soin de fouiller tous les chariots à mesure qu'on les prenait; néanmoins on ne trouvait aucun vestige de la fuite de ce roi. Alexandre avait fait tant de diligence, qu'à peine trois mille chevaux avaient pu le suivre; mais des bataillons entiers de fuyards tombaient entre les mains de ceux qui

Jumenta quoque	Les bêtes-de-somme aussi
convulnerantur,	sont blessées-en-même-temps [loin,
ne possent prosequi longius,	pour-qu'elles ne pussent poursuivre plus
duobus servis	deux esclaves
qui comitabantur regem	qui accompagnaient le roi
occisis.	ayant été tués.
Hoc facinore edito,	Cette action ayant été accomplie,
petebant,	ils gagnaient, [bus,
paucis equitum comitanti-	peu de cavaliers *les* accompagnant,
Nabarzanes Hyrcaniam,	Nabarzane l'Hyrcanie,
Bessus Bactra,	Bessus Bactre,
ut spargerent	afin-qu'ils dispersassent
vestigia fugæ.	les traces de *leur* fuite.
Barbari, destituti ducibus,	Les barbares, privés de chefs,
dissipabantur,	étaient disséminés,
qua aut spes aut pavor	par-où ou l'espérance ou la peur
ducebat quemque.	conduisait chacun.
Quingenti equites tantum	Cinq-cents cavaliers seulement
se congregaverant,	s'étaient réunis,
incerti adhuc	incertains encore
essetne melius	s'il était meilleur
resistere an fugere.	de résister ou de fuir.
Alexander,	Alexandre,
trepidatione hostium	le trouble des ennemis
comperta,	ayant été connu,
præmittit Nicanorem	envoie-devant Nicanor
cum parte equitum	avec une partie des cavaliers
ad fugam inhibendam;	pour la fuite devant être arrêtée;
ipse sequitur cum ceteris.	*lui*-même suit avec tous-les-autres.
Tria millia ferme	Trois milliers environ
resistentium	d'*ennemis* résistant
occisa sunt;	furent tués;
agmen reliquum intactum	l'armée restante intacte
agebatur more pecudum,	était poussée à la manière des troupeaux,
rege jubente	le roi ordonnant
ut abstineretur cædibus.	qu'on s'abstînt de meurtres.
Nemo captivorum erat	Personne des captifs n'était
qui posset monstrare,	qui pût indiquer
vehiculum Darii;	le chariot de Darius;
singuli scrutabantur	les uns après-les autres fouillaient
ut prehenderant quæque,	à-mesure-qu'ils avaient pris chaque
nec tamen ullum vestigium	ni cependant aucun vestige [*chariot*,
fugæ regis exstabat.	de la fuite du roi n'apparaissait.
Vix tria millia equitum	A peine trois milliers de cavaliers
persecuta sunt Alexandrum	suivirent-jusqu'-au-bout Alexandre
festinantem;	se hâtant;
at agmina universa	mais des bataillons entiers

Vix credibile dictu, plures captivi, quam qui caperent, erant: adeo omnem sensum territis fortuna penitus excusserat, ut nec hostium paucitatem, nec multitudinem suam satis cernerent.

Interim jumenta quæ Darium vehebant, nullo regente, decesserant militari via, et, errore delata per quatuor stadia, in quadam valle constiterant, æstu simulque vulneribus fatigata. Haud procul erat fons, ad quem, monstratum a peritis, Polystratus Macedo siti maceratus accessit, ac, dum galea haustam aquam sorbet, tela jumentorum deficientium corporibus infixa conspexit, miratusque confossa potius quam abacta esse, semivivi [1]....

venaient plus lentement après lui. Chose incroyable! il y avait plus de prisonniers que de gens pour les prendre : la fortune avait tellement aveuglé ces malheureux dans leur effroi, qu'ils ne voyaient ni le petit nombre des ennemis ni leur propre supériorité.

Cependant les mulets qui traînaient Darius, n'ayant plus de conducteur, avaient quitté la voie militaire, et, après avoir erré l'espace de quatre stades, ils s'étaient arrêtés dans un vallon, accablés par la chaleur et par leurs blessures. Il y avait près de là une source, où vint, sur l'indication des gens du pays, le macédonien Polystrate, pressé par la soif; tout en buvant l'eau qu'il avait puisée avec son casque, il remarqua les javelots plantés dans les corps des mulets expirants. Étonné qu'on les eût blessés de la sorte plutôt qu'emmenés....

fugientium	d'*ennemis* fuyant
incidebant in eos	tombaient dans *les mains de* ceux
qui sequebantur lentius.	qui suivaient plus lentement.
Vix credibile dictu,	*Chose* à-peine croyable à être dite,
captivi erant plures,	les prisonniers étaient plus nombreux
quam qui caperent :	que *des gens* qui *les* prissent (pour les prendre :
adeo fortuna	tellement la fortune
excresserat penitus	avait arraché complétement
omnem sensum territis,	tout sens à *eux* effrayés,
ut cernerent satis	de-sorte-qu'ils distinguaient suffisamment
nec paucitatem hostium,	ni le petit-nombre des ennemis,
nec suam multitudinem.	ni leur multitude.
Interim jumenta	Cependant les bêtes-de-somme
quæ vehebant Darium,	qui traînaient Darius,
nullo regente,	personne ne *les* dirigeant,
decesserant via militari,	s'étaient éloignées de la voie militaire,
et delata errore	et portées par l'action-d'errer
per quatuor stadia,	pendant-l'espace-de quatre stades,
constiterant in quadam valle,	elles s'étaient arrêtées dans un certain vallon,
fatigata æstu	fatiguées par la chaleur
simulque vulneribus.	et en-même-temps par les blessures.
Fons erat haud procul,	Une source était non loin,
ad quem, monstratum	vers laquelle indiquée
a peritis,	par les *gens* connaissant le *pays*,
Macedo Polystratus	le Macédonien Polystrate
maceratus siti	consumé par la soif
accessit;	s'approcha;
ae dum sorbet	et tandis-qu'il boit
aquam haustam galea,	l'eau puisée *dans son* casque,
conspexit tela	il aperçut les javelots
infixa vulneribus	plantés-dans-les-blessures
jumentorum deficientium;	des bêtes-de-somme défaillant;
miratusque confossa esse	et étant étonné *elles* avoir été percées
potius quam abacta,	plutôt qu'emmenées,
semivivi....	d'un *homme* à-demi-vivant....

NOTES

DU CINQUIÈME LIVRE DE L'HISTOIRE D'ALEXANDRE LE GRAND.

Page 374 : 1. *Interim*. Pendant qu'Alexandre battait les Perses au Granique, à Issus et à Arbèles.

— 2. *Ductu imperioque*. Alexandre ne dirigeait pas, il est vrai, les opérations, mais c'était sous ses auspices que ses généraux combattaient. Dans ce cas les Romains appliquaient plus ordinairement le mot *ductus* au général qui commandait les troupes, et le mot *auspicia* au chef qui lui avait donné ce commandement. Ainsi nous voyons dans Tacite (Annales II, 41) : *Ductu Germanici, Tiberii auspiciis*.

— 3. *Darii*. Darius Codoman, dernier roi de Perse qui régna de 326 à 330 avant Jésus-Christ.

— 4. *Arbela*. Arbèles, bourg de l'Assyrie entre le Lycus et la Caprus, affluents du Tigre. C'était près de ce bourg que s'était livrée la bataille qui avait achevé la ruine de l'empire des Perses.

Page 376 : 1. *Babylonem*. Babylone, capitale de la Babylonie et de toute la Chaldée, située sur l'Euphrate. Elle avait été la capitale de l'ancien empire d'Assyrie.

— 2. *Susa*. Suse, aujourd'hui *Chouster*, capitale de la Susiane, au nord du Choaspe ; c'était la résidence d'été des rois de Perses.

Page 378 : 1. *Mediæ*. La Médie, contrée de l'Asie, au nord-est de l'Assyrie, capitale Ecbatane.

— 2. *Talentum*. Le talent, poids d'or ou d'argent, valait environ 5,500 francs de notre monnaie.

— 3. *Arabia.... nobilis regio*. Il s'agit ici d'une partie de la Mésopotamie, située sur la rive gauche de l'Euphrate et dont parle Xénophon au premier livre de l'Anabase, chap. v : Ἐξελαύνει διὰ τῆς Ἀραβίας, τὸν Εὐφράτην ποταμὸν ἐν δεξιᾷ ἔχων... εἰ δέ τι καὶ ἄλλο ἦν ὕλης, ἢ καλάμου, ἅπαντα ἦσαν εὐώδη. Il (Cyrus) traverse l'Arabie, ayant l'Euphrate à droite... tout ce qui y croît de plantes, ou de roseaux est aromatique.

Page 378 : 4. *Tigrim*. Le Tigre, aujourd'hui le *Didjel*; fleuve qui naît sur le versant méridional du Taurus, et qui, après s'être réuni à l'Euphrate, va se perdre dans le golfe Persique. — *Euphratem*. L'Euphrate, aujourd'hui le *Frat* des Turcs. Ce fleuve, qui naît dans les montagnes de l'Arménie méridionale, se réunit au Tigre à Corna, et prend alors le nom de *Chat-el-Arab*.

Page 380 : 1. *Stadia*. Le stade, mesure itinéraire des Grecs, était d'environ 185 mètres.

— 2. *Gordyæorum*. Les Gordyens, habitants de la Gordyène, au nord de l'Assyrie. Ce pays s'appelle aujourd'hui le *Kourdistan*, et les habitants les *Kourdes*.

— 3. *Mesopotamiam*. La Mésopotamie, contrée de l'Asie, qui devait son nom à sa position entre le Tigre et l'Euphrate (μέσος ποταμός).

— 4. *Rubrum mare*. Quinte-Curce appelle également mer Rouge le golfe Persique, la mer Érythrée et le golfe Arabique; il s'agit ici de la mer Érythrée.

— 5. *Mennim*, Mennis, ville d'Assyrie au sud d'Arbèles.

— 6. *Mazæus*. Mazée était un des principaux officiers de Darius.

Page 382 : 1. *Magi*. Les Mages, prêtres de la religion des Perses adorateurs du feu.

— 2. *Chaldæi*. Les astrologues chaldéens, célèbres par leurs connaissances astronomiques et leur habileté dans l'interprétation des songes.

Page 384 : 1. *Semiramis*, Sémiramis, reine d'Assyrie, femme de Ninus, auquel elle succéda. Elle ne fonda pas Babylone, mais elle l'agrandit et la fortifia, et en outre elle poussa ses conquêtes jusqu'à l'Indus. — *Belus*, Bélus, roi d'Assyrie ; il eut pour fils Ninus, qui le fit mettre au rang des dieux.

— 2. *Cubitorum*. La coudée, mesure de longueur, d'environ un pied et demi.

Page 386 : 1. *Jugeris*. Jugerum, comme mesure de longueur, correspond au plèthre (πλέθρον) des Grecs, qui valait cent pieds, près de 31 mètres.

Page 390 : 1. *Syriæ*. Quinte-Curce veut dire sans doute *Assyriæ*.

Page 392 : 1. *Antipatro*, Antipater qu'Alexandre avait chargé du gouvernement de la Macédoine et de la Grèce, à son départ pour l'Asie.

Page 396 : 1. *Sardium*, Sardes, aujourd'hui *Sart*, capitale de la Lydie, sur le Pactole.

— 2. *Denarii*. Le denier, pièce de monnaie d'argent, en usage chez les Romains, équivalait à la drachme attique, ou à 96 centimes de notre monnaie.

— 3. *Satrapene*, la Satrapène, contrée inconnue. Il est probable que Quinte-Curce veut parler de la Sitacène située entre la Babylonie et la Susiane, et qu'il fallait traverser pour aller d'une province à l'autre, comme nous l'apprend Strabon livre XIV : Ἡ Σιττακηνὴ πολλή τε καὶ ἀγαθή, μέση Βαβυλῶνος τέτακται καὶ Σούσιδος, ὥστε τοῖς ἐκ Βαβυλῶνος εἰς Σοῦσα βαδίζουσι διὰ τῆς Σιττακηνῆς ἡ ὁδὸς ἅπασα. La Sitacène, contrée grande et riche, est située entre Babylone et la Susiane, de sorte que quand on va de Babylone à Suse, on fait route tout le temps à travers la Sitacène.

— 4. *Chiliarchas*, chiliarques, officiers qui commandaient mille hommes (χίλιοι, ἄρχω).

Page 398 : 1. *Halicarnasson*, Halicarnasse, ville de Carie en Asie Mineure.

— 2. *Augeus*, d'Augée. Augée est une ville de Macédoine dont Ptolemée fait mention.

— 3. *Ultimus*. Quinte-Curce ne nomme que huit chiliarques ; il oublie le neuvième.

Page 400 : 1. *Choaspen*. Le Choaspe, rivière formée de deux branches (Choaspe et Eulée) qui baignait la Susiane, et se jetait dans une des branches de l'Euphrate.

— 2. *Dedicatam*. Plusieurs manuscrits donnent *delicatam*. Hérodote nous apprend (livre I), que les rois de Perse ne buvaient que de l'eau du Choaspe. Suivant Pline l'ancien, les rois des Parthes auraient hérité de cette coutume : *Parthorum reges ex Choaspe et*

Eulœo tantum bibunt, et eœ quamvis in longinqua comitantur eos. (livre XXXI, chap. XXI). Cette rivière s'appelle aujourd'hui *Kara-Sou* et *Abzat*.

Page 402 : 1. *Regiis pueris*. Il s'agit des pages du roi dont il a été question à la fin du chapitre premier.

— 2. *Persidis*, la Perside ou la Perse proprement dite, berceau de la nation persane, et qui formait une division à part, sans porter le titre de satrapie.

Page 406 : 1. *Quartis castris*. Quand les armées romaines étaient en campagne, elles se retranchaient tous les soirs pour passer la nuit; de là l'habitude de compter les jours de marche par les camps qu'on établissait.

— 2. *Pasitigrim*, Pasitigre, nom donné par les anciens aux deux bouches les plus orientales de l'Euphrate.

— 3. *Uxiorum*, les Uxiens, peuple de la Susiane, sur les confins de la Perse. Belliqueux et pillards, ils étaient si redoutables que les rois de Perse leur payaient un tribut pour passer de Suse à Persépolis.

— 4. *Persico mari*, le golfe Persique ou mer Érythrée que Quinte-Curce appelle aussi la mer Rouge.

— 5. *Agriani*, les Agriens, peuple belliqueux du nord de la Macédoine.

Page 408 : 1. *Tertia vigilia*. Les Romains divisaient la nuit en quatre parties appelées veilles, de trois heures chacune : la première veille de six heures du soir à neuf heures, la deuxième de neuf heures à minuit, la troisième de minuit à trois heures du matin, et la quatrième de trois heures du matin à six heures du matin.

Page 410 : 1. *Testudine objecta*. C'était une sorte de toit assez semblable à une carapace de tortue, que les soldats formaient en réunissant leurs boucliers au-dessus de leurs têtes.

Page 414 : 1. *Pylas*, Pyles ou Portes (πύλαι, portes), nom que les Grecs donnaient aux pas difficiles dans les montagnes; c'est ainsi qu'ils appelaient Thermopyles (θερμαὶ πύλαι) le défilé qui fermait l'entrée de la Grèce proprement dite du côté de la Thessalie.

Page 416 : 1. *Ciliciæ fauces*. Voyez le livre III, chap. IV.

Page 416 : 2. *Mari.* C'était en longeant la mer qu'Alexandre avait passé de Lycie en Pamphylie.

— 3. *Pamphyliam*, la Pamphylie, province du sud de l'Asie Mineure, entre la Lycie et la Cilicie.

418 : 1. *Munus ... suos.* C'est pour cela qu'après la bataille des îles Arginusses les Athéniens avaient condamné à la peine capitale les généraux vainqueurs qui n'avaient pas enseveli leurs morts.

Page 420 : 1. *Caucaso.* Caucase, nom général sous lequel on comprend un grand système de montagnes qui séparent l'Asie de l'Europe, s'étendent entre la mer Caspienne et la mer Noire, et dont différentes chaînes se détachent à droite et à gauche de la chaîne principale.

— 2. *Rubrum mare.* Il s'agit ici de la mer Érythrée, dont le golfe Persique était une partie.

— 3. *Araxes amnis.* Il ne faut pas confondre l'Araxe affluent du *Médus*, aujourd'hui *ben Émir*, avec l'Araxe aujourd'hui *Arack*, qui arrose la grande Arménie, et se jette dans la mer Caspienne.

— 4. *Medum*, le Médus, fleuve de la Perse.

Page 422 : 1. *Sortis.* Voici ce que Plutarque nous apprend au sujet de cet oracle (vie d'Alexandre, chap. III) : Τῆς δὲ Περσίδος οὔσης διὰ τραχύτητα δυσεμβόλου καὶ φυλαττομένης ὑπὸ γενναιοτάτων Περσῶν, γίγνεταί τινος περιόδου κύκλον ἐχούσης οὐ πολὺν ἡγέμων αὐτῷ δίγλωσσος ἄνθρωπος, ἐκ πατρὸς Λυκίου, μητρὸς δὲ Περσίδος γεγονώς, ὅν φασιν, ἔτι παιδὸς ὄντος Ἀλεξάνδρου, τὴν Πυθίαν προειπεῖν, ὡς λύκος ἔσται καθηγεμὼν Ἀλεξάνδρῳ τῆς ἐπὶ Πέρσας πορείας. Comme la Perse était d'un accès difficile à cause de la nature du terrain, et qu'elle était gardée par les plus vaillants des Perses, un détour qui n'allongeait pas beaucoup la route fut indiqué par un homme qui parlait les deux langues (la grecque et la perse), né d'un père lycien et d'une mère perse. C'était lui, dit-on, que la Pythie avait désigné, lorsqu'Alexandre était encore enfant, en disant qu'Alexandre serait introduit en Perse par λύκος (un loup ou un Lycien).

Page 426 : 1. *Agema.* L'élite de la cavalerie macédonienne se composait de huit escadrons d'hétaires (ἑταῖροι compagnons du roi). Le premier de ces escadrons, l'escadron royal, s'appelait ἄγημα ἱππέων.

Page 432 : 1. *Et sæpe desperatio... causa.* Pensée que Virgile a exprimée si heureusement dans ce vers :

Una salus victis nullam sperare salutem.
(Énéide, livre II, v. 336).

Page 434 : 1. *Quatuor millia.* Suivant Diodore, Justin et Suidas qui rapportent le même fait, ces malheureux n'étaient que huit cents.

Page 436 : 1. *Cymæus.* De Cume ou de Cyme, ville d'Éolie, en Asie Mineure.

Page 444 : 1. *Darium.* Darius, fils d'Hystaspe, qui régna de 521 à 495 avant Jésus-Christ.

— 2. *Xerxem.* Xerxès, fils du précédent, régna de 495 à 472 avant Jésus-Christ.

Page 448 : 1. *Pasargadis.* Pasargade, ville de la Perse, au sud est de Persépolis.

— 2. *Cyrum.* Il s'agit ici du grand Cyrus, le fondateur de la monarchie persane. Il avait, disait-on, bâti cette ville à l'endroit où il avait vaincu Astyage son grand-père, roi des Mèdes.

Page 450 : 1. *Vergiliarum.* Les Pléiades, constellation qui se lève en mai et se couche en novembre. Il s'agit ici du coucher de cet astre.

Page 452 : 1. *Mardorum.* Les Mardes habitaient sur les confins de la Médie et de la Susiane, au sud de la mer Caspienne.

Page 454 : 1. *De die*, en plein jour. A Rome, les hommes actifs ne se mettaient à table qu'au coucher du soleil.

— 2. *Intererant.* Chez les Grecs, les femmes n'étaient pas admises dans les repas.

Page 456 : 1. *Thaïs.* Cette Thaïs, courtisane, née à Athènes, épousa, après la mort d'Alexandre, Ptolémée qui fut le premier roi d'Égypte, et lui donna deux fils, Léontiscus et Lagus, et une fille, Irène. Αὕτη δὲ ἡ Θαῒς καὶ μετὰ τοῦ Ἀλεξάνδρου θάνατον καὶ Πτολεμαίῳ ἐγαμήθη τῷ πρώτῳ βασιλεύσαντι Αἰγύπτου, καὶ ἐγέννησεν αὐτῷ τέκνον Λεοντίσκον καὶ Λάγον, θυγατέρα δὲ Εἰρήνην. (Athénée livre XIII, chap. XXXVII.)

Page 458 : 1. *Contabulato mari.* Allusion au pont de bateaux que Xerxès jeta sur l'Hellespont.

Page 458 : 2. *Perfossis montibus.* Allusion au mont Athos que Xerxès fit percer.

— 3. *Macedonum reges.* Il s'agit des lieutenants d'Alexandre et de leurs fils qui fondèrent des royaumes en Asie.

— 4. *Parthi.* Les Parthes. Ce peuple, maître de la Haute-Asie, fut l'ennemi le plus redoutable de Rome, qui ne put jamais le soumettre.

— 5. *Hujus vestigium.* Quinte-Curce exagère. La ville de Persépolis ne fut pas complétement détruite. Marcellin, écrivain du quatrième siècle après Jésus-Christ, dit qu'elle existait encore de son temps.

Page 460 : 1. *Ecbatana.* Les rois des Parthes passaient l'été à Ecbatane et l'hiver à Ctésiphon sur les bords du Tigre.

— 2. *Bactra.* Bactre, aujourd'hui *Balk,* capitale de la Bactriane, sur le Bactrus affluent de l'Oxus.

Page 464 : 1. *Mazæi.* Mazée avait livré Babylone à Alexandre. Voir le chapitre premier de ce livre.

— 2. *Mithrenis.* Mithrène avait livré Sardes aux Macédoniens. Voir le livre III, chap. XII.

Page 466 : 1. *Illos viros.* Darius, fils d'Hystape, et Xerxès, auxquels les rois de Macédoine avaient fait soumission et avaient payé un tribut, lors des guerres médiques.

Page 468 : 1. *Diximus.* Sans doute dans les deux premiers livres qui ont été perdus. C'était sous le règne d'Ochus, qu'Artabaze avait été reçu à la cour du roi de Macédoine.

Page 470 : 1. *Sacæ.* Les Saces, peuple nomade à l'est de la Sogdiane. Voici ce qu'Arrien nous apprend sur ce peuple, dans l'énumération de l'armée perse, qu'il fait avant la bataille d'Arbèles. Εἴποντο δὲ αὐτοῖς (Βακτρίοις) καὶ Σάκαι, Σκυθικὸν τοῦτο τὸ γένος τῶν τὴν Ἀσίαν ἐνοικούντων Σκυθῶν οὐχ ὑπήκοοι οὗτοι Βήσσου, ἀλλὰ κατὰ συμμαχίαν τὴν Δαρείου. Ἡγεῖτο δὲ αὐτῶν Μακάθης· αὐτοὶ δὲ ἱπποτοξόται ἦσαν. « Les Bactriens étaient suivis par les Saces, tribu scythique de l'Asie; ils n'étaient pas sujets de Bessus, mais ils venaient comme alliés de Darius. Ils avaient pour chef Macabée; c'étaient des archers à cheval. » (Liv.e III, chapitre VIII.)

Plus tard nous les voyons s'allier avec Alexandre. (Quinte Curce VII, chap. IX.)

Page 494 : 1. *Parthienem.* La Parthiène, province entre l'Hyrcanie et la Bactriane.

Page 496 : 1. *Parctacene.* La Parétacène, province située sur les confins de la Médie et de la Perse.

Page 498 : 1. *Dimachas.* Troupes qui combattaient à pied et à cheval (δίς doublement, μάχομαι combattre), comme les dragons chez les modernes.

Page 506 : 1. *Semivivi.* La fin du livre est perdue. Quinte-Curce y racontait les derniers moments de Darius. Voici le récit de Plutarque qui peut suppléer à celui de l'historien latin. Μόλις εὑρίσκεται πολλῶν ἀκοντισμάτων κατάπλεως τὸ σῶμα, κείμενος ἐν ἁρμαμάξῃ, μικρὸν ἀπολείπων τοῦ τελευτᾶν. Ὅμως δὲ καὶ πιεῖν ᾔτησε, καὶ πιὼν ὕδωρ ψυχρὸν εἶπε πρὸς τὸν δόντα Πολύστρατον· « Ὦ ἄνθρωπε, τοῦτό μοι πέρας γέγονε δυστυχίας εὖ παθεῖν, ἀμείψασθαι μὴ δυνάμενον· ἀλλ' Ἀλέξανδρος ἀποδώσει σοι τὴν χάριν· Ἀλεξάνδρῳ δ' οἱ θεοὶ τῆς εἰς μητέρα καὶ γυναῖκα καὶ παῖδας τοὺς ἐμοὺς ἐπιεικείας, ᾧ ταύτην δίδωμι τὴν δεξιὰν διὰ σοῦ. » Ταῦτ' εἰπών, καὶ λαβόμενος τῆς τοῦ Πολυστράτου χειρὸς, ἐξέλιπεν. Ἀλέξανδρος δὲ, ὡς ἐπῆλθεν, ἀλγῶν τε τῷ πάθει φανερὸς ἦν, καὶ τὴν ἑαυτοῦ χλαμύδα λύσας ἐπέβαλε τῷ σώματι καὶ περιέστειλε. On le trouve avec peine, le corps criblé de traits, gisant dans un chariot, et sur le point de rendre l'âme. Néanmoins il demanda à boire, et ayant bu de l'eau froide, il dit à Polystrate qui la lui avait donnée : « Mon ami, c'est pour moi le comble de l'infortune de recevoir un service, sans pouvoir témoigner ma reconnaissance ; mais Alexandre te récompensera ; et les dieux récompenseront Alexandre de sa bonté envers ma mère, ma femme et mes enfants ; je lui donne la main par ton intermédiaire. » Ayant ainsi parlé, et ayant pris la main de Polystrate, il expira. Lorsqu'Alexandre arriva, il se montra affligé de cette fin tragique. Ayant ôté sa propre chlamyde, il la jeta sur le corps de Darius, et l'en enveloppa. (Vie d'Alexandre, chapitre XLVI.)

ARGUMENT ANALYTIQUE

DU SIXIÈME LIVRE

DE L'HISTOIRE D'ALEXANDRE LE GRAND.

I. Soulèvement des Lacédémoniens. Défaite et mort du roi Agis. Fin des troubles de la Grèce.

II. Alexandre commence à se livrer à la mollesse et aux plaisirs. Le bruit d'un prompt retour en Macédoine se répand dans le camp.

III. Discours d'Alexandre à ses soldats.

IV. Le fleuve Ziobéris. Lettre de Nabarzane à Alexandre. Les Macédoniens arrivent au bord de la mer Caspienne. Plusieurs satrapes font leur soumission.

V. Alexandre accueille Artabaze avec bonté. Il pardonne aux Grecs qui avaient servi sous Darius. Courte expédition contre les Mardes. Entrevue d'Alexandre et de Thalestris, reine des Amazones.

VI. Alexandre adopte la manière de vivre des Perses. Mécontentement des Macédoniens. Alexandre, pour prévenir une sédition, les emmène contre Bessus et contre Satibarzane. Soumission du pays des Ariens.

VII. Conspiration formée contre les jours d'Alexandre. Philotas, fils de Parménion, y est impliqué.

VIII. Conseil tenu par le roi. La perte de Philotas est résolue. Son arrestation.

IX. Alexandre accuse Philotas en présence de l'armée.

X. Défense de Philotas.

XI. Philotas mis à la torture s'avoue coupable. Il est lapidé avec ses complices.

QUINTI CURTII
DE REBUS GESTIS
ALEXANDRI MAGNI
LIBER VI.

I..... pugnæ[1] discrimen immisit, obtruncatisque qui promptius resistebant, magnam partem hostium propulit. Cœperant fugere victores, et donec avidius sequentes in planum deduxere, inulti cadebant; sed ut primum locus in quo stare possent fuit, æquis viribus dimicatum est. Inter omnes tamen Lacedæmonios rex eminebat, non armorum modo et corporis specie, sed etiam magnitudine animi, quo uno vinci non potuit. Undique, nunc cominus, nunc eminus petebatur;

I.... *Agis* se jette au milieu de la mêlée, taille en pièces ceux qui résistent avec plus de vigueur, et fait reculer une grande partie des ennemis. Les Macédoniens naguère vainqueurs commençaient à fuir, et ils tombaient sans se défendre, jusqu'à ce qu'ils eussent attiré dans la plaine ceux qui les poursuivaient avec trop d'ardeur; dès que le lieu leur permit de tenir ferme, on combattit des deux côtés à forces égales. Cependant entre tous les Lacédémoniens on distinguait le roi, non-seulement par l'éclat de ses armes et de sa bonne mine, mais surtout par la grandeur de son courage, en quoi seulement il ne put être vaincu. Attaqué de toutes parts, de près et de loin,

QUINTE-CURCE.

HISTOIRE

D'ALEXANDRE LE GRAND.

LIVRE VI.

I.... immisit
discrimen pugnæ,
quique resistebant
promptius
obtruncatis,
propulit
magnam partem hostium.
Victores cœperant fugere,
et donec deduxere
in planum
sequentes avidius,
cadebant inulti ;
sed ut primum
locus fuit in quo
possent stare,
dimicatum est viribus æquis.
Rex tamen eminebat
inter omnes Lacedæmonios,
non modo specie
armorum et corporis,
sed etiam
magnitudine animi,
quo uno non potuit vinci.
Petebatur undique,
nunc cominus,
nunc eminus ;

I.... *Agis se* jeta-dans
le point-décisif du combat,
et *ceux* qui résistaient
plus résolûment
ayant été massacrés,
il poussa-devant *lui*
une grande partie des ennemis.
Les vainqueurs avaient commencé à fuir,
et jusqu'-à-ce-qu'ils eussent fait-des-
en plaine   [cendre]
ceux suivant plus avidement,
ils tombaient non-vengés ;
mais dès-que d'-abord
un lieu fut dans lequel
ils pussent se tenir,
il fut combattu *avec* des forces égales.
Le roi cependant s'élevait
entre tous les Lacédémoniens,
non-seulement par l'apparence
des armes et du corps,
mais encore
par la grandeur d'âme,   [vaincu.]
par laquelle chose seule il ne put être
Il était attaqué de-tous-côtés,
tantôt de-près,
tantôt de-loin ;

diuque arma circumferens, alia tela clypeo excipiebat, corpore¹ alia vitabat; donec hasta femora perfossa, plurimo sanguine effuso, destituere pugnantem. Ergo clypeo suo exceptum armigeri raptim in castra referebant, jactationem vulnerum haud facile tolerantem.

Non tamen omisere Lacedæmonii pugnam; et ut primum sibi quam hosti æquiorem locum capere potuerunt, densatis ordinibus, effuse fluentem in se aciem excepere. Non aliud discrimen vehementius fuisse memoriæ proditum est. Duarum nobilissimarum bello gentium excercitus pari Marte pugnabant. Lacedæmonii vetera, Macedones præsentia decora intuebantur; illi pro libertate, hi pro dominatione pugnabant; Lacedæmoniis dux, Macedonibus locus deerat. Diei quoque unius tam multiplex casus modo spem, modo metum utriusque partis augebat, velut de industria inter fortissimos viros certamen æquante fortuna. Ceterum angustiæ loci in quo hæserat pugna, non patiebantur totis con-

il se soutint longtemps en présentant ses armes de tous côtés, et tantôt il recevait les traits sur son bouclier, tantôt il les évitait par un mouvement du corps. Enfin il eut les cuisses percées d'un javelot; il perdit beaucoup de sang, et les forces lui manquèrent pour continuer le combat. Ses écuyers le mettent alors sur son bouclier et le rapportent promptement au camp, souffrant cruellement de toute secousse à cause de ses blessures.

Les Lacédémoniens ne cessèrent pas pour cela de combattre; et dès qu'ils purent se saisir d'un poste plus avantageux pour eux que pour l'ennemi, ils serrèrent les rangs pour soutenir le choc des bataillons qui se jetaient sur eux à la débandade. Jamais, de mémoire d'homme, il n'y eut de lutte plus furieuse. Les armées des deux nations les plus fameuses à la guerre combattaient avec un avantage égal. Les Lacédémoniens songeaient à leur ancienne gloire, les Macédoniens à leur gloire présente; les premiers combattaient pour la liberté, les derniers pour l'empire; ceux-là manquaient de chef, ceux-ci d'un poste favorable. D'ailleurs, tant de vicissitudes en un seul

HISTOIRE D'ALEXANDRE. LIVRE VI.

circumferensque arma diu,	et portant-autour *ses* armes longtemps,
excipiebat clypeo	il recevait par son bouclier
alia tela,	d'autres traits,
vitabat alia	il *en* évitait d'autres [corps;
corpore;	par le corps (par un mouvement du
donec femora	jusqu'-à-ce-que *ses* cuisses
perfossa hasta	percées par une lance
destituere pugnantem,	abandonnèrent *lui* combattant, [pandu.
sanguine plurimo effuso.	un sang très-abondant ayant été ré-
Ergo armigeri	Donc *ses* écuyers
referebant raptim in castra	rapportaient à-la-hâte dans le camp
exceptum suo clypeo,	*lui* reçu *sur* son bouclier,
tolerantem haud facile	supportant non facilement
jactationem vulnerum.	la secousse de *ses* blessures.
Lacedæmonii	Les Lacédémoniens
non omisere tamen pugnam;	ne laissèrent pas cependant le combat;
et, ut primum	et, dès-que d'-abord
potuerunt capere locum	ils purent prendre un lieu [nemi,
æquiorem sibi quam hosti,	plus favorable à eux-mêmes qu'à l'en
excepere ordinibus densatis	ils reçurent en rangs serrés
aciem fluentem in se	l'armée se précipitant contre-eux-mêmes
effuse.	à-la-débandade.
Proditum est memoriæ	Il a été livré à la mémoire
non aliud discrimen	non une-autre-action décisive
fuisse vehementius.	avoir été plus violente.
Exercitus duarum gentium	Les armées de deux nations
nobilissimarum bello	très-célèbres par la guerre
pugnabant Marte pari.	combattaient avec Mars égal.
Lacedæmonii intuebantur	Les Lacédémoniens considéraient
decora vetera,	*leurs* gloires anciennes,
Macedones præsentia;	les Macédoniens *leurs gloires* présentes;
illi pugnabant	ceux-là combattaient
pro libertate,	pour la liberté,
hi pro dominatione;	ceux-ci pour la domination;
dux deerat Lacedæmoniis,	le chef manquait aux Lacédémoniens,
locus Macedonibus.	le lieu aux Macédoniens.
Casus tam multiplex	L'accident si divers
unius diei	d'un seul jour
augebat quoque	augmentait aussi
modo spem, modo metum	tantôt l'espérance, tantôt la crainte
utriusque partis,	de l'un-et-l'autre parti,
fortuna æquante certamen	la fortune égalisant la lutte
velut de industria	comme à dessein
inter viros fortissimos.	entre *ces* hommes très-courageux.
Ceterum angustiæ loci	Du-reste les étroitesses du lieu
in quo pugna hæserat,	dans lequel le combat s'était attaché,
non patiebantur	ne souffraient (permettaient) pas

gredi viribus ; spectabant ergo plures quam inierant prœ
lium, et qui extra teli jactum erant clamore invicem suos
accendebant. Tandem Laconum acies languescere, lubrica
arma sudore vix sustinens, pedem deinde referre cœpit, et,
urgente hoste, apertius fugere. Insequebatur dissipatos victor, et, emensus cursu omne spatium quod acies Laconum
obtinuerat, ipsum Agim persequebatur. Ille, ut fugam suorum
et proximos hostium conspexit, deponi se jussit; expertus-
que membra an impetum animi sequi possent, postquam
deficere se sensit, poplitibus semet excepit, galeaque strenue
sumpta, clypeo protegens corpus, hastam dextra vibrabat,
ultro vocans hostem, si quis jacenti spolia demere auderet.
Nec quisquam fuit qui sustineret cominus congredi : procul
missilibus appetebatur, ea ipsa in hostem retorquens, donec
lancea nudo pectori infixa est; qua ex vulnere evulsa, incli-

jour augmentaient aussi l'espérance et la crainte de chacun des deux
partis; on eût dit que la fortune affectât de tenir la balance égale
entre ces vaillants hommes. Du reste le peu d'étendue du lieu où
la bataille était circonscrite, ne leur permettait pas de déployer
toutes leurs forces; de sorte qu'il y avait plus de spectateurs que de
combattants, et que ceux qui étaient hors de la portée du trait,
animaient respectivement leurs camarades par leurs acclamations.
Enfin l'armée lacédémonienne pouvant à peine soutenir ses armes
que la sueur rendait glissantes, commença à faiblir, puis à reculer,
et, pressée par l'ennemi, à prendre ouvertement la fuite. Le vainqueur la serrait de près dans sa déroute; et après avoir traversé
en courant l'espace que les Lacédémoniens avaient occupé, il se
mit à poursuivre Agis lui-même. Ce prince voyant que son armée
était en fuite, et que les plus avancés des ennemis approchaient,
se fit mettre à terre; et après avoir essayé si les forces de son
corps pourraient seconder l'ardeur de son courage, comme il se
sentit défaillir, il se mit lui-même sur les genoux; se hâtant alors
de prendre son casque et de se couvrir de son bouclier, il brandissait

congredi viribus totis ;	de se rencontrer avec les forces tout-entières ;
ergo plures spectabant	donc plus regardaient *le combat*
quam inierant prœlium,	que *plus* n'avaient engagé le combat,
et qui erant	et *ceux* qui étaient
extra jactum teli,	hors-du jet du trait,
accendebant invicem	échauffaient respectivement
suos clamore.	les leurs par *leur* cri.
Tandem acies Laconum	Enfin l'armée des Laconiens
cœpit languescere,	commença à mollir,
sustinens vix arma	soutenant à-peine *ses* armes
lubrica sudore,	glissantes par la sueur,
deinde referre pedem,	puis à reculer le pied,
et, hoste urgente,	et, l'ennemi pressant,
fugere apertius.	à fuir plus ouvertement.
Victor insequebatur	Le vainqueur poursuivait
dissipatos,	*eux* dispersés,
et, emensus cursu	et, ayant mesuré (parcouru) par la course
omne spatium	tout l'espace
quod acies Laconum	que l'armée des Laconiens
obtinuerat,	avait occupé,
persequebatur Agim ipsum.	il poursuivait Agis lui-même.
Ille, ut conspexit	Lui, dès-qu'il aperçut
fugam suorum	la fuite des siens
et proximos hostium,	et les plus proches des ennemis,
jussit se deponi ;	ordonna lui-même être déposé ;
expertusque membra	et ayant essayé *ses* membres,
an possent sequi	s'ils pouvaient suivre
impetum animi,	l'élan de *son* courage,
postquam sensit	après-qu'il eût senti
se deficere,	lui-même défaillir,
excepit semet poplitibus,	il reçut lui-même sur *ses* jarrets,
galeaque sumpta strenue,	et *son* casque ayant été pris promptement,
protegens corpus clypeo,	protégeant *son* corps de *son* bouclier,
vibrabat hastam dextra,	il brandissait *sa* lance de la *main* droite,
vocans ultro hostem,	appelant de-lui-même l'ennemi,
si quis auderet	si quelqu'un osait
demere spolia jacenti.	enlever les dépouilles à lui gisant.
Nec quisquam fuit	Ni quelqu'un ne fut
qui sustineret	qui soutînt (eût le courage)
congredi cominus :	de *le* combattre de-près :
appetebatur procul	il était attaqué de-loin
missilibus,	par les traits,
retorquens in hostem	retournant contre l'ennemi
ea ipsa,	ces *traits* eux-mêmes, [dans
donec lancea infixa est	jusqu'-à-ce-qu'une lance fut enfoncée
pectori nudo ;	*sa* poitrine nue ; [blessure
qua evulsa ex vulnere,	laquelle *lance* ayant été arrachée de la

natum ac deficiens caput clypeo paulisper excepit; deinde, linquente spiritu pariter ac sanguine, moribundus in arma procubuit.

Cecidere Lacedæmoniorum quinque millia et trecenti, ex Macedonibus haud amplius mille; ceterum vix quisquam nisi saucius revertit in castra. Hæc victoria non Spartam modo sociosque ejus, sed etiam omnes qui fortunam belli spectaverant, fregit. Nec fallebat Antipatrum dissentire ab animis gratulantium vultus; sed bellum finire cupienti opus erat decipi, et, quanquam fortuna rerum placebat, invidiam tamen, quia majores res erant quam quas præfecti modus caperet, metuebat. Quippe Alexander hostes vinci voluerat; Antipatrum vicisse ne tacitus quidem indignabatur, suæ demptum gloriæ existimans quidquid cessisset alienæ. Itaque Antipater, qui probe nosset spiritus ejus, non est ausus ipse agere arbitria victoriæ, sed consilium Græcorum, quid

une pique de la main droite, et défiait celui des ennemis qui oserait venir le dépouiller, maintenant qu'il était à terre. Personne n'eut l'assurance de l'attaquer de près : on lui lançait de loin des traits qu'il renvoyait à son tour contre l'ennemi. Enfin un dard perça sa poitrine qui était découverte; il le retira de la plaie, pencha sa tête défaillante, et l'appuya quelque temps sur son bouclier; à la fin perdant la vie avec son sang, il tomba mort sur ses armes.

Cette journée coûta la vie à cinq mille trois cents Lacédémoniens, et à mille Macédoniens seulement; mais à peine y en eut-il un seul qui rentrât dans le camp sans blessure. Cette victoire abattit non-seulement Sparte et ses alliés, mais encore tous ceux qui pour se décider attendaient l'issue de la guerre. Antipater ne s'abusait pas sur les sentiments de ceux qui paraissaient le féliciter avec joie de ses succès; mais voulant mettre fin à la guerre, il fallait bien qu'il se laissât tromper; et quelque plaisir que lui fissent ses heureux succès, il ne laissait pas de redouter l'envie, parce qu'ils étaient trop grands pour un simple lieutenant. Alexandre en effet avait voulu que les ennemis fussent vaincus; mais qu'ils l'eussent été par Antipater, il s'en indignait hautement; il considérait tout ce que gagnait la gloire d'autrui, comme un vol fait à la sienne. Aussi Antipater, d'après la connaissance qu'il avait de l'orgueil du roi,

excepit paulisper clypeo	il reçut un-peu-de temps *sur son* bouclier
caput inclinatum	sa tête inclinée
et deficiens ;	et défaillante ;
deinde spiritu linquente	puis le souffle l'abandonnant
pariter ac sanguine,	pareillement et (ainsi que) le sang,
procubuit moribundus	il tomba mourant
in arma.	sur ses armes.
Quinque millia et trecenti	Cinq mille et trois-cents
Lacedaemoniorum	des Lacédémoniens
cecidere,	tombèrent,
haud amplius mille	non plus de mille
ex Macedonibus ;	d'entre les Macédoniens ;
ceterum vix quisquam	au-reste à-peine quelqu'un
nisi saucius	sinon blessé
revertit in castra.	revint dans le camp.
Hæc victoria fregit	Cette victoire brisa
non modo Spartam	non-seulement Sparte
sociosque ejus,	et les alliés d'elle,
sed etiam omnes qui	mais encore tous *ceux* qui [la guerre.
spectaverant fortunam belli.	avaient regardé (attendu) la fortune de
Nec fallebat Antipatrum	Et il n'échappait pas à Antipater
vultus gratulantium	les visages de *ceux* félicitant
dissentire ab animis,	être-en-désaccord avec *leurs* âmes,
sed opus erat	mais besoin était
cupienti finire bellum	à *lui* désirant finir la guerre
decipi ;	d'être trompé ;
et, quanquam	et, quoique
fortuna rerum placebat,	la fortune des choses *lui* plût,
metuebat tamen invidiam,	il craignait cependant la jalousie,
quia res erant	parce-que *ces* choses étaient
majores quam quas	plus grandes que *celles* que
modus præfecti caperet.	la mesure d'un lieutenant comporterait.
Quippe Alexander	Car Alexandre
voluerat hostes vinci ;	avait voulu les ennemis être vaincus ;
indignabatur	il s'indignait
ne quidem tacitus	pas même silencieux
Antipatrum vicisse,	Antipater avoir vaincu,
existimans	pensant [trui
quidquid cessisset alienæ	tout-ce-qui était échu à *la gloire* d'au-
demptum suæ gloriæ.	avoir été enlevé à sa gloire.
Itaque Antipater,	En-conséquence Antipater,
qui nosset probe	*en homme* qui connaissait bien
spiritus ejus,	les esprits (l'orgueil) de lui,
non ausus est	n'osa pas
agere ipse	faire (prendre) lui-même
arbitria victoriæ,	les décisions de la victoire,
sed consuluit	mais il consulta

fieri placeret, consuluit. A quo Lacedæmonii, nihil aliud quam ut oratores mittere ad regem liceret precati, veniam defectionis præter auctores impetraverunt. Megalopolitanis, quorum urbs erat obsessa a defectione, Achæi et Ætoli centum et viginti talenta[1] dare jussi sunt. Hic fuit exitus belli quod, repente ortum, prius tamen finitum est quam Darium[2] Alexander apud Arbela[3] superaret.

II. Sed, ut primum instantibus curis laxatus est animus, militarium rerum quam quietis otiique patientior, excepere eum voluptates; et, quem arma Persarum non fregerant, vitia vicerunt. Intempestiva convivia, et perpotandi pervigilandique insana dulcedo, ludique, et greges pellicum, omnia in externum lapsa sunt morem; quem æmulatus quasi potiorem suo, ita popularium animos oculosque pariter offendit, ut a plerisque amicorum pro hoste haberetur. Tena-

n'osa pas régler par lui-même les suites de la victoire, mais il consulta là-dessus l'assemblée générale des Grecs. Les Lacédémoniens n'ayant demandé que la permission d'envoyer des ambassadeurs au roi, obtinrent le pardon de leur révolte, excepté pour ceux qui en étaient les auteurs. Quant aux Mégalopolitains, dont la ville avait été assiégée depuis la rébellion, les Achéens et les Étoliens eurent l'ordre de leur donner cent vingt talents. Telle fut l'issue d'une guerre, qui s'était allumée tout à coup, et qui néanmoins fut terminée avant qu'Alexandre eût remporté sur Darius la victoire d'Arbèles.

II. Mais dès qu'il eut l'esprit débarrassé de soins pressants, Alexandre, plus propre à supporter les fatigues de la guerre que le repos et l'oisiveté, s'abandonna aux voluptés; et lui que n'avaient pu vaincre les armes des Perses, se laissa subjuguer par leurs vices. Les festins prolongés, le plaisir insensé de passer les nuits à boire avec excès, les jeux, les troupes de concubines, tout tomba dans les mœurs étrangères; mais en adoptant ces usages comme préférables à ceux de son pays, il choqua si fort le goût et les yeux de ses compatriotes, que la plupart même des courtisans le regar-

consilium Græcorum	le conseil des Grecs
quid placeret fieri.	quelle chose il plaisait être faite.
A quo Lacedæmonii,	Duquel *conseil* les Lacédémoniens
precati nihil aliud	n'ayant prié (demandé) rien autre chose
quam ut liceret	que afin-qu'il fût permis [deurs)
mittere oratores	d'envoyer des orateurs (des ambassa-
ad regem,	vers le roi,
impetraverunt	obtinrent
veniam defectionis,	le pardon de la révolte,
præter auctores.	sauf les auteurs *de la révolte*.
Achæi et Ætoli	Les Achéens et les Étoliens
jussi sunt dare	reçurent-ordre de donner
centum et viginti talenta	cent et vingt talents
Megalopolitanis,	aux Mégalopolitains,
quorum urbs obsessa erat	dont la ville avait été assiégée
a defectione.	depuis la révolte.
Hic fuit exitus belli,	Celle-ci (telle) fut la fin de la guerre,
quod ortum repente	laquelle s'étant élevée tout-à-coup
finitum est tamen	fut finie cependant
priusquam Alexander	avant-qu'Alexandre
superaret Darium	surpassât (vainquit) Darius
apud Arbela.	auprès d'Arbèles.
II. Sed, ut primum	II. Mais, dès-que d'-abord
animus patientior	l'esprit *d'Alexandre* plus patient
rerum militarium	des choses militaires
quam quietis otiique,	que du repos et de l'oisiveté,
laxatus est	fut délivré
curis instantibus,	de soins pressants,
voluptates excepere eum;	les plaisirs reçurent lui;
et vitia vicerunt	et les vices *des Perses* vainquirent
quem arma Persarum	celui que les armes des Perses
non fregerant.	n'avaient pas brisé.
Convivia intempestiva,	Des festins hors-du-temps,
et dulcedo insana	et le plaisir insensé
perpotandi	de boire-avec-excès
et pervigilandi,	et de veiller-jusqu'-au-bout, ¡sanes,
ludique, et greges pellicum,	et les jeux, et les troupes de courti-
omnia lapsa sunt	toutes choses glissèrent
in morem externum;	dans la coutume étrangère;
quem æmulatus	laquelle ayant tâché-d'imiter
quasi potiorem suo,	comme préférable que (à) la sienne,
offendit pariter	il offensa pareillement
animos oculosque	les esprits et les yeux
popularium,	de ses compatriotes,
aut haberetur	de-telle-sorte qu'il était eu (regardé)
a plerisque amicorum	par la plupart de ses amis

ces quippe disciplinæ suæ, solitosque parco ac parabili victu ad implenda naturæ desideria defungi, in peregrina et devictarum gentium mala impulerat. Hinc sæpius comparatæ in caput ejus insidiæ; secessio militum, et liberior inter mutuas querelas dolor; ipsius deinde nunc ira, nunc suspiciones, quas excitabat inconsultus pavor, ceteraque his similia, quæ deinde dicentur. Igitur, quum intempestivis conviviis dies pariter noctesque consumeret, satietatem epularum ludis interpellabat, non contentus artificum, quos e Græcia exciverat, turba; quippe captivæ jubebantur suo ritu canere inconditum et abhorrens peregrinis auribus carmen. Inter quas unam rex ipse conspexit mœstiorem quam ceteras, et producentibus eam verecunde reluctantem. Excellens erat forma, et formam pudor honestabat. Dejectis in terram oculis, et, quantum licebat, ore velato, suspicionem præbuit regi, nobiliorem esse quam

daient comme un ennemi. Fortement attachés à leur manière de vivre, et habitués à se contenter d'aliments communs et en petite quantité pour satisfaire aux besoins de la nature, ils avaient été poussés par lui dans les vices des nations étrangères et vaincues. De là ces fréquentes conspirations contre sa personne, ces mutineries des soldats, ce mécontement qui s'exhalait librement dans leurs plaintes mutuelles; de là aussi les colères du prince lui-même, les défiances qu'excitait une crainte immodérée, et tous les inconvénients du même genre dont nous parlerons par la suite. Il passait donc les jours et les nuits dans des festins prolongés, qu'il entremêlait de jeux dans les intervalles de satiété, sans se contenter de la multitude d'acteurs qu'il avait fait venir de la Grèce; car il exigeait que les captives qu'il avait à sa suite chantassent à leur mode des chants grossiers, et choquants pour des oreilles qui n'y étaient point faites. Parmi ces femmes, le roi lui-même en remarqua une qui était plus triste que les autres, et qui, toute honteuse, résistait à ceux qui voulaient la mettre en vue. Elle était d'une beauté remarquable, et la pudeur augmentait encore l'éclat de sa beauté. Elle se tenait les yeux baissés et le visage voilé autant qu'elle pouvait; cela fit soupçonner au roi qu'elle était trop bien née pour paraître en spec-

pro hoste.	pour (comme) un ennemi.
Quippe impulerat	Car il avait poussé
in mala peregrina	dans des maux étrangers
et gentium devictarum	et de nations vaincues
tenaces suæ disciplinæ	des *hommes* attachés à *leur* discipline
et solitos	et accoutumés [riture
defungi victu	à s'acquitter (se contenter) d'une nour-
parco et parabili	peu-abondante et facile-à-se-procurer
ad desideria naturæ	pour les besoins de la nature
implenda.	devant être remplis.
Hinc insidiæ	De-là les embûches
comparatæ sæpius	préparées plus souvent
in caput ejus;	contre la tête de lui;
secessio militum,	l'éloignement des soldats,
et dolor liberior	et le ressentiment plus libre
inter querelas mutuas;	parmi les plaintes mutuelles;
deinde nunc ira,	ensuite tantôt la colère,
nunc suspiciones ipsius,	tantôt les soupçons de lui-même,
quas pavor inconsultus	lesquels une peur inconsidéré
excitabat,	excitait, [celles-ci
ceteraque similia his	et toutes-les-autres choses semblables à
quæ dicentur deinde.	qui seront dites ensuite.
Igitur quum consumeret	Donc comme il consumait
dies noctesque pariter	les jours et les nuits pareillement
conviviis intempestivis,	par des festins hors-de-temps,
interpellabat ludis	il interrompait par des jeux
satietatem epularum,	la satiété des mets,
non contentus	non-content
turba artificum	de la troupe d'artistes
quos exciverat e Græcia;	qu'il avait fait-venir de Grèce;
quippe captivæ	car les prisonnières
jubebantur	recevaient-l'-ordre
canere suo ritu	de chanter par (à) leur manière
carmen inconditum	un chant grossier
et abhorrens	et s'éloignant (choquant pour)
auribus peregrinis.	des oreilles étrangères.
Inter quas	Parmi lesquelles *prisonnières*
rex ipse conspexit unam	le roi lui-même *en* aperçut une
mœstiorem quam ceteras,	plus affligée que toutes-les-autres,
et reluctantem verecunde	et résistant pudiquement
producentibus eam.	à *ceux* poussant-en-avant elle.
Forma erat excellens,	*Sa* beauté était excellente,
et pudor	et la pudeur
honestabat formam.	parait *sa beauté.*
Oculis dejectis in terram,	*Ses* yeux étant baissés vers la terre,
et ore velato,	et *son* visage étant voilé,
quantum licebat,	autant-qu'il était permis,
præbuit regi suspicionem,	elle offrit au roi le soupçon,

ut inter convivales ludos deberet ostendi. Ergo interrogata quænam esset, neptem se Ochi[1], qui nuper regnasset in Persis, filio ejus genitam esse respondit; uxorem Hystaspis fuisse. Propinquus hic Darii fuerat, magni et ipse exercitus prætor. Adhuc in animo regis tenues reliquiæ pristini moris hærebant; itaque fortunam regia stirpe genitæ et tam celebre nomen reveritus, non dimitti modo captivam, sed etiam restitui ei suas opes jussit; virum quoque requiri, ut reperto conjugem redderet. Postero autem die præcepit Hephæstioni ut omnes captivos in regiam juberet adduci; ubi, singulorum nobilitate spectata, secrevit a vulgo quorum eminebat genus. Mille hi fuerunt, inter quos repertus est Oxathres, Darii frater, non illius fortuna quam indole animi sui clarior[2]. Sex et viginti millia talentûm e proxima præda redacta erant;

tacle dans les réjouissances des festins. On lui demanda qui elle était, elle répondit qu'elle était petite-fille d'Ochus, qui avait été naguère roi de Perse, qu'elle était fille de son fils, et qu'elle avait épousé Hystaspe. C'était un proche parent de Darius, et il avait eu lui-même le commandement d'une grande armée. Il restait encore dans le cœur du roi quelques traces de ses anciens principes; aussi respectant le malheur d'une princesse de sang royal et le nom illustre de sa maison, non-seulement il la remit en liberté, mais il lui restitua ses biens; il donna même ordre de rechercher son mari pour la lui rendre. Le lendemain il chargea Héphestion d'amener au palais tous les prisonniers; et après avoir pris connaissance du plus ou moins de noblesse de chacun, il sépara du commun ceux qui étaient d'une naissance distinguée. Il y en avait mille; et l'on trouva parmi eux Oxathrès, frère de Darius, moins illustre par la haute fortune de son frère que par ses qualités personnelles. On avait tiré vingt-six mille talents du dernier butin; on en employa douze mille en gratification pour les soldats; une pareille somme fut détournée par

nobiliorem esse	*elle* être plus noble
quam ut deberet ostendi	que pour-qu'elle dût être montrée
inter ludos convivales.	parmi des jeux de-festins.
Ergo interrogata	Donc ayant été interrogée
quænam esset,	quelle elle était, [chus
respondit se neptem Ochi	elle répondit elle-même petite-fille d'O-
qui regnasset nuper	qui avait régné récemment
in Persis,	sur les Perses,
genitam esse filio ejus ;	avoir été engendrée du fils de lui
fuisse uxorem Hystaspis.	*elle* avoir été l'épouse d'Hystaspe.
Hic fuerat	Celui-ci avait été
propinquus Darii,	proche de Darius,
prætor et ipse	commandant aussi lui-même
magni exercitus.	d'une grande armée.
Tenues reliquiæ	*De* faibles restes
pristini moris	de *son* premier caractère
hærebant adhuc	étaient attachés encore
in animo regis.	dans l'âme du roi.
Itaque reveritus	En-conséquence ayant respecté
fortunam genitæ	le sort d'une *femme* engendrée
stirpe regia,	d'une souche royale,
et nomen tam celebre,	et un nom si célèbre,
jussit non modo	il ordonna non-seulement
captivam dimitti,	la prisonnière être renvoyée,
sed etiam suas opes	mais encore ses richesses
restitui ei ;	être restituées à elle ;
virum quoque requiri,	*il ordonna son* mari aussi être cherché,
ut redderet conjugem	afin-qu'il rendît l'épouse
reperto.	à *lui* trouvé.
Die autem postero	Or le jour d'-après
præcepit Hephæstioni	il recommanda à Héphestion
ut juberet omnes captivos	qu'il ordonnât tous les prisonniers
adduci in regiam ;	être amenés dans le palais ;
ubi, nobilitate singulorum	où la noblesse des-uns-après-les-autres
spectata,	ayant été examinée,
secrevit a vulgo	il sépara du vulgaire
quorum genus eminebat.	*ceux* dont la race s'élevait-au-dessus.
Hi fuerunt mille,	Ceux-ci furent mille,
inter quos Oxathres,	parmi lesquels Oxathrès,
frater Darii,	frère de Darius, [lui-là
non clarior fortuna illius,	non plus illustre par la fortune de ce-
quam indole sui animi,	que par la nature de son âme,
repertus est.	fut trouvé.
Sex et viginti	Six et vingt
millia talentûm	milliers de talents
redacta erant	avaient été retirés
e præda proxima ;	du butin le plus proche (dernier) ;

e quis duodecim millia in congiarium militum assumpta sunt; par huic pecuniæ summa custodum fraude subtracta est. Oxydates erat, nobilis Perses, qui, a Dario capitali supplicio destinatus, cohibebatur in vinculis; huic liberato satrapeam Mediæ [1] attribuit; fratremque Darii recepit in cohortem amicorum, omni vetustæ claritatis honore servato.

Hinc in Parthienem [2] perventum est, tunc ignobilem gentem, nunc caput omnium qui, post Euphratem [3] et Tigrim [4] amnes siti, Rubro mari [5] terminantur. Scythæ regionem campestrem ac fertilem occupaverunt, graves adhuc accolæ. Sedes habent et in Europa et in Asia. Qui super Bosporum [6] colunt, adscribuntur Asiæ; at qui in Europa sunt, a lævo Thraciæ latere ad Borysthenem [7], atque inde ad Tanaïm [8], alium amnem, recta plaga attinent. Tanaïs Europam et Asiam medius interfluit; nec dubitatur quin Scythæ, qui Parthos condidere [9], non a Bosporo, sed ex regione Europæ penetraverint.

l'infidélité des dépositaires. Un noble persan, nommé Oxydate, destiné par Darius au dernier supplice, était gardé dans les fers; Alexandre le mit en liberté, et le fit satrape de Médie; il admit aussi le frère de Darius au nombre de ses amis, et lui conserva tous les honneurs de son ancienne dignité.

On arriva ensuite dans le pays des Parthes, peuple alors sans renom, aujourd'hui le premier de tous ceux qui, placés au delà de l'Euphrate et du Tigre, s'étendent jusqu'à la mer Érythrée. Les Scythes occupent ce pays plat et fertile, et sont encore aujourd'hui des voisins incommodes. Ils ont des établissements en Europe et en Asie. Ceux qui habitent sur le Bosphore appartiennent à l'Asie; ceux d'Europe s'étendent depuis le côté gauche de la Thrace jusqu'au Borysthène, et de là en droite ligne jusqu'à un autre fleuve, qui est le Tanaïs. Celui-ci coule entre l'Europe et l'Asie; et il est hors de doute que les Scythes, fondateurs de l'empire des Parthes, sont venus, non des rives du Bosphore, mais du pays qu'ils tiennent en Europe. Il y avait une ville, alors célèbre, nommée Hécatompyle,

e quis duodecim millia	d'entre lesquels douze mille
assumpta sunt	furent employés
in congiarium militum ;	pour un-don-d'argent des (aux) soldats ;
summa pecuniæ par huic	une somme d'argent égale à celle-ci
subtracta est	fut soustraite
fraude custodum.	par la fraude des gardiens.
Oxydates erat,	Oxydate était (il y avait Oxydate),
Perses nobilis,	Perse noble,
qui, destinatus a Dario	qui, destiné par Darius
supplicio capitali,	au supplice capital,
cohibebatur in vinculis ;	était retenu dans les liens ;
attribuit huic liberato	il (Alexandre) attribua à celui-ci délivré
satrapeam Mediæ ;	la satrapie de Médie ;
recepitque fratrem Darii	et il reçut le frère de Darius
in cohortem amicorum,	dans la troupe de *ses* amis,
omni honore	tout l'honneur
claritatis pristinæ	de *son* éclat précédent
servato.	*lui* ayant été conservé.
Perventum est hinc	On parvint de-là
in Parthienem,	dans la Parthiène,
gentem ignobilem tunc,	nation inconnue alors,
nunc caput omnium qui,	maintenant tête de tous *ceux* qui,
siti post amnes	situés derrière les fleuves
Euphratem et Tigrim,	de l'Euphrate et *du* Tigre,
terminantur mari Rubro.	sont bornés par la mer Rouge.
Scythæ occupaverunt	Les Scythes ont occupé
regionem	*cette* contrée
campestrem et fertilem,	de-plaine et fertile,
accolæ adhuc graves.	voisins encore pesants (incommodes).
Habent sedes	Ils ont des demeures
et in Europa et in Asia.	et en Europe et en Asie.
Qui colunt super Bosporum,	*Ceux* qui habitent sur le Bosphore,
adscribuntur Asiæ ;	sont assignés à l'Asie ;
et qui sunt in Europa,	et *ceux* qui sont en Europe,
attinent	aboutissent
a latere lævo Thraciæ	du côté gauche de la Thrace
ad Borysthenem,	au Borysthène,
atque inde plaga recta,	et de-là par une région (ligne) droite,
ad Tanaïm, alium amnem.	au Tanaïs, autre fleuve.
Tanaïs medius interfluit	Le Tanaïs *étant* au-milieu coule-entre
Europam et Asiam,	l'Europe et l'Asie,
nec dubitatur	et il n'est pas mis-en-doute
quin Scythæ,	que les Scythes,
qui condidere Parthos,	qui fondèrent les Parthes,
penetraverint	n'aient pénétré
non a Bosporo,	non du Bosphore,
sed ex regione Europæ.	mais de la région d'Europe.

Urbs erat ea tempestate clara Hecatompylos [1], condita a Græcis; ibi stativa rex habuit, commeatibus undique advectis. Itaque rumor, otiosi militis vitium, sine auctore percrebuit, regem, contentum rebus quas gessisset, in Macedoniam protinus redire statuisse. Discurrunt lymphatis similes in tabernacula, et itineri sarcinas aptant : signum datum crederes ut vasa colligerent. Totis castris tumultus hinc contubernales suos requirentium, hinc onerantium plaustra, perfertur ad regem. Fecerant fidem rumori temere vulgato Græci milites, redire jussi domos, quorum equitibus singulis denariorum [2] sena millia dono dederat. Ipsis quoque finem militiæ adesse credebant. Haud secus quam par erat territus Alexander, qui Indos atque ultima Orientis peragrare statuisset, præfectos copiarum in prætorium contrahit; obortisque lacrimis, ex medio gloriæ spatio revocari se, victi magis quam victoris fortunam in patriam relaturum,

qui avait été bâtie par les Grecs; le roi s'y arrêta, et y fit venir des vivres de toutes parts. Cela donna lieu à un de ces bruits que se plaît à forger la soldatesque oisive et qui se répandit sans qu'on en pût connaître l'auteur. On disait que le roi, content de ce qu'il avait fait, avait résolu de retourner incessamment en Macédoine. Les soldats, semblables à des frénétiques, courent aux tentes, et font leurs paquets pour la marche : on aurait cru qu'on avait donné le signal de plier bagage. Le bruit qui se fait dans tout le camp par l'empressement des uns à chercher leurs camarades, et le mouvement des autres pour charger les chariots, parvient jusqu'aux oreilles du roi. Ce qui avait donné de la vraisemblance à ce bruit dénué de tout fondement, c'est qu'il avait licencié des soldats grecs, et gratifié chacun des cavaliers de six mille deniers. Les autres crurent alors que la guerre était finie aussi pour eux. Alexandre, justement alarmé, parce que son intention était de parcourir l'Inde et les extrémités de l'Orient, assemble les chefs des troupes dans sa tente; et, les larmes aux yeux, il se plaint qu'au milieu de sa course victorieuse, on le forçât de retourner en arrière, pour rentrer dans sa patrie plutôt en vaincu qu'en vainqueur ; que l'obstacle venait, non de la lâcheté des soldats, mais de l'envie des dieux, qui avaient

HISTOIRE D'ALEXANDRE. LIVRE VI. 535

Urbs erat	Une ville était (il y avait une ville)
clara ea tempestate,	célèbre à cette époque,
Hecatompylos,	Hécatompyle,
condita a Græcis;	fondée par les Grecs;
rex habuit stativa ibi,	le roi eut *ses* cantonnements là,
commeatibus	des vivres
advectis undique.	ayant été apportés de-tous-côtés.
Itaque rumor,	En-conséquence un bruit,
vitium militis otiosi,	défaut du soldat oisif,
percrebuit sine auctore,	se répandit sans auteur,
regem contentum rebus	*à savoir* le roi content des choses
quas gessisset,	qu'il avait faites, [ment
statuisse redire protinus	avoir résolu de retourner immédiate-
in Macedoniam.	en Macédoine.
Similes lymphatis	Semblable à des frénétiques
discurrunt in tabernacula,	ils courent-çà et-là dans les tentes,
et aptant sarcinas itineri :	et apprêtent *leurs* effets pour la marche :
crederes signum datum	tu croirais le signal *avoir été* donné
ut colligerent vasa.	qu'ils réunissent *leurs* ustensiles.
Tumultus castris totis	Le tumulte par le camp tout-entier
hinc requirentium	d'-un-côté de *ceux* cherchant
suos contubernales,	leurs camarades-de-tente, [chariots,
hinc onerantium plaustra,	d'un-autre côté de *ceux* chargeant les
perfertur ad regem.	est porté jusqu'au roi.
Milites Græci,	Des soldats grecs, [maisons,
jussi redire domos,	ayant reçu-ordre de retourner dans *leurs*
singulis equitibus quorum	à chaque cavalier desquels
dederat dono	il avait donné à (en) présent
sex millia denariorum,	six milliers de deniers,
fecerant fidem	avaient fait foi (fait croire)
rumori vulgato temere.	au bruit répandu au-hasard.
Credebant finem militiæ	Ils croyaient la fin du service-militaire
adesse quoque ipsis.	être présente aussi à (pour) eux-mêmes,
Alexander territus	Alexandre effrayé
haud secus quam erat par,	non autrement qu'il était convenable,
qui statuisset	*en homme* qui avait résolu
peragrare Indos	de parcourir les Indes
atque ultima Orientis,	et les dernières *parties* de l'Orient,
contrahit in prætorium	réunit dans la tente-du-général
præfectos copiarum;	les commandants des troupes;
lacrimisque obortis,	et des larmes *lui* étant venues,
conquestus est se revocari	il se plaignit lui-même être rappelé
ex medio spatio gloriæ,	du milieu de l'espace de sa gloire,
relaturum in patriam	devant rapporter dans *sa* patrie
fortunam victi	la fortune d'un vaincu
magis quam victoris;	plus que d'un vainqueur,
nec ignaviam militum	ni la lâcheté des soldats

conquestus est; nec sibi ignaviam militum obstare, sed deorum invidiam, qui fortissimis viris subitum patriæ desiderium admovissent, paulo post in eamdem cum majore laude famaque redituris. Tum vero pro se quisque operam suam offerre; difficilima quæque poscere; polliceri militum quoque obsequium, si animos eorum leni et apta oratione permulcere voluisset. Nunquam infractos et abjectos recessisse, quoties ipsius alacritatem et tanti animi spiritus haurire potuissent. Ita se facturum esse respondit; illi modo vulgi aures præparent sibi. Satisque omnibus quæ in rem videbantur esse compositis, vocari ad concionem exercitum jussit; apud quem talem orationem habuit :

III. « Magnitudinem rerum quas gessimus, milites, intuentibus vobis minime mirum est et desiderium quietis et satietatem gloriæ occurrere. Ut omittam Illyrios[1], Triballos[2], Bœotiam, Thraciam, Spartam, Achæos, Peloponnesum, quo-

jeté tout à coup dans les cœurs de ces vaillants hommes un si grand désir de revoir leur patrie, lorsqu'ils devaient y retourner dans peu avec plus de gloire et de célébrité. Là-dessus, chacun s'empresse d'offrir ses services ; chacun sollicite les commissions les plus difficiles ; on lui répond de l'obéissance même des soldats, pour peu qu'il ait la complaisance de les calmer en leur parlant avec douceur et d'une manière appropriée aux circonstances. On lui rappelle qu'ils ne s'étaient jamais retirés abattus et découragés, toutes les fois qu'ils avaient pu se pénétrer de son ardeur et de l'enthousiasme de sa grande âme. Il répondit qu'il le ferait, que de leur côté ils disposassent la multitude à l'entendre favorablement. Après avoir pris toutes les mesures qui paraissaient nécessaires à ses vues, il fit convoquer l'armée, et lui parla en ces termes :

III. « Il n'est pas étonnant, soldats, quand vous considérez la grandeur de nos exploits, que vous désiriez le repos, et que vous soyez rassasiés de gloire. Sans parler des Illyriens, des Triballes, de la Béotie, de la Thrace, de Sparte, des Achéens, du Péloponèse, que

obstare sibi,	faire-obstacle à lui-même,
sed invidiam deorum,	mais la jalousie des dieux,
qui admovissent	qui avaient approché (inspiré)
desiderium subitum patriæ	ce désir subit de la patrie
viris fortissimis	à des hommes très-courageux
redituris in eamdem	devant retourner dans la même *patrie*
paulo post	un peu après
cum laude majore	avec une louange plus grande
famaque.	et une renommée *plus grande.*
Tum vero quisque	Mais alors chacun
offerre pro se	se mit à offrir pour-lui-même
suam operam ;	son aide (service) ; [difficiles ;
poscere quæque difficillima ;	à demander chacune-des-choses les plus
polliceri obsequium	à promettre l'obéissance
militum quoque,	des soldats aussi ;
si voluisset permulcere	s'il avait voulu caresser
animos eorum	les esprits d'eux
oratione leni et apta.	par un discours doux et approprié.
Nunquam recessisse	*Eux* ne s'être jamais retirés
infractos et abjectos,	abattus et découragés,
quoties potuissent	toutes-les-fois-qu'ils avaient pu
haurire alacritatem ipsius	puiser l'ardeur de lui-même
et spiritus animi tanti.	et les souffles d'une âme si-grande.
Respondit	Il répondit,
se facturum esse ita ;	lui-même-devoir faire ainsi ;
illi modo præparent sibi	qu'eux seulement préparent à lui-même
aures vulgi.	les oreilles du vulgaire.
Omnibusque quæ	Et toutes les choses qui [stance
videbantur esse in rem	paraissaient être *utiles* pour la circon-
compositis satis,	ayant été arrangées suffisamment,
jussit exercitum vocari	il ordonna l'armée être appelée
ad concionem :	à l'assemblée ;
apud quem habuit	auprès de laquelle *armée* il eut (tint)
orationem talem :	un discours tel :
III. « Est minime mirum,	III. Il n'est nullement étonnant,
milites,	soldats,
desiderium quietis	le désir de repos
et satiatem gloriæ	et la satiété de la gloire
occurrere vobis intuentibus	se présenter à vous considérant
magnitudinem rerum	la grandeur des choses
quas gessimus.	que nous avons faites.
Ut omittam Illyrios,	Pour-que j'omette les Illyriens,
Triballos, Bœotiam,	les Tribalies, la Béotie,
Thraciam, Spartam,	la Thrace, Sparte,
Achæos, Peloponnesum,	les Achéens, le Péloponèse,
quorum perdomui alia	dont j'ai dompté les uns

rum alia ductu meo, alia imperio auspicioque perdomui, ecce, orsi bellum ab Hellesponto [1], Ionas, Æolidem [2] servitio barbariæ impotentis exemimus; Cariam, Lydiam, Cappadociam, Phrygiam, Paphlagoniam, Pamphyliam, Pisidas, Ciliciam, Syriam, Phœnicen, Armeniam, Persidem, Medos, Parthienem habemus in potestate; plures provincias complexus sum quam alii urbes ceperunt; et nescio an enumeranti mihi quædam ipsarum rerum multitudo subduxerit. Itaque, si crederem satis certam esse possessionem terrarum quas tanta velocitate domuimus, ego vero, milites, ad penates meos, ad parentem sororesque et ceteros cives, vel retinentibus vobis, erumperem, ut ibi potissimum parta vobiscum laude et gloria fruerer, ubi nos uberrima victoriæ præmia exspectant, liberorum, conjugum parentumque lætitia, pax, quies, rerum per virtutem partarum secura possessio. Sed in novo, et, si verum fateri volumus, precario imperio, adhuc jugum ejus rigida cervice subeuntibus barbaris,

j'ai soumis soit en personne, soit par mes ordres et sous mes auspices, voici qu'après avoir commencé la guerre sur l'Hellespont, nous avons affranchi du joug tyrannique des barbares l'Ionie et l'Éolide; la Carie, la Lydie, la Cappadoce, la Phrygie, la Paphlagonie, la Pamphylie, les Pisidiens, la Cilicie, la Syrie, la Phénicie, l'Arménie, la Perse, la Médie, la Parthiène sont en notre puissance; j'ai embrassé dans mes conquêtes plus de provinces, que les autres n'ont pris de villes; et je ne sais si, dans cette énumération, la multitude même de nos exploits ne m'en a pas fait oublier quelques-uns. Si je croyais donc que ces conquêtes faites avec tant de promptitude fussent bien assurées, je serais le premier, soldats, dussiez-vous même me retenir, à voler vers mes pénates, vers ma mère, mes sœurs et mes concitoyens, afin de jouir de la réputation et de la gloire que j'ai acquise avec vous, dans le lieu même où nous attendent les fruits les plus abondants de la victoire, je veux dire la joie de nos enfants, de nos femmes, de nos parents, la paix, le repos et la possession tranquille des biens que nous avons conquis par notre valeur. Mais dans un empire nouveau, et, pour dire la vérité,

HISTOIRE D'ALEXANDRE. LIVRE VI. 539

meo ductu,	par (sous) ma conduite,
alia	et les autres [mon auspice,
imperio auspicioque,	par *mon* commandement et par (sous)
ecce orsi bellum	voici-qu'ayant commencé la guerre
ab Hellesponto,	de l'Hellespont,
exemimus Ionas, Æolidem	nous avons arraché les Ioniens, l'Éolide
servitio barbariæ	à la servitude d'une barbarie
impotentis ;	non-maîtresse *d'elle-même* (tyrannique);
habemus in potestate	nous avons en *notre* pouvoir
Cariam, Lydiam,	la Carie, la Lydie,
Cappadociam, Phrygiam,	la Cappadoce, la Phrygie,
Paphlagoniam,	la Paphlagonie,
Pamphyliam,	la Pamphylie,
Pisidas, Ciliciam, Syriam,	les Pisidiens, la Cilicie, la Syrie,
Phœnicen, Armeniam,	la Phénicie, l'Arménie,
Persidem, Medos,	la Perside, les Mèdes,
Parthienem ;	la Parthiène ;
complexus sum	j'ai embrassé
provincias plures	des provinces plus nombreuses
quam alii ceperunt urbes;	que d'autres n'ont pris de villes ;
et nescio an	et je ne sais si
multitudo rerum ipsarum	la multitude des exploits eux-mêmes
subduxerit quædam	n'a *pas* dérobé certaines choses
mihi enumeranti.	à moi énumérant.
Itaque, si crederem	En-conséquence, si je croyais
possessionem terrarum	la possession des terres
quas domuimus	que nous avons domptées
velocitate tanta	avec une rapidité si-grande
esse satis certam,	être suffisamment certaine,
ego vero, milites,	moi assurément, soldats,
erumperem,	je m'élancerais,
vel vobis retinentibus,	même vous *me* retenant,
ad meos penates,	vers mes pénates,
ad parentem sororesque	vers *ma* mère et *mes* sœurs
et ceteros cives,	et tous-*mes*-autres concitoyens,
ut fruerer	afin-que je jouisse
laude et gloria	de la louange et de la gloire
parta vobiscum	acquise avec-vous
ibi potissimum ubi	là de-préférence où [victoire,
præmia uberrima victoriæ,	les récompenses les plus fécondes de la
lætitia liberorum,	*à savoir* la joie de *nos* enfants,
conjugum, parentumque,	de *nos* épouses, de *nos* parents,
possessio secura	la possession tranquille
rerum partarum	des choses acquises
per virtutem,	par le courage,
exspectant nos.	attendent nous.
Sed in imperio novo,	Mais dans un empire nouveau,

tempore, milites, opus est, dum mitioribus ingeniis imbuantur, et efferatos mollior consuetudo permulceat. Fruges quoque maturitatem statuto tempore exspectant : adeo etiam illa sensus omnis expertia tamen sua lege mitescunt! Quid? creditis tot gentes, alterius imperio ac nomine assuetas, non sacris, non moribus, non commercio linguæ nobiscum cohærentes, eodem prœlio domitas esse quo victæ sunt? Vestris armis continentur, non suis moribus ; et, qui præsentes metuunt, in absentia hostes erunt. Cum feris bestiis res est, quas captas et inclusas, quia ipsarum natura non potest, longior dies mitigat.

Et adhuc sic ago tanquam omnia subacta sint armis, quæ fuerunt in ditione Darii. Hyrcaniam[1] Narbazanes occupavit ; Bactra[2] non possidet solum parricida Bessus, sed etiam minatur ; Sogdiani, Dahæ, Massagetæ, Sacæ[3], Indi, sui juris

encore précaire, alors que les barbares plient avec peine la tête sous le joug qu'on leur impose, il faut attendre du temps, soldats, qu'il adoucisse leur caractère, et que des mœurs moins barbares amollissent leur humeur farouche. Les fruits attendent également pour mûrir la saison marquée : tant il est vrai que même les choses inanimées ont leur loi pour mûrir! Quoi? pensez-vous que tant de peuples, accoutumés à l'empire et au nom d'un autre prince, qui n'ont d'ailleurs avec nous aucune liaison de religion, de mœurs, de langage, aient été domptés en même temps que vaincus? Ce sont vos armes qui les contiennent, et non leur penchant ; ils vous redoutent parce que vous êtes présents ; vous partis, ils seront vos ennemis. Nous avons affaire à des bêtes féroces qui, prises et enfermées, ne peuvent s'apprivoiser qu'à la longue, puisqu'on ne peut attendre ce changement de leur naturel.

Et encore je parle jusqu'à présent, comme si nous avions conquis par nos armes tout ce qui était sous la puissance de Darius. Mais Nabarzane occupe l'Hyrcanie ; le parricide Bessus, non content de posséder la Bactriane, ose même nous menacer ; les Sogdiens, les Dahes, les Massagètes, les Saces, les Indiens sont encore

et precario,	et précaire,
si volumus fateri verum,	si nous voulons avouer le vrai,
barbaris subeuntibus adhuc	les barbares subissant encore
cervice rigida	d'un cou roide
jugum ejus,	le joug de lui (de cet empire),
opus est tempore, milites,	il est besoin de temps, soldats,
dum imbuantur	jusqu'-à-ce-qu'ils soient imprégnés
ingeniis mitioribus,	de caractères plus doux,
et consuetudo mollior	et qu'une habitude plus molle
permulceat efferatos.	adoucisse *eux* farouches.
Fruges quoque	Les fruits-de-la-terre aussi
exspectant maturitatem	attendent *leur* maturité
tempore statuto :	à l'époque marquée :
adeo etiam illa	tant même ces choses
expertia omnis sensus	privées de tout sentiment
mitescunt tamen	s'adoucissent cependant
sua lege !	par leur loi !
Quid ? creditis tot gentes,	Quoi ? croyez-vous tant *de* nations
assuetas nomine	accoutumées au nom
et imperio alterius,	et à l'empire d'un autre,
cohærentes nobiscum	n'étant unies avec-nous
non sacris, non moribus,	ni par les sacrifices, ni par les mœurs,
non commercio linguæ,	ni par le commerce du langage,
domitas esse eodem prœlio	avoir été domptées par le même combat
quo victæ sunt ?	par lequel elles ont été vaincue
Continentur vestris armis,	Elles sont contenues par vos armes,
non suis moribus ;	non par leurs mœurs ;
et qui metuunt præsentes	et *ceux* qui craignent *vous* présents
erunt hostes in absentia.	seront ennemis en *votre* absence.
Res est cum bestiis feris,	Affaire est avec des bêtes sauvages,
quas captas et inclusas	lesquelles prises et enfermées
dies longior mitigat,	un jour plus long adoucit,
quia natura ipsarum	parce-que la nature d'elles-mêmes
non potest.	ne peut *les adoucir*.
Et ago adhuc sic	Et je parle jusqu'-ici ainsi
tanquam omnia	comme-si toutes les choses
quæ fuerunt	qui ont été
in ditione Darii,	dans la domination de Darius,
subacta sint armis.	ont (avaient) été soumises par *nos* armes.
Nabarzanes occupavit	Nabarzane a occupé
Hyrcaniam ;	l'Hyrcanie ;
parricida Bessus	le parricide Bessus
non solum possidet Bactra,	non-seulement possède Bactre,
sed etiam minatur ;	mais encore il *nous* menace ;
Sogdiani, Dahæ,	les Sogdiens, les Dahes,
Massagetæ, Sacæ, Indi,	les Massagètes, les Saces, les Indiens,
sunt sui juris.	sont de leur *propre* droit.

sunt. Omnes hi, simul terga nostra viderint, sequentur. Illi enim ejusdem nationis sunt, non alienigenæ et externi: suis autem quique parent placidius, etiam quum is præest qui magis timeri potest. Proinde aut quæ cepimus omittenda sunt, aut quæ non habemus occupanda. Sicut in corporibus ægris, milites, nihil quod nociturum est medici relinquunt, sic nos quidquid obstat imperio recidamus. Parva sæpe scintilla contempta magnum excitavit incendium. Nihil tuto in hoste despicitur : quem spreveris, valentiorem negligentia facies. Ne Darius quidem hereditarium Persarum accepit imperium, sed in sedem Cyri beneficio Bagoæ[1], castrati hominis, admissus; ne vos magno labore credatis Bessum vacuum regnum occupaturum.

Nos vero peccavimus, milites, si Darium ob hoc vicimus ut servo ejus traderemus imperium, qui, ultimum ausus scelus, regem suum, etiam externæ opis egentem[2], certe cui nos victores pepercissemus, quasi captivum in vinculis

indépendants. Tous ces peuples, dès qu'ils nous verront le dos tourné, se mettront à notre poursuite; car ils sont de la même nation, tandis que nous sommes de race différente, de pays étranger : or, chacun obéit plus volontiers à des chefs de sa nation, quand même ce chef serait plus redoutable. Il faut donc, ou abandonner ce que nous avons conquis, ou nous emparer de ce que nous n'avons pas encore. A l'exemple des médecins, qui dans les corps attaqués de maladies, ne laissent rien qui puisse nuire, débarrassons-nous aussi, soldats, de tout ce qui fait obstacle à l'affermissement de notre empire. Une faible étincelle que l'on néglige allume souvent un grand incendie. Il n'est rien qu'on puisse mépriser sans danger dans un ennemi : dédaigné par vous il deviendra plus fort par votre négligence. Darius même n'a pas eu l'empire des Perses par droit de succession; ce fut par le secours de Bagoas, d'un vil eunuque, qu'il monta sur le trône de Cyrus. N'allez donc pas croire que Bessus ait grand'peine à s'emparer du trône aujourd'hui vacant.

Quant à nous, soldats, nous avons commis une grande faute, si nous n'avons vaincu Darius que pour livrer son empire à son esclave, qui n'a pas craint de se souiller du plus horrible attentat contre son maître réduit à implorer le secours des étrangers, et qu'assuré-

Omnes hi sequentur,	Tous ceux-ci *nous* poursuivront,
simul viderint	en-même-temps *qu'*ils auront vu
nostra terga.	nos dos.
Illi enim sunt	Eux en-effet sont
ejusdem nationis,	de la même nation,
non alienigenæ et externi :	non d'autre-race et étrangers :
parent autem quique	or ils obéissent chacuns [patriotes],
placidius suis,	plus paisiblement aux leurs (à leurs com-
etiam quum is præest,	même quand celui-là commande
qui potest timeri magis.	qui peut être craint davantage.
Proinde aut quæ cepimus	Donc ou les choses que nous avons prises
sunt omittenda,	sont devant être omises,
aut quæ non habemus	ou les choses que nous n'avons pas
occupanda.	*sont* devant être occupées.
Sicut medici, milites,	De-même que les médecins, soldats,
relinquunt	ne laissent
in corporibus ægris	dans les corps malades
nihil quod est nociturum,	rien qui est devant nuire,
sic nos recidamus,	ainsi nous retranchons
quidquid obstat imperio.	tout ce qui s'oppose à *notre* empire.
Sæpe parva scintilla	Souvent une petite étincelle
contempta	ayant été méprisée
excitavit	a excité
magnum incendium.	un grand incendie.
Nihil despicitur tuto	Rien n'est méprisé sans-danger
in hoste;	dans un ennemi;
facies negligentia	tu feras par ta négligence
valentiorem quem spreveris.	plus fort *celui* que tu auras méprisé.
Ne quidem Darius	Pas même Darius
accepit imperium Persarum	n'a reçu l'empire des Perses
hereditarium,	*comme* héréditaire,
sed admissus	mais *il a été* admis
in sedem Cyri	sur le siége de Cyrus
beneficio Bagoæ,	par le bienfait de Bagoas,
hominis castrati ;	homme châtré ;
ne vos credatis	pour-que vous ne croyiez pas
Bessum occupaturum	Bessus devoir occuper
magno labore	avec une grande peine
regnum vacuum.	la royauté (le trône) vide.
Nos vero, milites,	Nous certes, soldats,
peccavimus,	nous avons fait-une-faute,
si vicimus Darium ob hoc	si nous avons vaincu Darius pour cela
ut traderemus imperium	afin-que nous livrassions l'empire
servo ejus,	à l'esclave de lui,
qui ausus ultimum scelus,	lequel ayant osé le dernier crime,
habuit in vinculis	a eu dans les chaînes
quasi captivum,	comme captif,

habuit, ad ultimum, ne a nobis conservari posset, occidit. Hunc vos regnare patiemini? Quem equidem cruci affixum videre festino, omnibus regibus gentibusque fidei quam violavit meritas pœnas solventem. At hercule, si mox eumdem Græcorum urbes aut Hellespontum vastare nuntiatum erit vobis, quo dolore afficiemini Bessum præmia vestræ occupasse victoriæ! Tunc ad repetendas res festinabitis; tunc arma capietis. Quanto autem præstat territum adhuc et vix mentis suæ compotem opprimere? Quatridui nobis iter superest, qui tot proculcavimus nives, tot amnes superavimus, tot montium juga transcurrimus. Non mare illud, quod exæstuans [1] iter fluctibus occupat, euntes nos moratur; non Ciliciæ fauces et angustiæ includunt: plana omnia et prona sunt. In ipso limine victoriæ stamus; pauci nobis fugitivi et domini sui interfectores supersunt. Egregium mehercule opus

ment nous aurions nous-mêmes épargné dans la victoire, à son esclave qui l'a tenu dans les fers comme un captif, et qui, pour nous ôter le moyen de lui sauver la vie, a fini par le massacrer. Quoi! vous laisseriez régner un monstre, que je brûle de voir en croix payer à tous les rois et à toutes les nations la juste peine de sa perfidie? Mais, en vérité, si on vient dans peu vous apprendre qu'il désole les villes de la Grèce ou l'Hellespont, quelle sera votre douleur de voir qu'un Bessus s'empare du fruit de vos victoires? Vous vous empresserez alors de reprendre ce qui est à vous; alors vous courrez aux armes. Mais ne vaut-il pas bien mieux l'accabler tandis qu'il est encore effrayé, et qu'il se reconnaît à peine? Il ne nous reste plus que quatre jours de marche, à nous qui avons foulé aux pieds tant de neiges, traversé tant de fleuves, franchi tant de chaînes de montagnes; nous ne sommes plus arrêtés par cette mer qui, dans ses bouillonnements, couvre le chemin de ses vagues; nous ne sommes plus enfermés dans les gorges et les défilés de la Cilicie: nous n'avons devant nous que chemins unis et pentes faciles. Nous sommes au seuil même de la victoire; il ne nous reste à vaincre que quelques fugitifs, assassins de leur maître. Certes ce

ad ultimum occidit,	à la fin a tué,
ne posset conservari a nobis,	pour-qu'il ne pût être sauvé par nous,
suum regem,	son roi,
egentem etiam	ayant-besoin même
opis externæ,	de l'assistance étrangère,
cui nos victores	lequel nous vainqueurs
pepercissemus certe.	nous aurions épargné certainement.
Vos patiemini hunc regnare?	Vous souffrirez-vous celui-ci régner?
Quem equidem	Lequel moi certes
festino videre	j'ai-hâte de voir
affixum cruci	attaché à une croix
solventem omnibus regibus	payant à tous les rois
gentibusque	et *à toutes* les nations
pœnas meritas	les peines méritées
fidei quam violavit.	de la foi qu'il a violée.
At hercule,	Mais par-Hercule,
si nuntiatum erit mox vobis	si il aura été annoncé bientôt à vous
eumdem vastare	*ce* même ravager
urbes Græcorum	les villes des Grecs
aut Hellespontum,	ou l'Hellespont,
quo dolore afficiemini	de quelle douleur serez-vous affectés
Bessum occupasse	Bessus avoir occupé
præmia vestræ victoriæ!	les récompenses de votre victoire!
Tunc festinabitis	Alors vous vous empresserez
ad res repetendas;	pour les choses devant être reprises;
tunc capietis arma.	alors vous prendrez les armes.
Quanto autem præstat	Or combien il vaut-mieux
opprimere territum adhuc	accabler *lui* effrayé encore
et vix compotem	et à-peine maître
suæ mentis?	de son esprit?
Iter quatridui	Un chemin d'un-espace de quatre-jours
superest nobis,	reste à nous,
qui proculcavimus tot nives,	qui avons foulé tant *de* neiges,
superavimus tot amnes,	avons surpassé (franchi) tant *de* fleuves,
transcurrimus	*qui* avons passé
tot juga montium.	tant *de* chaînes de montagnes.
Illud mare quod exæstuans	Cette mer qui débordant
occupat iter fluctibus,	occupe le chemin de *ses* flots,
non moratur nos euntes;	ne retarde pas nous marchant;
fauces et angustiæ Ciliciæ	les gorges et les défilés de la Cilicie
non includunt:	ne *nous* enferment pas:
omnia sunt plana	toutes les choses sont plates
et prona.	et en-pente.
Stamus in limine ipso	Nous nous tenons sur le seuil lui-même
victoriæ;	de la victoire;
pauci fugitivi	de peu-nombreux fugitifs
et interfectores sui domini	et meurtriers de leur maître

et inter prima gloriæ vestræ numerandum, posteritati famæque tradetis, Darii quoque hostis, finito post mortem ejus odio, parricidas esse vos ultos; neminem impium effugisse manus vestras. Hoc perpetrato, quanto creditis Persas obsequentiores fore, quum intellexerint vos pia bella suscipere, et Bessi sceleri, non nomini suo irasci? »

IV. Summa militum alacritate jubentium, quocumque vellet, duceret, oratio excepta est. Nec rex moratus impetum; tertioque per Parthienem die ad fines Hyrcaniæ penetrat, Cratero relicto cum iis copiis quibus præerat, et ea manu quam Amyntas ducebat, additis sexcentis equitibus et totidem sagittariis, ut ab incursione barbarorum Parthienem tueretur. Erigyium impedimenta, modico præsidio dato, campestri itinere ducere jubet; ipse cum phalange et equitatu quinquaginta et centum stadia emensus[1], castra in valle,

sera une belle action, votre plus beau titre de gloire aux yeux de la postérité, que d'avoir puni les meurtriers de Darius, votre ennemi, abjurant toute haine pour lui après sa mort, et de n'avoir laissé aucun impie échapper à vos mains. Après cet exploit, combien ne pensez-vous pas que les Perses seront plus disposés à l'obéissance, quand ils verront que vous faites des guerres inspirées par la piété, et que si vous êtes irrités du crime de Bessus, ce n'est point au nom persan que vous en voulez? »

IV. Les soldats accueillent ce discours avec la plus vive allégresse; ils lui crient de les mener où il voudra. Le roi ne laisse pas refroidir leur ardeur, et traversant en trois jours la Parthiène, il arrive aux frontières de l'Hyrcanie; il avait laissé Cratère avec les troupes qu'il commandait et le corps qui était sous les ordres d'Amyntas, et y avait ajouté six cents chevaux et autant d'archers, pour défendre la Parthiène contre les courses des barbares. Il charge Érigyius de conduire les bagages par la plaine avec une petite escorte; pour lui, il s'avance de cent cinquante stades avec sa phalange et sa cavalerie, et établit son camp dans une vallée par où l'on entre dans l'Hyr-

supersunt nobis.	restent à nous *à vaincre.*
Tradetis	Vous transmettrez
posteritati famæque	à la postérité et à la renommée
opus egregium mehercule,	une œuvre remarquable par-Hercule,
et numerandum inter	et devant être comptée parmi
prima vestræ gloriæ,	les premières *œuvres* de votre gloire,
vos ultos esse parricidas	*à savoir* vous avoir puni les parricides
Darii quoque hostis,	de Darius même ennemi,
odio finito	*votre* haine étant finie
post mortem ejus ;	après la mort de lui ;
neminem impium	personne *d'*impie
effugisse vestras manus.	n'avoir échappé à vos mains.
Hoc perpetrato,	Cela ayant été accompli,
quanto creditis Persas	de combien croyez-vous les Perses
fore obsequentiores,	devoir être plus obéissants,
quum intellexerint	lorsqu'ils auront compris
vos suscipere bella pia,	vous entreprendre des guerres pieuses,
et irasci sceleri Bessi,	et être irrités-contre le crime de Bessus,
non suo nomini ? »	non contre leur nom ? »
IV. Oratio excepta est	IV. Le discours fut reçu
alacritate summa militum	avec une allégresse suprême des soldats
jubentium duceret,	ordonnant qu'il *les* conduisît,
quocumque vellet.	partout-où il voudrait.
Nec rex moratus impetum ;	Ni le roi ne retarda *leur* élan ;
penetratque	et il pénètre
die tertio per Parthienem,	le troisième jour à-travers la Parthiène
ad fines Hyrcaniæ,	aux frontières de l'Hyrcanie,
Cratero relicto	Cratère ayant été laissé
cum iis copiis	avec ces troupes
quibus præerat,	auxquelles il commandait,
et ea manu	et *avec* cette troupe
quam Amyntas ducebat,	qu'Amyntas conduisait,
sexcentis equitibus	six-cents cavaliers
et totidem sagittariis	et autant *d'*archers
additis,	ayant été ajoutés,
ut tueretur Parthienem	afin-qu'il défendît la Parthiène
ab incursione barbarorum.	de l'incursion des barbares.
Jubet Erigyium,	Il ordonne Érigyius,
modico præsidio dato,	une faible garde *lui* ayant été donnée,
ducere impedimenta	conduire les bagages
itinere campestri ;	par le chemin de-plaine ;
ipse emensus	lui-même ayant parcouru
cum phalange et equitatu	avec la phalange et la cavalerie
centum et quinquaginta	cent et cinquante
stadia,	stades,
communit castra in valle	fortifie *son* camp dans une vallée

qua Hyrcaniam adeunt, communit. Nemus præaltis densisque arboribus umbrosum est, pingue vallis solum, rigantibus aquis quæ ex petris imminentibus manant. Ex ipsis radicibus montium Zioberis[1] amnis effunditur, qui tria fere stadia in longitudinem universus fluit; deinde, saxo quod alveolum interpellat repercussus, duo itinera velut dispensatis aquis aperit. Inde torrens, et saxorum per quæ incurrit asperitate violentior, terram præceps subit. Per trecenta stadia conditus labitur; rursusque velut ex alio fonte conceptus editur, et novum alveum intendit, priore sui parte spatiosior; quippe in latitudinem tredecim stadiorum diffunditur; rursusque angustioribus coercitus ripis iter cogit; tandem in alterum amnem cadit, cui Rhidago nomen est. Incolæ affirmabant, quæcumque demissa essent in cavernam quæ propior est fonti, rursus, ubi aliud os amnis aperit, exsistere. Itaque Alexander duos tauros, qua subeunt aquæ

canie. Il y a là un bois épais d'arbres très-grands et très-touffus; le sol du vallon est fertile grâce aux eaux qui coulent des rochers voisins et qui l'arrosent. Du pied même des montagnes sort le fleuve Ziobéris, qui parcourt sans se diviser environ l'espace de trois stades; puis, refoulé par un roc qui interrompt sa course, il s'ouvre deux canaux entre lesquels il semble partager ses eaux; devenu alors plus rapide, et l'âpreté des rochers qu'il rencontre augmentant encore son impétuosité, il se précipite sous terre. Il y coule et y demeure caché l'espace de trois cents stades; puis comme renaissant d'une autre source, il reparaît et entre dans un nouveau canal, où il tient bien plus de place que dans la première partie de son cours; car il a treize stades de large; mais emprisonné de nouveau dans des rives plus étroites, il resserre son lit et tombe enfin dans un autre fleuve nommé Rhidage. Les habitants assuraient, que tout ce qu'on jetait dans le souterrain qui est le plus proche de la source, reparaissait à l'endroit où le fleuve s'ouvre une autre issue. Alexandre fit donc jeter deux taureaux à l'endroit où les eaux disparaissent sous

qua adeunt Hyrcaniam.	par-où ils arrivent en Hycarnie.
Nemus est [tis	Un bois est
umbrosum arboribus præaldensisque,	ombragé par des arbres très-élevés et épais,
solum vallis pingue,	le sol de la vallée *est* gras,
aquis quæ manant	des eaux qui s'écoulent
ex petris imminentibus	de rochers élevés-au-dessus
rigantibus.	*l'*arrosant.
Amnis Zioberis,	Le fleuve Ziobéris,
qui fluit universus	qui coule tout-entier
fere tria stadia	environ trois stades
in longitudinem,	en longueur,
effunditur	se répand
ex radicibus ipsis montium ;	des racines mêmes des montagnes ;
deinde, repercussus saxo	puis, repoussé par un rocher
quod interpellat alveolum,	qui interrompt *son* lit-étroit,
aperit duo itinera	il ouvre deux routes
velut aquis dispensatis.	comme *ses* eaux ayant été distribuées.
Inde torrens,	De-là (ensuite) impétueux,
et violentior	et plus violent
asperitate saxorum	par l'âpreté des rochers
per quæ incurrit,	à-travers lesquels il court,
subit terram præceps.	il va-sous terre se précipitant.
Labitur conditus	Il coule caché
per trecenta stadia ;	pendant trois-cents stades ;
velutque conceptus	et comme conçu
ex alio fonte	d'une autre source
editur rursus,	il est mis-dehors de-nouveau,
et intendit novum alveum,	et il dirige un nouveau lit,
spatiosior	*étant* plus large
priore parte sui :	que la première partie de lui-même ;
quippe diffunditur	car il est répandu
in latitudinem	en une largeur
tredecim stadiorum ;	de treize stades ;
coercitusque rursus	et enfermé de-nouveau
ripis angustioribus	par des rives plus étroites
cogit iter ;	il resserre le chemin (son lit) ;
tandem cadit	enfin il tombe
in alterum amnem	dans une autre rivière
cui Rhidago nomen est.	à laquelle Rhidage nom est.
Incolæ affirmabant,	Les habitants affirmaient,
quæcumque demissa essent	toutes-les-choses-qui avaient été jetées
in cavernam	dans la caverne
quæ est propior fonti,	qui est plus proche à (de) la source,
exsistere rursus,	sortir de-nouveau,
ubi amnis aperit aliud os.	là-où la rivière ouvre une autre bouche.
Itaque Alexander jubet	En-conséquence Alexandre ordonne

terram, præcipitari jubet; quorum corpora, ubi rursus erumpit, expulsa videre qui missi erant ut exciperent.

Quartum jam diem eodem loco quietem militi dederat, quum litteras Nabarzanis, qui Darium cum Besso interceperat, accipit; quarum sententia hæc erat : « Se Dario non fuisse inimicum; imo etiam, quæ credidisset utilia esse, suasisse; et, quia fidele consilium regi dedisset, prope occisum ab eo. Agitasse Darium custodiam corporis sui contra jus fasque peregrino militi[1] tradere, damnata popularium fide, quam per ducentos et triginta annos inviolatam regibus suis præstitissent. Se in præcipiti et lubrico stantem consilium a præsenti necessitate repetisse. Darium quoque, quum occidisset Bagoam[2], hac excusatione satisfecisse popularibus, quod insidiantem sibi interemisset. Nihil esse miseris mortalibus spiritu carius; amore ejus ad ultima esse propulsum, sed ea magis esse secutum quæ coegisset necessitas quam quæ optasset. In communi calamitate suam

---

terre, et ceux qu'on avait envoyés pour recevoir les corps de ces animaux, les virent sortir au lieu même où le fleuve reparait.

Il y avait déjà quatre jours qu'il faisait rafraîchir son armée dans ce poste, quand il reçoit une lettre de ce Nabarzane, qui avait fait périr Darius conjointement avec Bessus. Elle portait, qu'il n'avait jamais été ennemi de Darius, qu'au contraire il lui avait toujours conseillé ce qu'il avait cru être de son service, et que, pour lui avoir donné un conseil loyal, il avait failli périr de sa main; que Darius, contre toute loi divine et humaine, avait eu dessein de confier la garde de sa personne à une milice étrangère; condamnant ainsi la fidélité de ses compatriotes quoiqu'ils l'eussent inviolablement conservée à leurs rois durant l'espace de deux cent trente ans. Pour lui, ajoutait-il, se voyant au bord du précipice, il avait pris conseil de la nécessité des conjonctures. Darius lui-même, après avoir tué Bagoas, ne s'était justifié auprès de ses sujets qu'en leur faisant entendre qu'il s'était défait d'un homme qui voulait le perdre. Les malheureux mortels n'ayant rien de plus cher que la vie, c'était cet attachement qui l'avait porté aux dernières extrémités; mais il avait obéi en cela à la nécessité, plus qu'il n'avait suivi l'impulsion de

duos tauros præcipitari,	deux taureaux être précipités,
qua aquæ subeunt terram ;	par-où les eaux vont-sous terre
corpora quorum,	les corps desquels
qui missi fuerant	ceux qui avaient été envoyés
ut exciperent,	pour-qu'ils *les* reçussent,
videre expulsa,	virent rejetés,
ubi erumpit rursus.	là-où *la rivière* sort de-nouveau.
Dederat quietem militi	Il avait donné du repos au soldat
eodem loco	dans *ce* même lieu [jours),
jam quartum diem,	déjà le quatrième jour (depuis quatre
quum accipit	lorsqu'il reçoit
litteras Nabarzanis	une lettre de Nabarzane
qui interceperat Darium	qui avait intercepté (tué) Darius
cum Besso ;	avec Bessus ;
quarum sententia erat hæc:	de laquelle le sens était celui-ci :
« Se non fuisse	« Lui-même n'avoir pas été
inimicum Dario ;	ennemi à Darius ;
imo etiam suasisse	bien-plus même avoir conseillé
quæ credidisset esse utilia ;	les choses qu'il avait cru être utiles ;
et prope occisum ab eo,	et avoir été presque tué par lui,
quia dedisset regi	parce-qu'il avait donné au roi
consilium fidele.	un conseil fidèle.
Darium agitasse	Darius avoir songé
tradere custodiam	à livrer la garde
sui corporis	de son corps
contra jus fasque	contre le droit et le (ce qui est) permis
militi peregrino,	à un soldat étranger, [condamnée,
fide popularium damnata,	la fidélité de *ses* compatriotes ayant été
quam præstitissent regibus	laquelle ils avaient montrée à *leurs* rois
inviolatam per ducentos	non-violée pendant deux-cents
et triginta annos.	et trente années.
Se stantem	Lui-même se tenant
in præcipiti et lubrico	dans un *lieu* en-pente et glissant
repetisse consilium	avoir pris conseil
a necessitate præsenti.	de la nécessité présente.
Darium quoque,	Darius aussi,
quum interfecisset Bagoam,	lorsqu'il avait tué Bagoas,
satisfecisse popularibus	avoir satisfait *ses* compatriotes
hac excusatione,	par cette excuse-ci,
quod interemisset	à savoir qu'il avait fait-périr [même.
insidiantem sibi.	un *homme* tendant-des-piéges à lui-
Nihil esse carius spiritu	Rien n'être plus cher que le souffle
miseris mortalibus;	aux malheureux mortels ; [choses
propulsum esse ad ultima	*lui-même* avoir été poussé aux dernières
amore ejus,	par l'amour de lui,
sed secutum esse magis ea	mais avoir suivi plus ces choses
quæ necessitas coegisset	que la nécessité *l'*avait contraint *de suivre*

quemque habere fortunam. Si venire se juberet, sine metu
esse venturum. Non timere ne fidem datam tantus rex vio-
laret : deos a deo [1] falli non solere. Ceterum si, cui fidem
daret videretur indignus, multa exsilia patere fugienti : patriam esse ubicumque vir fortis sedem elegerit. » Nec dubitavit Alexander fidem, quo Persae modo [2] accipiebant, dare,
inviolatum, si venisset, fore. Quadrato tamen agmine et
composito ibat, speculatores subinde praemittens qui explo-
rarent loca. Levis armatura ducebat agmen; phalanx eam
sequebatur; post pedites erant impedimenta. Et gens bellicosa, et natura situs difficilis aditu curam regis intenderant.
Namque perpetua vallis jacet, usque ad mare Caspium pa-
tens. Duo terrae ejus velut brachia excurrunt; media flexu
modico sinum faciunt, lunae maxime similem, quum eminent

son cœur; dans une calamité publique, chacun est occupé de son
propre sort. Au reste, s'il était mandé, il se présenterait sans crainte.
Il ne craignait pas qu'un si grand roi manquât à la foi donnée, et un
dieu n'avait pas coutume de tromper les dieux. Si Alexandre ne le jugeait pas digne de recevoir sa parole, il avait bien des retraites ouvertes dans son exil; car un homme de cœur trouve une patrie partout où
il choisit sa demeure. Alexandre ne fit aucune difficulté de lui
promettre, de la manière qui est en usage chez les Perses, que, s'il
venait, il n'aurait rien à craindre. Cependant il marchait en bon
ordre et en bataillon carré, envoyant de temps en temps des coureurs
pour reconnaître les lieux. Les troupes légères marchaient à la
tête, la phalange suivait, les bagages étaient derrière l'infanterie.
C'étaient l'humeur belliqueuse de la nation, et la situation naturelle
du pays dont les avenues sont difficiles, qui inspiraient au roi ce
redoublement de vigilance. En effet, la vallée court sans interrup-
tion jusqu'à la mer Caspienne. Elle étend, en s'avançant, comme
eux bras, qui se courbent un peu vers le milieu, et présentent un
enfoncement assez semblable au croissant de la lune lorsqu'elle n'est

quam quæ optasset.	que les choses qu'il avait souhaitées.
Quemque habere	Chacun avoir
suam fortunam	sa fortune (ses intérêts particuliers)
in calamitate communi.	dans le malheur commun.
Si juberet se venire,	S'il ordonnait lui-même venir,
venturum esse sine metu.	*lui-même* devoir venir sans crainte.
Non timere ne rex tantus	*Lui-même* ne pas craindre qu'un roi
violaret fidem datam :	ne violât la foi donnée : [si-grand
deos non solere	les dieux n'être pas accoutumés
falli a deo.	d'être trompés par un dieu.
Ceterum si videretur	Du-reste s'il paraissait *sa foi*,
indignus cui daret fidem,	indigne auquel il (Alexandre) donnât
exsilia multa patere	des exils nombreux être ouverts
fugienti :	à *lui* fuyant :
patriam esse	la patrie être
ubicumque vir fortis	partout-où un homme courageux
elegerit sedem. »	aura choisi *la* demeure. »
Nec Alexander dubitavit	Ni Alexandre n'hésita
dare fidem, [bant,	à donner *sa* foi , [vaient,
modo quo Persæ accipie-	de la manière dont les Perses *la* rece-
fore inviolatum,	*lui* (Nabarzane) devoir être non-mal-
si venisset.	s'il était venu. [traité
Ibat tamen	Il allait cependant
agmine quadrato	en bataillon carré
et composito,	et ordonné,
præmittens subinde	envoyant-en-avant de-temps-en-temps
speculatores	des éclaireurs
qui explorarent loca.	qui reconnussent les lieux.
Armatura levis	L'armure légère (la troupe légère)
ducebat agmen ;	conduisait l'armée-en-marche ;
phalanx sequebatur eam ;	la phalange suivait elle ;
impedimenta erant	les bagages étaient
post pedites.	derrière les fantassins.
Et gens bellicosa,	Et la nation belliqueuse,
et natura situs	et la nature du site
difficilis aditu	difficile d'accès
intenderant curam regis.	avaient augmenté le soin du roi.
Namque vallis perpetua	Car une vallée continue
jacet,	est située,
patens	s'ouvrant
usque ad mare Caspium.	jusqu'à la mer Caspienne.
Velut duo brachia	Comme deux bras
ejus terræ	de cette terre (de l'Hyrcanie)
excurrunt ;	s'avancent ;
media faciunt	*ces bras* au-milieu forment
flexu modico	par une courbure légère
sinum maxime similem	un repli très-semblable

cornua, nondum totum orbem sidere implente. Cercetæ, Mosyni et Chalybes a læva sunt; ab altera parte, Leucosyri et Amazonum campi; et illos qua vergit ad septentrionem, hos ad occasum conversa prospectat.

Mare Caspium, dulcius ceteris, ingentis magnitudinis serpentes alit; piscium longe diversus ab aliis color est. Quidam Caspium, quidam Hyrcanum appellant; alii sunt qui Mæotim paludem¹ in id cadere putent, et argumentum afferunt, aquam, quod dulcior sit quam cetera maria, infuso paludis humore mitescere. A septentrione ingens in littus mare incumbit, longeque agit fluctus, et magna parte exæstuans stagnat; idem alio cœli statu recipit in se fretum, eodemque impetu, quo effusum est, relabens, terram naturæ suæ reddit. Et quidam credidere non Caspium mare esse, sed ex India in Hyrcaniam cadere, cujus fastigium, ut supra dictum

---

pas encore dans son plein. Les Cercètes, les Mosyniens et les Chalybes sont à gauche ; de l'autre côté sont les Leucosyriens et les plaines des Amazones ; ceux-là vers le septentrion, et ceux-ci vers le couchant.

La mer Caspienne, dont l'eau est plus douce que celle des autres mers, nourrit des serpents d'une grandeur prodigieuse et des poissons d'une couleur fort différente de celle des autres. Les uns la nomment Caspienne, les autres, mer d'Hyrcanie ; il y en a qui croient que le Palus Méotide s'y décharge ; et la preuve qu'ils en donnent, c'est que l'eau n'y est plus douce qu'ailleurs que parce qu'elle est corrigée par le mélange de celle du Palus. Par le vent du nord, cette mer envahit le rivage, elle y pousse ses vagues fort loin, et couvre de ses inondations un grand espace ; mais quand le ciel change, elle se retire sur elle-même, et rentrant dans ses limites avec autant d'impétuosité qu'elle en était sortie, elle rend la terre à son état naturel. Quelques-uns pensent qu'il n'y a pas de mer Caspienne, mais que c'est la mer des Indes qui tombe dans l'Hyrcanie, dont la partie élevée, en s'abaissant, forme, comme on l'a dit plus

lunæ,	à la lune,
quum cornua eminent,	lorsque ses cornes ressortent,
sidere implente nondum	l'astre n'emplissant pas-encore
orbem totum.	son disque tout-entier.
Cercetæ, Mosyni	Les Cercètes, les Mosyniens,
et Chalybes	et les Chalybes
sunt a læva ;	sont du *côté* gauche ;
Leucosyri	Les Leucosyriens
et campi Amazonum	et les plaines des Amazones
ab altera parte ;	*sont* de l'autre côté ;
et prospectat illos,	et elle (l'Hyrcanie) regarde ceux-là
qua vergit ad septentrionem,	par-où elle est tournée vers le nord,
hos,	*elle regarde* ceux-ci
conversa ad occasum.	tournée vers le couchant.
Mare Caspium,	La mer Caspienne,
dulcius ceteris,	plus douce que toutes-les-autres,
alit serpentes	nourrit des serpents
magnitudinis inusitatæ ;	d'une grandeur extraordinaire ;
color piscium est	la couleur des poissons est [*sons.*
longe diversus ab aliis.	de-loin (fort) différente des autres *pois-*
Quidam appellant Caspium,	Certains *l'*appellent Caspienne,
quidam Hyrcanum ;	certains *l'appellent* Hyrcanienne
alii sunt qui putent	d'autres sont qui pensent
paludem Mæotidem	le Palus Méotide
cadere in id,	tomber dans celle-ci,
et afferunt argumentum,	et ils apportent *pour* preuve
aquam,	l'eau,
quod sit dulcior	attendu-qu'elle est plus douce
quam cetera maria,	que toutes-les-autres mers
mitescere humore paludis	s'adoucir par l'eau du marais
infuso.	ayant été versée-dedans.
Mare ingens	Une mer considérable
incumbit in littus	s'étend sur le rivage
a septentrione,	par le vent-du-nord,
agitque fluctus longe,	et elle pousse *ses* flots au-loin,
ut exæstuans magna parte	et débordant en grande partie
stagnat ;	est stagnante ;
idem alio statu cœli	la même par un autre état du ciel,
recipit in se fretum,	fait-rentrer en elle-même *ses* eaux,
relabensque eodem impetu	et refluant par le même mouvement-vif
quo effusum est,	par lequel elle a été répandue-au-dehors,
reddit terram suæ naturæ.	elle rend la terre à sa nature.
Et quidam credidere	Et quelques-uns ont cru
mare Caspium non esse,	la mer Caspienne ne pas exister,
sed cadere ex India	mais *une mer* tomber de l'Inde
in Hyrcaniam,	dans l'Hyrcanie,
cujus fastigium,	dont le faîte,

est, perpetua valle submittitur. Hinc rex viginti stadia processit, semita propemodum invia cui silva imminebat, torrentesque et eluvies iter morabantur; nullo tamen hoste obvio, penetravit; tandemque ad ulteriora perventum est. Præter alios commeatus, quorum tum copia regio abundabat, pomorum quoque ingens modus nascitur, et uberrimum gignendis uvis solum est. Frequens arbor faciem quercus habet, cujus folia multo melle tinguntur; sed, nisi solis ortum incolæ occupaverint, vel modico tepore succus exstinguitur. Triginta hinc stadia processerat, quum Phraphernes ei occurrit, seque et eos qui post Darii mortem profugerant dedens; quibus benigne exceptis, ad oppidum Arvas, pervenit. Hic ei Craterus et Erigyius occurrunt. Præfectum Tapurorum[2] gentis Phradatem adduxerant; hic quoque, in fidem receptus, multis exemplo fuit experiendi clementiam regis. Satrapem deinde Hyrcaniæ dedit Menapim; exsul hic

haut, une longue vallée non interrompue. De là, le roi fit vingt stades, par un chemin presque inaccessible, au-dessous d'une forêt; des torrents et des ravins retardaient encore sa marche; mais ne rencontrant aucun ennemi, il ne laissa pas d'avancer, et on arriva enfin au-delà de ces lieux difficiles. Outre les autres vivres, dont il y avait alors une grande abondance dans le pays, il y croît encore beaucoup de fruits, et le sol y est très-fertile en vin. On y trouve communément un arbre qui a de la ressemblance avec le chêne; les feuilles de cet arbre sont tout imprégnées de miel; mais, si les gens du pays ne préviennent le lever du soleil, la moindre chaleur fait évaporer ce suc délicat. Le roi était arrivé à trente stades de là, lorsqu'il rencontra Phrapherne, qui venait se rendre à lui avec ceux qui avaient pris la fuite après la mort de Darius; il les reçut avec bonté, et se rendit ensuite dans la ville d'Arves. Il y fut joint par Cratère et par Érigyius, qui lui amenaient Phradate, gouverneur des Tapyres; sa soumission fut aussi reçue, et son exemple en décida beaucoup à éprouver la clémence du roi. Il fit ensuite satrape d'Hyrcanie, Ménapis, qui, exilé sous le règne d'Ochus, s'était

ut dictum est supra,	comme il a été dit au-dessus,
submittitur valle perpetua.	est abaissé par une vallée continue
Rex processit hinc	Le roi s'avança de-là
viginti stadia,	de vingt stades,
via propemodum invia,	par une route presque impraticable,
cui silva imminebat,	au-dessus de laquelle une forêt s'élevait,
torrentesque et cluvies	et des torrents et des fondrières
morabantur iter;	retardaient la marche; [tant,
nullo tamen hoste obvio,	cependant aucun ennemi ne se présen
penetravit;	il pénétra;
tandemque perventum est	et enfin on parvint
ad ulteriora.	aux *parties* ultérieures.
Præter alios commeatus,	Outre les autres provisions,
copia quorum	de l'abondance desquelles
regio abundabat tum,	le pays abondait alors,
ingens modus pomorum	une immense quantité de fruits
nascitur quoque,	naît aussi,
et solum est uberrimum	et le sol est très-fécond
uvis gignendis.	en raisins devant être produits.
Arbor frequens,	Un arbre fréquent (commun),
cujus folia tinguntur	dont les feuilles sont trempées
melle multo,	d'un miel abondant,
habet faciem quercus;	a l'aspect d'un chêne;
sed, nisi incolæ	mais, à-moins-que les habitants
occupaverint ortum solis,	n'aient prévenu le lever du soleil,
succus exstinguitur	le suc (le miel) est tari
vel modico tepore.	même par une légère tiédeur.
Processerat	Il s'était avancé
triginta stadia hinc,	à trente stades de-là,
quum Phraternes	lorsque Phrataphernè
occurrit ei,	se présenta à lui,
dedens seque et eos	livrant et lui-même et ceux
qui profugerant	qui s'étaient enfuis
post mortem Darii;	après la mort de Darius; [lance,
quibus exceptis benigne,	lesquels ayant été reçus avec-bienveil-
pervenit ad oppidum Arvas.	il parvint à la ville d'Arves.
Craterus et Erigyius	Cratère et Érigyius
occurrunt hic ei.	se présentent là à lui.
Adduxerant Phradatem	Ils avaient amené Phradate,
præfectum	gouverneur
gentis Tapurorum;	de la nation des Tapyres;
hic quoque,	celui-ci aussi,
receptus in fidem,	reçu en foi,
fuit multis exemplo	fut à beaucoup à exemple
experiendi	d'éprouver
clementiam regis.	la clémence du roi.
Deinde dedit Menapim	Ensuite il donna Ménapis

regnante Ocho ad Philippum pervenerat. Tapurorum quoque gentem Phradati reddidit.

V. Jamque rex ultima Hyrcaniæ intraverat, quum Artabazus, quem Dario fidissimum fuisse supra diximus, cum propinquis Darii ac suis liberis modicaque Græcorum militum manu occurrit. Dextram venienti obtulit rex; quippe et hospes Philippi fuerat, quum Ocho regnante exsularet, et hospitii pignora in regem suum ad ultimum fides conservata vincebat. Comiter igitur exceptus : « Tu quidem, inquit, rex, perpetua felicitate floreas; ego, ceteris lætus, hoc uno torqueor quod, præcipiti senectute, diu frui tua bonitate non possum. » Nonagesimum et quintum annum agebat. Novem juvenes, eadem matre geniti, patrem comitabantur; hos Artabazus dextræ regis admovit, precatus ut tandiu viverent donec utiles Alexandro essent. Rex pedibus iter plerumque

réfugié auprès de Philippe. Il rendit aussi le gouvernement des Tapyres à Phradate.

V. Le roi avait déjà pénétré jusqu'aux extrémités de l'Hyrcanie, lorsqu'Artabaze, dont nous avons dit plus haut la fidélité inviolable pour Darius, se présenta accompagné des parents de ce prince, de ses propres enfants, et d'un petit corps de soldats grecs. Alexandre, à son arrivée, lui présenta la main ; car il avait été l'hôte de Philippe pendant son exil sous le règne d'Ochus, et la fidélité qu'il avait gardée à son roi jusqu'à la fin, le recommandait encore plus aux yeux du vainqueur que son titre d'hôte. Accueilli donc avec bienveillance, « Puissiez-vous, seigneur, dit-il à Alexandre, jouir d'un bonheur inaltérable! Pour moi, comblé de joie à tous autres égards, le seul regret que j'aie, c'est que ma vieillesse, à son déclin, ne me permette pas de profiter longtemps de votre bonté. » Il était dans sa quatre-vingt-quinzième année. Il avait à ses côtés neuf jeunes hommes, ses fils, nés de la même mère ; il les présenta au roi, priant le ciel de leur conserver la vie tant qu'ils

satrapem Hyrcaniæ;	pour satrape à l'Hyrcanie;
hic exsul Ocho regnante	celui-ci exilé Ochus régnant
pervenerat ad Philippum.	était parvenu auprès de Philippe.
Reddidit quoque Phradati	Il rendit aussi à Phradate
gentem Tapurorum.	la nation des Tapyres.
V. Jamque rex intraverat	V. Et déjà le roi avait pénétré
ultima Hyrcaniæ,	dans les dernières *parties* de l'Hyrcanie,
quum Artabazus,	lorsqu'Artabaze,
quem diximus supra	que nous avons dit plus haut
fuisse fidissimum Dario,	avoir été très-fidèle à Darius,
occurrit	se présenta
cum propinquis Darii	avec les proches de Darius
ac suis liberis	et ses *propres* enfants
modicaque manu	et une petite poignée
militum Græcorum.	de soldats grecs.
Rex obtulit dextram	Le roi offrit *la main* droite
venienti;	à *lui* venant;
quippe et fuerat	car et il avait été
hospes Philippi,	hôte de Philippe,
quum exsularet	lorsqu'il était-en-exil
Ocho regnante,	Ochus régnant,
et fides	et *sa* foi
conservata ad ultimum	conservée jusqu'à la fin
in suum regem	envers son roi, [lité.
vincebat pignora hospitii.	l'emportait-sur les gages de l'hospita-
Igitur exceptus comiter :	Donc ayant été accueilli avec-bonté :
« Tu quidem, inquit, rex,	« Toi certes, dit-il, roi,
floreas felicitate perpetua;	que tu fleurisses par un bonheur éternel;
ego, lætus ceteris,	moi, joyeux de toutes-les-autres-choses,
torqueor hoc uno	je suis tourmenté par ceci seul
quod, senectute præcipiti,	que, *ma* vieillesse étant-en-déclin,
non possum frui diu	je ne puis jouir longtemps
tua bonitate. »	de ta bonté. »
Agebat annum	Il passait *son* année
nonagesimum et quintum.	quatre-vingt-dixième et cinquième.
Novem juvenes,	Neuf jeunes-gens,
geniti eadem matre,	enfantés par la même mère,
comitabantur patrem.	accompagnaient *leur* père.
Artabazus admovit hos	Artabaze approcha ceux-ci
dextræ regis,	à (de) la *main* droite du roi,
precatus ut viverent	ayant prié qu'ils vécussent
tandiu donec	aussi-longtemps tandis-que
essent utiles Alexandro.	ils seraient utiles à Alexandre.
Rex faciebat iter pedibus	Le roi faisait la route à pied
plerumque;	la plupart-du-temps;
tunc jussit	alors il ordonna

faciebat; tunc admoveri sibi et Artabazo equos jussit, ne, ipso ingrediente pedibus, senex equo vehi erubesceret. Deinde, ut castra sunt posita, Græcos, quos Artabazus adduxerat, convocari jubet; at illi, nisi Lacedæmoniis et Sinopensibus[1] fides daretur, respondent se quid agendum ipsis foret deliberaturos. Legati erant Lacedæmoniorum missi ad Darium; quo victo, applicaverant se Græcis mercede apud Persas militantibus. Rex, omissis sponsionum fideique pignoribus, venire eos jussit, fortunam quam ipse dedisset habituros. Diu cunctantes, plerisque consilia variantibus, tandem venturos se pollicentur. At Democrates Atheniensis, qui maxime Macedonum opibus semper obstiterat, venia desperata, gladio se transfigit; ceteri, sicut constituerant, ditioni Alexandri se ipsos permittunt. Mille et quingenti milites erant; præter hos, legati ad Darium missi nonaginta. In sup-

seraient utiles à son service. Alexandre marchait ordinairement à pied; mais il fit alors amener des chevaux pour lui et pour Artabaze, dans la crainte que, s'il allait à pied, ce vieillard n'eût honte d'être à cheval. Lorsqu'ensuite on fut campé, il fit appeler les Grecs qu'Artabaze avait amenés; mais ils répondirent que, si l'on ne donnait sûreté aux Lacédémoniens et aux Sinopéens, ils aviseraient sur le parti qu'ils avaient à prendre. C'étaient des ambassadeurs envoyés par les Lacédémoniens à Darius, et qui, après la défaite de ce prince, s'étaient joints aux Grecs à la solde des Perses. Le roi, sans leur donner ni gage ni assurance, leur commande de venir et de se remettre à sa discrétion. Ils hésitèrent longtemps, passant sans cesse d'un avis à un autre; enfin ils promettent de se rendre auprès de lui. Mais Démocrate d'Athènes, qui s'était toujours déclaré avec violence contre la puissance des Macédoniens, désespérant de son pardon, se perce de son épée; les autres, comme ils l'avaient arrêté, s'abandonnent à la discrétion d'Alexandre. Ils étaient au nombre de quinze cents, sans compter les quatre-vingt-dix ambassadeurs envoyés à Darius. Les soldats servirent à recruter les troupes; les

equos admoveri	des chevaux être approchés
sibi et Artabazo,	à lui-même et à Artabaze,
ne, ipso ingrediente pedibus,	de-peur-que, lui-même marchant à pied,
senex erubesceret	le vieillard ne rougît
vehi equo.	d'être porté par un cheval.
Deinde, ut castra	Ensuite, dès-que le camp
posita sunt,	eut été placé,
jubet Græcos convocari,	il ordonne les Grecs être convoqués,
quos Artabazus adduxerat;	lesquels Artabaze avait amenés;
at illi respondent	mais eux répondent
se deliberaturos	eux-mêmes devoir délibérer
quid foret agendum ipsis,	quelle chose serait à-faire à eux-mêmes,
nisi fides daretur	à-moins-que foi ne fût donnée
Lacedæmoniis	aux Lacédémoniens
et Sinopensibus.	et aux Sinopéens.
Legati Lacedæmoniorum	Des députés des Lacédémoniens
erant	étaient
missi ad Darium;	ayant été envoyés vers Darius;
quo victo,	lequel ayant été vaincu,
se applicaverant Græcis	ils s'étaient joints aux Grecs
militantibus mercede	servant pour une solde
apud Persas.	auprès des Perses.
Rex jussit eos venire,	Le roi ordonna eux venir,
habituros fortunam	devant avoir le sort
quam ipse dedisset,	que lui-même aurait donné,
pignoribus	les gages
sponsionum fideique	des promesses et de la foi
omissis.	étant omis.
Cunctantes diu,	Hésitant longtemps,
plerisque variantibus	la plupart variant
consilia,	*leurs* avis,
pollicentur tandem	ils promettent enfin
se venturos.	eux-mêmes devoir venir.
At Democrates Atheniensis,	Mais Démocrate athénien,
qui obstiterat semper	qui s'était toujours opposé
maxime	le plus |cédoniens,
opibus Macedonum,	aux ressources (à la puissance) des Ma-
venia desperata,	*son* pardon ayant été désespéré,
se transfigit gladio;	se perce de *son* épée; [mêmes
ceteri se permittunt ipsos	tous-les-autres s'abandonnent eux-
ditioni Alexandri,	au pouvoir d'Alexandre,
sicut constituerant.	comme ils l'avaient arrêté.
Erant mille	Ils étaient mille
et quingenti milites;	et cinq-cents soldats;
præter hos,	outre ceux-ci
nonaginta legati	quatre-vingt-dix députés
missi ad Darium.	ayant été envoyés vers Darius.

plementum distributus miles; ceteri remissi domum, præter Lacedæmonios, quos tradi in custodiam jussit.

Mardorum erat gens confinis Hyrcaniæ, cultu vitæ aspera et latrociniis assueta; hæc sola nec legatos miserat, nec videbatur imperata factura. Itaque rex, indignatus si una gens posset efficere ne invictus esset, impedimentis cum præsidio relictis, expedita manu comitante procedit. Noctu iter fecerat, et prima luce hostis in conspectu erat. Tumultus magis quam prœlium fuit. Deturbati ex collibus quos occupaverant barbari profugerunt; proximique vici ab incolis deserti capiuntur. Interiora regionis ejus haud sane adire sine magna vexatione exercitus poterat. Juga montium præaltæ silvæ rupesque inviæ sepiunt; ea quæ plana sunt novo munimenti genere impedierant barbari. Arbores densæ sunt ex industria consitæ, quarum teneros adhuc ramos manu flec-

autres furent renvoyés chez eux, à la réserve des Lacédémoniens, qu'il fit mettre sous bonne garde.

Les Mardes confinaient à l'Hyrcanie. C'était un peuple barbare et accoutumé aux brigandages; il était le seul qui n'eût pas envoyé d'ambassadeurs, et il ne paraissait pas disposé à obéir. Le roi, révolté à la pensée qu'une seule nation pût lui enlever le titre d'invincible, laisse les bagages bien gardés, et s'avance avec un camp volant. Il avait marché de nuit, et au point du jour il était en présence de l'ennemi; ce fut plutôt une déroute qu'un combat. Les barbares, chassés des collines dont ils s'étaient saisis, prennent la fuite; et l'on s'empare des bourgades voisines, abandonnées des habitants. Mais on ne pouvait pénétrer dans l'intérieur du pays sans que l'armée souffrît beaucoup. Le haut des montagnes est défendu par d'épaisses forêts et par des rochers inaccessibles; les barbares avaient rendu les plaines impraticables par un nouveau genre de fortification. Ce sont des arbres plantés à dessein fort près les uns des autres, et

Miles distributus	Le soldat *fut* distribué
in supplementum;	en complément *des troupes*; [leur patrie
ceteri remissi domum	tous-les-autres *furent* renvoyés dans
præter Lacedæmonios,	excepté les Lacédémoniens,
quos jussit	lesquels il ordonna
tradi in custodiam.	être livrés en garde (pour être gardés).
Gens Mardorum,	La nation des Mardes,
aspera cultu vitæ	âpre par *sa* culture (son genre) de vie
et assueta latrociniis,	et accoutumée aux brigandages,
erat confinis Hyrcaniæ;	était contiguë à l'Hyrcanie;
hæc sola	celle-ci seule
nec miserat llegatos,	ni n'avait envoyé de députés,
nec videbatur	ni ne paraissait
factura imperata.	devant faire les choses commandées.
Itaque rex,	En-conséquence le roi,
indignatus si una gens	indigné si une seule nation
posset efficere	pouvait faire
ne esset invictus,	qu'il ne fût pas invincible,
impedimentis relictis	les bagages ayant été laissés
cum præsidio,	avec une garde,
procedit	s'avance [compagnant.
manu expedita comitante.	une troupe dégagée (sans bagages) ac-
Fecerat iter noctu,	Il avait fait route de nuit,
et prima luce	et au commencement-du jour
hostis erat in conspectu.	l'ennemi était en sa présence.
Tumultus fuit	Un désordre fut
magis quam prœlium.	plutôt qu'un combat.
Barbari deturbati	Les barbares chassés
ex collibus	des collines
quos occupaverant	qu'ils avaient occupées
profugerunt;	s'enfuirent;
vicique proximi	et les villages les plus proches
deserti ab incolis	ayant été abandonnés par les habitants
capiuntur.	sont pris.
Haud poterat sane	Il ne pouvait assurément
adire interiora	aller-vers les *parties* intérieures
ejus regionis	de cette contrée
sine magna vexatione	sans une grande fatigue
exercitus.	de l'armée.
Silvæ præaltæ	Des forêts très-profondes
rupesque inviæ	et des rochers impraticables
sepiunt juga montium;	entourent les chaînes des montagnes;
barbari impedierant	les barbares avaient embarrassé
ea quæ sunt plana	ces *parties* qui sont unies
novo genere munimenti.	par un nouveau genre de fortification.
Arbores densæ	Des arbres serrés
consitæ sunt ex industria,	ont été plantés à dessein,

tunt, quos intortos rursus inserunt terræ; inde velut ex alia radice lætiores virent trunci. Hos, qua natura fert, adolescere non sinunt; quippe alium alii quasi nexu conserunt; qui ubi multa fronde vestiti sunt, operiunt terram; itaque occulti ramorum velut laquei perpetua sepe iter claudunt. Una ratio erat cædendo aperire saltum; sed hoc quoque magni operis: crebri namque nodi duraverant stipites, et in se implicati arborum rami, suspensis circulis similes, lento vimine frustrabantur ictus. Incolæ autem, ritu ferarum, virgulta subire soliti, tum quoque intraverant saltum, occultisque telis hostem lacessebant.

Ille, venantium modo latibula scrutatus, plerosque confodit; ad ultimum circumire saltum milites jubet, ut, si qua pateret, irrumperent; sed ignotis locis plerique oberrabant. Excepti sunt quidam, inter quos equus regis, Bucephalum

dont ils plient avec la main les branches encore tendres; ces branches une fois recourbées, ils les font rentrer en terre; et de là, comme d'une autre racine, sortent de nouvelles tiges plus vigoureuses. Ils ne les laissent pas croître dans leur direction naturelle, mais ils les lient en quelque sorte les unes avec les autres; et quand elles sont chargées d'un épais feuillage, elles couvrent la terre; de sorte que les branches, semblables aux mailles invisibles d'un filet, présentent partout une haie impénétrable. Il n'y avait qu'une chose à faire, c'était de se frayer un passage avec la hache; mais cela même était fort difficile, parce que les nœuds multipliés avaient durci les troncs, et que les branches entrelacées, semblables à des cercles suspendus, rendaient les coups vains par leur flexibilité. D'ailleurs les habitants, accoutumés à passer sous les buissons comme des bêtes sauvages, s'étaient alors enfoncés dans ce bois et, sans être vus, harcelaient l'ennemi de leurs traits.

Le roi fouille leurs repaires, à la manière des chasseurs, et tue un grand nombre de ces barbares; à la fin il commande à ses soldats d'investir le bois, et de s'y jeter s'ils trouvaient quelque ouverture; mais la plupart s'égaraient faute de connaître les lieux. Quelques-uns furent pris, et avec eux se trouva le cheval du roi, nommé Bucéphale,

quarum flectunt manu	dont ils fléchissent par la main
ramos adhuc teneros;	les branches encore tendres;
quos intortos	lesquelles *branches* ayant été courbées
inserunt terræ rursus;	ils plantent-dans la terre de-nouveau;
inde trunci lætiores virent	de-là des troncs plus vigoureux ver-
velut ex alia radice.	comme d'une autre racine. [dissent
Non sinunt hos adolescere	Ils ne laissent pas ceux-ci pousser
qua natura fert;	par-où la nature *les* porte;
quippe conserunt	car ils attachent
quasi nexu	comme par un enlacement
alium alii :	l'un à l'autre :
qui ubi vestiti sunt	lesquels dès-qu'ils ont été revêtus
fronde multa,	d'un feuillage abondant,
operiunt terram.	couvrent la terre.
Itaque velut	En-conséquence comme
laquei occulti ramorum	des lacets cachés de branches
claudunt iter	ils ferment le chemin
sepe perpetua.	par une haie non-interrompue.
Una ratio erat	Un seul moyen était
aperire saltum cædendo;	à *savoir* ouvrir le fourré en abattant;
sed hoc quoque	mais cela aussi
magni operis;	*était* d'un grand travail;
namque nodi crebri	car des nœuds rapprochés
duraverant stipites,	avaient durci les troncs,
et rami arborum	et les branches des arbres
implicati in se,	entrelacées entre elles-mêmes,
similes circulis suspensis,	semblables à des cercles suspendus,
frustrabantur ictus	rendaient-vains les coups
vimine lento.	par *leur* bois flexible.
Incolæ autem,	Et les habitants,
soliti subire virgulta,	habitués à aller-sous les buissons,
ritu ferarum,	à la manière des bêtes-sauvages,
intraverant tum quoque	étaient entrés alors aussi
saltum,	dans le fourré,
lacessebantque hostem	et harcelaient l'ennemi
telis occultis.	par des traits cachés. [repaires
Ille, scrutatus latibula	Lui (Alexandre), ayant fouillé ces
modo venantium,	à la manière des chasseurs,
confodit plerosque;	perce la plupart;
ad ultimum jubet	à la fin il ordonne
milites circumire saltum,	les soldats entourer le fourré,
ut irrumperent,	afin qu'ils se précipitassent-dedans,
si pateret qua;	s'il était ouvert par-quelque-endroit;
sed plerique oberrabant	mais la plupart erraient-autour
locis ignotis.	dans des lieux inconnus.
Quidam excepti sunt,	Quelques-uns furent recueillis (pris),
inter quos equus regis,	parmi lesquels le cheval du roi,

vocabant. Quem Alexander non eodem quo ceteras pecudes animo æstimabat; nam ille nec in dorso insidere suo patiebatur alium, et regem, quum vellet ascendere, sponte sua genua submittens, excipiebat, credebaturque sentire quem veheret. Majore ergo quam decebat ira simul ac dolore stimulatus, equum vestigari jubet, et per interpretem pronuntiari, ni reddidissent, neminem esse victurum. Hac denuntiatione territi, cum ceteris donis equum adducunt. Sed, ne sic quidem mitigatus[1], cædi silvas jubet, aggestaque humo e montibus, planitiem ramis impeditam exaggerari. Jam in aliquantum altitudinis opus creverat, quum barbari, desperato regionem quam occupaverant posse retineri, gentem suam dedidere. Rex, obsidibus acceptis, Phradati parere eos jussit. Inde quinto die in stativa[2] revertitur. Artabazum deinde, geminato honore quem Darius habuerat ei, remittit domum. Jam ad urbem Hyrcaniæ[3], in qua regia Darii fuit,

dont Alexandre faisait un bien autre cas que du reste des animaux. En effet, ce cheval ne souffrait pas d'autre cavalier; et quand le roi voulait le monter, il pliait de lui-même les genoux pour le recevoir; il paraissait sentir la grandeur de celui qu'il portait. Aussi le roi outré de colère et de douleur au delà de toute bienséance, fit chercher son cheval et publier par un interprète, que, si on ne le lui rendait, il ne ferait grâce de la vie à personne. Les barbares, effrayés par cette proclamation, lui ramenèrent son cheval avec les présents d'usage. Mais cette déférence même ne l'apaisa pas; il ordonna de couper les bois et d'apporter des montagnes de la terre pour niveler la plaine que les branches rendaient impraticable. L'ouvrage était déjà à une certaine hauteur, quand les barbares, désespérant de pouvoir conserver le pays où ils s'étaient établis, firent leur soumission. Le roi accepta leurs otages, et leur ordonna d'obéir à Phradate. Au bout de cinq jours, il retourne dans ses cantonnements, et après avoir comblé Artabaze de plus d'honneurs qu'il n'en avait reçu de Darius, il

HISTOIRE D'ALEXANDRE. LIVRE VI.

vocabant Bucephalum.	ils l'appelaient Bucéphale.
Quem Alexander æstimabat	Lequel cheval Alexandre appréciait
non eodem animo	non avec le même esprit [animaux;
quo ceteras pecudes ;	avec-lequel il estimait tous-les-autres
nam ille	car celui-là
nec patiebatur alium	et ne souffrait pas un autre
insidere in suo dorso,	s'asseoir sur son dos,
et submittens genua	et abaissant les genoux
sua sponte,	de son propre-mouvement
excipiebat regem,	il recevait le roi,
quum vellet ascendere,	lorsque celui ci voulait monter,
credebaturque sentire	et il était cru sentir
quem veheret.	qui il portait.
Ergo stimulatus	Donc le roi aiguillonné
ira majore	par une colère plus grande [plus grande
simul ac dolore	en-même-temps et (que) par une douleur
quam decebat,	qu'il ne convenait,
jubet equum vestigari,	ordonne le cheval être cherché,
et pronuntiari	et ordonne être déclaré
per interpretem	par un interprète
neminem victurum esse,	personne ne devoir vivre,
ni reddidissent.	s'ils n'avaient rendu le cheval.
Territi hac denuntiatione	Effrayés par cette déclaration
adducunt equum	ils amènent le cheval
cum ceteris donis. [sic,	avec tous-les-autres-présents.
Sed, ne mitigatus quidem	Mais, n'étant pas adouci même ainsi,
jubet silvas cædi,	il ordonne les forêts être abattues,
humoque aggesta	et de la terre ayant été apportée
e montibus	des montagnes
planitiem impeditam ramis	la plaine embarrassée par les branches
exaggerari.	être élevée (être nivelée).
Jam opus creverat	Déjà l'ouvrage avait crû
in aliquantum altitudinis,	à quelque-degré de hauteur,
quum barbari,	lorsque les barbares,
desperato [rant	cela ayant été désespéré,
regionem quam occupave-	à savoir la région qu'ils avaient occupée
posse retineri,	pouvoir être conservée,
dedidere suam gentem ;	livrèrent leur nation ;
obsidibus acceptis,	des ôtages ayant été reçus,
rex jussit	le roi ordonna
eos parere Phradati.	eux obéir à Phradate.
Revertitur inde quinto die	Il retourne de-là le cinquième jour
in stativa.	dans ses cantonnements.
Deinde remittit domum	Ensuite il renvoie dans sa maison
Artabazum,	Artabaze,
honore quem Darius	l'honneur que Darius
habuerat ei	avait eu (accordé) à lui

ventum erat. Ibi Nabarzanes, accepta fide, occurrit, dona ingentia ferens; inter quæ Bagoas erat, specie singulari spado, atque in ipso flore pueritiæ, cui et Darius fuerat assuetus et mox Alexander assuevit; ejusque maxime precibus motus, Alexander Nabarzani ignovit.

Erat, ut supra dictum est, Hyrcaniæ finitima gens Amazonum, circa Thermodoonta[1] amnem Themiscyræ[2] incolentium campos. Reginam habebant Thalestrim, omnibus inter Caucasum montem et Phasim amnem imperitantem. Hæc, cupidine visendi regis accensa, finibus regni sui excessit; et, quum haud procul abesset, præmisit indicantes venisse reginam, adeundi ejus cognoscendique avidam. Protinus facta potestate veniendi, ceteris jussis subsistere, trecentis feminarum comitata, processit; atque, ut primum rex in conspectu fuit, equo ipsa desiliit, duas lanceas dextra præferens. Vestis non toto Amazonum corpori obducitur

le renvoie chez lui. Déjà on était arrivé à la ville d'Hyrcanie où Darius avait un palais. C'est là que Nabarzane se présenta sous un sauf-conduit; il apportait de riches présents, et entre autres Bagoas, eunuque d'une rare beauté, qui était dans la fleur de la jeunesse: il avait été le mignon de Darius, et devint bientôt celui d'Alexandre. Ce furent surtout ses prières qui obtinrent de ce prince le pardon de Nabarzane.

On trouvait, comme on l'a dit plus haut, les Amazones aux confins de l'Hyrcanie, sur les rives du fleuve Thermodon, dans les plaines de Thémiscyre. Elles avaient pour reine Thalestris, qui commandait à tout ce qui est entre le mont Caucase et le fleuve du Phase. Cette princesse, brûlant du désir de voir le roi, sortit de ses États; et lorsqu'elle fut assez près, elle envoya l'avertir de l'arrivée d'une reine qui avait un extrême désir de le voir et de le connaître. Le roi ayant aussitôt agréé cette visite, elle fit arrêter le reste de sa suite, et vint accompagnée seulement de trois cents femmes. Dès qu'elle aperçut le prince, elle sauta de son cheval, portant deux lances à la main droite. L'habit des Amazones ne leur couvre pas tout le corps;

geminato.	ayant été doublé.
Jam ventum erat	Déjà on était arrivé
ad urbem Hyrcaniæ,	à la ville d'Hyrcanie, [été.
in qua regia Darii fuerat.	dans laquelle le palais de Darius avait
Nabarzanes occurrit ibi,	Nabarzane se présenta là,
fide accepta,	la foi d'*Alexandre* ayant été reçue,
ferens dona ingentia,	portant des présents considérables,
inter quæ erat Bagoas,	parmi lesquels était Bagoas,
spado specie singulari,	eunuque d'une beauté singulière,
atque in flore ipso pueritiæ,	et dans la fleur même de l'enfance,
cui et Darius fuerat assuetus	auquel et Darius avait été habitué
et Alexander assuevit mox;	et Alexandre s'habitua bientôt:
motusque maxime	et touché surtout
precibus ejus,	par les prières de lui,
Alexander ignovit	Alexandre pardonna
Nabarzani.	à Nabarzane.
Gens Amazonum	La nation des Amazones
incolentium campos	habitant les plaines
Themiscyræ [tem,	de Thémiscyre,
circa amnem Thermodoon-	autour du fleuve *de* Thermodon,
erat, ut dictum est supra,	était, comme il a été dit au-dessus,
finitima Hyrcaniæ.	contigüe à l'Hyrcanie.
Habebant reginam	Elles avaient *pour* reine
Thalestrim,	Thalestris,
imperitantem omnibus	commandant à toutes choses
inter montem Caucasum	entre le mont Caucase
et amnem Phasim.	et le fleuve *du* Phase.
Hæc, accensa cupidine	Celle-ci, enflammée du désir
regis visendi,	du roi devant être visité,
excessit finibus sui regni;	sortit des frontières de son royaume;
et quum abesset haud procul,	et comme elle était distante non loin,
præmisit indicantes	elle envoya-devant des *gens* annonçant
reginam venisse	la reine être venue
avidam ejus adeundi	avide de lui devant être abordé
cognoscendique.	et devant être connu.
Potestate veniendi	La puissance (permission) de venir [sitôt,
facta protinus,	ayant été faite (lui ayant été donnée) aus-
processit comitata	elle s'avança accompagnée
trecentis feminarum,	de trois-cents d'entre les femmes, [rêter;
ceteris jussis subsistere;	toutes-les-autres ayant-ordre de s'ar-
atque ut primum	et dès-que d'-abord
rex fuit in conspectu,	le roi fut en présence,
ipsa desiliit equo,	elle-même sauta de cheval,
præferens dextra	portant-en-avant de la *main* droite
duas lanceas.	deux lances.
Vestis non obducitur	Le vêtement ne s'étend-pas-devant
corpori Amazonum toto;	le corps des Amazones tout-entier;

nam læva pars ad pectus est nuda; cetera deinde velantur; nec tamen sinus vestis, quem nodo colligunt, infra genua descendit. Altera papilla intacta servatur, qua muliebris sexus liberos [1] alant; aduritur dextra, ut arcus facilius intendant et tela vibrent. Interrito vultu regem Thalestris intuebatur, habitum ejus, haudquaquam rerum famæ parem [2] oculis perlustrans; quippe hominibus barbaris in corporum majestate veneratio est; magnorumque operum non alios capaces putant quam quos eximia specie donare natura dignata est. Ceterum, interrogata num aliquid petere vellet, haud dubitavit fateri ad communicandos cum rege liberos se venisse; dignam ex qua ipse regni generaret heredes; feminini sexus se retenturam, marem redditturam patri. Alexander, an cum ipso militare vellet, interrogat; et illa causata sine custode regnum reliquisse petere perseverabat ne se irritam spei abire pareretur. Acrior ad venerem feminæ cupido quam regis, ut paucos dies subsisteret perpulit.

car le côté gauche est nu jusqu'au sein; à partir de là, le reste est couvert, sans que le pan de leur robe, qu'elles retroussent avec un nœud, descende au-dessous des genoux. Elles gardent une mamelle pour nourrir leurs filles; elles brûlent la droite, pour avoir plus de facilité à bander l'arc et à lancer les traits. Thalestris considérait le roi sans étonnement, parcourant des yeux son extérieur, qui ne répondait pas à la réputation de ses exploits; car les barbares n'ont de vénération que pour la majesté corporelle, et ne croient propres aux grandes entreprises, que ceux que la nature a doués d'un extérieur distingué. On lui demanda si elle voulait quelque chose; elle ne fit pas difficulté d'avouer qu'elle était venue dans l'intention d'avoir des enfants du roi, se croyant digne de lui donner des héritiers de son empire; elle ajouta que, si elle avait une fille, elle la garderait, et que si elle avait un fils, elle le rendrait à son père. Alexandre lui demanda si elle ne voudrait pas le suivre à la guerre; elle s'excusa sur ce qu'elle avait laissé son royaume sans gardien, et continua de le prier qu'il ne la renvoyât point déçue dans son espoir. Les instances de cette femme, plus passionnée que

HISTOIRE D'ALEXANDRE. LIVRE VI. 571

nam pars læva	car la partie gauche
est nuda ad pectus;	est nue jusqu'-à la poitrine;
deinde cetera velantur;	ensuite toutes-les-autres *parties* sont voi-
nec tamen sinus vestis	ni cependant le pli de la robe [lées;
quem colligunt nodo,	qu'elles réunissent par un nœud,
descendit infra genua.	ne descend au-dessous des genoux.
Altera papilla,	Une mamelle,
qua alant	par laquelle elles puissent-nourrir
liberos sexus muliebris,	les enfants du sexe féminin,
servatur intacta;	est conservée intacte;
dextra aduritur,	la droite est brûlée, [ment
ut intendant arcum facilius	afin-qu'elles tendent l'arc plus facile-
et vibrent tela.	et lancent des traits *plus facilement*.
Thalestris intuebatur regem	Thalestris regardait le roi
vultu interrito,	d'un visage non-effrayé,
perlustrans oculis	parcourant des yeux
habitum ejus,	l'extérieur de lui
haudquaquam parem famæ;	nullement égal à *sa* renommée;
quippe veneratio est	car le respect est
hominibus barbaris	aux hommes barbares
in majestate corporum;	dans la majesté des corps;
et putant non alios	et ils pensent non d'autres
capaces magnorum operum	*être* capables de grands travaux
quam quos natura	que *ceux* que la nature
dignata est donare	a daigné gratifier
specie eximia.	d'une apparence remarquable.
Ceterum interrogata	Du-reste interrogée
num vellet petere aliquid,	si elle voulait demander quelque chose,
non dubitavit fateri	elle n'hésita pas à avouer
se venisse	elle-même être venue [mun
ad liberos communicandos	pour des enfants devoir être eus-en-com-
cum rege;	avec le roi;
dignam ex qua ipse	*elle être* digne de laquelle lui-même
generaret heredes regni;	engendrât des héritiers de *son* royaume;
se retenturam	elle-même devoir garder
sexus feminini,	*l'enfant* du sexe féminin,
redditurum marem patri.	devoir rendre le mâle à *son* père.
Alexander interrogat	Alexandre l'interroge
an vellet militare	si elle voulait faire-la-guerre
cum ipso;	avec lui-même:
et illa causata	et elle ayant allégué
se reliquisse regnum	elle-même avoir laissé *son* royaume
sine custode,	sans gardien,
perseverabat petere	persistait à demander
ne pateretur abire	qu'il ne souffrît pas *elle* partir
irritam spei.	frustrée de *son* espoir.
Cupido feminæ ad venerem	Le désir de *cette* femme pour l'amour

Tredecim dies in obsequium desiderii ejus absumpti sunt; tum illa regnum suum, rex Parthienem, petiverunt¹.

VI. Hic vero palam cupiditates suas solvit, continentiamque et moderationem, in altissima quaque fortuna eminentia bona, in superbiam ac lasciviam vertit. Patrios mores disciplinamque Macedonum regum salubriter temperatam, et civilem habitum, velut leviora magnitudine sua ducens, Persicæ regiæ par deorum potentiæ fastigium æmulabatur. Jacere humi venerabundos pati cœpit; paulatimque servilibus ministeriis tot victores gentium imbuere, et captivis pares facere expetebat. Itaque purpureum diadema distinctum albo, quale Darius habuerat, capiti circumdedit, vestemque Persicam sumpsit, ne omen quidem veritus, quod a victoris insignibus in devicti transiret habitum. Et ille se quidem Per-

le roi, le déterminèrent à séjourner quelque temps. Treize jours furent employés à la satisfaction de ses désirs; puis elle prit la route de son royaume, et le roi celle de la Parthiène.

VI. Ce fut là qu'il lâcha publiquement la bride à toutes ses passions; la continence et la modestie, vertus qui honorent la plus haute fortune, firent place à l'orgueil et à la dissolution. Les coutumes de son pays, la manière de vivre des rois de Macédoine si sagement réglée, l'habillement de ses concitoyens, tout cela lui paraissant au-dessous de sa grandeur, il affectait le faste de la cour de Perse semblable à la magnificence des dieux. Il commença à souffrir que l'on se prosternât à terre pour lui rendre hommage, et insensiblement il voulait façonner les vainqueurs de tant de nations à des fonctions serviles et les assimiler aux vaincus. Il prit donc un diadème de pourpre mêlé de blanc, tel que l'avait porté Darius, et adopta la robe perse, sans craindre que ce fût un fâcheux présage de quitter les insignes du vainqueur pour le costume du vaincu. Il avait soin, il est vrai, de dire qu'il se parait des dépouilles des Perses, mais il en avait

acrior quam regis	*désir* plus vif que *celui du* roi
perpulit ut subsisteret	*le* décida à-ce-qu'il s'arrêtât
dies paucos.	des jours peu-nombreux.
Tredecim dies absumpti sunt	Treize jours furent employés
in obsequium desiderii ejus;	pour la satisfaction du désir d'elle;
tum petiverunt,	alors ils gagnèrent,
illa suum regnum,	celle-là son royaume,
rex Parthienem.	le roi la Parthiène.
VI. Hic vero solvit palam	VI. Mais ici (alors) il délia (déchaîna)
suas cupiditates,	ses passions, [ouvertement
vertitque in superbiam	et tourna en orgueil
et lasciviam	et en débauche
continentiam	*sa* continence
et moderationem,	et *sa* modération,
bona eminentia	biens éminents
in quaque fortuna altissima.	dans chaque fortune très-élevée.
Ducens mores patrios	Regardant les mœurs de-sa-patrie
disciplinamque	et la manière-de-vivre
regum Macedonum	des rois macédoniens
temperatam salubriter,	réglée sagement,
et habitum civilem,	et l'extérieur de-citoyen, [sous de)
velut leviora	comme choses plus légères que (au-des-
sua magnitudine,	sa grandeur,
æmulabatur fastigium	il cherchait-à-imiter l'élévation
regiæ Persicæ	de la cour persique
par potentiæ deorum.	*élévation* égale à la puissance des dieux.
Cœpit pati	Il commença à souffrir
venerabundos jacere humi;	*ceux le* vénérant se prosterner à terre;
expetebatque	et il désirait
imbuere paulatim	imprégner peu-à-peu
ministeriis servilibus	de fonctions serviles
victores tot gentium,	les vainqueurs de tant *de* nations,
et facere pares captivis.	et *les* rendre égaux aux captifs.
Itaque circumdedit capiti	En-conséquence il mit-autour de *sa* tête
diadema purpureum	un diadème de-pourpre
distinctum albo,	nuancé de blanc,
quale Darius habuerat,	tel-que Darius avait eu,
sumpsitque	et il prit
vestem Persicam,	l'habit persique,
ne veritus quidem omen,	n'ayant pas même craint le présage,
quod transiret	de-ce-qu'il passait
ab insignibus victoris	des ornements du vainqueur
in habitum victi.	dans l'extérieur du vaincu.
Ille dicebat quidem	Il disait à-la-vérité
se gestare	lui-même porter
spolia Persarum;	les dépouilles des Perses,

sarum spolia gestare dicebat; sed cum illis quoque mores induerat, superbiamque habitus animi insolentia sequebatur. Litteras quoque, quas in Europam mitteret, veteris annuli gemma obsignabat; iis, quas in Asiam scriberet, Darii annulus imprimebatur, ut appareret unum animum duorum non capere fortunam. Amicos[1] vero et equites, cumque his principes militum, aspernantes quidem, sed recusare non ausos, Persicis ornaverat vestibus. Pellices trecentæ et sexaginta, totidem quot Darii fuerant, regiam implebant; quas spadonum greges, et ipsi muliebria pati assueti, sequebantur.

Hæc luxu et peregrinis infecta moribus veteres Philippi milites, rudis natio ad voluptates, palam aversabantur; totisque castris unus omnium sensus ac sermo erat, « Plus amissum victoria quam bello quæsitum esse; tum maxime vinci ipsos, dedique alienis moribus et externis; tantæ moræ pretium, domos quasi in captivo habitu reversuros; pudere jam sui regem, victis quam victoribus similiorem, ex Mace-

aussi les mœurs, et le faste du vêtement amenait à sa suite l'insolence du cœur. Aux lettres qu'il envoyait en Europe, il apposait le cachet de son ancien anneau; pour celles qu'il écrivait en Asie il se servait de l'anneau de Darius. On vit bien alors que deux grandes fortunes sont trop lourdes pour un seul homme. Ses hétaires et les cavaliers, et avec eux les chefs des troupes, n'osèrent, malgré leur répugnance, se refuser à prendre l'habit perse. Trois cent soixante concubines, autant qu'en avait eu Darius, remplissaient son palais; elles étaient suivies de troupes d'eunuques, accoutumés eux-mêmes à servir de femmes.

Ces excès, provenus du luxe et de la contagion des mœurs étrangères, étaient détestés tout haut par les vieux soldats de Philippe, gens qui n'entendaient rien aux raffinements de la volupté; et dans tout le camp tous s'accordaient à penser et à dire, qu'on avait perdu par la victoire plus qu'on n'avait gagné par la guerre; que c'était précisément maintenant qu'ils étaient vaincus et asservis aux mœurs de peuples et de pays étrangers; que, pour prix d'une si longue absence, ils retourneraient chez eux vêtus en quelque sorte comme des captifs; que déjà ils faisaient honte à Alexandre, plus semblable en effet aux vaincus qu'aux vainqueurs, et de roi de Macédoine devenu satrape de Darius.

sed induerat quoque	mais il avait revêtu aussi
mores cum illis;	*leurs* mœurs avec celles-ci;
et insolentia animi	et l'insolence du cœur
sequebatur	suivait
superbiam habitus.	l'orgueil de l'extérieur.
Obsignabat quoque	Il scellait aussi
gemma veteris annuli	du chaton de *son* ancien anneau
litteras quas mitteret	les lettres qu'il enverrait (devait-envoyer)
in Europam;	en Europe;
annulus Darii	l'anneau de Darius
imprimebatur iis	était marqué-sur celles
quas scriberet in Asiam,	qu'il écrirait (devait-écrire) pour l'Asie,
ut appareret	de-sorte-qu'il était-évident
unum animum non capere	un seul cœur ne pas contenir
fortunam duorum.	la fortune de deux *hommes*.
Ornaverat vero	Et il avait orné
vestibus Persicis	de vêtements perses
amicos et equites,	les amis (les hétaires) et les cavaliers,
cumque his	et avec ceux-ci
principes militum	les chefs des soldats,
aspernantes quidem,	dédaignant *cela* à-la-vérité,
sed non ausos recusare.	mais n'ayant pas osé refuser.
Trecentæ et sexaginta	Trois-cents et soixante
pellices,	concubines,
totidem quot fuerant Darii,	autant qu'elles avaient été de Darius,
implebant regiam;	remplissaient le palais;
quas greges spadonum,	lesquelles des troupeaux d'eunuques,
assueti et ipsi	habitués aussi eux-mêmes [femmes,
pati muliebria,	à souffrir des choses faites-pour-des
sequebantur.	suivaient.
Veteres milites Philippi	Les anciens soldats de Philippe,
natio rudis ad voluptates,	race grossière pour les plaisirs,
aversabantur palam	détestaient ouvertement
hæc infecta luxu	ces choses infectées par le luxe
et moribus peregrinis;	et les mœurs étrangères;
unusque sensus	et une seule pensée
ac sermo omnium	et *un seul* discours de tous
erat castris totis,	était dans le camp tout-entier,
« Plus amissum esse victoria	« Plus avoir été perdu par la victoire
quam quæsitum bello;	qu'acquis par la guerre;
ipsos vinci tum maxime,	eux-mêmes être vaincus alors le plus,
dedique moribus	et être livrés à des mœurs
alienis et externis;	d'-autrui et étrangères;
reversuros domos	*eux* devoir retourner dans *leurs* demeures
quasi in habitu captivo,	comme dans l'extérieur de-captifs,
pretium moræ tantæ;	prix d'un délai (éloignement) si-long;
regem, similiorem victis	le roi, plus semblable aux vaincus.

doniæ imperatore Darii satrapem factum. » Ille, non ignarus
et principes amicorum et exercitum graviter offendi, gratiam
liberalitate donisque reparare tentabat; sed, opinor, liberis
pretium servitutis ingratum est. Igitur, ne in seditionem res
verteretur, otium interpellandum erat bello; cujus materia
opportune alebatur. Namque Bessus, veste regia sumpta, Ar-
taxerxem appellari se jusserat, Scythasque et ceteros Tanaïs
accolas contrahebat. Hæc Satibarzanes nuntiabat; quem,
receptum in fidem, regioni quam antea obtinuerat præfecit.
Et, quum grave spoliis apparatuque luxuriæ agmen vix moveretur, suas primum, deinde totius exercitus sarcinas, exceptis admodum necessariis, conferri jussit in medium, Planities spatiosa erat, in quam vehicula onusta perduxerant.
Exspectantibus cunctis quid deinde esset imperaturus, jumenta jussit abduci; suisque primum sarcinis face subdita,

Ce prince, qui n'ignorait pas que les premiers de sa cour et l'armée
entière étaient vivement choqués, essayait de regagner la faveur par
sa libéralité et par des présents; mais je crois qu'à des hommes libres
le prix de la servitude est odieux. Si donc il voulait prévenir une
sédition, il fallait interrompre par la guerre le loisir où l'on était; et
il s'en présentait une occasion bien favorable. Bessus avait pris la
robe royale; il se faisait appeler Artaxerxès, et levait des troupes
chez les Scythes et les autres peuples qui habitent les rives du Tanaïs. Tels étaient les avis donnés par Satibarzane, dont Alexandre
avait reçu les serments, et à qui il avait rendu le gouvernement dont
celui-ci jouissait auparavant. L'armée était si chargée de butin et
de superfluités, qu'elle avait peine à se mouvoir. Alexandre fit apporter au milieu des troupes d'abord ses propres bagages, puis ceux de
toute l'armée, à la réserve des choses de première nécessité. Il y avait
là une vaste plaine dans laquelle on avait amené les chariots chargés.
Tout le monde était dans l'attente de ce qu'il allait ordonner; il fit
emmener les attelages, et après avoir mis lui-même le feu à ce qui

quam victoribus,	qu'aux vainqueurs,
factum	devenu
ex imperatore Macedoniæ	de souverain de la Macédoine
satrapem Darii,	satrape de Darius.
pudere jam sui. »	avoir-honte déjà d'eux-mêmes. »
Ille, non ignarus	Lui, n'ignorant pas
et principes amicorum	et les premiers de ses amis
et exercitum	et l'armée
offendi graviter,	être choqués gravement,
tentabat reparare gratiam	essayait de recouvrer la faveur
liberalitate donisque;	par la libéralité et les présents;
sed pretium servitutis	mais le prix de la servitude
est, opinor,	est, je pense,
ingratum liberis.	désagréable aux *hommes* libres.
Igitur, ne res verteretur	Donc, pour-que la chose ne fût pas tour-[née
in seditionem,	en sédition;
otium erat interpellandum	le repos était devant être interrompu
bello,	par la guerre,
cujus materia	dont le sujet
alebatur opportune.	était nourri à-propos.
Namque Bessus,	Car Bessus,
veste regia sumpta,	l'habit royal ayant été pris,
jusserat se appellari	avait ordonné lui-même être appelé
Artaxerxem,	Artaxerxès,
contrahebatque Scythas	et il rassemblait les Scythes
ceterosque accolas Tanaïs.	et tous-les-autres riverains du Tanaïs.
Satibarzanes nuntiabat hæc;	Satibarzane annonçait ces choses;
quem, receptum in fidem,	lequel, reçu en foi,
præfecit regioni	il préposa à la contrée
quam obtinuerat ante.	qu'il avait eue auparavant.
Et, quum agmen	Et, comme l'armée
grave spoliis	appesantie par les dépouilles
apparatuque luxuriæ	et par l'appareil du luxe
moveretur vix,	se remuait avec-peine,
jussit suas sarcinas primum,	il ordonna ses effets d'-abord,
deinde exercitus totius,	ensuite *ceux*-de-l'armée tout-entière,
conferri in medium,	être réunis au milieu,
admodum necessariis	les choses absolument nécessaires
exceptis.	étant exceptées.
Planities spatiosa erat	Une plaine spacieuse était
in quam perduxerant	dans laquelle ils avaient amené
vehicula onusta.	les chariots chargés.
Cunctis exspectantibus	Tous attendant
quid esset	quelle chose il était
imperaturus deinde,	devant commander ensuite, [menées;
jussit jumenta abduci;	il ordonna les bêtes-de-somme être em-
faceque subdita	et une torche ayant été placée-dessous

ceteras incendi præcepit. Flagrabant, exurentibus dominis, quæ ut intacta ex urbibus hostium raperent, sæpe flammas restinxerant, nullo sanguinis pretium audente deflere, quum regias opes idem ignis exureret. Brevi deinde ratio mitigavit dolorem ; habilesque militiæ et ad omnia parati, lætabantur sarcinarum potius quam disciplinæ fecisse jacturam[1].

Igitur Bactrianam regionem petebant. Sed Nicanor, Parmenionis filius, subita morte correptus, magno desiderio sui affecerat cunctos. Rex, ante omnes mœstus, cupiebat quidem subsistere, funeri adfuturus; sed penuria commeatuum festinare cogebat. Itaque Philotas cum duobus millibus et sexcentis relictus, ut justa fratri persolveret; ipse contendit ad Bessum. Iter facienti litteræ ei afferuntur a finitimis satraparum ; e quibus cognoscit Bessum quidem hostili animo occurrere cum exercitu ; ceterum Satibarzanem, quem satrapam Ariorum ipse præfecisset, defecisse ab eo. Itaque, quan-

lui appartenait, il commanda qu'on brûlât de même tout le reste. Ainsi périssaient dans le feu allumé par leurs maîtres, des richesses que souvent ils n'avaient enlevées intactes des villes ennemies qu'en étouffant les flammes ; et personne n'osait pleurer ce qu'il avait acquis au prix de son sang, puisque les effets du roi brûlaient en même temps. La réflexion adoucit bientôt leurs regrets; lestes pour entrer en campagne et prêts à tout, ils se félicitaient d'avoir sacrifié leurs bagages plutôt que leur discipline.

Ils se préparaient donc à tourner leurs pas vers la Bactriane. Mais la mort subite de Nicanor, fils de Parménion, avait laissé de vifs regrets à tout le monde ; et le roi, plus affligé que personne, aurait volontiers séjourné pour assister ses funérailles, si le manque de vivres ne l'eût forcé de hâter sa marche. Philotas fut donc laissé avec deux mille six cents hommes, pour rendre à son frère les derniers devoirs; et le roi marcha contre Bessus. En route il reçut des satrapes voisins, des lettres qui lui apprirent que Bessus, résolu à combattre, venait à sa rencontre avec une armée; que d'ailleurs Satibarzane, qu'il avait fait lui-même satrape des Ariens, s'était

HISTOIRE D'ALEXANDRE. LIVRE VI. 579

suis sarcinis primum,	ses effets d'-abord,
præcepit ceteras incendi.	il enjoignit tous-les-autres être brûlés.
Flagrabant,	Ces choses étaient consumées,
dominis exurentibus,	les maîtres *les* brûlant,
quæ ut raperent intacta	lesquelles afin-qu'ils enlevassent intactes
ex urbibus hostium,	des villes des ennemis,
restinxerant sæpe flammas,	ils avaient éteint souvent les flammes,
nullo audente	aucun n'osant
deflere pretium sanguinis,	pleurer le prix de *son* sang,
quum idem ignis	attendu-que le même feu
exureret opes regias.	brûlait les richesses royales.
Brevi deinde	Bientôt ensuite
ratio mitigavit dolorem;	la réflexion adoucit *leur* douleur;
habilesque militiæ	et dispos pour la guerre
paratique ad omnia,	et prêts à toutes choses,
lætabantur fecisse jacturam	ils se réjouissaient d'avoir fait la perte
sarcinarum	de *leurs* effets
potius quam disciplinæ.	plutôt que de *leur* discipline.
Igitur petebant	Donc ils gagnaient
regionem Bactrianam.	le pays bactrien.
Sed Nicanor,	Mais Nicanor,
filius Parmenionis,	fils de Parménion,
correptus morte subita,	saisi par une mort subite,
affecerat cunctos	avait frappé tous
magno desiderio sui.	d'un grand regret de lui-même.
Rex, mœstus ante omnes,	Le roi, triste avant (plus que) tous,
cupiebat quidem	désirait à-la-vérité
subsistere,	s'arrêter,
adfuturus funeri;	devant assister aux funérailles;
sed penuria commeatuum	mais la pénurie de provisions
cogebat festinare.	forçait de se hâter.
Itaque Philotas	En-conséquence Philotas
relictus cum duobus millibus	*fut* laissé avec deux mille
et-sexcentis,	et six-cents *hommes*, [niers devoirs)
ut persolveret justa	afin-qu'il payât les choses justes (les der-
fratri;	à *son* frère;
ipse contendit ad Bessum.	lui-même se dirigea vers Bessus.
Litteræ afferuntur	Des lettres sont apportées
ei facienti iter	à lui faisant route [trapes;
a finitimis satraparum;	de-la-part-des voisins *d'entre* les sa-
e quibus cognoscit	par lesquelles *lettres* il apprend
Bessum quidem	Bessus à-la-vérité [hostile
occurrere animo hostili	venir-à-sa-rencontre dans un esprit
cum exercitu;	avec une armée;
cetrum Satibarzane	du-reste Satibarzane,
quem ipse præfecisset	que lui-même avait préposé
satrapam Ariorum,	*comme* satrape des Ariens;

quam Besso imminebat, tamen ad Satibarzanem opprimendum præverti optimum ratus, levem armaturam et equestres copias educit, totaque nocte strenue facto itinere, improvisus hosti supervenit. Cujus cognito adventu, Satibarzanes cum duobus millibus equitum (nec enim plures subito contrahi poterant) Bactra perfugit; ceteri proximos montes occupaverunt. Prærupta rupes est, qua spectat occidentem; eadem, qua vergit ad orientem, leniore submissa fastigio, multis arboribus obsita, perennem habet fontem, ex quo largæ aquæ manant. Circuitus ejus triginta duo stadia comprehendit; in vertice herbidus campus. In hoc multitudinem imbellem considere jubent; ipsi, qua rupes deerat, arborum truncos et saxa obmoliuntur. Tredecim millia armata erant.

In quorum obsidione Cratero relicto, ipse Satibarzanem sequi festinat. Et, quia longius eum abesse cognoverat, ad expugnandos eos, qui edita montium occupaverant, redit. Ac

révolté. Sur cet avis, quoiqu'il fût sur le point d'atteindre Bessus, il jugea néanmoins que le mieux était de se tourner d'abord contre Satibarzane, afin de le surprendre, et il mit en marche son infanterie légère avec sa cavalerie; il fit diligence toute la nuit, et tomba sur l'ennemi à l'improviste. A la nouvelle de son arrivée, Satibarzane s'enfuit à Bactre avec deux mille chevaux (car il n'avait pu en rassembler sur l'heure un plus grand nombre); le reste s'empara des montagnes voisines. Il y a là un roc, escarpé du côté de l'occident mais qui, du côté de l'orient, s'abaisse par une pente plus douce; il est couvert d'arbres, et a une source d'où coule sans cesse une eau abondante. Ce roc a trente-deux stades de tour; à son sommet est un plateau couvert d'herbes. C'est là que les ennemis logèrent tous ceux qui n'étaient pas en état de combattre; pour eux, ils fortifièrent la partie accessible de la montagne avec des troncs d'arbres et des quartiers de rochers. Ils étaient au nombre de treize mille hommes armés.

Le roi laissa à Cratère le soin de les bloquer, et se hâta de poursuivre Satibarzane; mais ayant appris qu'il était déjà trop loin, il revient pour forcer ceux qui s'étaient emparés des sommets des montagnes, et fait d'abord déblayer tout ce qui était abordable. On ne tarda pas à rencontrer des hauteurs impraticables, des rochers escar-

HISTOIRE D'ALEXANDRE. LIVRE VI. 581

defecisse ab eo.	avoir fait-défection de lui.
Itaque quanquam	En-conséquence quoique [Bessus,
imminebat Besso,	il fût suspendu-sur (près d'atteindre)
ratus tamen optimum	ayant pensé cependant le meilleur *être*
præverti ad Satibarzanem	de se tourner-d-'abord vers Satibarzane
opprimendum,	devant être écrasé, [pes légères
educit armaturam levem	il fait-sortir l'armure légère (les trou-
et copias equestres,	et les troupes de-cavalerie,
itinereque facto strenue	et marche ayant été faite activement
nocte tota,	la nuit tout-entière,
improvisus supervenit hosti.	non-attendu il vint-sur l'ennemi.
Adventu cujus cognito,	L'arrivée duquel (du roi) ayant été con-
Satibarzanes	Satibarzane [nue,
perfugit Bactra, [tum	s'enfuit à Bactre,
cum duobus millibus equi-	avec deux milliers de cavaliers
(nec enim plures	(ni en-effet plus [tanément);
poterant contrahi subito);	ne pouvaient être rassemblés instan-
ceteri occupaverunt	tous-les-autres occupèrent
montes proximos.	les montagnes les plus proches.
Est rupes prærupta,	Il est une roche escarpée,
qua spectat occidentem;	par-où elle regarde l'occident;
eadem submissa	la-même abaissée
fastigio leniore,	par une pente plus douce,
qua vergit ad occidentem,	par-où elle se tourne vers l'occident,
obsita arboribus multis,	plantée d'arbres nombreux,
habet fontem perennem,	a une source intarissable,
ex quo aquæ largæ manant.	de laquelle des eaux abondantes coulent.
Circuitus ejus comprehendit	Le circuit d'elle embrasse
triginta et duo stadia;	trente et deux stades; [sommet.
campus herbidus in vertice.	une plaine couverte-d'herbe *est* sur le
Jubent	Ils (les Bactriens) ordonnent
multitudinem imbellem	la multitude non-propre-à-la-guerre
considere in hoc;	se tenir sur celui-ci;
ipsi obmoliuntur,	eux-mêmes mettent-devant,
qua rupes deerat,	par-où la roche manquait,
truncos arborum et saxa.	des troncs d'arbres et des pierres.
Tredecim millia armata	Treize mille *hommes* armés
erant.	étaient.
In obsidione quorum	Au siége desquels
Cratero relicto,	Cratère ayant été laissé,
ipse festinat sequi	lui-même se hâte de suivre
Satibarzanem.	Satibarzane.
Et, quia cognoverat	Et, parce-qu'il avait appris
eum abesse longius,	lui être distant plus loin, [d'assaut
redit ad eos expugnandos	il revient pour ceux-là devant être pris-
qui occupaverant	qui avaient occupé
edita montium.	les *parties* élevées des montagnes.

primo repurgari jubet quidquid ingredi possent; deinde, ut occurrebant inviæ cautes præruptæque rupes, irritus labor videbatur, obstante natura. Ille, ut erat animi semper obluctantis difficultatibus, quum et progredi arduum et reverti periculosum esset, versabat se ad omnes cogitationes, aliud atque aliud, ita ut fieri solet, ubi prima quæque damnamus, subjiciente animo. Hæsitanti, quod ratio non potuit, fortuna consilium subministravit. Vehemens favonius erat, et multam materiam ceciderat miles, aditum per saxa molitus. Hæc vapore torrida inaruerat; ergo aggeri alias arbores jubet, et igni dari alimenta; celeriterque stipitibus cumulatis, fastigium montis æquatum est. Tunc undique ignis injectus cuncta comprehendit. Flammam in ora hostium ventus ferebat; fumus ingens velut quadam nube absconderat cœlum. Sonabant incendio silvæ, atque ea quoque quæ non incende-

pés, de sorte qu'il semblait que c'était peine perdue de vouloir forcer la nature. Mais le courage du roi se roidissait toujours contre les difficultés, et voyant qu'il était également difficile d'avancer et dangereux de reculer, il roulait dans son esprit toutes sortes de projets qui se succédaient, rapidement comme c'est l'ordinaire dans ces moments où nous rejetons les idées à mesure qu'elles se présentent. Dans cette perplexité, le hasard, à défaut de la réflexion, lui suggéra un expédient. Le vent d'ouest soufflait violemment, et les soldats, pour se faire un chemin à travers les rochers, avaient coupé quantité de bois. L'ardeur du soleil avait séché ces abatis; ce qui donna au roi l'idée de faire entasser d'autres arbres pour fournir des aliments au feu, et bientôt les troncs accumulés s'élevèrent à la hauteur de la montagne. Le feu qu'on y mit alors de tous côtés embrasa toute cette masse. Le vent portait la flamme au visage des ennemis; une fumée épaisse, semblable à un nuage, dérobait la vue du ciel. Les bois retentissaient du bruit des flammes, et les parties mêmes que le

Ac primo jubet	Et d'-abord il ordonne
quidquid possent ingredi	tout-ce-qu'ils pourraient aborder
repurgari;	être déblayé;
deinde, ut cautes inviæ	puis, comme des pics impraticables
rupesque præruptæ	et des rochers escarpés
occurrebant,	se présentaient,
labor videbatur irritus,	le travail paraissait inutile,
natura obstante.	la nature faisant-obstacle.
Ille, ut erat animi	Lui, comme il était d'un esprit
obluctantis semper	luttant toujours
difficultatibus,	contre les difficultés,
quum et esset	vu-que et il était
arduum progredi,	difficile d'avancer,
et periculosum reverti,	et périlleux de retourner,
se versabat	se tournait
ad omnes cogitationes,	vers toutes les pensées,
animo subjiciente	son esprit *lui* suggérant
aliud atque aliud,	autre chose et autre chose, [ver,
ita ut solet fieri,	ainsi comme (qu')il a-coutume d'arri-
ubi damnamus	dès-que nous condamnons [premières.
quæque prima.	chacune-des choses *se présentant* les
Fortuna	Le hasard
subministravit hæsitanti	fournit à *lui* hésitant
consilium,	un expédient,
quod ratio non potuit.	que la réflexion ne put *lui fournir*.
Favonius vehemens erat,	Un vent-d'-ouest violent était,
milesque ceciderat	et le soldat avait abattu
materiam multam,	du bois-de-construction abondant,
molitus aditum per saxa.	ayant tenté un accès à travers les rochers.
Hæc torrida vapore	Celui-ci brûlé par l'ardeur *du soleil*
inaruerat;	s'était desséché;
ergo jubet	donc il ordonne
alias arbores aggeri,	d'autres arbres être entassés,
et alimenta dari igni;	et des aliments être donnés au feu ;
stipitibusque	et les troncs
cumulatis celeriter,	ayant été amoncelés promptement,
fastigium montis	le faîte de la montagne
æquatum est.	fut égalé.
Tunc ignis injectus undique	Alors le feu jeté de-tous-côtés
comprehendit cuncta.	embrassa toutes choses.
Ventus ferebat flammam	Le vent portait la flamme
in ora hostium;	dans les visages des ennemis ;
fumus ingens	une fumée immense
absconderat cœlum	avait caché le ciel
velut quadam nube.	comme par un certain nuage.
Silvæ sonabant incendio,	Les bois résonnaient par l'incendie,
atque ea quoque	et ces choses même

rat miles, concepto igne, proxima quæque adurebant. Barbari suppliciorum ultimum, si qua intermoreretur ignis, effugere tentabant; sed, qua flamma dederat locum, hostis obstabat. Varia igitur cæde consumpti sunt: alii in medios ignes, alii in petras præcipitavere se; quidam manibus hostium se obtulerunt; pauci semiustulati venere in potestatem.

Hinc ad Craterum, qui Artacacnam [1] obsidebat, redit. Ille, omnibus præparatis, regis exspectabat adventum, captæ urbis titulo, sicut par erat, cedens. Igitur Alexander turres admoveri jubet; ipsoque adspectu territi barbari, e muris supinas manus tendentes, orare cœperunt iram in Satibarzanem, defectionis auctorem, reservaret; supplicibus semet dedentibus parceret. Rex, data venia, non obsidionem modo solvit, sed omnia sua incolis reddidit. Ab hac urbe digresso supplementum novorum militum occurrit. Zoïlus quingen-

soldat n'avait point embrasées, venant à prendre feu, portaient l'incendie de proche en proche. Si le feu s'éteignait quelque part, les barbares essayaient de se dérober par ce vide au plus affreux des supplices; mais dans les endroits où la flamme laissait un passage, ils trouvaient l'ennemi. Ils périrent donc de différentes manières: les uns se précipitèrent au milieu des feux, les autres sur les rochers; quelques-uns s'offrirent aux coups; on n'en prit que fort peu qui étaient à demi-brûlés.

De là le roi retourne auprès de Cratère, qui assiégeait Artacacna. Cet officier avait fait toutes les dispositions et attendait l'arrivée de son maître, pour lui laisser, comme il était juste, l'honneur de prendre cette ville. Alexandre fait donc approcher les tours; les barbares, effrayés rien qu'à cet aspect, tendent humblement les mains du haut des murailles, et le prient de réserver sa colère contre Satibarzane, qui était l'auteur de la révolte, et d'épargner des suppliants qui se soumettaient volontairement. Le roi leur fit grâce, et non content de lever le siége, il rendit tous leurs biens aux habitants. Il venait de s'éloigner de cette ville, lorsqu'il rencontra un renfort de nouveaux soldats. Zoïle avait amené cinq

HISTOIRE D'ALEXANDRE. LIVRE VI. 585

quæ miles non incenderat,	que le soldat n'avait pas allumées,
igne concepto,	le feu ayant été conçu (ayant pris feu),
adurebant quæque proxima.	brûlaient chacune-des choses les plus [proches.
Barbari tentabant	Les barbares tentaient
effugere	d'échapper
ultimum suppliciorum,	au dernier des supplices,
si ignis	si le feu
intermoreretur qua;	mourait par-quelque-côté;
sed hostis obstabat,	mais l'ennemi s'opposait,
qua flamma dederat locum.	par-où la flamme avait donné place.
Igitur consumpti sunt	Donc ils furent détruits
cæde varia :	par une mort diverse :
alii se præcipitavere	les uns se précipitèrent
in medios ignes,	au milieu *des* feux,
alii in petras;	les autres sur les rochers;
quidam se obtulerunt	quelques-uns s'offrirent
manibus hostium ;	aux mains (aux coups) des ennemis;
pauci semiustulati	peu à-demi-brûlés
venere in potestatem.	vinrent en *leur* pouvoir.
Redit hinc ad Craterum,	Il retourne de-là auprès de Cratère,
qui obsidebat Artacacnam.	qui assiégeait Artacacna.
Ille, omnibus præparatis,	Lui, toutes les choses ayant été préparées,
exspectabat adventum regis,	attendait l'arrivée du roi, [prise,
cedens titulo urbis captæ,	lui cédant le titre (l'honneur) de la ville
sicut erat par.	comme il était convenable.
Igitur Alexander	Donc Alexandre
jubet turres admoveri;	ordonne les tours être approchées ;
barbarique territi	et les barbares effrayés
adspectu ipso,	par *cet* aspect lui-même (seul),
tendentes e muris	tendant du-haut des murs
manus supinas,	leurs mains renversées-en-arrière,
cœperunt orare	commencèrent à prier
reservaret iram	qu'il réservât *sa* colère
in Satibarzanem,	contre Satibarzane,
auctorem defectionis;	auteur de la défection ;
parceret supplicibus	qu'il épargnât des suppliants
dedentibus semet.	livrant eux-mêmes.
Rex, venia data,	Le roi, pardon *leur* ayant été accordé,
non modo solvit	non-seulement délia (leva)
obsidionem,	le siége,
sed etiam reddidit incolis	mais encore il rendit aux habitants
omnia sua.	tous leurs *biens*.
Supplementum	Un complément
novorum militum	de nouveaux soldats
occurrit digresso	se présenta à *lui* s'étant-éloigné
ab hac urbe.	de cette ville.
Zoïlus adduxerat	Zoïle avait amené

tos equites ex Græcia adduxerat; tria millia ex Illyrico Antipater miserat; Thessali equites centum et triginta cum Philippo erant; ex Lydia duo millia et sexcenti, peregrinus miles, advenerant; trecenti equites gentis ejusdem sequebantur. Hac manu adjecta, Drangas[1] pervenit; bellicosa natio est; satrapes erat Barzaentes, sceleris in regem suum particeps Besso. Is, suppliciorum quæ meruerat metu, profugit in Indiam.

VII. Jam nonum diem stativa erant, quum externa vi non tutus modo rex, sed invictus, intestino facinore petebatur. Dymnus, modicæ apud regem auctoritatis et gratiæ, exoleti, cui Nicomacho erat nomen, amore flagrabat, obsequio uni sibi dediti corporis vinctus. Is, quod ex vultu quoque perspici poterat, similis attonito, remotis arbitris, cum juvene secessit in templum, arcana se et silenda afferre præfatus; suspen-

cents chevaux de Grèce; Antipater en avait envoyé trois mille d'Illyrie; il y en avait cent trente de Thessalie sous la conduite de Philippe; et il était arrivé de Lydie deux mille six cents soldats mercenaires, suivis de trois cents chevaux de la même nation. Avec ce renfort il arriva chez les Dranges, peuple belliqueux, qui avaient pour satrape Barzaentès, complice du régicide Bessus; mais celui-ci craignant de subir le supplice qu'il avait mérité, s'enfuit dans l'Inde.

VII. Il y avait déjà neuf jours qu'on était campé, quand le roi, qui était non-seulement en sûreté, mais encore invincible contre les attaques du dehors, se vit exposé à un attentat domestique. Dymnus, qui n'avait auprès du roi que bien peu de crédit et de considération, aimait passionnément un débauché, nommé Nicomaque, qu'il croyait ne s'être prostitué qu'à lui. Ce Dymnus, d'un air éperdu, après avoir éloigné tous les témoins, tire le jeune homme à l'écart dans un temple, et lui annonce d'abord qu'il va lui apprendre des choses secrètes et qui ne doivent point être révélées; après l'avoir tenu en suspens, il le prie, par l'amour qu'ils ont l'un pour l'autre, et par

ex Græcia	de Grèce
quingentos equites;	cinq-cents cavaliers;
Antipater miserat	Antipater *en* avait envoyé
ex Illyrico	de l'Illyrie
tria millia	trois mille;
centum et triginta	cent et trente
equites Thessali	cavaliers thessaliens
erant cum Philippo;	étaient avec Philippe;
duo millia et sexcenti,	deux mille et six-cents,
miles peregrinus,	soldat étranger (mercenaire),
advenerant ex Lydia;	étaient arrivés de Lydie;
trecenti equites	trois-cents cavaliers
ejusdem gentis	de la même nation
sequebantur.	suivaient. [mée,
Hac manu adjecta,	Cette troupe ayant été ajoutée *à son ar-*
pervenit Drangas;	il arriva *chez* les Dranges;
natio est bellicosa;	*cette* nation est belliqueuse;
Barzaentes erat satrapes,	Barzaentès *en* était le satrape,
particeps Besso	participant avec Bessus
sceleris in suum regem.	du crime contre son roi.
Is profugit in Indiam,	Celui-ci s'enfuit dans l'Inde,
metu suppliciorum	par la crainte des supplices
quæ meruerat.	qu'il avait mérités.
VII. Jam stativa erant	VII. Déjà les cantonnements étaient
nonum diem,	le neuvième jour (depuis neuf jours),
quum rex non modo tutus	lorsque le roi non-seulement en-sûreté
vi externa,	*contre* la force étrangère,
sed invictus,	mais invincible *par elle*,
petebatur facinore intestino.	était attaqué par un forfait domestique
Dymnus,	Dymnus
auctoritatis modicæ	d'une autorité faible
et gratiæ	et d'une faveur *faible*
apud regem,	auprès du roi,
flagrabat amore exoleti,	brûlait de l'amour d'un débauché,
cui Nicomacho nomen erat,	auquel Nicomaque nom était,
vinctus obsequio corporis	enchaîné par la complaisance d'un corps
dediti sibi uni.	livré à lui-même seul. [droyé,
Is similis attonito,	Celui-ci semblable à *un homme fou-*
quod poterat perspici	ce qui pouvait être aperçu
ex vultu quoque,	d'après *son* visage même,
arbitris remotis,	les témoins ayant été écartés,
secessit cum juvene	se retira avec le jeune-homme
in templum,	dans un temple,
præfatus se afferre	ayant dit-d'abord lui-même apporter
arcana et silenda;	des choses secrètes et devant être tues;
et rogat	et il prie

sumque exspectatione per mutuam caritatem et pignora
utriusque animi rogat ut affirmet jurejurando, quæ com-
misisset, silentio esse se tecturum. Et ille ratus nihil, quod
etiam cum perjurio detegendum foret, indicaturum, per
præsentes deos jurat. Tum Dymnus aperit in tertium diem
insidias regi comparatas, seque ejus consilii fortibus viris et
illustribus esse participem. Quibus juvenis auditis, se vero
fidem in parricidio dedisse constanter abnuit, nec ulla religione ut scelus tegat posse constringi. Dymnus, et amore et
metu amens, dextram exoleti complexus et lacrimans, orare
primum ut particeps consilii operisque fieret; si id sustinere
non posset, attamen ne proderet se, cujus erga ipsum benevolentiæ præter alia, hoc quoque haberet fortissimum pignus,
quod caput suum permisisset fidei adhuc inexpertæ. Ad ultimum, aversari scelus perseverantem metu mortis terret; ab
illo capite conjuratos pulcherrimum facinus inchoaturos.
Alias deinde effeminatum et muliebriter timidum, alias pro-

les gages réciproques de leur affection, de jurer qu'il gardera le
silence sur ce qu'il va lui confier. Celui-ci, persuadé que Dymnus
ne lui dira rien qu'il faille révéler sans égard pour son serment, jure
par les dieux présents dans le temple. Alors Dymnus lui déclare que
dans trois jours un complot doit éclater contre le roi, et qu'il a
pour complices des gens de cœur et d'une qualité distinguée.
Sur cela le jeune homme proteste sans se laisser ébranler qu'il n'a
pas engagé sa foi pour un parricide, et qu'aucun serment ne peut
l'obliger à garder le silence sur un crime. Dymnus, éperdu
d'amour et de crainte, prend la main de ce prostitué, et les larmes aux
yeux, il le prie d'abord de prendre part au projet et à l'exécution;
mais s'il ne peut s'y résoudre, du moins de ne pas trahir un homme
qui, outre bien d'autres marques d'attachement, lui en donne actuellement la plus forte preuve, en confiant sa vie à sa bonne foi,
sans l'avoir encore mise à l'épreuve. Enfin le voyant pousser jusqu'au bout son aversion pour cet attentat, il essaye de l'ébranler par
la crainte de la mort, en l'assurant que c'est par lui que les conjurés

per caritatem mutuam	par *leur* tendresse mutuelle
et pignora utriusque animi	et les gages de l'une-et-l'-autre âme
suspensum exspectatione	*lui* suspendu par l'attente
ut affirmet jurejurando	qu'il affirme par un serment
se tecturum esse silentio	lui-même devoir couvrir du silence
quæ commisisset.	les choses qu'il *lui* aurait confiées.
Et ille ratus	Et lui persuadé
indicaturum nihil	*Dymnus* ne devoir faire-connaître rien
quod foret detegendum	qui serait à-découvrir
etiam cum perjurio,	même avec un parjure,
jurat per deos præsentes.	jure par les dieux présents.
Tum Dymnus aperit	Alors Dymnus découvre [le roi
insidias comparatas regi	des embûches *être* préparées au (contre)
in tertium diem,	pour le troisième jour,
seque esse participem	et lui-même être participant
hujus consilii	de ce projet [gués.
viris fortibus et illustribus,	avec des hommes courageux et distin-
Quibus auditis,	Lesquelles choses ayant été entendues,
juvenis abnuit constanter	le jeune homme nie avec-fermeté
se vero dedisse fidem	lui-même assurément avoir donné *sa* foi
in parricidio,	touchant un parricide,
nec posse constringi	et *dit lui* ne pouvoir être lié
ulla religione	par aucune religion (aucun serment)
ut tegat scelus.	qu'il couvre *du silence* un crime.
Dymnus,	Dymnus,
amens et amore et metu,	éperdu et d'amour et de crainte,
complexus dextram exoleti,	ayant embrassé la *main* droite du dé-
et lacrimans,	et pleurant, [bauché,
orare primum	*se mit à* prier d'-abord
ut fieret particeps	qu'il devînt participant
consilii operisque;	du projet et de l'œuvre;
si non posset sustinere id,	s'il ne pouvait soutenir cela,
attamen ne proderet se,	cependant qu'il ne trahît pas lui,
benevolentiæ cujus	de la bienveillance duquel
erga ipsum	envers lui-même
haberet præter alia	il avait outre d'autres *gages*
hoc pignus quoque	ce gage aussi
fortissimum,	le plus fort;
quod permississet	*à savoir* qu'il avait confié
suum caput	sa tête
fidei adhuc inexpertæ.	à la foi *de lui* encore non-éprouvée.
Ad ultimum, terret	A la fin, il effraye
metu mortis	par la crainte de la mort
perseverantem	*lui* persévérant
aversari scelus;	à repousser le crime;
conjuratos inchoaturos	les conjurés devoir commencer
ab illo capite	par cette tête-là

ditorem amatoris appellans, nunc ingentia promittens, interdumque regnum quoque, versabat animum tanto facinore procul abhorrentem. Strictum deinde gladium modo illius, modo suo admovens jugulo, supplex idem et infestus, expressit tandem ut non solum silentium, sed etiam operam polliceretur. Namque, abunde constantis animi et dignus qui pudicus esset, nihil ex pristina voluntate mutaverat; sed se captum Dymni amore, simulabat nihil recusare. Sciscitari inde pergit cum quibus tantæ rei societatem inisset : plurimum referre quales viri tam memorabili operi admoturi manus essent. Ille, et amore et scelere malesanus, simul gratias agit, simul gratulatur quod fortissimis juvenum non dubitasset se jungere, Demetrio corporis custodi, Peucolao, Nicanori; adjicit his Aphœbetum, Loceum, Dioxenum, Archepolim et Amyntam.

commenceront cette glorieuse entreprise. Il l'appelle tantôt efféminé et poltron comme une femme, tantôt traître à l'homme dont il était aimé; tantôt encore il lui promet des merveilles, et même un trône, et il le tourne ainsi de tous côtés sans pouvoir affaiblir en lui l'horreur d'un si grand forfait. Il tire enfin son épée, et la portant tour à tour à la gorge du jeune homme et à la sienne, suppliant et menaçant tout à la fois, il lui arrache enfin la promesse, non-seulement de se taire, mais même d'agir. Car ce jeune homme, doué d'une grande fermeté et digne d'avoir des mœurs plus honnêtes, n'avait réellement rien changé à sa première résolution; mais il feignit que, par tendresse pour Dymnus, il ne pouvait lui rien refuser. Il lui demande ensuite avec qui il s'était associé pour une affaire de si grande conséquence; ajoutant que rien n'importait plus que le choix des coopérateurs dans une entreprise si mémorable. Dymnus, à qui sa passion et son crime avaient ôté le jugement, le remercie et le félicite tout à la fois de n'avoir pas hésité à se joindre à la jeunesse la plus brave, à Démérius, garde du corps, à Peucolaüs, à Nicanor; il cite encore Aphébètus, Locée, Dioxène, Archépolis, et Amyntas.

facinus pulcherrimum.	*leur* action très-belle.
Deinde appellans	Ensuite *l'*appelant
alias effeminatum	tantôt efféminé
et timidum muliebriter,	et timide comme-une-femme,
alias proditorem amatoris,	tantôt traître de *son* amant, [menses,
promittens nunc ingentia,	promettant maintenant des choses im-
interdumque	et parfois
regnum quoque,	la royauté même,
versabat animum	il retournait *son* âme
abhorrentem procul	étant éloignée de-loin (beaucoup)
facinore tanto.	d'un forfait si-grand.
Deinde admovens	Ensuite approchant
gladium strictum	*son* épée tirée
modo jugulo illius,	tantôt à la gorge de celui-là,
modo suo,	tantôt à la sienne,
idem supplex et infestus,	le même suppliant et menaçant,
expressit tandem	il arracha enfin *cela*
ut polliceretur	qu'il promît
non solum silentium	non-seulement le silence
sed etiam operam.	mais encore travail (aide).
Namque, animi	Car *Nicomaque*, d'une âme
constantis abunde	ferme amplement
et dignus qui esset pudicus,	et digne qu'il fût pudique,
mutaverat nihil	n'avait changé rien
ex voluntate pristina,	de *sa* volonté précédente,
sed simulabat	mais il feignait
se captum amore Dymni	lui-même pris par l'amour de Dymnus
recusare nihil.	ne refuser rien.
Pergit inde sciscitari	Il continue de-là (ensuite) à interroger
cum quibus inisset	avec qui il avait formé
societatem rei tantæ:	association d'une chose si-grande :
referre plurimum	importer le plus
quales viri	quels hommes [mains
essent admoturi manus	étaient devant approcher (mettre) les
operi tam memorabili.	à une œuvre si mémorable.
Ille, malesanus	Lui, peu-sensé (aveuglé)
et amore et scelere,	et par l'amour et par le crime,
simul agit gratias,	en-même-temps rend grâces,
simul gratulatur;	en-même-temps félicite
quod non dubitasset	de-ce-qu'il n'avait pas hésité
se jungere	à se joindre
fortissimis juvenum,	aux plus courageux des jeunes-gens,
Demetrio custodi corporis,	à Démétrius garde du corps,
Peucolao, Nicanori;	à Peucolaüs, à Nicanor;
adjicit his Aphœbetum,	il ajoute à ceux-ci Aphébétus,
Loceum, Dioxenum,	Locée, Dioxène,
Archeolimet Amyntam.	Archépolis et Amyntas.

Ab hoc sermone dimissus, Nicomachus ad fratrem (Cebalino erat nomen) quæ acceperat defert. Placet ipsum subsistere in tabernaculo, ne, si regiam intrasset, non assuetus adire regem, conjurati proditos se esse resciscerent. Ipse Cebalinus ante vestibulum regiæ (neque enim propius aditus ei patebat) consistit, opperiens aliquem ex prima cohorte amicorum[1], quo introduceretur ad regem. Forte, ceteris dimissis, unus Philotas, Parmenionis filius, incertum quam ob causam, substiterat in regia. Huic Cebalinus, ore confuso magnæ perturbationis notas præ se ferens, aperit quæ ex fratre compererat, et sine cunctatione nuntiari regi jubet. Philotas, collaudato eo, protinus intrat ad Alexandrum; multoque invicem de aliis rebus consumpto sermone, nihil eorum, quæ ex Cebalino cognoverat, nuntiat. Sub vesperam eum prodeuntem in vestibulo regiæ excipit juvenis, an mandatum exsecutus foret requirens. Ille, non vacasse sermoni

Au sortir de cet entretien, Nicomaque va rendre compte de ce qu'il a appris à son frère, nommé Cébalinus. Ils arrêtent que Nicomaque restera dans sa tente, de peur que si contre son habitude il entrait chez le roi, les conjurés ne vinssent à savoir qu'ils étaient trahis. Quant à Cébalinus, il se tint devant le vestibule de la tente royale, n'ayant pas droit d'aller plus avant, et il attendit quelqu'un de la première cohorte des hétaires qui pût l'introduire auprès du prince. Tous les autres avaient été congédiés; seul Philotas, fils de Parménion, était resté dans la tente royale, on ne sait pourquoi. Cébalinus, le visage bouleversé, et portant les marques d'un grand trouble, lui découvre ce qu'il avait appris de son frère et le prie d'en instruire le roi sans délai. Philotas lui donne des louanges, et entre aussitôt chez Alexandre; ils s'entretiennent longtemps d'autres objets, et Philotas ne lui dit pas un mot de ce que Cébalinus lui avait rapporté. Comme il sortait sur le soir, le jeune homme l'arrête dans le vestibule, et lui demande s'il a fait ce dont il l'avait prié.

Nicomachus dimissus	Nicomaque congédié
ab hoc sermone	à-la-suite-de cet entretien
defert ad fratrem	rapporte à *son* frère
(nomen erat Cebalino)	(nom était *à lui* Cébalinus)
quæ acceperat.	les choses qu'il avait reçues (apprises).
Placet ipsum subsistere	Il plaît (ils conviennent) lui-même rester
in tabernaculo,	dans sa tente,
ne si non assuetus	de-peur-que si *lui* non accoutumé
adire regem,	à aller-vers le roi,
intrasset regiam,	était entré-dans la tente-royale,
conjurati resciscerent	les conjurés ne vinssent-à-savoir
se proditos esse.	eux-mêmes avoir été trahis.
Cebalinus ipse consistit	Cébalinus lui-même se tient
ante vestibulum regiæ	devant le vestibule de la tente-royale
(neque enim aditus	(ni en-effet l'accès
patebat ei propius),	n'était-ouvert à lui plus près),
opperiens aliquem	attendant quelqu'un
ex prima cohorte	de la première cohorte
amicorum,	des amis (des hétaires),
quo introduceretur	par lequel il fût introduit
ad regem.	auprès du roi. [congédiés,
Forte, ceteris dimissis,	Par-hasard, tous les autres ayant été
unus Philotas,	seul Philotas,
filius Parmenionis,	fils de Parménion,
substiterat in regia,	était resté dans la tente-royale,
incertum ob quam causam.	*il est* incertain pour quelle cause.
Cebalinus, ore confuso,	Cebalinus, le visage bouleversé,
ferens præ se notas	portant devant lui-même les marques
magnæ perturbationis,	d'un grand trouble,
aperit huic	découvre à celui-ci
quæ compererat ex fratre,	les choses qu'il avait apprises de son frère,
et jubet nuntiari regi	et ordonne *elles* être annoncées au roi
sine cunctatione.	sans temporisation.
Eo collaudato,	Celui-là ayant été loué,
Philotas intrat protinus	Philotas entre aussitôt
ad Alexandrum;	vers Alexandre;
sermoneque multo	et un entretien abondant (long)
consumpto invicem	ayant été épuisé réciproquement
de aliis rebus,	sur d'autres choses,
nuntiat nihil eorum	il n'annonce rien de ces choses
quæ cognoverat ex Cebalino.	qu'il avait connues de Cébalinus.
Juvenis excipit	Le jeune-homme reçoit (arrête)
in vestibulo regiæ	dans le vestibule de la tente-royale
eum prodeuntem	lui sortant
sub vesperam,	vers le soir,
requirens an exsecutus foret	demandant s'il avait exécuté
mandatum.	la chose confiée.

suo regem causatus, discessit. Postero die, Cebalinus venienti in regiam præsto est, intrantemque admonet pridie communicatæ cum ipso rei. Ille curæ sibi esse respondit, ac ne tum quidem regi quæ audierat aperit. Cœperat Cebalino esse suspectus. Itaque, non ultra interpellandum ratus, nobili juveni (Metron erat ei nomen), super armamentarium posito, quod scelus pararetur indicat. Ille, Cebalino in armamentario abscondito, protinus regi, corpus forte curanti [1], quid ei index detulisset ostendit.

Rex, ad comprehendendum Dymnum missis satellitibus, armamentarium intrat. Ibi Cebalinus, gaudio elatus ; « Habeo te, inquit, incolumem ex impiorum manibus ereptum. » Percontatus deinde Alexander quæ noscenda erant, ordine cuncta cognoscit. Rursusque institit quærere quotus dies esset ex quo Nicomachus ad eum detulisset indicium. Atque illo fatente jam tertium esse, existimans haud incor-

Celui-ci dit que non, alléguant que le roi n'avait pas eu le temps de l'écouter et se retire. Le lendemain Cébalinus se présente à lui comme il entrait chez le roi, et lui rappelle ce qu'il lui a communiqué la veille. Philotas répond qu'il y pense sérieusement, et cependant il ne dit encore rien au roi de ce qu'il avait appris. Cela commence à le rendre suspect à Cébalinus. Jugeant donc qu'il ne fallait plus s'adresser à lui, il découvre l'attentat qui se tramait à un jeune noble nommé Métron, qui avait l'intendance de l'arsenal. Celui-ci y cache Cébalinus, et va sur-le-champ rendre compte de cette délation au roi, qui se trouvait alors dans le bain.

Le roi envoie d'abord des gardes pour arrêter Dymnus, puis il passe à l'arsenal. Aussitôt Cébalinus s'écrie, transporté de joie : « Je vous vois donc enfin hors de danger, et sauvé des mains des traîtres ! » Alexandre l'interroge ensuite sur ce qu'il désirait savoir, et apprend tout de point en point. Il lui demande aussi depuis combien de jours Nicomaque lui avait fait ce rapport. Cébalinus avoua qu'il y avait trois jours. Le roi pensant alors que ce n'était pas sans con-

Ille causatus regem non vacasse suo sermoni, discessit.	Lui ayant prétexté le roi n'avoir pas-eu-de-loisir pour son entre- se retira. [tien (pour l'écouter),
Die postero, Cebalinus est praesto venienti in regiam, admonetque intrantem rei communicatae pridie cum ipso.	Le jour d'-après, Cébalinus est en-présence à *lui* venant dans la tente-royale, et il avertit *lui* entrant de la chose communiquée la veille avec (à) lui-même.
Ille respondit esse curae sibi, ac ne quidem tum aperit regi quae audierat.	Lui répondit *la chose* être à soin à lui-même, et pas même alors [avait entendues. il ne découvre au roi les choses qu'il
Coeperat esse suspectus Cebalino.	Il commençait à être suspect à Cébalinus.
Itaque ratus non interpellandum ultra, indicat juveni nobili (Metron erat nomen ei) posito super armamentarium, quod scelus pararetur.	En-conséquence ayant pensé *lui* ne devoir pas être interpellé au-delà, il révèle à un jeune-homme noble (Métron était nom à lui) placé sur (à la tête de) l'arsenal, quel crime était préparé.
Cebalino abscondito in armamentario, ille ostendit protinus regi, curanti corpus forte, quid index detulisset ei.	Cébalinus ayant été caché dans l'arsenal, celui-ci montra aussitôt au roi, soignant *son* corps par hasard, quelle chose le dénonciateur avait révélée à lui.
Satellitibus missis [num, ad comprehendendum Dym- rex intrat armamentarium.	Des gardes ayant été envoyés pour saisir Dymnus, le roi entre-dans l'arsenal.
Ibi Cebalinus, elatus gaudio, « Habeo te, inquit, incolumem, ereptum ex manibus impiorum. »	Là (alors) Cébalinus, transporté de joie, « J'ai toi, dit-il, sain-et-sauf, arraché des mains des impies. »
Deinde Alexander percontatus quae erant noscenda, cognoscit cuncta ordine.	Ensuite Alexandre ayant interrogé [connues, *sur* les choses qui étaient devant être apprend toutes choses par ordre.
Instititque rursus quaerere quotus dies esset ex quo Nicomachus detulisset indicium ad eum.	Et il continua de-nouveau à demander quel jour était depuis que Nicomaque avait déféré la dénonciation à lui.
Atque illo fatente tertium diem esse jam,	Et celui-là avouant le troisième jour être déjà,

rupta fide tanto post deferre quæ audierat, vinciri eum jussit. Ille clamitare cœpit, eodem temporis momento quo audisset, ad Philotam decurrisse; ab eo percontaretur. Rex item quærens an Philotam adisset, an institisset ei ut perveniret ad se, perseverante eo affirmare quæ dixerat, manus ad cœlum tendens, manantibus lacrimis, hanc sibi a carissimo quondam amicorum relatam gratiam querebatur. Inter hæc Dymnus, haud ignarus quam ob causam arcesseretur a rege, gladio, quo forte erat cinctus, graviter se vulnerat, occursuque satellitum inhibitus, perfertur in regiam. Quem intuens rex : « Quod, inquit, in te, Dymne, tantum cogitavi nefas, ut tibi Macedonum regno dignior Philotas me quoque ipso videretur ? » Illum jam defecerat vox. Itaque, edito gemitu, vultuque a conspectu regis averso, subinde collapsus exstinguitur.

Rex, Philota venire in regiam jusso : « Cebalinus, inquit,

nivence qu'il révélait si tard ce qu'il savait, le fait mettre aux fers. Cébalinus s'écrie, que, dès l'instant qu'il en avait eu l'avis, il s'était hâté de s'adresser à Philotas; qu'on pouvait le savoir de lui. Le roi lui demanda encore, s'il s'était adressé à Philotas, s'il avait insisté pour lui être présenté ; et, comme Cébalinus persista à soutenir la vérité de ce qu'il avait dit, le prince, levant alors les mains au ciel, et les yeux pleins de larmes, se plaignit de trouver une telle reconnaissance dans un homme qui était jadis le plus cher de ses amis. Cependant Dymnus, qui n'ignorait pas pourquoi le roi l'envoyait chercher, se blessa grièvement de l'épée qu'il avait à son côté ; l'arrivée des gardes l'empêcha d'achever ; ils le portèrent chez le roi. Ce prince lui dit, en le regardant : « Quel si grand crime ai-je donc médité envers toi, Dymnus, pour que Philotas te paraisse plus digne que moi-même du royaume de Macédoine ? » Mais Dymnus avait déjà perdu la parole. Il poussa un gémissement, en détournant le visage de dessus le roi, puis tomba en défaillance et mourut.

Alexandre fit alors venir Philotas : « Cébalinus, lui dit-il, qui

jussit eum vinciri,	il ordonna lui être enchaîné,
existimans	pensant
haud fide incorrupta	non *sa* fidélité *étant* non-corrompue
deferre tanto post	*lui* déférer tellement après
quæ audierat.	les choses qu'il avait entendues.
Ille cœpit clamitare	Lui commença à crier
decurrisse ad Philotam	*lui-même* avoir couru vers Philotas
eodem momento temporis	dans le même moment de temps
quo audisset;	dans lequel il avait entendu *cela*;
percontaretur ab eo.	qu'il *le* demandât à lui.
Rex quærens item	Le roi questionnant de-même
an adisset Philotam,	s'il avait abordé Philotas,
an institisset ei	s'il avait pressé lui [dre),
ut perveniret ad se,	afin qu'il parvînt vers lui-même (Alexan-
eo perseverante affirmare	celui-là persévérant à affirmer
quæ dixerat,	les choses qu'il avait dites,
tendens manus ad cœlum,	*le roi* tendant les mains vers le ciel,
lacrimis manantibus,	*ses* larmes coulant,
querebatur hanc gratiam	se plaignait cette reconnaissance
relatam sibi	*avoir été* rendue à lui-même
a carissimo quondam	par le plus cher jadis
amicorum.	de *ses* amis.
Inter hæc Dymnus,	Pendant ces choses Dymnus,
haud ignarus	n'ignorant pas
ob quam causam	pour quelle cause
arcesseretur a rege,	il était mandé par le roi,
se vulnerat graviter	se blesse grièvement
gladio quo forte	de l'épée de laquelle par-hasard
cinctus erat,	il était ceint,
inhibitusque	et arrêté
occursu satellitum,	par l'arrivée des gardes,
perfertur in regiam.	il est porté dans la tente-royale.
Quem rex intuens :	Lequel le roi regardant :
« Quod nefas tantum, inquit,	« Quel crime si-grand, dit-il,
cogitavi in te, Dymne,	ai-je médité contre toi, Dymnus,
ut Philotas videretur tibi	pour-que Philotas parût à toi
dignior regno Macedonum	plus digne du royaume des Macédoniens,
me ipso quoque? »	que moi-même aussi? »
Vox defecerat jam illum.	La voix avait déjà abandonné celui-là.
Itaque, gemitu edito,	En-conséquence, un gémissement ayant
vultuque averso	et *son* visage détourné [été poussé
a conspectu regis,	de la vue du roi,
collapsus	s'étant évanoui
subinde exstinguitur.	peu-après il s'éteint.
Philota jusso	Philotas ayant reçu-l'-ordre
venire in regiam :	de venir dans la tente-royale :
« Cebalinus, inquit rex,	« Cebalinus, dit le roi,

ultimum supplicium meritus, si in caput meum præparatas insidias biduo texit, hujus criminis reum Philotam substituit, ad quem protinus indicium detulisse se affirmat. Quo propiore gradu amicitiæ me contingis, hoc majus est dissimulationis tuæ facinus; et ego Cebalino magis quam Philotæ id convenire fateor. Faventem habes judicem, si quod admitti non oportuit, saltem negari potest. » Ad hoc Philotas, haud sane trepidus, si animus vultu æstimaretur, Cebalinum quidem scorti sermonem ad se detulisse, sed ipsum tam levi auctori nihil credidisse respondit, veritum ne jurgium inter amatorem et exoletum, non sine risu aliorum, detulisset. Quum Dymnus interemerit se ipsum, qualiacumque erant, non fuisse reticenda. Complexusque regem, orare cœpit ut præteritam vitam potius quam culpam, silentii tamen, non facti ullius, intueretur. Haud facile dixerim credideritne ei

est digne du dernier supplice, s'il a gardé pendant deux jours le secret d'une conspiration tramée contre moi, se décharge de cette accusation sur Philotas, à qui il affirme avoir dénoncé aussitôt cet attentat. Plus tu as de part à mon amitié, plus ton silence est criminel; et j'avoue que ce procédé est plus croyable de Cébalinus que de Philotas; mais tu as un juge favorablement disposé, si tu peux du moins nier un crime que tu n'as pas dû commettre. » Alors Philotas répond avec tranquillité, si l'on peut juger de l'état de l'âme par le visage, que Cébalinus, à la vérité, lui avait rapporté l'entretien d'un prostitué, mais qu'il n'avait donné aucune croyance à une autorité si peu digne de foi, dans la crainte de s'exposer à la risée de tout le monde, en ne rendant compte que d'une querelle amoureuse entre deux infâmes; que Dymnus néanmoins s'étant tué lui-même, il sentait qu'il n'aurait pas dû garder le silence sur cette dénonciation, quelle qu'elle fût. Puis embrassant les genoux du roi, il le supplie d'avoir plus d'égard à sa conduite passée qu'à une faute où on n'avait du moins à lui reprocher que son silence, et non un acte. Il n'est pas aisé de dire, si le roi crut ses protestations ou s'il

meritus	ayant mérité
ultimum supplicium,	le dernier supplice,
si texit biduo	s'il a couvert un-espace-de-deux-jours
insidias præparatas	des embûches préparées
in meum caput,	contre ma tête,
substituit Philotam	substitue Philotas
reum hujus criminis,	*comme* prévenu de cette accusation,
ad quem affirmat	vers lequel *Philotas* il affirme
se detulisse protinus	lui-même avoir déféré aussitôt
indicium.	la dénonciation.
Facinus tuæ dissimulationis	L'acte (le crime) de ta dissimulation
est majus hoc	est plus grand par cela
quo contingis me	que tu touches moi
gradu amicitiæ propiore;	d'un degré d'amitié plus proche;
et ego fateor id	et moi j'avoue cela
convenire magis Cebalino	convenir plus à Cébalinus
quam Philotæ.	qu'à Philotas.
Habes judicem faventem,	Tu as un juge *te* favorisant,
si quod oportuit	si *ce* qu'il fallut
non admitti,	n'être pas commis
potest saltem negari. »	peut au-moins être nié. »
Philotas,	Philotas,
haud sane trepidus,	non assurément troublé,
si animus æstimaretur	si l'âme était appréciée
vultu,	par le visage,
respondit ad hoc,	répondit à ceci,
Cebalinum detulisse quidem	Cébalinus avoir déféré à-la-vérité
ad se	vers lui-même
sermonem scorti,	l'entretien d'un prostitué,
sed ipsum credidisse nihil	mais lui-même n'avoir cru en rien
auctori tam levi,	à un auteur (à une autorité) si léger,
veritum ne detulisset	ayant craint qu'il n'eût déféré
non sine risu aliorum	non sans le rire des autres
jurgium inter amatorem	une querelle entre un amant
et exoletum.	et un débauché.
Quum Dymnus	Puisque Dymnus
interemerit se ipsum,	a fait-périr lui-même,
qualiacumque erant,	*ces choses* quelles-qu-'elles fussent
non fuisse reticenda.	n'avoir pas dû être tues.
Complexusque regem,	Et ayant embrassé le roi,
cœpit orare ut intueretur	il commença à *le* prier qu'il considérât
vitam præteritam	sa vie passée
potius quam culpam,	plutôt qu'une faute,
silentii tamen,	de silence cependant,
non ullius facti.	non d'aucun acte.
Haud dixerim facile,	Que je n'aie pas dit facilement
rexne crediderit ei,	si le roi crut à lui,

rex, an altius iram suppresserit; dextram reconciliatæ gratiæ pignus obtulit, et contemptum magis quam celatum indicium esse videri sibi dixit.

VIII. Advocato tamen consilio amicorum, cui tum Philotas adhibitus non est, Nicomachum introduci jubet. Is eadem quæ detulerat ad regem ordine exposuit. Erat Craterus regi carus in paucis, et eo Philotæ, ob æmulationem dignitatis, adversus; neque ignorabat sæpe Alexandri auribus nimia jactatione virtutis atque operæ gravem fuisse, et ob ea non quidem sceleris, sed contumaciæ tamen esse suspectum. Non aliam premendi inimici occasionem aptiorem futuram ratus, odio suo pietatis præferens speciem : « Utinam, inquit, in principio quoque hujus rei nobiscum deliberasses! Suasissem ut, si Philotæ velles ignoscere, patereris potius ignorare eum quantum deberet tibi, quam, usque ad mortis metum adductum, cogeres potius de periculo suo quam de tuo cogitare beneficio. Ille enim semper insidiari tibi poterit; tu non

dissimula son ressentiment ; mais il lui donna la main en signe de réconciliation, et lui dit qu'il lui paraissait effectivement avoir plutôt dédaigné que caché cette dénonciation.

VIII. Cependant il convoque le conseil de ses amis, sans y appeler Philotas, et fait entrer Nicomaque. Celui-ci expose de point en point ce qu'il avait rapporté au roi. Cratère était l'un des plus intimes favoris du prince, et conséquemment ennemi de Philotas par rivalité de crédit. Il n'ignorait pas que celui-ci avait souvent importuné le roi, par la complaisance avec laquelle il rappelait sa valeur et ses services, et que par là il s'était rendu suspect, non de projets criminels, mais d'esprit de révolte. Persuadé que jamais il n'aurait une plus belle occasion d'accabler son ennemi, et couvrant sa haine du voile de l'attachement à son prince : « Plût aux dieux, dit-il, que dès le commencement de cette affaire vous nous eussiez consultés! Je vous aurais conseillé, si vous vouliez pardonner à Philotas, de lui laisser ignorer quelle obligation il vous avait, au lieu de le mettre dans le cas, en lui faisant voir la mort de si près, de se rappeler plutôt le danger qu'il aurait couru, que la grâce que vous

an suppresserit altius iram ;	ou s'il refoula plus profondément sa co- [lère ;
obtulit dextram	il lui offrit la main droite
pignus gratiæ reconciliatæ,	gage de sa faveur réconciliée.
et dixit indicium	et il dit la dénonciation
videri sibi contemptum	paraître à lui-même méprisée
magis quam celatum.	plutôt que cachée.
VIII. Consilio amicorum,	VIII. Le conseil de ses amis,
cui Philotas	auquel Philotas
non adhibitus est tum,	ne fut pas appelé alors,
advocato tamen, [duci.	ayant été convoqué cependant,
jubet Nicomachum intro-	il ordonne Nicomaque être introduit.
Is exposuit ordine eadem	Celui-ci exposa par ordre les mêmes cho-
quæ detulerat ad regem.	qu'il avait déférées au roi. [ses
Craterus erat	Cratère était
carus regi in paucis ;	cher au roi entre peu ;
et eo adversus Philotæ,	et par cela contraire à Philotas,
ob æmulationem dignitatis ;	à cause de la rivalité de considération ;
neque ignorabat	et il n'ignorait pas
fuisse sæpe gravem	lui avoir été souvent pesant (désagréable)
auribus Alexandri	aux oreilles d'Alexandre
jactatione nimia	par une ostentation excessive [vices),
virtutis atque operæ,	de son courage et de son aide (de ses ser-
et esse suspectum ob ea	et être suspect à cause de ces choses
non sceleris quidem,	non de crime à-la-vérité,
sed tamen contumaciæ.	mais cependant de résistance.
Ratus non aliam occasionem	Ayant pensé non une autre occasion
inimici premendi	de son ennemi devant être accablé
fore aptiorem,	devoir être plus favorable,
præferens suo odio	mettant-devant sa haine
speciem pietatis :	une apparence de piété :
« Utinam, inquit,	« Plût-aux-dieux-que, dit-il,
deliberasses nobiscum	tu eusses délibéré avec-nous
in principio quoque	dans le commencement même
hujus rei !	de cette chose !
Suasissem ut,	J'aurais conseillé que,
si velles ignoscere Philotæ,	si tu voulais pardonner à Philotas,
patereris potius	tu souffrisses plutôt
eum ignorare	lui ignorer
quantum deberet tibi,	combien il devait à toi,
quam cogeres adductum	que tu ne forçasses lui amené
usque ad metum mortis,	jusqu'à la crainte de la mort,
cogitare potius	à songer plutôt
de suo periculo	touchant son péril
quam de tuo beneficio.	que touchant ton bienfait.
Ille enim poterit semper	Lui en-effet pourra toujours
insidiari tibi ;	tendre-des-embûches à toi ;

semper Philotæ poteris ignoscere. Nec est quod existimes eum qui tantum facinus ausus est, venia posse mutari; scit eos qui misericordiam consumpserunt, amplius sperare non posse. At ego, etiamsi ipse vel pœnitentia, vel beneficio tuo victus quiescere volet, patrem ejus Parmenionem, tanti ducem exercitus, et inveterata apud milites tuos auctoritate, haud multum infra magnitudinis tuæ fastigium positum, scio non æquo animo salutem filii sui debiturum tibi. Quædam beneficia odimus; meruisse mortem confiteri pudet. Superest ut malit videri injuriam accepisse quam vitam. Proinde scito tibi cum illis de salute esse pugnandum. Satis hostium superest, ad quos persequendos ituri sumus; latus a domesticis hostibus muni; hos si submoves, nihil metuo ab externo. »

Hæc Craterus. Nec ceteri dubitabant quin conjurationis indicium suppressurus non fuisset, nisi auctor aut particeps.

---

lui auriez faite. Car il pourra toujours conspirer contre vous, tandis que vous ne pourrez pas toujours lui pardonner. Et n'allez pas croire qu'après avoir osé se rendre coupable d'un si grand crime, il puisse être changé par un pardon; il sait bien qu'après avoir épuisé la clémence on n'a plus rien à espérer. Mais je veux que, touché de repentir ou de reconnaissance pour votre bonté, il reste désormais tranquille; je suis sûr que Parménion, son père, qui commande une si nombreuse armée et jouit sur vos soldats d'une autorité si ancienne, Parménion, dont le rang est bien peu au-dessous de votre grandeur, sera peu satisfait de vous devoir la vie de son fils. Il est des bienfaits que nous avons en horreur; on a honte d'avouer qu'on a mérité la mort. Nécessairement il aimera mieux paraître avoir essuyé une injustice, qu'avoir reçu grâce de la vie. Sachez donc que vous avez désormais à défendre votre tête contre eux. Il nous reste assez d'ennemis à poursuivre; défendez seulement vos jours contre vos ennemis domestiques; ceux-ci écartés, je ne crains rien des ennemis du dehors. »

Tel fut le langage de Cratère; et les autres ne doutaient pas non plus que Philotas n'aurait pas supprimé l'avis de la conjuration, s'il n'en avait été l'auteur ou le complice. En effet, quel homme pieux

tu non poteris semper	toi tu ne pourras toujours
ignoscere Philotæ.	pardonner à Philotas.
Nec est quod existimes,	Ni il n'est que tu penses
cum qui ausus est	celui qui a osé
facinus tantum,	un forfait si-grand,
posse mutari venia;	pouvoir être changé par le pardon;
scit eos qui consumpserunt	il sait ceux qui ont épuisé
misericordiam,	la miséricorde,
non posse sperare amplius.	ne pouvoir l'espérer davantage.
At, etiamsi ipse	Mais, même-si lui-même
victus vel pœnitentia	vaincu ou par le repentir
vel tuo beneficio,	ou par ton bienfait,
volet quiescere,	voudra rester-tranquille,
ego scio	moi je sais
Parmenionem, patrem ejus,	Parménion, père de lui,
ducem exercitus tanti,	chef d'une armée si-grande,
et auctoritate inveterata	et d'une autorité invétérée
apud tuos milites,	auprès de tes-soldats,
positum haud multum infra	placé non beaucoup au-dessous
fastigium	de l'élévation
tuæ magnitudinis,	de ta grandeur,
debiturum tibi	devoir être-redevable à toi
non animo æquo	non *avec* un esprit égal (satisfait)
salutem sui filii.	du salut de son fils.
Odimus quædam beneficia;	Nous haïssons certains bienfaits;
pudet confiteri	nous rougissons d'avouer
meruisse mortem.	avoir mérité la mort.
Superest ui malit	Il reste qu'il aime-mieux
videri accepisse	paraître avoir reçu
injuriam quam vitam.	une injure que la vie.
Proinde scito	Ainsi-donc sache
pugnandum esse tibi	être à-combattre à toi
cum illis de salute.	avec eux touchant *ton* salut.
Satis hostium superest	Assez d'ennemis reste (restent)
ad quos persequendos	vers lesquels devant être poursuivis
sumus ituri;	nous sommes devant aller;
muni latus	défends *ton* côté
ab hostibus domesticis;	des ennemis domestiques;
si submoves hos,	si tu écartes ceux-ci,
metuo nihil ab externo. »	je ne crains rien de *l'ennemi* étranger. »
Craterus hæc.	Cratère *dit* ces choses.
Nec ceteri dubitabant quin	Ni tous-les-autres ne doutaient que
non fuisset suppressurus	il n'eût pas été devant étouffer
indicium conjurationis,	la dénonciation de la conjuration,
nisi auctor aut particeps.	sinon *étant* auteur ou complice.
« Quem hominem enim	« Quel homme en-effet
pium et mentis bonæ,	pieux et d'une intention bonne,

« Quem enim pium et bonæ mentis, non amicum modo, sed ex ultima plebe, auditis quæ ad eum delata erant, non protinus ad regem fuisse cursurum? Ne Cebalini quidem exemplo, qui ex fratre comperta ipsi nuntiasset, Parmenionis filium, præfectum equitatus, omnium arcanorum regis arbitrum? Simulasse etiam non vacasse sermoni suo regem, ne index alium internuntium quæreret. Nicomachum, religione quoque deûm adstrictum, conscientiam suam exonerare properasse; Philotam, consumpto per ludum jocumque pæne toto die, gravatum esse pauca verba, ad caput regis pertinentia, tam longo et forsitan supervacuo inserere sermoni. At enim, si non credidisset talia deferentibus pueris, cur igitur extraxisset biduum, tanquam indicio haberet fidem? Dimittendum fuisse Cebalinum, si delationem ejus damnabat. In suo quemque periculo magnum animum habere; quum de salute regis timeretur, credulos esse debere, vana

ou animé de bons sentiments, non seulement parmi les amis du prince, mais même dans la lie du peuple, n'eût couru aussitôt chez le roi, après avoir entendu la déclaration qu'on lui avait faite? Et l'exemple même de Cébalinus, qui lui avait révélé ce qu'il tenait de son frère, n'avait pu déterminer le fils de Parménion, le chef de la cavalerie, le dépositaire de tous les secrets du prince? Il avait même feint de n'avoir pu parler au roi, afin que le dénonciateur ne cherchât point d'autre intermédiaire. Nicomaque, quoique lié par un serment, s'était hâté de décharger sa conscience; et Philotas, qui avait passé presque tout le jour en jeux et en plaisanteries, n'avait pas voulu se donner la peine, dans un entretien si long et peut-être inutile, de toucher quelques mots d'une affaire où la vie du roi était compromise. Mais il n'avait pas ajouté foi aux jeunes étourdis qui lui avaient fait ce rapport? Pourquoi donc avoir traîné la chose pendant deux jours, comme s'il y croyait? Il aurait dû renvoyer Cébalinus, s'il n'ajoutait pas foi à ses révélations. Chacun, dans son propre péril, peut faire montre de courage; mais

non modo amicum,	non-seulement ami *du roi*,
sed etiam ex ultima plebe,	mais encore de la dernière plèbe,
non fuisse cursurum	n'avoir pas été devant courir
protinus ad regem,	aussitôt vers le roi,
quæ delata erant ad eum,	les choses qui avaient été déférées à lui,
auditis?	ayant été entendues?
Filium Parmenionis,	Le fils de Parménion,
præfectum equitatus,	commandant de la cavalerie,
arbitrum	confident
omnium arcanorum regis,	de tous les secrets du roi,
ne quidem	n'avoir pas même *dénoncé cela*
exemplo Cebalini,	par (à) l'exemple de Cébalinus,
qui nuntiasset ipsi	qui avait annoncé à lui-même (Philotas)
comperta ex fratre?	les choses sues de son frère?
Simulasse etiam	*Lui* avoir feint même
regem non vacasse	le roi n'avoir pas eu-de-loisir
suo sermoni,	pour son entretien,
ne index quæreret	de-peur-que le dénonciateur ne cherchât
alium internuntium.	un autre intermédiaire.
Nicomachum,	Nicomaque,
adstrictum quoque	lié même
religione deûm,	par la crainte-religieuse des dieux,
properasse exonerare	s'être hâté de décharger
suam conscientiam;	sa conscience;
die pene toto consumpto	[passé le jour presque tout-entier ayant été
per ludum jocumque,	par le jeu et la plaisanterie,
Philotam gravatum esse	Philotas avoir trouvé-pesant
inserere sermoni	d'intercaler-dans un entretien
tam longo	si long
et forsitan supervacuo	et peut-être superflu
pauca verba pertinentia	peu de paroles ayant-rapport
ad caput regis.	à la tête (la vie) du roi.
At enim si non credidisset	Mais en-effet s'il n'avait pas cru
pueris deferentibus talia,	à des enfants déférant de telles choses,
cur igitur extraxisset	pourquoi donc aurait-il traîné *la chose*
biduum,	l'espace-de-deux-jours,
tanquam haberet fidem	comme-s'il avait foi
indicio?	à la dénonciation?
Cebalinum	Cébalinus
fuisse dimittendum,	avoir été devant être congédié,
si damnabat	s'il condamnait
delationem ejus.	le rapport de lui.
Quemque habere	Chacun avoir
in suo periculo	dans son danger
magnum animum;	un grand courage;
quum timeretur	lorsqu'il était craint
de salute regis,	touchant le salut du roi,

quoque deferentes admittere. » Omnes igitur quæstionem de eo, ut participes sceleris indicare cogeretur, habendam esse decernunt. Rex admonitos ut consilium silentio premerent dimittit. Pronuntiari deinde iter in posterum diem jubet, ne qua novi initi consilii daretur nota. Invitatus est etiam Philotas ad ultimas ipsi epulas; et rex non cœnare modo, sed etiam familiariter colloqui cum eo quem damnaverat sustinuit. Secunda deinde vigilia [1], luminibus exstinctis, cum paucis in regiam coeunt Hephæstion et Craterus et Cœnus et Erigyius, hi ex amicis; ex armigeris autem Perdiccas et Leonnatus. Per hos imperatum ut, qui ad prætorium excubabant, armati vigilarent.

Jam ad omnes aditus dispositi erant milites; equites quoque itinera obsidere jussi, ne quis ad Parmenionem, qui tum Mediæ magnisque copiis præerat, occultus evaderet. Attarras autem cum trecentis armatis intraverat regiam; huic

quand la vie du prince est en jeu, il faut être crédule, il faut même écouter les avis les plus vains. Ils concluent donc unanimement qu'il fallait mettre Philotas à la question pour le forcer à révéler ses complices. Le roi, après avoir ordonné le silence sur ce qui venait de se passer, les congédie. Il fait ensuite publier le départ pour le lendemain, afin de ne laisser rien soupçonner de la résolution qui venait d'être prise. Il invite même Philotas à souper (ce devait être son dernier repas); et il eut le courage non-seulement de manger, mais encore de s'entretenir familièrement avec celui qu'il avait condamné. Vers la seconde veille, lorsque les lumières furent éteintes, arrivèrent dans la tente royale avec peu de gens, Héphestion, Cratère, Cénus et Érigyius, qui étaient des hétaires, et avec eux Perdiccas et Léonnat, qui étaient dans les gardes. On leur fit donner ordre à ceux qui étaient de service à la porte du roi, de passer la nuit sous les armes.

On avait déjà disposé des soldats sur toutes le avenues; des cavaliers faisaient le guet sur les routes, de peur que quelqu'un n'allât furtivement avertir Parménion, qui commandait alors en Médie, et avait à ses ordres une grande armée. D'autre part Attarras

debere esse credulos.	*eux* devoir être crédules,
admittere	devoir admettre
deferentes quoque vana. »	*ceux* déférant même des choses vaines.»
Omnes igitur decernunt	Tous donc décident
quæstionem	la question
habendam esse de eo,	devoir être eue (avoir lieu) touchant lui,
ut cogeretur indicare	afin-qu'il fût forcé de révéler
participes sceleris.	les complices du crime.
Rex dimittit admonitos	Le roi congédie *eux* avertis
ut premerent silentio	qu'ils étouffassent par le silence
consilium.	la résolution.
Deinde jubet	Ensuite il ordonne
iter pronuntiari	la marche être annoncée
in diem posterum,	pour le jour d'-après,
ne qua nota daretur	de peur-que quelque marque ne fût don- [née
novi consilii initi.	de la nouvelle résolution formée.
Philotas	Philotas
invitatus est etiam	fut invité même même,
ad epulas ultimas ipsi,	au repas *devant être* le dernier pour lui-
et rex sustinuit	et le roi soutint (eut le courage)
non modo cœnare,	non-seulement de souper,
sed etiam colloqui	mais même de s'entretenir
familiariter	familièrement
cum eo quem damnaverat.	avec celui qu'il avait condamné.
Deinde secunda vigilia,	Ensuite à la seconde veille,
luminibus exstinctis,	les lumières ayant été éteintes,
Hephæstion et Craterus	Héphestion et Cratère
et Cœnus et Erigyius	et Cénus et Érigyius
coeunt in regiam	se rassemblent dans la tente-royale
cum paucis;	avec de peu-nombreux;
hi ex amicis;	ceux-ci *étaient* des amis (hétaires);
Perdiccas autem	mais Perdiccas
et Leonnatus	et Léonnat
ex armigeris.	des gardes. [ceux-ci
Imperatum per hos	Il *fut* commandé par l'entremise-de-
ut, qui excubabant	que, *ceux* qui étaient de-garde
ad prætorium,	auprès de la tente-du-général,
vigilarent armati.	veillassent armés.
Jam milites dispositi erant	Déjà des soldats avaient été disposés
ad omnes aditus;	à toutes les avenues;
equites quoque jussi	des cavaliers aussi reçurent-ordre
obsidere itinera,	d'occuper les routes, [en-secret
ne quis evaderet occultus	de-peur-que quelqu'un ne s'échappât
ad Parmenionem,	vers Parménion,
qui præerat tum Mediæ	qui commandait alors à la Médie
magnisque copiis.	et à de grandes troupes.
Attarras autem	Or Attarras,

decem satellites traduntur, quorum singulos deni armigeri sequebantur. Ii ad alios conjuratos comprehendendos distributi sunt. Attarras cum trecentis ad Philotam missus, clausum aditum domus moliebatur, quinquaginta juvenum promptissimis stipatus; nam ceteros cingere undique domum jusserat, ne occulto aditu Philotas posset elabi. Illum, sive securitate animi sive fatigatione resolutum, somnus oppresserat. Quem Attarras torpentem adhuc occupat. Tandem ei, sopore discusso, quum injicerentur catenæ : « Vicit, inquit, bonitatem tuam, rex, inimicorum meorum acerbitas. » Nec plura locutum, capite velato in regiam adducunt. Postero die rex edixit omnes armati coirent. Sex millia fere militum venerant; præterea turba lixarum calonumque impleverant regiam. Philotam armigeri agmine suo tegebant, ne ante conspici posset a vulgo quam rex allocutus milites esset. De capitalibus rebus vetusto Macedonum modo inquirebat exercitus; in pace, erat vulgi : nihil potestas regum valebat,

était entré dans le palais avec trois cents hommes armés. On mit sous ses ordres dix gardes du corps, accompagnés chacun de dix gardes, et ils furent distribués de différents côtés pour arrêter les conjurés. Attarras envoyé vers Philotas avec ses trois cents hommes, en prit cinquante des plus résolus pour forcer la porte qu'il trouva fermée; il avait commandé aux autres d'investir la maison de toute part, afin que Philotas ne pût échapper par aucune issue dérobée. Cependant, soit sécurité de conscience, soit fatigue, celui-ci dormait profondément. Attarras le saisit encore tout engourdi. A la fin s'éveillant lorsqu'on le chargeait de fers : « O roi, dit-il, la haine de mes ennemis a prévalu sur votre bonté! » Puis il se tut; on lui couvrit la tête, et on l'amena au palais. Le lendemain le roi fit assembler en armes tous les Macédoniens. Ils se trouvèrent au nombre d'environ six mille, outre quantité de vivandiers, et de goujats qui remplirent la tente royale; les gardes masquaient Philotas, pour qu'il ne parût pas aux yeux de la multitude, avant que le roi eût parlé aux soldats. Chez les Macédoniens, quand il s'agissait d'un crime capital, c'était, d'après une ancienne coutume, l'armée qui jugeait; en temps de paix, ce

intraverat regiam	était entré dans la tente royale
cum trecentis armatis ;	avec trois-cents *hommes* armés ;
decem satellites	dix gardes-du-corps
singulos quorum	chacun desquels
deni armigeri sequebantur,	dix gardes suivaient,
traduntur huic.	sont remis à celui-ci.
Hi distributi sunt	Ceux-là furent distribués
ad alios conjuratos	pour les autres conjurés
comprehendendos ;	devant être saisis ;
Attarras missus	Attarras envoyé
ad Philotam	vers Philotas
cum trecentis,	avec trois-cents *hommes*,
moliebatur	remuait (forçait)
aditum clausum domus,	l'entrée fermée de la maison,
stipatus quinquaginta	accompagné de cinquante
promptissimis juvenum ;	les plus résolus des jeunes-gens ;
nam jusserat ceteros	car il avait ordonné tous-les-autres
cingere undique domum,	ceindre de-tous-côtés la maison,
ne Philotas posset	de-peur-que Philotas ne pût
elabi aditu occulto.	s'échapper par un accès secret.
Somnus oppresserat	Le sommeil avait accablé
illum resolutum	lui détendu
sive securitate animi	soit par sécurité de l'esprit
sive fatigatione.	soit par fatigue.
Quem Attarras occupat	Lequel *Philotas* Attarras surprend
torpentem adhuc.	engourdi encore.
Tandem, sopore discusso,	Enfin, le sommeil ayant été dissipé,
quum catenæ injicerentur ei :	comme des chaînes étaient mises à lui :
« Rex, inquit, acerbitas	« Roi, dit-il, l'amertume (la haine)
meorum inimicorum	de mes ennemis
vicit tuam bonitatem. »	a vaincu ta bonté. »
Adducunt in regiam	Ils amènent dans la tente royale
capite velato	*lui* la tête voilée
nec locutum plura.	et-n'ayant pas dit plus de choses.
Die postero rex edixit	Le jour d'-après le roi ordonna
omnes coirent armati.	*que* tous se réunissent armés.
Sex millia fere militum	Six milliers presque de soldats
venerant ;	étaient venus ;
præterea turba	en outre une troupe
lixarum calonumque	de vivandiers et de goujats
impleverant regiam.	avait rempli la tente-royale.
Armigeri tegebant Philotam	Les gardes couvraient Philotas
suo agmine,	de leur bataillon, [multitude,
ne posset conspici a vulgo,	pour-qu'il ne pût être aperçu par la
antequam rex	avant-que le roi
allocutus esset milites.	eût parlé aux soldats.
Exercitus inquirebat	L'armée recherchait

nisi prius valuisset auctoritas. Igitur primum Dymni cadaver infertur, plerisque quid patrasset quove casu exstinctus esset ignaris.

IX. Rex deinde in concionem procedit, vultu præferens dolorem animi ; amicorum quoque mœstitia exspectationem haud parvam rei fecerat. Diu rex, demisso in terram vultu, attonito stupentique similis stetit; tandem recepto animo : « Pæne, inquit, milites, hominum scelere vobis ereptus sum ; deûm providentia et misericordia vivo, conspectusque vestri venerabilis cogit ut vehementius parricidis irascar, quoniam præcipuus, imo unus vitæ meæ fructus est, tot fortissimis viris et de me optime meritis referre adhuc gratiam posse. » Interrupit orationem militum gemitus, obortæque sunt omnibus lacrimæ. Tum rex : « Quanto, inquit, majorem in ani-

droit appartenait au peuple, et le pouvoir du roi ne se faisait sentir que quand son autorité avait prévalu. Donc on apporte d'abord le corps de Dymnus, la plupart des spectateurs ne sachant ni ce qu'il avait fait ni par quelle aventure il était mort.

IX. Le roi vint ensuite à l'assemblée, portant sur le visage les marques de son affliction. La tristesse des courtisans contribuait de même à tenir les esprits dans une grande attente. Le roi, les yeux baissés contre terre, resta longtemps immobile et comme interdit. Enfin s'étant remis : « Peu s'en est fallu, dit-il, soldats, que je ne vous aie été ravi par la scélératesse des hommes ; c'est à la providence et à la compassion des dieux que je dois la vie, et la vue de cette auguste assemblée redouble mon indignation contre les parricides, d'autant que pour moi le principal, que dis-je ? l'unique avantage de la vie, est de pouvoir marquer encore ma reconnaissance à tant de braves gens à qui j'ai les plus grandes obligations. » Ce discours fut interrompu par les gémissements des soldats, et il n'y en eut point à qui les larmes ne vinssent aux yeux. « Combien augmenterai-je votre indignation, reprit alors le roi,

de rebus capitalibus,	touchant les affaires capitales, [niens ;
vetusto modo Macedonum ;	par une ancienne coutume des Macédo-
in pace,	dans la paix, [multitude :
erat vulgi :	cela était de (ce droit appartenait à) la
potestas regum	le pouvoir des rois
valebat nihil,	n'avait-de-force en rien,
nisi auctoritas	à-moins-que l'autorité
valuisset prius.	n'eût eu-de-la-force d'-abord.
Igitur cadaver Dymni	Donc le cadavre de Dymnus
infertur,	est apporté,
plerisque ignaris	la plupart ignorant
quid patrasset,	quelle chose il avait commise,
quove casu exstinctus esset.	ou par quel hasard il avait été éteint.
IX. Deinde rex	IX. Ensuite le roi
procedit in concionem,	s'avance dans l'assemblée,
præferens vultu	portant-en-avant sur son visage
dolorem animi ;	la douleur de son âme ;
mœstitia quoque amicorum	la tristesse aussi de ses amis
fecerat exspectationem rei	avait fait une attente de la chose
haud parvam.	attente non petite.
Rex stetit diu,	Le roi resta-debout longtemps,
vultu demisso in terram,	le visage abaissé vers la terre,
similis attonito	semblable à un homme foudroyé
stupentique.	et frappé-de-stupeur.
Tandem animo recepto :	Enfin l'esprit étant recouvré :
« Milites, inquit,	« Soldats, dit-il,
ereptus sum pæne vobis	j'ai presque été enlevé à vous
scelere hominum ;	par le crime des hommes ;
vivo providentia	je vis par la providence
et misericordia deûm,	et la compassion des dieux,
conspectusque venerabilis	et l'aspect vénérable [cides,
vestri	de vous
cogit ut irascar parricidis,	force que je me fâche-contre les parri-
vehementius	plus violemment
quoniam fructus præcipuus,	puisque le fruit principal,
imo unus	bien-plus le seul
meæ vitæ,	de ma vie,
est posse	est de pouvoir
referre adhuc gratiam	rendre encore reconnaissance
tot viris fortissimis	à tant d'hommes très-courageux
et meritis optime de me. »	et ayant mérité très-bien de moi. »
Gemitus militum	Le gémissement des soldats
interrupit orationem,	interrompit son discours
lacrimæque	et des larmes
obortæ sunt omnibus.	vinrent à tous.
Tum rex : « Quanto, inquit,	Alors le roi : « Combien, dit-il,

mis vestris motum excitabo, quum tanti sceleris auctores ostendero! Quorum mentionem adhuc reformido, et, tanquam salvi esse possint, nominibus abstineo. Sed vincenda est memoria pristinæ caritatis, et conjuratio impiorum civium detegenda. Quomodo autem tantum nefas sileam? Parmenio, illa ætate, tot meis, tot parentis mei meritis devinctus, omnium nobis amicorum vetustissimus, ducem tanto sceleri se præbuit! Minister ejus Philotas Peucolaum et Demetrium, et hunc Dymnum, cujus corpus adspicitis, ceterosque ejusdem amentiæ, in caput meum subornavit. » Fremitus undique indignantium querentiumque tota concione obstrepebat, qualis solet esse multitudinis, et maxime militaris, ubi aut studio agitur aut ira. Nicomachus deinde et Metron et Cebalinus producti quæ quisque detulerat exponunt. Nullius eorum indicio Philotas particeps sceleris

quand je vous aurai fait connaître les auteurs d'un si horrible attentat! Cependant je crains encore d'en parler, et je m'abstiens de les nommer, comme s'il était possible de leur faire grâce. Mais enfin il me faut étouffer le souvenir de mon ancienne affection, et mettre au jour le complot de ces citoyens impies. Comment en effet passerais-je sous silence un si grand crime? Parménion, à l'âge où il est, comblé de mes bienfaits, des bienfaits de mon père, le plus ancien de tous nos amis, s'est mis à la tête de cette abominable entreprise! Le ministre de ses vues, Philotas, a armé contre mes jours Peucolaüs, Démétrius, ce Dymnus dont vous voyez le corps étendu devant vous, et d'autres malheureux en proie à la même démence. » On entendait de toute part dans l'assemblée un murmure d'indignation et de ressentiment, comme il arrive d'ordinaire dans une multitude, surtout de gens de guerre, lorsqu'elle est poussée par la faveur ou la colère. Nicomaque, Métron et Cébalinus comparaissent; ils exposent ce que chacun d'eux avait rapporté. Aucune de leurs dépositions ne chargeait Philotas d'avoir eu part à l'attentat; de sorte que l'indignation générale se calmant, la déclaration des

excitabo motum majorem	j'exciterai un mouvement plus grand
in vestris animis,	dans vos esprits,
quum ostendero	lorsque j'aurai montré
auctores sceleris tanti !	les auteurs d'un crime si-grand
Mentionem quorum	La mention desquels
reformido adhuc,	je redoute encore,
et abstineo nominibus,	et je m'abstiens des noms,
tanquam possint esse salvi.	comme-s'ils pouvaient être saufs.
Sed memoria	Mais le souvenir
caritatis pristinæ	de l'affection précédente
est vincenda,	est devant être vaincue,
et conjuratio	et la conjuration
civium impiorum	de citoyens impies
detegenda.	*est* devant être découverte.
Quomodo autem sileam	Comment d'-ailleurs tairais-je
nefas tantum ?	un crime si-grand ?
Parmenio, illa ætate,	Parménion, à cet (à son) âge,
devinctus	enchaîné
tot beneficiis meis,	par tant *de* bienfaits de-moi,
tot mei parentis,	par tant *de bienfaits* de mon père,
vetustissimus	le plus ancien
omnium amicorum nobis,	de tous les amis à nous,
se præbuit ducem	s'est offert *comme* chef
sceleri tanto.	à un crime si-grand.
Philotas, minister ejus	Philotas, ministre de lui
subornavit in meum caput	a armé contre ma tête
Peucolaum et Demetrium,	Peucolaüs et Démétrius,
et hunc Dymnum,	et ce Dymnus,
cujus adspicitis corpus,	dont vous apercevez le corps,
ceterosque ejusdem amentiæ.	et tous-les-autres de même démence. »
Fremitus indignantium	Le frémissement de *ceux* s'indignant
undique	de-tous-côtés
querentiumque	et de *ceux* se plaignant [tière,
obstrepebat concione tota,	retentissait dans l'assemblée tout-en-
qualis solet esse	tel-qu'a-coutume d'être
multitudinis,	*celui de* la multitude,
et maxime militaris,	et surtout de la militaire,
ubi agitur	dès-qu'elle est poussée
aut studio aut ira.	ou par la faveur ou par la colère.
Deinde Nicomachus	Ensuite Nicomaque
et Metron et Cebalinus	et Métron et Cébalinus
producti exponunt	ayant été amenés exposent
quæ quisque detulerat.	les choses que chacun avait déférées.
Philotas destinabatur	Philotas n'était désigné
particeps sceleris	*comme* complice du crime
indicio nullius eorum ;	par la dénonciation d'aucun d'eux ;
itaque indignatione pressa,	aussi l'indignation étant réprimée,

destinabatur; itaque indignatione pressa, vox indicum silentio excepta est. Tum rex : « Qualis, inquit, ergo animi vobis videtur, qui hujus rei delatum indicium ad ipsum suppressit? quod non fuisse vanum Dymni exitus declarat. Incertam rem deferens, tormenta non timuit Cebalinus; Metron ne momentum quidem temporis distulit exonerare se, ut eo ubi lavabar irrumperet. Philotas solus nihil credidit, nihil timuit! O magni animi virum! Iste, si regis periculo commoveretur, vultum non mutaret? indicem tantæ rei sollicitus non audiret? Subest nimirum silentio facinus, et avida spes regni præcipitem animum ad ultimum nefas impulit. Pater Mediæ præest; ipse, apud multos copiarum duces meis præpotens viribus, majora quam capit spirat. Orbitas quoque mea, quod sine liberis sum, spernitur. Sed errat Philotas : in vobis liberos, parentes, consanguineos habeo ; vobis salvis, orbus esse non possum. »

Epistolam deinde Parmenionis interceptam, quam ad filios

témoins fut reçue dans un morne silence. « Quelle a donc été, selon vous, dit alors le roi, l'intention d'un homme qui a supprimé l'avis qu'on lui avait donné, avis dont la fin de Dymnus met en évidence la vérité? La crainte des tortures n'a pas empêché Cébalinus de dénoncer une chose qui était incertaine; Métron n'a pas perdu un moment pour se débarrasser de ce secret; il s'est précipité jusque dans mon bain. Il n'y a que Philotas qui n'ait rien cru, qui n'ait rien craint. O quelle force d'âme! Quoi! s'il était touché du péril de son roi, il n'aurait pas changé de visage ? il n'aurait pas écouté avec sollicitude une dénonciation de si grande conséquence? C'est que ce silence cache un crime, et l'ambition de régner a poussé au dernier des forfaits cet homme aveuglé par la passion. Le père commande en Médie; le fils, abusant auprès de la plupart des chefs de mes troupes de l'influence que lui ont donnée mes propres forces, aspire à un rôle trop grand pour lui. Il méprise aussi mon isolement, parce que je suis sans enfants. Mais Philotas se trompe : je trouve en vous des enfants, des parents, des proches ; tant que vous vivrez, je ne saurais être sans famille. »

Il lit ensuite une lettre interceptée, que Parménion avait écrite à

vox indicum	la parole des dénonciateurs
excepta est silentio.	fut accueillie par le silence.
Tum rex :	Alors le roi :
« Qualis ergo animi	« De quel esprit donc
videtur vobis, inquit,	paraît à vous, dit-il,
qui suppressit	*celui* qui a supprimé
indicium hujus rei	la dénonciation de cette chose
delatum ad ipsum ?	déférée à lui-même ?
quod non fuisse vanum	laquelle n'avoir pas été fausse
exitus Dymni declarat.	la fin de Dymnus montre.
Cebalinus deferens	Cébalinus déférant
rem incertam,	une chose incertaine,
non timuit tormenta :	n'a pas craint les tortures ;
Metron ne distulit quidem	Métron n'a pas différé même
momentum temporis	un moment de temps
se exonerare,	de se décharger,
ut irrumperet	de-sorte-qu'il se précipitait
eo ubi lavabar.	là où je me baignais.
Philotas solus credidit nihil,	Philotas seul n'a cru rien,
timuit nihil !	n'a craint rien !
O virum magni animi !	O homme d'un grand cœur !
Iste, si commoveretur	Celui-là, s'il était touché
periculo regis,	par le danger du roi,
non mutaret vultum ?	ne changerait pas de visage ?
non audiret sollicitus	il n'entendrait pas inquiet
indicem rei tantæ ?	le dénonciateur d'une chose si-grande ?
Facinus subest silentio	Un forfait est-dessous le silence
nimirum,	assurément,
et spes avida regni	et un espoir avide de royauté
impulit ad ultimum nefas	a poussé au dernier crime
animum præcipitem.	ce cœur emporté.
Pater præest Mediæ ;	*Son* père commande à la Médie ;
ipse, præpotens meis viribus	lui-même, très-puissant par mes forces
apud multos duces copiarum,	auprès de beaucoup *de* chefs des troupes,
spirat majora	aspire à des choses
quam capit.	plus grandes qu'il n'*en* contient.
Orbitas mea quoque,	Le-manque-de-famille de-moi aussi,
quod sum sine liberis,	parce-que je suis sans enfants,
spernitur.	est méprisé.
Sed Philotas errat :	Mais Philotas se trompe :
habeo in vobis liberos,	j'ai en vous des enfants,
parentes, consanguineos ;	des pères, des proches ;
vobis salvis,	vous étant saufs,
non possum esse orbus. »	je ne puis être manquant-de-famille. »
Deinde recitat	Ensuite il lit
epistolam Parmenionis	une lettre de Parménion
interceptam,	ayant été arrêtée,

Nicanorem et Philotam scripserat, recitat, haud sane indicium gravioris consilii præferentem ; namque summa ejus hæc erat : « Primum vestri curam agite, deinde vestrorum; sic enim quæ destinavimus efficiemus. » Adjecitque rex « sic esse scriptam ut, sive ad filios pervenisset, a consciis posset intelligi; sive intercepta esset, falleret ignaros. At enim Dymnus, quum ceteros participes sceleris indicaret, Philotam non nominavit. Hoc quidem illius non innocentiæ, sed potentiæ indicium est, quod sic ab iis timetur etiam a quibus prodi potest, ut, quum de se fateantur, illum tamen celent. Ceterum Philotam ipsius indicat vita. Hic Amyntæ [1], qui mihi consobrinus fuit, et in Macedonia capiti meo impias comparavit insidias, socium se et conscium adjunxit. Hic, Attalo [2] quo graviorem inimicum non habui, sororem suam in matrimonium dedit. Hic, quum scripsissem ei, pro jure tam familiaris usus atque amicitiæ, qualis sors edita esset Jovis

ses fils Nicanor et Philotas, et qui ne semblait indiquer aucun projet inquiétant. Voici quelle en était la substance : « Ayez soin de vous d'abord, puis des vôtres; car voilà le seul moyen de réaliser nos desseins. » Et le roi ajouta qu'elle était conçue de manière, à être entendue des complices, si elle parvenait à ses enfants, et si elle était interceptée, à ne rien apprendre à ceux qui n'étaient pas du secret. Mais, objectera-t-on, Dymnus, en faisant connaître les autres complices, n'a point nommé Philotas ! Eh bien ! c'est un signe, non de son innocence, mais de son pouvoir, puisqu'il est si redouté de ceux-mêmes qui peuvent le trahir, qu'en avouant leur propre crime, ils cachent la part qu'il y a. Du reste, il suffit, pour apprécier Philotas, de connaître sa vie. Il a été le compagnon et le complice d'Amyntas, qui bien que mon cousin germain, conspira contre mes jours en Macédoine. Il a donné sa sœur en mariage à Attale, le plus redoutable de mes ennemis. Et lorsqu'à raison de notre liaison intime et de notre amitié, je lui eus mandé la réponse de l'oracle de Jupiter Hammon, il eut l'impudence de me répondre

HISTOIRE D'ALEXANDRE. LIVRE VI. 617

quam scripserat ad filios	qu'il avait écrite à ses fils
Nicanorem et Philotam,	Nicanor et Philotas,
præferentem	lettre portant-devant
haud sane indicium	non assurément l'indice
consilii gravioris; [hæc :	d'un projet plus grave ;
namque summa ejus erat	car le résumé d'elle était celui-ci :
« Primum agite curam ves-	« D'-abord faites (ayez) soin de vous,
deinde vestrorum ; [tri,	ensuite des vôtres ;
efficiemus enim sic	nous ferons en-effet ainsi
quæ destinavimus. »	les choses que nous avons arrêtées. »
Rexque adjecit	Et le roi ajouta
« scriptam esse sic,	elle avoir été écrite de telle-manière
ut, sive pervenisset	que, soit-qu'elle fût parvenue
ad filios,	à ses fils,
posset intelligi a consciis,	elle pût être comprise par les complices,
sive intercepta esset,	soit-qu'elle eût été interceptée,
falleret ignaros.	elle trompât les ignorants.
At enim Dymnus,	Mais en-effet Dymnus,
quum indicaret	lorsqu'il dénonçait
ceteros participes sceleris,	tous-les-autres complices du crime,
non nominavit Philotam.	n'a pas nommé Philotas.
Hoc quidem est indicium	Cela certes est un indice
non innocentiæ illius,	non de l'innocence de lui,
sed potentiæ,	mais de la puissance de lui,
quod timetur sic	parce-qu'il est craint ainsi
ab iis a quibus etiam	par ceux par lesquels même
potest prodi,	il peut être trahi, [mêmes,
ut, quum fateantur de se,	que, quoiqu'ils avouent touchant eux-
celent tamen illum.	ils cachent cependant lui.
Ceterum vita ipsius	Du-reste la vie de lui-même
indicat Philotam.	fait-connaître Philotas.
Hic adjunxit se	Celui-ci adjoignit lui-même
socium et conscium	comme allié et complice
Amyntæ,	à Amyntas,
qui fuit consobrinus mihi,	qui fut cousin à moi,
et comparavit in Macedonia	et prépara en Macédoine
insidias meo capiti.	des embûches à (contre) ma tête.
Hic dedit suam sororem	Celui-ci a donné sa sœur
in matrimonium Attalo,	en mariage à Attale,
quo non habui	en comparaison duquel je n'ai pas eu
inimicum graviorem.	d'ennemi plus pesant (redoutable).
Hic, quum scripsissem ei,	Celui-ci, comme j'avais écrit à lui,
pro jure	en-vertu du droit
usus tam familiaris	d'un commerce si familier
atque amicitiæ,	et de l'amitié,
qualis sors edita esset	quelle réponse avait été produite (rendue)
oraculo Jovis Hammonis,	par l'oracle de Jupiter Hammon,

Hammonis oraculo[1], sustinuit rescribere mihi, « se quidem « gratulari quod in numerum deorum receptus essem; cete- « rum misereri eorum quibus vivendum esset sub eo qui mo- « dum hominis excederet. » Hæc sunt etiam animi pridem alienati a me et invidentis gloriæ meæ indicia. Quæ quidem, milites, quandiu licuit, in animo meo pressi; videbar enim mihi partem viscerum meorum abrumpere, si, in quos tam magna contuleram, viliores mihi facerem. Sed jam non verba punienda sunt; linguæ temeritas pervenit ad gladios. Hos, si mihi creditis, Philotas in me acuit. Id si ipse admisit, quo me conferam, milites? cui caput meum credam? Equitatui, optimæ excercitus parti, principibus nobilissimæ juventutis unum præfeci; salutem, spem, victoriam meam fidei ejus tutelæque commisi. Patrem in idem fastigium, in quo me ipsi posuistis, admovi; Mediam, qua nulla opulentior regio est, tot civium sociorumque millia imperio ejus ditionique subjeci. Unde præsidium petieram, periculum

qu'il me félicitait d'avoir été admis au rang des dieux, mais qu'il plaignait ceux qui avaient à vivre sous un prince supérieur à l'humanité. Ce sont là des marques de l'aversion qu'il avait pour moi depuis longtemps, et de l'envie qu'il porte à ma gloire. Tant que je l'ai pu, soldats, j'en ai étouffé le ressentiment dans mon cœur, parce qu'il me semblait que ce serait m'arracher une partie des entrailles; que d'avilir à mes propres yeux des hommes sur qui j'avais accumulé de si grands bienfaits. Mais il ne s'agit plus aujourd'hui de punir des propos; de la hardiesse du langage on en est venu aux poignards; et ces poignards, croyez-moi, c'est Philotas qui les a aiguisés contre moi. Or, s'il s'est porté à un tel attentat, que deviendrai-je, soldats? à qui confierai-je ma vie? Je l'ai mis seul à la tête de ma cavalerie, la meilleure partie de mon armée, de l'élite de la jeune noblesse; mon salut, mes espérances, mes victoires, j'ai tout confié à sa garde, à sa fidélité. Quant à son père, je l'ai élevé presqu'aussi haut que vous m'avez élevé vous-mêmes; j'ai mis sous ses ordres et en sa puissance la Médie, qui est la plus riche de toutes les provinces, avec des milliers de nos concitoyens et de nos alliés. C'est d'où j'attendais du secours que vient le danger. Plût aux dieux que j'eusse succombé dans une bataille,

sustinuit rescribere mihi,	a soutenu (a eu-l'impudence) de répon-
« se quidem gratulari	« lui à-la-vérité me féliciter [dre à moi,
quod receptus essem	de-ce-que j'avais été admis
in numerum deorum ;	dans le nombre des dieux ;
ceterum misereri eorum	du-reste avoir-pitié de ceux
quibus esset vivendum	auxquels il était à-vivre
sub eo qui excederet,	sous celui qui dépassait
modum hominis. »	la mesure de l'homme. »
Hæc sunt etiam indicia	Ce sont encore des indices
animi alienati a me	d'un esprit aliéné de moi
pridem,	depuis-longtemps,
et invidentis meæ gloriæ.	et enviant ma gloire.
Quæ quidem, milites,	Lesquels à-la-vérité, soldats
pressi meo animo,	j'ai pressés (étouffés) dans mon cœur,
quandiu licuit ;	aussi-longtemps-qu'il a été permis ;
videbar enim mihi	je paraissais en-effet à moi
abrumpere partem	détacher une partie
meorum viscerum,	de mes entrailles,
si facerem viliores mihi	si je rendais plus vils pour moi
in quos contuleram	ceux sur lesquels j'avais porté
tam magna.	de si grandes choses.
Sed jam non verba	Mais maintenant non les paroles
sunt punienda ;	sont devant être punies ;
temeritas linguæ	la témérité de la langue
pervenit ad gladios.	en est arrivée aux épées.
Philotas, si creditis mihi,	Philotas, si vous croyez moi,
acuit hos in me.	a aiguisé celles-ci contre moi.
Si ipse admisit id,	Si lui-même a admis (commis) cela,
quo me conferam, milites ?	où me porterai-je, soldats ?
cui credam meum caput ?	à qui confierai-je ma tête ?
Præfeci unum equitatui,	Je l'ai préposé seul à la cavalerie,
parti optimæ exercitus,	partie la meilleure de l'armée,
principibus	aux premiers
juventutis nobilissimæ ;	de la jeunesse la plus noble ;
commisi salutem, spem,	j'ai confié mon salut, mon espoir,
meam victoriam	ma victoire
fidei tutelæque ejus.	à la foi et à la garde de lui.
Admovi patrem	J'ai approché son père
in idem fastigium	dans (de) la même élévation [moi ;
in quo ipsi posuistis me ;	dans laquelle vous-mêmes avez placé
subjeci imperio ejus	j'ai soumis au commandement de lui
ditionique	et à la domination de lui
Mediam qua	la Médie en comparaison de laquelle
nulla regio est opulentior,	nulle contrée n'est plus opulente,
tot millia civium	tant de milliers de citoyens
sociorumque.	et d'alliés.
Periculum exstitit	Le danger s'est élevé

exstitit. Quam feliciter in acie occidissem, potius hostis præda quam civis victima! Nunc, servatus ex periculis quæ sola timui, in hæc incidi quæ timere non debui. Soletis identidem a me, milites, petere ut saluti meæ parcam. Ipsi mihi præstare potestis quod suadetis ut faciam : ad vestras manus, ad vestra arma confugio. Invitis vobis salvus esse nolo; volentibus, non possum, nisi vindicor. »

Tum Philotam, religatis post tergum manibus, obsoleto amiculo velatum, jussit induci. Facile apparebat motos esse tam miserabili habitu non sine invidia paulo ante conspecti. Ducem equitatus pridie viderant; sciebant regis interfuisse convivio; repente non reum modo, sed etiam damnatum, imo vinctum intuebantur. Subibat animos Parmenionis quoque, tanti ducis, tam clari civis, fortuna; qui, modo duobus filiis, Hectore et Nicanore [1], orbatus, cum eo quem reliquum

sous les coups des ennemis, au lieu de périr par les artifices de mes concitoyens! Échappé aux seuls périls que j'eusse à craindre, je me trouve aujourd'hui exposé à ceux que je n'ai pas dû redouter. Vous avez coutume, soldats, de m'exhorter fréquemment à ménager ma vie; c'est vous qui pouvez faire pour moi ce que vous recommandez : j'ai recours à vos bras, à vos armes. Je ne veux pas vivre malgré vous; et je ne le puis, même si vous le voulez, à moins que vous ne frappiez mes ennemis.

Il fait alors amener Philotas, les mains liées derrière le dos, revêtu d'une vieille casaque. Il était évident qu'on était touché de l'apparence misérable d'un homme qu'on ne regardait pas sans envie un peu auparavant. On l'avait vu la veille général de la cavalerie; on savait qu'il avait assisté au repas du roi; et tout à coup on le voyait non-seulement accusé, mais condamné, mais chargé de chaînes. On se figurait en même temps la fortune déplorable de Parménion, ce grand capitaine, cet illustre citoyen, qui, après avoir perdu récemment deux de ses fils, Hector et Nicanor, était en son absence impliqué dans le procès de celui qui pour son malheur lui était resté. Aussi Amyntas, un des lieutenants du roi, voyant que l'assemblée inclinait à la compassion, la ranima par une

unde petieram præsidium.	là d'-où j'avais cherché du secours.
Quam feliciter	Combien heureusement
occidissem in acie,	j'aurais succombé dans la bataille,
præda hostis	proie de l'ennemi
potius quam victima civis!	plutôt que victime d'un citoyen!
Nunc, servatus ex periculis	Maintenant, sauvé des dangers
quæ sola timui,	lesquels seuls j'ai craints,
incidi in hæc	je suis tombé dans ceux
quæ non debui timere.	que je n'ai pas dû craindre.
Soletis, milites,	Vous avez-coutume, soldats,
petere a me identidem	de demander de moi de temps-à-autre
ut parcam meæ saluti.	que je ménage mon salut.
Ipsi potestis præstare mihi	Vous-mêmes pouvez assurer à moi
quæ suadetis ut faciam.	les choses que vous conseillez que je fasse.
Confugio ad vestras manus,	Je me réfugie vers vos mains,
ad vestra arma.	vers vos armes.
Nolo esse salvus	Je ne-veux-pas être sauf
vobis invitis;	vous ne-voulant-pas;
non possum, volentibus,	je ne puis *l'être, vous le* voulant,
nisi vindicor. »	si je ne suis défendu *par vous.* »
Tum jussit	Alors il ordonna
Philotam induci,	Philotas être amené,
manibus religatis	les mains liées
post tergum,	derrière le dos,
velatum amiculo obsoleto.	couvert d'un petit-manteau usé.
Apparebat facile	Il apparaissait facilement
motos esse habitu	*eux* avoir été émus par l'extérieur
tam miserabili	si pitoyable
conspecti paulo ante	de *celui* regardé un-peu auparavant
non sine invidia.	non sans jalousie.
Viderant pridie	Ils avaient vu la veille
ducem equitatus;	*lui* chef de la cavalerie ;
sciebant interfuisse	ils savaient *lui* avoir assisté
convivio regis;	au repas du roi ;
intuebantur repente	ils *le* considéraient tout-à-coup
non modo reum,	non-seulement accusé,
sed etiam damnatum,	mais encore condamné,
imo vinctum. [que,	bien-plus enchaîné.
Fortuna Parmenionis quo-	La fortune de Parménion aussi,
ducis tanti,	chef si-grand,
civis tam clari,	citoyen si illustre,
subibat animos;	se présentait aux esprits ;
qui, orbatus modo	lequel *Parménion*, privé récemment
duobus filiis,	de deux fils,
Hectore et Nicanore,	Hector et Nicanor,
diceret causam absens,	plaidait sa cause (était accusé) absent,
cum eo quem calamitas	avec celui que le malheur

calamitas fecerat, absens diceret causam. Itaque Amyntas, regis prætor, inclinatam ad misericordiam concionem rursus aspera in Philotam oratione commovit : « Proditos eos esse barbaris ; neminem ad conjugem suam, neminem in patriam et ad parentes fuisse rediturum; velut truncum corpus dempto capite, sine spiritu, sine nomine, aliena terra ludibrium hostis futuros. » Haudquaquam pro spe ipsius Amyntæ oratio grata regi fuit, quod conjugum, quod patriæ admonitos, pigriores ad cetera munia exsequenda fecisset. Tunc Cœnus, quanquam Philotæ sororem matrimonio secum conjunxerat, tamen acrius quam quisquam in Philotam invectus est, parricidam esse regis, patriæ, exercitus, clamitans ; saxumque, quod forte ante pedes jacebat, arripuit, emissurus in eum[1], ut plerique credidere, tormentis subtrahere cupiens. Sed rex manum ejus inhibuit, dicendi prius causam debere fieri po-

invective violente contre Philotas. Il dit qu'ils avaient été livrés aux barbares ; qu'aucun d'eux n'aurait revu sa femme, sa patrie, ses parents ; que semblables à un corps mutilé sans tête, sans vie, sans nom, ils auraient été sur une terre étrangère le jouet de l'ennemi. Ce discours d'Amyntas ne fut pas aussi agréable au roi qu'il l'avait espéré, parce qu'en rappelant aux soldats le souvenir de leurs femmes et de leur patrie, il avait ralenti leur ardeur pour les travaux qu'il leur restait à accomplir. Alors Cénus, qui avait cependant épousé la sœur de Philotas, s'emporta contre lui avec plus de violence qu'aucun autre, criant sans cesse qu'il s'était rendu coupable de parricide envers le roi, envers la patrie, envers l'armée. Là-dessus il saisit une pierre qui était à ses pieds pour la lui jeter, dans l'intention, comme plusieurs l'ont cru, de le soustraire à la torture. Mais le roi lui retient la main, et déclare qu'il faut d'abord donner à l'accusé la faculté de se défendre, et qu'il ne souffrira pas qu'on juge autrement. Philotas reçut alors l'ordre de parler. Mais il était si troublé, si interdit, soit par les remords de sa conscience, soit par la grandeur du péril, qu'il n'osait ni lever les yeux ni ouvrir la bouche. Puis fondant en larmes, il s'évanouit entre les bras de celui

fecerat reliquum.	avait fait restant.
Itaque Amyntas,	En-conséquence Amyntas,
prætor regis,	général du roi,
commovit rursus	remua de-nouveau
oratione aspera in Philotam	par un discours âpre contre Philotas
concionem inclinatam	l'assemblée inclinée
ad misericordiam :	à la compassion :
« Eos proditos esse barbaris;	« Eux avoir été livrés aux barbares ;
neminem fuisse rediturum	personne n'avoir été devant retourner
ad suam conjugem,	vers son épouse,
neminem in patriam	personne dans sa patrie
et ad parentes ;	et vers ses parents ;
velut corpus truncum	comme un corps mutilé
capite dempto,	la tête ayant été enlevée,
sine spiritu, sine nomine,	sans souffle, sans nom, [nemi
futuros ludibrium hostis	eux avoir été devant être le jouet de l'en-
terra aliena. »	sur une terre étrangère. »
Oratio Amyntæ	Le discours d'Amyntas
fuit haudquaquam	ne fut nullement
grata regi	agréable au roi
pro spe ipsius,	selon l'espoir de lui-même (Amyntas),
quod fecisset	parce-qu'il avait rendu les soldats
admonitos conjugum,	avertis de leurs épouses,
quod	parce-qu'il avait rendu les soldats
patriæ,	avertis de leur patrie,
pigriores ad cetera munia	plus lents pour tous-les-autres devoirs
exsequenda.	devant être accomplis.
Tunc Cœnus,	Alors Cénus,
quanquam junxerat	quoiqu'il eût uni
secum matrimonio	avec lui-même par le mariage
sororem Philotæ,	la sœur de Philotas,
invectus est tamen	s'emporta cependant
in Philotam	contre Philotas
acrius quam quisquam,	plus vivement que qui-que-ce-soit,
clamitans esse parricidam	criant-sans-cesse lui être parricide
regis, patriæ, exercitus ;	du roi, de la patrie, de l'armée ;
arripuitque saxum	et il saisit une pierre
quod jacebat forte	qui gisait par-hasard
ante pedes,	devant ses pieds,
emissurus in eum,	devant la lancer sur lui,
cupiens,	désirant,
ut plerique credidere,	comme la plupart crurent,
subtrahere tormentis.	le soustraire aux tortures.
Sed rex affirmans	Mais le roi affirmant
potestatem	le pouvoir
dicendi prius causam	de plaider d'-abord sa cause
debere fieri reo,	devoir être fait (accordé) à l'accusé,

testatem reo, nec aliter judicari passurum se affirmans. Tum dicere jussus Philotas, sive conscientia sceleris, sive periculi magnitudine amens et attonitus, non attollere oculos, non hiscere audebat. Lacrimis deinde manantibus, linquente animo, in eum a quo tenebatur incubuit; abstersisque amiculo ejus oculis, paulatim recipiens spiritum ac vocem, dicturus videbatur. Jamque rex, intuens eum : « Macedones, inquit, de te judicaturi sunt; quæro an patrio sermone [1] sis apud eos usurus. » Tum Philotas : « Præter Macedonas, inquit, plerique adsunt, quos facilius quæ dicam percepturos arbitror, si eadem lingua [2] fuero usus qua tu egisti, non ob aliud, credo, quam ut oratio tua intelligi posset a pluribus. » Tum rex : « Ecquid videtis adeo etiam sermonis patrii Philotam tædere? solus quippe fastidit eo dicere. Sed dicat sane utcumque cordi est, dum memineritis æque illum a nostro more atque sermone abhorrere. » Atque ita concione excessit.

qui le tenait; on lui essuya les yeux avec son manteau; la respiration et la voix lui revinrent peu à peu, et il paraissait disposé à prendre la parole, lorsque le roi lui dit, en le regardant : « Ce sont les Macédoniens qui vont te juger ; je veux savoir si tu te serviras de notre langue maternelle pour leur parler ? » — « Outre les Macédoniens, répliqua Philotas, la plupart de ceux qui sont ici m'entendront, je crois, plus aisément, si je me sers de la langue dont vous vous êtes servi vous-même, dans l'unique vue, je pense, d'être compris par le plus grand nombre. » — « Eh bien, dit le roi, ne voyez-vous pas à quel point Philotas hait le langage même de son pays; car il est le seul qui dédaigne de plaider dans cette langue. Mais qu'il parle comme il voudra, j'y consens, pourvu que vous vous souveniez qu'il a également en horreur nos usages et notre langue. » Et là-dessus il sortit de l'assemblée.

nec se passurum	et lui-même ne pas devoir souffrir
judicari aliter,	être jugé (qu'on jugeât) autrement,
inhibuit manum ejus.	arrêta la main de lui. [ler,
Tum Philotas jussus dicere,	Alors Philotas ayant reçu-ordre de par
amens et attonitus,	égaré et étonné (interdit),
sive conscientia sceleris,	soit par la conscience du crime,
sive magnitudine periculi,	soit par la grandeur du péril,
non audebat attollere oculos,	n'osait pas lever les yeux,
non hiscere.	n'*osait* pas ouvrir-la-bouche.
Deinde lacrimis	Ensuite *ses* larmes
manantibus,	coulant,
animo linquente,	l'esprit (la connaissance) *l'*abandonnant,
incubuit in cum	il se pencha sur celui
a quo tenebatur ;	par lequel il était tenu ;
oculisque ejus	et les yeux de lui
abstersis amiculo,	ayant été essuyés avec *son* manteau,
recipiens paulatim	recouvrant peu-à-peu
spiritum ac vocem,	la respiration et la voix,
videbatur dicturus.	il paraissait devant parler.
Jamque rex intuens cum :	Et alors le roi regardant lui :
« Macedones, inquit,	« Les Macédoniens, dit-il,
sunt judicaturi de te ;	sont devant juger sur toi ; [près d'eux
quæro an sis usurus apud eos	je demande si tu es devant te servir au-
sermone patrio. »	de la langue de-la-patrie. »
Tum Philotas :	Alors Philotas :
« Præter Macedonas, inquit,	« Outre les Macédoniens, dit-il,
plerique adsunt,	la plupart sont-présents,
quos arbitror	lesquels je pense
percepturos facilius	devoir comprendre plus facilement
quæ dicam,	les choses que je dirai,
si usus fuero eadem lingua	si je me serai servi de la même langue
qua tu egisti,	dans laquelle toi tu as parlé,
non ob aliud, credo,	non pour autre chose, je crois,
quam ut tua oratio	qu'afin-que ton discours
posset intelligi a pluribus. »	pût être compris par de plus nombreux. »
Tum rex : « Ecquid videtis	Alors le roi : « Est-ce-que vous ne voyez
Philotam tædere adeo	Philotas être dégoûté à-un-tel-point [pas
etiam sermonis patrii?	même de la langue de-la-patrie?
quippe solus fastidit	car seul il dédaigne
dicere eo.	de parler dans cette *langue*.
Sed dicat sane	Mais qu'il parle assurément
utcumque est cordi,	selon-qu'il est à cœur *à lui*,
dum memineritis	pourvu-que vous vous souveniez
illum abhorrere æque	lui être éloigné également
a nostro more	de notre usage
atque sermone. »	et de *notre* langue. » [blée.
Atque ita excessit concione.	Et ainsi (là-dessus) il sortit de l'assem-

X. Tum Philotas : « Verba, inquit, innocenti reperire facile est; modum verborum misero tenere difficile. Itaque, inter optimam conscientiam et iniquissimam fortunam destitutus, ignoro quomodo et animo meo et tempori paream. Abest quidem optimus causæ meæ judex ; qui cur me ipse audire noluerit, non mehercule excogito, quum illi, utrinque cognita causa, tam damnare me liceat quam absolvere ; non cognita vero, liberari ab absente non possum, qui a præsente damnatus sum. Sed, quanquam vincti hominis non supervacua solum, sed etiam invisa defensio est, quæ judicem non docere videtur, sed arguere, tamen, utcumque licet dicere, memet ipse non deseram, nec committam ut damnatus etiam mea sententia videar.

« Equidem cujus criminis reus sim non video. Inter conjuratos nemo me nominat; de me Nicomachus nihil dixit; Cebalinus plus quam audierat scire non potuit. Atqui con-

X. Philotas prit alors la parole. « Il est facile à un innocent, dit-il, de trouver des paroles pour sa défense; mais il est difficile à un homme malheureux de parler avec retenue. Ainsi livré à moi-même, entre une bonne conscience et une situation déplorable, je ne sais comment concilier mes sentiments avec ce qu'exige la conjoncture présente. Il est vrai que le meilleur juge de ma cause n'est point ici, et franchement je n'imagine pas pourquoi il n'a pas voulu m'entendre, puisqu'après avoir entendu le pour et le contre, il est aussi bien le maître de me condamner que de m'absoudre; au lieu que, s'il n'entend pas ma défense, je ne puis espérer qu'absent il me décharge, quand présent il m'a condamné. Toutefois, quoique la défense d'un accusé qui est dans les fers soit non-seulement superflue, mais encore odieuse, parce qu'elle paraît moins éclairer le juge que le censurer, quelle que soit la situation dans laquelle je puis parler, je ne m'abandonnerai pas; je ne laisserai pas croire que j'ai prononcé moi-même ma condamnation.

« En effet, je ne vois pas de quoi l'on m'accuse. Personne ne me nomme parmi les conjurés; Nicomaque n'a pas dit un mot de moi; Cébalinus n'a pu savoir que ce qu'on lui avait appris. Cependant le

X. Tum Philotas:	X. Alors Philotas:
«Est facile innocenti, inquit,	« Il est facile à un innocent, dit-il,
reperire verba;	de trouver des paroles ;
difficile misero	il est difficile à un malheureux
tenere modum	de garder la mesure
verborum.	des (dans ses) paroles.
Itaque, destitutus inter	En-conséquence, abandonné entre
conscientiam optimam	une conscience très-bonne
et fortunam iniquissimam,	et une fortune très-défavorable,
ignoro quomodo paream	j'ignore comment j'obéirai
et meo animo	et à mon esprit
et tempori.	et à la circonstance.
Optimus judex meæ causæ	Le meilleur juge de ma cause
abest quidem;	est absent à-la-vérité;
qui cur noluerit	lequel pourquoi il n'-a-pas-voulu
audire ipse me,	entendre lui-même moi,
non cogito mehercule,	je n'imagine pas par-Hercule, [struite
quum causa cognita	puisque la cause ayant été connue (in-
utrinque	de-part-et-d'autre
tam liceat illi	il est autant permis à lui
damnare	de condamner
quam absolvere me;	que d'acquitter moi;
non vero cognita,	mais la cause n'ayant pas été instruite,
qui damnatus sum	moi qui ai été condamné
a præsente,	par lui présent,
non possum liberari	je ne puis être délivré
ab absente.	par lui absent.
Sed, quanquam defensio	Mais, quoique la défense
hominis vincti,	d'un homme enchaîné,
quæ videtur	défense qui paraît
non docere judicem,	non instruire le juge,
sed arguere,	mais l'accuser,
est non solum supervacua,	soit non-seulement superflue,
sed etiam invisa,	mais encore odieuse,
tamen ipse	cependant moi-même
non deseram memet,	je n'abandonnerai pas moi,
nec committam	et je ne commettrai pas cela
ut videar damnatus	que je paraisse condamné
etiam mea sententia.	même par ma sentence.
Equidem non video	Moi-certes je ne vois pas
cujus criminis sim reus.	de quelle accusation je suis prévenu.
Nemo nominat me	Personne ne nomme moi
inter conjuratos;	parmi les conjurés;
Nicomachus	Nicomaque
dixit nihil de me;	n'a rien dit sur moi;
Cebalinus	Cébalinus
non potuit scire	n'a pas pu savoir

jurationis caput me fuisse credit rex! Potuit ergo Dymnus eum præterire quem sequebatur? præsertim quum, quærenti socios, vel falso fuerim nominandus, quo facilius qui verebatur posset impelli. Non enim, detecto facinore, nomen meum præteriit, ut posset videri socio pepercisse; sed Nicomacho, quem taciturum arcana de semet ipso credebat, confessus, aliis nominatis, me unum subtrahebat. Quæso, commilitones, si Cebalinus me non adisset, nihil me de conjuratis scire voluisset, num hodie dicerem causam, nullo me nominante? Dymnus sane et vivat adhuc, et velit mihi parcere. Quid ceteri? qui de se confitebuntur, me videlicet subtrahent! Maligna est calamitas, et fere noxius, quum suo supplicio crucietur, acquiescit alieno. Tot conscii, ne in equuleum quidem impositi, verum fatebuntur? Atqui nemo parcit morituro; nec cuiquam moriturus, ut opinor.

« Ad verum crimen et ad unum revertendum mihi est.

roi me croit le chef de la conjuration! Dymnus a donc pu passer sous silence celui qu'il ne faisait que suivre? et cela dans un moment où on lui demandait par qui il était secondé, et où il aurait dû me nommer même faussement, pour engager plus aisément un homme qui avait des craintes. Car ce n'est pas après la découverte du complot, qu'il a passé mon nom sous silence, pour paraître ménager son complice; mais alors qu'il révélait tout à Nicomaque, sur la discrétion de qui il comptait pour lui-même, alors qu'il nommait les autres, il n'y a eu que moi dont il n'ait pas parlé. Je vous le demande, camarades, si Cébalinus ne se fût point adressé à moi, s'il n'eût rien voulu m'apprendre sur le compte des conjurés, serais-je aujourd'hui réduit à me défendre, quand personne ne me nomme? Supposons, j'y consens, que Dymnus vive encore et qu'il veuille me ménager. Mais les autres qui avoueront ce qui leur est personnel, se tairont-ils sur mon compte? Le malheur est envieux, et souvent un criminel au milieu des tortures, se console par le supplice d'autrui. Eh quoi! tant de complices, même sur le chevalet, n'avoueront pas la vérité? Cependant personne, selon moi, ne ménage un homme destiné à mourir, et un homme destiné à mourir ne ménage personne.

« Il me faut donc revenir au véritable, au seul crime qu'on puisse

plus quam audierat.	plus qu'il n'avait entendu.
Atqui rex credit me fuisse	Cependant le roi croit moi avoir été
caput conjurationis!	la tête de la conjuration!
Dymnus potuit ergo	Dymnus a pu donc
præterire eum	passer *sous-silence* celui
quem sequebatur?	qu'il suivait?
præsertim quum fuerim	surtout quand j'ai été
nominandus vel falso	devant être nommé même faussement
quærenti socios,	à *Nicomaque lui* demandant *ses* complices,
quo qui verebatur	afin-que-par-là *celui* qui craignait
posset impelli facilius.	pût être poussé plus facilement.
Non enim præteriit	En-effet il n'a pas passé
meum nomen,	mon nom,
facinore detecto,	le crime ayant été découvert,
ut posset videri	pour-qu'il pût paraître
pepercisse socio;	avoir épargné un complice;
sed confessus Nicomacho	mais ayant avoué à Nicomaque
quem credebat taciturum	lequel il croyait devoir taire
arcana de semet ipso,	les choses secrètes touchant lui-même,
aliis nominatis,	les autres ayant été nommés,
subtrahebat me unum.	il dérobait moi seul.
Quæso, commilitones,	Je *le* demande, compagnons-d'-armes,
si Cebalinus non adisset me,	si Cébalinus n'était pas venu-vers moi,
voluisset me scire nihil	s'il avait voulu moi ne savoir rien
de conjuratis,	touchant les conjurés, [cause,
num hodie dicerem causam,	est-ce-qu'aujourd'hui je plaiderais *ma*
nullo nominante me?	personne ne nommant moi?
Dymnus sane et vivat adhuc	Que Dymnus assurément et vive encore
et velit parcere mihi.	et veuille épargner moi.
Quid ceteri?	Que *feront* tous-les-autres? [mêmes,
qui confitebuntur de se,	*ceux* qui avoueront touchant eux-
subtrahent me videlicet!	soustrairont moi probablement!
Calamitas est maligna,	Le malheur est envieux,
et fere noxius,	et presque toujours un coupable,
quum crucietur	bien-qu'il soit tourmenté
suo supplicio,	par son supplice,
acquiescit alieno.	se repose (se console) par *celui* d'-autrui.
Tot conscii,	Tant *de* complices,
ne quidem impositi	pas même mis
in equuleum,	sur le chevalet,
fatebuntur verum?	n'avoueront la vérité?
Atqui nemo	Cependant personne
parcit morituro;	n'épargne un *homme* devant mourir;
nec moriturus	ni *un homme* devant mourir [pense.
cuiquam, ut opinor.	n'épargne qui-que-ce-soit, comme je
Est revertendum mihi	Il est à-revenir à moi (il me faut re-
ad verum crimen	à la véritable accusation [venir)

Cur rem delatam ad te tacuisti? cur tam securus audisti? Hoc qualecumque est, confesso mihi, ubicumque es, Alexander, remisisti; dextram tuam amplexus, reconciliati pignus animi, convivio quoque interfui. Si credidisti mihi, absolutus sum; si pepercisti, dimissus : vel judicium tuum serva. Quid hac proxima nocte, qua digressus sum a mensa tua, feci? quod novum facinus delatum ad te mutavit animum tuum? Gravi sopore acquiescebam, quum me, malis indormientem meis, inimici vinciendo excitarunt. Unde et parricidæ et proditori tam alta quies somni, quum scelerati, conscientia obstrepente, dormire non possint? Agitant eos furiæ, non consummato modo, sed et cogitato parricidio. At mihi securitatem primum innocentia mea, deinde dextra tua obtulerant; non timui ne plus alienæ crudelitati apud te liceret quam clementiæ tuæ.

« Sed ne te mihi credidisse pœniteat; res ad me defereba-

m'imputer. Pourquoi, me dit-on, avez-vous gardé le silence, sur l'avis qu'on vous avait donné? Pourquoi avez-vous entendu cet avis avec une si grande tranquillité? Cette faute, quelle qu'elle puisse être, je vous en ai fait l'aveu, ô Alexandre, en quelque endroit que vous soyez maintenant, et vous me l'avez pardonnée; vous m'avez donné la main en signe de réconciliation; vous m'avez même admis à votre table. Si vous m'avez cru, je suis absous; si vous m'avez fait grâce, je suis hors de procès : tenez-vous en du moins à votre propre jugement. Qu'ai-je fait la nuit dernière, depuis que je suis sorti de votre table? quel forfait nouveau vous a-t-été dénoncé pour que vous ayez changé de pensée? J'étais enseveli dans un profond sommeil sans aucune défiance des maux qui m'attendaient, lorsque mes ennemis m'ont éveillé en m'enchaînant. Comment un parricide, un traître aurait-il pu goûter un repos si paisible quand les criminels, harcelés par les remords de leur conscience, ne peuvent dormir? Ils sont agités par les furies, non-seulement après qu'ils ont consommé leur crime, mais pendant même qu'ils le projettent; au lieu que je jouissais de la sécurité que mon innocence d'abord et votre main ensuite m'avaient assurée; et je ne craignais pas que la cruauté des autres eût plus de pouvoir sur vous que votre clémence.

« Mais n'ayez aucun regret de m'avoir cru; l'avis me venait d'un

et ad unum.	et à la seule.
Cur tacuisti rem	Pourquoi as-tu tu la chose
delatam ad te?	déférée à toi ?
cur audisti tam securus ?	pourquoi *l*'as-tu entendue si tranquille?
Remisisti, Alexander,	Tu as remis, Alexandre,
ubicumque es,	en-quelque-endroit-que tu sois,
hoc qualecumque est,	cette chose quelle-qu'elle soit,
mihi confesso;	à moi ayant avoué ;
amplexus tuam dextram,	ayant embrassé ta *main* droite,
pignus animi reconciliati,	gage de *ton* cœur réconcilié,
interfui quoque convivio.	j'ai assisté aussi au banquet.
Si credidisti mihi,	Si tu as cru moi,
absolutus sum;	j'ai été absous ;
si pepercisti,	si tu as épargné *moi*,
dimissus :	j'ai été renvoyé (gracié) :
vel serva tuum judicium.	au-moins conserve ton jugement.
Quid egi hac nocte proxima	Qu'ai-je fait cette nuit dernière
qua digressus sum	dans laquelle je suis sorti
a tua mensa?	de ta table ?
quod novum facinus	quel nouveau forfait
delatum ad te	déféré à toi
mutavit tuum animum ?	a changé ton cœur ?
Acquiescebam sopore gravi,	Je reposais d'un sommeil profond,
quum inimici	lorsque *mes* ennemis
excitarunt vinciendo	ont réveillé en enchaînant
me indormientem	moi dormant-sur
meis malis.	mes maux.
Unde quies somni tam alta	D'-où un repos du sommeil si profond
et parricidæ et proditori,	*vient-il* et à un parricide et à un traître,
quum scelerati	puisque les criminels
non possint dormire,	ne peuvent dormir,
conscientia obstrepente?	*leur* conscience faisant-du-bruit ?
Furiæ agitant eos,	Les furies agitent eux,
parricidio	le parricide
non modo consummato,	non-seulement ayant été consommé,
sed et cogitato.	mais encore ayant été projeté.
At primum mea innocentia,	Mais d'-abord mon innocence,
deinde tua dextra	ensuite ta *main* droite
obtulerant mihi	avaient offert à moi
securitatem ;	sécurité ;
non timui	je n'ai pas craint
ne plus liceret apud te	que plus de-pouvoir-ne-fût auprès de toi
crudelitati alienæ	à la cruauté d'-autrui
quam tuæ clementiæ.	qu'à ta clémence.
Sed ne te pœniteat	Mais ne te repens pas
credidisse mihi.	d'avoir cru moi.
Res deferebatur ad me	La chose était déférée à moi

tur a puero, qui non testem, non pignus indicii exhibere poterat, impleturus omnes metu, si cœpisset audiri. Amatoris et scorti jurgio interponi aures meas credidi infelix, et fidem ejus suspectam habui, quod non ipse deferret, sed fratrem potius subornaret. Timui ne negaret mandasse se Cebalino, et ego viderer multis amicorum regis fuisse periculi causa. Sic quoque, quum læserim neminem, inveni qui mallet perire me quam incolumem esse; quid inimicitiarum creditis excepturum fuisse, si insontes lacessissem? At enim Dymnus se occidit! Num igitur facturum eum divinare potui? minime. Ita, quod solum indicio fidem fecit, id me, quum a Cebalino interpellatus sum, movere non poterat. At hercule, si conscius Dymno tanti sceleris fuissem, biduo illo proditos esse nos dissimulare non debui; Cebalinus ipse tolli de medio nullo negotio potuit. Deinde, post delatum indicium quo periturus eram, cubiculum regis solus intravi, ferro quidem

enfant qui ne pouvait fournir ni témoin ni preuve, et qui allait répandre un effroi général, si on eût commencé par l'écouter. J'ai eu le malheur de croire qu'il me venait rompre les oreilles d'un différend entre deux infâmes, et je me suis d'autant moins fié à lui, que Nicomaque, au lieu de faire lui-même son rapport, aimait mieux mettre son frère à sa place. J'ai donc craint qu'il ne désavouât Cébalinus, et que je ne parusse avoir compromis plusieurs amis du roi. Puisque même, sans avoir nui à personne, j'ai trouvé des gens qui aiment mieux me voir périr que vivre; combien croyez-vous donc que je me serais fait d'ennemis, si j'eusse attaqué des innocents? Mais enfin Dymnus s'est tué. Pouvais-je deviner qu'il le ferait? non assurément. Ainsi la seule chose qui justifie la dénonciation, ne pouvait me toucher dans le temps que Cébalinus s'adressa à moi. Mais si j'avais eu part au crime affreux de Dymnus, je n'aurais certainement pas caché pendant deux jours que nous étions trahis; rien n'était plus aisé que de se défaire de Cébalinus. D'autre part, après la dénonciation qui devait me faire périr, je suis entré

a puero,	par un enfant,
qui non poterat exhibere	qui ne pouvait exhiber
testem,	un témoin,
non pignus indicii,	ni un gage de sa dénonciation,
impleturus omnes metu,	devant remplir tous de crainte,
si cœpisset audiri.	s'il avait commencé à être entendu.
Infelix credidi	Malheureux j'ai cru
meas aures interponi	mes oreilles être interposées
jurgio amatoris et scorti;	à la querelle d'un amant et d'un prosti- [tué;
et habui fidem ejus	et j'ai eu la foi de lui
suspectam,	suspecte,
quod non deferret ipse,	parce-qu'il ne déférait pas lui-même,
sed subornaret potius	mais qu'il subornait plutôt
fratrem.	son frère.
Timui ne negaret	J'ai craint qu'il ne niât
se mandasse Cebalino,	lui-même avoir confié cela à Cébalinus,
et ego viderer	et que moi je ne parusse
fuisse causa periculi	avoir été cause de péril
multis amicorum regis.	à beaucoup des amis du roi
Inveni sic quoque,	J'ai trouvé ainsi même,
quum læserim neminem,	quoique je n'aie lésé personne,
qui mallet me perire	quelqu'un qui aimât-mieux moi périr
quam esse incolumem;	qu'être sain-et-sauf;
quid inimicitiarum	que d'inimitiés
creditis excepturum fuisse,	croyez-vous moi avoir dû recueillir,
si lacessissem insontes?	si j'avais attaqué des innocents?
At enim Dymnus	Mais en-effet Dymnus
se occidit!	s'est tué!
Num igitur potui divinare	Est-ce-que donc j'ai pu deviner
eum facturum?	lui devoir faire cela?
minime.	nullement.
Ita, id quod solum	Ainsi, cette chose qui seule
fecit fidem indicio,	a fait (donné) créance à la dénonciation,
non poterat movere me,	ne pouvait émouvoir moi,
quum interpellatus sum	lorsque j'ai été interpellé
a Cebalino.	par Cébalinus.
At hercule si fuissem	Mais par-Hercule si j'avais été
conscius Dymno	complice avec Dymnus
sceleris tanti,	d'un crime si-grand,
non debui dissimulare	je n'ai pas dû dissimuler
illo biduo	pendant cet espace-de-deux-jours
nos proditos esse;	nous avoir été trahis;
Cebalinus ipse potuit	Cébalinus lui-même a pu (eût pu)
tolli de medio	être enlevé du milieu des hommes
nullo negotio.	avec nulle affaire (difficulté).
Deinde post indicium	Ensuite après la dénonciation
quo eram periturus,	par laquelle j'étais devant périr,

cinctus. Cur distuli facinus? An sine Dymno non sum ausus?
Ille igitur princeps conjurationis fuit; sub illius umbra Philotas latebam, qui regnum Macedonum affecto! Et quis e vobis corruptus est donis? quem ducem, quem præfectum mpensius colui?

« Mihi quidem objicitur quod societatem patrii sermonis asperner, quod Macedonum mores fastidiam. Sic ergo imperio, quod dedignor, immineo! Jampridem nativus ille sermo commercio aliarum gentium exolevit; tam victoribus quam victis peregrina lingua discenda est. Non mehercule ista me magis lædunt quam quod Amyntas, Perdiccæ filius, insidiatus est regi; cum quo quod amicitia fuerit mihi, non recuso defendere, si fratrem¹ regis non oportuit diligi a nobis. Sin autem in illo fortunæ gradu positum etiam venerari necesse erat, utrum, quæso, quod non divinavi, reus sum? An im-

---

dans la chambre du roi, et avec mon épée. Pourquoi ai-je différé de consommer le crime? Est-ce que sans Dymnus je n'aurais osé? C'est donc lui qui était le chef de la conjuration; et moi, Philotas, qui prétends, dit-on, à la couronne de Macédoine, je me cachais à l'ombre de son nom. D'ailleurs qui d'entre vous ai-je essayé de corrompre par des présents? Quel est le chef, quel est l'officier que j'ai flatté avec plus d'empressement qu'à l'ordinaire?

« On me reproche, il est vrai, de ne point vouloir parler comme les autres la langue maternelle, de mépriser les coutumes des Macédoniens! C'est donc ainsi que j'aspire à gouverner un peuple que je dédaigne! Il y a longtemps que le commerce des nations étrangères nous a fait perdre l'usage de la langue de notre patrie; vainqueurs et vaincus, tous sont contraints d'apprendre un langage nouveau. Dans tout cela il n'y a pas plus de charges contre moi que dans la conjuration qu'Amyntas, fils de Perdiccas, trama contre le roi. Je ne refuse pas de me justifier de mon amitié avec lui, si c'est un crime d'avoir aimé un parent du roi. Mais si l'élévation où la fortune l'avait placé, exigeait même le respect, comment, je le demande, suis-je coupable pour n'avoir pas été devin? Les amis des coupables,

delatum,	déférée,
intravi solus	j'entrai seul
cubiculum regis,	dans la chambre du roi,
cinctus quidem ferro.	ceint certes du fer.
Cur distuli facinus?	Pourquoi ai-je différé le forfait?
An non ausus sum	Est-ce-que je n'ai pas osé
sine Dymno?	sans Dymnus?
Ille igitur fuit	Lui donc a été
princeps conjurationis;	le chef de la conspiration;
Philotas, qui affecto	moi Philotas, qui ambitionne
regnum Macedonum,	la royauté des (sur les) Macédoniens,
latebam sub umbra illius!	je me cachais sous l'ombre de celui-là
Et quis e vobis	Et qui d'entre vous
corruptus est donis?	a été corrompu (gagné) par des présents?
quem ducem,	quel chef,
quem præfectum	quel officier
colui impensius?	ai-je cultivé avec-plus-de-frais?
Objicitur quidem mihi	Il est objecté à-la-vérité à moi
quod asperner societatem	que je méprise la communauté
sermonis patrii,	de la langue de-la-patrie,
quod fastidiam mores	que je dédaigne les mœurs
Macedonum.	des Macédoniens. [voité)
Sic ergo immineo	Ainsi donc je suis-penché-sur (je con-
imperio quod dedignor!	un empire que je dédaigne!
Ille sermo nativus	Cette langue naturelle à nous
exolevit jampridem	s'est effacée depuis-longtemps
commercio	par le commerce
aliarum gentium;	des autres nations;
lingua peregrina	une langue étrangère
est discenda	est devant être apprise [vaincus.
tam victoribus quam victis.	autant par les vainqueurs que par les
Ista mehercule	Ces choses par-Hercule
non lædunt me magis	ne lèsent pas moi davantage
quam quod Amyntas,	qu'à savoir qu'Amyntas,
filius Perdiccæ,	fils de Perdiccas,
insidiatus est regi;	a tendu-des-embûches au roi;
cum quo	avec lequel
quod amicitia fuerit mihi	qu'amitié ait été à moi
non recuso defendere,	je ne refuse pas de m'en justifier,
si non oportuit	s'il n'a pas fallu
fratrem regis	le frère du roi
diligi a nobis.	être chéri par nous.
Sin autem erat necesse	Mais si il était nécessaire
etiam venerari positum	même de vénérer lui placé
in illo gradu fortunæ,	dans ce degré de fortune,
utrum, quæso, sum reus	est-ce-que, je demande, je suis accusé
quod non divinavi?	parce-que je n'ai pas deviné?

piorum amicis insontibus quoque moriendum est? Quod si æquum est, cur tandiu vivo? si injustum, cur nunc demum occidor?

« At enim scripsi misereri me eorum quibus vivendum esset sub eo qui se Jovis filium crederet. Fides amicitiæ, veri consilii periculosa libertas, vos me decepistis! Vos quæ sentiebam ne reticerem impulistis! Scripsisse me hæc fateor regi, non de rege scripsisse; non enim faciebam invidiam, sed pro eo timebam. Dignior mihi Alexander videbatur qui Jovis stirpem tacitus agnosceret quam qui prædicatione jactaret. Sed, quoniam oraculi fides certa est, sit deus causæ meæ testis. Retinete me in vinculis, dum consulitur Hammon in arcanum et occultum scelus. Interim, qui regem nostrum dignatus est filium, neminem eorum, qui stirpi suæ insidiati sunt, latere patietur. Si certiora oraculis creditis esse tormenta, ne hanc quidem exhibendæ veritatis fidem deprecor.

« Solent rei capitis adhibere vobis parentes; duos fratres

quoique innocents, doivent-ils subir la même peine capitale? Si cela est juste, pourquoi ai-je vécu si longtemps? si cela ne l'est pas, pourquoi veut-on ma mort aujourd'hui?

« Mais, dit-on, j'ai écrit que je plaignais ceux qui avaient à vivre sous un homme qui se croyait fils de Jupiter. O foi de l'amitié, ô franchise et sincérité périlleuses, c'est vous qui m'avez trompé! c'est vous qui m'avez poussé à ne pas cacher mes sentiments! J'avoue que j'ai écrit en ces termes au roi, mais non sur le compte du roi. Car loin d'exciter l'envie contre lui, je la redoutais pour lui. Il me semblait plus digne d'Alexandre de se reconnaître, sans le dire, fils de Jupiter, que de s'en vanter en le publiant. Mais puisque l'oracle est infaillible, que ce dieu soit témoin dans ma cause. Retenez-moi dans les fers, jusqu'à ce qu'on ait consulté Hammon sur cet attentat ténébreux et caché. En attendant, lui qui a daigné reconnaître notre roi pour son fils, ne laissera échapper à votre connaissance aucun de ceux qui ont conspiré contre son sang. Si vous trouvez la voie de la question plus sûre encore que celle des oracles, je ne refuse pas même ce moyen de faire connaître la vérité.

« C'est l'usage que ceux qui sont prévenus d'un crime capital fas-

An est moriendum quoque	Est-ce-qu'il est à-mourir aussi
amicis insontibus	aux amis innocents
impiorum?	des impies?
Quod si est æquum,	Que si *cela* est juste,
cur vivo tandiu?	pourquoi vivé-je si-longtemps?
si injustum,	si *cela est* injuste,
cur occidor nunc demum?	pourquoi-suis-je tué maintenant enfin?
At enim scripsi	Mais en-effet j'ai écrit
me misereri eorum	moi avoir-pitié de ceux
quibus esset vivendum	auxquels il était à-vivre
sub eo qui se crederet	sous celui qui se croyait
filium Jovis.	fils de Jupiter.
Fides amicitiæ,	Foi de l'amitié,
libertas periculosa	liberté dangereuse
veri consilii,	d'un vrai conseil,
vos decepistis me!	vous vous avez trompé moi!
Vos impulistis	Vous vous m'avez poussé [pensais.
ne reticerem quæ sentiebam.	à-ce-que-je ne tusse pas les choses que je
Fateor me scripsisse hæc	J'avoue moi avoir écrit ces choses
regi, non de rege;	au roi, non touchant le roi; [et
non faciebam enim	je ne faisais pas (je n'excitais pas) en-ef
invidiam,	l'envie,
sed timebam pro eo.	mais je *la* craignais pour lui.
Alexander videbatur mihi	Alexandre paraissait à moi
dignior qui agnosceret	plus digne qu'il reconnût
tacitus	silencieux (sans le dire)
stirpem Jovis,	*lui comme* rejeton de Jupiter,
quam qui jactaret	qu'il ne l'étalât
prædicatione.	par l'action-de-le-dire-tout-haut.
Sed, quoniam fides oraculi	Mais, puisque la foi de l'oracle
est certa,	est sûre,
deus sit testis meæ causæ.	que *ce* dieu soit témoin de ma cause.
Retinete me in vinculis,	Retenez-moi dans les liens,
dum Hammon consulitur	tandis-qu'Hammon est consulté
in scelus arcanum	sur *ce* crime secret
et occultum.	et caché.
Interim, qui dignatus est	En-attendant, *celui* qui a daigné-agréer
nostrum regem filium,	notre roi *comme* fils,
patietur neminem eorum	ne souffrira personne de ceux
qui insidiati sunt suæ stirpi,	qui ont tendu-des-embûches à son rejeton
latere.	rester-caché.
Si creditis tormenta	Si vous croyez les tortures
esse certiora oraculis,	être plus sûres que les oracles,
ne deprecor quidem	je ne refuse pas même
hanc fidem	cette foi (preuve)
veritatis exhibendæ.	de la vérité devant être montrée. [tume
Rei capitis solent	Les prévenus de crime-capital ont-cou-

ego nuper amisi; patrem nec ostendere possum, nec invocare audeo, quum et ipse tanti criminis reus sit. Parum est enim, tot modo liberorum parentem, in unico filio acquiescentem, eo quoque orbari, ni ipse in rogum meum imponitur. Ergo, carissime pater, et propter me morieris et mecum! Ego tibi vitam adimo, ego senectutem tuam exstinguo! Quid enim me procreabas infelicem adversantibus diis? an ut hos ex me fructus perciperes qui te manent? Nescio adolescentia mea miserior sit an senectus tua : ego in ipso robore ætatis eripior; tibi carnifex spiritum adimet, quem si fortuna exspectare voluisset, natura reposcebat.

« Admonuit me patris mei mentio quam timide et cunctanter, quæ Cebalinus detulerat ad me, indicare debuerim. Parmenio enim, quum audisset venenum a Philippo medico

sent paraître leurs parents devant vous; moi je viens de perdre deux frères; quant à mon père, je n'ai ni le pouvoir de le montrer, ni le courage d'invoquer son nom, puisqu'on l'accuse lui-même de complicité dans ce crime abominable. Ce n'est pas assez que celui qui était naguère père d'une si nombreuse famille, soit privé du seul fils qui restait pour le consoler, il faut encore qu'il monte sur mon bûcher. Il est donc vrai, mon très-cher père, que tu mourras et à cause de moi et avec moi! C'est moi qui t'ôte la vie, moi qui précipite ta vieillesse au tombeau! Eh! malheureux que je suis! pourquoi dans leur colère les dieux ont-ils permis que tu me donnasses le jour? était-ce pour t'en faire recueillir les fruits qui t'attendent? Je ne sais ce qui est plus digne de compassion de ma jeunesse ou de ta vieillesse : je suis enlevé dans la fleur de l'âge, et un bourreau va t'ôter une vie que la nature allait te redemander, si la fortune eût voulu attendre.

« Ce que je viens de dire de mon père, m'a rappelé avec quel ménagement et quelle circonspection je devais révéler ce que Cébalinus m'avait rapporté. Parménion, en effet, avait eu avis que le médecin Philippe voulait empoisonner le roi; il écrivit à ce prince

HISTOIRE D'ALEXANDRE. LIVRE VI.

adhibere vobis parentes ;	de présenter à vous *leurs* parents ;
ego amisi nuper	moi j'ai perdu récemment
duos fratres ;	deux frères ;
nec possum ostendere	ni je ne puis montrer
patrem,	*mon* père,
nec audeo invocare,	ni je n'ose *l'*invoquer,
quum et ipse	puisqu'aussi lui-même
sit reus criminis tanti.	est prévenu d'une accusation si-grande.
Est enim parum,	C'est en-effet peu,
parentem modo	*lui* père naguère
tot liberorum,	de tant d'enfants,
acquiescentem	se reposant (se consolant)
in unico filio,	dans (par) un seul fils,
orbari quoque eo,	être privé aussi de lui,
ni ipse imponitur	si lui même n'est placé
in meum rogum.	sur mon bûcher.
Ergo, pater carissime,	Donc, père très-cher,
morieris	tu mourras
et propter me et mecum !	et à-cause-de moi et avec-moi !
Ego adimo vitam tibi,	Moi j'ôte la vie à toi,
ego exstinguo	moi j'éteins
tuam senectutem!	ta vieillesse!
Quid enim procreabas	Pourquoi en-effet engendrais-tu
me infelicem	moi malheureux
diis adversantibus ?	les dieux étant contraires?
an ut perciperes ex me	est-ce afin-que tu recueillisses de moi
hos fructus qui manent te?	ces fruits qui attendent toi ?
Nescio mea adolescentia	Je-ne-sais si ma jeunesse
sit miserior	est plus malheureuse
an tua senectus :	ou ta vieillesse :
ego eripior	moi je suis enlevé
in flore ipso ætatis ;	dans la fleur même de l'âge;
carnifex adimet tibi	le bourreau ôtera à toi
spiritum quem natura	le souffle que la nature
reposcebat,	redemandait,
si fortuna	si la fortune
voluisset exspectare.	avait voulu attendre.
Mentio mei patris	La mention de mon père
admonuit me	a fait-ressouvenir moi
quam timide et cunctanter	combien timidement et avec-hésitation
debuerim indicare	j'ai dû révéler
quæ Cebalinus	les choses que Cébalinus
detulerat ad me.	avait déférées à moi.
Parmenio enim,	Parménion en-effet,
quum audisset	comme il avait entendu-dire
venenum parari regi	du poison être préparé au roi
a medico Philippo,	par le médecin Philippe,

regi parari, deterrere eum voluit epistola scripta¹ quominus medicamentum biberet quod medicus dare constituerat. Num creditum est patri meo? num ullam auctoritatem ejus litteræ habuerunt? Ego ipse, quoties quæ audieram detuli, cum ludibrio credulitatis repulsus sum. Si et, quum indicamus, irrisi, et, quum tacemus, suspecti sumus, quid facere nos oportet? » Quumque unus e circumstantium turba exclamasset « Bene meritis non insidiari, » Philotas: « Recte, inquit, quisquis es, dicis. Itaque, si insidiatus sum, pœnam non deprecor; et finem facio dicendi, quoniam ultima verba gravia sunt visa auribus vestris. » Abducitur deinde ab iis qui custodiebant eum.

XI. Erat inter duces manu strenuus Belon quidam, pacis artium et civilis habitus rudis, vetus miles, ab humili ordine ad eum gradum, in quo tunc erat, promotus; qui, tacentibus ceteris, stolida audacia ferox, admonere eos cœpit « quoties quisque deversoriis quæ occupassent proturbatus

pour le détourner de prendre le remède que ce médecin avait résolu de lui donner. En crut-on mon père? sa lettre fit-elle aucune impression? Moi-même, toutes les fois que j'ai rendu compte de ce que j'avais appris, on m'a éconduit en se moquant de ma crédulité. Si en donnant des avis on devient ridicule, si en se taisant, on se rend suspect, que faut-il donc faire? » Là-dessus quelqu'un des assistants s'écria: « Ne pas conspirer contre ses bienfaiteurs. » « C'est très-bien dit, qui que tu puisses être, répliqua Philotas. Aussi, s'il est vrai que j'aie conspiré, je ne demande pas de grâce, et je cesse de parler, puisque mes dernières paroles choquent vos oreilles. » Alors il fut emmené par les gardes.

XI. Il y avait parmi les chefs un certain Bélon, vaillant homme de guerre, mais étranger aux arts de la paix et à toute politesse, vieux soldat, parvenu du rang le plus bas au poste qu'il occupait alors. Voyant que les autres gardaient le silence, il se met à leur représenter avec une audace brutale, combien de fois il leur était arrivé à chacun

voluit deterrere eum	voulut détourner lui
epistola scripta,	une lettre ayant été écrite,
quominus biberet	qu'il-ne bût
medicamentum	le médicament
quod medicus	que le médecin
constituerat dare.	avait résolu de donner.
Num creditum est meo patri?	Est-ce-qu'il fut cru à mon père?
Num litteræ ejus habuerunt	Est-ce-que la lettre de lui eut
ullam auctoritatem?	aucune autorité?
Ego ipse, quoties detuli	Moi-même, toutes-les-fois-que j'ai déféré
quæ audieram,	les choses que j'avais entendu-dire,
repulsus sum	j'ai été repoussé
cum ludibrio credulitatis.	avec raillerie de *ma* crédulité.
Si, et sumus irrisi,	Si, et nous sommes moqués,
quum indicamus,	lorsque nous révélons,
et suspecti, quum tacemus,	et suspects, lorsque nous nous taisons
quid oportet nos facere? »	que faut-il nous faire? »
Quumque unus	Et comme un
e turba circumstantium	de la foule de *ceux* se tenant-autour
exclamasset:	se fut écrié:
« Non insidiari	« Ne pas-tendre-d'-embûches
meritis bene, »	à *ceux* ayant bien mérité *de toi*, »
— Dicis recte, quisquis es,	— Tu parles bien, qui-que-tu sois,
inquit Philotas.	dit Philotas. [bûches,
Itaque si insidiatus sum,	En conséquence si j'ai tendu-des-em-
non deprecor pœnam;	je ne refuse pas le châtiment;
et facio finem dicendi,	et je fais fin de parler,
quoniam ultima verba,	puisque les dernières paroles,
visa sunt gravia	ont paru pesantes (désagréables)
vestris auribus. »	à vos oreilles. »
Deinde abducitur ab iis	Ensuite il est emmené par ceux
qui custodiebant eum.	qui gardaient lui.
XI. Quidam Belon,	XI. Un certain Bélon,
strenuus manu,	actif par la main,
rudis artium pacis	ignorant des arts de la paix
et habitus civilis,	et de la manière-d'-être d'un-citoyen,
vetus miles,	ancien soldat,
promotus ab ordine humili	promu d'un rang bas
ad eum gradum	à ce degré
in quo erat tunc,	dans lequel il était alors,
erat inter duces;	était parmi les chefs;
qui, ceteris tacentibus,	lequel, tous-les-autres se taisant,
ferox audacia stolida,	violent par une audace stupide,
cœpit admonere eos,	commença à avertir eux,
quoties quisque	combien-de-fois chacun
proturbatus esset deversoriis	avait été repoussé des logements

esset, ut purgamenta servorum Philotæ reciperentur eo unde commilitones expulisset. Auro argentoque vehicula ejus onusta totis vicis stetisse; ac ne in viciniam quidem deversorii quemquam commilitonum receptum esse ; sed, per dispositos quos ad somnum habebat, omnes procul relegatos, ne femina illa murmurantium inter se silentio verius quam sono excitaretur. Ludibrio ei fuisse rusticos homines, Phrygasque et Paphlagonas[1] appellatos; qui non erubesceret, Macedo natus, homines linguæ suæ per interpretem audire. Cur Hammonem consuli vellet? Eumdem Jovis arguisse mendacium, Alexandrum filium agnoscentis, scilicet veritum ne invidiosum esset quod dii offerrent. Quum insidiaretur capiti regis et amici, non consuluisse eum Jovem; nunc ad oraculum mittere, dum pater ejus sollicitetur qui præsit in Media, et pecunia, cujus custodia commissa sit, perditos homines ad societatem sceleris

d'être chassés des logements qu'ils occupaient déjà, pour que Philotas mît la lie de ses esclaves à la place d'où il avait expulsé ses compagnons d'armes; que ses chariots chargés d'or et d'argent remplissaient des villages entiers; qu'il n'avait jamais souffert qu'aucun de ses camarades logeât dans le voisinage même de son quartier ; mais qu'on les écartait au loin, au moyen des sentinelles préposées à la tranquillité de son sommeil, de peur que le murmure des voisins, plus approchant du silence que du moindre bruit, n'éveillât cette femmelette ; qu'il s'était toujours moqué des hommes grossiers, qu'il les traitait de Phrygiens et de Paphlagoniens, lui qui, né en Macédoine, n'avait pas honte de s'expliquer par interprète avec ses compatriotes. Pourquoi voulait-il que l'on consultât Hammon? N'avait-il pas accusé Jupiter de mensonge, lorsque celui-ci reconnaissait Alexandre pour son fils, dans la crainte sans doute qu'un titre offert par les dieux n'excitât la haine contre le roi? Mais, quand il avait conspiré contre son roi, son ami, avait-il consulté Jupiter? aujourd'hui il voulait renvoyer à l'oracle pour avoir le temps de faire agir son père qui commandait en Médie, et afin que celui-ci associât à son crime tous les

quæ occupassent,	qu'ils avaient occupés-les-premiers,
ut purgamenta	afin-que les rebuts
servorum Philotæ	des esclaves de Philotas
reciperentur eo	fussent reçus là
unde expulisset	d'-où il avait chassé
commilitones.	ses compagnons-d'-armes.
Vehicula ejus	Les chariots de lui
onusta auro argentoque	chargés d'or et d'argent
stetisse vicis totis; [num	s'être tenus dans des bourgades entières;
ac quemquam commilito-	et qui-que-ce-soit des compagnons-
receptum esse	n'avoir été reçu [d'-armes
ne quidem in viciniam	pas même dans le voisinage
deversorii;	de son logement;
sed omnes relegatos procul	mais tous *avoir* été relégués au-loin
per dispositos	au-moyen-de *gens* placés-çà-et-là
quos habebat ad somnum,	qu'il avait pour *son* sommeil,
ne illa femina	de-peur-que cette femme
excitaretur	ne fût réveillée [par le bruit
silentio verius quam sono	par le silence plus véritablement que
murmurantium inter se.	de *ceux* murmurant entre eux.
Homines rusticos	Les hommes rustiques
fuisse ludibrio ei,	avoir été à dérision à lui,
appellatosque Phrygas	et *avoir été* appelés Phrygiens
et Paphlagonas;	et Paphlagoniens;
qui, natus Macedo,	*lui* qui, né Macédonien,
non erubesceret	ne rougissait pas
audire per interpretem	d'entendre au-moyen-d'un interprète
homines suæ linguæ.	des hommes de sa langue.
Cur vellet	Pourquoi voudrait-il
Hammonem consuli?	Hammon être consulté?
Eumdem arguisse	Le même (Philotas) avoir accusé
mendacium Jovis	le mensonge de Jupiter
agnoscentis filium	reconnaissant *pour* fils
Alexandrum,	Alexandre,
veritum videlicet	ayant craint apparemment
ne quod dii offerrent	que ce que les dieux offraient
esset invidiosum.	ne fût odieux.
Quum insidiaretur capiti	Lorsqu'il tendait-des-embûches à la tête
regis et amici,	de *son* roi et de *son* ami,
eum non consuluisse Jovem;	lui n'avoir pas consulté Jupiter;
nunc mittere ad oraculum,	maintenant envoyer vers l'oracle,
dum pater ejus	jusqu'à-ce-que le père de lui
qui præsit in Media	qui commande dans la Médie
sollicitetur,	soit sollicité,
et impellat pecunia,	et qu'il pousse par l'argent,
cujus custodia commissa sit,	dont la garde *lui* a été confiée,
ad societatem sceleris	à l'association du crime

impellat. Ipsos missuros ad oraculum, non qui Jovem interrogent quod ex rege cognoverint, sed qui gratias agant, qui vota pro incolumitate regis optimi persolvant. » Tum vero universa concio accensa est, et a corporis custodibus initium factum clamantibus discerpendum esse parricidam manibus eorum. Id quidem Philotas, qui graviora supplicia metueret, haud sane iniquo animo audiebat. Rex, in concionem reversus, sive ut in custodia quoque torqueret, sive ut diligentius cuncta cognosceret, concilium in posterum diem distulit, et, quanquam in vesperam inclinabat dies, tamen amicos convocari jubet. Et ceteris quidem placebat, Macedonum more, obrui saxis; Hephæstion autem, et Craterus, et Cœnus, tormentis veritatem exprimendam esse dixerunt; et illi quoque qui aliud suaserant in horum sententiam transeunt.

Concilio ergo dimisso, Hephæstion cum Cratero et Cœno ad quæstionem de Philota habendam consurgunt [1]. Rex, Cra-

---

hommes perdus, avec l'argent dont on lui avait confié la garde. Ils devaient effectivement envoyer à l'oracle, non pour interroger Jupiter sur ce qu'ils avaient appris de la bouche du roi, mais pour lui rendre grâce et acquitter les vœux qu'ils lui devaient pour la conservation du meilleur des rois. » Toute l'assemblée devint alors furieuse, et les gardes du corps furent les premiers à crier qu'ils voulaient de leurs propres mains mettre en pièces ce parricide. Cet emportement était loin de déplaire à Philotas, qui appréhendait de plus grands tourments. Le roi retourna à l'assemblée, et, soit qu'il voulût faire torturer Philotas dans la prison, soit qu'il désirât être plus exactement instruit de toutes les particularités, il remit la délibération au lendemain; mais, quoique le jour baissât, il retint ses confidents. La plupart opinèrent à le faire lapider selon l'usage des Macédoniens; mais Héphestion, Cratère et Cénus soutinrent qu'il fallait l'appliquer à la question, pour lui arracher la vérité; et ceux même qui avaient été d'un autre avis revinrent au leur.

La réunion congédiée, Héphestion sort avec Cratère et Cénus pour faire subir la question à Philotas. Le roi rappela Cratère et

homines perditos.	des hommes perdus.
Ipsos missuros ad oraculum	Eux-mêmes devoir envoyer vers l'oracle
non qui interrogent Jovem	non *des gens* qui interrogent Jupiter
quod cognoverint ex rege,	*sur ce* qu'ils ont appris du roi,
sed qui agant gratias,	mais *des gens* qui rendent grâces,
qui persolvant vota	qui acquittent d-s vœux
pro incolumitate	pour la conservation
regis optimi. »	du roi le meilleur. »
Tum vero concio universa	Or alors l'assemblée toute-ensemble
accensa est,	fut enflammée,
et initium factum	et commencement *fut* fait
a custodibus corporis	par les gardes du corps
clamantibus [dum	criant
parricidam esse discerpen-	le parricide devoir être mis-en-pièces
manibus eorum.	par les mains d'eux.
Philotas, qui metueret	Philotas, *en homme* qui craignait
supplicia graviora,	des supplices plus graves,
audiebat id quidem	entendait cela à-la-vérité
haud sane animo iniquo.	non assurément d'un esprit mécontent.
Rex, reversus in concionem,	Le roi, étant retourné dans l'assemblée,
distulit concilium	remit la réunion
in diem posterum,	au jour d'-après,
sive ut torqueret quoque	soit pour-qu'il *le* torturât aussi
in custodia,	dans la prison,
sive ut cognosceret cuncta	soit pour-qu'il connût toutes choses
diligentius,	plus exactement,
et, quanquam dies	et, quoique le jour
inclinabat in vesperam,	inclinât vers le soir,
jubet tamen	il ordonne cependant
amicos convocari.	*ses* amis être convoqués.
Et placebat quidem ceteris	Et il plaisait à-la-vérité à-tous-les-autres
obrui saxis,	*Philotas* être écrasé de pierres,
more Macedonum ;	par (à) la coutume des Macédoniens
Hephæstion autem,	mais Héphestion,
et Craterus et Cœnus,	et Cratère et Cénus,
dixerunt	dirent
veritatem exprimendam esse	la vérité devoir être arrachée
tormentis;	par les tortures;
et illi quoque	et ceux-là aussi
qui suaserant aliud	qui avaient conseillé autre chose
transeunt in sententiam	passent dans l'avis
horum.	de ceux-ci.
Ergo concilio dimisso,	Donc la réunion ayant été congédiée,
Hephæstion	Héphestion
cum Cratero et Cœno	avec Cratère et Cénus
consurgunt	se lèvent (se lève)
ad quæstionem habendam	pour la question devant être eue

tero arcessito, et sermone habito, cujus summa non edita est, in intimam deversorii partem secessit, et, remotis arbitris, in multam noctem quæstionis exspectavit eventum. Tortores in conspectu Philotæ omnia crudelitatis instrumenta proponunt. Et ille ultro : « Quid cessatis, inquit, regis inimicum, interfectorem, confitentem occidere ? quid quæstione opus est ? cogitavi, volui. » Craterus exigere ut, quæ confiteretur, in tormentis quoque diceret. Dum corripitur, dum obligantur oculi, dum vestis exuitur, deos patrios, gentium jura, nequidquam apud surdas aures invocabat. Per ultimos deinde cruciatus, utpote et damnatus, et inimicis in gratiam regis torquentibus, laceratur. Ac primo, quanquam hinc ignis, illinc verbera, jam non ad quæstionem, sed ad pœnam ingerebantur, non vocem modo, sed etiam gemitus habuit in potestate ; sed postquam intumescens corpus ulceribus

après avoir eu avec lui un entretien dont la substance n'est pas connue, il se retira au fond de sa tente, et n'ayant gardé personne avec lui, il attendit jusque bien avant dans la nuit le résultat de la question. Les bourreaux mirent sous les yeux de Philotas tous les instruments de la cruauté la plus atroce. « Que tardez-vous, leur dit-il de lui-même, à faire mourir un homme qui avoue qu'il est l'ennemi et l'assassin du roi ? Qu'est-il besoin de question ? j'ai tramé ce crime, j'ai voulu le commettre. » Cratère demanda qu'il répétât dans la torture ce qu'il avouait de son propre mouvement. Tandis qu'on le saisit, qu'on lui bande les yeux, qu'on le déshabille, il invoque en vain les dieux de la patrie et le droit des gens ; il parlait à des sourds. On lui fait souffrir les derniers tourments, parce qu'il était condamné, et que c'étaient d'ailleurs ses ennemis qui, pour gagner la faveur du roi, dirigeaient la torture. D'abord, quoiqu'on employât alternativement le feu et les fouets, moins par manière de question que de supplice, il se posséda au point de ne pas laisser échapper, non-seulement une parole, mais même une plainte ; mais enfin son corps étant enflé de plaies

de Philota.	touchant Philotas.
Rex, Cratero arcessito,	Le roi, Cratère ayant été mandé,
et sermone habito,	et un entretien ayant-eu-lieu, [vulgué],
cujus summa non edita est,	dont le résumé n'a pas été répandu (di-
secessit in partem intimam	se retira dans la partie la plus reculée
deversorii,	de son logement,
et, arbitris remotis,	et, les témoins ayant été écartés,
exspectavit	il attendit
in noctem multam	jusqu'à la nuit grande (avancée)
eventum quæstionis.	le résultat de la question.
Tortores proponunt	Les questionnaires placent-devant
in conspectu Philotæ	en présence de Philotas
omnia instrumenta	tous les instruments
crudelitatis.	de cruauté.
Et ille : « Quid cessatis,	Et lui : « Que tardez-vous,
inquit ultro,	dit-il de son-propre-mouvement,
occidere inimicum regis,	à tuer l'ennemi du roi,
interfectorem,	son meurtrier,
confitentem ?	qui-avoue ?
quid est opus quæstione ?	qu'est-il besoin de question ?
cogitavi, volui. »	j'ai médité cela, je l'ai voulu. »
Craterus exigere	Cratère se mit à exiger
ut diceret quoque	qu'il dît aussi
in tormentis	dans les tortures
quæ confiteretur.	les choses qu'il avouait.
Dum corripitur,	Tandis-qu'il est saisi,
dum oculi obligantur,	tandis-que ses yeux sont bandés,
dum vestis exuitur,	tandis-que son vêtement est ôté,
invocabat nequidquam	il implorait inutilement
apud aures surdas,	auprès d'oreilles sourdes,
deos patrios,	les dieux de-la-patrie,
jura gentium.	les droits des nations.
Deinde laceratur	Ensuite il est déchiré
per ultimos cruciatus,	par les derniers tourments,
utpote et damnatus,	en-tant-que et condamné,
et inimicis torquentibus	et ses ennemis le torturant
in gratiam regis.	pour la faveur du roi.
Ac primo,	Et d'-abord,
quanquam hinc ignis,	quoique de-ce-côté-ci le feu,
illinc verbera,	de-ce-côté-là les-coups-de-fouets,
ingerebantur,	fussent portés-sur-lui,
non jam ad quæstionem,	non plus pour la question,
sed ad pœnam,	mais pour le châtiment,
habuit in potestate	il eut en son pouvoir
non modo vocem,	non-seulement sa voix,
sed etiam gemitus ;	mais encore ses gémissements ;
sed postquam corpus	mais après-que son corps

flagellorum ictus nudis ossibus incussos ferre non poterat, si tormentis adhibituri modum essent, dicturum se quæ sscire expeterent pollicetur. Sed finem quæstioni fore jurare eos per Alexandri salutem volebat, removerique tortores. Et utroque impetrato : « Cratere, inquit, dic quid me velis dicere. » Illo indignante ludificari eum, rursusque revocante tortores, tempus petere cœpit dum reciperet spiritum, cuncta quæ sciret indicaturus.

Interim equites, nobilissimus quisque, et ii maxime qui Parmenionem propinqua cognatione contingebant, postquam Philotam torqueri fama vulgaverat, legem Macedonum veriti qua cautum erat ut propinqui eorum, qui regi insidiati erant, cum ipsis necarentur, alii se interficiunt, alii in devios montes vastasque solitudines fugiunt, ingenti per tota castra terrore diffuso, donec rex, tumultu cognito, legem de supplicio conjunctorum sontibus remittere edixit. Philotas,

enflammées, il ne put endurer les coups de fouets qui portaient à nu sur les os dépouillés de leurs chairs, et il promit de déclarer tout ce qu'on désirait savoir, pourvu qu'on mît fin à ses tourments. Mais il voulut qu'ils jurassent par la vie d'Alexandre, de ne plus le remettre à la torture, et qu'ils renvoyassent les bourreaux. Quand il eut obtenu l'un et l'autre, s'adressant à Cratère: « Apprends-moi ce que tu veux que je dise, » lui dit-il. Celui-ci indigné que Philotas osât se jouer de lui, rappela les bourreaux; alors Philotas demanda qu'on lui donnât le temps de reprendre haleine et promit de révéler tout.

Cependant les cavaliers qui étaient l'élite de la noblesse, et principalement ceux qui appartenaient de plus près à Parménion, ayant su par le bruit public qu'on donnait la question à Philotas, et craignant l'application de la loi macédonienne, qui ordonnait que les parents des criminels de lèse-majesté fussent mis à mort avec eux, se tuèrent eux-mêmes, ou s'enfuirent vers des montagnes écartées et dans des contrées désertes : tant l'effroi était grand dans tout le camp; mais enfin le roi, instruit de ce trouble, fit publier qu'il n'exécuterait pas la loi contre les parents des coupables. Philotas avoua-t-il la vérité

intumescens ulceribus	se gonflant par les ulcères
non poterat ferre	ne pouvait supporter
ictus flagellorum	les coups de fouets
incussos ossibus nudis,	frappés sur ses os nus,
pollicetur se dicturum	il promet lui-même devoir dire
quæ expeterent scire,	les choses qu'ils désiraient savoir,
si essent adhibituri modum	s'ils étaient devant mettre mesure (terme)
tormentis.	aux tortures.
Sed volebat eos jurare	Mais il voulait eux jurer
per salutem Alexandri	par le salut d'Alexandre
finem fore quæstioni,	fin devoir être à la question, [tés.
et tortores removeri.	et il *voulait* les questionnaires être écar-
Et utroque impetrato :	Et l'une-et-l'-autre chose ayant été ob-
« Cratere, inquit,	« Cratère, dit-il, [tenues :
dic quid velis me dicere. »	dis quelle chose tu veux moi dire. »
Illo indignante	Celui-ci s'indignant
eum ludificari	lui (Philotas) se moquer,
revocanteque rursus	et rappelant de nouveau
tortores,	les questionnaires, [temps
cœpit petere tempus	il (Philotas) commença à demander du
dum reciperet spiritum,	jusqu'-à-ce-qu'il recouvrât le souffle,
indicaturus	devant révéler
cuncta quæ sciret.	toutes les choses qu'il savait.
Interim equites,	Cependant les cavaliers,
quisque nobilissimus,	chacun le plus noble,
et ii maxime qui	et ceux-là surtout qui
contingebant Parmenionem	touchaient à Parménion
cognatione propinqua,	par une parenté proche,
postquam fama vulgavit	après-que la renommée eut divulgué
Philotam torqueri,	Philotas être torturé,
veriti legem Macedonum,	ayant craint la loi des Macédoniens,
qua cautum est	par laquelle il a été réglé
ut propinqui eorum	que les proches de ceux
qui insidiati sunt regi,	qui ont tendu-des-embûches au roi,
necarentur cum ipsis,	fussent tués avec eux-mêmes,
alii se interficiunt,	les uns se tuent,
alii fugiunt	les autres fuient
in montes devios	dans des montagnes écartées
vastasque solitudines,	et de vastes solitudes,
terrore ingenti	une terreur immense [entier,
diffuso per castra tota,	ayant été répandue par le camp tout-
donec rex,	jusqu'à-ce-que le roi,
tumultu cognito,	ce trouble ayant été connu,
edixit remittere legem	déclara faire-remise de la loi
de supplicio	touchant le supplice
conjunctorum sontibus.	de *ceux* unis aux (proches des) coupables.
Conjectura est anceps	La conjecture est douteuse

verone an mendacio liberare se a cruciatu voluerit, anceeps conjectura est, quoniam et vera confessis et falsa dicentibus idem doloris finis ostenditur. Ceterum : « Pater, inquit, meus Hegelocho quam familiariter usus sit, non ignorattis ; illum dico Hegelochum [1] qui in acie cecidit. Ille omnium malorum nobis causa fuit. Nam, quum primum Jovis filium se salutari jussit rex, id indigne ferens ille : « Hunc igitur « regem agnoscimus, inquit, qui Philippum dedignatur pa- « trem ? Actum est de nobis, si ista perpeti possumus. Non « homines solum, sed etiam deos despicit, qui postulat deus « credi. Amisimus Alexandrum, amisimus regem : incidi- « mus in superbiam nec diis, quibus se exæquat, nec homi- « nibus, quibus se eximit, tolerabilem. Nostrone sanguine « deum fecimus qui nos fastidiat, qui gravetur mortalium « adire concilium ? Credite mihi, et nos, si viri sumus, a diis « adoptabimur. Quis proavum hujus Alexandrum [2], quis « deinde Archelaum [3], quis Perdiccam [4] occisos ultus est ?

ou fit-il une fausse déclaration pour se délivrer de la torture, c'est un point dont la décision est fort douteuse ; en effet que l'on dise vrai ou faux, c'est toujours la fin des tourmens qu'on envisage. « Vous n'ignorez pas, dit-il, l'étroite liaison de mon père avec Hégéloque ; je parle de celui qui est mort en combattant. C'est lui qui a été la cause de tous nos malheurs. Car le roi n'eut pas plutôt ordonné qu'on le saluât du titre de Jupiter, qu'Hégéloque, révolté de cette prétention, tint ce langage : « Nous reconnaissons donc pour roi, celui qui dédaigne Philippe pour son père ? C'en est fait de nous, si nous endurons un tel état de choses. C'est mépriser, non-seulement les hommes, mais les dieux mêmes que de vouloir passer pour un dieu. Nous avons perdu Alexandre, nous avons perdu notre roi : nous sommes à la discrétion d'un tyran, dont l'orgueil est également insupportable aux dieux dont il prétend être l'égal, et aux hommes, dont il se sépare. N'avons-nous répandu notre sang que pour faire un dieu qui nous méprise, qui dédaigne de se mêler aux mortels ? Croyez-moi ; et nous aussi, si nous sommes gens de cœur, nous serons adoptés par les dieux. Qui a vengé le meurtre de son bisaïeul Alexandre, d'Archelaüs, de Perdiccas ? Lui-

HISTOIRE D'ALEXANDRE. LIVRE VI. 651

Phillotasne voluerit	si Philotas voulut
se liberare a cruciatu	se délivrer de la torture
vero an mendacio,	par la vérité ou par le mensonge,
quoniam idem finis doloris	puisque la même fin de douleur
ostenditur	est montrée,
et confessis vera	et à *ceux* ayant avoué des choses vraies
et dicentibus falsa.	et à *ceux* disant des choses fausses.
Ceterum :	Du-reste :
« Non ignoratis, inquit,	« Vous n'ignorez pas, dit-il,
quam meus pater	combien mon père
usus sit familiariter	s'est servi familièrement
Hegelocho;	d'Hégéloque;
dico illum Hegelochum	je dis cet Hégéloque
qui cœcidit in acie.	qui est tombé dans une bataille-rangée.
Ille fuit nobis	Celui-là a été à nous
causa omnium malorum.	la cause de tous *nos* maux.
Nam quum rex	Car lorsque le roi
jussit primum	ordonna pour-la-première-fois
se salutari filium Jovis,	lui-même être salué fils de Jupiter, [tion :
ille ferens id indigne :	celui-là supportant cela avec-indigna-
« Agnoscimus igitur regem	« Nous reconnaissons donc *pour* roi
hunc, inquit,	celui-ci, dit-il,
qui dedignatur patrem	qui dédaigne *pour* père
Philippum ?	Philippe ?
Actum est de nobis,	C'est fait de nous, [ces choses.
si possumus perpeti ista.	si nous pouvons souffrir-jusqu'au-bout
Qui postulat credi deus,	*Celui* qui demande à être cru dieu,
despicit non solum homines,	méprise non-seulement les hommes,
sed etiam deos.	mais encore les dieux.
Amisimus Alexandrum,	Nous avons perdu Alexandre,
amisimus regem :	nous avons perdu *notre* roi :
incidimus in superbiam	nous sommes tombés dans un orgueil
tolerabilem nec diis,	tolérable ni pour les dieux,
quibus se exæquat,	auxquels il s'égale,
nec hominibus,	ni pour les hommes,
quibus se eximit.	auxquels (desquels) il se retranche.
Fecimusne nostro sanguine	Avons-nous fait par notre sang
deum qui fastidiat nos,	un dieu qui dédaigne nous,
qui gravetur	qui trouve-pénible
adire concilium mortalium ?	d'aller-vers la réunion des mortels ?
Credite mihi,	Croyez moi,
et nos, si sumus viri,	nous aussi, si nous sommes des hommes,
adoptabimur a diis.	nous serons adoptés par les dieux.
Quis ultus est [jus,	Qui a vengé
Alexandrum proavum hu-	Alexandre bisaïeul de celui-ci,
quis deinde Archelaum,	qui ensuite *a vengé* Archélaüs,
quis Perdiccam	qui *a vengé* Perdiccas

« Hic quidem interfectoribus patris ignovit[1]. » Hæc Hegœlochus dixit super cœnam ; et postera die, prima luce, a patre arcessor. Tristis erat, et me mœstum videbat ; audieramus enim quæ sollicitudinem incuterent. Itaque, ut experiremur utrumne vino gravatus effudisset illa, an altiore concepta consilio, arcessiri eum placuit. Venit, eodemque sermone ultro repetito, adjecit se, sive auderemus duces esse, proximas a nobis partes vindicaturum ; sive deesset animus, consilium silentio esse tecturum. Parmenioni, vivo adhuc Dario, intempestiva res videbatur : non enim sibi, sed hosti esse occisuros Alexandrum ; Dario vero sublato, præmium regis occisi Asiam et totum Orientem interfectoribus esse cessurum. Approbatoque consilio, in hæc fides et data est et accepta. Quod ad Dymnum pertinet, nihil scio ; et hæc confessus, intelligo non prodesse mihi quod proximi sceleris expers sum. »

même a fait grâce aux assassins de son père. » Tels furent les propos qu'Hégéloque tint à table. Le lendemain, au point du jour, mon père me fait appeler. Il était triste, et il me voyait affligé ; car ce que nous avions entendu était bien fait pour nous jeter dans l'anxiété. Afin donc de juger, si ce qu'Hégéloque avait débité était simplement le résultat de l'ivresse, ou la conséquence d'un dessein sérieux, nous fûmes d'avis de l'envoyer chercher. Il vint, et après avoir répété les mêmes choses de son propre mouvement, il ajouta que si nous avions le courage de nous mettre à la tête, il réclamait le premier rôle après nous, et que si le cœur nous manquait, il ensevelirait son projet dans un silence éternel. Parménion jugea que, du vivant de Darius, l'entreprise était hors de propos ; parce que ce serait, non pas nous, qui profiterions de la mort du roi, mais Darius ; au lieu qu'après la mort du Persan, l'Asie et tout l'Orient seraient la récompense de ceux qui se déferaient d'Alexandre. Cet avis fut approuvé, et on s'engagea réciproquement pour l'exécution. Quant à ce qui regarde Dymnus, je n'en ai aucune connaissance, et après les aveux que je viens de faire, je conçois assez qu'il ne me sert de rien de n'avoir aucune part à ce dernier forfait. »

HISTOIRE D'ALEXANDRE. LIVRE VI. 653

occisos?	assassinés?
Hicc quidem ignovit	Celui-ci certes a pardonné
interfectoribus patris. »	aux meurtriers de *son* père. »
Heggelochus dixit hæc	Hégéloque dit ces choses
super cœnam;	pendant le repas;
et die postera, prima luce,	et le jour d'-après, au commencement-[de la lumière,
arcessor a patre.	je suis mandé par *mon* père.
Erat tristis,	Il était triste,
et videbat me mœstum;	et il voyait moi affligé;
audieramus enim	nous avions entendu en-effet [d'inspirer
quæ incuterent	des choses qui inspirassent (capables
solliicitudinem.	de l'inquiétude.
Itaque placuit	En-conséquence il plut
eum arcessiri,	lui être mandé,
ut experiremur	afin que nous éprouvassions,
utrumne effudisset illa	s'il avait répandu (débité) ces choses-là
gravatus vino,	appesanti par le vin,
an concepta	ou *ces* choses ayant été conçues
consilio altiore.	par un dessein plus profond.
Venit, eodemque sermone	Il vint, et le même discours
repetito ultro,	ayant été repris spontanément,
adjecit se,	il ajouta lui-même,
sive auderemus esse duces,	soit-que nous osassions être chefs,
vindicaturum partes	devoir réclamer le rôle
proximas a nobis;	le plus proche après nous;
sive animus deesset,	soit-que le cœur manquât,
esse tecturum silentio	devoir couvrir du silence
consilium.	ce dessein.
Res videbatur Parmenioni	La chose paraissait à Parménion
intempestiva,	intempestive,
Dario adhuc vivo:	Darius *étant* encore vivant:
occisuros enim Alexandrum	eux en effet devoir tuer Alexandre, [nemi;
non sibi sed hosti;	non pour eux-mêmes, mais pour l'en-
Dario vero sublato,	mais Darius ayant été enlevé (tué),
Asiam et Orientem totum	l'Asie et l'Orient tout-entier
cessurum esse	devoir échoir
interfectoribus	aux meurtriers
præmium regis occisi.	*comme* récompense du roi tué.
Consilioque approbato,	Et le conseil ayant été approuvé,
fides et data est et accepta	la foi et fut donnée et *fut* reçue
in hæc.	pour ces choses.
Quod pertinet ad Dymnum,	*Quant à ce* qui touche à Dymnus,
scio nihil;	je ne sais rien;
et confessus hæc,	et ayant avoué ces choses-ci,
intelligo non prodesse mihi	je comprends cela ne pas servir à moi
quod sum expers	que je suis non-participant
proximi sceleris. »	du dernier crime. »

Illi, rursus tormentis admotis, quum ipsi quoque hastiis os oculosque ejus everberarent, ut hoc quoque crimen confiteretur, expressere. Exigentibus deinde ut ordinem coggitati sceleris exponeret, quum diu Bactra retentura regem viderentur, timuisse respondit ne pater, septuaginta natus annos, tanti exercitus dux, tantæ pecuniæ custos, interim exstingueretur, ipsique, spoliato tantis viribus, occidendi regis ansa non esset. Festinasse ergo se, dum præmium haberet in manibus, repræsentare consilium ; cujus patrem fuisse auctorem si crederent, tormenta, quanquam tolerare non posset, tamen non recusare. Illi, collocuti satis quæsitum videri, ad regem revertuntur; qui postero die, et quæ confessus erat Philotas recitari, et ipsum, quia ingredi non poterat, jussit afferri. Omnia agnoscente eodem, Demetrius, qui proximi sceleris particeps esse arguebatur, producitur ; multa affirmatione animique pariter constantia et vultu ab-

La-dessus les autres le font appliquer de nouveau à la question, et lui frappant eux-mêmes de leurs javelots le visage et les yeux, le forcent encore à confesser ce crime. Ils exigent ensuite qu'il leur expose le plan de la conjuration ; il répondit que le roi paraissant être arrêté pour longtemps dans la Bactriane, il avait craint que son père, âgé de soixante-dix ans, ayant en son pouvoir une si belle armée, et en sa garde un trésor si considérable, ne vînt à lui manquer dans cet intervalle, et que privé de ces puissantes ressources, il n'eût plus le moyen de faire périr le roi. Il s'était donc hâté de mettre son projet à exécution, tandis qu'il avait encore la récompense dans la main. Pour son père, il n'était pas l'auteur de ce complot, et si on ne l'en croyait pas, quoiqu'il ne fût plus en état de supporter la question, il ne laissait pas de s'y soumettre. Après avoir conféré entre eux, ils jugèrent que la torture avait assez duré, et retournèrent chez le roi. Il ordonna que le lendemain on lût, dans l'assemblée, les dépositions de Philotas et qu'on l'y apportât lui-même, parce qu'il ne pouvait marcher. Quand Philotas eût tout reconnu, on amena Démétrius, accusé d'avoir trempé dans la dernière conjuration ; mais celui-ci montrant un courage ferme et un visage assuré, nia avec force qu'il eût jamais rien projeté contre le roi ;

Illi, tormentis	Eux, les tortures
admotis rursus,	ayant été appliquées de-nouveau,
quuum ipsi quoque	comme eux-mêmes aussi
everberarent hastis	frappaient par des javelots
os oculosque ejus,	le visage et les yeux de lui,
expressere ut confiteretur	arrachèrent cela qu'il avouât
hoc crimen quoque.	cette accusation aussi.
Deinde exigentibus	Ensuite eux exigeant
ut exponeret ordinem	qu'il exposât le plan
sceleris cogitati,	du crime médité,
respondit timuisse,	il répondit lui-même avoir craint,
quuum Bactra viderentur	comme Bactre paraissait
retentura regem diu,	devant retenir le roi longtemps,
ne pater,	que son père,
natus septuaginta annos,	âgé de soixante-dix ans,
dux exercitus tanti,	chef d'une armée si-grande,
custos pecuniæ tantæ,	gardien d'un argent si-grand,
exstingueretur interim,	ne s'éteignît pendant-ce-temps,
ansaque regis occidendi	et que prise (moyen) du roi devant être tué
non esset ipsi	ne fût pas à lui-même
spoliato viribus tantis.	dépouillé de forces si-grandes.
Se ergo festinasse,	Lui-même donc s'être hâté,
dum haberet præmium	tandis-qu'il avait la récompense
in manibus,	dans les mains,
repræsentare consilium;	d'exécuter-immédiatement ce projet;
cujus si crederent	duquel projet s'ils croyaient
patrem fuisse auctorem,	son père avoir été auteur,
quamquam non posset	quoiqu'il ne pût
tolerare tormenta,	supporter les tortures,
non tamen recusare.	ne pas cependant les refuser.
Illi collocuti	Ceux-ci ayant-dit-entre-eux
videri quæsitum satis,	leur paraître la torture-avoir-été-appliquée assez,
revertuntur ad regem;	retournent vers le roi;
qui, die postero,	lequel, le jour d'-après,
jussit	ordonna
quæ Philotas confessus erat	les choses que Philotas avait avouées
recitari,	être lues-à-haute-voix,
et ipsum afferri,	et celui-là-même être apporté,
quia non poterat ingredi.	parce-qu'il ne pouvait marcher.
Eodem agnoscente omnia,	Le même reconnaissant toutes choses,
Demetrius, qui arguebatur,	Démétrius, qui était accusé
esse particeps	d'être complice
proximi sceleris,	du dernier crime,
producitur;	est amené;
abnuens	niant
affirmatione multa	par une affirmation nombreuse (répétée)
pariterque constantia animi	et pareillement par la fermeté de son âme

nueus quidquam sibi in regem cogitatum esse, tormentata etiam deposcebat in semet ipsum. Quum Philotas, circumlatis oculis, incideret in Calin quemdam, haud procul stantem, propius eum jussit accedere. Illo perturbato et recusante transire ad eum : « Patieris, inquit, Demetrium mentiri, rursusque me excruciari? » Calin vox sanguisque defecerant; et Macedones Philotam inquinare innoxios velle suspicabantur, quia nec a Nicomacho, nec ab ipso Philota, quum torqueretur, nominatus esset adolescens. Qui, ut præfectos regis circumstantes se vidit, Demetrium et semet ipsum id facinus cogitasse confessus est. Omnes ergo a Niccomacho nominatos, more patrio, dato signo, saxis obruerunt. Magno non modo salutis, sed etiam invidiæ periculo liberatus erat Alexander; quippe Parmenio et Philotas, principes amicorum, nisi palam sontes, sine indignatione totius exer-

il demanda même d'être mis à la question. Cependant Philotas, promenant ses regards de tout côté, aperçut, à peu de distance, un certain Calis, à qui il dit d'approcher. Celui-ci, dans le trouble où il était, refusant d'avancer : « Quoi! lui dit-il, tu souffriras que Démétrius en impose et qu'on me remette à la torture? » Calis était sans voix et à demi mort; et les Macédoniens soupçonnaient Philotas de vouloir compromettre des innocents, parce que, ni Nicomaque, ni Philotas lui-même dans la question, n'avaient fait aucune mention de ce jeune homme. Mais dès que Calis se vit environné des officiers du roi, il avoua que Démétrius et lui-même étaient entrés dans la conjuration. On donna donc le signal, et tous ceux que Nicomaque avait dénoncés furent lapidés, selon la coutume macédonienne. La vie et la popularité d'Alexandre venaient d'échapper à un grand danger; car Parménion et Philotas étant les premiers de sa cour, il fallait qu'ils fussent publiquement convaincus, pour que leur

HISTOIRE D'ALEXANDRE. LIVRE VI. 657

et vultu [sibi	et par son visage, [même
quididquam cogitatum esse	quelque chose avoir été médité par lui-
in regem,	contre le roi,
depoposcebat etiam tormenta	il demandait même les tortures
in semet ipsum.	contre lui-même.
Quum Philotas,	Comme Philotas,
oculis circumlatis,	ses yeux ayant été promenés-autour,
incideret in quemdam Calin,	tombait sur un certain Calis,
stantem haud procul,	se tenant non loin,
jussit	il ordonna
eum accedere propius.	lui s'approcher de-plus-près.
Illo perturbato	Celui-là étant tout-troublé
et recusante	et refusant
transire ad eum :	de passer vers lui :
« Patieris, inquit,	« Souffriras-tu, dit-il,
Demetrium mentiri,	Démétrius mentir,
meque excruciari rursus? »	et moi être torturé de-nouveau? »
Vox sanguisque	La parole et le sang
defecerant Calin ;	avaient abandonné Calis ;
et Macedones suspicabantur	et les Macédoniens soupçonnaient
Philotam velle	Philotas vouloir
inquinare innoxios,	souiller (compromettre) des innocents,
quia adolescens	parce-que ce jeune-homme
nominatus esset	n'avait été nommé
nec a Nicomacho,	ni par Nicomaque,
nec a Philota ipso,	ni par Philotas lui-même,
quum torqueretur.	lorsqu'il était torturé.
Qui ut vidit	Lequel jeune homme dès-qu'il vit
præfectos regis	les officiers du roi
circumstantes se,	entourant lui-même,
confessus est	avoua
Demetrium et semet ipsum	Démétrius et lui-même
cogitasse id facinus.	avoir médité cet acte (ce forfait).
Obruerunt ergo saxis,	Ils accablèrent donc de pierres,
signo dato,	le signal ayant été donné,
more patrio,	par (selon) la coutume de-la-patrie,
omnes nominatos	tous ceux ayant été nommés
a Nicomacho.	par Nicomaque.
Alexander liberatus erat	Alexandre avait été délivré
magno periculo	d'un grand danger
non modo salutis	non-seulement de vie,
sed etiam invidiæ ;	mais encore de haine ;
quippe Parmenio	car Parménion
et Philotas,	et Philotas,
principes amicorum,	étant les premiers de ses amis,
non potuissent damnari,	n'auraient pu être condamnés,
nisi sontes palam,	sinon coupables ouvertement,

citus non potuissent damnari. Itaque anceps quæstio fuiit t : dum infitiatus est facinus, crudeliter torqueri videbatuurr ; post confessionem, Philotas ne amicorum quidem miseeriricordiam meruit.

condamnation ne soulevât pas dans l'armée une indignation générralde. Aussi l'enquête eut-elle deux phases : tant que Philotas nia le crime, la question parut une cruauté; quand il en eut fait l'aveeu, il n'obtint aucune pitié pas même de ses amis.

sine indignatione	sans l'indignation
exercitus totius.	de l'armée tout-entière.
Itaque quæstio	En-conséquence l'enquête
fuit anceps :	fut à-deux-faces :
dum infitiatus est facinus,	tant-qu'il nia le crime,
videbatur	il paraissait
torqueri crudeliter ;	être torturé cruellement ;
post confessionem,	après l'aveu,
Philotas meruit	Philotas ne mérita
misericordiam	la compassion
nec quidem amicorum.	pas même de *ses* amis.

NOTES

DU SIXIÈME LIVRE DE L'HISTOIRE D'ALEXANDRE LE GRAND.

Page 518 : 1. *Pugnæ.* Le commencement du sixième livre est perdu. Quinte-Curce y racontait les événements accomplis en Grèce depuis le départ d'Alexandre. Pendant qu'Antipater, gouverneur de la Macédoine, soumettait les Thraces révoltés, Agis, roi de Sparte avait soulevé une grande partie du Péloponèse, et mis le siége devant Mégalopolis, ville d'Arcadie, devouée aux Macédoniens. Antipater accouru en toute hâte pour arrêter les progrès des Lacédémoniens, leur livra bataille sous les murs mêmes de la ville assiégée. La victoire se déclarait déjà en sa faveur, lorsque Agis, pour rétablir le combat, et réchauffer l'ardeur des siens, se jette au milieu de la mêlée. Il faut sans doute compléter ainsi la première phrase : *Agis se in medium pugnæ discrimen immisit.*

Page 520 : 1. *Corpore,* par un mouvement du corps. C'était un terme consacré, comme nous le voyons par ce passage de Cicéron : *Quot ego petitiones tuas ita conjectas ut vitari non posse videremtur, parva quidem declinatione, et, ut aiunt, corpore effugi !* (in Catilinam oratio, I, VI.)

Page 526 : 1. *Talenta.* Le talent, poids d'or ou d'argent, valait environ 5,500 francs de notre monnaie.

— 2. *Darius.* Darius Codoman, dernier roi de Perse, qui régna de 336 à 330 avant Jésus-Christ.

— 3. *Arbela.* Arbèles, bourg de l'Assyrie, entre le Lycus et le Caprus, affluents du Tigre, et auprès duquel Alexandre avait remporté sur Darius la victoire qui acheva la ruine de l'empire des Perses, 331 avant Jésus-Christ.

Page 530 : 1. *Ochi.* Ochus, roi de Perse, connu aussi sous le nom d'Artaxercès III. Il monta sur le trône en 362, se rendit odieux par ses cruautés, et fut assassiné par l'eunuque Bagoas, 338 avant Jésus-Christ.

Page 530 : 2. *Clarior.* Il s'était particulièrement distingué à la bataille d'Issus et avait sauvé par sa valeur la vie de son frère : *Ergo frater ejus (Darii), Oxathres, quum Alexandrum instare ei cerneret, equites quibus præerat ante ipsum currum regis objecit, armis et robore corporis multum super ceteros eminens, animo vero et pietate in paucissimis; illo utique prœlio clarus, alios improvide instantes prostravit, alios in fugam avertit.* Voir livre III, chap. XI.

Page 532 : 1. *Mediæ.* La Médie, contrée d'Asie, au nord-est de l'Assyrie, capitale Ecbatane.

— 2. *Parthienem.* La Parthiène, province entre l'Hyrcanie et la Bactriane.

— 3. *Euphratem.* L'Euphrate, aujourd'hui le *Frat* des Turcs ; ce fleuve qui naît dans les montagnes de l'Arménie méridionale, se réunit au Tigre à Corna, et prend alors le nom de *Chat-el-Arab.*

— 4. *Tigrim.* Le Tigre aujourd'hui le *Didjel*, fleuve qui naît sur le versant méridional du Taurus, et qui après s'être réuni à l'Euphrate, va se perdre dans le golfe Persique.

— 5. *Rubro mari.* Quinte-Curce appelle indifféremment mer Rouge le golfe Persique ou mer Érythrée et le golfe Arabique ; il s'agit ici de la mer Érythrée.

— 6. *Bosporum.* Il s'agit ici du Bosphore Cimmérien (*détroit d'Iénikalé*) qui unit le Pont-Euxin (*mer Noire*) au Palus Méotide (*mer d'Azof*).

— 7. *Borysthenem.* Le Borysthène, aujourd'hui le *Dnieper* ou *Dniepr*, fleuve de la Sarmatie qui se jette dans le Pont-Euxin.

— 8. *Tanaim.* Le Tanaïs, aujourd'hui le *Don*, fleuve de la Sarmatie qui se jette dans le Palus Méotide.

— 9. *Parthos condidere.* Selon Justin, les Parthes étaient des exilés scythes. « *Parthi... Scytharum exsules fuere. Hoc etiam ipsorum vocabulo manifestatur; nam Scythico sermone Parthi exsules dicuntur.* Liv. XLI, chapitre I.

Page 534 : 1. *Hecatompylos... condita a Græcis.* Hécatompyle (la ville aux cent portes, ἑκατόν πύλαι) était une ville ancienne; elle n'avait pas été fondée par les Grecs, mais elle reçut un nom grec de Seleucus Nicator, roi de Syrie.

Page 534 : 2. *Denariorum.* Le denier, monnaie d'argent, en usage chez les Romains, équivalait à la drachme attique ; par conséquent à environ 96 centimes de notre monnaie.

Page 536 : 1. *Illyrios.* Les Illyriens, habitants de l'Illyrie, province de la Grèce septentrionale, sur la mer Adriatique.

— 2. *Triballos.* Les Triballes, peuple du nord de la Thrace, entre le mont Hémus et l'Ister.

Page 538 : 1. *Hellespontum.* L'Hellespont ou mer d'Hellé (Ἕλλης πόντος), aujourd'hui le *canal des Dardanelles.*

— 2. *Ionas, Æolidem.* L'Ionie, l'Éolide, provinces de l'Asie Mineure, colonisées par les Grecs.

Page 540 : 1. *Hyrcaniam.* L'Hyrcanie, contrée située au sud de la mer Caspienne.

— 2. *Bactra.* Bactre, aujourd'hui *Balk*, capitale de la Bactriane, vaste contrée, au nord-ouest de l'Inde.

— 3. *Sogdiani*, les Sogdiens, habitant la Sogdiane, au nord de la Bactriane ; — *Dahæ*, les Dahés, au nord de l'Hyrcanie ; — *Massagetæ*, les Massagètes au nord-est de la mer Caspienne ; — *Sacæ*, les Saces à l'est de la Sogdiane et de la Bactriane.

Page 542 : 1. *Bagoæ.* L'eunuque Bagoas avait fait successivement périr Ochus, en 338 avant Jésus-Christ, et son fils Arsès, en 336, avant de faire monter Darius sur le trône.

— 2. *Externæ opis.* Allusion aux troupes grecques que Darius avait prises à sa solde, et qui lui étaient restées fidèles jusqu'à la fin.

Page 544 : 1. *Exæstuans.* Allusion au chemin qu'Alexandre s'était ouvert en Cilicie le long des côtes : *Mari quoque novum iter in Pamphyliam aperuerat*, livre V, chap. III.

Page 546 : 1. *Stadia.* Le stade, mesure de distance chez les Grecs, valait 185 mètres.

Page 548 : 1. *Zioberis.* Diodore qui fait de ce fleuve la même description, chap. LXXV, l'appelle Στιβοίτης.

Page 550 : 1. *Peregrino militi.* Ces soldats mercenaires étaient les Grecs commandés par Patron et dont la fidélité aurait sauvé Darius, si ce prince leur avait confié la garde de sa personne.

Page 550 : 2. *Bogoam*. Darius, élevé sur le trône par l'eunuque Bagoas, l'avait fait périr, pour ne pas être assassiné par lui comme l'avaient été ses prédécesseurs Ochus et Arsès.

Page 552 : 1. *Deo*. Allusion à la divinité d'Alexandre qui se prétendait fils de Jupiter Hammon.

— 2. *Quo Persæ modo*. Les Perses envoyaient comme gage de leur foi l'effigie d'une main, usage qui est clairement indiqué dans ce passage de Polyen, chap. XXXIII : Δεξιὰν αὐτοῖς ἔπεμψε νόμῳ Περσικῷ ; et dans celui-ci de Justin, chap. XI : *In quam rem, unicum pignus fidei regiæ, dextram se ferendam Alexandro dare*. Xénophon a dit aussi : Δεξιὰν πέμπειν et δεξιὰν φέρειν. Enfin le passage suivant de Tacite nous apprend que cet usage n'était pas même exclusif aux Perses : *Miserat civitas Lingonum, vetere instituto, dona legionibus dextras, hospitii insigne*. (Histoires, liv. I, chap. LIV.)

Page 554 : 1. *Mæotim paludem*. Le Palus Méotide, aujourd'hui mer d'*Azof*, communique avec le Pont-Euxin, aujourd'hui la mer *Noire*, et non avec la mer Caspienne.

Page 556 : 1. *Arvas*. Arves, ville de l'Hyrcanie.

— 2. *Tapurorum*. Les Tapyres, sur les bords de la mer Caspienne, à l'ouest de l'Hyrcanie.

Page 560 : 1. *Sinopensibus*. Les Sinopéens, habitants de Sinope, coloniæ grecque de la Paphlagonie, sur le Pont-Euxin. Ceux-ci étaient des députés qui, envoyés vers Darius, et n'ayant pu rentrer dans leur patrie, s'étaient joints aux Grecs. Voir Arrien, livre III, chap. XXIV.

Page 566 : 1. *Mitigatus*. Plutarque parle également de la perte de Bucéphale, ainsi que de la douleur et de la colère que cette perte causa à Alexandre. Mais il ajoute que quand les barbares le lui ramenèrent, non-seulement il leur pardonna généreusement, mais encore il leur paya la rançon de son cheval.

— 2. *Stativa*. Les Romains appelaient *stativa* (de *stare*) un camp où ils devaient séjourner.

— 3. *Urbem Hyrcaniæ*. Arrien appelle cette ville *Zadracarta* ;

elle paraît être la même que celle appelée *Arves* par Quinte-Curree dans le chapitre précédent.

Page 568 : 1. *Thermodoonta*. Le Thermodon, aujourd'hui *Thermeh*, fleuve du Pont, qui se jette dans le Pont-Euxin.

— 2. *Themiscyræ*. Themiscyre, aujourd'hui *Thermeh*, ville du Poont occidental, sur les bords de l'ancien Thermodón, qui porte aujourd'hui le même nom que cette ville.

Page 570 : 1. *Muliebris sexus liberos*. Les Amazones faisaient ppérir tous les enfants mâles à leur naissance.

— 2. *Parem*. Alexandre était petit. Ovide a dit de lui :

Magnus Alexander corpore parvus erat.

Page 572 : 1. *Petiverunt*. Plutarque parle de cette entrevue de Thalestris et d'Alexandre, mais sans y ajouter foi. Après avoir cité un grand nombre d'auteurs qui traitent cette visite de fable, il ajoutte : Καὶ μαρτυρεῖν αὐτοῖς ἔοικεν ὁ Ἀλέξανδρος· Ἀντιπάτρῳ γὰρ ἅπαντα γράφων ἀκριβῶς τὸν μὲν Σκύθην φησὶν αὐτῷ διδόναι τὴν θυγατέρα πρὸς γάμον, Ἀμάζονος δὲ οὐ μνημονεύει. Λέγεται δὲ πολλοῖς χρόνοις Ὀνησίκριτος ὕστερον ἤδη βασιλεύοντι Λυσιμάχῳ τῶν βιβλίων τὸ τέταρτον ἀναγιγνώσκειν, ἐν ᾧ γέγραπται περὶ τῆς Ἀμάζονος· τὸν οὖν Λυσίμαχον ἀτρέμα μειδιάσαντα· « Καὶ ποῦ, φάναι, τότ᾽ ἤμην ἐγώ ; « Et Alexandre semble témoigner en leur faveur. Car lui qui écrit exactement tout à Antipater, lui dit que le roi des Scythes lui offrit sa fille en mariage, mais il ne parle pas de la reine des Amazones. On raconte aussi que longtemps après Onésicrite lisant à Lysimaque, qui était alors roi, le quatrième livre de son histoire, dans lequel il rapporte ce qui touche la reine des Amazones, Lysimaque lui dit en souriant : « Mais où étais-je donc alors ? » (Plutarque, vie d'Alexandre, chap. XLVIII).

Page 574 : 1. *Amicos*. Il s'agit ici non pas des courtisans d'Alexandre, mais des hétaires (ἑταῖροι), corps de cavalerie qui formait la garde du roi.

Page 578 : 1. *Jacturam*. Il est vraisemblable qu'Alexandre usa de cet expédient, non-seulement pour alléger son armée, mais encore pour donner à ses soldats le désir de continuer la guerre et d'acquérir de nouvelles richesses. Je ne puis à ce propos m'empêcher de citer le passage suivant de Montesquieu. « On dit encore qu'Annibal fit une grande faute de mener son armée à Capoue, où elle s'amollit ; mais l'on ne considère point que l'on ne remonte pas à la vraie cause. Les soldats de cette armée, devenus riches après tant de victoires, n'auraient-ils pas trouvé partout Capoue ? Alexandre, qui commandait à ses propres sujets, prit dans une occasion pareille un expédient qu'Annibal, qui n'avait que des troupes mercenaires, ne pouvait prendre. Il fit mettre le feu au bagage de ses soldats, et brûla toutes leurs richesses et les siennes. » (Montesquieu, Grandeur et décadence des Romains, chap. IV.)

Page 584 : 1. *Artacacnam*, Artacacna, capitale du pays des Ariens.

Page 586 : 1. *Drangas*. Les Dranges, habitants de la Drangiane, située entre la Caramanie et l'Arachosie, au nord de la Gédrosie.

Page 592 : 1. *Prima cohorte amicorum*. Cette première cohorte des hétaires était l'Agéma.

Page 594 : 1. *Corpus forte curanti*. *Curare corpus* est une expression générale qui s'applique à tous les soins donnés au corps, comme prendre du repos, de la nourriture, être au bain ; c'est ce dernier sens qu'il a ici.

Page 606 : 1. *Secunda vigilia*. La seconde veille, c'est-à-dire de neuf heures du soir à minuit. Les Romains divisaient la nuit en quatre veilles de trois heures chacune : la première veille, de six heures du soir à neuf heures, la seconde de neuf heures à minuit, la troisième de minuit à trois heures du matin, et la quatrième de trois heures à six heures.

Page 616 : 1. *Amyntæ*. Amyntas était fils du roi Perdiccas, neveu de Philippe. Alexandre l'avait fait périr au début de son règne, en l'impliquant dans le procès d'Attale.

— 2. *Attalo*. Attale, oncle de Cléopâtre que Philippe avait épousée après avoir répudié Olympias, avait voulu faire donner au fils de Cléopâtre le trône de Macédoine ; c'était aussi à son instigation que Philippe avait refusé justice à Pausanias, et il avait été ainsi indirectement un des auteurs de la mort de ce prince. Alexandre l'avait fait périr au commencement de son règne.

Page 618 : 1. *Hammonis oraculo.* Voir le livre IV, chap. vii.

Page 620 : 1. *Hectore et Nicanore.* Nous avons vu (chap. viii, livre IV) qu'Hector avait été noyé dans le Nil lors de l'expédition d'Égypte, et que Nicanor venait de mourir subitement dans la Parrthiène (livre VI, chap. vi).

Page 622 : 1. *Emissurus in eum.* C'était sans doute pour donner le signal de la lapidation, supplice en usage chez les Macédoniens. Voir page 644,

Page 624 : 1. *Patrio sermone.* La langue maternelle, le dialecte macédonien.

— 2. *Eadem lingua.* Alexandre s'était servi non du dialecte macédonien, mais de la langue grecque commune.

Page 634 : 1. *Fratrem regis.* Le frère du roi. Le mot *frater* s'employait quelquefois pour *consobrinus,* cousin germain.

Page : 640 1. *Epistola perlecta.* Voir livre III, chap. vi.

Page 642 : 1. *Phrygas et Paphlagonas.* La stupidité des Phrygiens et des Paphlagoniens était proverbiale.

Page 644 : 1. *Consurgunt.* Le pluriel, comme s'il y avait Hephæstion, *Craterus et Cænus,* au lieu de *Hephæstion cum Cratero et Cæno.* L'auteur, par une figure de langage appelée syllepse, fait accorder le mot avec l'idée, et non avec le mot auquel il se rapporte. Racine nous donne dans Athalie un exemple remarquable de cette construction :

> Entre le *pauvre* et vous vous prendrez Dieu pour juge,
> Vous souvenant, mon fils, que caché sous ce lin
> Comme *eux,* vous fûtes pauvre et comme eux orphelin.
>
> (Acte IV, scène 3.)

Page 650 : 1. *Hegelochum.* Quinte-Curce distingue deux Hégéloque, l'un qui commandait la flotte macédonienne de la mer Égée, l'autre dont parle ici Philotas, qui commandait un des huit escadrons des hétaires, et qui aurait succombé à Arbèles.

— 2. *Alexandrum.* Alexandre Ier trisaïeul et non pas bisaïeul d'Alexandre, avait régné en Macédoine de 497 à 443 avant Jésus-Christ, et avait été forcé de se joindre à Xerxès contre les Grecs. Quinte-Curce est le seul auteur qui rapporte qu'il ait été assassiné.

Page 650 : 3. *Archelaum.* Archélaüs avait régné en Macédoine de 425 à 405 avant Jésus-Christ ; il est surtout connu par l'hospitalité qu'il accorda à Euripide ; il périt victime d'une conspiration, suivant Aristote (Politia, livre V, chap. VIII).

—— 4. *Perdiccam.* Perdiccas, frère aîné de Philippe, et qui avait régné avant lui de 366 à 360 avant Jésus-Christ, avait été assassiné par les ordres de sa mère Eurydice.

Page 652 : 1. *Interfectoribus ignovit.* Alexandre n'avait épargné des assassins de son père qu'Alexandre Lynceste.

www.ingramcontent.com/pod-product-compliance
Lightning Source LLC
Chambersburg PA
CBHW050315240426
43673CB00042B/1420